壹卷
YE BOOK

洞见人和时代

论世衡史
- 丛书 -

近世社会的形成

宋代的士族与民间信仰

王章伟 著

四川人民出版社

谨以此书

献　给

先严　王文松先生（1923—2009）

先慈　王林绿淡女士（1928—2014）

万古维乾坤，一生资父母。乾坤春复春，父母恩难补。

瞻彼林中鸟，犹能怀反哺。矧兹六尺躯，不念劬劳苦。

宋·赵友直：《墓庐追亲》

序

　　王章伟博士的这本书从宋代家族和民间信仰两个课题，探求宋代社会的发展进程。在家族研究方面，二十多年前，章伟即以宋代最重要的大族河南吕氏为题，写成硕士论文，崭露头角。现在参考了最新出土的浙江武义县明招山吕祖谦家族的十七件墓志以及其他新史料，增补了过去关于家族研究的卓见。在宋代民间巫觋信仰的研究方面，章伟早已发表了权威的著作，成为专家。现在搜集新史料，运用新研究方法和新视角，将新议题在本书呈现。读者会发现章伟的研讨兼用历史学、人类学和宗教学的不同理论和方法，重现民间巫觋信仰的真相。"邪神信仰"一章，更是章伟最新的成果，在学术上有重要的意义。

　　章伟的新书发表，令我赞叹之余，不禁回想几近三十年前在香港中文大学任教，得到章伟助理的往事。从那时起，和章伟一直保持联络，深知他是一个勤奋用功的史学工作者。在五十年的教学生涯中，能得到章伟这样的好朋友，自是人生乐事。他对历史的兴趣浓厚，善于发掘问题，文笔也很出众。而待人谦虚诚恳，处事细心，深得师长的器重和同学以及同事的信赖。他在繁重的教学和行政工作的压力之下，仍能继续努力地从事研究工作，是十分难能可贵的。我期望章伟不断有更新的著作问世。

陶晋生
2016年11月26日　台北

前　言

　　研读中国历史，浸润于过去千百年的长河之中，无论是为了更好掌握历史自身的发展，抑或欲从中汲取鉴古的经验教训，将悠长的历史发展分期，从中考察其"连续"或"转变"，似乎是必须和有意义的。这方面，日本史学界的"唐宋变革"论，对中国历史，尤其是宋代历史的研究，影响至为深远。

　　1922年，京都学派鼻祖内藤湖南（1866—1934）发表了《唐宋时代の研究——概括的唐宋时代观》一文[①]，将中国历史分为上古（ancient）、中古（medieval）和近世（modern）三个时期，而唐宋之交即处于中古转变为近世的过渡期，大约相当于欧洲的工业革命前夕。内藤之论由其学生宫崎市定（1901—1995）加以阐发，成为战后日本东洋史学界的重要课题，且深深影响着欧美的汉学研究，张广达就说："一些西方学者把宋代呈现的种种新气象比拟为中国近世的文艺复兴，有的称之为'新世界'。这样的评价，非常

---

① ［日］内藤湖南：《唐宋时代の研究——概括的唐宋时代观》，《历史と地理》，第9卷第5号，1922年，第1—11页。中译本见［日］内藤湖南著，黄约瑟（1953—1994）译：《概括的唐宋时代观》，载于刘俊文主编：《日本学者研究中国史论著选译》第1卷，《通论》，北京：中华书局，1992年，第10—18页。

可能就是受到了内藤史学的宋代近世说的直接、间接影响。"①关于"唐宋变革"论，本书无法详述，有关的研究汗牛充栋，读者可自行参考②；不过，诚如柳立言的严厉批评，后来不少打着"唐宋变革"的研究，其实跟内藤湖南和宫崎市定论著的原旨并不相符，将"变革"与"转变"混淆，将"唐宋变革期"与"唐宋时期"混淆③。

本书不是要研究"唐宋变革"的问题，我一直关心的是宋代社会的构成，"士族"和"民间信仰"是我着力的两个范畴，由于其中涉及"唐宋变革"论主线中"统治阶级的构成和流动"及"文化特性和价值观念"④，故无可避免地需要和相关的论著对话，特别是美国学者在上世纪中后期的重要论述。前者自郝若贝（Robert M. Hartwell, 1932—1996）及韩明士（Robert P. Hymes）挑战柯睿格（Edward A. Kracke Jr., 1908—1976）对宋代社会流动的观

---

① 张广达:《内藤湖南的唐宋变革说及其影响》，载于邓小南、荣新江主编:《唐研究》第11卷，"唐宋时期的社会流动与社会秩序研究专号"，北京：中华书局，2005年，第6页。
② 这里只举列几篇最重要的著作：邱添生：《唐宋变革期的政经与社会》，台北：文津出版社，1999年；葛金芳：《唐宋变革期研究》，武汉：湖北人民出版社，2004年；张广达：《内藤湖南的唐宋变革说及其影响》，《唐研究》第11卷，第5—71页；卢向前主编：《唐宋变革论》，合肥：黄山书社，2006年；李华瑞主编：《"唐宋变革"论的由来与发展》，天津：天津古籍出版社，2010年。
③ 柳立言：《何谓"唐宋变革"》，载于柳立言：《宋代的家庭和法律》，上海：上海古籍出版社，2008年，第1—42页。柳立言此文是目前所见这个课题最发人深省的检讨评论，作者笔锋尖锐凌厉，是所有研究"唐宋变革期"的学者必须面对的诘难。
④ 柳立言详细表列了内藤湖南和宫崎市定的观点，显示他们强调唐、宋两代不同的情况，其中掌握的六条主线的确是中国甚至世界历史的根本问题，包括：（1）政治体制；（2）统治阶级的构成，权力的取得和分配；（3）社会组织和阶级的构成流动；（4）经济的自由化、商业化，新的生产关系和交换方式；（5）文化特性和价值观念；（6）国际关系。见柳立言：《何谓"唐宋变革"》，第10页。

点后①，研究宋代士大夫、家族甚至是官僚和地方社会问题的学者，都必须了解处于"唐宋变革"的宋代近世社会，当中究竟有何"变"与"不变"②。至于民间信仰方面，除了受到欧美人类学界的影响外，在"唐宋变革"论的基础上，日、美学者也积极探讨唐宋时代的宗教和社会关系③；而韩森（Valerie Hansen）在二十世纪九十年代出版的宋代祠神专著④，更开展了近二十多年来近世民间信仰的研究热潮。

宋代是中国近世社会形成的关键时期。本书《士族篇》主要以笔者二十多年前的研究为基础，并参考了近年在浙江明招山新出土的一批圹志，对宋代最重要的大族"河南吕氏家族"进行考察，探讨中古门第大族没落、科举制度代兴后，宋代形成的一种"新门阀"。笔者从朝廷政治的起伏、科举制度对家势维持的异化、姻亲关系的利弊和新宗族组织的重组等方面，析论宋代士族的发展及

---

① 见 Edward A. Kracke Jr., *Civil Service in Early Sung China, 960—1067*, Cambridge, Mass. & London: Harvard University Press, 1953; Robert M. Hartwell, "Demographic, Political and Social Transformations of China, 750—1500", *Harvard Journal of Asiatic Studies*, Vol. 42, No. 2, 1982, pp. 354—442; Robert P. Hymes, *Statesmen and Gentlemen: The Elite of Fu-Chou, Chiang-Hsi, in Northern and Southern Sung,* Cambridge: Cambridge University Press, 1986.
② 台湾"中研院"第四届国际汉学会议即有一场专门讨论宋代的问题，后来出版的论文集就凸显了这个方向，见柳立言主编：《近世中国之变与不变》，《第四届国际汉学会议论文集》，台北："中研院"，2013年。
③ 宋代史研究会编：《宋代の社会と宗教》，东京：汲古书院，1985年；Patricia B. Ebrey, & Peter N. Gregory (eds.), *Religion and Society in Tang and Sung China*, Honolulu: University of Hawaii Press, 1993. 关于"唐宋变革"论对宋代民间信仰研究的影响，参考［日］丸山宏：《民间信仰の形成》，东京：岩波书店，1999年，第327—349页。
④ Valerie Hansen, *Changing Gods in Medieval China, 1127—1276*, Princeton: Princeton University Press, 1990。此书已有中译本，见［美］韩森著，包伟民译：《变迁之神——南宋时期的民间信仰》，上海：上海中西书局，2016年。

转变情况。此外,透过吕氏家族妇女的墓志铭,及对一部宋代儿童史和一部中国教育史的评论,我也简略检讨了关于近世社会中的妇女、儿童和科举教育等问题,希望关心这些课题的读者能够稍稍了解近世社会的一些源头。

《民间信仰篇》延续了过去我对宋代巫觋信仰的研究,分别从研究方法、史料、新视角及新议题透视宋代的民间信仰。借用林富士教授研究北台湾厉鬼信仰的角度[①],笔者以一个"萨满"沟通古今的志向,兼用了历史学、人类学、宗教学等不同理论和方法,重现宋代民间巫觋信仰的真相外,也引领读者探讨宋代中原文明随着国土拓展,对南方巫觋巫术的了解、想象与对策;"邪神信仰"一章,则从过去史家所忽略的宋代民间信仰的另一种面相,呈现近世社会文化发源的多样性。

本书各章研究前后绵亘二十多年,写作时需要参考的著作,当中不少范围现在已有更新更完备者(例如科举史),但考虑到保留笔者最初的观点和研究进路,除了在学理上有必要订正者外,其余均不作更动。《士族篇》和《民间信仰篇》因写作时间前后相距十多年,引用同一批史料时的版本会有差异;特别是《士族篇》,初稿完成于二十世纪九十年代初,当时《全宋文》仍未出版齐全,也未能运用今日的全文电子资料库,错漏是必然的,请读者原谅。

---

① 林富士:《孤魂与鬼雄的世界——北台湾的厉鬼信仰》,台北:台北文化中心,1995年,第231—232页。

目 录

士族篇

宋代新门阀
——河南吕氏家族研究 / 003
  一、绪论 / 003
  二、河南吕氏家族之发展 / 018
  三、科举、宦途与家势 / 099
  四、姻亲关系 / 148
  五、宗族组织与互助 / 200
  六、结论 / 255

新发见史料补遗 / 289
  一、引言 / 289
  二、佚名:《吕氏坟域图前集序》/ 291
  三、吕好问:《坟域图后集序》/ 293
  四、吕用中:《吕氏坟域图志》/ 300
  五、吕大麟:《婺州武义县来苏乡明招山吕氏坟域图志》/ 308
  六、吕大器:《吕大伦圹志》/ 310

从墓志铭看宋代河南吕氏家族中的妇女 / 313

    一、绪论 / 313

    二、墓志铭所见族中妇女的一般资料 / 316

    三、女子教育与治家 / 322

    四、守节与再嫁 / 330

    五、结语 / 338

宋代儿童的生活与教育

    ——评周愚文《宋代儿童的生活与教育》/ 340

考试制度作为一种社会制度

    ——从李弘祺的《宋代教育散论》中的中国教育史研究谈起 / 350

    一、引言 / 350

    二、社会流动与考试制度 / 353

    三、公正与开放：考试制度的精神 / 358

    四、不可替代：作为社会制度的考试制度 / 364

    五、小结：读书的苦与乐 / 368

民间信仰篇

沟通古今的萨满

    ——研究宋代巫觋信仰的几个看法 / 377

    一、引言 / 377

    二、回到当代人的世界 / 379

三、史、论结合：从断裂的史料上建构"实况" / 384

四、立足史料，谨慎变通 / 390

《清明集》中所见的巫觋信仰问题 / 395

一、引言 / 395

二、有关南方巫风巫俗的诉讼判词 / 397

三、诉讼判词所见南宋中后期南方的巫觋信仰 / 401

四、小结 / 424

文明推进中的现实与想象
——宋代岭南的巫觋巫术 / 427

一、前言 / 427

二、化外之俗——宋代两广的巫风 / 433

三、移风易俗——文明向南方推进 / 445

四、他者的想象——岭南巫俗 / 458

五、结语 / 479

妖与灵
——宋代邪神信仰初探 / 483

一、杀人祭鬼——问题的提出 / 483

二、妖异坏化——官方话语中的"邪神" / 491

三、灵异骇俗——民众的视角与邪神信仰的基础 / 523

四、结语 / 558

象征符号的统一与多样性
——《不羁之神》书评 / 567

参考文献 / 578
　　士族篇 / 578
　　民间信仰篇 / 607

后　记 / 627

增订本后记 / 633

士族篇

宋代新门阀
——河南吕氏家族研究

一、绪论

　　研究国史者，对"唐宋变革期"一词定不陌生，盖唐宋之际在政治、社会及经济等各方面均发生了显著变化，以内藤湖南及宫崎市定为首的日本学者，遂以此认定宋代乃中国近世期的开端，着力于"唐宋变革期"之研究，形成"京都学派"。其中，在政治社会方面，他们认为魏晋以来的世族政治，于唐中叶以后趋于衰颓，而门阀社会也因唐代的科举取士等措施，使世族的门第特权遭受破坏，终致崩溃，至宋代乃出现与前代迥异的社会结构[1]。

---

[1] ［日］内藤湖南：《唐宋时代の研究——概括的唐宋时代观》，《历史と地理》第9卷第5号，1922年，第1—11页。中译本见［日］内藤湖南著，黄约瑟译：《概括的唐宋时代观》，载于刘俊文主编：《日本学者研究中国史论著选译》第1卷，《通论》，北京：中华书局，1992年，第10—18页。关于这方面的研究与讨论，见邱添生：《论"唐宋变革期"的历史意义》，《台湾师范大学历史学报》第7期，1979年，第83—111页；Thomas J. Meskill (ed.), *The Pattern of Chinese History: Cycles, development or stagnation*, Boston: D. C. Heath, 1965；张广达：《内藤湖南的唐宋变革说及其影响》，载于邓小南、荣新江主编：《唐研究》第11卷，"唐宋时期的社会流动与社会秩序研究专号"，北京：中华书局，2005年，第5—71页；柳立言：《何谓"唐宋变革"》，载于柳立言：《宋代的家庭和法律》，上海：上海古籍出版社，2008年，第1—42页。

国人方面，自钱穆（1895—1990）先生提出"士人政治"的观念后[①]，学者就以少数著名的士人作为研究宋代政治和社会的对象，而认为世家大族在科举的竞争中旋起旋落，不足深究。孙国栋（1922—2013）先生及陈义彦则透过量化分析及运用社会流动论，不约而同指出唐代门阀世族至北宋已零落净尽，科举制度促使士人政治及平民社会崛兴[②]；而李弘祺师对宋代科举与社会阶级开放之关系，也曾加以探讨[③]。

西方学者研究宋代政治社会的转变，可以柯睿格（Edward A. Kracke Jr.）为鼻祖，他利用俄国社会思想家梭罗金（Pitirim A. Sorokin, 1889—1968）的社会流动（Social Mobility）论，考察宋代科举考生的父、祖及曾祖三代的背景及家世，得出之结论是有一半以上的进士之前三代都无人当官，故宋代之社会十分开放，无复隋唐时代门阀贵族社会之况[④]。姜士彬（David G. Johnson）则以赵郡李氏为个案研究，发现唐代显赫极盛的大族赵郡李氏，其家世发展至宋初已没落

[①] 钱穆：《唐宋时代文化》，载于台湾编译馆主编：《宋史研究集》第3辑，台北：台湾编译馆，1985年，第1—16页。
[②] 孙国栋：《唐宋之际社会门第之消融》，载于孙国栋：《唐宋史论丛》，香港：龙门书店，1980年，第211—308页；陈义彦：《北宋统治阶层社会流动之研究》，台北：嘉新水泥公司文化基金会，1977年。
[③] Thomas H. C. Lee, *Government Education and Examinations in Sung China*, Hong Kong: The Chinese University Press, 1985；李弘祺：《宋代教育散论》，台北：东升出版事业有限公司，1980年；李弘祺：《宋代社会与家庭——评三本最近出版的宋史著作》，载《清华大学学报》新19卷第1期，1989年6月，第191—207页；李弘祺：《宋代官学教育与科举》，台北：联经出版事业公司，1994年。
[④] Edward A. Kracke Jr., *Civil Service in Early Sung China 960—1067*, Cambridge, Mass. & London: Harvard University Press, 1953；又参阅 Menzel Johanna M. (ed.), *The Chinese Civil Service*, Washington: D. C. Heath and Company, 1963.

凋零，从而证明门阀社会之破坏[1]。

综合上论，中、日、美等史家过去均认为门阀贵族社会经历唐末五代大乱后经已崩废，宋代以科举取士，致令士人及平民抬头，社会阶级更趋开放。然而，自二十世纪八十年代开始，部分学者对此论提出异议，其中可以美国学者郝若贝（Robert M. Hartwell）为代表，他透过研究北宋官员的家庭、婚姻及出身方式，指出宋代朝廷仍为数十个大家族所垄断，科举制度并无打破唐代以来世族垄断政权的情况，考试制度并非真正开放，亦无改变社会之阶级结构[2]。郝氏的学生韩明士（Robert P. Hymes）更详细研究宋代江西抚州的精英分子，证明其师之言及批评柯睿格之论[3]。

郝若贝师徒之论引起很大回响，戴仁柱（Richard L. Davis）及李弘祺师等均曾加以批评[4]，伊沛霞（Patricia B. Ebrey）亦有详细的

---

[1] David G. Johnson, "The Last Years of a Great Clan: The Li Family of Chao Chun in Late Tang and Early Sung", *Harvard Journal of Asiatic Studies*, Vol. 37, No. 1, 1977, pp. 5—102. 此文有中译，见［美］约翰逊（即姜士彬）著，耿立群译：《世家大族的没落——唐末宋初的赵郡李氏》，载于［美］Arthur F. Wright等著，陶晋生等译：《唐史论文选集》，台北：幼狮文化事业公司，1990年，第231—339页。

[2] Robert M. Hartwell, "Demographic, Political and Social Transformations of China, 750—1550", *Harvard Journal of Asiatic Studies*, Vol. 42, No. 2, 1982, pp. 354—442.

[3] Robert P. Hymes, *Statesmen and Gentlemen: The elite of Fu-Chou, Chiang-Hsi, in Northern and Southern Sung*, Cambridge: Cambridge University Press, 1986. 郝若贝和韩明士师徒认为宋代的精英在南宋时代转向"地方化"，唐宋变革其实发生在南宋而非北宋，故南宋才是中国"近世"的开始。这种调论，后来美国学者再加发扬，乃有"宋元明变革"的说法，见Paul J. Smith & Richard von Glahn (eds.), *The Song-Yuan-Ming Transition in Chinese History*, Cambridge, Mass. & London: The Harvard University Press, 2003.

[4] Richard L. Davis, *Court and Family in Sung China, 960—1279: Bureaucratic Success and Kinship Fortunes for the Shih of Ming-Chou*, Durham: Duke University Press, 1986, pp. 182, 185—187, 此书有中译本，见［美］戴仁柱著，刘广丰、惠东译：《丞相世家——南宋四明史氏家族研究》，北京：中华书局，2014年；李弘祺：《宋代官学教育与科举》，《中译本导论》，第i-xxv页；李弘祺：《宋代社会与家庭——评三本最近出版的宋史著作》，第191—207页。李弘祺师曾详细评析韩

讨论①；而贾志扬（John W. Chaffee）则专研宋代科举的社会影响，修正郝氏等论，提出中肯的观点②。欧美史学界的激烈讨论，也促令国人重新思考检讨这个问题，陶晋生师首先继接日本学者青山定雄（1903—1983）等对婚姻关系的研究，指出北宋大家庭透过婚姻关系，几已形成"新门阀"③；而柳立言亦通过研究北宋吴越钱家之婚宦，进一步提出假如我们能证明北宋其他的旧族或新兴名族采用同样的婚姻策略而交错联结，则所谓"士人政治"可能有大部分只算是"新门阀政治"，至于科举制度对促进社会流动的贡献，恐怕也要重新评估④。

以上的介绍显示我们对宋代社会及政治的认识仍很不足，宋代是否因科举制度之施行而打破唐代以来的门阀政治及社会，争论很多。不过，部分学者在指出门阀贵族社会在宋代已破坏之时，并无对"门阀社会"一词给予清楚析述，致令所论颇为含糊。个人

明士一书的问题，必须参考，见Thomas H. C Lee, "Book Review: Statesmen and Gentlemen: The elite of Fu-Chou, Chiang-Hsi, in Northern and Southern Sung", *Journal of the American Oriental Society*, 109. 3 (1989), pp. 494—497.

① Patricia B. Ebrey, "The Dynamics of Elite Domination in Sung China", *Harvard Journal of Asiatic Studies*, Vol. 48, No. 2, 1988, pp. 493—519.

② John W. Chaffee, *The Thorny Gates of Learning in Sung China: A Social History of Examinations*, Cambridge: Cambridge University Press, 1985。此书有中译本，见贾志扬：《宋代科举》，台北：东大图书公司，1995年。

③ [日] 青山定雄：《宋代における华北官僚の婚姻关系》，《中央大学八十周年纪念论文集》第4卷，东京，1965年，第363—388页；陶晋生：《北宋几个家族间的婚姻关系》，载于"中研院"第二届国际汉学会议论文集编辑委员会编：《第二届国际汉学会议论文集·历史与考古组》，台北："中研院"，1989年，第933—943页；陶晋生：《北宋士族的婚姻关系》，"中国近世社会的构成研究计划报告之一"（手稿），未刊，第1—35页。陶师后来将整个研究出版专著，是这个领域最重要的著作，必须参考，见陶晋生：《北宋士族——家族·婚姻·生活》，台北："中研院"历史语言研究所，2001年。

④ 柳立言：《北宋吴越钱家婚宦论述》，《"中研院"历史语言研究所集刊》，第65本第4分，1994年，第904页。

以为，维持魏晋隋唐门阀制度之一些要素，如九品官人法、庄园制、谱牒学及郡望等在宋代已经崩溃，世族及士人不能再以高门之族望求得一官半职，旧族子弟也不能凭此自贵。因此，若我们再以魏晋隋唐门阀制度之标准去检视宋代的情况，所得的结论自然是宋代并非门阀社会。可是，每一个时代都会有高门大族，只是其性质有异而已，故我们必须对宋代这些所谓的"门阀"给予一个较切实之定义，然后才可以讨论其与社会结构及政治之关系。当然，如果宋代根本不存有累世为官之高门大族，则我们便不须对不存在的东西下定义，但事实并非如此，宋人屡屡把当世之高门冠以"门阀"或"阀阅"之辞，如李宗谔（964—1012）卒，真宗（赵恒，968—1022，997—1022在位）谓宰相曰："国朝将相家，能以身名自立不坠门阀者，惟李昉、曹彬尔。"①仁宗（赵祯，1010—1063，1022—1063在位）亦曾"评及本朝文武之家箕裘嗣续阀阅之盛。诸公屈指，若文臣惟韩大参亿之家，武臣惟夏宣徽守赟之家"②。可见宋人确曾称部分官僚大族为"门阀"。

"门阀"一语，在魏晋南北朝及隋唐时代均有很严格的内涵③，但若撇开其于上述时代的特殊定义，则"门阀"一语或可简单解释为：一个家族累代继世有族人为官，并因之成为政治及社会的精

---

① 李焘：《续资治通鉴长编》（以下简称《长编》）卷八〇，大中祥符六年五月己未，北京：中华书局，1979—1995年，第1827页；江少虞：《宋朝事实类苑》（以下简称《类苑》）卷十，《名臣事迹》，上海：上海古籍出版社，1981年，第108—109页；《类苑》卷二十四，《衣冠盛事、不坠门阀》，第295页。
② 文莹：《湘山野录》卷中，北京：中华书局，1984年，第30页；《类苑》卷二十四，《阀阅之盛》，第299页。
③ 参阅下列诸书：何启民：《中古门第论集》，台北：学生书局，1982年；毛汉光：《两晋南北朝士族政治之研究》，台北：台湾学术著作奖助委员会，1966年；王伊同：《五朝门第》，香港：香港中文大学出版社，1978年。

英，拥有甚至垄断政治权力及财富、荣誉等。笔者就是用这个定义来讨论宋代的高门大族及社会结构，当然这并不是唯一及权威之定义，学者可各就本身之标准界定"门阀"一语，并以之建立一个"模范"，然后从其标准角度讨论。可以说，笔者希望给"门阀"下一定义，以使与读者达成共识，循同一角度讨论问题，否则便会因定义不同而造成误会。根据这一个定义来衡量宋代的官僚家族，我们可发现宋代确实存在一些累代为官的"门阀"大族，如吕、韩、史三家均"继世为相"[①]；其中韩亿（972—1044）及吕蒙正（946—1011）二族更与宋室相始终，成为宋代最知名的大族[②]。不过，个别累世为官的门阀的存在，并不表示当时一定是不开放或封闭的门阀社会，除非我们证明宋代的朝廷均由这些门阀所垄断，否则便不能指宋代的政治社会其实与唐代无甚分别，过去的研究均着重宏观的角度，考察宋廷是否为这些高门累世所垄断，就是此因。然而，笔者认为透过研究一些高门如本文的河南吕氏家族的个案，或可有助我们了解这些大族保持家族势力之方法；集多个个案的研究成果后，或又可以之讨论整个宋代的社会结构，这正如我们讨论魏晋南北朝的门阀时，除以宏观角度检视门第制度及众多豪族外，亦有专研"博陵崔""琅琊王""范阳卢""赵郡李"等甲姓高门。

至于"士""士大夫"和"士族"等称呼，据陶晋生师后来的研究显示，在宋人的笔下，士人就是读书人。一般来说，做了官的和没有入仕的读书人都通称为"士""士人"，"士大夫"则专指

[①] 赵翼：《廿二史札记》卷二十六，《继世为相》，台北：世界书局，1970年，第345页。
[②] 方勺：《泊宅编》卷一，北京：中华书局，1983年，第5页。

已当官者；而最常见关于士人家族的称呼是"士族"，还有"世族""旧族""旧阀"和"著姓"等等。当然，有关这类大族的美称大都沿袭前朝，实际上并非全都是真的世家大族；河南吕氏家族数代中举的族人连绵不绝，加以为官一帆风顺，才成为宋代名族①。

本研究开始于二十世纪八十年代末，当时有关宋代家族的论著并不多见，只有少量学者出版了一些专题个案，例如戴仁柱研究史浩（1106—1194）一族②，柳立言研究钱俶（929—988）及曹彬（931—999）二族③；此外，陶晋生师研究韩琦（1008—1075）一族④，黄宽重研究四明袁氏家族⑤，葛绍欧研究湖州莫氏家族等⑥。但是，对于宋代两大望族——韩亿（972—1044）及吕蒙正二族之研究，可以说仍处于初步探讨的阶段，成果不多。吕蒙正家族为宋代最显赫的大族，代出雄才，王明清便谓："本朝一家为宰执者，吕氏最盛。"⑦因此，笔者乃拣选河南吕氏家族作为研究对象，并希望透过研究其保持家世之方法，了解或以之讨论前述有关宋代的社会结构等问题。就笔者

---

① 陶晋生：《北宋士族——家族•婚姻•生活》，第2—10页。
② Richard L. Davis, *Court and Family in Sung China, 960—1279: Bureaucratic Success and Kinship Fortunes for the Shih of Ming-Chou*.
③ 柳立言：《北宋吴越钱家婚宦论述》；柳立言：《宋初新兴武将家族成名之条件——以真定曹氏为例》，载于"中研院"历史语言研究所出版品编辑委员会编：《中国近世社会文化史论文集》，台北："中研院"历史语言研究所，1992年，第39—88页。
④ 陶晋生：《北宋韩琦的家族》，载于"中研院"历史语言研究所出版品编辑委员会编：《中国近世社会文化史论文集》，第89—103页。
⑤ 黄宽重：《宋代四明袁氏家族研究》，载于"中研院"历史语言研究所出版品编辑委员会编：《中国近世社会文化史论文集》，第105—131页。
⑥ 葛绍欧：《宋代湖州莫氏事迹考》，载于陶希圣先生九秩荣庆祝寿论文集编辑委员会编：《陶希圣先生九秩荣庆论文集》，台北：食货出版社，1987年，第129—139页。
⑦ 王明清：《挥麈录•前录》卷二，北京：中华书局，1961年，第18页。

所知，当时有关吕氏家族的研究，仅有日本学者衣川强及国人孔东二位的著作[1]，其中尤以衣川强一文最富启发性，惜其为对吕氏家族之初步研究，故无论在史料及观点方面都嫌不足，论旨亦与本文有异；至于孔东一书，只以魏晋南北朝时期的门阀观念为本，然后将宋代史料代入硬套，所说的其实并非宋人的真貌，价值不高。

时光荏苒，在笔者完成这项研究初稿后，近二十多年来，因为以郝若贝和韩明士师徒为代表的"南宋精英地方化"论的影响[2]，宋代家族史的研究蔚为风尚，出版的著作多不胜数[3]，学者也多有介绍与评论，这里就请从略[4]。诸书中，美国学者柏文莉（Beverly

---

[1] [日]衣川强：《宋代的名族——河南吕氏的场合》，原刊于《神户商科大学人文论集》第9卷第1、2期，1973年，第134—166页；今收于[日]衣川强：《宋代官僚社会史研究》，东京：汲古书院，2006年，第77—122页。孔东：《宋代东莱吕氏之族望及其贡献》，台北：商务印书馆，1988年。

[2] 有关南宋精英地方化的检讨，可参考包伟民：《精英们"地方化"了吗？——试论韩明士〈政治家与绅士〉与"地方史"研究方法》，载于邓小南、荣新江主编：《唐研究》第11卷，"唐宋时期的社会流动与社会秩序研究专号"，第653—671页。

[3] 详细的书目可见粟品孝：《宋代家族研究论著目录》，载于四川大学古籍整理研究所、四川大学宋代文化研究中心编：《宋代文化研究》第8辑，成都：巴蜀书社，1999年，第305—311页；粟品孝：《宋代家族研究论著目录续一》，载于四川大学古籍整理研究所、四川大学宋代文化研究中心编：《宋代文化研究》第13、14辑，下册，成都：四川大学出版社，2006年，第822—833页。

[4] 读者可参考下列诸文：郭恩秀：《八〇年代以来宋代宗族史中文论著研究回顾》，《新史学》2005年第16卷第1期，第125—157页；张邦炜：《黄宽重〈宋代的家族与社会〉读后》，《历史研究》2007年第2期，第170—179页；马雪、吉成名：《1991年以来宋代家族史研究述略》，《中国史研究动态》2007年第4期，第10—16页；赵丹、程汉杰：《宋代家族史、宗族史研究状况略述》，《考试周刊》，2007年第46期，第144—145页；粟品孝：《组织制度、兴衰浮沉与地域空间——近八十年宋代家族史研究走向》，《社会科学战线》2010年第3期，第81—87页；常建华：《近十年宋辽金元宗族研究综述》，《安徽史学》2011年第1期，第108—115页；[日]佐竹靖彦：《宋代の家族と宗族——宋代の家族と社会に関する研究の進展のために——》，刊于东京都立大学人文学部编：《人文学报》第257期，1995年3月，第1—49页；[日]井上彻、远藤隆俊编：《宋——明宗族の研究》，东京：汲古书院，2005年，第3—37页。

J.Bossler)以两宋的宰相世家和浙江婺州的地方精英家族为题,研究亲属关系、社会地位和政治势力三者的关系,深化和修正了韩明士关于抚州精英的讨论,最为精彩①。不过,要特别一提的是,柳立言在数年前以宋代明州个案的研究为出发点,质疑过去从家族研究士大夫的方法,将宋代的家庭、家族和宗族混淆,他甚至认为:"以'家族'为出发点研究当地士大夫的合作,恐怕是一个假议题,因为他们背后的力量主要是家庭而非家族。同样,以'家族'为单位挑战社会流动,恐怕也是一个假议题,因为科举成功背后的力量也主要是来自家庭而非家族。"②正如本书前言提到柳立言对"唐宋变革"论的严厉批评一般,他对宋代家族史研究的深刻批判,值得我们尊敬之余,我认为同样也是所有研究宋代士人、家族、宗族甚至是社会流动或地方社会等问题的学者所必须面对的诘难,笔者也深深感受到柳文的锐不可当。

要回应柳立言的责难,或许,吕氏家族本身并非一个适合的案例,因为吕氏虽然是两宋最显赫的官僚大族,但存世的史料却不比近年学者专注研究的明州等地的地方大族多,尤其是北宋的地方志等史料远不及南宋丰富,而吕家最风光的时代却在太宗至神宗(赵顼,1048—1085,1067—1085在位)元丰年间。不过,我赞同周扬

---

① Beverly J. Bossler, *Powerful Relations: Kinship, Status and the State in Sung China (960—1279)*, Cambridge, Mass., and London: Harvard University Press, 1998. 此书现有中译本,见[美]柏文莉著,刘云军译:《权力关系——宋代中国的家族、地位与国家》,南京:江苏人民出版社,2015年。
② 柳立言:《宋代明州士人家族的形态》,《"中研院"历史语言研究所集刊》第81本第2分,2010年,第289—364页。并参考同作者另外两文:柳立言:《士人家族与地方主义:以明州为例》,《历史研究》2009年第6期,第10—18页;柳立言:《科举、人际网络与家族兴衰:以宋代明州为例》,《中国社会历史评论》第11卷,天津:天津古籍出版社,2010年,第1—37页。

波对柳立言的一点驳论：

> 再就是柳先生的七准则偏重"硬件"而忽视"软件"。分家分产、族谱、族祭、有组织性的互助活动、非组织性的互助活动五项均属可见的硬性物事，而恰恰精神性的家族传统、分化分裂的诱因两项柳先生语焉不详。一部中国宗族史，实质是一部精神认同史。制度设施等等，乃是之上的衍生物。无论如何，我们不应忽视宋人笔下俯拾皆是的"我族""吾门""吾宗"等表达。这些表达，一般都以杰出族人及其德业为中心。基于此辐聚的宗族认同，往往可以超越五服之外。楼钥咏归会讲辞劈头就是"吾门自高祖先生以儒学起家，衣冠六世"。其实南宋族谱修撰，已普遍突破欧苏的小宗谱法，世代在五世以上乃至十世以上者不鲜见。宗族认同起点系于起家者而非始迁祖，标志着宗族传统的成型；而超越服制，意味着宗族凝聚力的增长。这种认同甚至可超越本支，上接所从出支及其代表人物。①

的确，宋人及吕氏宗人对吕氏家族的看法，不少史料就呈现这种"精神性的家族传统"，这在本文通篇里都可以找到例证。其实，柳立言之论，明显是受到现代学术研究的影响，试图为"家庭""家族"和"宗族"定出严谨的准则，以便厘清和讨论问题，本来无可厚非，也功德无量；不过，以现代人的目光和学术理论研究古代历史，却往往有削足适履的毛病，古、今观念不同和中、西语汇迥异

---

① 周扬波：《宋代家族史研究的创新——并就正于柳立言先生》，《华南师范大学学报（社会科学版）》2011年第3期，第21页。

的翻译及解读，当中问题重重①。陈其南多年前的一篇精彩论文就指出，family、lineage及clan等西方人类学的中国家族研究用语，本身无法分辨系谱性的宗祧概念和功能性的团体概念，故他提出"房"才是厘清汉人家族制度的关键②。我相信，这个问题仍有待学者继续探究，但柳立言提出的问题，肯定是今后研究的重要方向。

撇除一些专研吕氏族人的文学或哲学等传记专著不计③，除了前引孔东的小书在1988年出版外，笔者的硕士论文是最早研究宋代河南吕氏家族的中文论著④，也是最全面的一种⑤。进入二十世纪以后，内地涌现了一批研究吕氏家族或吕家重要人物的博、硕论文，就笔

---

① 韩明士及谢康伦（Conrad M. Schirokauer, 1929—2018）等西方学者在运用社会科学及政治学研究宋代历史时，已指出"国家"（state）、"社会"（society）这些现代英语词汇，在文化差异及时代不同的情况下，根本无法找到与宋代意思完全相等的对译。见Conrad M. Schirokauer & Robert P. Hymes, "Introduction", in Robert P. Hymes and Conrad M. Schirokauer (eds.), *Ordering the World: Approaches to State and Society in Sung Dynasty China*, Berkeley, Los Angeles & Oxford: University of California Press, 1993, pp. 5—12. 这点让我们深切反思，用现代人受西方学术传统影响的"家庭"（family）、"家族"（lineage）和"宗族"（clan）准则去研究宋代的家族历史，其中的适切度究竟若何？
② 见陈其南：《家族与社会——台湾和中国社会研究的基础理念》第四章，《"房"与传统中国家族制度：兼论西方人类学的中国家族研究》，台北：联经出版事业公司，1990年，第129—213页。
③ 相关的著作其实很多，例如：潘富恩、徐余庆：《吕祖谦思想初探》，杭州：浙江人民出版社，1984年；潘富恩、徐余庆：《吕祖谦评传》，南京：南京大学出版社，1992年；徐儒学：《婺学之宗——吕祖谦传》，杭州：浙江人民出版社，2005年；刘昭仁：《吕东莱之文学与史学》，台北：文史哲出版社，1986年。由于这些著作多不涉及我这个史学研究的专题，故暂且按下不表。
④ 王章伟：《宋代河南吕氏家族研究》，香港中文大学历史学部硕士论文，1991年。其中一章曾以《宋代士族婚姻研究——以河南吕氏家族为例》为题，发表于《新史学》第4卷第3期，第19—58页，颇受学界重视。
⑤ 台湾也有一批研究吕祖谦的博、硕论文，例如吴春山：《吕祖谦研究》，台湾大学中国文学研究所博士论文，1967年；高焜源：《吕祖谦的史学批评》，台湾华梵大学东方人文思想研究所硕士论文，1989年；杨宗锡：《吕祖谦学术思想研究》，高雄师范大学国文教学硕士论文，1992年，等等。因为同样与本文的旨趣无关，故不详论。

者所见，依时序计有：王志双《吕夷简与宋仁宗前期政治研究》[1]、张堇《北宋吕氏官僚家族问题研究》[2]、纪云华《宋代河南吕氏家族研究》[3]、赵璐《宋代东莱吕氏家族教育研究》[4]、李成学《吕夷简评传》[5]、方亚兰《吕公著研究》[6]、刘玉民《吕祖谦与南宋学术交流》[7]。诸文或专论吕家的重要人物，或通论吕氏家族在政治和社会方面的发展，颇有拾遗补阙之功，却未见突破过去之论。此外，还有大量研究吕氏人物的散篇论文，但大部分亦只是重复前人的研究，未见有什么特别之处；到了近年，内地又连续出版了四部研究吕氏家族的专著，即陈开勇的《宋代开封——金华吕氏文化世家研究》[8]、姚红的《宋代东莱吕氏家族及其文献考论》[9]、罗莹的《宋代东莱吕氏家族研究》和杨松水的《两宋寿州吕氏家族著述研究》[10]，可说是吕氏家族研究的高峰期。

陈开勇《宋代开封——金华吕氏文化世家研究》一书的重点，是专门探讨其家族文化的内涵，他认为吕氏家族文化的内在核心是追求修心养性，而表现在聚居讲学、躬行守礼、中原文献传家、读

---

[1] 王志双：《吕夷简与宋仁宗前期政治研究》，河北大学硕士论文，2000年。
[2] 张堇：《北宋吕氏官僚家族问题研究》，西北大学硕士论文，2001年。
[3] 纪云华：《宋代河南吕氏家族研究》，山东大学中国古代史硕士论文，2004年。
[4] 赵璐：《宋代东莱吕氏家族教育研究》，华东师范大学硕士论文，2009年。
[5] 李成学：《吕夷简评传》，湘潭大学硕士论文，2010年。
[6] 方亚兰：《吕公著研究》，上海师范大学硕士论文，2011年。
[7] 刘玉民：《吕祖谦与南宋学术交流》，华中师范大学博士论文，2013年。
[8] 陈开勇：《宋代开封——金华吕氏文化世家研究》，北京：中国社会科学出版社，2010年。
[9] 姚红：《宋代东莱吕氏家族及其文献考论》，北京：中国社会科学出版社，2010年。
[10] 罗莹：《宋代东莱吕氏家族研究》，北京：人民出版社，2011年；杨松水：《两宋寿州吕氏家族著述研究》，合肥：黄山书社，2012年。

经重史、借鉴释道之学等具体外在事相中。姚红《宋代东莱吕氏家族及其文献考论》则分为两部分，先全面考察吕氏家族在政治和文献上的基础构成，即考述宋代东莱吕氏全部成员的政治活动和文献著述，然后从家族文化层面予以解释；第二部分进一步从学理上挖掘吕氏家族的政治活动在宋代政治史和社会史上的贡献和影响，揭示吕氏家族成员不同方面的文献著述的内容、特点及价值意义。罗莹《宋代东莱吕氏家族研究》的著作动机，是因为东莱吕氏家族在宋代的文化中极具代表性，故希望透过对东莱吕氏家族的研究，以微见著，揭示宋代文化家族的某些特质，进而彰显宋代文化精神。至于杨松水的《两宋寿州吕氏家族著述研究》，以吕氏家族的著述为切入点，与罗莹的目的很相似，同样宣称欲借此以微见著，探索两宋时代的学术特征。

上述四部专著，其研究重点其实与本文迥异，但都做了不少补阙拾遗的文献工作，对研究吕氏家族提供了很好的基础，必须肯定。其中，除了杨松水是史学出身者外，其余三位本科都是研究文学，故要批评其著作在史学上的错漏，似乎有欠公允，也没有必要。不过，由于这四部著作都有部分篇幅涉及吕氏家族与宋代政治和社会的史学问题，故我还是要点出其中三个重要的缺失。

首先，正如本书前言及本章的讨论提到，宋代士人、家族及其相关问题，其实牵涉"唐宋变革""宋元明变革""科举与社会流动"及"南宋精英地方化"等等重大争议，除了美、日学者的大量经典著作外，内地和台港的史学前辈也做了很多研究，贡献至大，数其重要者如陶晋生、孙国栋、王德毅、王曾瑜、朱瑞熙、胡昭曦（1933—2019）、李弘祺、梁庚尧、黄宽重、柳立言、张邦炜、邓小南等；中青辈则有包伟民、蔡东洲、邹重华、王善军、粟品孝、周扬波、李贵禄、魏峰等等，不能尽录。奇怪的是，这四部著作除了个别问题偶有征引一二论著外，罕见有与上述学人的研究对话，个中原因，令人费解。忽略和没有参考这些重要著作，客观而言，令这四部有关吕氏家族的专著都未能汲取过去二十多年有关宋代家族史的丰富成果，致所论往往过时，徒费笔墨。举例说，谈到吕氏家族的姻亲关系，我在1993年于《新史学》发表的论文及前引柏文莉的专著，早已全面谈到吕氏家族的婚姻概况与策略问题，姚红和罗莹在二十多年后重弹这些旧调，价值不大。

此外，对吕氏家族、对宋代士人和士族、对宋代社会流动等等问题没有认识，也令这四部专著的问题意识不足，未能把握研究吕氏家族的重要性和意义。即使著者的重点并非宋代的政治与社会问题，但如果对吕家在宋代政治和社会里的位置认知不足，其实也未能深入了解吕家的自身发展。举例说，上述著作均颇着重吕氏家族的学术和思想问题，但作者似乎对美国学者伊沛霞有关宋代士大夫生活伦理等一系列讨论一无所知[1]，结果自然无法了解宋代士人从门阀转向文官再演为地方精英等政治社会情势，如何影响吕家这类

---

[1] 研究宋代士族的思想，自然必须了解其生活伦理、与儒家思想的关系；研究宋代一个"家族"的思想，更加应该了解当时的士大夫家庭如何重构"家"的观念、对家礼的研究等等，因此伊沛霞下列三部著作，都必须参考：Patricia B. Ebrey, *Family and Property in Sung China: Yuan Ts'ai's Precepts for Social Life*, Princeton: Princeton University Press, 1984; Patricia B. Ebrey, *Confucianism and Family Rituals in Imperial China: A Social History of Writing about Rites*, Princeton: Princeton University Press, 1991; Patricia B. Ebrey, *Chu Hsi's Family Rituals: The Twelfth-Century Chinese Manual for the Performance of Cappings, Weddings, Funerals and Ancestral Rites*, Princeton: Princeton University Press, 1991. 其实，即使不参考美国学者的研究，但前引柳立言在这方面的重要讨论，却是不可或缺的。

大士族的生活、文化与思想。这四部吕氏家族的专著,未能参考前人研究之余,成果就只能停留在"文献"与相关问题,视野不够广阔,无法超越前贤。

最后在史料方面,这几部专著也常常运用后世编修的方志和族谱资料,对于研究宋代历史而言,这其实要非常谨慎[1]。魏峰及郑嘉励最近就利用出土的吕氏家族《圹志》及传世文献,讨论陈开勇论著中经常征引的《白沙圩吕氏宗谱》(同治九年木活字本),并及另一部《上木阜吕氏宗谱》(1937年修,慎德堂木活字本)等,对研究宋代吕氏家族历史的用途及缺失[2],对于前者,其实我仍抱有很大怀疑,这在后文相关的章节里会再讨论;但魏峰及郑嘉励至少尽了史学工作者和考古学家的责任,运用这些族谱时与出土资料和存世文献相比对,细加考证。正如费成康指出:"要确认一条出自家谱的史料是否可靠,需要做不少考证工作。"[3]但陈开勇和姚红二书似乎未经缜密考证就径用这类族谱,据之所论的往往不尽可信,读者必须辨明。

研究吕氏家族,笔者是其中最早的一员;但有趣的是,至少截至目前,我却是最迟出版专著者。不过,这让我拥有上述四部著作

---

[1] 关于族谱的用途与缺失等等,柳立言亦有详细研究,见其《族谱与社会科学研究》及《论族谱选录人物的标准》二文,均载于柳立言:《宋代的家庭和法律》,第45—108页。以族谱研究历史,必须谨慎,其实是常识,这方面的著作极多,不能尽引,可参考下列两篇短文:费成康:《漫谈家谱中的史料应用》,《档案与史学》2003年第4期,第79—80页;葛剑雄:《家谱:作为历史文献的价值与局限》,《历史教学问题》1997年第6期,第1—6页。

[2] 魏峰、郑嘉励:《出土文献与族谱文献研究简论——试以武义吕祖谦家族为例》(讨论稿),宣读于"十至十三世纪中国史国际学术研讨会暨中国宋史研究会第十七届年会",广州:中山大学,2016年8月20日至21日,第3—7页。

[3] 费成康:《漫谈家谱中的史料应用》,第80页。

士族篇 017

所没有的一个史料优势：能够运用近年在浙江省武义县明招山出土的十七通吕氏家族墓志①，补述我在过去研究时的一些缺失，这里我必须向浙江省文物考古研究所的学者郑嘉励致敬②，没有他刊行的这批出土资料，笔者就无法重写本书的一些章节。不过，整体而言，本书的构架仍以二十多年前的旧作为本，一方面以保留笔者最初的观点和研究进路，另一方面则反映我对吕氏家族的发展仍抱持过去的看法，而经过这二十多年宋代家族史研究的热潮，本书似乎仍然经得起考验。

最后，附带一提的是，本书会先讨论吕氏家族在两宋之发展，借此透视朝廷政治与官僚家族兴衰之关系，然后分从科举、婚姻、宗族等（亦即从个人出发，而后扩展为姻家及宗族）几个方面分析其保存家族势力之方法，最后做出结论。由于涉及之年代很长、范围很大、问题极多，故书中对前贤时彦之论，多所征引，并提出笔者的不同见解。

二、河南吕氏家族之发展

中国人谈到一个家族的源流，一般都喜欢或习惯溯源远古，既显示考证论述严谨，亦反映其族的郡望门第；如果说的是本家，更可凸出自己是圣贤之后，地位非比寻常，吕祖谦（1137—1181）为曾祖父吕好问（1064—1131）立传时，也是这样交代宋代吕氏家族的源流：

---

① 郑嘉励：《明招山出土的南宋吕祖谦家族墓志》，载于包伟民、刘后滨主编：《唐宋历史评论》第1辑，北京：社会科学文献出版社，2015年，第186—215页。
② 参考网上资源：《考古才子郑嘉励：武义明招山，一场理想主义者的族葬》，点击日期：2016年9月10日。网址见：http://zj.zjol.com.cn/news/135962.html。

018　近世社会的形成：宋代的士族与民间信仰

吕氏系出神农，受氏虞、夏之间，更商、周、秦、汉、魏、晋，下逮隋唐，或封或绝。五代之际，始号其族为三院。言河南者，本后唐户部侍郎梦奇；言幽州者，本晋兵部侍郎琦；言汲郡者，本周户部侍郎咸休。其昭穆疏远，世远轶其谱，而河南者祖为最盛。①

宋代对谱牒学有深入研究的王明清，其《挥麈录》亦有相类的记载：

五代时有姓吕为侍郎者三人，皆名族，俱有后，仕本朝为相。吕琦，晋天福为兵部侍郎，曾孙文惠端相太宗。吕梦奇，后唐长兴中为兵部侍郎，孙文穆蒙正相太宗，曾孙文靖夷简相仁宗，衣冠最盛，已具《前录》。吕咸休，周显德中为户部侍郎，七世孙正愍大防，相哲宗。异哉。②

不过，"或封或绝""昭穆疏远，世远轶其谱"等说法，正好反映文献不足征，相关论述的意义其实不大，这里也就不再重复纠缠吕氏源流诸说了③；而王明清未有提及"三院吕氏"之说，吕姓三侍郎的后裔在宋代也未见有"叙昭穆"或互通声气，显然他们也并非

---

① 吕祖谦：《吕东莱先生文集》卷九，《家传》，《丛书集成初编》，上海：商务印书馆，1936年，第203页。
② 王明清：《挥麈录·后录》卷二，北京：中华书局，1961年，第105页。
③ 关于宋人的郡望和宗族观念，详见本章第五节，并参考王善军最完备的研究：《宋代宗族和宗族制度研究》，石家庄：河北教育出版社，2000年。

士族篇 019

真的出于同一始祖，相信只是郡望之说罢了[①]。

吕梦奇一支据说因先世居于东莱（今山东省莱州市），世称东莱吕氏；入宋后吕氏迁居于洛阳，故有称为河南吕氏者[②]。吕氏家族后来枝叶繁衍，散居各地，宋人的记载于是有因吕氏先世的郡望或后人的居地，而分别称其为"东莱吕氏""东平吕氏""河东吕氏""河南吕氏""开封吕氏""寿州吕氏""婺州吕氏"及"金华吕氏"等等[③]。本书研究这个家族在两宋之发展，故将其定名为"宋代河南吕氏家族"，也与吕祖谦和王明清的说法相合[④]。

宋代河南吕氏家族，为当代著名望族，衣冠最盛。其中吕蒙正为太宗（赵炅，939—997，976—997在位）及真宗两朝宰相；堂侄吕夷简（979—1044）为真宗朝参知政事，相仁宗。夷简次子吕公弼（1007—1073）为英宗（赵曙，1032—1067，1063—1067在位）

[①] 姜士彬（David G. Johnson）在四十年前研究赵郡李氏时，已极具慧眼地指出，这些标榜大多是假托的，在宋代"我们已经看到一种世系记录的方式形成了，它将在往后不断地出现：含混的叙述中古时代的伟大祖先，并故作严肃地宣称为某位神话性的圣王之后裔，然后从北宋的某个时间起，有一详尽且令人信服的世系"。见［美］约翰逊（即姜士彬）著，耿立群译：《世家大族的没落——唐末宋初的赵郡李氏》，载于［美］Arthur F. Wright等著，陶晋生等译：《唐史论文选集》，台北：幼狮文化事业公司，1990年，第285页。

[②] 杜大珪：《名臣碑传琬琰集》（以下简称《琬琰集》）上卷十五，《吕文穆公蒙正神道碑》，《四库全书珍本十一集》，台北：商务印书馆，1981年，第1页。

[③] 纪云华对吕氏家族成员的籍贯做了一个扼要的析述，可参考。见纪云华：《宋代河南吕氏家族研究》，山东大学中国古代史硕士论文，2004年，第10页；又参见陈开勇：《宋代开封——金华吕氏文化世家研究》，北京：中国社会科学出版社，2010年，第3页。

[④] 前引姜士彬的研究就提到："北宋早期，大多数的人没有真正的族谱知识，而去信任得自各种文献中皮毛的知识。假使历史记录中说，在早年某个姓氏较杰出的人，通常都有一个特定的地望，或习惯出于某个地方，那么宋代拥有这个姓的人，就只会说他的祖先也出于那些地方。"见姜士彬：《世家大族的没落——唐末宋初的赵郡李氏》，第284页。我同意姜士彬的观点，故认为吕氏家族既于宋太宗朝崛兴，而其在晚唐以前的发展根本无迹可寻，故以"河南吕氏"为题最为适合，无须再纠缠"东莱"等先世诸说。

020　近世社会的形成：宋代的士族与民间信仰

朝枢密副使、神宗朝枢密使；三子吕公著（1018—1089）为神宗朝知枢密院事，相哲宗（赵煦，1077—1100，1085—1100在位）。公著孙吕好问为高宗（赵构，1107—1187，1127—1162在位）朝右丞。吕氏相继执七朝政，王明清号为盛事[①]；且族中巨儒辈出，《宋元学案》凡九十一学案，吕氏诸儒居三十一，四人更为学宗，即吕公著（《范吕诸儒学案》）、吕希哲（1039—1116）（《荥阳学案》）、吕本中（1084—1145）（《紫微学案》）及吕祖谦（《东莱学案》），全祖望（1705—1755）谓其族登学案者，"七世十七人"[②]。这样一个显赫的家族，在当代有蓬勃的发展，族人支衍，惜其谱系今已失传[③]，故为方便检查讨论，笔者乃将其族人可考者制列一幅"河南吕氏家族谱系图"（图1），然后分代析述其发展[④]。

[①] 王明清：《挥麈录·前录》卷二，第18页。
[②] 黄宗羲原著、全祖望补修：《宋元学案》卷十九，《范吕诸儒学案》（全祖望札记），北京：中华书局，1986年，第789页。
[③] 案：尤袤：《遂初堂书目》，《姓氏类》录有《三院吕氏世谱》，但今已失佚，见陶宗仪等编：《说郛三种》卷二八，上海：上海古籍出版社，1988年，第18页。
[④] 笔者在1988年刚开始研究吕氏家族时，只有日本学者衣川强和国人孔东做过这方面的谱系图，见［日］衣川强：《宋代の名族——河南吕氏の场合》，原刊于《神户商科大学人文论集》第9卷第1、2期，1973年，第134—166页，今收于衣川强：《宋代官僚社会史研究》，东京：汲古书院，2006年，第77—122页；孔东：《宋代东莱吕氏之族望及其贡献》，台北：商务印书馆，1988年。笔者的硕士论文在衣川强论文的基础上，增补史料，绘制成一个更完备的"吕氏谱系图"。进入二十一世纪，中国大陆接连出版了四部吕氏家族的专著，除前引陈开勇一书外，按出版时间顺序列为：姚红：《宋代东莱吕氏家族及其文献考论》，北京：中国社会科学出版社，2010年；罗莹：《宋代东莱吕氏家族研究》，北京：人民出版社，2011年；杨松水：《两宋寿州吕氏家族著述研究》，合肥：黄山书社，2012年。诸书都有论述吕氏家族的世系和绘制图表，且补充了不少过去论史者未提及的吕氏家族成员，特别是姚红和陈开勇二书，不过，我对其中不少的"新成员"抱有怀疑，盖姚、陈二氏大量运用了清人及近人所修的族谱，并及后世的一些方志，如姚著运用清人吕锡时主修的《新昌吕氏宗谱》和民国年间纂者不详的《(莘湖)吕氏宗谱》，陈著则运用美国犹他州家谱学会藏1930年重修的《白沙圩吕氏宗谱》。陈开勇虽然点出了家谱的缺点，但他和姚红在面对

（一）五代宋初吕氏家族之勃兴

河南吕氏为两宋之望族，时人呼为"东平吕"或"东莱吕"，颇有唐代郡望之味，故有学者以为吕氏是由唐代世族大姓绵延持续而成的"专业精英分子"家族[①]。案吕氏虽非布衣出身，但其族绝不能与唐代之大士族如清河崔、范阳卢、赵郡李或琅琊王等相比，两《唐书》均不见载其族之活动，而其族人姓名事迹最早可考者为吕蒙正的曾祖父吕韬，故我们把他定为吕氏家族之第一代。

有关吕韬的事迹我们知道很少，只富弼（1004—1083）所撰《吕文穆公蒙正神道碑》记其为唐莫州莫县主簿，娶妻太原王氏[②]，可见吕韬只是唐末幽州节度使辖下的一个小县官，家族势力并不显赫。然而，到了吕氏之第二代即吕韬之子吕梦奇时，其宦途发展已不俗，梦奇于后唐庄宗（李存勖，885—926，923—926在位）时授为幽州节度判官，明宗（李嗣源，867—933，926—933在位）天成元年（926）迁为右谏议大夫，三年（928）为御史中丞。梦奇升迁

宋代史料中不少无法确认为河南吕氏家族成员的情况时，往往就只利用这些族谱中的世系或记载，将这些人说成是吕氏家族的族人，然后又循环论证其与吕氏家族的关系，这是很不妥当的。因此，本文在笔者原硕士论文的基础上修订谱系，加入了一些旧著所忽略或未见的史料，重新编制成这个"河南吕氏家族谱系图"，姚、陈二书这类后人族谱中记载的"新成员"，除非有其他充足和有力的史料佐证，否则一概不收。反而，一些新发现的史料或考古遗物，可补充吕家的成员内容，却为姚、陈所忽略，例如二十世纪八十年代出土的"合肥北宋马绍庭夫妻合葬墓"，及新登录的《舒昭叙墓志》。至于近年在浙江省武义县明招山吕祖谦家族墓地出土的十七通吕氏家族族人墓志铭，更是新见最重要的史料，本书已加运用（详后文）。

① Robert M. Hartwell, "Demographic, Political and Social Transformations of China, 750—1550", *Harvard Journal of Asiatic Studies*, Vol. 42, No. 2, 1982, p. 407.
② 《琬琰集》上卷十五，《吕文穆公蒙正神道碑》，第7页。

迅速，不意竟引起同僚嫉妒，天成四年（929）朝廷怀疑昭义节度使毛璋谋反，梦奇因坐曾借毛璋马故，责授太子右赞善大夫，到了长兴三年（932）才以北京副留守复为户部侍郎[①]。吕梦奇之事迹我们同样知道不多，据《旧五代史》载，他曾与赵敬怡构杀聂屿[②]；又与刘昫（887—946）及张麟于上国大宁山结庵共处，以吟诵自娱[③]；其著述今存的有《后唐招讨使李存进墓碑》[④]。吕梦奇曾为北京副留守，当时之北京是指太原，故吕氏一族遂于唐末徙籍山西太原，宋兴后则迁居于洛阳[⑤]。

吕梦奇是五代吕氏三院名族，家族势力远较其父时代显赫，但其二子吕龟图及吕龟祥（977年进士）入宋后之官运并不亨通，龟图历官起居郎，妻为彭城刘氏[⑥]；而龟祥则于开宝八年（975）为太子洗马诣金陵籍李煜（937—978）所藏图书[⑦]，历殿中丞，出知寿

[①] 薛居正等：《旧五代史》卷三六，《唐书》十二《明宗纪》二，北京：中华书局，1986年，第500页；卷三九，《明宗纪》五，第540页；卷四十，《明宗纪》六，第551页；卷四三，《明宗纪》九，第587页。
[②] 《旧五代史》卷七三，《唐书》四九《聂屿传》，第960页。
[③] 《旧五代史》卷八九，《晋书》十五《刘昫传》，第1171页。
[④] 董皓等：《全唐文》卷八四〇，《吕梦奇》，台南：经纬书局，1965年，第1页。
[⑤] 《琬琰集》上卷十五，《吕文穆公蒙正神道碑》，第1页；范祖禹：《范太史集》卷四二，《左中散大夫守少府监吕公墓志铭》，《四库全书珍本初集》，上海：商务印书馆，1934年，第5页。
[⑥] 《琬琰集》上卷十五，《吕文穆公蒙正神道碑》，第1页；王称：《东都事略》卷三二，《吕蒙正传》，台北：文海出版社，1967年，第3页；脱脱等：《宋史》卷二六五，《吕蒙正传》，北京：中华书局，1977年，第9145页；章定：《名贤氏族言行类稿》（以下简称《言行类稿》）卷三六，《吕蒙正》，《四库全书珍本初集》，上海：商务印书馆，1934年，第13页。
[⑦] 李焘：《续资治通鉴长编》（以下简称《长编》）卷十六，开宝八年十二月辛丑，北京：中华书局，1979—1995年，第354页；江少虞：《宋朝事实类苑》（以下简称《类苑》）卷三一，《词翰书籍》，上海：上海古籍出版社，1981年，第393页；周应合：《景定建康志》卷三三，《文籍志》，《宋元地方志丛书》，台北：大化书局，1980年，第2页；徐松：《宋会要辑稿》，《崇儒》四之十五，北京：中华书局，1987年，第2237页。

州，妻为李氏①。兄弟俩一为从六品之起居郎，一为从五品之殿中丞；而龟祥更因在寿州有善政，故整家移居寿州②，与其兄龟图的洛阳一支分地而居。可见吕氏家族在宋初之发展并不如意，族中两房更因宦途生活而分居，家族的凝聚力亦减弱。然而，在家道中落之际，第四代的吕蒙正却幸运地登太平兴国二年（977）进士第，且为状元，振兴家族势力③，并开创吕氏家族在两宋蓬勃发展之事业。

吕蒙正，字圣功，父龟图以多内宠故，逐其母刘氏，并蒙正出之，颇沦踬窘乏，但刘氏誓不复嫁，母子相依为命。太平兴国二年，蒙正举进士，太宗亲试擢冠甲科，遂迎二亲，同堂异室，奉养备至④。关于吕蒙正之登第，我们会在下章详析，此处不赘。太平兴国八年（983），吕蒙正擢参知政事，至端拱元年（988）拜中书侍郎兼户部尚书同中书门下平章事⑤，自登第不十年而执政，十二年拜

---

① 张方平：《乐全集》卷三六，《吕文靖神道碑》，《四库全书珍本初集》，上海：商务印书馆，1934年，第1页；《宋史》卷三一一，《吕夷简传》，第10206页。
② 《乐全集》卷三六，《吕文靖神道碑》，第1页；《宋史》卷三一一，《吕夷简传》，第10206页。
③ 明代史料载吕龟祥同于此年登第，见凌迪之：《古今万姓统谱》卷七五，《宋·吕龟祥》，台北：新兴书局，1971年，第6页。我对这个说法有怀疑，详见本章第三节的讨论。
④ 《琬琰集》上卷十五，《吕文穆公蒙正神道碑》，第1页；《东都事略》卷三二，《吕蒙正传》，第3页；《宋史》卷二六五，《吕蒙正传》，第9145页；《言行类稿》卷三六，《吕蒙正》，第13页；曾巩：《隆平集》卷四，《宰臣》，台北：文海出版社，1967年，第187页；朱熹：《五朝名臣言行录》卷一之六，《丞相许国吕文穆公》，《四部丛刊初编》，台北：商务印书馆，1967年，第23页。
⑤ 《琬琰集》上卷十五，《吕文穆公蒙正神道碑》，第1页；《东都事略》卷三，《本纪》三，第4页；同书卷三二，《吕蒙正传》，第3页；《宋史》卷二六五，《吕蒙正传》，第9145页；《言行类稿》卷三六，《吕蒙正》，第13页；《隆平集》卷四，《宰臣》，第187页；《五朝名臣言行录》卷一之六，《丞相许国吕文穆公》，第23页；徐自明撰、王瑞来校补：《宋宰辅编年录校补》（以下简称《编年录》）卷二，太平兴国八年十一月壬申，北京：中华书局，1986年，第43页。

相，当世罕见①。未几，赵普（922—992）罢相，吕蒙正代为上相，至淳化二年（991）罢，任相凡四年；淳化四年（993）复为上相，至至道元年（995）罢，其间独相一年六阅月；咸平四年（1001）再复为上相，明年感疾，凡七上章求解政事，至咸平六年（1003）罢，居相位二年七阅月②。

吕蒙正三次任相，在位约九年，其政崇尚宽简，行无为之治。他曾谓："老子称'治大国若烹小鲜'。夫鱼挠之则溃，民挠之则乱"，游说太宗"渐行清静之化以镇之"③，对人民采取宽大措施④；用人则以"德行为先"，并退小人，使"赏罚无滥"⑤。至于军事方面，吕蒙正亦反对出师讨伐，他曾向太宗说："兵者伤人匮财，不可屡

---

① 宋人多有称颂此事，见李心传：《建炎以来系年要录》（以下简称《系年要录》）卷一六九，绍兴二十五年八月丙戌，北京：中华书局，1988年，第27页；李心传：《建炎以来朝野杂记》（以下简称《朝野杂记》）甲集卷九，《状元十年执政五年持橐人数》，《丛书集成初编》，上海：商务印书馆，1936年，第113页；叶梦得：《石林燕语》卷六，北京：中华书局，1984年，第84—86页；洪迈：《容斋随笔》卷九，《高科得人》，上海：上海古籍出版社，1978年，第119页。
② 《琬琰集》上卷十五，《吕文穆公蒙正神道碑》，第1页；《东都事略》卷三二，《吕蒙正传》，第3页；《宋史》卷二六五，《吕蒙正传》，第9145页；《言行类稿》卷三六，《吕蒙正》，第13页；《编年录》卷二，端拱元年二月庚子，第49—51页；同书同卷，第66—67页；同书卷三，第91页；佚名：《宋大诏令集》卷五一，《吕蒙正拜相制》，北京：中华书局，1962年，第261—262页。
③ 《长编》卷三四，淳化四年闰十月丙午，第758页；《五朝名臣言行录》卷一之六，《丞相许国吕文穆公》，第23页；《类苑》卷二，《祖宗圣训·太宗皇帝》，第12页。
④ 《长编》和《五朝名臣言行录》同载一事，可见蒙正之政及其德："上（太宗）谓宰相曰：'幸门如鼠穴，何可塞之！但去其甚者，斯可矣。近来纲运之上，舟人水工有少贩鬻，但不妨公，一切不问，却须官物至京无侵损尔。'吕蒙正对曰：'水至清则无鱼，人至察则无徒。小人情伪，君子岂不知？盖以大度容之，则庶事俱济。昔曹参以狱市为守，政恐奸人无所容也。陛下如此宣论，深合黄、老之道。'"见《长编》卷三五，淳化五年二月己酉，第774页；《五朝名臣言行录》卷一之六，第23页；《类苑》卷二，第14页。
⑤ 《长编》卷三〇，端拱二年八月丙子，第687页；同卷，端拱二年十二月庚申，第692页；卷三四，淳化四年十月丁丑，第757页。

动"①,后又再语真宗曰:"唐太宗征高丽,亲负土,不能克其城而旋。隋炀帝伐辽,致寇盗群起。前鉴不远,唐太宗躐而行之,识者所不取也。"②至其罢相返归西京洛阳养疾,仍恳切叮嘱真宗:"北戎请和,从古以为上策。今先启诚意,继好息民,天下无事,惟愿以百姓为念。"③然而,吕蒙正对边政亦非只是消极之策而已,真宗时西北边臣屡请益兵防御夏人,蒙正便以为"兵非取于民不可","请于河南诸州籍壮丁,量数抽取"④。又请下令于保州、威虏、静戎、顺安等军州储备刍粟⑤,后来更主张授西凉府六谷部首领潘啰支(?—1004)为观察使⑥,离间吐蕃与西夏的关系,以夷制夷。其实吕蒙正提倡清静无为之政,自有其背景及需要,盖宋初经历统一诸战,太宗时又三败于辽,国家元气大伤,民生艰苦,故统治者必须与民休息,惟若边祸严峻,则亦应积极对付。

吕蒙正任内虽主宽简之政,但行事绝不苟且,他知人善任,遇事敢言,多次触怒太宗,同列为之汗流,然终不可夺其志⑦。因此,

---

① 《长编》卷三四,淳化四年十一月甲寅,第759页。
② 《长编》卷五二,咸平五年六月乙亥,第1137页。
③ 《长编》卷五九,景德二年正月乙巳,第1320页。
④ 《长编》卷五二,咸平五年五月壬寅,第1131页;王明清:《挥麈录·余话》卷一,第286页。
⑤ 《长编》卷五二,咸平五年六月癸酉,第1137页。
⑥ 《长编》卷五四,咸平六年二月己卯,第1181页。
⑦ 《长编》卷三五,淳化五年正月甲寅:"上语蒙正曰:'夫否极则泰来,物之常理。晋、汉兵乱,生灵凋丧殆尽。周祖自邺南归,京城士庶,皆罹掠夺,下则火光,上则彗孛,观者恐栗,当时谓无复太平日矣。朕躬览庶政,万事粗理,每念上天之贶,致此繁盛,乃知理乱在人。'蒙正避席曰:'乘舆所在,士庶走集,故繁盛如此。臣常见都城外不数里,饥寒而死者甚众,未必尽然。愿陛下视近以及远,苍生之幸也。'上变色不言。蒙正侃然复位,同列多感其亢直。它日,上欲遣人使朔方,论中书选才而可责以事者。蒙正退,以名上,上不许。他日又问,复以前所选对,上亦不许。他日又问益季,蒙正终不肯易其人。上怒,投其手奏于地曰:'何太执耶!必为我易之。'蒙正徐对曰:'臣非执,盖陛下未谅尔。'"

太宗极信任蒙正，嘉其无隐[1]，曾赐御篆"淳德守正"一轴[2]。真宗对他更是倚重，蒙正晚年多次以疾求退，诏下不允，御驾且亲自临问，赏赐金帛[3]，终以蒙正七次上表，才罢为太子太师，封莱国公[4]。真宗后来祀汾阴行封禅，更亲幸蒙正在洛中的宅第[5]，并下诏续给蒙正请罢的俸禄[6]，历封蔡国公、许国公[7]，恩宠至极。大中祥符四年（1011）蒙正卒，真宗震悼，哭甚悲，不能视朝三日，遣使吊祭，赙赐特厚，赠中书令，谥文穆[8]。

吕蒙正见知于太宗、真宗二朝，三次入相，门生故吏遍天下；淳化年间更曾独相逾年，其势力之大，自可想见。欧阳修（1007—1072）等曾记一事：

  吕文穆公蒙正以宽厚为宰相，太宗尤所眷遇。有一朝士，

因固称：'其人可使，余不及。臣不欲用媚道妄随人主意以害国事。'同府皆惕息不敢动，蒙正揩笏俛而拾其书，徐怀之而下。上退，谓亲信曰：'是翁气量我不如。'既而卒用蒙正所选，复命，大称旨。上于是益知蒙正能任人，而嘉其有不可夺之志。"第765—766页。从此二事可见蒙正之为人。

[1]《长编》卷二九，端拱元年正月庚辰，第647页；《五朝名臣言行录》卷一之六，《丞相许国吕文穆公》，第24页。
[2]《长编》卷三六，淳化五年十一月丙辰，第801页；宋敏求：《春明退朝录》卷上，北京，中华书局，1980年，第3页。
[3]《长编》卷五四，咸平六年五月丙申，第1193页；同卷，同月甲寅，第1194页。
[4]《长编》卷五五，咸平六年九月壬辰，第1213页。
[5]《长编》卷六五，景德四年二月辛巳，第1446页；吴处厚：《青箱杂记》卷一，北京：中华书局，1985年，第2页。
[6]《长编》卷五五，咸平六年八月己巳，第1209页。
[7]《长编》卷七〇，大中祥符元年十二月癸卯，第1581页；《春明退朝录》，卷上，第5页；《容斋随笔》卷一四，《宰相爵邑》，第388页；《类苑》卷二七，《官职仪制》，第344页。
[8]《长编》卷七五，大中祥符四年三月壬申，第1721页；《宋会要辑稿》，《礼》四一之四五，第1400页；又《仪制》一一之三，第2026页；《春明退朝录》卷上，第7页；《琬琰集》上卷一五，《吕文穆公蒙正神道碑》，第2页。

家藏古鉴，自言能照二百里，欲因公弟献以求知。其弟伺间从容言之，公笑曰："吾面不过碟子大，安用照二百里？"其弟遂不复敢言。闻者叹服，以谓贤于李卫公远矣。①

这既可见蒙正之贤德，但亦反映其弟能乘机举荐私人，甚或市恩；如果蒙正滥权，朝廷便会遍布吕氏的亲友。事实上，蒙正对其微时挚友就曾加援引，例如他与温仲舒（944—1010）及另一朋友读书于洛阳龙门利涉院，三人誓言不得状元不出仕，结果蒙正举状元，仲舒犹中甲科，而另一人则拂袖归隐。后来蒙正任相，太宗问昔谁为友，蒙正即以归隐者对，遂以著作郎召之②。至于温仲舒，他与蒙正同年登第，情契笃密，后知汾州，坐私监军家婢，除籍为民，穷栖京师屡年。当时蒙正在中书，极力奔走，终于使他恢复官籍；及后仲舒骤被任遇，反力攻蒙正援引亲昵，蒙正因而罢相，时论丑之③。此外，与蒙正同榜登第者如王沔（950—992）、王化基（944—1010）、张齐贤（943—1014）等均陆续被擢用④，他们的势力逐渐膨胀。据研究显示，宋代同年登第者会形成一个集团，互相荐引，不同榜形成不同党派，党同伐异。宋初的党争，不能简

---

① 欧阳修：《归田录》卷二，北京：中华书局，1981年，第29页；《五朝名臣言行录》卷一之六，《丞相许国吕文穆公》，第24页；《类苑》卷八，《名臣事迹·吕文穆》，第89页。
② 邵伯温：《邵氏闻见录》卷七，北京：中华书局，1983年，第71页；《青箱杂记》卷一，第2页；《类苑》卷三五，《诗歌赋咏·吕文穆》，第449页。
③ 《长编》卷三二，淳化二年九月丁丑，第720页。
④ 《长编》卷三一，淳化二年二月甲寅，第700页；卷三二，淳化二年四月辛巳，第714页；文莹：《玉壶清话》卷八，北京：中华书局，1984年，第77—78页；《类苑》卷八，《名臣事迹·王沔》，第84页，卷四二，《旷达隐逸·郭延卿》，第549页；王铚：《默记》卷中，北京：中华书局，1981年，第32页；罗志仁：《姑苏笔记》，载于《说郛三种》，第20页。

单理解为南北之争,而是"不同年"之党争①。因此,蒙正任内与其太平兴国二年一榜乃形成一个"同年"集团,势力庞大,但受到以寇准(962—1023)为首的太平兴国三年(980)一榜的攻击,故蒙正曾指责寇准"轻脱好声誉,不可不察"②。然而蒙正胸襟广阔③,太宗曾谓:"是翁气量我不如。"④他不热衷于权力⑤,到了咸平四年再相时,其与寇准一榜的斗争开始缓和,最后堂侄吕夷简娶寇准同榜进士马亮的女儿为妻,两派在第二代以后混合⑥,吕家的发展因此并没有受到影响。再者,蒙正亦好荐人才⑦,尝提拔王曾(978—

---

① 见同门挚友何冠环教授的研究, Ho Koon-wan, *Politics and Factionalism: K'ou Chun (962—1023) and his T'ung-Nien*, Unpublished Ph. D. Dissertation, The University of Arizona, 1990, pp. 64—116, 294—295. 本文承何冠环兄赐阅,谨此致谢。另见何冠环:《宋初朋党与太平兴国三年进士》(修订本),上海:中西书局,2018年,第1—12页。当然,宋初的党争不能单以"南北"或"同年"的原因概括之,其间涉及很复杂的政治过程,张维玲的最新研究有很深入的分析,必须参考。见张维玲:《从天书时代到古文运动:北宋前期的政治过程》,台北:台湾大学出版中心,2021年。
② 《长编》卷六四,景德三年十一月己未,第1434页。
③ 《宋史》卷二六五,《吕蒙正传》,第9146页、《类苑》卷一三,《德量智识·吕蒙正》,第147页,载一事,可见蒙正之气量:"吕蒙正相公不喜记人过。初参知政事,入朝堂,有朝士于帘内指之曰:'是小子亦参政邪?'蒙正佯为不闻而过之,其同列怒之,令诘其官位姓名,蒙正遽止之。罢朝,同列犹不能平,悔不穷问,蒙正曰:'若一知其姓名,则终身不能复忘,固不如毋知也。不问之,何损?'时皆服其量。"
④ 《长编》卷三五,淳化五年正月甲寅,第765—766页。
⑤ 《长编》卷三一,淳化二年二月甲寅,第700页;卷三二,淳化二年四月辛巳,第714页;《玉壶清话》卷八,第77—78页;《类苑》卷八,《名臣事迹·王沔》,第84页;卷四二,《旷达隐逸·郭延卿》,第549页;《默记》卷中,第32页。
⑥ Ho Koon-wan, *Politics and Factionalism: K'ou Chun (962—1023) and his T'ung-Nien*, pp. 136—137.
⑦ 《五朝名臣言行录》卷一之六,《丞相许国吕文穆公》:"(蒙正)曰:'我诚无能,但有一能,善用人耳。'此真宰相之事也。公夹袋中有册子,每四方人替罢谒见,必问其有何人才,客去随则疏之,悉分门类,或有一人而数人称之者,必贤也,朝廷求贤,取之囊中。故公为相,文武百官各称职者以此。"第24页。

1038）①，照顾富弼②，故后来王曾推荐吕夷简，富弼与蒙正儿子吕居简（999—1070）相善，未尝不和此有关，这对吕家以后的发展极有帮助。

吕蒙正虽不揽权，但宰相家族的子弟自可凭荫获官。自蒙正登第为相后，吕氏第四代族人亦因此继起，诸弟陆续被太宗擢任，吕蒙叟授郾城县主簿、吕蒙庄授楚邱县主簿、吕蒙巽授沈邱县主簿③；吕蒙休则举咸平进士，至殿中丞；吕蒙周亦举淳化进士④。其中蒙正与堂弟蒙巽最为友爱，故蒙正在汴京任相期间，手足相亲，蒙巽遂"久留毂下，不得补官于外"⑤，官至虞部员外郎⑥。至于蒙巽兄长即夷简之父吕蒙亨，亦尝举进士，礼部高等荐名，以从兄蒙正执政避嫌，不就廷试。后蒙亨选集吏部铨，得引对，太宗授为光禄寺丞，改丞大理，后知寿州，终无禄早世⑦，太宗便曾对王旦（957—1017）

---

① 文莹：《湘山野录》卷上，北京：中华书局，1984年，第9页；《类苑》卷三六，《诗歌赋咏·王沂公》，第471页。
② 《邵氏闻见录》卷八，第76页；《五朝名臣言行录》卷一之六，《丞相许国吕文穆公》，第24页。
③ 《长编》卷三一，淳化元年九月戊寅，第705页。有一点须指出，吕蒙巽实乃吕蒙正的堂弟，《长编》在这里却称其为"蒙正弟"，而蒙亨同样是蒙正堂弟，但下文记宋太宗亦称其为"蒙正弟"，盖这是国人常见对族弟的一种统称而已，不一定是亲兄弟。因此，笔者怀疑吕蒙叟和吕蒙庄也未必是蒙正的亲兄弟，盖宋代的其他史料均只记吕蒙正有蒙休一弟，从没提及此二人。究竟此二人是吕龟图还是吕龟祥的儿子，因史料所限，存疑。
④ 《宋史》卷二六五，《吕蒙正传》，第9149页。又，上官融：《友会谈丛》，《说苑》一〇〇卷本，台北：新兴书局，1963年，第2页，记吕蒙周任江南幕职，既受代而泛舟西归，结果舟沉葬身大海，全家罹难。据此，吕蒙周一房遂绝，惟此吕蒙周可能非吕蒙正之弟，或只姓名相同而已？今列举存疑。
⑤ 王珪：《华阳集》卷四〇，《寿安县太君吕氏墓志铭》，《丛书集成初编》，上海：商务印书馆，1936年，第556页。
⑥ 《宋史》卷二六五，《吕蒙正传》，第9149页；《友会谈丛》，第2页。
⑦ 《长编》卷二六，雍熙二年三月己未，第595页；《乐全集》卷三六，《吕文靖神道碑》，第1—2页；《容斋随笔·四笔》卷一三，《宰执子弟廷试》，第762页。

说:"此人(蒙亨)于兄弟中最优,蒙正何以不言?"①

蒙正为相,虽与倨傲的寇准异党为敌,但并无酿成大争,最终更化而解之;与位尊权重的赵普并相共事,不但没有冲突,而且甚获赵普推许②,故南宋的吕中(1274年进士)盛赞其相业③;他也未尝以姻戚徼进宠泽④,外姻柴成务(934—1004)即以此避嫌辞职⑤。凡此种种,再加上蒙正不提蒙亨一事,均可见其行事谨慎,故不易为人攻击,对家族之勃兴、家族势力之维持,极其重要。事实上,终宋一代,对吕蒙正的评价都很高,《东都事略》及《宋史》均称其为"盛德君子"及名相⑥;而后来更有很多关于蒙正的神异传说⑦,反映其名望声誉。

总言之,吕蒙正自太平兴国二年登第,以廷魁三居相位,时誉

---

① 《长编》卷三四,淳化四年五月丁未,第749页。
② 《长编》卷二九,端拱元年正月庚辰,第647页;《五朝名臣言行录》卷一之六,《丞相许国吕文穆公》,第24页。
③ 《长编》卷四七,咸平三年十一月庚寅,第1033页。
④ 《类苑》卷八,《名臣事迹·吕文穆》,第89页。
⑤ 《宋史》卷三〇六,《柴成务传》,第10114页。
⑥ 《东都事略》卷三二,《吕蒙正传》,第9页;《宋史》卷二六五,《吕蒙正传》,第9163页。
⑦ 如《类苑》卷六八,《神异幽怪·阴声冢》:"又有阴声冢者,阴雨,则冢中有歌乐之声。吕文穆公因过,其冢中云:'相公来,且住歌乐。'"第909页;委心子:《新编分门古今类事》卷一五,《祥兆门》又有《蒙正槐瑞》:"吕文穆公蒙正为举人时,客于建隆观道士丁君之舍。常往西洛省亲,自冬至至春方还,至板桥,逢职方刘蒙叟,同入顺天门。刘因送吕之道院,至则门户扃锁如故,既发钥启户,见卧床前有物高三四尺,蒙茸合抱,其色白而黄。刘、吕惊讶,逼而视之,乃槐也。遽召道侣观之,仍槐瑞至室而生耳,无不叹异。是岁公登科,不十年,位至上公平章事。识者以为槐瑞然。"北京:中华书局,1987年,第236页。关于此类传说,详细参见王秋桂的精彩研究, C. K. Wang, "Lu Meng-cheng in Yuan and Ming Drama", *Monumenta Serica: Journal of Oriental Studies*, Vol. XXXVI, 1984—1985, pp. 303—408.

甚隆[1]，其为政宽简，深得人主宠任，且行事谨慎，不易树敌，使吕氏家族得以勃兴，其后吕夷简、吕公著等均曾多次入相[2]；蒙正、夷简及公著又曾为司徒、司空[3]；蒙正及夷简更以宰相兼仆射[4]，地位之高，世所罕见。蒙正对吕氏家族之崛兴，贡献至大。

（二）家族势力之奠定

吕氏家族在第四代族人吕蒙正拜相后，家族势力开始勃兴，据蒙正的神道碑记载，"诸子位于朝"[5]，可知其各个儿子都曾出仕。按理说，宰相儿子凭借父荫，官运自然亨通，家族势力定有很大发展；但事实上在吕氏第五代族人中，蒙正诸子的成就远不及其从兄弟吕夷简之大。

吕蒙正有子男十人，一早夭未名，其他九人分别是从简、知简、惟简、承简、行简、易简、务简、居简及师简[6]。从简官国子博

---

[1] 《五朝名臣言行录》卷一之六，《丞相许国吕文穆公》，第23页；《玉壶清话》卷三，第24页；费衮：《梁溪漫志》卷一，《廷魁入相》，上海：上海古籍出版社，1985年，第2页。
[2] 《朝野杂记》，甲集卷九，《国朝父子祖孙兄弟宰执数》，第108页；《春明退朝录》卷下，第36页；《挥麈录·前录》卷二，第17页；《类苑》卷二四，《衣冠盛事》，第292页；徐度：《却扫编》卷上，《丛书集成初编》，上海：商务印书馆，1936年，第12页；刘斧：《清琐高议》后集卷八，《一门二相》，上海：上海古籍出版社，1983年，第181页；赵翼：《廿二史札记》卷二二，《二人相》及《继世为相》，台北：世界书局，1970年，第345页。
[3] 《春明退朝录》卷上，第4页；《容斋随笔》卷九，《三公改他官》，第118页；苏颂：《苏魏公文集》卷一四，北京：中华书局，1988年，第96页；苏象先：《丞相魏公谭训》卷四，《文学》，北京：中华书局，1988年，第1146页。
[4] 《春明退朝录》卷上，第4页；《容斋随笔》卷九，《三公改他官》，第118页；《苏魏公文集》卷一四，第96页；《丞相魏公谭训》卷四，《文学》，第1146页。
[5] 《琬琰集》上卷一五，《吕文穆公蒙正神道碑》，第2页。
[6] 姚红认为富弼所撰神道碑中吕蒙正诸子的长幼次序有错乱，见其《宋代东莱吕氏家族及其文献考论》，第17—21页。

士，历卫尉寺丞、驾部员外郎，终官国子博士①；知简历官校书郎、大理寺丞，终官太子右赞善大夫②；惟简历官司门员外郎、库部郎中，终官太子中舍③；承简历官司门员外郎、虞部郎中④；行简历官比部员外郎、右赞善大夫⑤；易简官奉礼郎⑥；务简历官国子博士、通判邓州、尚书水部员外郎、光禄少卿⑦；师简历官虞部员外郎、比部员外郎、右赞善大夫、知汝州、殿中丞、司农少卿⑧。

吕蒙正诸子的官位不高，约为五至九品的中下级官员而已，考其原因，首先是蒙正拒绝恩荫子弟为大官。案宋初旧制，宰相奏子

---

① 《琬琰集》上卷一五，《吕文穆公蒙正神道碑》，第7页；《长编》卷九〇，天禧元年九月癸巳，第2084页；《宋史》卷二六五，《吕蒙正传》，第9149页。
② 《琬琰集》上卷一五，《吕文穆公蒙正神道碑》，第7页；《长编》卷五九，景德二年正月乙巳，第1320页；《宋史》卷二六五，《吕蒙正传》，第9149页。
③ 《琬琰集》上卷一五，《吕文穆公蒙正神道碑》，第7页；《宋史》卷二六五，《吕蒙正传》，第9149页；胡宿：《文恭集》卷一五，《吕惟简可司门郎中制》，《四库全书珍本别辑》，台北：商务印书馆，1975年，第184页。惟简的事迹已多不可考，但一通新发现的墓志铭，记载了他有一个女儿嫁舒昭叙。据铭文载，其祖父为舒元（923—977），父亲为舒知崇。舒昭官终白波兵马都盛，知崇官至河北安抚副使，舒昭叙八迁至内殿崇班。见舒之翰：《舒昭叙墓志》，收于北京图书馆金石组编：《北京图书馆藏中国历代石刻拓本汇编》第39册，郑州：中州古籍出版社，1990年，第113页。
④ 《琬琰集》上卷一五，《吕文穆公蒙正神道碑》，第7页；《宋史》卷二六五，《吕蒙正传》，第9149页。
⑤ 《琬琰集》上卷一五，《吕文穆公蒙正神道碑》，第7页；《宋史》卷二六五，《吕蒙正传》，第9149页；《宋会要辑稿》，《职官》一一之六三，第2654页。
⑥ 《琬琰集》上卷一五，《吕文穆公蒙正神道碑》，第7页。
⑦ 《琬琰集》上卷一五，《吕文穆公蒙正神道碑》，第7页；《宋史》卷二六五，《吕蒙正传》，第9149页；宋庠：《元宪集》卷二六，《吕务简可尚书水部员外郎制》，《丛书集成初编》，上海：商务印书馆，1936年，第269页；刘挚：《忠肃集》卷一三，《清海军推官吕军墓志铭》，《丛书集成初编》，上海：商务印书馆，1936年，第188页。
⑧ 《琬琰集》上卷一五，《吕文穆公蒙正神道碑》，第7页；《宋史》卷二六五，《吕蒙正传》，第9149页；《元宪集》卷二五，《吕师简可殿中丞制》，第259页；欧阳修：《欧阳修全集·外制集》卷一，《虞部员外郎吕师简可比部员外郎制》，北京：中国书店，1986年，第583页。

起家，即授水部员外郎，加朝阶，蒙正长子从简时当奏补，但蒙正推辞说："臣昔忝甲科及第，释褐，止授六品京官。况天下才能，老于岩穴，不能沾寸禄者无限。今臣男从简，始离襁褓，一物不知，膺此宠命，死罹阴谴，止乞以臣释褐所授官补之。"[1] 故其儿子承荫的官品低下，仕途的起始受到一定窒碍。此外，才能亦是一个重要的条件，蒙正儿子若聪颖出众，在优良的家庭背景下，当可凭借恩荫或自身努力再争取高官厚禄，可惜其子弟中又有不肖者，如蒙正长子吕从简为国子博士监曲院时，便因坐盗官物除名，后于真宗朝上献其亡父文集，才得录为卫尉寺丞[2]。不过，影响蒙正诸子宦途发展最大的，却是他们的寿命，这是一个最普通最易为人忽视但又是最重要的因素，无论其人荫官多大、才能多高，但若命不久予，亦是徒然。蒙正诸子的生卒年我们不大清楚，但据其神道碑可知除居简外，其他九人均早夭[3]，而事实上吕居简就是蒙正儿子中仕途发展最得意者。

吕居简，蒙正第八子，明道二年（1033）以国子博士召试学士院，赐同进士出身[4]，妻为李氏[5]。居简曾以光禄少卿为吴郡守[6]，嘉

---

[1] 《长编》卷二九，端拱元年闰五月己丑，第653页；《挥麈录·后录》卷二，第102页；《玉壶清话》卷三，第24页。
[2] 《长编》卷九〇，天禧元年九月癸巳，第2084页。
[3] 《琬琰集》上卷一五，《吕文穆公蒙正神道碑》，第8页。
[4] 《宋会要辑稿》，《选举》九之八，第4400页。
[5] 《琬琰集》中卷一，《马肃公亮墓志铭》，第12页。墓志铭记吕居简的妻子为马亮女儿，惟徐红以为是晏殊误记。见徐红：《北宋太平兴国五年进士研究——以精英分子为中心》，山东大学博士论文，2007年。转引至姚红：《宋代东莱吕氏家族及其文献考论》，第20页。详见本书后文《新发见史料补遗》一章。
[6] 范成大：《吴郡志》卷一一，《本朝牧守题名》，《宋元地方志丛书》，台北：大化书局，1980年，第11页。

祐二年（1057）为集贤院学士知梓州[1]，治平元年至四年（1064—1067）为荆湖北路经抚[2]，后为广南东路经抚[3]，知郑州[4]，终以龙图阁直学士进封开国公，以兵部侍郎判西京御史台[5]，颇受宠用[6]。居简为官，治绩斐然，为吴郡守时，颇知民间疾苦，多番抚恤，更为其开"至和塘"，大有功于地方，极受百姓爱戴[7]；为京东提点刑狱，则捕擒反贼孔直温，平定祸乱[8]。然而，居简最为人所称颂者是为石介（1005—1045）辨诬，免去其发棺之祸。

庆历中，吕夷简罢政事，以司徒归第，晏殊（991—1055）和章得象（978—1048）为相，又以谏官欧阳修、余靖（1000—1064）上疏，罢枢密使夏竦（985—1051）。是时，石介为国子监直讲，献《庆历圣德颂》，褒贬甚峻，而于夏竦尤极诋斥。未几，党议蜂起，石介受到牵连，通判濮州，归徂徕山而病卒。适逢山东举子孔直温谋反，或言直温尝从石介问学，于是夏竦向仁宗上奏说："介实不死，北走胡矣。"仁宗下令将石介妻子拘管于江淮，又派中使与京

---

[1] 《宋会要辑稿》，《选举》三三之九，第4760页；《欧阳修全集·内制集》卷八，《赐右谏议大夫知梓州吕居简进奉乾元节无量寿佛一帧敕书》，第673页。
[2] 吴廷燮：《北宋经抚年表》卷五，北京：中华书局，1984年，第345页。
[3] 《北宋经抚年表》卷五，第380页。
[4] 《宋会要辑稿》，《瑞异》三之三四，第2121页。
[5] 韩维：《南阳集》卷一八，《外制》，《龙图阁直学士尚书刑部侍郎吕居简可尚书兵部侍郎、依前龙图阁直学士进封开国公、加食邑五百户实封二百户》，《四库全书珍本二集》，台北：商务印书馆，1971年，第16页；《石林燕语》卷二，第22页；《琬琰集》上卷一五，《吕文穆公蒙正神道碑》，第7页。
[6] 《王华阳集》卷一五，《赐给事中吕居简转官谢恩进马诏》，第180—182页。
[7] 朱长文：《吴郡图经续记》卷下，《治水》，《宋元地方志丛书》，台北：大化书局，1980年，第3页；郑虎臣：《吴都文粹》卷五，《至和塘记》，《宋元地方志丛书》，台北：大化书局，1980年，第24页。
[8] 《长编》卷一六一，庆历七年十一月甲申，第3889页；卷一六五，庆历八年十二月庚寅，第3978页。

东部刺史发石介棺木以验虚实。是时吕居简负责此案，他对中使说："若发棺空，而介果北走，则虽孥戮不足以为酷。万一介尸在，未尝叛去，即是朝廷无故剖人冢墓，何以示后世耶？"中使虽然同意，却忧虑无以回应君命。居简遂建议："介之死，必有棺敛之人，又内外亲族及会葬门生无虑数百，至于举柩空棺，必用凶肆之人，今皆檄召至此，劾问之，苟无异说，即皆令具军令状，以保任之，亦足以应诏也。"于是，自石介亲属及门人以下，并凶肆棺敛舁柩之人合共数百状，全部结罪保证，再由中使持以覆奏。最后，仁宗亦觉悟夏竦之谗言，寻有旨放石介妻子还乡，而"世以居简为长者"[1]。

富弼以为蒙正诸子中，吕居简最克肖其父[2]，从居简的治绩及处理石介一事，可见富弼之言不谬。这里我们要注意一点，庆历年间，吕夷简与范仲淹（989—1052）相争，欧阳修、富弼和石介等均曾力攻夷简，但居简却为石介辨诬，且与富弼相善（蒙正的神道碑，就是居简请富弼代志），可知吕氏一族的政见及交游等最是多元，任何一派胜利都不致令吕氏全族受到打击，对家族势力的巩固和发展极为重要。

以吕居简之贤能和宽厚，足可维持蒙正的家业，惜其兄弟均早逝，至居简以后[3]，蒙正一支便逐渐衰微，后裔可考者更只零星数人

---

[1] 《长编》卷一五七，庆历五年十一月辛卯，第3806页；卷一六〇，庆历七年六月庚午，第3876页；魏泰：《东轩笔录》卷九，北京：中华书局，1983年，第104页。

[2] 《琬琰集》上卷一五，《吕文穆公蒙正神道碑》："惟龙图公（吕居简）最为肖公（吕蒙正），沉识懿行，动有规法。力以词业，自登名于英俊之域，入践台阁，出更藩服，蔼著嘉绩，稔于舆论，异日必能蹋公之武于廊庙之上而增大乎门构矣。"第8页。

[3] 居简卒于1070年，见《长编》卷二一八，熙宁三年十二月丙子，第5306页。

而已，发展家族势力的责任遂落在吕蒙亨一房之上。蒙正崛起于科场，使吕家勃兴，其人品行端正，为政宽厚，不易树敌，可令刚发展的家族势力不受攻击，行稳致远；居简克肖其父，虽能保家守成，惟宋中业以后政治日趋复杂，单靠仁厚并未足以奠定及进一步显扬家势；且居简不曾拜相参决大政，故吕氏欲使蒙正创下的事业得以继续，则极需要一个有权有谋的人，而夷简便是最合适之人选。

吕夷简，字坦父，随父亲蒙亨徙居寿州，遂为寿州人。夷简少时已显露才华，蒙正很欣赏他，不肯以任子荐之，以为"彼当自致公辅，岂可以门阀卑之"[1]。故夷简跟从父亲到福州任县令时仍为布衣，但马亮一见夷简，知其必贵，遂不顾妻子反对，妻之以女[2]。后来夷简果然进士及第，补绛州军事推官，稍迁大理寺丞，大中祥符中登制举，通判通州、濠州，再迁太常博士[3]。然而，夷简之得获大任，实仍赖蒙正的推荐。大中祥符四年蒙正致仕居于洛阳，真宗驾幸其家宅，闲谈间问蒙正诸子孰可为用，蒙正对曰："臣之子，豚犬耳。犹子夷简，宰相才也。"真宗记下其语，及后夷简遂至大用[4]。蒙正荐堂侄而不荐儿子，或因他深知夷简的才能，故为全族着想；而吕氏家族的发展，从此便得以奠定下来。

吕夷简后来逐渐受真宗重用，历知滨州、提点两浙刑狱、权知开

---

[1]《丞相魏公谭训》卷一〇，《杂事》，第1176页。
[2]《长编》卷一一〇，天圣九年八月丁丑，第2565页；《宋史》卷二九八，《马亮传》，第9917页；《东轩笔录》卷三，第28页。
[3]《长编》卷六八，大中祥符元年四月甲寅，第1535页；《宋史》卷三一一，《吕夷简传》，第10206页；《五朝名臣言行录》卷六之一，《丞相许国吕文靖公》，第101页。
[4]《长编》卷七五，大中祥符四年三月甲申，第1716页；《邵氏闻见录》卷八，第76页。

封府等,其间颇有治誉,如他知滨州时"固提防、导水势,卒不为民患",又上言乞免河北诸州收税农器[1];提点两浙刑狱则疏请减缓建宫观工徒之役,真宗称其有"为国爱民之心"[2];治开封府则严办有声,真宗识其姓名于屏风,意将大用之也[3]。但夷简的仕途发展,实与当时的政治斗争有很大关系,前引研究宋代"同年"党争的何冠环教授指出,寇准、王旦一派与吕蒙正一榜之争消融后,二派结合;而继之而来与寇准党相争的为王钦若(962—1025)、丁谓(966—1037)一榜[淳化三年(992)"同年"]。后来寇准虽然失败下台,但其"同年"王旦及其裔流士曾、吕夷简等却成功将王钦若、丁谓一派消灭[4]。其实,吕夷简娶马亮女儿,两家关系紧密,而马亮为寇准"同年",已反映二派渐渐融合。如果我们细加考察夷简崛起大拜的过程,便可知此论之确。

吕夷简提点两浙刑狱时,寇准判永兴军,黥有罪者徙湖南,道由京师,竟告寇准有异谋,幸得夷简为寇准辨诬,结果真宗听从其言;及后寇准废死南荒,夷简又辨其枉而请加甄叙赐谥以褒之[5]。从此二事,得窥夷简与寇准的关系。夷简既属寇准,遂致力打击王钦若一党。淳化四年(993),王小波、李顺叛起,到天禧元年(1017)岭南获贼误以为李顺者而献于京,当时王钦若在枢府即称庆贺,发觉出错后便想匆匆结案了事,吕夷简知杂事,乃曰:"是可

---

[1] 《五朝名臣言行录》卷六之一,《丞相许国吕文靖公》,第101页;《长编》卷八一,大中祥符六年七月壬寅,第1842页;《宋会要辑稿》,《食货》一之一八,第4810页。
[2] 《长编》卷八八,大中祥符九年十月壬辰,第2025页。
[3] 《长编》卷九六,天禧四年九月己酉,第2215页。
[4] Ho Koon-wan, Politics and Factionalism: K'ou Chun (962—1023) and his T'ung-Nien, Chapter 6—8, pp. 193—291.
[5] 《五朝名臣言行录》卷六之一,《丞相许国吕文靖公》,第102页及105页;《长编》卷八八,大中祥符九年十月壬辰,第2025页。

欺朝廷乎？"卒以实奏，由是忤大臣意①。过去论者只以为夷简此举不敢欺上，更不肯媚视宰执，但其实这亦可反映他借此攻击王钦若一派。此外，夷简又曾审办钱惟演（977—1034）考校不公的案件，结果惟演责降一官②，而惟演又是丁谓之党③。

吕夷简治事严明，既能打击政敌，又可得同党的扶持，王旦在未识夷简前已向王曾极力推荐他，谓其必秉国政④，后来又结为姻亲（详第四节），夷简因此得到王旦一派的照顾，他于天圣七年（1029）拜相，实是王曾之力荐：

> 始，王曾荐夷简可相，久不用。（张）士逊将免，曾因对言："太后不相夷简，臣以度圣意，不欲其班枢密使张耆上尔。耆一赤脚健儿，岂容妨贤至此！"太后曰："吾无此意，行用之矣。"于是，卒相夷简，以代士逊。⑤

不过，夷简在拜相前出任参知政事，除得王旦等相助外，也赖其沉实和谋略把宰相丁谓打垮。案乾兴元年（1022）真宗驾崩，丁谓为山陵大礼使，宦官雷允恭为都监，擅自迁徙皇陵坟地。丁谓办理此事不善，引致朝论哗然。当时吕夷简知开封府，推鞫此狱，其

---

① 《长编》卷九〇，天禧元年十一月癸卯，第2086页；《五朝名臣言行录》卷六之一，《丞相许国吕文靖公》，第102页。
② 《长编》卷九三，天禧三年三月癸未，第2141页。
③ Ho Koon-wan, *Politics and Factionalism: K'ou Chun (962—1023) and his T'ung-Nien*, p. 225.
④ 苏辙：《龙川别志》卷上，北京：中华书局，1982年，第74页；范镇：《东斋记事》卷三，北京：中华书局，1980年，第23页；《五朝名臣言行录》卷六之一，《丞相许国吕文靖公》，第101页。
⑤ 《长编》卷一〇七，天圣七年二月丙寅，第2495页。

"凡行移、推劾文字,及追证左右之人,一切止罪允恭,略无及丁之语。狱具,欲上闻,丁信以为无疑,遂令许公(夷简)奏对。公至上前方暴其绝地之事,谓意以此投海外,许公遂参知政事矣"①。至此丁谓、王钦若一派失败下台,王曾及吕夷简等大获全胜。

吕夷简对付丁谓一事,足见其智谋权术,但他以此道对付恩人王曾,实欠忠厚②。王曾于章献明肃刘太后(969—1033)前屡荐夷简,至夷简为相,专决用事,王曾不堪忍受,与其论议多有不合,数次求去,且闹至仁宗面前。结果二人先后罢相,"晚年睽异,势同水火"③。盖吕夷简权力欲极强,除王曾以外,他又暗挤贤相李迪(971—1047),为世人所诟病。李迪曾忤章献太后被贬,及太后上仙,迪乃复相,自以为受不世之遇,尽心辅佐,知无不为。时吕夷简在中书,"事颇专制,心忌迪,潜短之于上,迪性直而疏,不悟也"。李迪最终被罢,他对人抱怨说:"吾自以为宋璟,而以夷简为姚崇,不知其待我乃如是也。"④虽然如此,夷简并不算是个坏宰相⑤,他主政期间曾智罢宦官监军⑥;编修《中书总例》,使庸夫执之亦可为

---

① 《东轩笔录》卷三,第27页。
② 关于吕夷简之功过,王德毅有深入研究,见氏著:《吕夷简与范仲淹》,载于王德毅:《宋史研究集》第2辑,台北:鼎文出版社,1962年,第119—184页。
③ 《长编》卷一二〇,景祐四年四月甲子,第2826页;《东轩笔录》卷七,第83页。
④ 《长编》卷一一六,景祐二年二月丁卯,第2722—2723页;司马光:《涑水记闻》卷八,北京:中华书局,1989年,第79—80页;《五朝名臣言行录》卷五之二,《丞相李文定公》,第93页。
⑤ 刘子健:《欧阳修的治学与从政》,台北:新文丰出版公司,1984年,第144页;王德毅:《吕夷简与范仲淹》,第119—184页。
⑥ 王辟之:《渑水燕谈录》卷二,《名臣》,北京:中华书局,1981年,第15页;《五朝名臣言行录》卷六之一,《丞相许国吕文靖公》,第108页;《类苑》卷九,《名臣事迹·吕文靖》,第100页。

相①；请诏诸州皆立学校②；罢辅臣领宫观使、劝刘太后葬天书及停止营造等等③，均大有益于国家民生。诸事中，以处理李宸妃（987—1032）葬礼及调和刘太后与宋仁宗两宫的关系，最值得称道。

仁宗本非刘太后所生，但他不知事实，更不知李宸妃是其生母，这就是家喻户晓的"狸猫换太子"故事本源。李宸妃死，太后欲将其草草下葬，吕夷简却反对力争，主张厚葬。太后不肯，夷简乃谓："太后他日不欲全刘氏乎？"又向传事之内使说："异时治今日之事，莫道夷简不争。"太后最终答允礼葬宸妃，并以水银注满梓宫。及太后死，仁宗得知真相后下令检视，见李宸妃容貌如生，知谣言之可畏，遂更厚待刘太后的家族④。此事足见夷简预事之明及调和两宫之功，盖仁宗以冲龄即位，章献明肃太后临朝称制，夷简一方面以调和两宫庇护幼主为职志，另一方面又救护大臣如曹利用（?—1029）、刘涣（998—1078）等⑤，稳定社稷，安抚人心。惟夷简功劳再大，他翊赞仁宗废后一事，却永为人所诟病。

仁宗亲政，与吕夷简谋出张耆、夏竦等章献太后曾用之士，郭皇

---

① 《长编》卷一一七，景祐三年九月戊申，第2758页；《五朝名臣言行录》卷六之一，《丞相许国吕文靖公》，第109页。
② 《五朝名臣言行录》卷六之一，《丞相许国吕文靖公》，第105页。
③ 《长编》卷九九，乾兴元年八月己卯，第2297页；卷一〇八，天圣七年六月丁未，第2515页；同卷，七月乙酉，第2520页；《五朝名臣言行录》卷六之一，《丞相许国吕文靖公》，第102—103页；《石林燕语》卷七，第95页。
④ 《长编》卷一一一，明道元年二月丁卯，第2577页；卷一一二，明道二年四月庚子，第2610—2613页；《东轩笔录》卷四，第43页。
⑤ 《长编》卷一一三，明道二年十一月戊寅，第2644页；《五朝名臣言行录》卷六之一，《丞相许国吕文靖公》，第102—105页；王德毅：《吕夷简与范仲淹》，第132—137页。又，关于刘皇后朝之政事，同门挚友张月娇曾为文论之，见张月娇：《章献明肃刘皇后与北宋真、仁二朝之政治》，香港中文大学历史学部硕士论文，1988年。

后（1012—1035）竟向仁宗说："夷简独不附太后邪？但多机巧善应变耳！"夷简因此罢相。明道二年（1033），已回朝再次为相的吕夷简遂支持仁宗废后，并斥逐反对的谏官范仲淹、孔道辅（985—1039）等人。翌年，范仲淹上《百官图》，指斥夷简偏袒私人，又进《四论》讥切时政，夷简大怒；而余靖、尹洙（1001—1047）、欧阳修等群起支持仲淹，结果被夷简指为朋党，一律贬出，风波虽然平息，但朋党之论自此大兴[1]。这次政争起因虽为废后及吕夷简之专横，但另一方面也是王曾的反击。原来范仲淹也是王曾及李迪之派裔，吕夷简背叛他们后，王曾等乃支持范仲淹攻击夷简，废后一事成为最好的机会[2]。但其时夷简深得仁宗宠信，在朝中势力庞大，故地位仍可保持。

吕夷简与其从伯父吕蒙正一样，自天圣至庆历年间三居相位，凡十一年三阅月[3]，其间更曾独相三年[4]，又以宰相兼枢密[5]；后更与儿

---

[1] 《长编》卷一一三，明道二年十二月甲寅，第2648—2654页；卷一一八，景祐三年二月甲寅，第2776页；同卷，五月辛卯，第2785—2787页；卷一二二，宝元元年十月丙寅，第2881页；《涑水记闻》卷八，第85页；《琬琰集》上卷二〇，《范文正公仲淹神道碑》，第315页；刘子健：《欧阳修的治学与从政》，第143页。
[2] Ho Koon-wan, *Politics and Factionalism: K'ou Chun (962—1023) and his T'ung-Nien*, p. 298.
[3] 第一次是1029至1033年，第二次是1033至1037年，第三次是1040至1043年。见《隆平集》卷二《宰执》，第16页；《东都事略》卷五，《本纪》五，第2—7页；《宋会要辑稿》，《帝系》一之二一，第25页；《五朝名臣言行录》卷一之六，《丞相许国吕文穆公》，第23页；《玉壶清话》卷三，第24页；《梁溪漫志》卷一，《廷魁入相》，第2页；《朝野杂记》甲集卷九，《国朝父子祖孙兄弟宰执数》，第108页；《春明退朝录》卷下，第36页；《挥麈录·前录》卷二，第17页；《类苑》卷二四，《衣冠盛事》，第292页；《却扫编》卷上，第12页；《清琐高议》后集卷八，《一门二相》，第181页；《廿二史札记》卷二二，《二入相》及《继世为相》，第345页。并参考孔东：《宋代东莱吕氏之族望及其贡献》，第59页。
[4] 《石林燕语》卷八，第122页。
[5] 《长编》卷一三七，庆历二年七月戊午，第3283页；同卷，九月乙巳，第3290页；《东都事略》卷六，《本纪》六，第2页；《石林燕语》卷五，第68页及卷八，第123页；《挥麈录·后录》卷一，第66页。

子吕公著异时加"平章军国事"衔①，宋兴以来大臣以三公平章军国者四人，二人出自吕氏，可见其势②。庆历四年（1044）夷简薨，仁宗亲临殡丧，辍朝三日，谥文靖，历封申国公、许国公；后更御赐"怀忠之碑"③，配享庙庭④。

吕夷简在中书二十年，三冠辅相，所言无不听，所请无不行，有宋得君，一人而已⑤。夷简当国，"同列不敢预事，唯诺书纸尾而已"⑥；而阿附亲己者，夷简则悉力护之⑦。因此，朝中满布夷简之亲旧，"内外姻族之盛，冠于当时"⑧，蔡襄（1012—1067）便曾抨击其子吕公绰（999—1055）在夷简执政之日，倚权卖势，"货赂交通"；而夷简之党更迁公绰之官，"以酬夷简之惠"⑨。欧阳修亦指"夷简子弟因父侥幸，恩典已极"，"岂可使奸邪巨蠹之家，贪赃愚骏子弟不住加恩"，更称连夷简仆人袁宗等亦为奉职⑩。

---

① 《类苑》卷二四，《衣冠盛事·吕文靖》，第286页；《渑水燕谈录》卷二，《名臣》，第19页。
② 朱熹：《三朝名臣言行录》卷八之一，《丞相申国吕正献公》，《四部丛刊初编》，台北：商务印书馆，1967年，第195页；孔东：《宋代东莱吕氏之族望及其贡献》，第61页。
③ 《春明退朝录》卷上，第4—7页；《宋会要辑稿》，《礼》四一之五，第1380页；四一之四四，第1399页。
④ 《长编》卷一九九，嘉祐八年十一月丙午，第4832页；《宋会要辑稿》，《礼》一一之一，第555页。
⑤ 《长编》卷一三九，庆历三年正月丙申，第3345页。碍于篇幅和主旨，本文无法详析吕夷简的政绩和功过，读者可参考李成学的专论，见李成学：《吕夷简评传》，湘潭大学硕士论文，2010年。
⑥ 《长编》卷一三二，庆历元年五月辛未，第3127页。
⑦ 《长编》卷一四〇，庆历三年四月壬戌，第3367页。
⑧ 苏舜钦：《苏舜钦集》卷一五，《两浙路转运使司封郎中王公墓表》，北京：中华书局，1961年，第328页。
⑨ 蔡襄：《端明集》卷一七，《乞罢吕夷简商量军国事》，《四库全书珍本四集》，台北：商务印书馆，1973年，第3页；卷一八，《再论吕公绰》，第6页。
⑩ 《长编》卷一四三，庆历三年九月丁卯，第3444页；《欧阳修全集·奏议集》卷四，《论吕夷简札子》，第800页。

吕蒙正带兴了吕氏家族,夷简不但能承继其业,且凭借自己高超的谋略和手腕,于当时险恶的政治环境(包括党争、皇室斗争)中得到君主之宠任,扩充家族子弟各人的利益,故他实在是吕氏家族势力之奠定者。自此以后,吕氏多人在朝中盘踞要职,使家族势力蒸蒸日上。然而,夷简为人同样非常谨慎[①],虽营党植私,"然所斥士,旋复收用,亦不终废。"[②]最后他又与范仲淹解仇[③],朱熹(1130—1200)以为其乃欲补前之过[④]。正因为夷简这种政治智慧,故他虽受时人攻击,却并未为子孙永远树敌,影响家族势力的发展,他的儿子吕公弼和吕公著便和欧阳修等相善,而当世对夷简的批评也就愈来愈少。蒙正、居简之宽厚不记人过及夷简之老练、谨慎,是家族势力不受攻击的重要原因。

吕夷简一房是吕氏家族第五代最重要的分支,但除夷简以外,其弟吕宗简亦曾登第[⑤],仕至尚书刑部员外郎,赠金紫光禄大夫,妻

---

① 兹举二事以见之,《宋会要辑稿》,《职官》七七之三七:"吕申公夷简平生朝会出入进止,皆有常处,不差尺寸。"第4151页;《五朝名臣言行录》卷六之一,《丞相许国吕文靖公》:"文靖夫人因内朝,皇后曰:'上好食糟淮白鱼,祖宗旧制,不得取食味于四方,无从可致。相公家寿州,当有之。'夫人归,欲以十䭽为进,公见问之,夫人告以故。公曰:'两䭽可耳。'夫人曰:'以备玉食,何惜也?'公怅然曰:'玉食所无之物,人臣之家,安得有十䭽也!'"第109页。
② 《长编》卷一五二,庆历四年九月戊辰,第3698页。
③ 关于范吕解仇之史料及争论极多,不详引。参考王德毅:《吕夷简与范仲淹》,第165页;王瑞来:《范吕解仇公案再回首——历史阐释个案透视》,载于王瑞来:《天地间气——范仲淹研究》,太原:山西教育出版社,2015年,第73—98页。
④ 黎靖德:《朱子语类》卷一二九,《本朝》三,北京:中华书局,1986年,第3087页。
⑤ 《宋史》卷二六五,《吕蒙正传》,第9149页;《长编》卷一〇三,天圣二年三月壬子,第2354页。

为鲁氏[①]。宗简与兄长尤为友爱[②],夷简任京官后自寿州迁居汴京,宗简似亦随往[③],其事迹不详,但其曾孙吕广问(1098—1170)为吕家第八代之重要人物,下文会详加讨论。

(三)全盛期与中衰

夷简以后,吕氏家族之发展进入全盛时期,第六代族人均于朝廷中高踞要津。承前所论,蒙正一支的发展远不如夷简后人发达,据蒙正神道碑载:"孙二十五人,曾孙三十一人","孙皆有官,而曾孙亦有出仕者"[④],但蒙正一房第六及第七代人事迹可考者只昌辰、昌宗、昌祐、昌龄、昌绪、仲敏、仲履、仲棐及仲甫寥寥数人而已,想来其他人均为官不大,甚或早夭,故不见载于史册。

昌辰为吕务简子,"以世父荫调和州历阳汉州雒县两主簿,徙江宁建宁令,父丧不之官,服除调莱州推官",后"迁荆南推官,又补商州,坐册将累免,以山南东道推官知金州石泉县,改清海军推官知桂州修仁县",卒年六十一。昌辰虽生贵家,但不以一毫取人,故家极贫,至死无以敛盖,娶妻刘氏,有子六人。其中仲敏为通直郎知郓州阳谷县,仲履和仲棐举进士,但以后事迹不可考,其

---

① 韩元吉:《南涧甲乙稿》卷二〇,《左太中大夫充龙图阁待制致仕赠左正奉大夫吕公墓志铭》,《丛书集成初编》,上海:商务印书馆,1936年,第394页。
② 《琬琰集》下卷八,《吕夷简神道碑》,第10页。
③ 张方平撰写的神道碑提到吕夷简与宗简"休暇相对谈名理之迹,不及公家之事",所谓"休""暇"的时候常常聊天,或可猜估他们兄弟至少住得很近。另,佚名:《异闻总录》卷四记:"吕文靖公宅在京师榆林巷,群从数十。遇时节朔望,则昧旦共集于一处,以须尊者之出。文穆公之孙公雅,年十八岁,时当元日谨礼,以卑幼故起太早……",《笔记小说大观》,扬州:广陵古籍刻印社,1983年,第8页。吕公雅是吕宗简的儿子,他住在吕夷简在京师的大宅,或可反映夷简、宗简兄弟友爱,故聚族同居。又见本章第五节之讨论。
④ 《琬琰集》上卷一五,《吕文穆公蒙正神道碑》,第8页。

余均早死①。

　　昌宗为吕师简子，以父遗表恩试将作监主簿②，事迹未详。吕昌祐曾以将作监主簿迁太常寺太祝③，事迹亦不可考。吕昌龄的父亲不知为何人，昌龄曾因族父吕夷简不予进用而生怨，助王曾攻夷简④；后张方平（1007—1091）举昌龄为三司判官⑤，方平为吕夷简党⑥，可见昌龄、夷简二人关系或有所改善。吕昌龄曾为江南转运使，有以赃诬之者，卒赖御史台推直官单煦为之明辨⑦；历官群牧判官、国子博士⑧，

---

① 《忠肃集》卷一三，《青海军推官吕君墓志铭》，第189页。
② 王安石：《临川先生文集》卷五二，《光禄少卿知单州吕师简遗表次男昌宗试将作监主簿制》，香港：中华书局，1971年，第558页。据此制可知师简至少还有一子，但其生平也不可考。
③ 案，就笔者所搜集到的宋代史料中，只沈遘提及吕昌祐，见沈遘：《西溪文集》卷四，《将作监主簿吕昌祐可太常寺太祝》，《四部丛刊续编》，台北：商务印书馆，1966年，第72页。此文称赞吕昌祐时说："以尔故相之后"，考宋初吕氏为相者，只吕余庆吕端及吕蒙正二族，而余庆族人并无以"昌"字排辈，故其必为蒙正之孙。姚红：《宋代东莱吕氏家族及其文献考论》，第24页，谓昌祐是吕居简之子，却完全没有解释，不知何据？想必又是后人编修的《(莘湖)吕氏宗谱》而已。
④ 《五朝名臣言行录》卷五之二，《丞相李文定公》，第94页；《龙川别志》卷上，第81页。按昌龄既为夷简族子，而吕氏族人中只蒙正之孙以"昌"字排辈，故其必为蒙正之孙。不过，宋人史料却没有记载其父之名，跟前注一样，姚红在没有解释下又径称昌龄是吕从简儿子，见《宋代东莱吕氏家族及其文献考论》，第22页。
⑤ 《乐全集》卷三〇，《举吕昌龄充三司判官》，第9页。
⑥ 《长编》卷一三七，庆历二年闰九月壬午，第3299页。
⑦ 郑克：《折狱龟鉴》卷三，《单孟阳鞫赃》，北京：中华书局，1987年，第152页；《宋史》卷三三三，《单煦传》，第10714页。
⑧ 《乐全集》卷三〇，《举吕昌龄充三司判官》，第9页《长编》卷一五九，庆历六年七月癸卯，第3842页。另，罗浚：《宝庆四明志》卷一，《郡守》，《宋元地方志丛书》，台北：大化书局，1980年，第19—21页；袁桷：《延祐四明志》卷二，《知府制置姓名》，《宋元地方志丛书》，台北：大化书局，1980年，第6—7页，两书均有大观三年朝奉郎尚书金部员外郎、知军州兼市舶务吕昌龄的记载，惟大观与庆历相距六十多年，姚红认为二者并非同一人。其说可取，今从之。见《宋代东莱吕氏家族及其文献考论》，第22—23页。

妻为都官郎中王世昌（955—1032）女儿①。

吕昌绪亦是吕蒙正孙，但史料所限，其父同样未知是何人。昌绪历官亳州司法，妻为丞相苏颂（1020—1101）长妹，归三年而昌绪卒，有子二人，亦早卒②。蒙正八子早卒，昌绪亦复如是，其后人未如夷简一房之盛，设想寿命不长是其要因。

蒙正一房中，除昌龄外，以曾孙吕仲甫事迹最可考③。吕仲甫，字穆仲，登治平二年（1065）第④；熙宁年间以京寺丞为杭州推官，与东坡（苏轼，1037—1101）唱和；元丰七年（1084）提点河北东路刑狱，绍圣四年（1097）为发运副使，元符元年（1098）移江淮荆浙路兼制置盐矾茶事，后直秘阁、知荆南，二年坐奉使淮浙用伎乐宴集降一官。吕氏家族中名相公著、公弼弟兄均反对新法，但仲甫之态度则较为审慎，故蔡卞（1058—1117）向哲宗语及仲甫时说："（仲甫）晓事却不敢为非，亦恐未可也。"崇宁元年（1102）复为集贤殿修撰，后知邓州，但终乃对新法采观望态度，寻于二年

---

① 《欧阳修全集·居士外集》卷一一，《都官郎中王公墓志铭》，第441页。
② 《苏魏公文集》卷六二，《万寿县令张君夫人苏氏墓志铭》，第951—952页；卷七一，《祭亡妹张氏五县君》，第1077页。苏颂撰写的铭文并无提及昌绪的父亲为何人，姚红同样在没有解释和证据下说他是吕居简的儿子，见姚红：《宋代东莱吕氏家族及其文献考论》，第23页。
③ 陆心源：《宋诗纪事补遗》卷二二，《吕仲甫》，台北：鼎文书局，1971年，第12页，称仲甫为蒙正孙，但蒙正孙实以"昌"字排辈，而前论之吕昌辰子仲敏、仲履及仲棐均以"仲"字名，故仲甫应为蒙正曾孙。一如前面的情况，姚红又是根据《(莘湖)吕氏宗谱》，径称仲甫是吕昌龄的儿子，见《宋代东莱吕氏家族及其文献考论》，第25页。
④ 案，林表民：《天台续集别编》卷一，有吕穆仲：《送罗仲之年兄出使二浙》，《文渊阁四库全书》，台北：商务印书馆，1986年，第4—5页，罗适登治平二年第，从吕仲甫称罗适为"年兄"，可知他亦登同榜第。罗适登第资料，见龚延明、祖慧：《宋代登科总录》，桂林：广西师范大学出版社，2014年，第967页。

士族篇 047

落职知海州[①]。新法党争对仲甫之打击虽不至太大,但蒙正一房因前述各种缘故,于仲甫后族人遂不再见于史传。(不过,八百年后,可能是吕蒙正一个女性后人的古墓却重现于世[②],详见本章第四节。)

与吕蒙正后人相比,夷简一房到了第六代后发展蓬勃,为吕氏家族之全盛时期。夷简有七子,二早夭,吕公䇸后亦卒,赠右赞善大夫[③];其余诸子吕公绰、吕公弼、吕公著及吕公孺(1021—1090)均大显于当世。夷简执政时,为家族积极扩张势力,子弟恩典已极,欧阳修及蔡襄先后猛烈攻击他们,已见前论,其中吕公绰受到的批评最多。吕公绰,字仲裕(一字仲祐),随父亲夷简家于开封,妻子为兵部员外郎上官佖女儿。公绰少补将作监丞、知陈留县,天圣中为馆阁对读,召试直集贤院,改校理,迁太子中允。夷简薨,知制诰、拜龙图阁直学士知永兴军,徙秦州,召为龙图阁学士知开封府,除翰林侍读学士,移右司郎中,未拜而卒,年五十七,赠左

---

① 仲甫事迹,详见:《长编》卷三四八,元丰七年八月乙亥,第8345页;卷四八五,绍圣四年四月甲午,第11527页;卷四九三,绍圣四年十二月癸卯,第11720页;卷四九四,元符元年二月庚子,第11755页;卷五〇〇,同年七月戊辰,第11916页;卷五一六,元符二年闰九月戊寅,第12273页;卷五一九,同年十二月壬寅,第12345页;《宋会要辑稿》,《选举》三三之二二,第4766页;《食货》六五之七三,第6193页;苏轼:《东坡全集·续集》卷二,《曾元恕游龙山吕穆仲不至》,北京:中国书店,1986年,第49页;《东坡全集·前集》卷七,《寄吕穆仲寺丞》,第111页;《东坡全集·外制集》,卷上,《吕穆仲京都提刑》;《宋大诏令集》卷二一〇,《知应天府吕仲甫落修撰差遣依旧制》,第798页;《宋史》卷一七〇,《食货》,第4332页;《北宋经抚年表》卷二,第110页及卷五,第384页;《宋诗纪事补遗》卷二二,《吕仲甫》,第12页。
② 合肥市文物管理处:《合肥北宋马绍庭夫妻合葬墓》,《考古》1991年第3期,第26—38页、70页。
③ 《琬琰集》下卷八,《吕夷简神道碑》,第9页。

048 近世社会的形成:宋代的士族与民间信仰

谏议大夫①。公绰于其父执政时,"多涉干请,喜名好进者趋之,时漏除拜以市恩,时人以比窦申"。故屡为包拯(999—1062)、欧阳修及蔡襄所批评②,可知其人其势。

然而,公绰亦"通敏有才",知开封府时察慝惩恶③;知秦州,抚安远砦诸羌④;知郑州,尝问民疾苦,为奏免牛税⑤;历官多所建白,判太常寺时对宗庙礼制颇多改革⑥,且曾参予编修《崇文总目》⑦。另一方面,与父亲一样,公绰行事亦颇谨慎,夷简当国时多次上奏请徙官以避父嫌,久处闲曹,深得人主的赞赏⑧;他亦能克

---

① 《琬琰集》中卷一五,《吕谏议公绰墓志铭》,第4页;《王华阳集》卷三八,《翰林侍读学士赠左谏议大夫吕公墓志铭》,第506页;《东都事略》卷五二,《吕公绰传》,第7页;《宋史》卷三一一,《吕夷简传》,第10210页;《北宋经抚年表》卷三,第187、241页。
② 《长编》卷一四五,庆历三年十一月癸未,第3502页;卷一七〇,皇祐三年七月乙亥,第4098页;《端明集》卷一八,《乞罢吕公绰纠察在京刑狱》《再论吕公绰》,第5—7页。
③ 《折狱龟鉴》卷五,《吕公绰安众》,第263页;卷六,《吕公绰疑仇》,第360页。
④ 《长编》卷一七一,皇祐三年十月己卯,第4111页;《宋会要辑稿》,《兵》二二之五,第7146页。
⑤ 《琬琰集》中卷一五,《吕谏议公绰墓志铭》,第4页;《王华阳集》卷三八,《翰林侍读学士赠左谏议大夫吕公墓志铭》,第506页;《东都事略》卷五二,《吕公绰传》,第7页;《宋史》卷三一一,《吕夷简传》,第10210页;《北宋经抚年表》卷三,第187页及241页。
⑥ 《长编》卷一三四,庆历元年十月壬辰,第3189页;卷一五一,庆历四年七月癸酉,第3666页;卷一六〇,庆历七年正月辛丑,第3861页;卷一六五,庆历八年九月己亥,第3968页;《宋会要辑稿》,《礼》一四之二九,第601页;《礼》二五之八二,第995—996页;《礼》四二之八,第1411—1412页。
⑦ 《长编》卷一三四,庆历元年十二月庚寅,第3207页;《春明退朝录》卷中,第14页。
⑧ 《琬琰集》中卷十五,《吕谏议公绰墓志铭》,第4页;《王华阳集》卷三八,《翰林侍读学士赠左谏议大夫吕公墓志铭》,第506页;《东都事略》卷五二,《吕公绰传》,第7页;《宋史》卷三一一,《吕夷简传》,第10210页;《北宋经抚年表》卷三,第187、241页;《长编》卷一一六,景祐二年四月戊寅,第2729页;卷一四〇,庆历三年四月戊申,第3365页。

绍箕裘,父子先后掌诰,时人以为是莫大的荣耀①。王安石(1021—1086)便称赞他能嗣父业②,郑獬(1022—1072)亦说公绰虽为丞相子孙,却能"自奋于世,累富贵而不倾"③。

吕公孺,字稚卿,夷简季子,以父任为奉礼郎,康定元年(1040)赐同进士出身④,先后娶张士逊(964—1049)女儿⑤、郑戬(992—1053)女儿为妻⑥。仁宗时历知泽、颍、庐、常四州,提点福建、河北路刑狱,入为开封府推官,后判都水监,改陕西转运使;神宗时历知渭州、郓州、蔡州、秦州;元祐初加龙图阁直学士,迁刑部侍郎、知开封府,后擢户部尚书,卒年七十⑦。韩绛(1012—1088)曾指"公孺父夷简执政日,公孺兄公绰受四方赂遗,往往为公孺恐喝夺之,又与绰小女奸"。这只是台谏风闻的流言,并不可信,公孺即曾自讼为韩绛所诬,乞置狱考实⑧;孙升(1038—1099)又曾指公孺"文学本非所能,行义不为人称,徒以世家致位通显"⑨。案家世对吕氏子弟的帮助,已见前论,但吕家昆仲能名扬当世,实有其本身的才华,公绰就是一例。至于公孺,其判吏部南曹,"占对详敏,仁宗以为可用";为开封府推官,府尹包拯善其

---

① 《春明退朝录》卷上,第10页;《类苑》卷二四,《衣冠盛事》,第292页。
② 《临川先生文集》卷八五,《祭吕侍读文》,第889页。
③ 郑獬:《郧溪集》卷五,《职方员外郎吕希道父翰林侍读学士右司郎中公绰可赠尚书户部侍郎制》,《四库全书珍本三集》,台北:商务印书馆,1972年,第16页。
④ 《宋会要辑稿》,《选举》九之九,第4401页。
⑤ 《琬琰集》上卷四,《张文懿公士逊旧德之碑》,第13页。
⑥ 《王华阳集》卷五一,《丹阳郡夫人李氏墓志铭》,第11页。
⑦ 《宋史》卷三一一,《吕夷简传》,第10215页;《东都事略》卷五二,《吕公孺传》,第9页;《北宋经抚年表》卷二,第86、134、158页;卷三,第191、243页。
⑧ 《长编》卷一八九,嘉祐四年五月戊午,第4567页。
⑨ 《长编》卷四〇〇,元祐二年五月癸丑,第9742页。

守；知河阳，定洛口兵之变；知秦州，借提举司钱救恤属蕃弓箭手；知开封府，治明政宽①。凡此种种，均为公孺的卓越治绩。包拯多次抨击公绰，却称颂公孺，及为三司使，公孺为判官，事皆咨决之，这正可反映公孺之为人与才能。史称"公孺廉俭，与人寡合。尝护曹佾丧，得厚饷，辞不受，谈者清其节焉"②。其功过自有公论。卒赠右光禄大夫③。

公绰、公孺均能保持家族的名声与地位，而公弼和公著兄弟更把吕氏的发展推至高峰，继父亲夷简为相后，公弼先为枢密使，公著踵任宰相。吕公弼，字宝臣，公绰弟，任为将作监簿，赐进士出身，积迁直史馆、河北转运使，后擢都转运使、知瀛州，入权开封府；改同群牧使，以枢密直学士知渭、延二州，徙成都府。英宗罢三司使蔡襄，召公弼代之，后拜枢密副使；神宗立，拜为枢密使凡六年，后以弹劾王安石而罢为观文殿学士知太原府，俄判秦州，卒年七十六，先后娶扈氏及王旦女儿为妻④。公弼之出身颇得父荫，明道二年（1033）吕夷简上所注御制《三宝赞》而得赐公弼进士出

---

① 《长编》卷二九九，元丰二年八月丁未，第7281页；卷三二三，元丰五年二月丙子，第7791—7792页；卷四二三，元祐四年三月丙子，第10232页；《宋史》卷三——，《吕夷简传》，第10215页。
② 《宋史》卷三——，《吕夷简传》，第10265页。
③ 《长编》卷四三九，元祐五年三月壬辰，第10585页；《宋会要辑稿》，《仪制》一一之九，第2029页。
④ 《琬琰集》上卷二六，《吕惠穆公公弼神道碑》，第1页；王安礼：《王魏公集》卷七，《吕公弼行状》，《四库全书珍本别辑》，台北：商务印书馆，1975年，第27页；《东都事略》卷五二，《吕公弼传》，第7页；卷七，《本纪》七，第2页；《宋史》卷三——，《吕夷简传》，第10212页；《北宋经抚年表》卷二，第131页；卷三，第173、203、215页及卷五，第367页。

身①；夷简死后，仁宗因思念故人，闻公弼有才，书其名于殿柱，更尝语宰相曰："公弼甚似其父。"乃授龙图阁直学士，并特增群牧使一名额以任公弼②；年十九便以水部员外郎知庐州③，可见其进用之速。

公弼其实才德兼具，只因出身华要，容易给人口实。谏官陈旭批评他只借父荫而不当除转运使，余靖也曾说："议者论其（公弼）才，但云故相之子，所以进用太速。"④这并不公允。事实上，公弼为都转运使，通御河，漕粟实塞下；治成都府，威名有播，军纪肃然；知太原府，拒夏人，保麟州；熙宁年间，韩绛议复肉刑，公弼力陈不可，终为之止⑤。职是之故，欧阳修等虽曾力攻吕氏父子，但欧阳修后来就与公弼相善；而公弼亦力荐欧阳修，并为蔡襄辨诬⑥。吕公弼见重于仁宗、英宗和神宗三朝，先后任三司使、枢密副使及

---

① 《长编》卷一一二，明道二年正月己丑，第2604页；《宋会要辑稿》，《选举》九之八，第4400页。
② 《长编》卷一七六，至和元年七月己巳，第4267页。
③ 王栐：《燕翼诒谋录》卷五，北京：中华书局，1981年，第55页。
④ 《长编》卷一四七，庆历四年三月己巳，第3555页；卷一七○，皇祐三年四月辛丑，第4089页。
⑤ 《琬琰集》上卷二六，《吕惠穆公公弼神道碑》，第1页；《王魏公集》卷七，《吕公弼行状》，第27页；《东都事略》卷五二，《吕公弼传》，第7页；卷七，《本纪》七，第2页；《宋史》卷三一一，《吕夷简传》，第10212页；《北宋经抚年表》卷二，第131页；卷三，第173、203、215页及卷五，第367页；《长编》卷一七一，皇祐三年九月己未，第4109—4110页；卷一九二，嘉祐五年十二月戊寅，第4654页；吕陶：《净德集》卷一三，《重修成都西楼记》，《丛书集成初编》，上海：商务印书馆，1936年，第138页；朱弁《曲洧旧闻》卷九，《笔记小说大观》，第2页。
⑥ 《欧阳修全集·表奏书启四六集》卷七，《贺枢密使吕太傅公弼书》，第763页；《乐全集》卷二，《熙宁壬子岁寄丁未同甲诸公秦亭吕宣徽宝臣汝阴欧阳少师永叔京下王尚书仲义》，第15页；《宋会要辑稿》，《仪制》三之二三，第1883页；《长编》卷二○四，治平二年二月辛丑，第4946页。

正使，兼军、经大权[①]，与父亲及兄弟先后秉政，时誉隆之，终谥惠穆，神宗为其辍朝二日[②]。贯彻父兄之家风，公弼行事也是小心谨慎，其为枢密使，弟公著除御史中丞，公弼乃乞罢枢密，公著亦辞[③]；兄弟同为朝廷重臣，仍能谦退自辞，家族及自身之发展自不易为人攻击。

吕公著，字晦叔，公弼弟，妻为鲁宗道（966—1029）女儿。恩补奉礼郎，登进士第，历官通判颍州、崇文院检讨、同判太常寺、天章阁待制兼侍读；英宗亲政，加龙图阁直学士、知蔡州；神宗召为翰林学士、知开封府、御史中丞，元祐初拜尚书右仆射兼中书侍郎，后拜司空、同平章军国事，元祐四年（1089）薨，年七十二，赠太师、申国公，谥曰正献，御书碑首曰"纯诚厚德"[④]。公著少时已聪颖过人，且沉实稳重，夷简曾说"此儿必作相"[⑤]；在父亲当政时，公著自书铺投应举家状，敝衣蹇躯，谦退如寒素，人不知为宰相子[⑥]。后来果然登科在第一甲，但夷简未唱名先奏于朝廷，自陈公著诗赋得意，恐在高第引致嫌疑，乞降十名之后，仁宗竟从之[⑦]。

夷简之谨慎，加上公著之谦退，得荫三十年"未曾有所干

---

① 孔东：《宋代东莱吕氏之族望及其贡献》，第65页。
② 《长编》卷二四三，熙宁六年三月丙辰，第5918页；《宋会要辑稿》，《礼》四一之四三，第1399页；《礼》四一之四六，第1400页；《朝野杂记》甲集卷九，《国朝父子祖孙兄弟宰执数》，第108页；《春明退朝录》卷上，第7页；《却扫编》卷上，第12页。
③ 《东轩笔录》卷五，第53页；《石林燕语》卷九，第138页。
④ 《宋史》卷三三六，《吕公著传》，第10772页；《琬琰集》下卷十，《吕正献公公著传》，第1页；《三朝名臣言行录》卷八之一，《丞相申国吕正献公》，第175页；《东都事略》卷八八，《吕公著传》，第1页。
⑤ 丁传靖：《宋人轶事汇编》卷六，北京：中华书局，1981年，第268页。
⑥ 《宋人轶事汇编》卷六，第269页；《曲洧旧闻》卷四，第4页。
⑦ 《丞相魏公谭训》卷四，第1142页。

士族篇 053

请"①,终使吕氏一族名誉臻至顶峰,连攻击吕夷简父子最力之欧阳修,也以公著有贤行,知颍州还朝后力荐之,终成莫逆之交②。及至宋神宗行王安石变法,公著因政见不同而被贬;元祐更化,公著与司马光(1019—1086)共同执政,尽心国事③。司马光死后,公著独相逾年,其间政通人和,多所兴革,百姓欢呼鼓舞④。他又好荐贤能⑤,曾推举名士周敦颐(1017—1073)⑥、张载(1020—1077)张戬(1030—1076)兄弟⑦及程颐(1033—1107)等⑧,故当时"二府大臣,皆公厚善,或所汲引"⑨,子弟亲戚,遍布于朝⑩。此外,吕氏为

---

① 《长编》卷一七五,皇祐五年八月壬子,第4229页;《宋会要辑稿》,《选举》三三之八,第4759页。
② 张邦基:《墨庄漫录》卷八,《笔记小说大观》,第5页;《欧阳修全集·表奏书启四六书》卷二,《举吕公著自代状》,第691页;卷七,《与开封府吕内翰公著启》,第764、769页;《欧阳修全集·奏议集》卷一四,《荐王安石吕公著札子》,第870页;《欧阳修全集·书简》卷二,《与吕正献》,第1232页;《三朝名臣言行录》卷八之一,《丞相申国吕正献公》,第175页;同书同卷二之二,《参政欧阳文忠公》,第59页。
③ 新法与吕公著的关系,并非本文要旨,且其中史事纷纭,这里无法详述,请参考方亚兰:《吕公著研究》,上海师范大学硕士论文,2011年。
④ 《宋史》卷三三六,《吕公著传》,第10772页;《琬琰集》下卷一〇,《吕正献公公著传》,第1页;《三朝名臣言行录》卷八之一,《丞相申国吕正献公》,第175页;《东都事略》卷八八,《吕公著传》,第1页。
⑤ 《三朝名臣言行录》卷八之一,《丞相申国吕正献公》,第197页;吕本中:《童蒙训》卷上,《万有文库荟要》,台北:商务印书馆,1965年,第2—3页;吕希哲:《吕氏杂记》卷下,《四库全书珍本别辑》,台北:商务印书馆,1975年,第9页。
⑥ 《童蒙训》卷上,第1页。
⑦ 《童蒙训》卷上,第2页;《宋会要辑稿》,《选举》三三之一一,第4761页。
⑧ 《长编》卷三六一,元丰八年十一月丁巳,第8648页。
⑨ 汪应辰:《文定集》卷一〇,《读申国春秋》,《四库全书珍本十集》,台北:商务印书馆,1979年,第118页。
⑩ 《长编》卷四一一,元祐三年五月丁巳,第9997—9998页;卷四一三,同年八月辛丑,第10044—10048页;卷四一七,同年十一月戊辰,第10133—10135页;刘安世:《尽言集》卷一,《论差除多执政亲戚》及《论欧阳棐差除不当》,《丛书集成初编》,上海:商务印书馆,1936年,第5—11页;卷三,《论胡宗愈除右丞不当》第八、十及十二,第37—44页。

"百年旧族,荷累朝不赀之恩"①,公著又延续其父亲的名声,先后平章军国事,并兼仆射②,且甚得神宗及宣仁太后(1032—1093)信任,神宗曾说:"来春建储,以司马光、吕公著为师保。"以为非二公不可托圣子也③。宣仁太后后以公著年老故,诏使入朝凡有拜礼,宜并特免,并许其致仕后俸赐依宰相例,且一月三赴经筵、二日一朝④。元祐四年(1089)二月公著逝世,哲宗为其辍朝三日,车驾亲临其第祭奠⑤,备极哀荣。

巅峰过后,吕氏家族之势力开始走下坡,而其中的关键为王安石变法。案安石本与吕氏兄弟相善,与公著更是友情深厚,介甫自少气高一世,独屈服推重公著一人,待之甚恭,以为"吕十六不作相,天下不太平"。曾举公著自代⑥。原来王安石与吕公著为同年进士,时"韩、吕朝廷之世臣也,天下之士,不出于韩,即出于吕",安石刻意交结韩、吕二家,公著等乃为其争扬于朝,令其名声始盛⑦。王安石主持变法后,欲引公著以为己助,故荐之为中丞,而公著亦多举条例司人作台官。既而天下苦条例司之害,吕公弼数言

---

① 吕本中:《紫微诗话》,载于《说郛三种》,第9页。
② 《类苑》卷二四,《衣冠盛事·吕文靖》,第286页;《渑水燕谈录》卷二,《名臣》,第19页;孔东:《宋代东莱吕氏之族望及其贡献》,第61、68页。
③ 《邵氏闻见录》卷一一,第115页。
④ 《长编》卷四〇四,元祐二年八月癸卯,第9844—9845页;卷四〇九,元祐三年四月辛巳,第9963—9965页;《宋会要辑稿》,《礼》五九之五,第1672页;《职官》五七之四七,第3675页。
⑤ 《长编》卷四二二,元祐四年二月甲辰,第10210—10211页;《宋会要辑稿》,《礼》四一之四,第1379页;四一之一九,第1387页;四一之四二,第1398页。
⑥ 《邵氏闻见录》卷一二,第125—126页;《临川先生文集》卷四〇,《举吕公著自代状》,第436页;《文集定》卷一一,《跋王荆公与吕申公书》,第127页。
⑦ 《邵氏闻见录》卷三,第24页;《三朝名臣言行录》卷六之二,《丞相荆国王文公》,第133页。

士族篇 055

宜务安静，先为王安石贬逐；公著亦请罢条例司及青苗法，最终出知颍州①。神宗去世后，宣仁太后临朝，召回吕公著、司马光同参大政，罢黜新法②；惟哲宗亲政后，复用新党，绍圣绍述，公著等屡遭追贬③；崇宁党祸起，公著及三个儿子吕希纯、吕希哲、吕希绩等入党籍④，使吕氏家族势力受到严重打击⑤。

第七代族人之发展是吕氏家族之中衰期。吕公绰有六子，二早亡未名，长子希杰，历官太常博士、殿中丞、通判郑州，妻为王旦长子王雍（988—1045）女儿⑥；次子希道（1025—1091），字景纯，妻为虞部郎中王珣瑜女儿，庆历六年（1041）以遗恩召试学士院，赐进士出身，历知解、和、滁、汝、澶、亳、湖诸州及吴兴六邑，

---

① 《长编》卷二一〇，熙宁三年四月丁丑，第5100页；卷二一三，同年七月壬辰，第5166页；卷二三七，熙宁五年八月己卯，第5758页；《宋会要辑稿》，《食货》五之四，第4862—4863页；《邵氏闻见录》卷一二，第125页。
② 《长编》卷三五七，元丰八年六月戊子，第8550—8555页；《三朝名臣言行录》卷八之一，《丞相申国吕正献公》，第182—189页；《东都事略》卷一四，《英宗宣仁圣烈皇后高氏》，第1页。
③ 《长编》卷四八六，绍圣四年四月辛丑，第11538—11544页；《宋会要辑稿》，《职官》六七之九，第3892页；七一之二七，第3985页。
④ 李心传：《道命录》卷二，《元祐党籍碑》，《丛书集成初编》，上海：商务印书馆，1936年，第15页；张纲：《华阳集》卷一八，《看详元祐党人状》，《四库全书珍本三集》，台北：商务印书馆，1972年，第8页；马纯：《陶朱新录》，载于《说郛三种》，第7页；《宋元学案》卷九六，《元祐党案》，第3149页。
⑤ 笔者这个研究初稿完成二十年后，姚红和纪云华研究吕家的著作亦详述了王安石新法对吕氏家族的打击，纪云华的硕士论文更有专节《宋代河南吕氏家族与熙宁新法及新旧党争》，但两人似无新的观点。见姚红：《宋代东莱吕氏家族及其文献考论》，第89—111页；纪云华：《宋代河南吕氏家族研究》，第18—28页。纪云华更在文中说："吕氏成员中只有一人站在了家族的对立面，跟随王安石实施新法，那就是吕嘉问。"（第24页）此说明显有误，我们在后文提到的吕公雅，他就是另一个支持新法的吕氏族人，事俱载于《长编》，纪云华之论，叫人不明。
⑥ 《琬琰集》中卷一五，《吕谏议公绰墓志铭》，第11页；《王华阳集》卷三八，《翰林侍读学士赠左谏议大夫吕公墓志铭》，第511页；《苏舜钦集》卷一五，《两浙路转运使司封郎中王公墓表》，第229页。

又曾为河南群牧使、中散大夫、开封府推官、屯田员外郎,终为少府少监,元祐六年(1091)卒。熙宁、元丰年间,士人急于进取,希道独雍容安分,遇事不可必力争;及元祐初,吏道宽平,希道雅量自如,亦不改其故,以此甚为时所称[①]。公绰三子希俊,官太常寺太祝,妻为尚书工部侍郎傅求(1003—1073)女儿[②];季子希亚,秘书省正字,妻为吏部尚书王拱辰(1012—1085)女儿[③],曾坐李中师(1015—1075)狱(见第四节)[④]。吕公弼亦有四子,希逸官右赞善大夫赠尚书司门员外郎,希仁大理评事赠殿中丞,均早亡;希明官秘书省校书郎,希彦赞善大夫签判陕州、邠州,累迁骁骑尉、尚书库部员外郎[⑤]。

吕公著诸子极得时誉,却饱受新法党争打击。公著长子希哲,字原明,妻为张昷之(985—1062)女儿,以恩补官,元祐中除尚

---

① 《范太史集》卷四二,《左中散大夫守少府监吕公墓志铭》,第5页;《长编》卷二五六,熙宁七年九月丙午,第6251页;卷四三九,元祐五年三月丁亥,第10581页;《宋会要辑稿》,《选举》九之一一,第4402页;谈钥:《嘉泰吴兴志》卷一四,《郡守提名》,《宋元地方志丛书》,台北:大化书局,1980年,第41页;陆心源:《宋史翼》卷一,《吕希道传》,台北:文海出版社,1967年,第18页。
② 《琬琰集》中卷一五,《吕谏议公绰墓志铭》,第11页;《王华阳集》卷三八,《翰林侍读学士赠左谏议大夫吕公墓志铭》,第511页;《苏舜钦集》卷一五,《两浙路转运使司封郎中王公墓表》,第229页;《乐全集》卷三六,《傅求神道碑》,第42页。
③ 刘敞:《公是集》卷五一,《王开府行状》,《文渊阁四库全书》,台北:商务印书馆,1986年,第23页。
④ 《琬琰集》中卷一五,《吕谏议公绰墓志铭》,第11页;《王华阳集》卷三八,《翰林侍读学士赠左谏议大夫吕公墓志铭》,第511页;《苏舜钦集》卷一五,《两浙路转运使司封郎中王公墓表》,第229页。
⑤ 《琬琰集》上卷二六,《吕惠穆公神道碑》,第7页;《王魏公集》卷七,《吕公弼行状》,第35页;《长编》卷二〇七,治平三年正月丙子,第5022页;梅尧臣:《梅尧臣集》卷二七,《送吕寺丞希彦邠州签判》,上海:上海古籍出版社,1980年,第986页;《宋诗纪事补遗》卷一六,《吕希彦》,第1页。

书兵部员外郎崇政殿说书。他本与王安石相善,从之问学,绍圣初出知太平州,降官分司南京,居和州;徽宗即位,稍复旧官,知单州,召为光禄少卿,以直秘阁知曹州,寻夺职知相州、邢州,罢为宫祠,羁寓淮、泗间,十余年卒,年七十八①。公著次子希绩,字纪常,先后娶钱暄(1018—1085)及吴充(1021—1080)女儿为妻,为人贤能而有节操。元祐中为兵部员外郎,除淮南路转运副使,知寿州,以庶官入元祐党籍,分司南京光州居住,后以寿终②。希绩弟希纯,字子进,登第,先后娶宋敏求(1019—1079)及程嗣弼(1027—1086)女儿为妻。历太常博士、宗正、秘书丞,拜中书舍人;章惇(1035—1105)既相,出为宝文阁待制、知亳州,为张商英(1043—1121)力攻,连徙睦州、归州。公著追贬,希纯亦以屯田员外郎分司南京,居金州,又责舒州团练副使,道州安置,终入崇宁党籍,卒年六十③。据史传记载,公著只有三个儿子,但《长编》曾言及公著有一男名希孟,却没有细述其事迹④,今姑录之以备考。

---

① 《吕东莱先生文集》卷九,《家传》,第203页;朱熹:《伊洛渊源录》卷七,《吕侍讲家传》,《丛书集成初编》,上海:商务印书馆,1936年,第65页;《宋史》卷三三六,《吕公著传》,第10777页;《三朝名臣言行录》卷八之一,《崇政殿说书荥阳吕公》,第198—201页;《东都事略》卷八八,《吕希哲传》,第5页。
② 《东都事略》卷八八,《吕希绩传》,第6页;《宋史翼》卷一,《吕希绩传》,第19页;《范太史集》卷四二,《安康郡太夫人胡氏墓志铭》,第4页;《琬琰集》中卷二七,《吴正宪公充墓志铭》,第8页。
③ 《东都事略》卷八八,《吕希纯传》,第6页;《宋史》卷三三六,《吕公著传》,第10779页;《范太史集》卷三八,《朝议大夫致仕程公墓志铭》,第17页;《苏魏公文集》卷五一,《龙图阁直学士修国史宋公神道碑》,第771页。
④ 《长编》卷五一八,元符二年十一月辛卯:"大宗正司言据故公著男希孟状,系祖免以外三世无官并无请俸之人,合存恤或赐田土。诏特依祖免外两世条支破钱米屋舍。"第12337页。

公著三子均入党籍，分谪异地居住，史称希哲"谪居历阳，闭户却扫，不交人物"，"晚居宿州真扬间十余年，衣食不给，有至绝粮数日者"①，可见党祸使吕氏家族没落。然而，希哲兄弟颇有时誉，三人均登《宋元学案》，希哲少从焦千之（？—1080）、孙复（992—1057）、石介、胡瑗（993—1059）学，复从二程、张载游，学者称荥阳先生，晚年名望益重，远近皆师尊之②。事实上，吕氏自公著讲学以后，便成为当世学者之领袖，故日本学者衣川强以为由公著而后，出政治家之吕氏转为出学者③。吕氏家族之崛兴，乃依靠蒙正、夷简两代之经营，至公著一代虽攀顶峰，但经新法和党争之打击，加上吕氏族人转向学术研究后，缺乏具政治魅力之人如夷简辈，故家族势力遂趋下堕。

俗语有谓"破船也有三分铁"，吕家虽受新法和党争冲击，家族势力发展受挫，然其仍有一定之基础，故终能与宋室相始终。另一方面，吕氏族人多有任官参政者，其政见自无可能相同统一，故公著兄弟虽反对新法，前论之吕仲甫却态度审慎，而吕公雅、吕嘉问等其他族人更党附新法。因此，新法党争对吕氏家族发展的影响程度，实在耐人寻味。

---

① 《三朝名臣言行录》卷八之一，《崇政殿说书荥阳吕公》，第201页；吴曾：《能改斋漫录》卷一二，《养病不如闲》，上海：商务印书馆，1984年，第342页；吕本中：《少仪外传》卷下，《丛书集成初编》，上海：商务印书馆，1936年，第40页。
② 详见《宋元学案》卷一九，《范吕诸儒学案》，第807页；卷二三，《荥阳学案》，第902页；何炳松：《浙东学派溯源》，北京：中华书局，1989年，第195页；刘昭仁：《吕东莱之文学与史学》，台北：文史哲出版社，1986年，第9页；潘富恩、徐余庆：《吕祖谦思想初探》，杭州：浙江人民出版社，1984年，第1页。
③ ［日］衣川强：《宋代の名族——河南吕氏の场合》，《宋代官僚社会史研究》，第101—109页。

吕公雅,夷简弟宗简儿子,仕至徽猷阁待制,赠少师,妻安氏①。公雅生平,我们所知甚少,他年少时曾居于伯父夷简在京师榆林巷之宅②,按理说跟公著兄弟应有一定的感情。后历官提举开封府界保甲保马、同管勾京西路保甲保马,知濠州、毗陵、苏州、齐州及管勾鸿庆宫、少府少监等③。公雅在元丰、元祐、绍圣年间,曾提举开封府界及京西路之保甲兼保马,多所建言④,可见他并不反对新法。其间,韩绛、孙升、陈次升(1044—1119)等均曾多次指责公雅提举保马急图己功,将十五年合买之马作二年半买足,使民力困弊⑤,反映公雅遵行新法图利。可惜由于史料缺乏,我们无法知道公雅以后的情况,而其子吕希朴亦仅知仕至承议郎,赠右正议大夫,配张氏⑥。吕氏第六、七代族人多以新法被贬,公雅却因此获利,对其一支势力之发展,自有一定的帮助。最后,附带一提吕氏第六、

---

① 《南涧甲乙稿》卷二〇,《左太中大夫充龙图阁待制致仕赠左正奉大夫吕公墓志铭》,第394页。
② 《异闻总录》卷四,第8页;《宋人轶事汇编》卷六,第271页。
③ 《长编》卷三五六,元丰八年五月庚子,第8514页;卷四四八,元祐五年九月丁丑,第10769页;卷四九〇,绍圣四年八月丙申,第11627页;卷五〇八,元符二年四月乙酉,第12106页;《宋会要辑稿》,《职官》六一之四二,第3775页;七七之六〇,第4162页;史能之:《咸淳毗陵志》卷八,《秩官》,《宋元地方志丛书》,台北:大化书局,1980年,第6页。
④ 《长编》卷三三五,元丰六年六月戊辰,第8086页;卷三四一,同年十二月甲申,第8212页;卷三四三,元丰七年二月庚午,第8235页;卷三四四,同年三月癸丑,第8258页;卷三四五,同年七月辛未,第8271页;卷三五〇,同年十二月戊寅,第8394页。
⑤ 《长编》卷三四六,元丰七年六月庚辰,第8309页;卷三六八,元祐元年闰二月庚寅,第8855页;卷四三四,元祐四年十月壬寅,第20461页;卷四九二,绍圣四年十月乙酉,第11679—11680页。
⑥ 《南涧甲乙稿》卷二〇,《左太中大夫充龙图阁待制致仕赠左正奉大夫吕公墓志铭》,第394页。

七代还有数人，族属及生平不详，其中吕希常只知是夷简族孙[①]，绍兴五年（1135）知平江府长州县[②]，八至十年（1138—1140）监六部门兼权右侍郎[③]，十三年（1143）以右朝散郎除司农少卿总领淮东[④]；吕希圆，只知是蒙正曾孙，绍兴甲子（1144）倅洋州，子宣问历官录事参军、峡州推官，改知蕲春县，先后娶李氏和韩氏[⑤]；吕仲仪及其子希元更只知为希哲族人而已[⑥]。

吕氏与新法的关系，除公雅之外，第八代的吕嘉问更是重要。吕嘉问，字望之，以荫入官，与王安石相善[⑦]，安石变法，熙宁初引嘉问为条例司属，后命其提举市易务。居二年，连以羡课受赏，神宗闻其扰民，安石却大力支持他；后遭曾布（1036—1107）、何琬治劾，出知常州、江宁府、润州，继又遭削三秩，黜知淮阳军。绍圣中，擢宝文阁待制、户部侍郎，加直学士，知开封府，专附章

---

① 张铉：《至正金陵新志》卷一三上，《宋·游宦》，《宋元地方志丛书》，台北：大化书局，1980年，第39页。
② 《宋会要辑稿》，《食货》一四之二四，第5050页；六五之八二，第6197页。
③ 《朝野杂记》乙集卷一三，《六部监门官》，第509页；《宋史》卷一六三，《职官》三，第3836页。
④ 《宋会要辑稿》，《食货》五七之一九，第5820页；张扩：《东窗集》卷一一，《吕希常除司农少卿总领淮东财赋制》，《四库全书珍本初集》，上海：商务印书馆，1934年，第1页；周应合：《景定建康志》卷二六，《官府》三，《宋元地方志丛书》，台北：大化书局，1980年，第7页；罗宪：《嘉定镇江志》卷一七，《寓治》，《宋元地方志丛书》，台北：大化书局，1980年，第13页。
⑤ 《景定建康志》卷四八，《孝悌传·吕宣问》，第7页。案蒙正孙辈无以"希"及"问"字排行，而夷简一房则有，故窃以为希圆等应为夷简后人。
⑥ 《吕氏杂记》卷下："族父仲仪少卿曾获一小蜃蛤……其子希元至今宝之。"第32页。
⑦ 《临川先生文集》卷一，《与吕望之上东岭》《闻望之解舟》《要望之过我庐》《与望之至八功德水》，第86—87页；卷十七，《招望之使君》，第229页；《祭吕望之母郡太文》，第897页。

惇、蔡卞，后罢知怀州，徽宗时分司南京、光州居住，郢州安置①。绍圣末以杂学士守成都，被诬构，以贵品责散官安置，领宫祠二十年，前后磨勘及八宝恩转寄禄官，以正议大夫享高寿卒，得善终②。吕嘉问党附新法，提举市易务时颇有功绩，故神宗屡加擢升并赐金帛奖赏③，又得王安石力保④；而嘉问儿子与蔡卞同娶王安石女儿及孙女，结为死党⑤，可见其势之盛，这对受党祸打击中衰之吕氏家族有否帮助呢？

史载吕公弼反对新法，以为宜务安静，从孙嘉问窃公弼论事奏章以示王安石，安石遂抢先向神宗上言，将公弼贬斥于外。嘉问因此被称为"家贼"，不得与吕氏同传⑥。从此可知吕嘉问与本宗的关系似乎很差，被视为叛逆。事实上，吕公绰的墓志铭中只记嘉问是其孙，却没有提及他的父亲是谁⑦，讳言其父名即可反映此一关

---

① 《宋史》卷三五五，《吕嘉问传》，第11187页；《宋会要辑稿》，《职官》六六之三一，第3883页；六八之一四至一五，第3915页；《宋诗纪事补遗》卷二六，《吕嘉问》，第4页。
② 朱彧：《萍洲可谈》卷一，上海：上海古籍出版社，1989年，第8页。
③ 《长编》卷二四五，熙宁六年五月庚午，第5962页；二四八，同年十二月辛未，第6052页；卷二五二，熙宁七年五月甲辰，第6191页；卷二五六，同年九月癸丑，第6256页；卷二六〇，熙宁八年二月癸酉，第6338页；卷二七七，熙宁九年九月辛未，第6783页。
④ 《长编》卷二三六，熙宁五年闰七月丙辰，第5736页；卷二六一，熙宁八年三月己未，第6366页；卷二六二，同年四月甲申，第6407页；卷二六四，同年五月壬午，第6476页。
⑤ 《长编》卷四九一，绍圣四年九月己卯，第11670—11674页；《宋史》卷三一〇，《李迪传》，第10180页。
⑥ 《长编》卷二一三，熙宁三年七月壬辰，第5166页；《宋会要辑稿》，《职官》七八之二二；《东都事略》卷五二，《吕公弼传》，第8页；《宋史》卷三五五，《吕嘉问传》，第11189页。
⑦ 《琬琰集》中卷一五，《吕谏议公绰墓志铭》，第4页；《王华阳集》卷三八，《翰林侍读学士赠左谏议大夫吕公墓志铭》，第506页；《东都事略》卷五二，《吕公绰传》，第7页；《宋史》卷三一一，《吕夷简传》，第10210页；《北宋经抚年表》卷三，第187页及241页。

系[①]。不过，嘉问之为人亦有可称道处，如他力荐名士邹浩（1060—1111），后来受其拖累而贬官，却不怨一言，与浩更相友善[②]，陆游（1125—1209）便大为称颂[③]；而其为襄守，"政教修明，人以说服"，且大兴学校，治绩斐然[④]。案邹浩为北宋名士，得到吕公著的赏识，很是友好[⑤]，那嘉问与公著之关系究竟如何呢？《老学庵笔记》曾记一事：

> 吕正献平章军国时，门下客因语次，或曰："嘉问败坏家法可惜。"公不答，客愧而退。一客少留，曰："司空尚能容吕惠卿，何况族党。此人妄意迎合，可恶也。"公又不答。既归，子弟请问二客之言何如，公亦不答。[⑥]

由此可见公著与嘉问的关系颇为微妙。嘉问与邹浩交深，可知亦非大奸大恶；而公著性格秉和大量，加上族党关系，故未忍重

[①] 宋代的史料并无记载吕嘉问是何人之子，姚红径云是吕希杰之子，却无举出任何史源，见《宋代东莱吕氏家族及其文献考论》，第35、41页。陈开勇引用《白沙圩吕氏宗谱》，同样指出吕嘉问为吕希杰子，除了前面说过后人编纂的族谱不尽可信外，嘉问既被号为"吕氏家贼，不得与族人同传"，那么后来的族谱又根据什么资料和准则处理嘉问的问题？我以为当中疑团重重，故必须谨慎一点，究竟嘉问是何人之子，暂且存疑。不过，新发见的史料已解开谜团，详见后章的讨论。
[②] 《长编》卷五一五，元符二年九月乙丑，第12260页；卷五一七，同年十月癸亥，第12306—12307页；卷五一八，同年十一月乙亥，第12323—12324页；邹浩：《道乡集》卷二七，《吴通直送行诗叙》，《宋名家集汇刊》，台北：汉华文化事业股份有限公司，1970年，第21页。
[③] 陆游：《陆放翁全集·老学庵笔记》卷七，北京：中国书店，1986年，第44页。
[④] 《道乡集》卷二五，《襄州迁学记》，第6页；卷二八，《吕望之送行诗序》，第1页。
[⑤] 《道乡集》附录《年谱》，第10页。
[⑥] 《陆放翁全集·老学庵笔记》卷七，第44页。

责。职是之故,我颇怀疑嘉问与族党的关系未必完全破裂,事实上我们亦不见他们互相攻击(除号家贼外),那么在政见分歧以外,嘉问或会念及同族之情,对势蹇之吕氏家族予以一定之帮助?今因史料缺乏,故此暂为推论存疑。

《铁围山丛谈》又载有一段饶有趣味的佚事,对探讨吕氏家族在党祸中之发展提供了部分线索:

> 吕司空公著生重牙,亦异常人也。当元祐平章军国重事时,鲁公(蔡京)以待制从外镇罢,召过阙。吕司空邀鲁公诣东府,列诸子侍其右,而谓鲁公曰:"蔡君,公著阅人多矣,无如蔡君者。"则以手自抚其座曰:"君他日必据此座,愿以子孙托也。"鲁公后每谓吾言,惜以党锢事愧不能力副其意者。吾且谓人之不知也。及在博白,一日,吕公孙切问来,因为道是,而切问曰:"顷鲁公居从班时,《祭司空公文》盖备之矣。"于是相与得申其契好。噫,前辈识鉴,类多如此。(案吕氏两世相业,门阀昌大,何至预以子孙托人?且重以公著之贤,而其子希哲、希绩、希纯,异时历官,皆有贤声。知子莫若父,公著宁不知之而必京之托乎?且自章惇为相,公著既削谥贬官矣,迨京擅国,复指为奸党首恶,置元祐党籍刻石殿庭,若惟恐其罪之不著于天下者。受人之托,报之固当如是乎?欲盖其父之恶,而不恤诬蔑贤者,以欺后世,绦真小人尤哉!)[①]

---

① 蔡绦:《铁围山丛谈》卷三,北京:中华书局,1983年,第51页。

案此书作者蔡绦为蔡京（1047—1126）儿子，继其父亲弄权为奸，此事亦疑点百出，故注者认为是蔡绦的欺世谎言。问题是，为什么蔡绦捏造的当事人是吕公著，而非司马光或苏辙（1039—1112）等旧党名相？其实这与公著的性格行事有关。公著"平生未尝较曲直，闻谤未尝辩"，"有长者忠厚之行"①，胸襟广阔，量度海涵。如曾肇（1047—1107）修史，书吕夷简事不少假借，后公著当国，或以为言，公著不答，待曾肇如初②；贾种民曾诬害公著（见本文第四章），后种民得罪，公著反而救之，并对人说："人才实难得，宜使自新，岂尽使自弃耶！"③宣仁太后临朝，公著执掌大政，许异己者改过自新，或咎其持心太恕，除恶不尽，为异日患，公著对如上言④。他又力排众议，容让章惇提举洞霄宫，与父团聚⑤。吕公著对政敌不赶尽杀绝，虽为后患，但其仇敌或许亦会因此手下留情？故蔡绦要捏造诬言，也取公著为对象，盖谎话也需选取较令人信服的说法。虽然，无史料证明公著族人因而免祸，但吕家或已因此得到庇荫，否则死无葬身之地。（吕氏族人被贬者多享天年，或与此有关？）事实上，吕氏世以谨慎宽大为政，蒙正、居简、夷简及公著均复如是，这或是其政治家风，或亦是家族不多树敌、得以长足发展之因。

---

① 《三朝名臣言行录》卷八之一，《丞相申国吕正献公》，第197页；《默记》卷上，第8页。
② 《曲洧旧闻》卷三，第3页。
③ 《长编》卷三八一，元祐元年六月甲寅，第9249页；《三朝名臣言行录》卷八之一，《丞相申国吕正献公》，第190页。
④ 《三朝名臣言行录》卷八之一，《丞相申国吕正献公》，第190页。
⑤ 《长编》卷三九〇，元祐元年十月壬寅，第9478—9479页；卷三九二，同年十一月戊寅，第9531页；《东都事略》卷九五，《章惇传》，第1页。

综上所述，嘉问之势力及其与吕氏家族之微妙关系、蔡绦之记述及吕公著之气量，均可能使吕氏家族在新法党争中减少被祸的程度，再加上吕公雅循行新法，使宗简一支亦得以保存，最终令吕氏家族渡过难关，伺机再起。

（四）国事与家事，再起与再跌

政治上的打击，使吕氏第八代之发展并不理想，公绰、公弼两房除嘉问外，余皆为官不显，事迹罕见，今只录其可知可言者。

吕公绰子希道有子九人，之问朝奉郎、延问宣德郎、君问通直郎、昭问宣德郎、荣问河南府左军巡判官、徽问真州六合县主簿、舜问泗州司理参军、刍问假承务郎、次不及名，延问亦早亡[①]。诸子中，之问历官光禄寺丞，娶龙图阁直学士朝散大夫李中师女儿[②]；延问亦曾历官光禄寺丞，娶殿中丞梁彦回（1026—1066）女儿[③]；昭问则娶武将郭逵（1022—1088）女儿[④]。至于公弼一房，有孙四人，均不知是何人子，淑问大理评事、善问、渊问并太常寺太祝，请问则未仕[⑤]。

公绰、公弼二房既不甚显，振兴家族之责任便落在公著一房身

---

① 《范太史集》卷四二，《左中散大夫守少府监吕公墓志铭》，第10页。
② 强至：《祠部集》卷三四，《李中师行状》，《文渊阁四库全书》，台北：商务印书馆，1986年，第14页。
③ 《苏魏公文集》卷五八，《屯田郎中知博州梁君墓志铭》，第896页。
④ 《范太史集》卷四〇，《检校司空左武卫上将军郭公墓志铭》，第17页。又，南宋史料载有吕昭问知太平州芜湖县时曾被劾以和籴米为名，禁止米斛不得下河，令饶州旱伤，诏降一官放罢。见《宋会要辑稿》，《食货》五八之一一，第5826页；《景定建康志》卷一四，《建康表》一〇，第27页；《至正金陵新志》卷三中，第89页。姚红指出，以年代计，此吕昭问肯定不是吕希道的儿子，其说可取，从之。见《宋代东莱吕氏家族及其文献考论》，第42—43页。
⑤ 《琬琰集》上卷二六，《吕惠穆公公弼神道碑》，第7页。

上，而其中之表表者为吕希哲长子好问。吕好问，字舜徒，以荫补官，娶王曾弟王子融之曾孙女为妻①，少从荥阳与当世名士游，吴安诗（吴充子）见之叹曰："吕氏有子矣！"宣和之季，诸儒有"南有杨中立，北有吕舜徒"之语，盖天下倚以任道。崇宁初，治党事，好问以元祐子弟坐废，两监东岳庙，司扬州仪曹，上奉二亲，下任数百指之责，家族势力虽窘迫，然坚守正道，严拒蔡卞之招揽。钦宗（赵桓，1100—1156，1126—1127在位）立，靖康元年（1126）好问以荐召为左司谏、谏议大夫，赐进士出身，擢御史中丞，前后疏十上，乞投蔡京于海外、削王安石爵位、正神宗配飨及除青苗令等，数建大义。每奏对，帝虽当食，辄使毕其说②。好问得钦宗重用，扶摇直上，家族势力本可借此再起，惟其时国事艰难，女真压境，家事与国事难分，结果好问涉入伪楚风云之中，使家族发展大受影响。

靖康之祸，吕好问留守汴京，及张邦昌（1081—1127）建楚称帝，拜好问为权领门下省，即宰相之重任，但好问并不以此为荣，"出入颇形忧愧"。其间，好问曾试探邦昌之真意，并劝其以扶助

---

① 据《北山集》及《东莱集》附录载，吕好问妻为王氏，背景不详。见程俱：《北山集》卷二三，《（吕好问）故妻永嘉郡夫人王氏赠东莱郡夫人》，《四库全书珍本三集》，台北：商务印书馆，1972年，第12页；《东莱集》附录二，《吕祖谦圹记》，第16页。又，元代不知撰人修：《排韵增广事类氏族大全》载云："吕希哲子好问，娶王僖女，乃沂公曾孙女也，少有淑质，侍舅姑尽礼。"见佚名：《排韵增广事类氏族大全》卷一四，《淑质》，《文渊阁四库全书》，台北：商务印书馆，1986年，第399页。姚红据此谓王氏乃王曾的曾孙女，见《宋代东莱吕氏家族及其文献考论》，第43页。不过，据吕本中自称，其外高祖实为王子融，子融为王曾弟，祥符进士，由此可知王氏应是王曾弟王子融之曾孙女，见《童蒙训》卷下，第18页。
② 《吕东莱先生文集》卷九，《家传》，第203页；《宋史》卷三六二，《吕好问传》，第11329页。

赵氏为己任；而好问领省后只是系挂为书衔，仍莅旧职，盖以其旧职为钦宗所赐，不可擅自除改。对于一些大臣称钦宗为废帝，好问非常愤怒，申之以大义，而伪楚的文书虽然必去大宋年号，好问却必书靖康之年，以是不敢忘宋。此外，好问又多次劝谏张邦昌不能寓居大内和于正衙接见金使，皇帝的车驾只在接见金人时使用，作为掩饰。吕好问之功绩，除上述诸事外，以说服金人去兵和劝服张邦昌请元祐孟皇后（1073—1131）垂帘二事最重要；而当金人退兵后，好问即劝邦昌逊位，请孟后听政，并派人至大元帅府游说康王赵构登位。先是计谋诱使金人退兵，再劝张邦昌去位迎元祐太后垂帘，并遣使劝进康王，使中国天下重归赵宋，这一幕政权移交的剧本，完全由吕好问策划。"身在曹营心在汉"这一句话，正好用来形容好问的忠心，难怪当康王即位，元祐太后派遣吕好问奉手书到高宗的行在所，高宗慰劳他说："宗庙获全，卿之力也。"[1]

高宗即位，好问以功除尚书右丞，后兼门下侍郎，名望更隆[2]，家族势力亦复振。未几，李纲（1083—1140）奏治伪楚臣僚叛僭之罪，好问以为"责以不能死则可，若直谓之叛逆，彼岂无辞乎？"

---

[1] 好问于伪楚之事迹，见《东都事略》卷一二二，《僭伪传》，第3—7页；徐梦莘：《三朝北盟会编》（以下简称《会编》）卷八三至卷一○五，上海：上海古籍出版社，1987年，第621—775页；《系年要录》卷二至卷四，第37—114页；《宋史》卷三六二，《吕好问传》，第11331页。笔者曾撰文讨论张邦昌，其中颇涉及吕好问事，可参阅之。见王章伟：《试论张邦昌》，《史潮》新刊号第12期（无出版年份），香港：香港中文大学联合书院历史学会，第10—26页。

[2] 《会编》卷一○三，第757页；《系年要录》卷五，建炎元年五月乙未及丙申，第121、123页；《宋会要辑稿》，《职官》四二之六九，第3269页；汪藻：《浮溪集》卷一一，《吕好问除尚书右丞制》，《丛书集成初编》，上海：商务印书馆，1936年，第135页；孙觌：《鸿庆居士集》卷二六，《吕好问除尚书右丞》，《四库全书珍本十二集》，台北：商务印书馆，1982年，第2页；孔东：《宋代东莱吕氏之族望及其贡献》，第68页。

纲由是不乐，多次指使手下奏论围城之事，邓肃（1091—1132）即上疏谓"好问本非奸雄，但怯懦耳"，"岂容有怯懦无立之士，厕迹于二府乎？"侍御史王宾也说好问尝污伪命，不可以立新朝[①]。结果好问只有自辩，高宗亦谓"考其心迹，非他人比"。但好问仍然不能自安，力陈求退，终除资政殿学士、知宣州、提举洞霄宫，后避地转徙于筠、连、郴、全、桂等州，以恩封东莱郡侯，卒于桂州，享年六十有八[②]。吕好问受伪楚污命，引起很多争议，除邓肃等人外，甚至清代的赵翼（1727—1814）也深责之[③]；但反正之功、中兴之业，实赖之以成，故王明清、胡安国（1074—1138）、周紫芝（1082—1155）、袁燮（1144—1224）等则多加称誉[④]，《三朝北盟会编》亦因此削去邓肃诋毁吕好问之语[⑤]。然而，无论评价如何，此事对再起之吕氏家族又为一大打击，好问死时竟"家贫不能办官殓"[⑥]，正可反映其境况；而好问儿子吕本中及吕用中于建炎绍兴间屡次上章为父辩伪楚之事[⑦]，又可见此事对他们家声家誉之影响。

---

① 《吕东莱先生文集》卷九，《家传》，第203页；《宋史》卷三六二，《吕好问传》，第11329页；《会编》卷一〇五，第773—775页；邓肃：《栟榈集》卷一二，《辞免除左正言劄子》第六，《四库全书珍本四集》，台北：商务印书馆，1973年，第8页及卷一五，《辞免除左正言劄子》第十五，第25页。

② 《吕东莱先生文集》卷九，《家传》，第203页；《宋史》卷三六二，《吕好问传》，第11329页；《会编》卷一〇八，第795—797页；《系年要录》卷七，建炎元年七月癸卯，第182页。

③ 《廿二史札记》卷二三，《宋史各传回护处·吕好问》，第310页。

④ 《挥麈录·后录》卷四，第130页；《朱子语类》卷一三〇，《本朝》四，第3136页；周紫芝：《太仓稊米集》卷五八，《见吕右丞》，《四库全书珍本二集》，台北：商务印书馆，1971年，第9页；袁燮：《絜斋集》卷八，《题吕子约帖》，《丛书集成初编》，上海：商务印书馆，1936年，第126页。

⑤ 《会编》卷一一一，第810页。

⑥ 《宋会要辑稿》，《礼》四四之一九，第1441页。

⑦ 《会编》卷一〇六，第778页；卷一〇九，第798页；《系年要录》卷一二三，绍兴八年十一月戊子，第1981页。

好问罢相后，吕家政治势力受挫，但这并无影响其在学术界之地位，好问及其弟切问仍与当世名儒如田腴、顾敦、尹焞（1071—1142）、杨时（1053—1135）等游[1]，兄弟俩同登《荥阳学案》。吕切问，字舜从，崇宁初以党人子弟补外官，知河南府巩县，与程颐相交；又曾守官会稽，人或讥其不求知者，对曰："勤于职事，其他不敢不慎。"历官承奉郎、宣德郎，妻为张昷之儿子朝请郎张次元（1031—1097）女儿[2]。好问还有两个弟弟言问和疑问，言问于好问薨时得录为通判桂州[3]，赵鼎（1085—1147）《辩诬笔录》记云：

> 一日，旧同官吕言问见访，云："朝廷议迎请元祐后归禁中，家兄令言问与孟氏议定。"兄舜徒也，言问与孟氏亲，故舜徒委之。言问后作《垂帘记》备见本末。[4]

此事再见吕氏兄弟与张邦昌奉还大政关系之深，而吕言问与孟后家族的亲密，居中周旋于元祐太后临朝一事，相信也是后来宋高宗未有深责吕好问伪楚污命的主因。吕氏一家之起伏安危，与朝廷政治息息相关，其中的凶险艰难，实非笔墨所能形容。至于吕疑问

---

[1] 《童蒙训》卷上，第4—9页；《宋元学案》卷三一，《吕范诸儒学案》，第1118页；《伊洛渊源录》卷一一，《尹侍讲》，第115页；杨时：《龟山集》卷二，《举吕好问自代》，《四库全书珍本四集》，台北：商务印书馆，1973年，第2页。
[2] 《三朝名臣言行录》卷八之一，《崇政殿说书荥阳吕公》，第201页；《童蒙训》，卷中，第13页；《道乡集》卷三七，《寿昌县太君严氏墓志铭》，第12页；卷四〇，《故朝请张公行状》，第4页；《伊洛渊源录》卷七，《吕侍讲家传》，第68页；《宋元学案》卷二三，《荥阳学案》，第910页；程颢、程颐：《二程集·河南程氏外书》卷一二，北京：中华书局，1981年，第444页。
[3] 《系年要录》卷四六，绍兴元年七月丁酉，第822页。
[4] 赵鼎：《忠正德文集》卷九，《辩诬笔录》，《文渊阁四库全书》，台北：商务印书馆，1986年，第756页。

则生平不详①,大抵其人并不甚显。

公著一房中,除希哲外,希绩子钦问及希纯二子聪问、能问亦见载于史②。吕钦问字知止,官监酒,与陈与义善,相唱游③;据其《无题》诗云:"彭泽有琴尝无弦,大令旧物惟青毡,我亦四壁对默坐,中有一床供昼眠。"④可见生活并不宽裕,家道已衰落。吕聪问,曾于北宋末登科⑤,历官右朝散大夫、宗正少卿、吏部员外郎、福建路提刑、广南西路提刑、直秘阁,其为官守法,曾捕海贼有功⑥,绍兴四年(1134)上祖父公著神道碑,并请夺王安石谥⑦。吕能问于绍兴元年(1131)召保自陈,得复其父希纯职名,其生平不详⑧。

---

① 其名只见于《三朝名臣言行录》卷八之一,《崇政殿说书荥阳吕公》,第200页。
② 案,吕本中曾提到有从叔名吕大有者,惟宋代史料未提及为何人,见吕本中:《东莱吕紫微诗话》,《丛书集成初编》,上海:商务印书馆,1936年,第1—2页。陈开勇引《白沙圩吕氏宗谱》记载吕希纯有子曰吕光问,字大有,故他和姚红都以为吕希纯有一子名吕光问,即吕本中提及的从叔吕大有。见陈开勇:《宋代开封——金华吕氏文化世家研究》,第21页;姚红:《宋代东莱吕氏家族及其文献考论》,第46页。由于吕本中确曾提到从叔吕大有,惟以后世之族谱确认其即为吕光问,仍有可疑处,故暂不于正文提出,仅在注释中录之备考。
③ 陈与义:《陈与义集》卷一,《送吕钦问监酒受代归》,北京:中华书局,1982年,第17页;《紫微诗话》,第7页;厉鹗:《宋诗纪事》卷四二,《吕知止》,上海:上海古籍出版社,1983年,第1072页;陆心源:《宋诗纪事小传补正》卷三,《吕知止》,台北:鼎文书局,1971年,第2页。
④ 见北京大学古文献研究所编《全宋诗》,北京:北京大学出版社,1991年,第13834页。
⑤ 龚延明、祖慧:《宋代登科总录》,第6810页。
⑥ 《系年要录》卷七五,绍兴四年四月癸未,第1235页;卷九〇,绍兴五年六月丙午,第1499页;卷九九,绍兴六年三月甲申,第1630页;卷一〇五,同年九月辛巳,第708页;《宋会要辑稿》,《选举》三四之六,第4778页;《张华阳集》卷七,《吕聪问除宗正少卿》,《吕聪问除吏部郎官》,第6—8页;梁克家:《三山志》卷二五,《秩官类》六,《宋元地方志丛书》,台北:大化书局,1980年,第6页。
⑦ 《系年要录》卷七七,绍兴四年六月庚子,第1268页;卷七九,同年八月丙申,第1296页;《琬琰集》下卷一四,《王荆公安石传》,第8页。
⑧ 《宋会要辑稿》,《职官》七六之六四,第4127页。

在本期中，吕好问于北宋末南宋初为家族之发展提供了一定之帮助及贡献，惜因伪楚污命及与李纲之争而罢，但同代不同支之族人吕广问接着又获重用，显示吕氏家族仍有一定的实力。吕广问，字仁甫，公雅孙希朴子，登宣和七年（1125）进士第，授宣州士曹掾，改司理参军，调婺源县主簿。李光（1078—1159）帅江西，辟广问为主管机宜文字，会光入参大政，诏荐西北人才，乃首以广问应诏，给事中刘一止（1078—1160）、周葵（1098—1174）等交荐之。时秦桧（1090—1155）为相，专愎用事，斥其为党，广问与荐者皆罢去，后李光亦南迁①。案李光乃江南人，其与秦桧之争除因与金和议政策有异外，亦代表江南地主阶级与北方官僚特权阶级之争②。吕广问以西北流寓士人而靠拢李光，加上他反对和议，故遭当权者打击。广问被贬后，屏居黄山之隅，监西京中岳庙，知江州德安县，招辑流亡，建学舍以教其子，狱讼几息，邑人相与祠于学。后通判筠州、虔州，直至秦桧死后，吕广问稍稍复用，但不久言者又因旧怨而攻其党周葵，复除提举江南东路常平茶盐公事，历两浙副运、直秘阁，至孝宗（赵昚，1127—1194，1163—1189在位）即位后迁中书门下省检正诸房公事，拜起居郎、权礼部侍郎，以龙图

---

① 《南涧甲乙稿》卷二〇，《左太中大夫充龙图阁待制致仕赠左正奉大夫吕公墓志铭》，第394页；《系年要录》卷一三三，绍兴九年十月己巳，第2141页；《宋史》卷三八五，《周葵传》，第11834页。
② ［日］寺地遵：《南宋政权确立过程研究觉书》第3章，《李光の参知政事就任と罢免》，《广岛大学文学部纪要》四二卷特辑号，1982年，第39页；又见［日］寺地遵：《南宋初期政治史研究》第2章，《宋政权再建构想をめぐる政治斗争》，及第6章，《南宋政权と江南地主层——李光の参知政事就任を中心として—》，广岛：溪水社，1988年。此书有中译本，见［日］寺地遵著，刘静贞、李今芸译：《南宋初期政治史研究》，台北：稻禾出版社，1995年。

阁待制奉祠致仕,卒年七十三,妻为太府寺丞王有的女儿①。

广问可以说是除好问外吕氏第八代族人中成就最大者,其家本于河南,后迁符离,再因广问之南而迁至宁国太平县;而其一支之族人亦与之同居,广问少时家贫,"聚族数百指,无闲言"②。广问贵后,族人亦得庇荫,如其主婺源簿,即奉其兄和问以俱③。吕和问,字节夫,曾为池州铜陵县丞④,兄弟俩均为尹焞学生,与当时名士唱游,同登《和靖学案》⑤。周紫芝记其兄弟俩买地建立园亭,其中更有"卷书阁",生活悠然:

> 吕节夫兄弟买地筑屋于麻川之上,凿山疏泉种药艺花,为游观之所十有一。官闲则居之,食不足则出而仕,当世高之。其弟仁父为余道其名,且使赋诗。⑥

吕氏家族第八代族人,除上述诸人外,姓名可考的还有应问、庭问、察问、游问、叔照、叔巽六人及吕公孺孙吕端问。应问,官右奉议郎,为当时著名之赃官,绍兴初知华亭县,亦坐赃抵死,编管化州。执政赵鼎以应问乃吕公著族子,以故家之因,屈法贷之,

---

① 《南涧甲乙稿》卷二〇,《左太中大夫充龙图阁待制致仕赠左正奉大夫吕公墓志铭》,第394页。
② 《南涧甲乙稿》卷二〇,《左太中大夫充龙图阁待制致仕赠左正奉大夫吕公墓志铭》,第394页。
③ 《宋元学案》卷二七,《和靖学案》,第1009页。
④ 《宋会要辑稿》,《礼》三七之四一,第1340页。
⑤ 《宋元学案》卷二七,《和靖学案》,第1009—1010、1020页。
⑥ 周紫芝:《太仓稊米集》卷一三,《题吕节夫园亭十一首》,第4页。

士族篇 073

贷死除名而已①。庭问,只知他是吕夷简后人,历官福建路转运判官、尚书金部郎中,曾知临安②。察问,自称吕夷简为其叔曾祖,曾为玉峰县丞③。游问,绍兴末乾道年间历官知阆州、均州、嘉州,总领湖广江西京西财赋,直显谟阁知襄阳府④,游问曾因将官屋亏卖与族侄吕昭中而落职⑤。叔照,子必中、会中,自称吕夷简曾孙,淳熙甲寅岁为宁国府太平县宰⑥。叔巽,吕本中从叔,生平不详⑦。至于吕端问,米芾(1051—1107)《跋李邕帖》载有:

> 右,唐秘书省监李邕字泰和墨迹,五十字。易于吕文靖丞

---

① 《系年要录》卷六八,绍兴三年九月戊午,第1146页;卷八〇,绍兴四年九月丁未,第1303页;卷八八,绍兴五年四月丙午,第1465页。
② 《系年要录》卷五九,绍兴二年十月丙辰,第1026页;《宋会要辑稿》,《礼》四四之一九至二〇,第1441—1442页;《食货》六三之三;潜说友:《咸淳临安志》卷五一,《秩官》,《宋元地方志丛书》,台北:大化书局,1980年,第23页。
③ 《异闻总录》卷四,第9页;凌万顷:《玉峰续志》,《县丞》,《宋元地方志丛书》,台北:大化书局,1980年,第9页。
④ 《宋会要辑稿》,《瑞异》一之二七,第2078页;《职官》一一之五一,第2648页;七一之一四至一五,第3978—3979页;《选举》三四之二六,第4788页;《系年要录》,绍兴二十七年九月辛卯,第2936页;吴廷燮:《南宋制抚年表》卷上,第506页。
⑤ 《宋会要辑稿》,《职官》七二之一一。案,周必大:《文忠集》卷一〇〇,《户部郎官湖广总领吕游问除直显谟阁知襄阳府》,《四库全书珍本二集》,台北:商务印书馆,1971年,第2—3页,记游问知襄阳制,称其"尔食德相门"。查宋代吕氏为相而又以"问""中"字排辈者,只夷简一族,故可知游问与昭中均是河南吕氏族人。
⑥ 《异闻总录》卷四,第9页;洪迈:《夷坚志》支景卷九,北京:中华书局,1981年,第948页。
⑦ 《能改斋漫录》卷一三,《记事》,第398页;《少仪外传》卷上,第17页。陈开勇引《白沙圩吕氏宗谱》记吕聪问字叔巽,则吕叔巽就是吕聪问。见《宋代开封—金华吕氏文化世家研究》,第21页。惟此条只见于后代之族谱,故暂且存疑,录之备考。

相家户部尚书穉（稚）卿之孙端问有三帖……①

可见他是吕公孺的孙子，惟宋人史料未见记载公孺的儿子，我们对吕端问的生平所知也不多。据米芾自述，他是用了几件六朝名画和古董才跟吕端问换得上述的《李邕帖》②，他们之间似乎很有交情，而吕端问身为故相之后，爱好书法艺术之余，生活似乎也还不俗。

吕氏家族经崇宁祸后，好问、广问先后继起，惜前者受累于伪楚国难；而广问亦因反对和议国策，投闲置散十多年，晚年虽获孝宗重用，但为时已晚。因此，吕氏家族发展至第八代时虽曾再起，但旋因国事之祸而再受挫，其势虽较崇宁时稍优，但已无复全盛期之兴旺情况。

吕氏第九代族人之发展，显较第八代逊色，可证家族势力旋起旋跌。此代中为吕希道孙者八人，时中早亡，有中、守中、刚中并假承务郎，和中、惇中亦早亡，适中未仕③，民中于宣和六年（1124）以奉议郎知东平府中都县，后以功绩转一官④；靖康元年（1126）在泽州任通判，金人陷州，知州高世由与吕民中被迫降金⑤，后事不详。自此以下，希道一房之裔不复可考。吕氏"家贼"嘉问仅一子安中，绍圣年间提举茶盐，妻为王安石子王雱（1044—

---

① 载于曾枣庄、刘琳主编：《全宋文》卷二六〇一，《米芾》五，上海：上海辞书出版社，2006年，第9页。
② 汪砢玉：《珊瑚网书录》卷二二，《米襄阳鉴收法书》，《适园丛书》，民国乌程张氏刊本，1916年，第18页。
③ 《范太史集》卷四二，《左中散大夫守少府监吕公墓志铭》，第10页。
④ 《宋会要辑稿》，《职官》五九之一八，第3726页。
⑤ 《会编》卷六一，第459页。

1076）独女，生一女而安中卒①。吕公绰一支于希道孙及安中后不见传。与其兄一支相若，吕公弼裔族可考者亦止及第九代，曾孙二人，师中试将作监主簿，举中则未仕②。

在广问为李光辟用前，好问长子吕本中亦崛起，惜终亦因忤秦桧而罢，未能促进家族势力。吕本中，字居仁，随曾祖迁居于京师，以公著遗表恩，授承务郎，绍圣党祸，公著追贬，本中亦坐焉。绍兴六年（1136），以范冲（1067—1141）荐，召赐进士出身③，寓居于首都之寺院④。绍兴初年，赵鼎参政，高宗命荐人才，鼎素主元祐之学，谓本中乃公著后，又范冲所荐，故深相知，荐为中书舍人兼直学士院⑤。赵鼎于高宗即位初年获重用，后与张浚（1097—1164）并相，协心力图兴复之功，他虽不完全反对和议，然终因与秦桧议论不合，罢谪岭南，所汲引之人亦同遭厄运⑥。案秦桧在靖康年间得到

---

① 《宋会要辑稿》，《礼》六一之六，第1690页；《食货》一四之一八，第5047页；《食货》三〇之三〇，第5333页；《长编》卷四八五，绍圣四年四月戊戌，第11534页。新发见的史料有更多吕嘉问一房的资料，见后章的讨论。
② 《琬琰集》上卷二六，《吕惠穆公公弼神道碑》，第7页。
③ 《系年要录》卷一〇三，绍兴六年七月癸酉，第1680页；《宋会要辑稿》，《选举》九之八，第4405页；《朝野杂记》乙集卷一二，《任子赐出身》，第472页；陈骙：《南宋馆阁录》卷八，《官联》下，《四库全书珍本别辑》，台北：商务印书馆，1975年，第11页；《宋史》卷三七六，《吕本中传》，第11635页。
④ 周密：《癸辛杂识》后集，《许占寺院》，北京：中华书局，1988年，第73页；《南涧甲乙稿》卷一五，《两贤堂记》，第291页。
⑤ 《宋史》卷三七六，《吕本中传》，第11637页；《系年要录》卷七四，绍兴四年三月戊午，第1222页；卷一〇〇，绍兴六年四月壬寅，第1638页；卷一二〇，绍兴八年六月壬午，第1947页。
⑥ James T. C. Liu, *China Turning Inward: Intellectual Political Changes in the Early Twelfth Century*, Chapter 6: "A Case Study: From Excellence to Exile", Cambridge, Mass. & London: Harvard University Press, 1988, p. 105, 此书有中译本，见［美］刘子健著，赵冬梅译：《中国转向内在——两宋之际的文化内向》，南京：江苏人民出版社，2001年；寺地遵：《南宋初期政治史研究》第4章，《赵鼎集团の形成と张浚路线の破产》，第111页。

吕好问的推荐，升为御史中丞，故吕本中初与秦桧同殿为郎，相得甚欢。桧既当权，私有引用，本中封还除目，桧勉其书行，卒不从。会《哲宗实录》成，赵鼎迁仆射，本中草制曰："合晋、楚之成，不若尊王而贱霸；散牛、李之党，未如明是而去非。"桧以其反对和议，深恨之，风使御史萧振劾罢之，后来赵鼎罢相，本中亦奉祠而去，卒于上饶，年六十二，谥文清①。广问、本中二代均遭秦桧挫折，家族势力再受打击，然其于学术界之地位则愈隆，本中与当世名士游，学者称东莱先生，自为《紫微学案》之宗②，政治生涯远不如学术成就，有《官箴》三十三则，亦是重道德多于政事③。

本中有四弟，揆中、弸中、用中、忱中。吕揆中终于郊社斋郎④，曾与赵鼎臣长女议婚，惜英年早逝而未遂⑤。吕弸中（1090—1146）⑥，字仁武，以祖荫授假将仕郎，他在靖康之祸中曾替康王赵构传递讯息，任淮宁府司仪曹事、大元帅府参议东南道都总管司主管机宜文字，又请康王早日登位以应以天下之望⑦，可见其在国难

---

① 《宋史》卷三七六，《吕本中传》，第11637页；《会编》卷二二五，第1624页；《系年要录》卷一一九，绍兴八年四月庚辰，第1922页；卷一二二，同年九月丁未，第1970页。
② 《宋元学案》卷三六，《紫微学案》，第1233页。
③ 柳立言：《从官箴看宋代的地方官》，载于国际宋史研讨会秘书处编：《国际宋史研讨会论文集》，台北：台湾文化大学史学研究所，1988年，第399页。
④ 《吕东莱文集》卷九，《家传》，第212页。
⑤ 赵鼎臣：《竹隐畸士集》卷三："昔官会稽，故侍讲吕公原明寸请以其孙揆中者娶余之长女。既受币矣，无何，揆中与余女未成婚而俱卒。"《文渊阁四库全书》，台北：商务印书馆，1986年，第11页。
⑥ 吕弸中卒年据吕大伦：《吕弸中圹志》，见郑嘉励：《明招山出土的南宋吕祖谦家族墓志》，载于包伟民、刘后滨主编：《唐宋历史评论》第1辑，北京：社会科学文献出版社，2015年，第190页。《圹志》又记其享年57岁，故生年应为1090年。
⑦ 吕大伦：《吕弸中圹志》，见郑嘉励：《明招山出土的南宋吕祖谦家族墓志》，第189页。

中亦为吕氏家族的发展提供了一定的帮助。尝任驾部员外郎，赵鼎荐为提举福建茶事，终于右朝请郎主管台州崇道观。吕弸中从学于尹焞，登《和靖学案》，妻为章甫女儿，其自武林迁婺，吕氏自此为婺源名族①，后再娶文彦博（1006—1097）之曾孙女为妻②。弸中弟吕用中（1091—1162），字惇智，与曾几（1084—1166）善③，早以父任授将仕郎，深居不出。北宋末登进士第④，历官枢密院计议官、福建提举茶事、兵部员外郎、两浙路提刑、直秘阁⑤，绍兴九年（1139）为言者攻，以其党赵鼎而知建州⑥，十二年元祐孟太后弟忠厚（？—1157）言其应办无阙，得进一官⑦，终于右朝奉大夫主管台州崇道观⑧。根据最新发现的吕用中和其再娶韩氏的《圹志》可知，吕用中于绍兴三十二年（1162）六月二十八日卒于其子吕大麟常州武进令的治所，而韩氏为韩亿（972—1044）四世孙⑨。

---

① 《吕东莱文集》卷九，《家传》，第212页；《系年要录》卷一一九，绍兴八年五月丙戌，第1923页；《龟山集》卷三五，《章端叔墓志铭》，第5页；《宋元学案》卷二七，《和靖学案》，第1011页。
② 见《吕弸中圹志》，及吕大器：《吕弸中妻文氏圹志》，载郑嘉励：《明招山出土的南宋吕祖谦家族墓志》，第189—192页。
③ 曾几：《茶山集》卷四，《挽吕惇智直阁》，《丛书集成初编》，上海：商务印书馆，1936年，第45页。吕用中生年据吕大麟：《吕用中圹志》，见郑嘉励：《明招山出土的南宋吕祖谦家族墓志》第194页。
④ 龚延明、祖慧：《宋代登科总录》，第6806页。
⑤ 《系年要录》卷八七，绍兴五年三月丙子，第1436页；同月戊戌，第1448页；《东窗集》卷七，《吕用中除直秘阁制》，第7页；刘一止：《苕溪集》卷四六，《吕用中福建提举茶事》，《四库全书珍本二集》，台北：商务印书馆，1971年，第3页；张淏：《会溪续志》卷二，《提刑题名》，《宋元地方志丛书》，台北：大化书局，1980年，第16页。
⑥ 《系年要录》卷一二七，绍兴九年三月己丑，第2061页。
⑦ 《系年要录》卷一四七，绍兴十二年十一月壬辰，第2365页。
⑧ 《吕东莱文集》卷九，《家传》，第212页。
⑨ 吕大麟：《吕用中圹志》及吕大麟：《吕用中妻韩氏圹志》，载郑嘉励：《明招山出土的南宋吕祖谦家族墓志》，第192—195页。

本中、用中、弸中兄弟均党赵鼎，不见用于秦桧，然其弟吕忱中却媚视秦桧。吕忱中（1098—1162），字伟信，少以父任授承事郎[①]，历官右通直郎添差通判信州、提举江东常平茶盐公事、承议郎知泰州。案吕氏父子本与秦桧善，此已见前论，桧为相后，乃荐忱中为婺倅，时论认为忱中"天资阴险，所至贪墨"，与其兄弟异趣，讦林机、陷王晌，以侍秦桧，终于右朝奉郎知饶州[②]。忱中党秦桧，或与嘉问支持新法一样，客观上使吕氏家族之政治多元，使家族于不同派别当政时不至完全被挤，家族势力或得以保存一定的发展？新发现的《吕忱中圹志》显示，吕忱中二子早卒，忱中死后的葬送及《圹志》刻写都是由吕弸中的长子吕大器代劳[③]，足见忱中与弸中兄弟之情未绝，吕氏家族成员在政治上的不同取向，对吕家的发展颇堪玩味。此外，《吕忱中圹志》说他"刚介寡合，故屡起屡仆，虽小试而不尽。平生笃意学问，沉酣经史，精博该洽，作书数百卷藏于家"[④]。可知忱中士途颠簸，为官声名不佳，但身为宰相世家之后，个人还是有一定的实力。

　　公著一房除希哲诸孙外，希纯孙企中于本期内亦有不俗之发展。吕企中字仲及，父亲未知是聪问抑或能问，少孤贫，虽受荫得

[①] 吕忱中卒年据吕大器：《吕忱中圹志》，见郑嘉励：《明招山出土的南宋吕祖谦家族墓志》，第196页。又，《圹志》记其享年65岁，以此逆推计算，其生年为1098年。
[②] 《吕东莱文集》卷九，《家传》，第212页；《系年要录》卷一六八，绍兴二十五年四月庚子，第2747页；同年五月壬戌，第2750页；卷一七六，绍兴二十七年正月丙子，第2901页；卷一八一，绍兴二十九年四月己酉，第3013页；卷二〇〇，绍兴三十二年十二月辛巳，第3407页。
[③] 吕大器：《吕忱中圹志》，见郑嘉励：《明招山出土的南宋吕祖谦家族墓志》，第195—197页。
[④] 吕大器：《吕忱中圹志》，见郑嘉励：《明招山出土的南宋吕祖谦家族墓志》，第197页。

官,然仍漂转建昌间,后得给事中王曰严力荐,连加擢用,历官金部员外郎、直敷文阁福建路提刑、淮南转运兼淮西提刑、知扬州、知隆兴府,"四持节,七典藩位,至秘阁修撰"。与周必大(1126—1204)、汪应辰(1118—1176)善①,周必大赞他"故家遗俗,具知文献之传;熟路轻车,见谓经纶之蕴。伸体国爱君之术,旂生民御众之才"②。惟企中后人亦不见传,家族势力终绝。至于广问一支,其后亦未见显,广问三子,得中官修职郎,娶朝请大夫李彦恢女儿;二子庶中与其兄均早世,季子自中官承务郎,后裔不复载于史传③。

最后,第九代族人除会中、必中及昭中已见前论外,可考的还有愿中、求中、行中、存中、稽中及坚中六人。吕愿中为夷简玄孙,未知出于何房,绍兴初为和州倅、知静江府、直秘阁、广西经略安抚④,曾媚视秦桧、诬李光与胡铨(1102—1180)作诗讥讪⑤,为官贪赃不法,后谪果州团练副使、封州安置⑥。吕求中同为吕夷

---

① 《夷坚志》三志壬卷二,《吕仲及前程》,第1482页;《宋会要辑稿》,《职官》六二之二一,第3793页;《选举》三四之二三,第4786页;三四之二九,第4789页;《南宋制抚年表》卷上,第454、467页;《文忠集》卷二六,《跋司马温公吕申公同除内翰告》,第26页;《文定集》卷一〇,《题吕申公》《题吕子进集》,第117—119页;《三山志》卷七,《公廨类》一,第7686页;《吴郡志》卷七,《官宇》,第5页。
② 周必大:《回隆兴吕少卿企中启》,《全宋文》卷五〇八〇,《周必大》六七,第389页。
③ 《南涧甲乙稿》卷二〇,《左朝散大夫致仕李公墓志铭》,第392页;同卷,《左太中大夫充龙图阁待制致仕赠左正奉大夫吕公墓志铭》,第396页。
④ 《系年要录》卷一六七,绍兴二十四年七月乙亥,第2724页;《宋会要辑稿》,《职官》七〇之四〇,第3964页;《宋诗纪事续补》卷一九,《吕愿中》,第783页;《南宋制抚年表》,卷下,第585页。
⑤ 《系年要录》卷一六八,绍兴二十五年三月辛亥,第2744页;《朱子语类》卷一三一,《本朝》五,第3158页;《宋史》卷三六三,《李光传》,第11342页;《宋元学案》卷二〇,《元城学案》,第835页。
⑥ 《系年要录》卷一六八,绍兴二十五年七月辛酉,第2758页;卷一七一,绍兴二十六年二月庚子,第2822页;卷一七三,同年六月甲戌,第2844页。

080 近世社会的形成:宋代的士族与民间信仰

简玄孙，建炎中为从事郎、衢州江山县令、主管劝农工事①，李正民（1112年进士）曾应诏荐举吕求中，赞他"材力有余，莅政临民，威惠兼着"②。吕行中，字圣与，曾知黄县，绍兴中知零陵县，蠲除横敛，与杨万里（1127—1206）善③。吕存中，淳熙间宰长州县，并为建蟠翠亭，颇有治声④。吕稽中，字德元，本中从兄弟，张浚宣抚川陕，辟为计议官，历官右朝请郎，知邵州、江南东路转运判官、官管台州崇道观；稽中从尹焞学，为其得意门人，登《和靖学案》⑤，惟引人注意的是，稽中同样党附秦桧，助其严办辛永宗，史称其"残刻如此"⑥。坚中，字景实，稽中弟，曾为祁阳县令，修先圣庙，且兴县学，坚中亦为尹焞门人，与其兄同登学案⑦。

---

① 吕求中：《藏玺书于璟源寺记》，《全宋文》卷三九九八，《吕求中》，第276页。
② 李正民：《应诏荐士状》，《全宋文》卷三五四〇，《李正民》六，第103页。
③ 杨万里：《诚斋集》卷七九，《书吕圣与零陵事序》，《文渊阁四库全书》，台北：商务印书馆，1986年，第4—5页；《宋诗纪事补遗》卷四八，《吕行中》，第13页。据此二书，称行中为"东平名族"，"东平"乃吕氏之族望，而"中"亦为其行辈，故知行中为夷简之裔。
④ 《吴郡志》卷三七，《县记》，第7页；《吴都文粹》卷九，《蟠翠亭记》，第37页。据文中龚颐正称存中为"申国吕君"，申国乃夷简、公著父子封号，加上"中"字行辈，故知存中实为夷简之后。
⑤ 《系年要录》卷一六二，绍兴二十一年九月己酉，第2644页；卷一九四，绍兴三十一年十一月辛巳，第3270页；《宋诗纪事续补》卷一〇，《吕德元》，第379页；《景定建康志》卷二六，《官守志》，第21页；《宋元学案》卷二七，《和靖学案》，第1010页；尹焞：《尹和靖集》，《书易传后序》，《丛书集成初编》，上海：商务印书馆，1936年，第4页；《师说》，第16页；同书《吕德元撰墓志铭》，第24页。
⑥ 《系年要录》卷一六〇，绍兴十九年九月己未，第2596页。
⑦ 胡寅：《斐然集》卷二一，《祁阳县学记》，《四库全书珍本初集》，上海：商务印书馆，1934年，第6页；《尹和靖集》，《答祁居之》，第6页；《宋元学案》卷二六，《和靖学案》，第1010页。

(五)没落——附金元之吕氏

吕好问后人移居婺源后，在政治上的影响力日塞，族人的史料记载亦愈来愈少，除大儒吕祖谦外，过去我们甚至弄不清吕本中兄弟后人的谱系情况，出现很多错误[1]。近年来，浙江省武义县明招山出土了吕氏家族墓志共十七通，均为新见史料，经浙江省考古文物研究所学者郑嘉励的介绍，让我们得以据之修正关于南宋末年吕氏家族的发展情况[2]。

吕氏家族十北宋末南宋初经历伪楚风云及秦桧擅权后，族人中虽仍多有出仕者，但其政治实力已不大，惟学术地位则愈高。第十代族人姓名可考者，除大钧、大琮外，余皆为好问之后人；而大钧、大琮之生平亦不可考，大钧只知是愿中子[3]，大琮则为本中族侄[4]。

吕本中二子，大猷及大同[5]。吕大猷字允升，曾知汀州，然为官乏善可陈，曾"自陈以漕臣按甚昏耄，权归掾吏，狱讼淹延"。得主管建宁府武夷山冲祐观[6]。吕大同，字逢吉，汪应辰称其所讲释者，莫非前言往行之要，盖皆有得于家学云[7]；大同早夭[8]，死时不禄，及至其子吕祖平通朝籍，以宗祀恩赠从事通直郎，妻为朝散郎

---

[1] 基于史料的阙失，笔者和前引衣川强、孔东、纪云华、陈开勇、姚红、罗莹及杨松水诸人的论著都有这个问题，值此修订旧稿之机会，本文将参考最新的考古资料，修正相关的论述。
[2] 郑嘉励：《明招山出土的南宋吕祖谦家族墓志》，第186—215页。
[3] 《宋诗纪事小传补正》卷三，《吕愿中》，第8页。
[4] 吕本中：《轩渠录》，载于《说郛三种》，第13页。
[5] 《言行类稿》卷三六，《吕本中》，第23页。
[6] 《宋会辑稿》，《职官》七二之三五，第4005页；《文定集》卷九，《豹隐堂记》，第102页。
[7] 《文定集》卷九，《豹隐堂记》，第102页。
[8] 吕祖谦：《吕东莱先生文集》卷九，《家传》，第212页。

方元矩女儿[1]。兄弟二房仕途不显,但同登《紫微学案》[2]。

吕弸中有三子,大器、大伦和大阳[3]。吕大器(1113—1172)[4],字治先,以祖致仕恩补右承务郎,历官江东提举司、浙东提刑司及福建提刑司干官,后通判岳州,知黄州、池州、江州、齐安及吉州,累官尚书仓部郎。大器与曾几唱游,妻为曾几女儿,随父弸中居于婺源,乾道八年(1172)卒,葬于婺源之明招山祖茔[5]。大器弟吕大伦,字时叙,绍兴十五年(1145)丞于武义县,筑豹隐堂与大器、大猷及大同讲学,同登《宋元学案》[6]。新发现的史料显示,吕大伦有继室程氏,为程颐之曾孙女[7];至于吕大阳,吕祖谦的《家传》谓其早夭,而明招山出土的《吕弸中圹志》亦记其为"通仕郎,早亡"[8]。

---

[1] 《陆放翁全集·渭南文集》卷三六,《吕从事夫人方氏墓志铭》,第221页。
[2] 《宋元学案》卷三六,《紫微学案》,第1243页。
[3] 过去宋人的史料只记吕大器为吕弸中儿子,但明招山出土由吕弸中儿子吕大伦执笔的《吕弸中圹志》及吕大器写的《吕弸中妻文氏圹志》,清楚记载了吕弸中三子为大器、大伦和大阳。见郑嘉励:《明招山出土的南宋吕祖谦家族墓志》,第189—192页。
[4] 吕大器生卒年据吕大猷:《吕大器圹志》,见郑嘉励:《明招山出土的南宋吕祖谦家族墓志》,第199—200页。
[5] 《系年要录》卷一九九,绍兴三十二年四月己卯,第3361页;《渭南文集》卷三二,《曾文清公墓志铭》,第203页;《文忠集》卷二四,《答吉州太守吕治先大器启》,第18页;《茶山集》卷四,《吕治先以职事至常山》,第40页;卷五,《送吕仓部治先守齐安》,第60页;薛季先:《浪语集》卷三四,《祭吕郎中》,《文渊阁四库全书》,台北:商务印书馆,1986年,第17页;吕祖谦:《东莱集》,附录一《年谱》,《四库全书珍本十一集》,台北:商务印书馆,1981年,第1页;吕大猷:《吕大器圹志》,见郑嘉励:《明招山出土的南宋吕祖谦家族墓志》,第199页。
[6] 《文定集》卷九,《豹隐堂记》,第102页;《宋会要辑稿》,《职官》七二之九,第3992页;《食货》六八之七八,第6292页。
[7] 吕祖永:《吕大伦继室程氏圹志》,见郑嘉励:《明招山出土的南宋吕祖谦家族墓志》,第201页。
[8] 《吕东莱先生文集》,《家传》,第212页;吕大伦:《吕弸中圹志》,见郑嘉励:《明招山出土的南宋吕祖谦家族墓志》,第190页。

据吕用中及其妻韩氏的《圹志》，用中有子四人，大凤、大原、大麟及大虬。吕大凤官右从事郎、监潭州南岳庙，未授室而卒；吕大原早夭，吕大麟则为右宣教郎、知常州武进县、右承议郎、江南东路转运司主管文字；吕大虬为右从政郎、充措置两淮节制军马准备差遣、文林郎、总领淮西江东军马钱粮所准备差遣[1]。诸子中，大麟事迹最可考，其于淳熙九年（1183）守徽州，为官因有循良之称，迁知常德府，后以右司郎官放罢，盖言者论大麟"谬当剧曹，吏牍纷然，漫不加省"，故乞罢斥[2]。大麟妻为右通直郎薛镒女儿薛南英[3]。

明招山出土吕忱中的《圹志》提到其子孙时有点复杂：

> 娶李氏，权刑部侍郎与权之女，今封安人。男二人：大原、大兴，将仕郎，蚤世。公遗言以侄大猷之第四子祖新更名祖信为后。……侄、右奉议郎、权知黄州军州事大器泣血谨记。[4]

据此可见忱中本有二子名大原和大兴者，均早亡，故欲以吕本中长子吕大猷一房过继其第四子祖新接续香火；此事后来似未果行，因为《吕忱中妻李氏圹志》又如斯记载：

---

[1] 吕大麟：《吕用中圹志》及《吕用中妻韩氏圹志》，见郑嘉励：《明招山出土的南宋吕祖谦家族墓志》，第192—195页。
[2] 楼钥：《攻媿集》卷三五，《吕大麟知常德府》，《丛书集成初编》，上海：商务印书馆，1936年，第477页。
[3] 吕大麟：《吕大麟妻薛氏圹志》，见郑嘉励：《明招山出土的南宋吕祖谦家族墓志》，第203页。
[4] 吕大器：《吕忱中圹志》，见郑嘉励：《明招山出土的南宋吕祖谦家族墓志》，第197页。

男二人：大兴将仕郎，蚤夭；大信，迪功郎、□处州遂昌县尉。……哀子大信泣血谨志。①

这里提到的吕大信，并未见于《吕忱中圹志》，郑嘉励利用吕祖谦的《东莱集》和清代《白沙圩吕氏宗谱》考订，吕大信原名大彭，为吕钦问孙、吕坚中次子，故应是从钦问一房过继之后人，最终并无以吕祖新为后。案，吕坚中是否为吕钦问孙、吕大信是否为吕坚中子等，我有点怀疑，毕竟运用后人修订的族谱为据必须非常谨慎②；

---

① 吕大信：《吕忱中妻李氏圹志》，见郑嘉励：《明招山出土的南宋吕祖谦家族墓志》，第197—198页。
② 郑嘉励在《明招山出土的南宋吕祖谦家族墓志》一文及最近另一篇和魏峰在会议上发表的文稿《出土文献与族谱文献研究简论——试以武义吕祖谦家族为例》中，详细讨论了以出土文献配合族谱研究的长处和缺失，有很多精彩的论点和例子。不过，我认为本文仍然有些观点忽视了以族谱补足出土文献和史料的危险。简单而言，即使有出土文献互证，显示族谱中有十例为以往文献未见登录者是正确的，我们也不能因此引申认为族谱中的第十一例未见于文献、而跟出土文物有某种关系者，是一定可信的。就以吕大信这个例子而言，虽然《白沙圩吕氏宗谱》有很多过去论史者不知的吕氏族人谱系，得到明招山出土的《圹志》证明可信，但吕大信此例却未有充足证据。我们虽然见到《吕忱中圹志》提到吕大信，也肯定他是从其他旁系过继的吕氏族人，但凭后人编订的族谱如《白沙圩吕氏宗谱》中记载吕大信是吕钦问孙、吕坚中次子，就确认《圹志》中的吕大信、吕坚中、吕钦问三人的父祖关系，实在不能成立。即使《白沙圩吕氏宗谱》在其他多例均有《圹志》证明，我们又如何能肯定《宗谱》中这条记载一定没有错记？事实上，郑嘉励在前引后一篇文章中就举出了这本族谱也有不少错处。我研究吕氏家族多年，虽然从名字或某些史事上相信一些吕姓族人是河南吕氏家族的成员，但如果没有充足证据，为谨慎故，我仍然倾向存疑；至于某些族人的谱系次序，更要小心，例如前面讨论过的"吕氏家贼"吕嘉问，宋人的史料完全不知道其父亲为何人，但《白沙圩吕氏宗谱》等后人编修的族谱就径称他是吕希杰之子，究竟有何证据？我不能因为《吕氏宗谱》记载其他各房谱系的资料跟部史事配合，就认为这是同样可信；事实上，后人编修前人的族谱，除了有很多可靠的资料参考外，实在也包含了不少因"攀附"或其他原因造成的错误失实。我们更要指出，后人编的族谱一定有很多正确的记述，但正是如此我们就要更小心，吕钦问和吕坚中的例子就跟吕嘉问的例子一样，笔者暂时还未看到有足够的可靠史料证明他们的父子关系、及与吕大信的关系。这也是本文多番不采用姚红和陈开勇引用族谱证明吕氏族人谱系的原因，

但这里我要指出的是,吕忱中的《圹志》提到他有子名大原者,竟然与其兄吕用中夫妇《圹志》的次子大原同名,这实在令人费解。吕用中夫妇的《圹志》是由其三子吕大麟执笔,而吕忱中的《圹志》则由兄长弸中的长子吕大器代劳;吕用中和吕忱中均卒于绍兴三十二年(1162),吕大麟没可能错记二兄吕大原之名,而吕大器也不应胡乱刻写叔父儿子的名称,当中究竟如何?研究这批《圹志》的学者郑嘉励似乎没有注意到这个问题,未见有任何讨论。由于吕大原为吕大麟的兄长,大麟的记录不容置疑,故笔者认为他肯定是吕用中的儿子;至于吕忱中的《圹志》以其为子、但其妻的《圹志》却未见提及,笔者大胆推论,或许就是上面提到的香火接续问题:吕忱中的儿子大兴早夭,故欲以兄长的儿子大原过继,但后来大原也身亡,故在吕忱中死后再从旁系过继吕大信者为儿子,是以吕忱中夫妻的《圹志》都记有大兴、惟大原和大信就分别只见于夫妻各自的《圹志》了。

吕氏第十代之发展并不理想,到了第十一代,族人于政治上及学术上之成就,均超越前代,惟似亦回光返照而已。诸房中,以吕大器一支最为重要,据最新发现的圹志显示,除了过去最为人所熟悉的祖谦和祖俭兄弟外,大器还生有第三子祖节和第四子祖烈,惟二人事迹不显[①]。

吕祖谦,字伯恭,随其祖居于婺源。祖谦初以荫补官,后登孝

盖治史者必须谨慎,非专事挑剔,请读者原谅。前引魏峰和郑嘉励之论,见魏峰、郑嘉励:《出土文献与族谱文献研究简论——试以武义吕祖谦家族为例》(讨论稿),第3—7页。不过,郑嘉励是杰出的考古学家,我相信他可能在明招山吕氏家族墓地看到了很多吕氏族人的墓葬,有充分的证据证明其中的亲属谱系,可惜我未能看到,只有暂时存疑。

① 吕大猷:《吕大器圹志》,及吕大器:《吕大器妻曾氏圹志》,见郑嘉励:《明招山出土的南宋吕祖谦家族墓志》,第199—200页。

宗隆兴元年（1163）进士第，又中博学宏辞科，调南外宗教，除太学博士，添差教授严州，寻复召为国史院编修官、实录院检讨官。后迁著作郎，成《皇朝文鉴》，诏除直秘阁，以疾请祠归，主管冲祐观，淳熙七年（1181）卒，年四十五，谥曰成[①]。

祖谦之学，本之家庭，有中原文献之传，长从林之奇（1112—1176）、汪应辰、胡宪（1086—1162）游，既又友张栻（1133—1180）、朱熹，讲索益精，学者称"小东莱"。全祖望以为其学"平心易气，不欲逞口舌与诸公角"，且谓"而《宋史》之陋，遂抑之于儒林。然后世之君子其不以为然也"[②]。祖谦晚年讲学会友于金华丽泽书院，讲友门生遍布天下，其中不乏名士、宰相如朱熹、张栻、陆九渊（1139—1193）、陈傅良（1137—1203）、陈亮（1143—1194）、乔行简（1156—1241）、舒璘（1136—1199）、袁燮等，实为当世学宗，故全祖望又谓："宋乾淳以后，学派分而为三：朱学也，吕学也，陆学也。"而明招学者，"自成公下世，忠公（祖俭）继之，由是递传不替，明招诸生历元至明不绝，四百年文献之所寄也"。由是可见祖谦之学术地位及影响[③]。

[①] 《宋史》卷四三四，《吕祖谦传》，第12872页；《东莱集》附录一《年谱》，第1页，及附录二吕祖俭：《圹记》，第16页；《吕东莱文集》，《本传》，第1页；《宋元学案》卷五一，《东莱学案》，第1652页；《道命录》卷八，《东莱先生吕成公谥议》，第100页。

[②] 《宋史》卷四三四，《吕祖谦传》，第12872页；《宋元学案》卷五一，《东莱学案》，第1652页。

[③] 《宋史》卷四三四，《吕祖谦传》，第12872页；《宋元学案》卷五一，《东莱学案》，第1652页。关于祖谦之学，学者有详细之论述，参阅前引何炳松、刘昭仁、潘富恩及徐余庆等三书及下列各部专著：潘富恩、徐余庆：《吕祖谦评传》，南京：南京大学出版社，1992年；徐儒学：《蒙学之宗——吕祖谦》，杭州：浙江人民出版社，2005年；浙江省武义县政协文史资料委员会编：《吕祖谦与浙东明招文化》，北京：社会科学文献出版社，2006年；刘玉民：《吕祖谦与南宋学术交流——以吕祖谦书信为中心的考察》，华中师范大学博士论文，2013年。

吕祖谦之婚姻非常坎坷，其先娶韩元吉（1118—1187）二女，继为芮烨（1115—1172）女儿，但"三娶皆先卒"[1]；然其仕途则较为平坦，这与他在政治上和生活上取随和不争、息事宁人的态度分不开，他实际参加之政治活动不多[2]。因此，迁婺后吕氏家族自祖谦中举出仕后，发展可谓中规中矩，无受太大之打击，惜祖谦以四十五岁之壮年而逝，家族命运受挫。盖吕祖谦本来深得宰相周必大的信任，也获宋孝宗的赏识，倘若祖谦不死，以其自身之仕宦发展，再加上门人多有任高官者（如乔行简后拜相），互相支持照应，定必有助吕氏之发展。可知族人寿命对家族势力之重要性，这点我们在前面已曾指出。

吕氏第十一代之发展，先见挫于祖谦之早世，复弱于祖俭、祖泰之贬死。吕祖俭（？—1196），字子约，号大愚，祖谦弟，监明州仓，后调衢州法曹，除司农簿，通判台州。宁宗（赵扩，1168—1224，1194—1224在位）即位，除太府寺丞[3]。时韩侂胄（1152—1207）用事，唆正言李沐（1172年进士）论右相赵汝愚（1140—1196），罢之，祖俭奏曰："汝愚亦不得无过，然未至如言者所云。"侂胄怒曰："吕寺丞乃预我事耶？"遂于庆元元年（1195）置党禁，规定道学是伪学，贬斥道学之士，祖俭亦被指朋比罔上，送韶州安置[4]。

---

[1] 《吕东莱文集》卷七，《祔韩氏志》，第166页；卷八，《祔芮氏志》，第193页。
[2] 潘富恩、徐余庆：《吕祖谦思想初探》，第5—6页。
[3] 《宋史》卷四五五，《吕祖俭传》，第13368页；《嘉定赤城志》卷一〇，《秩官门》三，第19页；《延祐四明志》卷一，第28页。
[4] 《宋史》卷四五五，《吕祖俭传》，第13368页；《宋会要辑稿》，《职官》七三之一九，第4026页；《朝野杂记》甲集卷六，《道学兴废》及《学党五十九人姓名》，第79—81页；《絜斋集》卷八，《题晦翁帖》，第126页；叶绍翁：《四朝闻见录》丁集，《庆元党》，北京：中华书局，1989年，第141页；真德秀：《真西山文集》卷二五，《东莱大愚二先生祠记》，台北：商务印书馆，1968年，第441页。

祖俭在谪所,读书穷理,卖药以自给。每出,必草屦徒步,为贬至岭外做好准备,足见其意志之坚定。后有谓韩侂胄曰:"自赵丞相去,天下已切齿,今又投祖俭瘴乡,不幸或死,则怨益重,曷若少徙内地。"侂胄亦觉悟,于是将祖俭改送吉州,后遇赦,量移高安。韩侂胄虽对祖俭手下留情,未几亦废伪学之禁,但祖俭终于移高安后二年卒[1],嘉熙初谥忠[2]。袁燮曾说:

> 右丞(即好问)遭伪楚之变,虽不能死,然以大义,开晓僭逆,迎奉昭慈,垂帘听政,不为无功矣,而议者终疑之。子约及其兄礼部口虽不言,常有盖前人愆之意。礼部既卒,子约独当门户之责,益自奋励,卒以触权要,获罪谪死。[3]

从此可见朝廷政治对吕氏家族之打击,伪楚污命使吕氏子弟蒙上阴影,中间虽历经秦桧擅国,但祖谦兄弟仍欲奋励以补父祖辈之过失,结果吕祖俭终为韩侂胄所贬窜,死于谪所,无法重振吕氏家族的政治地位。不过,祖俭虽蒙难贬死,但其学术声望很高,号大愚,受业于其兄如诸生,妻为大儒曾几女儿,与舒璘、杨简(1141—1226)、沈焕(1139—1191)、袁燮等名士游,并与杨、沈、袁三人合称四先生,而祖俭亦登《东莱学案》[4]。

---

[1] 《宋史》卷四五五,《吕祖俭传》,第13370页。
[2] 吴师道:《敬乡录》卷一三,《奏请谥陈龙川吕大愚札子》,《四库全书珍本十一集》,台北:商务印书馆,1981年,第2页。
[3] 《絜斋集》卷八,《题吕子约帖》,第126页。
[4] 《宋史》卷四三四,《吕祖谦传》,第12872页;卷四五五,《吕祖俭传》,第13370页;《宋元学案》卷五一,《东莱学案》,第1652页;《渭南文集》卷三二,《曾文清公墓志铭》,第203页。

庆元党禁对吕氏家族之打击很大,族人中除祖俭贬死外,大獣子祖泰亦同遭贬谪。案吕本中一房中,长子大獣有子四人:祖仁、祖泰①、祖义和祖新。吕祖泰(1163—1211),字泰然,其兄祖仁曾为新昌县丞,并于乾道三年(1166)为新城尉②。祖泰登进士第,嘉泰元年(1201)周必大降少保致仕,祖泰乃诣登闻鼓院请诛韩侂胄,代之以周必大。俄而有旨拘管连州,配钦州牢城收管,至侂胄伏诛,朝廷访其所在,昭雪其冤,特补上州文学,改授迪功郎、监南岳庙。祖泰性疏达,尚气谊,学问该洽,遍游江、淮,交当世知名士,亦登学案③。祖泰虽得湔前冤,但其政治生涯则大受影响,史载祖泰"丁内艰无以葬,来中都谋于诸公间,遇寒疾死,年四十八"。"尹王枏为具棺敛归葬焉"④,可反映吕氏家族势力之没落。至于吕祖义和吕祖新,过去从吕祖谦所撰的《家传》仅知其为吕好问的曾孙⑤,但明招山出土了其孙吕宜之的《圹志》,清楚记载祖义

---

① 宋人著作中仅《名贤氏族言行类稿》卷三六,《吕本中传》,第23页,载祖泰、祖仁为大獣子。陈开勇认为吕祖泰并非大獣子,而是吕公孺之五世孙,其说有一定理据,但似未能完全否定章定的记载,今暂从旧说,存疑备考。见陈开勇:《宋代开封——金华吕氏文化世家研究》,第35—36页。
② 《宋诗纪事续补》卷一三,《吕祖仁》,第502页。
③ 《宋史》卷四五五,《吕祖俭传》,第13368页;同书同卷,《吕祖泰传》,第13372页;《宋会要辑稿》,《职官》六二之一六,第3790页;同书,《职官》七三之一九,第4026页;《朝野杂记》甲集卷六,《道学兴废》及《学党五十九人姓名》,第79—81页;《絜斋集》卷八,《题晦翁帖》,第126页;《四朝闻见录》丁集《庆元党》,第141页;《真西山文集》卷二五,《东莱大愚二先生祠记》,第441页;《道命录》卷七下,《吕泰然论不当立伪学之禁》,第80页;《毗陵志》卷一七,《人物》二,第27页;岳珂:《桯史》卷一一,《周益公降官》,北京:中华书局,1981年,第123页。
④ 《宋史》卷四五五,《吕祖泰传》,第13372页;《道命录》卷七下,《吕泰然论不当立伪学之禁》,第81页。
⑤ 《吕东莱先生文集》卷九,《家传》,第212页。

是大猷儿子,官从事郎、绍兴府会稽县主簿,娶妻田氏①;吕忱中的《圹志》则记忱中二子早死,忱中遗言以侄"大猷之第四子祖新更名祖信为后",此事最终没有实行②,而祖新的事迹亦不再见录。又,吕本中次子吕大同也是不禄早世,其子祖平则"力绍家学",官历承议郎知兴化军仙游县、广西漕属、大理寺丞、毗陵守、知徽州、处州,后以监察御史盛章(1162—?)言其"屡试郡府,并无善状"而罢,祖平与周必大及陆游善,事迹多见于二人之文集中③。

弸中一房除大器有子四人外,其弟妇吕大伦继室程氏的《圹志》亦载录有子男二人,长子吕祖永,将仕郎,次子名祖慈,事迹不详④。用中一房则只有三子吕大麟有后,余皆似因早夭而无香火传续。大麟有子五人,祖恕、祖悫、祖宪、祖志和祖忞,祖恕和祖悫皆以祖荫授将仕郎⑤,其中祖恕官迪功郎新镇江府司法参军,妻为滕庚(1106年进士)孙女⑥;祖悫历镇江府金坛县主簿、泰州如皋县令、衢州军事判官,后以荐者改通直郎、知处州庆元县等,先娶严

---

① 吕克庄:《吕宜之圹志》,见郑嘉励:《明招山出土的南宋吕祖谦家族墓志》,第213页。
② 吕大器:《吕忱中圹志》,见郑嘉励:《明招山出土的南宋吕祖谦家族墓志》,第197页。
③ 《渭南文集》卷三六,《吕从事夫人方氏墓志铭》,第222页;卷一四,《吕居仁集序》,第80页;《文忠集》卷八,《题吕文靖惠穆帖》,第3—4页;卷一八,《跋吕居仁帖》,第16页;卷四八,《题吕侍讲希哲岁时杂记后》,第13页;《宋会要辑稿》,《职官》七三之四三,第4038页;《职官》七五之一八,第4083页;《毗陵志》卷八,《秩官》,第11页。
④ 吕祖永:《吕大伦继室程氏圹志》,见郑嘉励:《明招山出土的南宋吕祖谦家族墓志》,第201页。
⑤ 过去亦据《吕东莱先生文集》卷九,《家传》,第212页,仅知五人为吕好问曾孙;明昭山的吕大麟:《吕大麟妻薛氏圹志》及吕褒年:《吕祖悫圹志》均标录其为吕大麟儿子。见郑嘉励:《明招山出土的南宋吕祖谦家族墓志》,第203页及208。
⑥ 《文忠集》卷二九,第27页。

州观察支使冯镛女儿,继娶葛氏①。祖宪曾为吴江县令,倡议兴学,盛章谓其"学问源流,盖有得于伯氏东莱"②。祖志则曾官临安县令③。

第十一代族人中姓名可考者还有四人,祖节、祖重、祖宽均为好问曾孙④,然均不甚显,未见记载;至于吕祖异,不知为何人子⑤,淳祐间曾为建康安抚司干官、迪功郎添差充干办公事⑥。

韩侂胄败政后,道学解禁,吕氏第十二代族人亦复有出仕者,其中祖义有子吕嵩年,娶时氏,生平均不详⑦;祖平子吕樗年⑧,宝庆二年(1226)曾为建康观察推官⑨。过去,根据吕祖谦的文集资料,我们得知祖谦有三子,吕岳孙、吕斋孙早夭⑩;吕延年字伯愚,祖谦之卒也甫三岁,受学于祖俭,历官会稽郡幕、建德宰、通直郎知严

---

① 吕衮年:《吕祖忞圹志》,见郑嘉励:《明招山出土的南宋吕祖谦家族墓志》,第208页。
② 钱谷:《吴都文粹续集》卷六,《重修吴江县学记》,《四库全书珍本初集》,上海:商务印书馆,1934年,第18页。
③ 《咸淳临安志》卷五一,《秩官》九,第24页。
④ 《吕东莱先生文集》卷九,《家传》,第212页。
⑤ 《景定建康志》卷二五,《官守志》二,第42页,载祖异书,他自称"东莱吕祖异",可知其为吕氏之族人。
⑥ 《景定建康志》卷二五,《官守志》二,第42、46页。
⑦ 吕克庄:《吕宜之圹志》,见郑嘉励:《明招山出土的南宋吕祖谦家族墓志》,第213页。
⑧ 《渭南文集》卷三六,《吕从事夫人方氏墓志铭》,第222页。又,据郑嘉励指出,绍兴县曾出土一《吕有年圹志》(绍兴藏家张笑容所收),碑主吕有年是吕大同孙、吕祖平的儿子,见郑嘉励:《明招山出土的南宋吕祖谦家族墓志》,第213页。笔者未见这篇《圹志》,而《吕从事夫方氏墓志铭》只记大同有一孙樗年,暂无从判断,存疑,录之备考。
⑨ 《景定建康志》卷二四,《察推题名》,第30页。
⑩ 《东莱集》附录二,《圹记》,第17页。

州、军器监主簿,累迁至太府寺丞、大理寺丞①。而本代里比延年成就还要大的却是吕康年,他于嘉定十三年(1220)为鄞县邑簿,兴学定规,贡献良多②;康年曾于淳熙甲戌廷对,真德秀欲"寘之状头。同列以其言中书之务未清,恐触时政,文忠固争不从,遂自甲寘乙"③。关于吕康年,《宋元学案》谓其乃吕祖俭从子,并于《进士吕先生康年》小传中说:"吕康年,成公犹子。"④因此,学者一直未知其出于哪一房,只认为他"既非吕祖谦子,亦非吕祖俭子",实为何人之子,不可考⑤。可是,最近明招山发见韩元吉所撰其长女即吕祖谦第一任妻子的墓志却清楚记述,原来吕康年是吕祖谦的儿子:

> 吾女性慈惠……将没之夕……抚其婴儿曰:"吾有一女而又一男,亦足奉吾祀矣。"……盖享年二十有三,女曰复,男曰康年。⑥

---

① 洪咨夔:《平斋文集》卷二二,《太府寺丞吕延年除大理寺丞制》,《四部丛刊续编》,台北:商务印书馆,1966年,第15页;《会稽续志》卷七,《拾遗》,第17页;陈公亮:《严州图经》卷二,《知县题名》,《宋元地方志丛书》,台北:大化书局,1980年,第8页;郑瑶、方仁荣:《景定严州续志》卷二,《名宦》,《宋元地方志丛书》,台北:大化书局,1980年,第9页;《宋元学案》卷五一,《东莱学案》,第1687页。
② 庄仲方:《南宋文范》卷四五,《鄞县儒学乾淳四先生祠记》,《国学名著珍本汇刊》,台北:鼎文书局,1975年,第10页;《延祐四明志》卷一三,《鄞县儒学》,第31页;《宝庆四明志》卷一二,《鄞县志》,第7页。
③ 《四朝闻见录》,乙集《洛学》,第48页。
④ 《宋元学案》卷五一,《东莱学案》,第1687页。
⑤ 陈开勇:《宋代开封——金华吕氏文化世家研究》,第36页。
⑥ 韩元吉:《吕祖谦妻前韩氏墓志》,见郑嘉励:《明招山出土的南宋吕祖谦家族墓志》,第204—205页。

不过，吕康年妻子刘氏的《圹志》却又有不同的记载：

> 初，录参君（即吕康年）以诸生登第，主庆元鄞县簿，再调，未上而卒。于是姑曾夫人寿已高，饮之不置。伯姊不敢以戚其姑，曲意娱悦，凡膳馈汤饵之奉，非手不已进。曾夫人亦恃之如孝女，用以释其忧。……录参仲兄永嘉贰车（即吕延年）命立会稽簿（吕）正之、（吕）安之为录参嗣。①

这里提到吕康年的母亲是曾夫人，而因为康年早卒，于是以仲兄吕延年之命，由吕祖义孙吕正之和吕安之过继给康年，以续香火。很明显，那吕康年应是吕祖俭的儿子②，因为祖俭的妻子是曾几的孙女；况且，吕延年在祖谦去世时只有三岁，不可能是韩元吉长女《圹志》里犹在襁褓中的"康年"的"仲兄"。由于刘氏的《圹志》交代了吕康年的生平，似乎远比韩氏的《圹志》"男曰康年"四字为可信，故暂时似仍应视吕康年为吕祖俭的次子。令人费解的是，韩元吉挥泪为爱女写下墓文，没理由错记外孙的名字，个中原因，只有留待他日有更清楚的史料再议，暂且存疑。至于吕祖俭，过去以为他只有一子吕乔年，字巽伯，克俏其父，妻为沈焕女儿，"能守家学"③，但其仕途未载，恐也不显。不过，从上面明招山新出

---

① 刘宗奭：《吕康年妻刘氏圹志》，见郑嘉励：《明招山出土的南宋吕祖谦家族墓志》，第211页。
② 郑嘉励在《吕康年妻刘氏圹志》的释文中，即以为谓吕康年是吕祖俭次子、吕侨年之弟，见郑嘉励：《明招山出土的南宋吕祖谦家族墓志》，第211页。
③ 《宋元学案》卷五一，《东莱学案》，第1687页；《絜斋集》卷一四，《通判沈公行状》，第241页；卷二〇，《居士阮君墓志铭》，第332页。

土的刘氏《圹志》可知，吕康年是祖俭的另一个儿子，虽然早逝，成就却不低。康年妻为吕祖谦门人刘清臣女儿[1]。康年、延年及乔年三人亦同登《东莱学案》。

同样是明招山发现的吕祖宪撰写的《吕荣年圹志》，自述有四子，长子荣年（1183—1204）在二十二岁时因感疾而亡，另一子吕叔骏七岁早夭，余皆不详[2]；《吕祖忞圹志》则载其有两子，长子吕裕年先夭，次子吕袤年即为碑文撰写者，但未见提及自己的情况[3]。

葬于浙江明招山的吕氏族人，自第十代起均为吕好问的后人，第十三代以后见于史册者已寥寥，且所知不多。其中吕康年本有二子，均早亡，如前所述，后以旁系族人吕正之及吕安之过继为嗣，据学者考证，其后人吕应焱于宋理宗（赵昀，1205—1264，1224—1264在位）景定三年（1262）进士及第[4]；延年子吕宝之，曾为建德宰[5]。又，吕袤年撰其父祖忞的《圹志》提到其兄裕年先夭，而祖忞有一孙男名吕习之，猜想是为袤年的儿子了。明招山族人中，吕祖义曾孙、吕嵩年孙吕克庄所撰其父《吕宜之圹志》，对南宋末年吕氏一族的凋落，也有很珍贵的记载：

> 先君禀性刚毅，律己端方，志气轩昂，不在人下。睦宗

---

[1] 刘宗奭：《吕康年妻刘氏圹志》，见郑嘉励：《明招山出土的南宋吕祖谦家族墓志》，第210页。
[2] 吕祖宪：《吕荣年圹志》，见郑嘉励：《明招山出土的南宋吕祖谦家族墓志》，第211—212页。
[3] 吕袤年：《吕祖忞圹志》，见郑嘉励：《明招山出土的南宋吕祖谦家族墓志》，第208—209页。
[4] 龚延明、祖慧：《宋代登科总录》，第6806页。此吕应焱究竟是否吕氏家族的后人，笔者仍有怀疑，暂从姚红之看法。
[5] 《景定严州续志》卷二，《名宦》，第9页。

族，和姻党，恩意周浃，待人接物，寒暑靡倦。幼从家学，接闻诸长。乙卯秋，以从叔祖戎监胄牒领举，旋染目眚，端居杜门，自号"水村"，分甘淡泊，而植立门户，未尝少置靖念。先君一生勤约，营创数椽，意图容老。时异事殊，弗遑宁处，遂迁先祠，触景伤怀，积忧成疾，竟终寓止。呜呼痛哉！①

我们可以清楚看见一个没落大族，宗人仍然谨守家法，睦爱亲党，以祖荫力学应举；惜最后除了因为自己的眼疾而被迫退隐外，更因为宋元易代，甚至连自己安老的家宅也要舍弃，叫人心酸。惟从《圹志》所记，宜之有子男三人，长子吕克庄，次子克开，三子克昌，孙男一人名吕绍复。

吕氏一族于北宋为高门大族，至靖康末历伪楚之祸，继而为秦桧及韩侂胄打击，南宋亡后，族人散居各地，而婺源吕氏似亦更趋衰落，元代吴师道（1283—1344）曾记：

> 吕文穆……建炎度江，裔孙一派侨居吾婺，于是东莱先生出焉。先生之祖父暨其季大愚忠公，皆葬武义之明招山，吕氏遂为婺之望，近益衰微，凡谱牒告身遗像之属，为人所购售，至冒称苗裔者有之，窃尝为之叹息。兹来京师，获见文穆进封徐国公加食邑诰一通，盖祥符元年东封泰山霈泽也，九世孙某所藏，故物苑然，典刑如在，非贤子孙不能世守也。伯温昆季

---

① 吕克庄：《吕宜之圹志》，见郑嘉励：《明招山出土的南宋吕祖谦家族墓志》，第213页。

方进,进华要,河南之世复兴,又得不为深喜乎。①

据此,我们知道三点重要讯息:第一,元代吕氏虽已式微,谱牒为人所购,但婺源一脉尚存;第二,吕蒙正九世孙居于元京大都,藏有文穆诰词,且与吴师道善;第三,吕氏似有后人名伯温者显于元代。

吴师道所说的吕伯温兄弟者究为何人,我曾遍寻元代史册,终无法得知其人,惟笔者最后于《滋溪文稿》中获知吕氏另一裔派有吕端善者,在元代曾任大官,其谓:"吕端善……七世祖公绪,与申国正献公为从兄弟,六世希衍失其官封。希衍生衡,金初涉河家武陟,衡生三子,仝、仝、仐。仝生五子,唐、庆、庭、廥、钦。贞佑中举族徙汴,廥语伯仲曰:'今兵戈方兴,宜各逃难,庶几宗祀幸有存者。'乃挈其子俦入宋,俦改名文蔚,以经义登进士第。庭避地河内,大兵遽至,谓其内子佑曰:'汝已长立,当自求生。'佑艰关险阻,由河南山东转入云代,既久至京兆,事已稍定,乐其国土,家焉。佑即公之考府君也。"其后,吕佑子端善乃随元代大儒许衡(1209—1281)游学,及忽必烈(1215—1294,1260—1294在位)登位,乃以佑为国子博士伴读;至于入宋之吕俦(文蔚),后为襄阳制阃参谋,终退居鄂而与吕佑聚宗。元仁宗(爱育黎拔力八达,1285—1320,1311—1320在位)登位,吕端善累官至翰林侍读学士中奉大夫知制诰同修国史,延祐元年(1314)卒,年七十八,葬于咸宁县东陵乡骊山,赠通奉大夫陕西行省参知政事,追封东平

---

① 吴师道:《吴正传先生文集》卷一八:《吕文穆公诰词》,《元代珍本文集汇刊》,台北:台湾图书馆,1970年,第555页。

郡公，谥文穆。端善有三子，杲未及仕而卒，果赠中议大夫，桢知礼州；孙三人，曾、着、鲁均仕；曾孙男二人，公直、公肃俱补国子员[1]。

据《滋溪文稿》所载，我们可得一图如下：

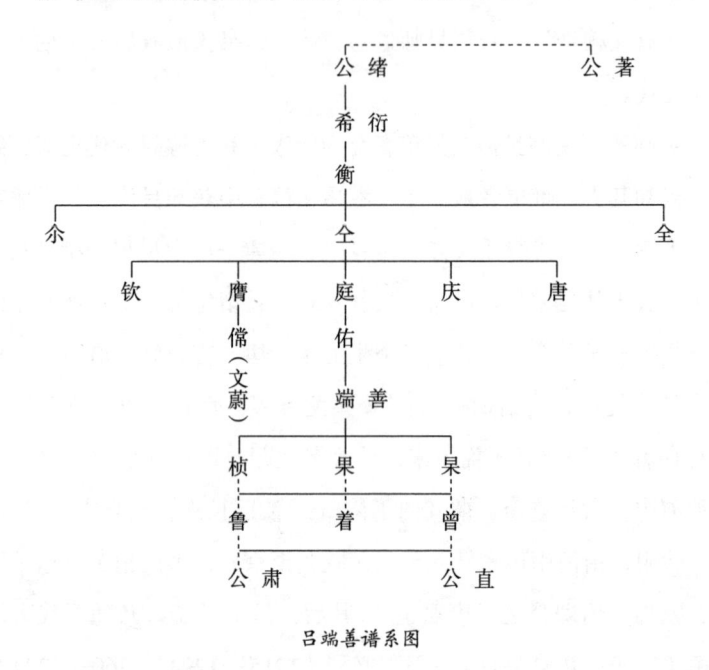

```
              公绪----------------公著
                │
              希衍
                │
                衡
    ┌───────────┼───────────┐
    尒          仝           全
 ┌──┬──┼──┬──┐
 钦 膺  庭  庆 唐
    │  佑
    偘  │
   (文 端善
    蔚) │
       ┌┼┐
       桢果杲
       ├─┼─┤
       鲁 着 曾
       │    │
       公肃  公直
```

吕端善谱系图

自希衍失禄入金境后，虽然吕偘曾一度入宋，登第为襄阳参谋，但吕端善这一支族人似并无与公著后人聚宗或联络，因此笔者姑且将其名为"金元之吕氏"，作为附录。再者，据《滋溪文稿》，吕端善字伯充，前引吴师道所谓"伯温昆季方进，进华要，河南之世复兴"。此伯温昆季，或与伯充有关乎？

---

[1] 苏天爵：《滋溪文稿》卷七，《元故翰林侍读学士赠陕西行省参知政事吕文穆公神道碑》，《元代珍本文集汇刊》，台北：台湾图书馆，1970年，第1页。

吕好问、吕弸中、吕大器和吕祖谦祖孙辈移居婺源后，子孙遂在浙江、江西及安徽一带繁衍；其他旁系甚至迁移至湖北、山西、漳州、潮州等地[1]，惟历经宋元明清诸代的世变，族属演变混乱不清，攀附伪托者也难于辨认；或以为明清崛起的新安吕氏文学大族（吕维祺、吕履恒、吕谦恒等），其远祖即是吕蒙正云云[2]。其中真伪，已非本文研究范围，惟吕端善时仕元，官至华要之地，或亦可见文穆裔孙之贤[3]。

三、科举、宦途与家势

（一）科举制度之奠定与宋太宗之求材

汉代选官取士之法，主要为察举制；东汉末迄魏晋南北朝时期，乡举里选的职权归于中正官，仕途完全为豪门世族把持，孤寒难与竞进。隋朝统一中国后，曾一度实行"九品官人法"，但大业以后终以分科举人代之，其时诸事草创，未遑确定。到了唐代，科举制度有进一步的发展，分置秀才、明经、俊士、进士、明法、明字及明算等科；中叶以后，进士科独盛，唯门第旧族仍有其地位，朝廷官职多由门阀世族的余胤垄断，由科举出身的官吏数目不多。

---

[1] 参考浙江省武义县政协文史资料委员会编：《吕祖谦与浙东明招文化》，第29—54页。
[2] 参见杜培响：《明清之际新安吕氏家族及文学研究》，福建师范大学博士论文，2012年。
[3] 关于吕氏家族代出雄才的情形，笔者在另一部小书有更多的补述，读者可加参考。见王章伟：《风雪破窑：吕蒙正与宋代"新门阀"》，台北：三民书局，2022年。

故科举作为选士之主要途径,要到宋代才真正奠定下来[1]。

五代十国时期,科举制度基本上被沿用,分别在于科目之简和帖经之重,得士亦远较前代为少,盖五代五十四年间,"土宇分割,人士流离","举笔能文者罕见之"[2]。加上当时武人专权,而权臣执政,公然支略,科第差除各有等差,所以其时谚语有云:"及第不必读书,作官何须事业。"[3]宋太祖(赵匡胤,927—976,960—976在位)统一全国后,为巩固其统治及地位,乃进一步发展隋唐的中央集权制,建立庞大的官僚机构,于是国家需要大量的人才以作资备。然而太祖初定天下之际,"儒学之士,初未甚进用。"[4]乾德三年(966)宋军平蜀,得一蜀鉴背刻"乾德四年铸"数字,太祖大惊,以示宰相群臣,众皆不能对,于是诏问学士陶穀(903—970)和窦仪(914—966),仪对曰:"此必蜀物,昔伪蜀王衍有此号,当是其岁所铸也。"太祖乃喜曰:"宰相须用读书人。"[5]日本人荒木敏一(1911—1996)认为中国"读书人"一词即始于此[6]。后来翰林学士

---

[1] 有关宋代以前选举取士的情况,可参考下列各文:邓嗣禹:《中国考试制度史》,台北:学生书局,1967年;郑钦仁:《乡举里选——两汉的选举制度》及《九品官人法——六朝的选举制度》,均载于郑钦仁主编:《中国文化新论——立国的宏规》,台北:联经出版事业公司,1987年,第187—256页;李弘祺:《科举——隋唐至明清的考试制度》,载于郑钦仁主编:《中国文化新论——立国的宏规》,第257—315页。
[2] 马端临:《文献通考》卷三〇,《选举》三,北京:中华书局,1986年,第284页。
[3] 赵令畤:《侯鲭录》卷四,《笔记小说大观》,第2页。
[4] 江少虞:《宋朝事实类苑》(以下简称《类苑》)卷一,《祖宗圣训·太祖皇帝》,上海:上海古籍出版社,1981年,第3页。
[5] 李焘:《续资治通鉴长编》(以下简称《长编》)卷七,乾德四年五月甲戌,北京:中华书局,1979—1995年,第171页;《类苑》卷一,《祖宗圣训·太祖皇帝》,第10页。
[6] [日]荒木敏一:《宋代科举制度研究》,东京:同朋社,1969年,第1—11页。

卢多逊（934—985）摄太仆卿，占对详敏，仪物极盛，太祖又再重申"作宰相须用儒者"[1]，由是益重儒臣与读书人，甚至谓"武臣欲尽令读书，贵知为治之道"[2]。而"国家悬科取士"，目的是要"为官择人"[3]，科举自此便成为国家选官取士之主要途径[4]。

宋太祖虽然强调重用读书人，以科举取士，但除了于开宝八年（975）确立殿试制度以保持公正外[5]，他对科举制度之发展改进无甚建树。盖宋初诸事草创，赵匡胤忙于整肃国内军人势力、削平南方割据诸雄，加上强邻契丹窥伺于侧，故无暇修文，宋初进士尚仍唐代旧制，每岁多不过二三十人[6]。到了太宗继位后，乃大力提倡用科举吸取彦俊之士，以辅国政。《长编》：

> 上（太宗）即位，以疆宇至远，吏员益众，思广振淹滞，以资其阙，顾谓侍臣曰："朕欲博求俊乂于科场中，非敢望拔十

---

[1] 《类苑》卷一，《祖宗圣训·太祖皇帝》，第3页。
[2] 《长编》卷三，建隆三年二月壬寅，第62页；司马光：《涑水记闻》卷一，北京：中华书局，1989年，第15页。
[3] 徐松：《宋会要辑稿》，《选举》三之二，北京：中华书局，1987年，第4262页。
[4] 有关宋代科举制度之论著极多，本文不拟赘述，可参考下列各专著：荒木敏一：《宋代科举制度研究》；John W. Chaffee, *The Thorny Gates of Learning in Sung China: A Social History of Examinations,* Cambridge: Cambridge University Press, 1985; Thomas H. C. Lee, *Government Education and Examinations in Sung China*, Hong Kong: The Chinese University Press, 1985; E. A. Kracke Jr., *Civil Service in Early Sung China, 960—1067,* Cambridge, Mass. & London: Harvard University Press, 1953; 金中枢：《北宋科举制度研究》，《新亚学报》第6卷，1965年第1期，第205—181页，第2期，第163—242页。最新最完备的研究，见张希清：《中国科举制度通史——宋代卷》，上海：上海人民出版社，2015年。
[5] 《长编》卷一四，开宝六年三月辛酉，第298页。
[6] 王栐：《燕翼诒谋录》卷一，北京：中华书局，1981年，第4页。

得五，止得一二，示可为致治之具矣。"①

宋太祖得位于孤儿寡妇手中，国内人心未定，且又致力于南征北讨，故对文士儒生只示优容之礼，实际并无多大进用。但到太宗时代，割据势力大致已被敉平，国家基本上已稳固下来，面对强敌契丹的威胁和庞大的官僚机构，宋王朝实需要大批有能之士协助统治。此外，宋立国于军阀豪族和强邻之中，权力受到很大挑战，因而极需要扶立一亲己的精英集团与之对抗，强化中央集权和提高君主威望，强调"贤治"的读书人正适合此一要求。他们在五代军阀擅权中久被疏忽，又缺乏有力的资据与专制王权对抗，而儒家思想向又提倡忠君之念，是以宋王朝乃利用科举制度将他们纳入国家官僚机构内，一方面帮助统治，另一方面以之打击军人势力，故日人宫崎市定认为将科举直接置于君主之下，国家控制用人之权，是强化专制统治的必要步伐②。韦伯（Max Weber，1864—1920）在研究中国文官制度时则指出，君主利用考试制度使士人互相争衡，因而不会联结一致对抗君权③；而李弘祺师亦认为科举制度以重酬、荣誉和权力来牢笼社会中的精英分子，以维持社会安定④。总之，基于上

---

① 《长编》卷一八，太平兴国二年正月丙寅，第393页；脱脱等：《宋史》卷一五五，《选举志》一，北京：中华书局，1977年，第3607页；《文献通考》卷三○，《选举》三，第284页。
② 见贾志扬（Chaffee），*The Thorny Gates of Learning in Sung China: A Social History of Examinations*，第50页引宫崎之论。
③ Max Weber, "The Struggle of Monarch and Nobility: Origin of the Career Open to Talent", in Johanna M. Menzel (ed.), *The Chinese Civil Service*, Washington: D. C. Heath and Company, 1963, p. 60.
④ 见李弘祺：《科举——隋唐至明清的考试制度》，第293页；李弘祺：《公正、平等与开放》，载于李弘祺：《宋代教育散论》，台北：东升出版事业有限公司，1980年，第23—34页。

述种种原因，求治心切的宋太宗遂大力提倡开科取士，希望把太祖"马上得天下"的政权变为文治色彩浓厚的王朝。

宋太宗既思以科第博求俊彦，太平兴国二年（977）礼部上所试合格人名，太宗乃御讲武殿覆试，命李昉（925—996）、扈蒙（915—986）定其优劣为三等，得吕蒙正以下一百零九人。越二日覆试诸科，得二百零七人，并赐及第；又诏礼部阅贡籍，得十五举以上进士及诸科一百八十四人，并赐出身。当时薛居正（912—981）便说："取人太多，用人太骤。"① 而贾志扬（John W. Chaffee）在比较过五代的进士科后，亦指出太平兴国二年一榜实为巨变，进士科人数激增②。自此以后，科举恩数愈隆③，科举制度更趋完备成熟④。

自太宗力倡科举后，天下才俊之士皆投身其中，冀能借此晋身统治阶层，一展抱负，攫取荣誉、特权和财富。因此，宋世特多"衣冠盛事"，即父子、兄弟或家族多人得意于科场，如陈省华（939—1006）三子尧叟（961—1017）、尧佐（963—1044）及尧咨（970—1034）"皆登进士第，而伯仲为天下第一"⑤。宋庠（996—1066）、宋祁（998—1061）兄弟"皆奏名廷中"，"天下学者以

---

① 《长编》卷一八，太平兴国二年正月丙寅，第393页；《宋史》卷一五五，《选举志》一，第3607页；《文献通考》卷三〇，《选举》三，第284页。
② John W. Chaffee, *The Thorny Gates of Learning in Sung China: A Social History of Examinations*, p. 49.
③ 洪迈：《容斋随笔·续笔》卷一三，《科举恩数》，上海：上海古籍出版社，1978年，第367页。
④ 参考第101页注释④各文。
⑤ 《长编》卷六三，景德三年五月丙午，第1400页；杜大珪：《名臣碑传琬琰集》（以下简称《琬琰集》）上卷一五，《陈文惠公尧佐神道碑》，《四库全书珍本十一集》，台北：商务印书馆，1981年，第15页；王辟之：《渑水燕谈录》卷二，《名臣》，北京：中华书局，1981年，第12页；张世南：《游宦纪闻》卷二，北京：中华书局，1981年，第12页；《类苑》卷二四，《衣冠盛事》，第287页。

宋氏兄弟为师法"①。韩亿三子综（1009—1053）、绛、缜（1019—1097）亦相继中科甲②；而父子状元及第者有三家：③张去华（938—1006）、张师德（1011年进士）；梁颢（963—1004）、梁固（987—1019）及安德裕（940—1002）、安守亮，时人誉之曰："封禅汾阴连岁榜，状元俱是状元儿。"④李宗谔（965—1013）子昭遘、昭遘子杲卿、杲卿子士廉则"三世俱曾为探花郎"⑤，谢涛（960—1034）、汪藻（1079—1154）、张宗谔及鲍煜四家更三世联登⑥；而刘沆（995—1060）祖孙三世登科于仁宗一朝，更为苏子容所盛赞⑦；至于王禹玉一族，更为兴盛，其家自太平兴国至元丰十榜，皆有人登科，"三朝遇主惟文翰，十榜传家有姓名"，实为他人所无有也⑧。这些衣冠世家，其崛起和发展均得力于科举制度，故宋初科举制度之奠定及太宗之力倡，培养及振兴了一些大族巨室，而吕氏家族即为其表表者，吕蒙正的崛起即源于太宗的求才。

---

① 《琬琰集》上卷七，《宋元宪公庠忠规德范之碑》，第3页；卷七，《宋景文公祁神道碑》，第9—14页。
② 王明清：《挥麈录·后录》卷五，北京：中华书局，1961年，第148页。
③ 《挥麈录·前录》《渑水燕谈录》《类苑》及《东斋记事》均只列张、梁二家，但《旧闻证误》则补安德裕、安守亮父子，合共三家。见李心传：《旧闻证误》卷一，北京：中华书局，1981年，第3页。
④ 《挥麈录·前录》卷三，第28页；《渑水燕谈录》卷六，《贡举》，第69页；《类苑》卷二四，《衣冠盛事》，第295—296页；及范镇：《东斋记事》卷一，北京：中华书局，1980年，第2—3页。
⑤ 《挥麈录·前录》卷三，第23页。
⑥ 《琬琰集》中卷四〇，《谢尚书涛神道碑》，第12页；《游宦纪闻》卷六，第55页。
⑦ 王得臣：《麈史》卷下，《盛事》，上海：上海古籍出版社，1986年，第77页。
⑧ 叶梦得：《石林燕语》卷九，北京：中华书局，1984年，第135页。

（二）一登龙门，声价十倍

有关吕蒙正登第前的贫窭事迹，国人早已耳熟能详，俗语便有谓："穷不过吕蒙正。"而"饭后钟""蒙正祭灶"等事，更已成为脍炙人口的民间故事①。不过，吕蒙正的家世其实并不差，其幼年贫困无依，实由于母亲刘氏与父亲吕龟图不和。《长编》：

> 初，蒙正父龟图多内宠，与妻刘氏不睦，并蒙正出之，颇沦踬窭乏。②

蒙正被逐后，生活颇形困乏，曾为胡旦（978年进士）所薄③；而当蒙正贵后，曾有人诬其未第时丐索于张绅不果而公报私仇④，由此可反映当时蒙正之潦倒。

吕蒙正母子离开龟图后，居于洛阳龙门山的利涉院，其寺僧识蒙正为贵人，于是为凿山岩为龛以居之，长达九年⑤。当时蒙正为一介寒士，如果要出人头地，唯一的方法便是投考科举，谋取一官半职以改善生活；蒙正遂读书于龙门⑥，为举人后，则客于建隆观道士

---

① 关于吕蒙正的传说，可参阅史梅岑：《先贤吕蒙正琐记》；刘啸月：《闲话吕蒙正》，二文均载于刘昭仁：《吕东莱之文学与史学》，台北：文史哲出版社，1986年；更详细及深入之研究，可见王秋桂下列文章：C. K. Wang, "Lu Meng-cheng in Yuan and Ming Drama", *Monumenta Serica: Journal of Oriental Studies*, Vol. XXXVI, 1984—1985, pp. 303—408.
② 《长编》卷三一，淳化元年九月戊寅，第705页。
③ 《类苑》卷六五，《谈谐戏谑·语嘲》，第865页。
④ 《长编》卷三四，淳化四年十月辛未，第755页。
⑤ 丁传靖：《宋人轶事汇编》卷四，北京：中华书局，1981年，第148—149页。
⑥ 《类苑》卷三五，《诗歌赋咏·吕文穆》，第449页。

丁君之舍①。结果，皇天不负有心人，吕蒙正果然高中太平兴国二年（977）的状元，一举成名，此后三登相位，功名显赫，后世传为吕蒙正所写的《劝世文》就道出其中第前后的不同景况：

> 余者，居洛阳之时，朝投僧寺，夜宿破窑；布衣不能遮其体，稀粥不能充其饥；上人嫌，下人憎，皆言余之贱也。……余后登高及第，入中书，官至极臣，位列三公。思衣则有绮罗千箱，思食则有百味珍馐；有挞百僚之仗，有斩佞品之剑；出则壮士执鞭，入则家人扶袂；廪有余粟，库有余财，人皆言余之贵也。②

这段讲话并非蒙正所说，实为后人伪托，但也客观描述了举业对其人生转变的影响，"一登龙门，声价十倍"正好用来形容吕蒙正的登第。

案我们在前节提到，宋太宗嗣位后，极思振作，欲博求俊贤于科场之中，以资其用，故亲于太平兴国二年一榜御殿出题覆试，此后科第恩数遂隆。因此，这榜登第的进士是太宗延揽的第一批辅国儒士，即宋人所谓的"龙飞榜"者③，日后太宗必加以大用是可想见

---

① 委心子：《新编分门古今类事》卷一五，《祥兆门·蒙正槐瑞》，北京，中华书局，1987年，第236页；周城：《宋东京考》卷一三，《观·建隆观》，北京：中华书局，1988年，第237页。
② 见《吕蒙正劝世文》，载于刘昭仁：《吕东莱之文学与史学》，第274—275页。
③ 赵升：《朝野类要》卷二，《举业·免殿试》，《丛书集成初编》，第26页。

的，而吕蒙正适于此榜高中状元，故后来官运自然亨通[①]。太宗对吕蒙正一榜的重视，可从其赏赐中窥见。太平兴国二年正月十二日，赐新及第进士诸科吕蒙正以下绿袍、靴笏，宋代御前释褐之礼，即始于此[②]；此外又赐宴于开宝寺，兼降御制诗二首赐之，进士赐宴赐诗之例亦始于蒙正一榜[③]，这些措施可象征此榜的重要性及太宗的心意。宋代自太宗崇奖儒学，骤擢高科以至辅弼者极多[④]，但自建隆至绍兴末，廷魁凡八十四人，其中只吕蒙正、王曾、李迪、宋庠、何㮚及梁克家（1128—1187）六人拜相[⑤]，而其中又只有吕蒙正曾三入相。此外，吕蒙正太平兴国二年登科后，八年已为参知政事[⑥]，当其进入朝堂议事时，有朝士于帘内指之曰："是小子亦参政邪？"[⑦]由此可见蒙正参大政之速及年纪之轻，而自蒙正以后，宋代登第七年而执政者只有董德元（1096—1163）一人而已[⑧]。吕蒙正任参政后五

[①] 衣川强亦认为，由于宋太宗之继位有可疑之处，加上太宗需要高官直接效忠于他，而吕蒙正适时考取状元，故以后官运亨通。见衣川强：《宋代の名族——河南吕氏の场合》，原刊于《神户商科大学人文论集》第9卷第1、2期，1973年，第134—166页，今收于衣川强：《宋代官僚社会史研究》，东京：汲古书院，2006年，第77—122页，特别是第86—87页。
[②] 高承：《事物纪原》卷三，《学校贡举部》，第16《释褐》，北京：中华书局，1989年，第171页。
[③] 《事物纪原》卷三，《学校贡举部》，第16《赐宴》，第171—172页；《渑水燕谈录》卷六，《贡举》，第67页；《类苑》卷三〇，《词翰书籍》，第388页。
[④] 欧阳修：《归田录》卷一，北京：中华书局，1981年，第17页；《类苑》卷二四，《衣冠盛事·榜首三人皆登两府》，第299页。
[⑤] 费衮：《梁溪漫志》卷一，《廷魁入相》，上海：上海古籍出版社，1985年，第2页；《石林燕语》卷六，只列吕蒙正、王曾、李迪、宋庠四人，第84—85页。
[⑥] 《石林燕语》卷六，第86页。
[⑦] 《宋史》卷二六五，《吕蒙正传》，第9146页；《类苑》卷一三，《德量智识·吕蒙正》，第147页。
[⑧] 李心传：《建炎以来系年要录》（以下简称《系年要录》）卷一六九，绍兴二十五年乙亥八月丙戌，北京：中华书局，1988年，第2761页。

年,宰相李昉罢,太宗遂以蒙正代之[1],当时太宗以其骤进,人望未允,乃以赵普为太保兼侍中,吕蒙正为中书侍郎兼户部尚书,并同平章事,欲借赵普旧德以镇之[2],这些均可见太宗对吕蒙正之重视与其骤进之关系。

吕蒙正登第大用后,除了其个人得享富贵功名外,随登第任官而来的财富、祠禄及恩荫等有利因素,使吕氏家族得以崛兴发展,成为两宋时代最大的高门。假如吕蒙正没有登上太平兴国二年一榜,则太宗便不会重用吕氏,其族人便不能借宰相亲戚之故而受惠,吕龟祥等人之官位或只能维持族人的生活而已,焉能与位极人臣的吕蒙正相比;而事实上吕氏一族扬名于当世者,蒙正即为其始,其后夷简、公著等人颇能继承蒙正之业,使吕氏家势不堕。把吕氏家族由一普通的官僚家庭发展成宋朝的世家者,吕蒙正实为舵手,他是吕氏家族崛兴的转折点,而其所凭借的手段便是科举制度,故吕氏家族的勃兴实源于宋太宗的求才与开科取士。

自太宗提倡科举之后,宋代取士得人之盛者,无如进士科,盖宋朝"崇尚进士,故天下英才,皆入此科"[3]。而一些清要之职如两制二史,均必以进士登科之人为之[4],故一般人都重科第而贱恩荫,官僚子弟虽可借任子之法入仕,惟有才之士则多弃恩荫而从科举之

---

[1] 《石林燕语》卷六,第68页。
[2] 《长编》卷二九,端拱元年正月庚辰,第647页;徐自明撰、王瑞来校补:《宋宰辅编年录校补》(以下简称《编年录》)卷二,淳化元年庚寅正月戊子,北京:中华书局,1986年,第54—55页。
[3] 马永卿:《懒真子》卷三,《笔记小说大观》,扬州:江苏广陵古籍刻印社,1983年,第6页。
[4] 李心传:《建炎以来朝野杂记》(以下简称《朝野杂记》)乙集卷一一,《任子赐出身》,《丛书集成初编》,上海:商务印书馆,1936年,第472—473页。

途,如李昉子李宗谔"耻于父任得官,独由乡举,端拱二年登进士第"[1]。苏颂父知制诰,乾元节当任子,苏颂固辞,复劝二弟"当励志科举,不当从门荫"[2]。而韩忠彦(1038—1109)虽以父亲韩琦(1008—1075)之荫守将作监主簿,但他仍"力学文章,登进士第"[3]。到了南宋,韩元吉之学问虽远过于进士,孝宗亦破格授除权中书舍人,然元吉仍以自己非由进士出身而抱憾[4]。因此,吕蒙正登第为相后,仍鼓励其堂侄夷简应举,不由恩荫入仕,《丞相魏公谭训》:

> 吕文靖少时,伯父司空不以任子荐之。宗亲为言,司空曰:"彼当自致公辅,岂可以门阀卑之。"[5]

再者,恩荫的范围有限,而财富之传授亦不易长久,数代之后的族人便很难凭借先祖的功名余荫入仕,有限的财富亦无法助其发展和维持家势。因此,要使家族势力得以维持,则必须要有族人当高官,最好是能当上宰相,这样族人所能得到的恩荫和财富便会更多。由于宋代入仕之途主要是科举,故欲使族人当官保持家势,考科举中进士便是必需的手段了。

---

[1] 曾巩:《隆平集》卷四,《宰臣》,台北:文海出版社,1967年,第7页。
[2] 苏象先:《丞相魏公谭训》卷二,《家世》,北京:中华书局,1988年,第1130页。
[3] 毕仲游:《西台集》卷一五,《丞相仪国公行状》,《丛书集成初编》,上海:商务印书馆,1936年,第231页。
[4] 叶绍翁:《四朝闻见录》乙集,《去左右二字》,北京:中华书局,1989年,第82—83页。
[5] 《丞相魏公谭训》卷一〇,《杂事》,第1176页。

吕氏家族在两宋时代能够有很大之发展，除了吕蒙正为其储蓄了政治及经济的本钱外，其族人中有很多曾中第任高官者，亦为重要的因素。由于资料琐碎，为方便讨论，我们将吕氏诸代族人曾中第者的资料详列于"吕氏族人登第表"（见表2，包括赐进士者）。从中我们可以看到，自入宋后的第三代吕氏族人至南宋灭亡时的第十五代族人为止，姓名可考的吕氏族人共有一百八十四人，其中曾登第者有二十七人，占百分之十五；而除了第十代及第十四、十五代时处宋元易代之际外，其他各代均有吕氏族人登第中举：第三代有吕龟祥一人；第四代有吕蒙正、吕蒙休、吕蒙叟、吕蒙亨及吕蒙周等五人；第五代有吕居简、吕夷简、吕宗简三人；第六代有吕公弼、吕公著、吕公孺三人；第七代有吕仲履、吕仲裘、吕仲甫、吕希道和吕希纯五人；第八代有吕好问、吕聪问及吕广问三人；第九代有吕本中和吕用中二人；第十一代有吕祖泰、吕祖谦和吕儶三人；第十二代则有吕康年一人；十三代以后见于史传者还有吕应焱一人。吕氏各代都有人登第，则自然都有人做官，故其家势可长期得到维持。

关于吕龟祥登太平兴国二年进士一事，宋代诸书未有见载，只明人凌迪知的《古今万姓统谱》追记；而太平兴国二年一榜即为吕蒙正中状元，假若其叔父龟祥亦同登第，则宋人史传稗说应有记载，故笔者颇怀疑此条史料，现在姑且存疑不理。从图表中得知吕氏诸代中只蒙正一人中状元，而其诸弟则有四人稍后亦登第，是以可见吕氏在蒙正中第开始崛起；而第五代至第七代三代人中共有十一人中举，可说是其家族的黄金时期；但由第八代至第十二代五代人中则只有九人登第，第十代更无人中举，实为其衰落时期。如果我们将吕氏各代登第的趋势与我们在第二章介绍吕氏在两宋发展之情况相比较，则可发现二者颇为吻合，由此我们可以看见科举与吕氏家势发展的关系。不过，要强调一点，多人登第并不一定是家族发展的黄金时期，因为做大官如宰相者，才可借其地位得到更多的财富和恩荫以资家族的兴盛，而中举者未必一定可以入相。然而，科举既为宋代入仕的要途之一，宋人又特重进士，故欲当大官，考科举仍是主要之方法；而家族中多人登第，则便有更多的机会有人做大官，故族人中第的数量仍与家势的兴衰有一定关系。

我们一再强调做大官才是维持和发展家势的最好方法，但如何确保族人中有能当大官者？这牵涉很多变数，如个人的才能、先祖的余荫、皇帝的赏识、政治环境及运气等等，不过在制度上，科举亦为通向宰相之职提供一途。前面提到，宋人特重科举进士，而一些清要之职如两制二史，则必以进士任之，其中两制之一的翰林学士至为重要。翰林学士源于唐代，初期只为皇帝顾问及起草诏令，唐中叶以后，藩镇割据，宦官专权，于是天子乃倍加倚重。到了宋代，翰林学士职当起草诏令及参预谋议[①]，由于草诏必须才思敏捷，通晓经史，预谋必须察古知今，故任翰林学士者必为登第进士已是惯例，而崇宁五年（1106）更规定"翰林学士、两省官及馆阁，今后并除进士出身"[②]。两宋年间翰林学士不由科第除者，惟韩

---

① 参看陈振：《关于宋代的知制诰和翰林学士》，载于邓广铭、漆侠主编：《宋史研究论文集》1987年年会编刊，河北：河北教育出版社，1989年，第36—48页。赵升：《朝野类要》卷二，《称谓·两制》："翰林学士官、谓之内制，掌王言大制诰、诏令赦文之类。"《笔记小说大观》，第195页。

② 《宋会要辑稿》，《职官》三之一〇，第2402页。

维（1017—1098）及林彦振二人而已①。据研究，翰林学士起草内制，分割中书舍人的草词权，从而削弱宰相掌诏命之权；通过参与谋划、议论时政、评品宰执，从而在事实上并且在心理上形成对宰相的牵制。而以翰林学士分割中书舍人草词权，还为君主任免宰相提供了极大方便，君主可先召翰林学士一起议定，然后命其草制，不必担心泄露机密或是属官为上峰回护。因此，翰林学士乃成为皇帝的腹心，而其中更不少人因与皇帝的关系和感情，日后乃由翰林学士升迁为宰相。由于翰林学士必以进士充当，故从进士上升为宰执的过程中，翰林学士是联结两端的桥梁，一旦涉足翰苑，位极人臣的前景便大有希望了②。

吕氏家族中有三人曾为翰林学士：吕蒙正③、吕公绰④及吕公著⑤。三人中吕蒙正及吕公著后均入相，吕蒙正于太平兴国八年（983）自翰林学士拜参知政事，执政四年后于端拱元年（988）拜相⑥；公著则于神宗时与司马光并为翰林学士，后亦双双入相⑦。于此

---

① 《石林燕语》卷三，第38页。
② 见杨果：《翰林学士与宋代政治初探》，载于邓广铭、漆侠主编：《宋史研究论文集》1987年年会编刊，第49—76页。文中有"宋翰林学士担任宰执统计表"，显示翰林学士升任宰执率极高。
③ 《归田录》卷一，第11页；《旧闻证误》卷一，第8页。
④ 《宋会要辑稿》，《仪制》一一之八，第2028页；《选举》三三之八，第4759页；蔡襄：《端明集》卷一二，《吕公绰可复翰林侍读学士制》，《四库全书珍本四集》，台北：商务印书馆，1973年，第15页。
⑤ 《长编》卷二〇九，治平四年闰三月甲辰，第5088页；卷二二六，熙宁四年九月己亥，第5514页；卷二八〇，熙宁十年二月癸巳，第6863页；卷二八七，元丰元年正月辛巳，第7027页；《宋会要辑稿》，《仪制》三之三二，第1887页、《选举》一〇之四，第4413页；《职官》六之五八，第2525页；《东都事略》卷八五，《王陶传》，第2页。
⑥ 《长编》卷二四，太平兴国八年十一月壬申，第558页；《编年录》卷二，太平兴国八年十一月壬申，第43页。
⑦ 《东都事略》卷八五，《王陶传》，第2页。

可见翰林学士实为入相之一途，故欧阳修便曾说："朝廷用人之法，自两制选居两府。"①而魏泰谓："本朝状元及第，不五年即为两制，亦有十年至宰相者。"②就是指吕蒙正一类的例子，亦道出了登第、入翰林及为相的关系。

考科举既可入仕求得财富和地位，又有机会借入翰林而大拜，故欲维持及发展自家的势力者，必投向此一管道。因此，吕氏诸代登第的二十七人中，吕公著和吕祖谦虽早已借荫补官，但其后又投考科举，登第后晋身要途；吕夷简则弃恩荫而从科第，后亦大拜；至于吕公弼、吕公孺、吕希道、吕好问及吕本中五人，他们也早已由荫入仕，但后来或以父荫、或以君主的赏识，因而得获赐进士出身。（吕居简亦是赐出身，但其先是否以荫入官，则因史料阙乏，不可考。）据《朝野类要》载：

  赐出身。元非科举入仕，而特蒙大用，或赐同进士出身，方可执政，盖国朝法也。③

可知进士科与大拜的关系。总之，吕蒙正的登第入相，使吕氏家族由一普通的官僚家庭，崛兴发展为一大高门，而其后吕氏族人多有中第者，或为白身投举，或为从荫转考，或为君主恩赐，差不多每代不绝，这使吕氏一门的势力得以维持和发展，绵延十数代，与宋室相始终，成为当世累代高门大族。

---

① 《长编》卷二〇八，治平三年十月甲午，第5064页。
② 魏泰：《东轩笔录》卷六，北京：中华书局，1983年，第67页。
③ 《朝野类要》卷三，《赐出身》，第4页。

（三）恩荫、余荫与庇荫

《杨龟山语录》云：

> 且资荫得官，与进士得官，孰为优劣？以进士为胜，以资荫为慊者，此自后世流俗之论，至使人耻受其祖父之泽，而甘心工无益之习，以与孤寒之士，角务于场屋，侥幸第一，以为荣，是何见识？夫应举，亦自寒士无录，不得已藉此进身耳；如得已，何用应举？①

的确，以一介寒士而欲晋身显要，科举是主要的途径；但如果登第以后，要使子孙亦能为官世保家业，则恩荫是另一重要的手段，而吕氏家族就是利用进士业和荫补来保持家势。

恩荫是《宋史》所列选举六门之一②，宋初太祖定制，"台省六品，诸司五品，必尝登朝历两任，然后得请。"太宗淳化改元后，规定："中书舍人、武班大将军以上，并许荫补，如遇转品，即许更荫一子。而奏荐之广自此始。"③到了大中祥符八年（1015）更诏定"承天节、南郊奏荐荫子弟恩例"，恩荫制度至此有更详细的规定④。

---

① 杨时：《龟山先生语录》卷四，《余杭所闻》，《四部丛刊》，台北：商务印书馆，1966年，第10页。
② 《宋史》卷一五九，《选举志》五，《荫补》，第3724—3735页。
③ 《宋史》卷一五九，《选举志》五，第3727页；又《文献通考》卷三四，《选举》七，《任子》，第324页。
④ 《长编》卷八四，大中祥符八年正月己丑，第1911—1912页。

宋代恩荫之滥，屡为时人及后世史家所诟病[1]，著名的范仲淹庆历变法十事疏之中的"抑侥幸"，就是针对此制[2]，而哲宗、高宗、孝宗数朝虽屡次删定任子之法[3]，但成效并不大。因此，恩荫就成为官僚奏补子弟入仕的主要方法[4]。

吕氏诸代族人中，有确实史料证明由荫入仕者，共有二十九人，占百分之十六，我们同样将其标记于"吕氏族人以荫入仕图"中（见图2），以便参看。然而，不少吕氏族人均曾入官，惟因史料残阙，其入仕途径未明；但登第在宋代是显赫之事，被记录下来的机会很大，故这些不明入仕途径的吕氏族人，曾中第之机似不太大，故我相信当中大部分人应该是透过恩荫之法补官入仕的，这又可见荫补与吕氏族人为官的关系。

宋代荫补之制，主要有致仕、遗恩、圣节及其他特恩[5]，我们现

---

[1] 见《长编》卷三九，至道二年四月甲申，第832页；卷四〇，至道二年九月甲午，第853页；卷五三，咸平五年十二月丙戌，第1172页；卷六一，景德二年十月癸巳，第1371页；卷一〇二，天圣三年四月己酉，第2381页；卷一四五，庆历三年十一月丁亥，第3503—3505页；卷一八二，嘉祐元年四月丙辰，第4401—4405页；《燕翼诒谋录》卷三，第28—29页；赵翼：《廿二史札记》卷二五，《宋恩荫之滥》，台北：世界书局，1970年，第332—333页。

[2] 《长编》卷一四三，庆历三年九月丁卯，第3433—3435页；[美]刘子健著、刘纫妮译：《宋初改革家——范仲淹》，载于中国思想研究委员会编，刘纫妮等译：《中国思想与制度论集》，台北：联经出版事业公司，1981年，第135—136页。

[3] 《宋史》卷一五九，《选举志》五，第3724—3735页；《文献通考》卷三四，《选举》七，《任子》，第324—327页。

[4] 关于宋代恩荫的一般讨论，可参考 Winston W. Lo, *An Introduction to the Civil Service of Sung China: With Emphasis on Its Personnel Administration*, Honolulu: University of Hawaii Press, 1987, pp. 102—109. 游彪后来深入研究这个制度，必须参考，见游彪：《宋代荫补制度研究》，北京：中国社会科学出版社，2001年。

[5] 《廿二史札记》卷二五，《宋恩荫之滥》，第332—333页。[日]梅原郁：《宋代官僚制度研究》第5章，《宋代の恩荫制度》，东京：同朋社，1985年，第423—443页。梅原郁此书中有详细的官位恩荫表，极之重要，读者可参考之，此处从略。

在就试从此数途看吕氏族人承荫的情况。首先是致仕荫,共有三人:吕公著以其父宰相夷简致任恩,"例得乞试,蒙候得替取旨",后经三任十年,得诏再充崇文院检讨①;吕大器以"祖致仕恩补右承务郎"②;吕祖谦则于绍兴十八年(1148)以祖父吕弸中致仕恩,任补为将仕郎③。遗恩或遗表荫补有多人:吕师简薨,遗表次男昌宗试将作监主簿④;吕希道以任入官,并以祖父夷简遗恩陈乞,得召试学士院,后获赐进士出身⑤;吕公著丧满,其子希绩得除为都官员外郎、希哲为兵部员外郎⑥,吕希纯则以公著遗恩,任为太常丞⑦;公著的遗恩,更荫及吕好问等诸孙,而好问固辞,推以从父兄(这些从父兄以荫入官,可证明前面以为未明入仕途径之吕氏族人、多有从荫入仕之推测)⑧;吕好问死,朝廷推恩,录其弟言问通判桂州⑨;吕本中

---

① 《长编》卷一七五,皇祐五年八月壬子,第4229页;《宋会要辑稿》,《选举》三三之八,第4759页。
② 吕大猷:《吕大器圹志》,见郑嘉励:《明招山出土的南宋吕祖谦家族墓志》,载于包伟民、刘后滨主编:《唐宋历史评论》第1辑,北京:社会科学文献出版社,2015年,第199页。
③ 《东莱集》附录,吕祖俭撰:《圹记》,第16页;《年谱》,第2页;黄宗羲原著、全祖望补修:《宋元学案》卷五一,《东莱学案》,北京:中华书局,1986年,第1652页。
④ 王安石:《临川先生文集》卷五二,《光禄少卿知单州吕师简遗表次男昌宗试将作监主簿制》,香港:中华书局,1971年,第558页。
⑤ 《宋会要辑稿》,《选举》九之一一,第4401页。
⑥ 《长编》卷四五七,元祐六年四月辛亥,第8页;朱熹:《三朝名臣言行录》卷八之一,《崇政殿说书荥阳吕公》,《四部丛刊初编》,台北:商务印书馆,1967年,第198页;章定:《名贤氏族言行类稿》(以下简称《言行类稿》)卷三六,《吕希哲》,《四库全书珍本初集》,上海:商务印书馆,1934年,第19页。
⑦ 《言行类稿》卷三六,《吕希纯》,第19页。
⑧ 吕祖谦:《吕东莱先生文集》卷九,《家传》,《丛书集成初编》,上海:商务印书馆,1936年,第204页。
⑨ 《系年要录》卷四六,绍兴元年辛亥秋七月丁酉,第882页。

恩泽子孙一人①；吕祖俭忤韩侂胄而贬死，赠直秘阁，泽一子②；而吕弸中、吕祖恕和吕祖悫三人以祖荫，吕用中和吕忱中兄弟则以父荫补官③。至于圣节大礼之恩荫，确实的例子，只有吕公弼在英宗治平三年（1066）因南郊礼而乞追荫亡子希仁一官④，吕祖惢以"右司宗祀恩补将仕郎"⑤；然而，宋代圣节时对各级官吏均规定了可荫及的子、弟、侄、孙之数量和官位⑥，故在后文讨论恩荫范围中的吕氏例子，很多便是出于圣节时的父祖荫。

圣节、致仕及遗恩等均为定例，而特恩则随时可予⑦。吕氏族人获得特恩而补官者亦不少：真宗景德二年（1005）太子太师吕蒙正请归西京养疾，真宗召见慰劳，诏命蒙正二子从简和知简掖扶其父上殿，旋即特恩迁升从简、知简⑧；吕从简后来为"国子博士，监曲院、坐盗官物除名"。真宗天禧元年（1017）从简表献其父文集，真宗以蒙正故（时蒙正已薨），乃特恩甄录之⑨；仁宗明道二年（1033）宰相吕夷简上所注御制《三宝赞》和皇太后发愿文，诏夷简恩予一子改官，"而夷简请赐其子大理寺丞公弼进士出身，从

---

① 《系年要录》卷一七二，绍兴二十六年五月戊申，第2838页。
② 楼钥：《攻媿集》卷五五，《东莱吕太史祠堂记》，《丛书集成初编》，上海：商务印书馆，1936年，第762页。
③ 吕大伦：《吕弸中圹志》、吕大麟：《吕用中圹志》、吕大器：《吕忱中圹志》及吕大麟：《吕大麟妻薛氏圹志》，见郑嘉励：《明招山出土的南宋吕祖谦家族墓志》，第189—203页。
④ 《长编》卷二〇七，治平三年正月丙子，第5022页。
⑤ 吕夌年：《吕祖惢圹志》，见郑嘉励：《明招山出土的南宋吕祖谦家族墓志》，第208页。
⑥ 见梅原郁：《宋代官僚制度研究》，第428—429页之图表。
⑦ 《廿二史札记》卷二五，《宋恩荫之滥》，第332页。
⑧ 《长编》卷五九，景德二年正月乙巳，第1320页。
⑨ 《长编》卷九〇，天禧元年十月癸巳，第2084页。

之"①。特恩的赐予，多出于皇帝的奖赏喜好，故位极人臣而得皇帝信任的宰执，很容易为子孙求得特别的荫补②，《苏舜钦集》便有载：

> 国朝丞相子稍有立，虽无他才，朝廷必擢之美官。③

而吕蒙正中第为相后，其诸弟吕蒙叟便得补官郾城县主簿、吕蒙庄补官楚邱县主簿、吕蒙巽补官沈邱县主簿④；甚至在蒙正退休归洛后，仍可向真宗推荐其侄吕夷简，使其日后得以大拜。《邵氏闻见录》：

> 吕文穆公既致仕，居于洛，今南州坊张观文宅是也。真宗祀汾阴，过洛，文穆尚能迎谒。至回銮，已病，帝为幸其宅，坐堂中问曰："卿诸子孰可用？"公对曰："臣诸子皆豚犬不足用，有侄夷简，任颍川推官，宰相才也。"帝记其语，遂至大用，文靖公也。⑤

---

① 《长编》卷一一二，明道二年正月己丑，第2604页。
② 如：李元纲：《厚德录》："王沂公曾执政，外亲戚可任者，言之于上。"台北：商务印书馆，1979年，第29页；《东轩笔录》卷二："文定（张齐贤）三为宰相，门下厮役往往皆得班行。"第18页。
③ 苏舜钦：《苏舜钦集》卷一五，《两浙路转运使司封郎中王公墓表》，北京：中华书局，1961年，第228页。
④ 《长编》卷三一，淳化元年九月戊寅，第705页。
⑤ 邵伯温：《邵氏闻见录》卷八，北京：中华书局，1983年，第76页；朱熹：《五朝名臣言行录》卷一之六，《丞相许国吕文穆公》《四部丛刊初编》，台北：商务印书馆，1967年，第24页；度正：《性善堂稿》卷一五，《文靖公程文跋》，《四库全书珍本初集》，上海：商务印书馆，1934年，第7—8页；《言行类稿》卷三六，《吕蒙正》，第13页；《编年录》卷三，咸平六年九月甲辰，第95页。案《长编》卷七五，大中祥符四年三月甲申条，李焘注曰："《邵氏闻见录》载蒙正言，有侄夷简，任棣州推官。按夷简于大中祥符以大理寺丞举贤良，此时不应尚为幕职也。"第1716页。

此外，宋初故事，宰相子起家为水部员外郎，吕蒙正子男从简时始离襁褓，例当得之，蒙正"虽以延荫太宠，非所以慎官赏励寒俊"，恳辞不拜，但从简终授九品京官，且成为宋代定制[1]。所以无论在制度上或君主特恩方面，宰执均能广荫族人，吕氏族人中，除蒙正外，夷简、公著及好问均曾入相，公弼则曾入枢府，吕氏一门相继执七朝政，自可从上述的诸途荫补大量族人，而众族人于补官后又可再凭其官恩荫其他族人。如此循环往复，吕氏之宦途家势自可想见。

至于恩荫的范围，梅原郁的研究显示可包括子、弟、侄及孙[2]；而吕氏恩荫的范围对象亦遍及以上各方面。父亲荫补子弟者，前面提到的有吕蒙正荫知简和从简；吕师简荫昌宗；吕夷简荫公弼；吕公弼荫希仁；吕公著荫希纯、希绩和希哲；吕好问荫用中和忱中；吕祖俭荫一子。此外没有提到的还有吕蒙正荫务简[3]；吕夷简荫公著[4]、公绰[5]、

---

[1] 《琬琰集》上卷一五，《吕文穆公蒙正神道碑》，第5页；《长编》卷二九，端拱元年闰五月己丑，第653页；《宋史》卷二六五，《吕蒙正传》，第9146页；《东都事略》卷三二，《吕蒙正传》，第3页；《挥麈录·后录》卷二，第102页；《隆平集》卷四，《宰臣》，第11页；文莹：《玉壶清话》卷三，北京：中华书局，1984年，第24页。
[2] 梅原郁：《宋代官僚制度研究》，第428页。
[3] 宋庠：《元宪集》卷二六，《国子博士通判邓州吕务简可尚书水部员外郎制》，《丛书集成初编》，上海：商务印书馆，1936年，第269页。
[4] 《宋史》卷三三六，《吕公著传》，第10772页；《东都事略》卷八八，《吕公著传》，第1页；《三朝名臣言行录》卷八之一，《丞相申国吕正献公》，第175页；《言行类稿》卷三六，《吕公著》，第17页。
[5] 《宋史》卷三一一，《吕夷简传》，第10210页；《东都事略》卷五二，《吕公绰传》，第7页；《琬琰集》中卷一五，《吕谏议公绰墓志铭》，第4页；王珪：《华阳集》卷三八，《翰林侍读学士赠左谏议大夫吕公绰墓志铭》，《丛书集成初编》，上海：商务印书馆，1936年，第506页。

士族篇

和公弼①；吕务简荫吕昌辰②。荫补兄弟者，前面已见录有吕蒙正荫蒙叟、蒙庄及蒙巽等；吕好问荫言问。荫补侄者，只有吕蒙正举夷简一例。荫补诸孙者，吕夷简荫希道；吕公著荫好问及其从兄弟；吕弸中荫祖谦等；而吕弸中、吕祖恕和祖恁等则"以祖荫"补官，亦已见前例。此外，吕氏还有荫及四代者，吕公著之遗恩便荫补曾孙本中为承务郎③；至于吕嘉问和吕企中二人④，我们只知他们是以荫入仕，但未知由何人所补。总括来说，吕氏家族为官者，其荫补族人的范围，横的方面包括兄弟和族兄弟，纵的方面则包括子、侄和诸孙辈，更有荫及四代者，是以纵横两面的恩荫网络，使极多的族人得以入仕；而同样地他们又可再重复这种情况，使吕氏家势更壮更大。

荫补入官是朝廷定制，吕氏族人自可凭之恩荫子弟，然而除此以外，吕氏族人还可以倚靠父祖辈的盛誉余荫，于宦途上获得一定的方便，甚或至大用。最突出的例子，是仁宗擢用吕公弼，《长编》：

先是上每念吕夷简，闻公弼有才，书其名于殿柱。公弼奏事，上目送之，语宰相曰："公弼甚似其父。"既召程戡入辅，

---

① 《东都事略》卷五二，《吕公绰传》，第9页；《宋史》卷三一一，《吕夷简传》，第10215页。
② 刘挚：《忠肃集》卷一三，《清海军推官吕君墓志铭》，《丛书集成初编》，上海：商务印书馆，1936年，第189页。
③ 《宋史》卷三七六，《吕本中传》，第11635页；《宋元学案》卷三六，《紫微学案》，第1233页。
④ 《宋史》卷三五五，《吕嘉问传》，第11187页；洪迈：《夷坚志·三志壬》卷二，《吕仲及前程》，北京：中华书局，1981年，第1482页。

因使公弼代戡。公弼固辞，乃复授龙图阁直学士、同群牧使；乃诏同群牧使权增一员，后不为例。①

吕夷简薨后，仁宗因思其人而重用其子，甚至破例权增一员群牧使以官之，而日后吕公弼更得入枢府参大政②。由此可见吕夷简的余荫对公弼仕途的帮助，当时谏官陈旭便曾上言吕公弼借余荫，干求荐引，不当遽有此除③；后来余靖则为公弼辩护，以为其早有大才，"议者不论其才，但云故相之子，所以进用太速。"④余靖之言固然不错，惟倘若没有吕夷简的余荫，仁宗又怎会书其名于殿柱而说公弼甚似其父呢？没有仁宗和吕夷简的感情关系，公弼要凭其自身的真材实料进升，速度自会减慢。因此，父祖辈有曾为宰执者，其盛誉和与君主的亲密关系，往往会成为一种非制度或无形的余荫，使子孙得获好处。

吕氏族人在任官迁职等的制词，多有述说其家门隆誉者，如吕昌祐由将作监主簿除太常寺太祝，制曰："以尔故相之后，为吏有方"⑤；吕公弼充高阳关路安抚使兼知瀛州，制曰："具官某，出于相门，挺然有立"⑥；吕公著、吕公孺同除屯田员外郎，制曰："尔等并

---

① 《长编》卷一七六，至和元年七月己巳，第4267页。
② 《编年录》卷六，治平二年乙巳七月庚辰，第352—353页。
③ 《长编》卷一七〇，皇祐三年四月辛丑，第4089页。
④ 《长编》卷一四七，庆历四年三月己巳，第3555页。
⑤ 沈遘：《西溪文集》卷四，《将作监主簿吕昌祐可太常寺太祝》，《四部丛刊续编》，台北：商务印书馆，1966年，第72页。
⑥ 《端明集》卷一二，《尚书工部郎中充天章阁待制吕公弼可依前工郎中充龙图阁直学士高阳关路都部署兼安抚使兼知瀛州制》，第9页。

旧相之子，济名门之美"①；吕公孺知秦州，制曰："故相之后，风流未亡"②；吕希常除司农少卿，制曰："昔尔父尝事先朝，殆偏卿寺，典故详练，为时老成。诗不云乎，维其有之，是以似之，无堕家声"③；吕聪问除宗正少卿，制曰："以尔名德之后，儒学自将"④；吕企中除福建路提刑，制亦曰："尔才具恢闳，不损世美"⑤。当然，这些人获任官升转之因，并非纯出于其为吕氏后人之故，但制词屡屡强调其先人和家门的盛誉，至少可反映在名誉上，吕氏诸贤是能荫及子孙的。到了南宋，吕大麟便因为是吕氏后人之故，而得以录官，其制曰：

敕具官某，本朝衣冠之族，爵位相望，文献不坠，未有盛于吕氏者也。至于今日，任者寖寡，慨然念之，起尔于家，以尔素守家法，好学不衰。⑥

先人的盛誉，于此更成为实质的余荫。

吕氏子弟在父祖的庇荫下，得到极多利益，在宦途上无往而不利，成为朝中的势家，欧阳修为谏官时，即多次上言吕夷简为

---

① 胡宿：《文恭集》卷一五，《吕公孺吕公著并可屯田员外郎制》，《四库全书珍本别辑》，台北：商务印书馆，1975年，第188页。
② 苏辙：《栾城集》卷二八，《吕公孺知秦州》，上海：上海古籍出版社，1987年，第604页。
③ 张扩：《东窗集》卷一一，《吕希常除司农少卿总领淮东财赋制》，《四库全书珍本初集》，上海：商务印书馆，1934年，第1页。
④ 张纲：《华阳集》卷七，《吕聪问除宗正少卿》，《四库全书珍本三集》，台北：商务印书馆，1972年，第7—8页。
⑤ 周必大：《文忠集》卷一〇〇，《直敷文阁福建运判吕企中除福建路提点刑狱公事》，《四库全书珍本二集》，台北：商务印书馆，1971年，第11页。
⑥ 《攻媿集》卷三五，《吕大麟知常德府》，第477页。

相二十四年，其"子弟因父侥幸，恩典已极。"①吕公绰得以滥入馆阁②；包拯亦谓公绰"当其父夷简执政时，多所干预"③。蔡襄更屡奏吕公绰"倚势卖权"，"全无廉耻"，乞罢之④。而吕公著虽号为贤相，但刘安世（1048—1125）也论其子弟亲戚，布满要津，成为当时之大患，如吕希绩知颍州，才及成资，即召还为少府少监；吕希纯自太常博士升转宗正寺丞等⑤。贤如吕公著，尚且如此，其他各代诸人，更可想而见。于此，我们得见入仕后所得的各种恩荫，对子孙的庇荫，与家势之维持的重要关系。

（四）"有官便有妻，有妻便有钱，有钱便有田。"

宋人洪迈（1123—1202）所撰《夷坚志》一书，载有一则关于科举的异事：

> 建宁城东梨岳庙所事神，唐刺史李频也，灵异昭格。每当科举岁，士人祷祈，赴之如织。至留宿于庙中以求梦，无不验者。浦城县去府三百里，邑士陈尧咨，苦贫惮费，不能应诏，乃言曰："惟至诚可以动天地，感鬼神，此中自有护学祠，吾今但赍香纸谒之，当获丕应。"是夕，宿于斋，梦一独脚鬼，跳

---

① 《长编》卷一四三，庆历三年九月丁卯，第3445页；欧阳修：《欧阳修全集·奏议集》卷四，《论吕夷简札子》，北京：中国书店，1986年，第800—801页。
② 《长编》卷一四五，庆历三年十一月癸未，第3502页。
③ 《长编》卷一七〇，皇祐三年七月乙亥，第4098页。
④ 《端明集》卷一八，《乞罢吕公绰纠察在京刑狱》，第5—6页；同书同卷，《再论吕公绰》，第6—7页。
⑤ 刘安世：《尽言集》卷一，《论差除多执政亲戚》，《丛书集成初编》，上海：商务印书馆，1936年，第5页。

跃数四，且行且歌曰："有官便有妻，有妻便有钱，有钱便有田。"尧咨既觉，遍告朋友，决意入城。其事喧播于乡里，或传以为戏笑。秋闱揭榜，果预选，一举登科。①

陈尧咨之梦，未必真是神明显灵，但独脚鬼所言做官后便可以得到财富、田产与妻子，则是事实。宋代自太祖特意将科举地位提高以后，考试出身的举子便如天之骄子，朝廷把绝大多数的报酬、荣誉及地位都给予这一群为数甚小的当官的人②；至于登科的举子进士，贵家、官僚和大族都会争与缔婚，这点我们在下章讨论婚姻关系时会有述及，此处从略。所谓日有所思，夜有所梦，陈尧咨所梦见的，正是他向往的理想，亦可反映当时一般寒士渴望得中高第的情况③。在宋代，穷人如果希望出人头地的话，最好便是投考科举了，因为登第当官后便可带来财富、权力和地位，甚至可娶得娇妻，所谓"书中自有黄金屋，书中自有颜如玉"，就是此理。

《邵氏闻见录》记吕蒙正微时读书于洛阳之龙门利涉院，一日行经伊水上，见卖瓜者，意欲得之，但苦于无钱可买，适逢有遗瓜一枚于地，蒙正乃怅然取食之。其后蒙正入相，买园于洛阳城东南，下临伊水起亭，以"噎瓜"为名，以示不忘贫贱之义④。这个故事可反映吕蒙正登第前之苦况、和登第入相后生活之改变，前文亦已引

---

① 《夷坚志·支志丁》卷八，《陈尧咨梦》，第1030页。
② 李弘祺：《宋代教育散论》，第55页；Thomas H. C. Lee, *Government Education and Examinations in Sung China*, Chapter Six, pp. 139—171.
③ 本研究完成多年后，好友廖咸惠教授有一篇精彩的论文深入探讨这个问题，应该参考。见廖咸惠：《祈求神启——宋代科举考生的崇拜行为与民间信仰》，《新史学》2004年第15卷第4期，第41—90页。
④ 《邵氏闻见录》卷七，第71页。

用过后人记蒙正谈论自己中第前后的不同景况;事实上吕蒙正中状元后不五年而参政,再八年而大拜,成为一人之下、万人之上的宰相,荣华富贵随之而来,享之不尽。《宋人轶事汇编》引《坚瓠集》载:

> 吕文穆微时极贫,比贵盛,喜食鸡舌汤,每朝必用。一夕游花园,遥见墙角一高阜,以为山地,问左右曰:"谁为之?"对曰:"此相公所杀鸡毛耳。"吕讶曰:"吾食鸡几何?乃有此。"对曰:"鸡一舌耳,相公一汤用几许舌?食汤凡几时?"吕默然省悔,遂不复用。①

此正可见科第入仕为吕蒙正所带来的财富和奢华的生活,如果能做至宰执等大官则更好,庞藉(988—1063)便曾说:"已为宰相,岂得贫耶?"②而吕蒙正罢相后,宋太宗亦以为"人臣当思竭节以保富贵,蒙正前日布衣,朕擢为宰相,今退在班列,想其目穿望得复位矣"③。盖当大官能获得俸禄财帛、田庄土地和祠禄宫观等,家庭宗族便得以世保其业,吕氏家族当然也不会例外。

吕氏自蒙正登第后,族人多有透过科举和恩荫二途入仕,故官吏的俸给便成为家族经济的主要来源。据宋人王栐的记载,宋初士大夫俸入甚微,"幸物价甚廉,租给妻孥,未至冻馁,然艰窘甚矣。"但到景德以后,官俸便极为优惠④;日本学者衣川强认为宋

---

① 《宋人轶事汇编》卷四,第150—151页。
② 吴处厚:《青箱杂记》,北京:中华书局,1985年,第40页。
③ 《长编》卷四一,至道三年六月甲辰,第868页;《五朝名臣言行录》卷二之二,《枢密钱宣靖公》,第31页。
④ 《燕翼诒谋录》卷二,第13页。

士族篇

代文官的俸给制度可分为三个时期，他虽同意曾我部静雄（1901—1991）指出宋代俸禄之高是赋税繁重原因之一，但衣川强以为军队的俸给较文官为多，而外官的俸给又比京官为高[①]。吕氏家族中，任京朝官或外放者均有多人，所得之俸禄似亦不少，足以供养族内诸人，如吕公著为官，"悉禀赐以振宗族"，而其孙好问虽因元祐子弟故，于党祸间颇受挫折，但仍可"上奉二亲，下任数百指之责"[②]。官俸所得，除日常生活资给外，更有余财，吕夷简中科后为幕职时，月俸便有五千八百，日用则不过百金，余下的便置竹筒盛之，"一千以供太夫人，一千以畀内子，八百以备伏腊"[③]。可见其生活已颇丰裕，日后任相时的情况更可想见。

衣川强以为宋代武官俸给较文官多，而外官又较京官高，然而他只是就料钱、添支增给及职钱问题加以考察而已，如果加上祠禄、公使钱等等后，则情况完全不同。事实上，任京朝官者所得颇丰，尤其是位极人臣的宰相。据宋制，宰相致仕者给半俸[④]，而以使相致仕者则给全俸[⑤]；吕夷简乃因此得获宰臣俸料之半，蒙正和公著则"俸赐依宰相例"[⑥]。退休后还可以得到俸禄，对家族的收入和财产的累积，帮助极大，吕氏多人拜相，而所得自然不少。此外，宋代又有祠禄之制，

[①] ［日］衣川强著、郑梁生译：《宋代文官俸给制度》，台北：商务印书馆，1977年，第2、59页。
[②] 《吕东莱先生文集》卷九，《家传》，第204页。
[③] 《丞相魏公谭训》卷一〇，《杂事》，第1176页。
[④] 曾敏行：《独醒杂志》卷二，上海：上海古籍出版社，1986年，第14页。
[⑤] 《邵氏闻见录》卷九，第94页；《三朝名臣言行录》卷二之一，《丞相韩国富文忠公》，第49页。
[⑥] 《长编》卷五五，咸平六年八月己巳，第1209页；卷一四一，庆历三年五月己巳，第3372页；《宋会要辑稿》，《职官》五七之三六，第3669页；《职官》五七之四七，第3675页；《编年录》卷九，元祐三年四月辛巳，第574页。

以道教宫观制退闲之禄，始于真宗年间，至北宋末而大盛，南宋继之不绝[1]。祠禄收入虽不能和现任官的俸粮相比，但所得亦颇可观[2]，吕氏族人曾任官者，即多于致仕或贬退投散时获予宫观，如吕公著于神宗熙宁时因行新法，故求退而请得提举崇福宫[3]，哲宗时则提举中太一宫兼集禧殿[4]；吕公孺在元祐五年（1090）以户部尚书提举醴泉观[5]；崇宁中党祸大起，吕希纯及希哲兄弟被贬，然亦分予南京鸿庆观及建州武夷山神祐观[6]；至如吕嘉问虽被诬构，责散官安置，亦得领宫祠二十年，终以高龄善终[7]。南渡以后，吕氏仍倚靠祠禄为生活之资，吕广问在大用前即以流寓恩监西京中岳庙[8]，后于孝宗朝官至龙图阁待制，终提举江州太平兴国宫卒[9]；吕本中党赵鼎而忤秦桧，浮沉于宦海中，先后曾主管台州崇道观及江州太平观[10]；其弟吕用中亦以宫祠致仕[11]；族

---

[1]《廿二史札记》卷二五，《宋祠禄之制》，第331—332页；又参看梁天锡：《宋代祠禄制度考实》，香港：龙门书店，1978年，第1—12页。
[2]《廿二史札记》卷二五，《宋祠禄之制》，第331—332页；又参看梁天锡：《宋代祠禄制度考实》，第1—12页。
[3]《长编》卷二三七，熙宁五年八月己卯，第5758页。
[4]《长编》卷三五六，元丰八年五月丙午，第8516页；《宋会要辑稿》，《职官》五四之七，第3580页。
[5]《长编》卷四三九，元祐五年三月癸未，第10581页。
[6]《宋会要辑稿》，《职官》六七之四〇，第3907页。
[7] 朱彧：《萍洲可谈》卷一，上海：上海古籍出版社，1989年，第8—9页。
[8]《宋元学案》卷二七，《和靖学案》，第1010页。
[9] 洪适：《盘州集》卷二一，《吕广问敷文阁待制在京宫观兼侍讲制》，《四部丛刊初编》，台北：商务印书馆，1967年，第174页；《宋会要辑稿》，《选举》三四之一七，第4783页；陆心源：《宋史翼》卷一〇，《吕广问传》，台北：文海出版社，1967年，第18页。
[10]《系年要录》卷七五，绍兴四年甲寅四月丙午，第1244页；卷一一〇，绍兴七年丁巳四月壬辰，第1781页；卷一三八，绍兴十年庚申十二月戊子，第2223页；卷一五四，绍兴十五年乙丑七月甲寅，第2479页；陈骙：《南宋馆阁录》卷八，《官联》下，《四库全书珍本别辑》，台北：商务印书馆，1975年，第11页。
[11] 张淏：《会稽续志》卷二，《提刑题名》，《宋元地方志丛书》，台北：大化书局，1980年，第16页。

弟吕稽中也接领台州崇道观①。案祠禄尽管有限,但在吕氏家族没落时便成为一个重要的经济来源,吕祖谦的文集中便有极多求乞宫祠的书信,希望"奉祠得请,遂可安居,一意养疾"②。而族中为官无甚特别者如吕大猷、吕祖平等亦得予宫观罢官,致不失其禄③;为政贪赃不法的吕愿中,也得优与宫观而罢④。

最近出土的吕氏族人《圹志》显示,移居浙江武义的诸吕虽然官职官运不算突出,但多能以宫观维持生活,如吕弸中"主管台州崇道观,再食祠禄者凡八年"⑤,吕用中"深居不出,一尝奉祠华岳,家食者几十载……(绍兴)十五年,以疾丐祠,既得请寓居金华,凡食祠禄者阅七任"⑥。吕忱中"绍兴元年始奉祠衡岳……寻得岳祠。明年……授主管台州崇道观,是岁绍兴十年也。十二年,差主管永祐陵攒宫……再食祠禄,家居者阅七载……十九年,与郡守不协偕罢,旋复奉祠崇道……三十年,复奉祠崇道"⑦。吕大器"监潭州南岳庙……主管台州崇道观……寻奉祠以归"⑧。

---

① 《系年要录》卷一九四,绍兴三十一年辛巳十一月辛巳,第3270页。
② 《吕东莱先生文集》卷四,《与周丞相书》,第87页;同卷,《与虞丞相书》,第93页;同卷,《与赵丞相书》,第94页;同卷,《与梁参政书》,第94页;同卷,《与王枢密书》,第95页;同卷,《与邢邦用书》,第98页;卷五,《与陈同甫书》,第115—116页。
③ 《宋会要辑稿》,《职官》七二之三五,第4005页;七五之一八,第4083页。
④ 《系年要录》卷一六九,绍兴二十五年乙亥七月辛酉,第2758页;《宋会要辑稿》,《职官》七〇之四〇,第3964页。
⑤ 吕大伦:《吕弸中圹志》,见郑嘉励:《明招山出土的南宋吕祖谦家族墓志》,第190页。
⑥ 吕大麟:《吕用中圹志》,见郑嘉励:《明招山出土的南宋吕祖谦家族墓志》,第192—193页。
⑦ 吕大器:《吕忱中圹志》,见郑嘉励:《明招山出土的南宋吕祖谦家族墓志》,第196页。
⑧ 吕大猷:《吕大器圹志》,见郑嘉励:《明招山出土的南宋吕祖谦家族墓志》,第199页。

宋制禄极厚①，惟除了常规的俸禄以外，任高官者往往得到君主的赏赐，所获颇丰，真宗便曾两幸吕蒙正第，赐其金带、金币、鞍马等，悉如宰相例②；哲宗登位，赐吕公著银帛有差③，又以神宗实录书成，赐其家银绢各三百疋两④；吕祖谦则以编类《文海》功，获赐银绢三百疋两⑤。至于丧葬赙赠等，吕氏所得也不少，吕蒙正中风眩时，真宗即赐他白金五十两⑥；吕公著薨，帝幸其家临奠，"赐金帛万"⑦；吕好问及吕庭问讣闻，亦得例外获特恩赐银帛数百两⑧。这些额外的收入，对吕氏家族的家计维持与财产累积，自有一定的帮助。

　　中国人素来重视营治恒产，故家有余资者必购置田产物业，使后代子孙得以丰衣足食，家计无忧。宋代的士大夫在入仕后，获得俸禄、宫祠等财富时，亦同样买田建屋，田租遂成为支持其生活消费的财源之一，而田庄的多寡亦成为其财富累积的指标。因此，官吏多竞相争购，仁宗天圣七年（1029）时便曾下诏"近臣除居第外，毋得于京师广置物业"⑨。而官品愈高者，收入愈丰，购置的田业愈多⑩；王旦、

---

① 《廿二史札记》卷二五，《宋制禄之厚》，第330页。
② 《长编》卷六五，景德四年二月辛巳，第1446页；卷七五，大中祥符四年三月甲申，第1716页。
③ 《长编》卷三五三，元丰八年三月庚申，第8464—8465页；《宋会要辑稿》，《礼》六二之四七，第1718页。
④ 《长编》卷四五六，元祐六年三月乙亥，第10922页。
⑤ 《吕东莱先生文集》卷一，《直秘阁辞免札子》，第18页。
⑥ 《长编》卷五四，咸平六年五月丙申，第1193页。
⑦ 《宋史》卷三三六，《吕公著传》，第10776页。
⑧ 《系年要录》卷四六，绍兴元年辛亥七月丁酉，第882页；《宋会要辑稿》，《礼》四四之一九至二〇，第1441—1442页。
⑨ 《长编》卷一〇七，天圣七年闰二月辛卯，第2498页。
⑩ 如沈括撰、胡道静校注：《新校正梦溪笔谈》卷二五，《杂志》二："丞相陈秀公治第于润州，池馆绵亘数百步。"香港：中华书局，1978年，第255页；《东轩笔录》卷一二："苗振以列卿知明州，熙宁中致仕，归郓州，多置田产。"第137页。

士族篇　129

寇准及毕士安（938—1005）等为相不置田业，不为子孙广营庄园[①]，是很罕见的例子，故为人所乐道；廉如司马光、富弼等亦于洛阳买屋筑第[②]，吕氏家族自不例外。

据《玉壶清话》载，吕蒙正"生于洛中祖第正寝，至易箦，亦在其寝"[③]。可知吕家在蒙正崛起前，已于洛阳购买物业，然蒙正入仕大拜后，仍在洛阳永泰坊营置大第，真宗便曾两幸其家[④]。此外，宋人好置园池，士大夫在罢官后多买园以为逸老之地[⑤]，蒙正也在洛阳集贤坊营建园亭，宏伟壮大，可见其"财力雄盛者，亦足以知其人经营生理之劳"[⑥]。至于夷简为相后，吕氏家族积两代任相之财，家势已很壮大，其宅在"京师榆林巷，群从数千"[⑦]。此时夷简一支已移居首都汴京，但吕家在洛阳之经济地位似仍继续，吕公著便买宅于洛阳白师子巷[⑧]，后退隐于此[⑨]。盖吕家任京官者都居于首都，建

---

① 《五朝名臣言行录》卷二之四，《太尉魏国王文正公》，第42页；《琬琰集》上卷二，《寇忠愍公准旌忠之碑》，第10页；同书，下卷四，《毕文简公士安传》，第13页。
② 《邵氏闻见录》卷一一，第117页；卷一八，第198页。
③ 《玉壶清话》卷三，第24页。
④ 佚名撰、徐松辑：《河南志》卷一，《宋元地方志丛书》，台北：大化书局，1980年，第12页；《青箱杂记》卷一，第2页；《宋会要辑稿》，《礼》四五之二八，第1461页。
⑤ 周密：《癸辛杂识》前集，《吴兴园圃》，北京：中华书局，1988年，第7—13页；《邵氏闻见录》卷一〇，第103页；卷一八，第200页；《琬琰集》下卷二，《张文定公齐贤传》，第12页。
⑥ 李格非：《洛阳名园记》，《吕文穆园》，第459—462页；《河南志》卷一，第11页；《隆平集》卷四，《宰臣》，第11页；《东都事略》卷三二，《吕蒙正传》，第4页。
⑦ 佚名：《异闻总录》卷四，《笔记小说大观》，第8页。
⑧ 《三朝名臣言行录》卷八之一，《丞相申国吕正献公》，第183页。
⑨ 范祖禹：《范太史集》卷三七，《祭吕正献公文》，《四库全书珍本初集》，上海：商务印书馆，1934年，第11页。

有府邸，蒙正、夷简、公著等相继为之，至希哲、希纯时复如是①；但致仕者则回归洛阳祖第，借吕氏家族在故乡洛阳营买的田产养老，吕本中便曾有诗咏其祖第："伊洛富山水，家有五亩园。"②

至于吕家在京的产业，除了以家资购买外，亦有由朝廷赏赐者，哲宗时便曾"诏以元丰北库为司空吕公著廨舍"③。不过到了元符末年，吕氏受党祸牵连，希纯被贬道州，便只有赁屋两间居住④；而希哲谪居淮阳，与其子好问的廨舍则极为简陋⑤。除了首都及祖家洛阳外，吕氏族人任外官者，亦不乏购有田产，如希纯知颍州时，便"筑宅于城南以居（焦千之）先生"⑥；绍兴三十二年（1162）吕广问知池州，也于管下石埭县界委有田产⑦。宋室南渡后，吕家随迁于婺，假官屋以居，至祖谦晚年，乃买屋于城之北隅⑧；即使因病没有出仕的吕宜之，也"营创数椽，意图容老"⑨。为官可得俸禄，有余则购置田业以享子孙，这是正途；但为官者往往亦可借其势以非法占有物业，吕游问任湖广总领时，便曾将官屋亏价卖与族侄吕昭中⑩，使家族的产业广积囤增。

---

① 《五朝名臣言行录》卷八之一，《崇政殿说书荥阳吕公》，第199页。
② 范成大:《吴郡志》卷一四，《园亭》，《宋元地方志丛书》，台北：大化书局，1980年，第15页。
③ 《长编》卷四一〇，元祐三年五月丙辰，第9994页；《宋会要辑稿》，《食货》五二之一四，第5706页。
④ 《宋元学案》卷一九，《范吕诸儒学案》，第808页。
⑤ 《五朝名臣言行录》卷八之一，《崇政殿说书荥阳吕公》，第201页；吕本中:《少仪外传》卷下，《丛书集成初编》，上海：商务印书馆，1936年，第40页。
⑥ 《宋元学案》卷四，《庐陵学案》，第205—206页。
⑦ 《宋会要辑稿》，《职官》六一之五一，第3779页。
⑧ 《攻媿集》卷五五，《东莱吕太史祠堂记》，第762页。
⑨ 吕克庄:《吕宜之圹志》，见郑嘉励:《明招山出土的南宋吕祖谦家族墓志》，第213页。
⑩ 《宋会要辑稿》，《职官》七二之一一，第3993页。

士族篇　131

总括来说，吕氏家族在蒙正崛起以前为一中小型官吏家庭，在故乡洛阳已购有物业，但自蒙正登第为相以后，在其庇荫之下，族人中多有经考试或恩荫而入仕者。他们做官后获得俸禄、宫祠诸财富，除日常生活所需外，余下的便广营田业，范围遍及京师、洛阳及诸外县，所累积的财产使子孙生计得保，家族的发展得以绵延下去，不致因破产而使族人凋零。因为官爵愈大，财富愈多，故吕氏自蒙正拜相后已极为富有，如"真宗即位时，会营奉熙殿，蒙正追感先朝不次之遇，奉家财三百余万以助用"①。至北宋末年，吕氏家族经蒙正、夷简、公弼、公著及好问等相继执大政，家财的累积自更可观；靖康之祸时，金人攻入汴京，吕好问即以私财于永庆院启建圣寿道场②，为国家祈福，此更可反映其家势。

俸禄、宫祠、田产等均为有形的财富，对维持一个大家族的发展自有很大的帮助，财富可赈恤族人，可收宗睦族，故为官者多广泛经营。然而，做官所带来的财富，更可为家族累积无形的实力，其对家族的发展和振兴，影响至大，这种无形的财富便是教育和知识。如前所述，宋代任官之途主要为科举和恩荫，而当官就是保持家势之保证，科举考试的成功与否，除运气外，主要建基于教育和知识；至于恩荫虽可入仕，但补官以后能否扶摇直上，这便要看个人的才能实力，与其所受的教育和占有的知识之多寡，极有关系。因此，要使子孙当官，要使家势有所发展，培养后代的教育至为重要；而一个人入仕以后，便可凭借其财富、权力和地位，使下一代

---

① 《宋史》卷二六五，《吕蒙正传》，第9148页；《琬琰集》上卷一五，《吕文穆公蒙正神道碑》，第5页。
② 《系年要录》卷三，建炎元年丁未三月甲辰，第73页。

得受良好的教育，从而获取功名。由是，科举入仕、累积财富学识这两个情形循环不绝，两相帮助，官僚大族借财富投资教育，而使官僚大族的子弟得以登第，循环往返，使官僚家族永远为官僚家族，家势得以发展不堕[①]。

培养后代的教育需要很多金钱，最基本的两个条件是要有充裕的书籍和优良的师资，对穷人来说，这根本不易办到。然而，因为科举、仕宦与这两点有很大的关系，故富有的官宦人家便可以利用其家财做到这些，"仕宦稍显者，家必有书数千卷"[②]。目的是要好学的子孙得以为资据[③]，广而推之，亦祈使族人得受教育[④]，最终就是要能中举入仕，例如谢晔好蓄书，子仲弓、广文及孙谢牧（1181年进士）皆登甲科[⑤]。为此，宋代官宦之家或以家财置书延士，教育子孙；或购田地设置书院，广泽族人，使其得以登举入仕，永保家势。关于吕氏家族此一情况，我们将于分析其宗族组织时再讨论，现在暂且按下不表。

[①] 关于此点，可参考荒木敏一：《宋代科举制度研究》；John W. Chaffee, *The Thorny Gates of Learning in Sung China*; Thomas H. C. Lee, *Government Education and Examinations in Sung China*; Kracke E. A. Jr., *Civil Service in Early Sung China, 960—1067*；及金中枢：《北宋科举制度研究》。

[②] 《挥麈录·前录》卷一，第10页。

[③] 《东都事略》卷六三，第1页及《涑水记闻》卷一〇，第191页："丁度，字公雅，开封祥符人也。祖顗尽其家赀以置书，至八千卷，且曰：'吾聚书多矣，必有好学者为吾子孙。'"《琬琰集》下卷八，《宋宣宪公绶》："宋绶，字公垂⋯⋯其外祖杨徽之器爱之，徽之无子，尽付以家所藏书。"第11页。可见书籍已成为传家之资。

[④] 如叶适：《叶适集·水心文集》卷一二，《石庵藏书目序》载："蔡君（瑞）念族人多贫，不尽能学，始买书寘石庵。增其屋为便房，愿读者处焉，买田百亩助之食。"北京：中华书局，1989年，第203页。

[⑤] 《渑水燕谈录》卷六，《文儒》，第71—72页。

（五）科举与社会流动

社会流动之论是二十世纪初由俄国思想家梭罗金（Pitirim A. Sorokin）所提出。简单地说，梭罗金认为："社会流动是个人或社会的目标或价值，从一个社会地位转移至另一个社会地位。"这包括了"垂直流动"及"水平流动"两种。"垂直流动"指的是一个人因为所得、声望等所造成的向上或向下的阶层流动，向上通常是获得地位与财富，向下则相反。"水平流动"则指一个人选择工作或个人迁移等自由所造成的流动。如果一个社会具有高度的社会流动率（包括纵横两面），则这个社会是比较开放和平等[1]。根据此论，历史学家可检察社会中的统治阶层，是由自身阶层内甄选产生，造成门阀社会；抑或挑选有能者用之，形成平民社会。因此，研究一个社会的社会流动情况，便可得知平民是否容易进身统治阶层及获得财富和权力地位等。

自梭罗金提出社会流动论之后，学者多有以之研究中国古代社会，如何炳棣（1917—2012）[2]、魏特福格尔（Karl A. Wittfogel, 1896—1988）及许倬云等[3]，而柯睿格（Edward A. Kracke, Jr.）则专研

---

[1] Pitirim A. Sorokin, *Social and Cultural Mobility*, London: The Free Press of Glencoe Collier-Macmillan Ltd., 1959, p. 133；李弘祺：《宋代教育散论》，第24页；陈义彦：《北宋统治阶层社会流动之研究》，台北：嘉新水泥公司文化基金会，1977年，第5页。

[2] Ho Ping-ti, *The Ladder of Success in Imperial China*, New York: Columbia University Press, 1962.

[3] Karl A. Wittfogel, "Mobility in an Oriental Despotism", in Johanna M. Menzel (ed.), *The Chinese Civil Service*, Washington: D. C. Heath and Company, 1963, pp. 61—66；[美]卡尔·魏特夫著，徐式谷等译：《东方专制主义》，北京：中国社会科学出版社，1989年；Hsu Cho-yun, *Ancient China in Transition: An Analysis of Social Mobility, 722—222 B. C.*, California: Stanford University Press, 1965。

科举与宋代社会流动的关系。他以高宗绍兴十八年（1148）和理宗宝祐四年（1256）的登科录，计算登第考生的背景，结论是超过半数的进士之前三代都无人当官，故宋代的社会流动率很高，有一半以上的官僚是透过科举从布衣阶层晋升的[1]。据柯氏之论，科举乃成为平民入仕的公平制度，与魏晋南北朝以至隋唐的门第制度，完全不同。科举制度是宋代选官的主要途径，这是人所公认的，但它是否一个公平有效的考试诠选制度，则颇具争议。

继柯睿格以后，荒木敏一（1911—1996）及李弘祺师均曾深入研究宋代科举制度，并对其论加以修正。荒木以为除科举登第外，恩荫亦为一重要之入仕手段，但他指出恩荫的重要性是在保持地位，使子孙能借其势再中举[2]；李弘祺师则认为科举是一个"公正"但非"公平"的考试制度，而当时大部分的家庭不仅无力出钱让子弟读书，甚至于不出钱而让其闲着去上学都负担不起，因而通过考试入仕的途径毕竟太小，农业家庭的子弟冒险上学是很划不来的事[3]。虽然如此，荒木敏一及李弘祺师都同意科举制度造成门阀世族的消灭，而开辟了寒酸出身的途径。

与荒木敏一及李弘祺师不同，郝若贝（Robert M. Hartwell）和韩明士（Robert P. Hymes）师徒提出完全相反的论调，批评柯睿格的看法。郝若贝集中研究北宋理财官员之家庭、婚姻状况及出身之方式，以了解他们是否源出一些家族（包括血亲及姻亲），且垄断朝政。郝

---

[1] E. A. Kracke Jr., *Civil Service in Early Sung China, 960—1067*, Cambridge, Mass & London: Harvard University Press, 1953.
[2] 荒木敏一:《宋代科举制度研究》，第470页。
[3] Thomas H. C. Lee, *Government Education and Examinations in Sung China*, pp. 201—205；李弘祺:《宋代教育散论》，第23—34页。

若贝以为宋初朝政由一些参与建国的"建国精英分子"家族所控制；神宗以后则由一些"专业精英分子"家族所垄断，这些"专业精英分子"很多都是唐代世族大姓所绵延持续而成的。另一方面，从唐代以降，很多南方新地主兴起，填补了地方上的行政职位，到了北宋中期，他们的子弟开始参加科举。于是，"专业精英分子"就与这些地方精英地主通婚，继续控制政府。郝若贝的结论是宋廷多由数个或数十个大家族所垄断，他们世代相袭为官，互相通婚，以持续他们对政府和社会的控制，故科举并无打破唐代以来世族垄断政府的情况[①]。韩明士继承其师之论，他深入研究宋代江西抚州的精英分子，认为南宋和以后的地方地主有很强的地方色彩，他们虽多曾登第或为举人，然其权力来源主要是来自和豪族通婚，科举成功只是其财富和势力以外之点缀而已[②]。换言之，郝若贝和韩明士皆否定柯睿格之论，认为科举制度对宋代社会流动差不多完全没有作用。

郝若贝等人的论点，引起极大的反响，贾志扬（John W. Chaffee）虽同意宋代入仕的途径很多，但考试仍为最主要者，故家族势力及通婚虽然十分重要，但科举成功毕竟才是真正的保证。事实上，北宋中叶开始，大部分的统治阶层精英分子均来自科举；到了南宋以后，恩荫才较考试重要[③]。李弘祺师亦对郝若贝等之看法详加讨论，他同意婚姻对家势的影响，但质疑大族能否不通过考试使族人累代

[①] Robert M. Hartwell, "Demographic, Political and Social Transformations of China, 750—1500", *Harvard Journal of Asiatic Studies*, Vol. 42, No. 2, 1982, pp. 354—442.
[②] Robert P. Hymes, *Statesmen and Gentlemen: The Elite of Fu-Chou Chiang-Hsi, in Northern and Southern Sung*, Cambridge: Cambridge University Press, 1986.
[③] John W. Chaffe, *The Thorny Gates of Learning in Sung China: A Social History of Examinations*, Cambridge: Cambridge University Press, 1985, pp. 11, 16, and 20.

入仕、而可以长久保持家势不堕之可能性[①];戴仁柱(Richard L. Davis)研究明州史氏的论著,更证明史浩一族是因参与科举而兴起的[②]。

上面是对科举与宋代社会流动关系的研究状况,作一简单扼要之叙述,各学者的观点很明显可以分为两派,柯睿格、荒木敏一、贾志扬、李弘祺和戴仁柱等,虽或程度有别,但都同意科举造成一定程度的社会流动;而郝若贝和韩明士则极端地以为科举完全不能提供上向流动(upward mobility)。笔者无意判断二论之中孰优孰劣,但由于研究科举与社会流动之关系,可显示平民布衣入仕的机会和大族保持家势的情况,故我们可利用这些研究成果来看看吕氏家族此一个案。作为大族之一,科举、恩荫、婚姻诸事中,究竟何者才是保持其势不堕之要诀?

李弘祺师在反驳郝若贝之论时,指出继续有人当官,是大族维持不衰的唯一办法,因为不管一个人或其家族在地方上因土地、财富及婚姻关系而享有多大的势力,这个势力都必须依赖政治力量的保障。取得政治力量的保障便必须有人当官,而当官的最重要或方便的途径便是在科举中取得功名[③]。的确,在社会结构中,领导阶层多控有崇高的地位、权力及大量的财富,故一个家族的盛衰,往往视乎其族人当官的数量和质量。宋代的情况亦不例外,官僚拥有上述各种利益,一个家族如能累代有人为官,甚至当上宰辅者,其势自然兴旺,反之则衰。吕氏家族的情况,根据前面的析论,是因为

---

① 李弘祺:《宋代官学教育与科举》,《中译本导论》,台北:联经出版事业公司,1994年,第vi-xiii页。
② Richard L. Davis, *Court and Family in Sung China, 960—1279: Bureaucratic Success and Kinship Fortunes for the Shih of Ming-Chou*, Durham: Duke University Press, 1986.
③ 李弘祺:《宋代官学教育与科举》,《中译本导论》,第xi页。

他们有很多族人入仕，更有数人位至宰枢，使其家势得以维持，我们亦一再强调当官对吕氏的重要，与李弘祺师之论相合。然而，吕氏族人入仕之途主要是科举与恩荫，假若科举是一公正的考试制度，则恩荫自然是官僚世袭的特权，如果科举对吕氏宦途较恩荫重要，则或可反映宋代的社会流动较大；若恩荫成为吕氏这一类大族保持家势之要门，则布衣自然被摈斥于仕宦门外。

然而，科举与恩荫其实是互为影响的，中举之族可借此补荫族人；而承荫者又可借其所获利益，帮助投资族人再考科举，何者对一族之发展较为重要，有时是很难分辨的。关于此点，贾志扬以为宋代官僚大族的勃兴，很多是先凭考试入仕，然后才再以通婚和恩荫等发展其势[1]，至于吕氏家族，似乎亦有相类的情况。吕氏家族第一代的吕韬、第二代的吕梦奇及第三代的吕龟图和吕龟祥等，都在唐末五代及宋初为官，故吕氏并非布衣平民，其族颇与郝若贝所指是由唐代世族大姓所绵延持续而成的"专业精英分子"家族很相似。不过，吕氏家族在宋代的发展，并非源于吕氏首三代人物的余荫；虽然吕氏家族首三代人已为官，吕氏家族亦非寂寂无名，但吕氏在宋代成为头等名族，则始于蒙正登第入相以后至宋末的绵展。由于宋初恩荫制度并未完备，而吕蒙正母子又见逐于其父，故蒙正的显赫仕途，并非得自家族的荫庇，实因其苦学登第之故也。因此，吕氏家族在宋代的勃兴，科举制度实为其主因，就这个观点而言，科举确能为布衣贫民提供一个入仕上升的机会。

在蒙正登第以后，吕氏便可凭借前述为官时所获得的荫补，世

---

[1] John W. Chaffe, *The Thorny Gates of Learning in Sung China: A Social History of Examinations*, p. 11.

袭族人为官，保持家势。至此，科举制度对吕氏家势而言，似乎已无甚帮助，因为恩荫仍可使族人当官，获得政治力量以保持其地位财富。但这里有一点必须考虑，正如我们在前节所述，恩荫的范围有限，数代之后的族人便很难凭借先祖的功名余荫入仕，举例说，位至宰相者可荫子为七品官，而其子为七品官后仕途一般，或升至三四品而已，于是后来便只能荫子为九品官（这只是随意的比拟而已，目的是说明此理，所举的官品并非真的是宋制安排。其实宋代恩荫制度非常复杂，这里只想说明"愈荫愈低"罢了）。余此类推，族人的官品便愈来愈小，再加上族人繁衍，能获荫之比例递减，到了最后，家道便中落了，假如要振兴家族，便只有希望有族人重新登第入仕而已。宋代有很多大族便是因此而衰亡的，如名相李昉、李沆（947—1004）及李迪三族[1]；而宋初名相吕端（935—1000）、吕余庆（927—976）一族在其死后，亦渐没落，要到吕诲（1014—1071）重登科第，才能振兴家族[2]。至于吕氏家族，我们可以分从蒙正、宗简及夷简三支来看。

---

[1] 《容斋随笔·三笔》卷一二，《大贤之后》："近见余干寓客李氏子云，本朝三李相，文正公昉、文靖公沆、文定公迪皆一时名宰，子孙亦相继达官。然数世之后益为萧条，又经南渡之厄，今三裔并居余干，无一人在仕版。文定公濮州之族，今曰居越者，虽曰不显，犹簪缨仅仅传，而文正、文靖无闻，可为太息！"第561—562页。

[2] 《琬琰集》中卷二四，《吕中丞诲墓志铭》："府君讳诲字献可，其先幽州安次人。曾祖父讳琦，晋兵部侍郎，赠太师中书令尚书令。祖讳端，相太宗真宗，以太子太保薨，谥正惠，赠太师中书令。伯祖讳余庆，太祖时参知政事，赠镇南军节度使，各有功烈，记于史官。……初正惠公薨，其家日益贫，献可既仕，常分俸之半以给宗族之孤嫠者。"第1—4页。柏文莉（Beverly J. Bossler）后来的研究也显示，即使宰相一家的少数后人成功，也并不能保证作为整体的家族能够维持自身的高级精英地位。见 Beverly J. Bossler, *Powerful Relations: Kinship, Status, and the State in Sung China (960—1279)*, Cambridge, Mass. and London: Harvard University Press, 1998. p. 76.

吕蒙正登第后，其九子后均得以任官，蒙正卒时有孙二十五人和曾孙三十一人，"其后孙皆有官而曾孙亦有出仕者"[1]。然而我们只知道吕昌宗、吕昌辰、吕昌绪、吕昌龄、吕昌祐及吕仲甫、吕仲敏、吕仲履、吕仲棐数人之经历而已，这是由于蒙正荐堂侄不荐儿子，又拒绝荫子为水部员外郎及吕从简等不肖有关，致使其后所获荫之官不大，家道亦告中落，蒙正一支从此在宋代并无多大发展，第七代以后更无法找到其子孙余裔的记载。于此可见单凭恩荫是不能长久保守家业的，事实上，到了蒙正之孙昌辰时，虽以父荫入官，但"家极贫"；其子仲履、仲棐得以见于史册，实由于他们后举进士第[2]，证明在家势没落后欲复振起，科举仍然是最重要的途径。

吕宗简亦曾登第，仕至尚书刑部员外郎，其子吕公雅则为徽猷阁待制，孙吕希朴为承议郎。公雅和希朴入仕之途未见载于史册，唯登第在宋代为盛事，撰写行状者必不会漏记，故大抵他们亦应是荫补为官的。宗简、公雅、希朴虽连续三代为官，但如前所述，获荫之官品与比例会累代递减，故到了其曾孙吕广问时已是"少时家贫"，幸好广问"自少隽拔能文"，"登宣和七年进士第"，卒官至左太中大夫、爵太平县开国伯，把家势维持下来；惜其子吕得中、吕庶中皆早逝，吕自中以后鲜有能及第者，终致其支亦不复见于竹书。

夷简一支是整个家族中最兴盛者，夷简和公著父子先后登第、相继入相，为家族累积雄厚的政治本钱，族人均得以荫补为官。惟单以恩荫来维持家势是不足的，强如夷简一支也不例外，其曾孙吕企中便"少孤贫，漂转建昌，虽已受荫得官"，但到"四十五岁始

---

[1] 《琬琰集》上卷一五，《吕文穆公蒙正神道碑》，第8页。
[2] 《长编》卷一四七，庆历四年三月己巳，第3555页。

改京官，作邑宰"①。到了公著曾孙以后，吕氏虽仍能借荫入仕，但所荫之官阶及范围已非常低、少，前述吕大麟获补官时的制词便说"至于今日，（吕氏）任者寖寡"，正可反映其况；吕大同死时，家势亦颇贫困②；吕祖泰丧母时更"无以葬"③。不过，当夷简一支开始走下坡时，吕弸中孙吕祖谦先后登孝宗隆兴元年（1163）进士第及博学宏词科，成为当世巨儒，与朱熹、张栻鼎足三立，获诏编纂《文海》（《皇朝文鉴》），家势因而得以重振。惜祖谦于淳熙八年（1181）以四十五岁之壮年早逝，未能使其族复兴如昔日之况。到了宋末，吕氏家势虽无复往日之盛，但祖谦犹子（吕祖俭儿子？）吕康年仍能登第，《四朝闻见录》：

> 成公犹子康年，甲戌廷对，真文忠欲寘之状头。同列以其言中书之务未清，恐触时政，文忠固争不从，遂自甲寘乙。文忠尝出其副示予，相与叹息。④

假如吕康年能登状元第，则对其家势之振兴，帮助自当更大。

综上所述，科举是吕氏家族勃兴和维持其势的主要方法，但这并不表示恩荫完全没有帮助。我们在前面谓补荫族人的官品会愈来

---

① 《夷坚志·三志壬》卷二，《吕仲及前程》，第1482页。
② 陆游：《陆放翁全集·渭南文集》卷三六，《吕从事夫人方氏墓志铭》，北京：中国书店，1986年，第221页。
③ 《宋史》卷四五五，《吕祖泰传》，第13372页；《宋元学案》卷五一，《东莱学案》，第1683页；李心传：《道命录》卷七下，《吕泰然论不当立伪学之禁》，《丛书集成初编》，上海：商务印书馆，1936年，第81页。
④ 《四朝闻见录》乙集，《洛学》，第48页；《宋元学案》卷五一，《东莱学案》，第1687页。

愈小，比例亦会递减，数代以后便会家势衰亡，然此论其实有一个预设，即子孙之才能与运气未能使他升任更高之官，这可以用下图来表示：

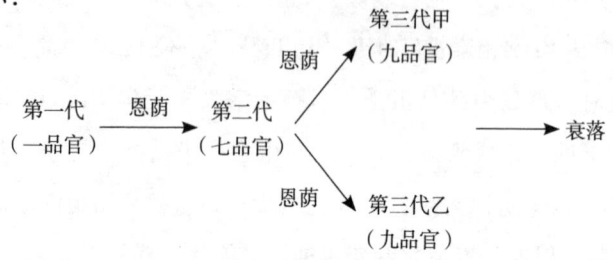

```
                                   ┌─恩荫→ 第三代甲
                                   │      （九品官）
第一代  ──恩荫→  第二代 ─┤                              ──→ 衰落
（一品官）       （七品官） │
                                   └─恩荫→ 第三代乙
                                          （九品官）
```

宋代官僚家族家势发展图（科举、恩荫）

但如果承荫者凭借个人之才能及其他因素（如君主的宠爱），得以从受补之官职晋升为大官甚至宰辅者，则他便可以荫补第三代族人更高之官。倘若这家族数代均能涌现这类人才，则只凭恩荫亦可保持其势，如下图所示之况：

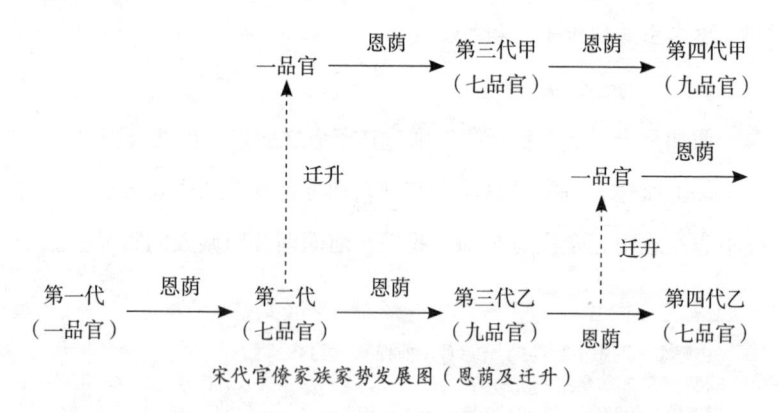

```
                  一品官 ──恩荫→ 第三代甲 ──恩荫→ 第四代甲
                   ↑             （七品官）         （九品官）
                   ┊迁升
                   ┊                              一品官 ──恩荫→
                                                    ↑
                                                    ┊迁升
第一代 ─恩荫→ 第二代 ─恩荫→ 第三代乙 ─恩荫→ 第四代乙
（一品官）     （七品官）      （九品官）        （七品官）
```

宋代官僚家族家势发展图（恩荫及迁升）

吕氏家族中吕公弼、吕好问就是这种情况，公弼以荫入仕，后升至枢密，而好问则从荫补仕至右丞。因此，如果累代有杰出的人才，只凭荫补仍可保吕氏之势，但累代能有这类人出现是不可能的，故当族人才能不及先祖辈时，家势便开始没落。这样，除了荫补外，便需要有族人投考科举重振家声，吕祖谦和吕康年就是其例。此外，科举在宋代既较恩荫为贵，又可入翰林至拜相，则家族中人在补官后而有才者，何不以其所得到的优势（如家族及为官所得之财富、教育）投考科举，为家族争取更多的权力、财富、恩荫以助发展？情形就如下图一般：

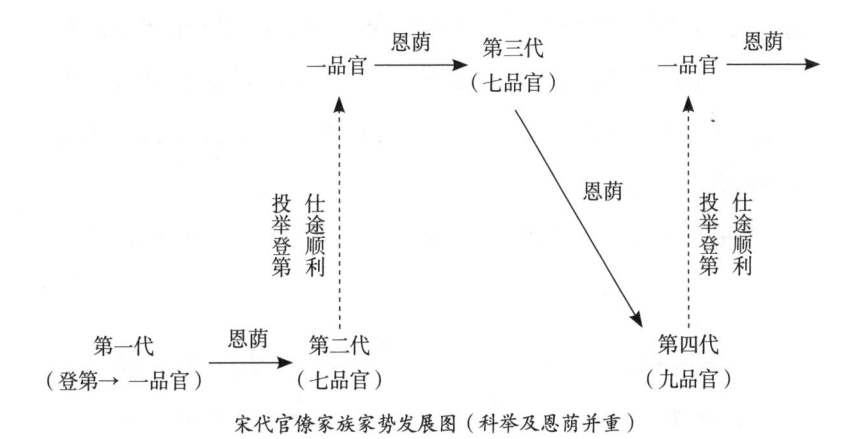

```
                    恩荫      第三代              恩荫
          一品官 ──────→  （七品官）    一品官 ──────→
            ↑                  ╲          ↑
            ┊                   ╲         ┊
          仕投                   ╲       仕投
          途举                   恩       途举
          顺登                   荫       顺登
          利第                    ╲      利第
            ┊                     ╲       ┊
            ┊                      ↘      ┊
         第一代      恩荫     第二代       第四代
      （登第→一品官）─────→（七品官）   （九品官）
```

宋代官僚家族家势发展图（科举及恩荫并重）

　　吕氏家族中吕公著就是如此，他以父荫补小官[①]，于夷简当政时应举[②]，终升至宰辅，可以再荫及更多儿孙和更高之官。

　　总括而言，科举与荫补对吕氏家势同样重要，然而只有恩荫固不能世守其业，惟单靠科举亦非全策，因为入仕只是保持个人及家族势力的最基本条件，登第后能否做大官才是最要紧者，家族的庇荫、姻亲关系的扶持和个人才能同具影响力。不过，恩荫和姻戚多由中举而来，然后与科举相互表里，构成家族发展的动力，故科举

---

① 《三朝名臣言行录》卷八之一，《丞相申国吕正献公》，第197页。
② 朱弁:《曲洧旧闻》卷四，《笔记小说大观》，第4页。

似仍是最重要的途径原因。

就吕氏家族这个例子来说，科举确是其勃兴及发展的要素，但我们亦不能过分强调科举对宋代社会造成很大的流动率，正如史家之论，科举是一"公正"但非"公平"的制度。宋代国策颇重"抑权势，进孤寒"[①]，太祖、太宗朝严讲科举之公正[②]，"公卿子弟多艰于进取"[③]；淳化三年（992）又诏殿试糊名考校，举人与试官须避亲嫌[④]，此后又有数次增定[⑤]。然而，宋代考场舞弊的情况仍然层出不穷[⑥]，不过这类作弊较易杜绝，寒士不至因而为权势所阻，但除了这些以外，一些无形的因素，则使势家在科举中占尽便宜，致令寒门贫民无法与之竞进。

首先，宋代虽于建隆三年（962）禁止唐世座主门生之礼，"及

---

① 《渑水燕谈录》卷一，《帝德》，第4页；《类苑》卷四，《祖宗圣训、仁宗皇帝》，第35页。
② 兹举两例证之：《长编》卷一六，开宝八年二月："戊辰，上御讲武殿，覆试王祐等所奏合格举人王式等，因诏之曰：'向者登科名级，多为势家所取，致塞孤寒之路，甚无谓也。今朕躬亲临试，可以否进退，尽革畴昔之弊矣。'"第336页；卷二九，太宗端拱元年闰五月丙申条："先是，翰林学士、礼部侍郎宋白知贡举，放进士程宿以下二十八人，诸科一百人。榜既出，而谤议蜂起，或击登闻鼓求别试。上意其遗才，壬寅，召下第人覆试于崇政殿，得进士马国祥以下及诸科凡七百人，令枢密院用白纸为牒赐之，以试中为目，令权知诸县簿、尉。谓枢密副使张宏曰：'朕自即位以来，亲选贡士，大者为栋梁，小者为榱角。今封疆万里，人无弃才，日思夜孜，庶臻上理也。卿与吕蒙正等，曩者颇为大臣所阻，非朕独断，则不及此矣。'宏顿首谢。"第654页。
③ 《石林燕语》卷五，第65页。
④ 《长编》卷三二，淳化三年三月戊戌，第734页；卷六八，大中祥符元年四月己未，第1538—1539页；《燕翼诒谋录》卷五，第44页；《渑水燕谈录》卷六，《贡举》，第69页。
⑤ 参看李弘祺：《宋代教育散论》，第39页；荒木敏一：《宋代科举制度研究》，第243—265页。
⑥ 详见刘子健：《宋代考场弊端》，载于氏著：《两宋史研究汇编》，台北：联经出版事业公司，1987年，第229—247页。

144　近世社会的形成：宋代的士族与民间信仰

第举人不得呼知举官为恩门、师门及自称门生"①。四年诏禁抱文请见、谢见及温卷等②。可是宋代仍有考生将其文送交宰执者，如王曾未显前即以所业贽吕蒙正③；考官以其权势袒护名士及有交情者，吕祖谦便多次为之，陈君举、陈蕃叟、蔡行之、陆九渊等便因而得第④；吕祖谦与陆九渊之关系，更与唐代座主门生之况无异⑤。此外，权贵或仕子在登第后，均会汲引同年及挚友同窗，如吕蒙正荐温仲舒、郭延卿等⑥。这些都使平民为有势者所抑，但最重要的还是前面曾提到的，平民布衣根本无力供教子弟读书，当时寒士如要读书，多投身于寺院，像吕蒙正的例子极多，如富弼⑦、韩亿、李若谷和王随等⑧，而孙复就是因为家贫而无法专心读书，范仲淹便叹曰："贫之为累亦大矣。"⑨这些贫士在寺院读书，无论是环境、书籍和师资均无法与大族子弟匹比。另一方面，即使他们能力学有成，赴考应举的旅费亦极具问题，开宝二年（969）曾诏"西川、山南、荆湖等道，所荐举人并给往来公券"。惜后来废弃此法⑩；而政府及民间宗

---

① 《长编》卷三，建隆三年九月丙辰，第71页；《梁溪漫志》卷二，《座主门生》，第22页；《燕翼诒谋录》卷一，第2页。
② 《隆平集》卷二，《取士》，第4页；《渑水燕谈录》卷九，《杂录》，第118—119页。
③ 文莹：《湘山野录》卷上，北京：中华书局，1984年，第9页；《类苑》卷三六，《诗歌赋咏·王沂公》，第471页。
④ 《宋人轶事汇编》卷一七，第948页；陆九渊：《陆九渊集》卷三六，《年谱》，北京：中华书局，1980年，第486—487页。
⑤ 《陆九渊集》卷二六，《祭吕伯恭文》，第305页。
⑥ 王铚：《默记》卷中，北京：中华书局，1981年，第32页；《类苑》卷三五，《诗歌赋咏·吕文穆》，第449页；卷四二，《旷达隐逸·郭延卿》，第549页。
⑦ 《邵氏闻见录》卷一九，第210页。
⑧ 《邵氏闻见录》卷八，第78页。
⑨ 《东轩笔录》卷一四，第159页。
⑩ 《燕翼诒谋录》卷一，第5页。

士族篇 145

族等组织虽曾为之提供补助①,但平民毕竟难以支持,张士逊少时家贫,便曾"欲典田赴试京师"②,无田可卖者之情况更可想见。

经过多方面的论述,我们可见科举在宋代造成一定的社会流动,但不能如柯睿格所说那么乐观。由于宋代的制度容许大量由荫入仕的官僚子弟,故社会流动率不能与明清二代相比,但较隋唐为开放③,故宋代科举最大之意义是寒士可与贵族竞争④,虽然大族仍占有优势。

从吕氏家族与科举及恩荫之关系,个人以为可得出三点结论:第一、宋代承接唐及五代,门第制度虽已破坏,但科举与恩荫并行,故大族与平民均有机会入仕,大族更能利用科举及恩荫保持其势,吕蒙正从贫窭晋身龙门,可视作平民登第骤显的典型;而其后吕氏家族之发展,则证明大族能世保其业之论。因此,宋代似同时存在着世族与平民出身之官僚,郝若贝及柯睿格两派之论均有其正确之处,只是两者分布多寡之差异而已。

第二,吕氏家族早在唐末时已有人任官,其性质与郝若贝所指之由唐代世族所绵延持续而成的"专业精英分子"家族相类,然而其在宋代有长足发展之原因,除了得到与唐代相似的世袭制度——荫补之利外,最主要是他们能充分利用科举制度,他们以家族所拥有的财富、学识、恩荫等有利条件重新再投资科举,利用科举和恩荫互为影响的优点,发展及维持家势,可以说,吕氏家族与科举制

---

① 参看杨联陞:《科举时代的赴考旅费问题》,《清华大学学报》1961年新2卷第2期,第116—128页。
② 《邵氏闻见录》卷八,第78页。
③ 贾志扬及李弘祺师都有类似的观点,见前引二氏之论著。
④ Thomas H. C. Lee, *Government Education and Examinations in Sung China*, p. 20.

度结合起来而使其不衰。由于科举制度是一公正的考试制度，平民倘能克服其经济及其他方面的不利条件，则仍可透过科举与大族子弟竞进；而吕氏家族虽似为由唐代绵展而成之名族，但除了运用荫补外，仍须和科举制度结合，与布衣一起共同竞争。这显示了宋代虽或存在着唐代之大族，他们虽或仍可享有世袭及婚姻互助之有利因素，但他们亦同时需要利用科举去保持其势，虽然以他们的地位、财富和权力去投资科举，仍然较平民有利，社会流动率并非太大，然而其性质已开始转变，至少大族子弟再不像魏晋隋唐时代以其血统郡望便可为官，他们现在必须与平民在科举中决战，而平民也不再是永远无法进身统治阶层了。所以，郝若贝等之论点，只是看见宋代大族的一部分面貌而已，他们忽视了其与科举结合而转变的另一面，吕氏家族之例正可反映此点。

最后一点，撇除吕氏首三代不谈，单就吕蒙正自贫士崛兴来说，我们可将其视作一个新兴的科第世家，与范仲淹等的例子相同。从这个角度而言，我们可发现一点，与吕蒙正相若的一类布衣贫士如范仲淹等，他们本为平民，凭着苦学及科举制度登第入仕，此反映了科举所能提供的社会流动。然而，当他们当了大官后，为了使子孙不堕，于是利用荫补及财富、宗族互助等再投资科举，由于其控有之优势，故其子弟远较其他布衣容易登第，如此数代以后，他们便成为一个凭借科举起家及维持势力的高门大族，阻碍后进的寒士崛起；同样当那些后进之寒士排除万难成功中举后，他们又阻塞继上者，这又反映科举对社会流动所造成的窒碍，用西方的词语来说，便是"异化"（alienation）。因此，以往研究中国历史之史家说，宋代的科举制度导致门阀世族的消灭，这是正确的，但如果说宋代因此是一个平民社会,高门大族并不存在,则此论便颇值得商榷。因为科举制度只导致魏晋隋唐式的门阀大族崩溃,但它同时造成了一些新的科举世家如范仲淹一族,而一些旧式的大族如吕氏家族等,则因为能与科举制度结合,亦得以转化保持下来,甚至形成"新门阀",直到宋亡。

四、姻亲关系

(一)唐宋之际婚姻观念的转变与宋代士族婚姻

唐代承接着魏晋南北朝门阀社会的余绪,士人仍以氏族相高,婚姻亦讲求门当户对,"大率高下五等,通有百家,皆谓之士族,此外悉为庶姓,婚宦皆不敢与百家齿"[1]。盖其欲以婚姻关系来确保家族血统之高纯,并借此互相合作支持,从而使门阀制度得以维持。例如著名的大族博陵崔氏,整个家族之婚姻网均局限于少数的旧族高门[2];而毛汉光便以婚嫁关系作为比较琅琊王氏社会地位盛衰之坐标[3]。

唐末五代政治社会的大动乱,使中古的世家大族受到极大打击。到了宋代,旧有的门阀制度已经崩溃瓦解,科举在理论上成为取士之主要途径,宋人的婚姻观念亦相应地产生一定程度上的转

---

[1] 沈括撰、胡道静校注:《新校正梦溪笔谈》卷二四,《杂志》一,香港:中华书局,1978年,第242页。
[2] Patricia B. Ebrey, *The Aristocratic Families of Early China: A Case Study of the Po-Ling Ts'ui Family*, Cambridge: Cambridge University Press, 1978, pp. 94—96.
[3] 见毛汉光:《中古士族之个案研究——琅琊王氏》,载于毛汉光:《中国中古社会史论》,台北:联经出版事业公司,1988年,第403页。

变,婚嫁已不如唐代般严讲门阀,宋人赵彦卫称:

> 唐人推崔卢等姓为甲族,虽子孙贫贱,皆家世所重。今人不复以氏族为事,王公之女,苟贫乏有盛年而不能嫁者,闾阎富室,便可以婚侯门,婿甲科。①

只要有钱,便可娶得王公之女,与唐代之情况可谓有天渊之别,难怪郑樵(1104—1162)说,自隋唐而上,婚姻必由于谱系;自五季以来,婚姻不问阀阅②。然而,事实是否如此呢?

张邦炜曾撰《试论宋代"婚姻不问阀阅"》一文③,阐释郑樵之论,认为士庶通婚成为风俗,不仅普通官僚,就连位极人臣的宰相在挑女婿、选儿媳时,也常常不大看重门第④。张氏文中所引之资料极为丰富,内容精彩,但结论则容或有可商榷处。盖宋人婚嫁虽不如唐代般严讲族望,但亦非完全不重门第,例如为人熟悉之宋代名相王旦,他虽然强调"婚姻不求门阀"⑤,但事实并非如此。王旦的妻子为赵昌言(944—1009)女儿,王旦的两个儿子王雍(988—1045)、王素(1007—1073),分别娶了吕夷简及张士逊的女儿;而其三个女婿为名臣韩亿、苏耆(987—1035)和吕公

---

① 赵彦卫:《云麓漫抄》,《丛书集成初编》,上海:商务印书馆,1936年,第19页。
② 郑樵:《通志》卷二五,《氏族》一,北京:中华书局,1987年,第439页。
③ 原刊于《历史研究》1985年第6期,第26—41页。今收于张邦炜:《婚姻与社会·宋代》,成都:四川人民出版社,1989年,第98—120页。
④ 张邦炜:《婚姻与社会·宋代》,第101页。
⑤ 李焘:《续资治通鉴长编》(以下简称《长编》)卷九〇,天禧元年九月己酉,北京:中华书局,1979—1995年,第2080页。

士族篇

弼,另一女儿又嫁五代宋初名相范质(911—964)的孙儿范令孙;王质(1001—1045,王旦侄)女儿则嫁范仲淹子范纯仁(1027—1101)。可见王旦姻亲均为宋代的大官高门[①],说其婚姻不求门阀是可商榷的。

其实,日本学者早已注意到宋代官僚或士大夫之间的婚姻关系,青山定雄便曾考订过宋代若干北方官僚家庭借通婚来维持北方人的利益[如毕士安、陈尧叟及贾昌朝(997—1065)三家;王旦、吕夷简、韩亿、范仲淹四家;吕夷简、韩琦、苏颂三家;庞籍及司马光二家等之婚姻关系][②]。伊原弘亦曾撰写多篇文章讨论此一问题,惜笔者未见伊原氏之论。美国学者方面,由于近年来宋代社会史的研究十分蓬勃,故亦不乏讨论,当中要以郝若贝(Robert M. Hartwell)、韩明士(Robert P. Hymes)及贾志扬(John W. Chaffee)三位最具代表性;而国人方面,陶晋生师、李弘祺师、柳立言及何冠环诸先生也有著文论述,后文会讨论到他们的观点,在此暂不详述。

事实上,当我们翻查宋代的史料后,不难发觉唐宋之际中国人的婚姻观念虽然有所转变,士庶之间的鸿沟不如唐代那么大,但士大夫及官僚等仍喜欢与门当户对者联姻。其中《名臣碑传琬琰集》一书最为有用,此书收集自建隆、乾德讫建炎、绍兴间诸名臣之神

[①] 关于王旦一族之婚姻关系,可参阅陶晋生师:《北宋士族——家族·婚姻·生活》,台北:"中研院"历史语言研究所,2001年,第104—107页。关于王氏家族的姻亲,李贵禄后来有更详细的研究,见李贵禄:《北宋三槐王氏家族研究》,济南:齐鲁书社,2004年,第231—263页。
[②] [日]青山定雄:《宋代における华北官僚の婚姻关系》,《中央大学八十周年纪念论文集》第4卷,东京,1965年,第363—388页。

道碑、墓志铭及行状，从中我们可窥见当时官僚们的婚姻情况，与上述情形配合。例如寇准娶给事中许仲宣（929—990）的女儿，继室为左卫上将军宋延渥女儿，其女婿则为枢密使尚书吏部侍郎同中书门下平章事王曙（963—1034）及太府卿毕庆长（毕士安次子）等[1]；晏殊（991—1055）妻为工部侍郎李虚己（977年进士）女儿，继室分别为屯田员外郎孟虚舟及太师尚书令王起的女儿，女婿则为名相富弼及礼部侍郎三司使杨察（1011—1056）等[2]；而富弼之女婿则分别是保宁军节度使北京留守冯京（1021—1094）、承议郎范大琮及宣德郎范大珪[3]；贾昌朝妻为尚书兵部郎中王轸（王旦再从子）女儿，陈尧咨女儿为其继室，女婿三人：国子博士程嗣弼（1027—1086）、大理寺丞宋惠国及太常博士庞元英[4]；而程嗣弼之姊妹则"皆适良族"[5]；使辽名臣余靖，"女六人，皆适仕族"[6]；欧阳修先后娶胥偃（1012年进士）、杨雅及薛奎（967—1034）之女为妻，"孙女七人，皆适士族"[7]；胡宿（995—1067）"女四人，皆适士族"[8]。以上只是《琬琰集》中的一些例子而已，其他还有更多，不详录。然而单从上引之数例，我们便可见宋代的士大夫及官僚仍重视姻亲的地位，其中强调女儿均适"良族"或"士族"，更可反映他们的婚姻

---

① 杜大珪：《名臣碑传琬琰集》（以下简称《琬琰集》）上卷二，《寇忠愍公准旌忠之碑》，《四库全书珍本十一集》，台北：商务印书馆，1981年，第10—11页。
② 《琬琰集》上卷三，《晏元献公殊旧学之碑》，第6—7页。
③ 《琬琰集》上卷五，《富郑公弼显忠尚德之碑》，第18页。
④ 《琬琰集》上卷六，《贾文元公昌朝神道碑》，第14—15页。
⑤ 《琬琰集》上卷四，《程文简公琳旌劳之碑》，第6页。
⑥ 《琬琰集》上卷二三，《余襄公靖神道碑》，第6页。
⑦ 《琬琰集》上卷二四，《欧阳文忠公修神道碑》，第14页。
⑧ 《琬琰集》中卷五，《胡太傅宿墓志铭》，第14页。

观念①。

谓宋代婚姻不问阀阅论者其实有一前提,即宋人婚娶不再讲求对方之族望门第,与魏晋隋唐时代截然不同;然而此论却存在一个问题,即宋代根本不存在魏晋隋唐时代类型之旧门阀。我们知道,维持魏晋门阀制度之一些要素如九品官人法、庄园制等在宋代已经崩溃,士人不能再以高门之族望求得一官半职,旧族子弟既不能凭此自贵,则士人间之婚嫁当然亦不会以此为最高的标准。因此,若我们再以魏晋隋唐门阀婚姻之标准去看宋代之婚姻观念,自然会得出宋代婚姻不问阀阅之论。但是每一个时代均有高门大族,只是其性质有异而已,故唐代大族虽尽式微,北宋必另有新门继起②,而这些新门之婚姻观念虽较前代开放,但并非完全不论姻家之背景地位,前引之王旦就是一个最好例子,是以谓宋代士庶通婚成为风俗之论,亟须深入探究。

如前所述,宋代既然没有九品官人法等保护世家大族不衰之政策和措施,于是新兴之官僚和士族便谋求其他保持家势不堕之法,婚姻关系即为其中一种重要手段。士族间借着联姻而扣紧关系,于是无论在政治或经济上,姻家均基于这种亲属纽带而互相扶持,彼此的家势和地位遂得以维持绵延,故士族官僚间世为婚姻不绝者屡见不鲜,如韩亿和李若谷二族:

---

① 案:宋代对高门大族之称呼不如魏晋南北朝那么严格,然据本文第一章之讨论及陶晋生师之研究,当时名族已有"门阀"之称,而"良族""士族"亦为其中一个名称。见陶晋生:《北宋士族——家族·婚姻·生活》,第1—10页。
② 参见孙国栋:《唐宋之际社会门第之消融》,载于孙国栋:《唐宋史论丛》,香港:龙门书店,1980年,第275页。

韩参政亿、李参政若谷未第时，皆贫，同途赴试京师，共有一席一毡，乃割分之。每出谒，更为仆。李先登第，授许州长社县主簿。赴官，自控妻驴，韩为负一箱。将至长社三十里，李谓韩曰："恐县吏来。"箱中止有钱六百，以其半遗韩，相持大哭别去。次举韩亦登第。后皆至参知政事，世为婚姻不绝。[1]

韩亿与李若谷为患难之交，二家发迹后互为婚姻，既可见彼此之情谊，亦是保持家势地位之法，否则又何须"世为婚姻不绝"？司马光与张保孙（1015—1085）一族亦是如此[2]，而一些地方大姓高门亦"世相婚姻"，如永嘉望姓胡、薛二族[3]，金华门阀汪、王二姓等[4]。婚姻既成为士族间互相扶持的纽带，于是相同政见者也利用婚姻关系强化彼此的联系，如寇准二女便都嫁毕士安之子[5]。

婚姻关系既为保持家势之一种重要手段，故官僚和士族对姻家之地位和背景自必慎重考虑，择婿遂极为严谨，是以宋朝"公卿多有知人之明，见于择婿"，如"赵参政昌言之婿为王文正旦；王文正之婿为韩忠宪亿、吕惠穆公弼；吕惠穆之婿为韩文定忠彦；李侍郎虚己之婿为晏元献殊；晏元献之婿为富文忠弼、杨尚书察；富

---

[1] 邵伯温：《邵氏闻见录》，北京：中华书局，1983年，第79页。
[2] 关于此点，可参考陶晋生师：《北宋士族——家族·婚姻·生活》，第101—104页。
[3] 叶适：《叶适集·水心文集》卷一五，《夫人薛氏墓志铭》，北京：中华书局，1989年，第291页。
[4] 吕祖谦：《吕东莱先生文集》卷七，《金华汪仲仪母王氏墓志铭》，《丛书集成初编》，上海：商务印书馆，1936年，第178—179页。
[5] 毕仲游：《西台集》卷一六，《丞相文简公行状》，《丛书集成初编》，上海：商务印书馆，1936年，第248页。

文忠之婿为冯宣徽京；陈康肃尧咨之婿为贾文元昌朝、曾宣靖公亮[①]。他们选婿之标准为"它日皆至卿辅"者[②]，姻家双方日后便可借此在朝互相扶持。科举为宋代入仕之一要途，故为了达成上述目的，时人均好择新科进士为婿，士子一旦中举，便很快被大臣士族招赘作婿，如韩亿"咸平五年登进士第，王旦以女妻之"[③]，范令孙"有学行，登甲科，人以公辅器之，王魏公旦妻以息女"[④]。只要有才能者，即使其家世不显，大臣士族仍愿意与之联姻。盖大族物色前途未可限量的青年才俊作为东床快婿，以为事业上之助力，等到快婿可以自立门户时，反过来得到他们的扶助，以维持自己的家声不坠。故韩亿初登第时，其家世虽不甚显大，但因其有才，王旦遂有意妻之以女，王氏族人虽哗然反对，但王氏终归为韩亿妻[⑤]，韩、王二家日后果然同为朝中重臣；而"王畴馆于王化基之门，枢密副使宋湜见之，妻以女，宋氏亲族或侮易之"，但后三十年王畴（978—1041）也晋身为参政[⑥]。士族甚至愿意为登第之寒婿出资，故时有"铺地钱""买门钱"等号[⑦]。

----

① 徐度：《却扫编》卷上，《丛书集成初编》，上海：商务印书馆，1936年，第55—56页。
② 江少虞：《宋朝事实类苑》（以下简称《类苑》）卷四九，《占相·医药·择婿》，上海：上海古籍出版社，1981年，第642页。
③ 《琬琰集》下卷八，《韩忠宪公亿》，第9页；曾巩：《隆平集》卷七，《参知政事》，台北：文海出版社，1967年，第6页。
④ 王辟之：《渑水燕谈录》卷七，《歌咏》，北京：中华书局，1981年，第86页。
⑤ 苏舜钦：《苏舜钦集》卷一五，《太原郡太君王氏墓志》，北京：中华书局，1961年，第222页。
⑥ 《隆平集》卷七，《参知政事》，第8页。
⑦ 庄绰：《鸡肋编》卷中："进士登第走燕琼林，结婚之家为办家费，谓之铺地钱；至庶姓而攀华胄，则谓之买门钱；今通名为系捉钱。凡有官者皆然，不论其非榜下也。"北京：中华书局，1983年，第71页。

时人好以新科进士为婿，榜下择婿遂成为宋代普遍风气，达官贵人均相仿效。《萍洲可谈》：

> 本朝贵人家选婿，于科场年，择过省士人，不问阴阳吉凶及其家世，谓之"榜下捉婿"。亦有缗钱，谓之"系捉钱"，盖与婿为京索之费。近岁富商庸俗与厚藏者嫁女，亦于榜下捉婿，厚捉钱以饵士人，使之俯就，一婿至千余缗。[①]

一旦女婿登第为官后，便可凭借自己之地位，协助其升官达到互相扶助之目的。

从上面的讨论我们可以看到，宋代的官僚或士大夫在选择姻家时并非不问阀阅，但他们重视的不是魏晋隋唐时代那种族望门第，代之而兴的是女婿之才能和姻家之科第。流风所及，一般富人在择婿时亦以此为重，如杜衍（978—1057）家贫，"佣书以自资，尝至济源，富民相里氏奇之，妻以女"[②]；张渭（1172—1208）"少有俊誉，富户欲妻以女"[③]；甚至武人亦不例外，如仁宗时的武臣安俊，"婚姻多择士人，常曰：'吾家集坐有文士过半，平生足矣！'"[④]

其实关于榜下择婿之风，张邦炜先生论之甚详，极为精彩[⑤]，但

---

① 朱彧：《萍洲可谈》卷一，上海：上海古籍出版社，1989年，第20页。
② 魏泰：《东轩笔录》，北京：中华书局，1983年，第181页；司马光：《涑水记闻》卷一〇，北京：中华书局，1989年，第184页。
③ 黄宗羲原著、全祖望补修：《宋元学案》卷七四，《慈湖学案》，北京：中华书局，1986年，第2497页。
④ 《隆平集》卷一九，《武臣》，第5页。
⑤ 张邦炜：《婚姻与社会·宋代》第6章，《宋代的榜下择婿之风》，第145—164页。

士族篇

张氏却得出宋代婚姻不问门阀一论,考其原因,即为笔者在前面所提到的对"门阀"一词之理解不同。这里我想重申宋代"门阀"一词之意义及强调其与宋代士族婚姻及宋人婚姻观念之关系。简单来说,无论宋代是否存在魏晋隋唐之旧族门阀,但支持魏晋隋唐门阀制度之政治、社会及经济等各方面的条件已经毁灭。故若以九品官人法下之门阀标准来衡量宋代之士族,则宋代便没有隋唐类型的世家大族,而与之相关的门阀婚姻亦自然不存在。然而,宋代虽没有隋唐式的世家大族,一些官僚士族凭借军功、科举及恩荫等手段,爬升至朝中高位,成为社会显贵,且绵延数代,著名的如赵普、钱俶(929—988)、王旦、韩亿及吕蒙正等数族,他们虽不如魏晋隋唐的世家大族,但亦俨然成为宋代新兴之高门大族。宋代既然没有九品官人法,这些新兴的大族为了保持他们的家势,除了利用恩荫及科举等方法外,婚姻亦自然成为不堕家势之一重要手段。因此,宋人的婚嫁虽不像魏晋隋唐之门阀婚姻般讲求对方的族望,却重视姻家是否为"良族""士族",女婿是否为有为之青年甚至是登第之进士,前者是衡量其是否宋代新兴大族之标准,而后者则为晋身此阶级之要途。故宋人这种婚姻标准,实与魏晋隋唐式的门阀婚姻有异曲同工之处,所以我认为宋代士族官僚的婚姻仍然讲求阀阅,只是"阀阅"的标准与魏晋隋唐时代不同,宋人所讲求的是姻家的地位和女婿的才能。宋人婚姻观念中对士庶通婚的看法不如唐代那么严格,是因为如前文所论,宋代的社会流动率远较唐代为大,女婿的家世虽不甚显,但假若他有才能,凭借姻家的势力再加上自己的努力,则他日后仍能成为权要,故此过分强调其家世是没有意义的;然而宋人亦非完全不讲求姻家之地位,毕竟家世显赫者要晋身华要及扶助姻家，实比出身寒微者为易。因此，宋人一方面既讲究姻家之地位，另一方面亦招赘有能之寒士为婿。由此可见，宋人藉婚姻保持家势之本质，与魏晋隋唐时代的门阀婚姻实有相似之处，谓宋代婚姻不问阀阅，或可从此不同角度检视讨论。

（二）吕氏家族之婚姻关系

前文我们讨论了唐宋之际婚姻观念的转变与宋代士族婚姻的关系，指出宋人婚姻仍重视门第，并借此作为维持家势之一种手段。本节将会考察吕氏家族之婚姻关系，祈能透过吕氏族内之婚姻安排，窥见吕家与其他官僚士族间之交错联结，讨论其动机目的，并作为后面论述与吕氏家势起伏之资据。

青山定雄和衣川强两位前辈学者对吕氏家族的婚姻关系做过研究[①]，而陶晋生师研究宋代士族的专著亦曾提及吕家的情况[②]。惟除衣川强一文外，其他均非专研吕氏家族之专著[③]，而衣川强之作论点虽

---

① ［日］青山定雄：《宋代における华北官僚の婚姻关系》，第376—367页；［日］衣川强：《宋代の名族——河南吕氏の场合》，原刊于《神户商科大学人文论集》，第9卷第1、2期，1973年，第134—166页，今收于［日］衣川强：《宋代官僚社会史研究》，东京：汲古书院，2006年，第77—122页。
② 陶晋生：《北宋士族——家族・婚姻・生活》，第101—135页。
③ 本研究初稿完成后二十年，大陆出版了四部研究吕氏家族的专著，另有一篇硕士论文，即：姚红：《宋代东莱吕氏家族及其文献考论》，北京：中国社会科学出版社，2010年；陈开勇：《宋代开封——金华吕氏文化世家研究》，北京：中国社会科学出版社，2010年；罗莹：《宋代东莱吕氏家族研究》，北京：人民出版社，2011年；杨松水：《两宋寿州吕氏家族著述研究》，合肥：黄山书社，2012年；纪云华：《宋代河南吕氏家族研究》，山东大学中国古代史硕士论文，2004年。当中自有涉及吕家的婚姻关系，可惜他们似乎完全不知道近数十年来日本、欧美、中国大陆和港台等地研究宋代士族婚姻问题的重心，叫人惊讶之余，内容也未追得上三十年来学者们的旧著。姚红近年在一个两岸的宋史研讨会提交了一篇题为《北宋东莱吕氏家族婚姻考论》（其实此文早已刊于《绍兴文理学院学报》第32卷第1期，2012年1月，第85—93页），见杭州社会科学院、

士族篇 157

然极为精彩,但毕竟仍为对吕氏的初步考察,故对吕氏家族的研究而言,三文所论仍嫌不足。关于吕氏家族姻亲关系的资料颇多,不乏可补充及论列者,惟因有关之史料极为分散,故笔者在搜集资料后,先制成一幅"吕氏家族姻亲图"(图3),使我们能够清楚看见吕氏家族各代人的姻亲关系。为了方便讨论,笔者又将这资料制成一表(表3"吕氏家族姻亲表"),以下的讨论便根据这两幅图表。

从表中我们可以看见吕氏家族头三代的姻亲资料不详,谱系的始祖吕韬,其妻子只知是太原王氏,第二代吕梦奇的妻子则称颍川陈氏,蒙正之母则为彭城刘氏,盖年代久远,资料缺乏也。然而,

---

浙江大学历史系主编:《第三届海峡两岸"宋代社会文化"学术研讨会论文集》,杭州:浙江大学出版社,2013年,第306—319页,文中所述均为学者过去的旧论,但竟然完全未见引用相关的论著,例如谈到"榜下捉婿"的问题就无引述张邦炜的著作。奇怪的是,姚红的专著《宋代东莱吕氏家族及其文献考论》第4页就引用过我在1993年9月《新史学》第4卷第3期发表的《宋代士族婚姻研究——以河南吕氏家族为例》(姚红这部专著也很有问题,见笔者在第一章的讨论),但她在杭州的这篇论文,所有内容都仿如自己的新发现。其实,宋代士族及吕氏家族的研究情报,大陆和台湾的重要学刊已有专文或索引罗列,可参考粟品孝:《宋代家族研究论著目录》,载于四川大学古籍整理研究所、四川大学宋代文化研究中心编:《宋代文化研究》第8辑,成都:巴蜀书社,1999年,第305—311页;郭恩秀:《八〇年代以来宋代宗族史中文论著研究回顾》,《新史学》2005年第16卷第1期,第125—157页;粟品孝:《宋代家族研究论著目录续一》,载于四川大学古籍整理研究所、四川大学宋代文化研究中心编:《宋代文化研究》第13、14辑下册,成都:四川大学出版社,2006年,第822—833页;粟品孝:《组织制度、兴衰浮沉与地域空间——近八十年宋代家族史研究走向》,《社会科学战线》2010年第3期,第81—87页。至于已出版的个案研究,更是多不胜数,不能详引,但最重要的论文集至少有下列数部:"中研院"历史语言研究所出版品编辑委员会编:《中国近世家族与社会学术研讨会论文集》,台北:"中研院"历史语言研究所,1997年;张邦炜:《宋代婚姻家族史论》,北京:人民出版社,2003年;邹重华、粟品孝主编:《宋代四川家族与学术论集》,成都:四川大学出版社,2005年,本书承两位编者赐赠,谨此致谢;黄宽重:《宋代的家族与社会》,台北:东大图书公司,2006年。而前引陶晋生师的《北宋士族——家族·婚姻·生活》一书,更是这个领域里必读的经典,必须征引;张邦炜的《婚姻与社会·宋代》,也是早期的一种最重要著作,不容忽略。

我们知道太原王氏、颍川陈氏及彭城刘氏均为门阀时代之大姓,吕氏头三代为唐末五代宋初之人,他们的姻族既为大姓,则可反映吕氏似亦为旧大族,而当时的人似仍讲求门当户对。当然,有关吕氏头三代人物及姻戚的史料缺乏,故此极可能是吕氏族人自称或伪托的资料而已;但假若吕氏自托为大姓之后,则更可反映时人仍然重视姻亲的地位。简言之,无论太原王氏、颍川陈氏及彭城刘氏是否确为吕氏姻戚,吕氏家族第一、二及三代人物之婚姻与唐代的门阀婚姻仍有相似之处。

宋承周统后,吕氏家族的姻亲是否仍为高门大族呢?"吕氏家族姻亲表"自第四代起所载之姻戚共84人[包括妻子(媳妇)及丈夫(女婿)],其中姻亲自身中进士者有15人,占17.9%,而吕蒙正长女夫婿孙暨更是咸平二年(999)状元;姻亲有直系亲属(指父亲、祖父及兄弟)登第者有31人,占37%。二者合计共46人,占吕氏姻戚总数58%,超过半数;而所有人又都曾任官,可见吕氏之姻戚均非白身的平民。假若我们再仔细研究,则又可以发现吕氏家族与几个宋代的大家族有紧密的婚姻联系,以下让我们看看他们的关系。

马亮赏识吕夷简,知其将来必定大贵、故将女儿嫁给他一事,后文还会详细讨论,而近年在合肥发现的北宋马绍庭及妻子吕氏合葬墓,更让我们发现,原来马亮的一个裔孙马绍庭又娶吕蒙正之裔孙女[1],两个家族间很明显是世代为婚,很有意识地要缔结紧密的关系,情况如下图所见:

---

[1] 合肥市文物管理处:《合肥北宋马绍庭夫妻合葬墓》,《文物》1991年第3期,第26—38页,70页。

士族篇　159

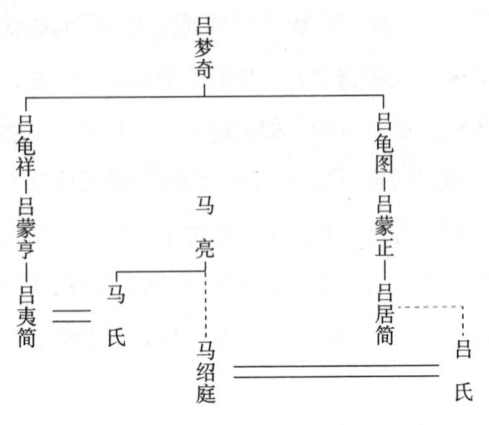

```
         吕梦奇
    ┌──────┴──────┐
 吕龟祥─吕蒙亨─吕夷简    马    吕龟图─吕蒙正─吕居简
                   亮
       ═══     ───┐        ═══
        马         马绍庭        吕
        氏                      氏
```

吕、马二族姻亲图（图中＝号表示婚配）

王旦为宋初名相，他自称"婚姻不求门阀"，无论他是否有意选择高门联姻，但事实上其姻家却全为名门，这点已见前述，而吕氏家族便与王旦一门有多层的姻亲关系。吕夷简长女嫁给王旦长子王雍为妻，而吕公弼则娶王旦女为妻，同一代中吕、王二家已缔结了两组姻亲关系；但到了王雍与吕氏之下一代，王、吕二家又缔结更紧密的姻亲关系，王雍与吕氏所生之女嫁给了吕希杰为妻，王氏与吕氏二族之关系便如下图所示：

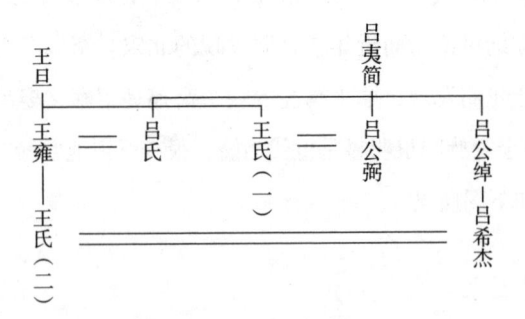

```
 王旦                    吕夷简
  │                       │
 王雍 ═ 吕氏    王氏（一）═ 吕公弼    吕公绰─吕希杰
  │                                        
 王氏（二）═══════════════════════════════
```

吕、王二族姻亲图

吕公弼、王氏（一）及王雍、吕氏联姻后，他们两族之间便有了中表的亲戚关系，所以当吕希杰娶王氏（二）为妻时，吕、王二族便有了更复杂的中表婚姻关系，而他们之间的称谓更形混乱，举例说，吕公绰既为王氏（二）的舅父，亦为其家翁（丈夫之父）；而王雍既为吕希杰之姑丈，亦为其妻父，余此类推，他们二族之关系可谓亲上加亲。中国古代称父亲姊妹的子女为"外兄弟姊妹"，称母亲兄弟和姊妹的子女为"内兄弟姊妹"，外为表、内为中，故"外兄弟姊妹"与"内兄弟姊妹"亦称为"中表兄弟姊妹"。"中表婚"就是指三代之内，出自同一祖父母、外祖父母的表兄弟姊妹间的婚姻。中国文化历来有"近亲不婚"的习俗，但"中表婚"却是例外，盖古人聚族而居，安土重迁，婚姻网络狭小，故不少家庭遂以异姓近亲作为通婚对象。据研究指出，中表婚在宋代极为流行，其原因是多方面的。有观念上的原因，对等交换是古代一种很普遍的婚姻观念，中表婚正是隔代交换。也有经济上的考虑，彩礼"因相熟而相简"，可以减省些嫁娶之费。还有当事人方面的因素，他们对于中表开亲，一般比较乐意，在男女青年缺乏正常交际的时代，只有表兄妹或者表姐弟之间才可能互有接触和了解[①]。然而，从王、吕二族之婚姻关系来看，除了上述原因外，王、吕二族似乎很有意识地利用婚姻来扣紧彼此的关系，否则怎会在同一代中有两组的姻亲关系，而双方的下一代又联结中表婚呢？所以，我们有理由怀疑王、吕二族世代通婚，借亲属纽带建立了休戚与共的关系，以便在政治上及经济上互相扶持，从而维持本身的家势与地位，关于

---

① 张邦炜：《婚姻与社会·宋代》，第49页。

这点，下文将会深入讨论，此处从略。

与王旦家族相似，鲁宗道一族亦与吕氏家族有多层的婚姻关系。鲁宗道为仁宗时的参知政事，其妻为吕蒙亨之女，而其女则嫁蒙亨孙吕公著，双方之关系如下：

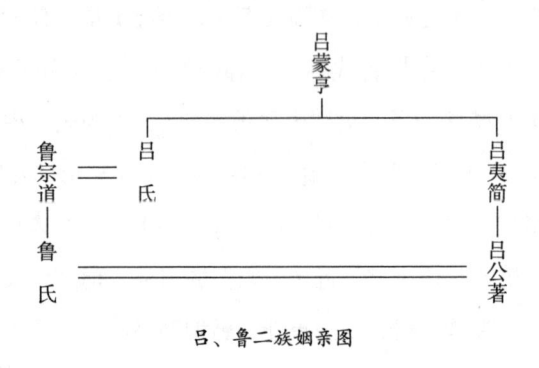

```
                    吕蒙亨
          ┌───────────┴───────────┐
鲁宗谊 ══ 吕氏                 吕夷简
  │                              │
 鲁氏 ═════════════════════════ 吕公著
```

吕、鲁二族姻亲图

宋人王得臣称鲁、吕二族之联姻为"盛事"，盖从鲁氏之角度去看其亲属之地位，其云："鲁夫人，父太师简肃公（鲁宗道）也，其舅吕申公（即吕夷简）也，夫丞相、司空（即吕公著）也，子希纯中书舍人，婿翰林学士范祖禹也。"[①] 其实，吕夷简是鲁氏的舅父、也是其家翁；吕公著是其丈夫，也是其表兄弟。由王得臣之言我们可见鲁、吕二族联姻后对双方家势及地位之帮助，更可见二族之显赫。

第三个与吕氏有密切婚姻关系的是张氏家族。张昷之女嫁吕希哲，而张昷之子张次元的女儿则嫁吕希哲子吕切问，两族之关系便是如此：

---

① 王得臣：《麈史》卷下，《盛事》，第77页。

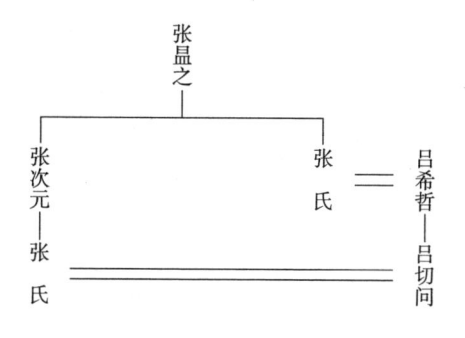

```
         张
         昷
         之
    ┌────┴────┐
   张         张    ═  吕
   次         氏       希
   元                  哲
    │                   │
   张                  吕
   氏                  切
   ════════════════    问
```

吕、张二族姻亲图

相似的例子还有李氏、程氏、钱氏及曾氏四族与吕氏的婚姻关系。李中师妻为吕公绰长女，他和吕氏所生的女儿又嫁吕公绰的孙子吕之问，一人和吕家已有两组婚姻关系，如下图所示：

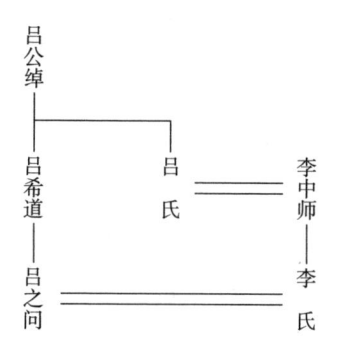

```
         吕
         公
         绰
    ┌────┴────┐
   吕         吕    ═  李
   希         氏       中
   道                  师
    │                   │
   吕                  李
   之                  氏
   问
   ════════════════
```

吕、李二族姻亲图

李中师与吕氏家族的姻亲关系，结果在后来的"陈世儒案"就牵连到吕公著，下文还会讨论。至于程氏，程琳（988—1056）子程嗣恭娶吕公绰女，而程琳另一子程嗣弼的女儿则嫁吕希纯，两家的关系如下：

士族篇　163

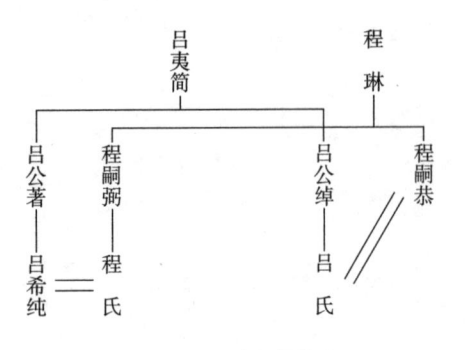

吕、程二族姻亲图

钱勰〔1034—1097，钱彦远（994—1050）子〕娶吕居简女儿，钱氏另一支钱暄（钱惟演子）女嫁吕希绩，钱氏的裔孙钱受之又娶吕希纯子吕聪问的女儿，关系至为复杂：

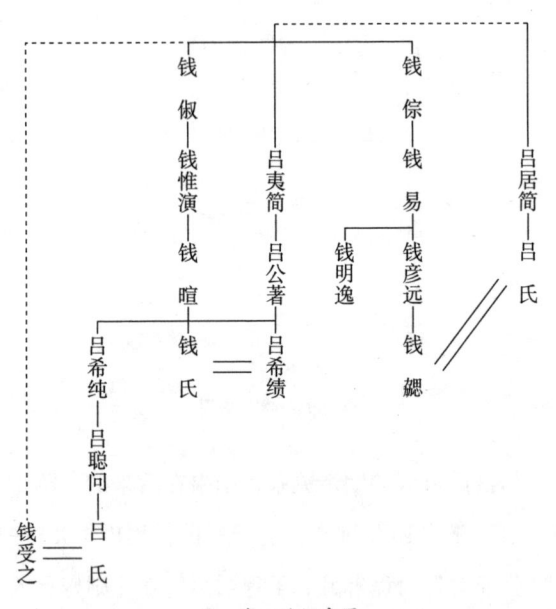

吕、钱二族姻亲图

吕氏与程氏的联姻中有一点很值得我们重视，程嗣弼与程嗣恭为同辈兄弟，嗣弼女嫁吕希纯，但嗣恭却娶吕公绰女，这便出现了异辈为婚的现象。一般认为，宋代重视人伦，为了防止"尊卑混乱，人伦失序"，故《宋刑统》对于异辈为婚禁止得相当严厉，而一般人亦很遵守此项原则[①]。但吕、程这个例子却违反了异辈不婚的习惯，故究竟当时这个原则之实况如何，似仍可多探。至于程、吕二族缔结了异辈婚的原因，由于史料所限，我们不大清楚。是否可反映为了加强双方的关系，即使是异辈婚也不介意呢？这个说法暂时只能存疑了。吕居简女嫁钱鳃的情况，由于未见二者之年龄，加上同一代中没有第二组婚姻关系，故异辈为婚的情况不太明显清楚，至于与钱氏联姻，则对吕氏家族的意义更大。钱暄为吴越王钱俶之孙，钱氏归宋后颇得朝廷的恩宠，钱氏族人多尚公主，而钱暄第九子景臻（1043—1126）又尚仁宗第十女[②]。吕氏与钱氏联姻，使吕氏亦与赵宋皇室联上间接关系，对吕氏家势的维持和发展，似不无帮助。

曾氏家族和吕氏的姻亲关系，虽始于北宋末南宋初，但二家的紧密程度，绝不逊于王、鲁等例。曾几女儿嫁吕大器，其孙曾裴又娶大器堂兄弟吕大同的女儿为妻；而曾几另一孙女则嫁大器子吕祖俭，故两家在二代中亦缔结了三组的姻亲关系：

[①] 张邦炜：《婚姻与社会·宋代》，第50—58页。
[②] 柳立言：《北宋吴越钱家婚宦论述》，《"中研院"历史语言研究所集刊》第65本第4分，1994年，第903—955页。

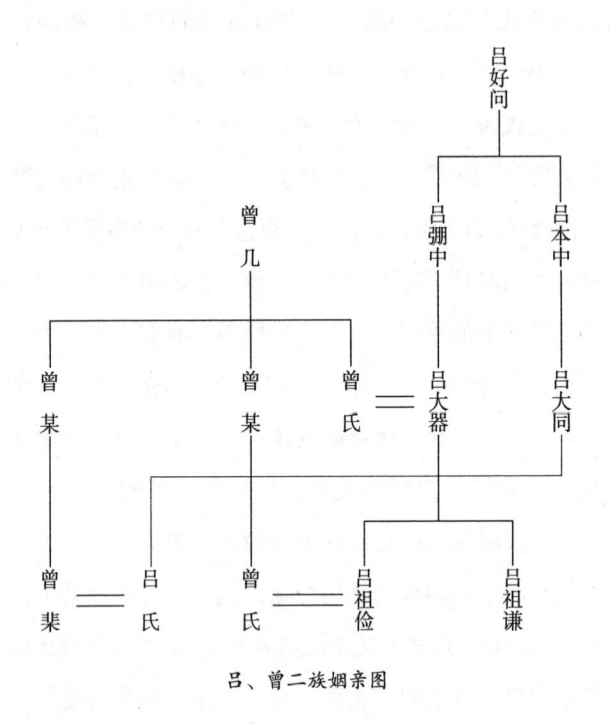

```
                                    吕
                                    好
                                    问
                                   ┌─┴─┐
              曾                   吕   吕
              几                   弼   本
                                   中   中
        ┌─────┼─────┐              │   │
        曾    曾    曾 ═══ 吕       吕
        某    某    氏     大 ───── 大
                          器       同
              ┌───────────┼───────┐
   曾 ═ 吕    曾 ═══ 吕            吕
   棐   氏    氏     祖            祖
                    俭            谦
```

吕、曾二族姻亲图

曾氏为南渡后的学术大家，吕氏与之联姻，对彼此都有利。

近年在浙江省武义县出土的吕氏族人圹志，让我们知道，吕祖谦除了和韩元吉友好联姻外，原来吕祖谦祖父吕弼中的三弟吕用中，其妻子是韩璹的女儿；而根据《吕用中妻韩氏圹志》所载，韩璹为韩廸子、韩缅孙，韩缅则是韩亿的第八子。因此，韩亿一族跟吕氏家族也有两组婚姻关系：

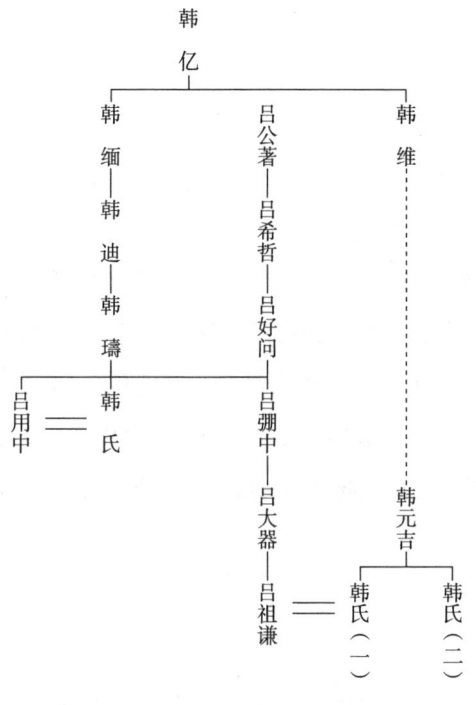

吕、韩二族姻亲图

王、鲁、张、程、钱、曾及韩氏诸族均与吕氏世代通婚，借以加强彼此的关系，借婚姻纽带联结起来，互相扶持；而韩亿一族与张氏及另一韩氏家族又以另一形式与吕氏加强婚姻关系，那便是一人同娶吕氏二女，相对地吕氏亦以二女同嫁一夫来强化联系。从"吕氏家族姻亲表"（附表二）中可以见到有三个这样的例子：韩忠彦为韩琦的儿子，他先娶吕公弼之长女，吕氏死后忠彦再娶公弼第三女；吕希道长女及次女则继归张埴为妻；到了南宋，韩维四世孙南涧韩元吉与吕祖谦善，元吉两女先后都嫁吕祖谦。安阳韩琦（相州韩氏）及开封韩亿（桐木韩氏）两族均为宋代河南的大族，与河南吕氏家族鼎足三立，他们采用一人同娶二女这种婚姻形态，除了强化彼此的关系外，似乎找不到更合理的解释（当然不排除有其他原因）。事实上，吕公弼长女临终时就对韩忠彦说："我有幼妹在家，君若全旧恩以续之，必能恤我子矣，合二姓之好，不绝如故。"[1]因此我们可以说，吕氏利用二女同嫁一夫这种婚姻形态与韩氏等大族缔结紧密的姻戚关系，目的似亦是要拉紧彼此的联系。

上面我们的讨论集中在吕氏和数个大族间的直接婚姻关系，然而其实他们之间的联系是更为复杂的。我们从"吕氏家族姻亲表"及"吕氏姻亲图"的资料再仔细分析，便会发觉吕氏的姻亲之间又有缔结姻亲者，于是彼此之间便形成了一个三角关系，如下图所示：

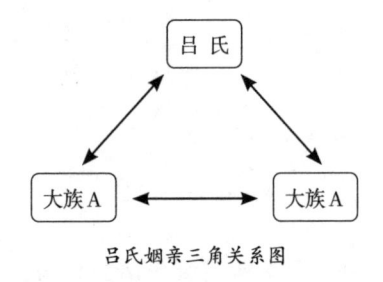

```
            吕 氏
           ↗    ↖
          ↙      ↘
       大族A ←→ 大族A
```

吕氏姻亲三角关系图

其中最典型的是鲁宗道、张昷之二族与吕氏的关系。鲁、张二族与吕氏的姻亲关系已见前述，惟鲁、张彼此之间亦为姻亲，鲁宗道一女嫁吕公著，另一女则嫁张昷之，张昷之与鲁氏所生的女儿又嫁吕公著与鲁氏所生的儿子吕希哲；而张昷之与鲁氏所生的儿子张次元，其女儿又嫁吕希哲的儿子吕切问，结果便形成了一个极为复杂的吕、鲁、张三氏姻戚关系：

---

[1] 韩琦：《安阳集》卷四八，《故东平县君吕氏墓志铭》，《四库全书珍本四集》，台北：商务印书馆，1973年，第8—9页。

吕、鲁、张三族姻亲图

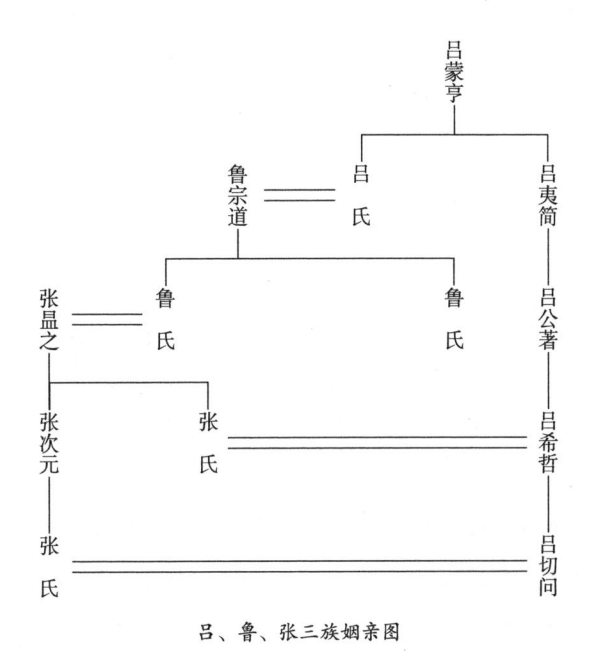

《童蒙训》有一段记载说："荥阳（吕希哲）张夫人，待制讳昷之女也，自少每事有法，亦鲁肃简公（宗道）外孙也。……及夫人嫁吕氏，夫人之母申国（吕公著）夫人之姊也。"① 如果我们不清楚吕、鲁、张三家之姻戚关系，便很难明白这段文字的意思。与之相似的另一个三角关系是张士逊、王旦及吕氏三者的姻亲关系，王旦与吕氏有多层的姻戚关系，而张士逊二女则分别嫁给王旦的儿子王素、及吕夷简的儿子吕公孺，于是三家之关系更亲密，如下图所示：

---

① 吕本中：《童蒙训》卷上，《万有文库荟要》，台北：商务印书馆，1965年，第7页。

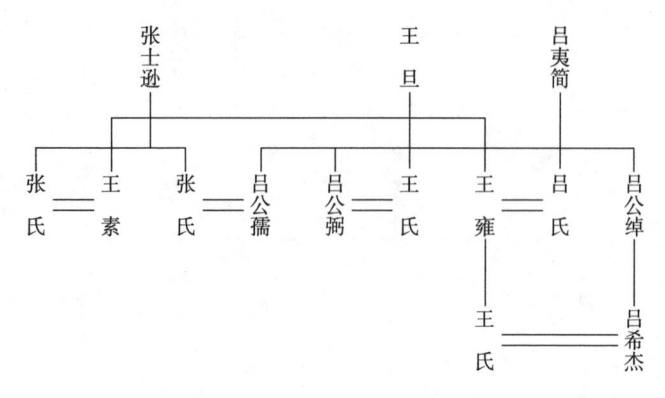

吕、王、张三族姻亲图

分析过吕氏与数个大族的姻亲关系后，我们再探讨其姻家籍贯的地理分布。在吕氏姻亲84人中，籍贯不可考者有24人，祖籍山东的有2人，陕西有1人，四川有3人，湖北有2人，江西有2人，江苏有6人，安徽有8人，浙江有6人，福建有6人，河南有17人，河北有7人。河南河北两省人数最多，共24人，占全数的百分之二十九。虽然吕氏为河南名族，而姻戚中亦是河南河北人居多，但比例不算很大，似如过去的研究所指出，就缔婚一事来说，地域关系并不如想象中的重要[1]，唯美国学者郝若贝及韩明士则极强调二者的关系，此说容后再论。最后，还要指出的是吕氏姻亲虽绝大部分为文职士人，但亦有武官者，如吕惟简女嫁舒昭叙，昭叙八迁至内殿崇班；而吕昭问的妻父便是郭逵，郭逵为宋中叶名将，以战功累官签枢密院，哲宗初以左武卫上将军致仕，卒赠武雄军节度使，封

---

[1] 陶晋生：《北宋士族——家族·婚姻·生活》，第101—135页；Beverly J. Bossler, *Powerful Relations: Kinship, Status, and the State in Sung China (960—1279)*, Cambridge, Mass. and London: Harvard University Press, 1998. pp. 42—43.

秦国公[①]。吕氏得此名将为姻亲,对维持自己之势力似也有帮助。

总括来说,吕氏家族姻亲中有过半数人本身,或有直接亲属登第;而所有人又都曾为官。而几个大族如马亮、王旦、鲁宗道、韩亿、张昷之、程琳、曾几等更与吕氏世代联姻,韩忠彦、韩元吉等则一人娶二吕或二女嫁一吕,以合二姓之好;更有甚者,吕氏的姻亲之间又缔结了姻亲关系,于是三者之间便形成一个复杂的三角姻亲关系。在中国古代,个人主义还未出现,自由婚姻自然更谈不上,于是男女间的夫妻关系,除却生育之作用外,缔结姻亲两家的关系便成主要之目的(但不排除男女间存在恋爱),"合二姓之好"这句话便极能反映这个目的。因此,无论是世代通婚、一人同娶二女或三角的姻亲关系,其主要目的都是拉紧彼此的联系,因为恐怕单是一代之间的联姻不够坚实,于是吕氏和各大族便用上述几种方法再强化原来已存在的姻亲纽带,以便建立休戚相关的关系。正因为其目的是欲互相扶持以维持家势,故地域因素便不大重要,只要对彼此有利,无论对方是什么籍贯,甚至是武将,双方亦可以缔婚。由此可见,吕氏家族对姻亲之选择是讲求门当户对的,联姻者必须为有为之士,最好是曾登第者,或为大族之后,其最终目的是欲结合自己家族与姻家的权势,互相提携,使彼此的家势得以维持,甚或有长足之及展。有关吕氏家族在婚姻方面的这些情形,读者可参考图3"吕氏家族姻亲图",鸟瞰全况。

[①] 范祖禹:《范太史集》卷四〇,《检校司空左武卫上将军郭公墓志铭》,《四库全书珍本初集》,上海:商务印书馆,1934年,第1—20页。

士族篇

(三) 姻亲关系与吕氏家势

自柯睿格（Edward A. Kracke Jr.）利用绍兴十八年（1184）及宝祐四年（1256）的科举录，计算科举及格的考生之家世有一半以上前三代都没有人当官，从而得出宋代的考试制度是十分开放和社会流动率极大的观点后[1]，不少学者乃从其他角度深入研究，批评柯氏之论。其中郝若贝和韩明士的研究便特别看重考生的母系亲属及婚姻关系与其家势之发展。

根据郝若贝的研究，宋代朝廷常由数十个大家族所垄断，他们世代相袭为官，并且相互通婚，以维持他们对政府及社会的控制，从而使其家势得以绵延发展[2]；而韩明士则通过对江西抚州士人的研究，指出若将登第者的姻亲及母戚计算在内，柯睿格之论便站不住脚，这些"新人"之权力及地位乃源于豪族及通婚[3]。换言之，他们二人均认为统治阶层依靠家族本身的力量和透过彼此通婚来保持家势，柯睿格所称誉的科举制度，实对宋代的社会流动影响极微。而后来的研究亦都认为必须对应举者的家庭背景多加考察[4]，对一个家族的盛衰亦须注意其姻戚关系，柏文莉（Beverly J. Bossler）便批评

---

[1] Edward A. Kracke, Jr., *Civil Service in Early Sung China, 960—1067*, Cambridge, Mass. and London: Harvard University Press, 1953.
[2] Robert M. Hartwell, "Demographic, Political and Social Transformations of China, 750—1550", *Harvard Journal of Asiatic Studies*, Vol. 42, No. 2, 1982, pp. 354—442.
[3] Robert P. Hymes, *Statesmen and Gentlemen: The Elite of Fu-Chou, Chiang-Hsi, in Northern and Southern Sung*, Cambridge: Cambridge University Press, 1986, pp. 1—61.
[4] 见伊沛霞（Ebrey）对戴仁柱（Richard L. Davis）、李弘祺（Thomas H. C. Lee）、荒木敏一（Umehara Kaoku）、韩明士及贾志扬（John W. Chaffee）数书之评论。Patricia B. Ebrey, "The Dynamics of Elite Domination in Sung China", *Harvard Journal of Asiatic Studies*, Vol. 48, No. 2, 1988, pp. 493—519.

戴仁柱对明州史氏的研究忽略了史家之姻亲[①]。

我们在前面的讨论显示，婚姻在宋代成为新兴官僚和士族保持家势不堕之一种重要手段，大族间往往借着这种血缘纽带互相扶持，故其政治意味极大，与郝若贝和韩明士二人所论颇有相合之处。事实上，士人或官僚与大族联姻后便可攫取极大的利益，如"丁恂罢少府簿，经年不得差遣。一为韩维女婿，实时擢为将作监丞"[②]。如果姻亲官至宰执，则其迁升更快更易[③]；甚至成为一方之大患[④]。一个姻戚为大官，其所得的恩泽已极大，倘一人同时有数个姻亲居于显要之位，则其势力更可想见。元祐年间，"司马朴文季，温公之侄孙，外祖乃范宗宣，又娶张芸叟之女。"其受外家恩泽，

---

① Beverly Bossler, "Book Review: *Court and Family in Sung China*", *Bulletin of Sung-Yuan Studies*, Vol.19, 1987, pp.74—89.
② 见《长编》卷四五四，元祐六年正月丁卯，第3页；苏辙：《栾城集》卷四六，《论冬温无冰札子》，上海：上海古籍出版社，1987年，第1015页。
③ 《青箱杂记》及《东轩笔录》有这样一段记载："毕文简（《笔录》作向敏中）公之婿曰皇甫泌，少时不羁，唯事蒲博。时毕公作相，累谕不悛，欲面奏其事，使加贬斥，方启口曰：'臣有女婿皇甫泌。'适值过庭有急报，不暇敷陈，他日又欲面奏，亦如之，若是者三，值上内逼，遽引袖起，遥语毕曰：'卿累言皇甫泌，得非欲转官耶！可与转一资。'毕公不敢辩，唯而退，泌即转殿中丞，后累典大郡，以尚书右丞致仕，年八十五卒。"见吴处厚：《青箱杂记》卷八，北京：中华书局，1985年，第84页；及《东轩笔录》卷三，第30页。文中皇甫泌虽然因意外而获转官，非毕士安的原意，但亦可反映宰相可向皇帝奏奖姻亲女婿。《青箱杂记》卷二又有另一段记载："世传陈执中作相，有婿求差遣，执中曰：'官职是国家的，非卧房笼箧中物，婿安得有之？'竟不与。故仁宗朝谏官累言执中不学无术，非宰相器，而仁宗注意愈坚。其后，谏官面论其非，曰：'陛下所以眷执中不替者，得非以执中尝于先朝乞立陛下为太子耶？且先帝止二子，而周王已薨，立嗣非陛下而谁？执中有何足眷？'仁宗曰：'非为是，但执中不欺朕耳。'"第16页。从陈执中不擢婿之例，正可反映一般为宰执者均提携姻戚子弟，否则仁宗为何因此特重执中？盖其为罕有之例外者也。
④ 《东轩笔录》卷一二载："张待问为淄州长山县主簿，县有卢伯达者，与曹侍中利用通姻，复凭世荫，大为一邑之患。县令累惮其势，莫敢与之较。"第139页。

"世谓对佛杀了无罪也"①。同样地，一些高门大族亦招赘年轻有为之士子或官僚为婿，借着自己的地位扶助其事业宦途，待其有成后又倒过来帮助姻族的发展，姻亲数家之间形成一个休戚相关的集团，占据着朝中要地，循环地利用缔婚维持彼此的家势不堕，当时最有名的例子便是韩维家族的姻亲集团，苏辙便曾弹劾韩氏说：

> 臣窃见本朝势家莫如韩氏之盛，子弟姻娅，布满中外，朝之要官，多其亲党者。昔韩维为门下侍郎，专欲进用诸子及其姻家，陛下觉其专恣，即加斥逐。其后宰相范纯仁秉政，亦专附益韩氏，由此阿私之声连于圣听。今纯仁罢去未几，而傅尧俞任中书侍郎，尧俞与韩缜通婚，而素与纯仁亲厚，遂擢其弟纯礼自外任权刑部侍郎。曾未数月，便擢补给事中。……其他韩氏亲戚，度越众人与优便差遣者，盖未易一二数也，是以外议纷然，复言谢景温、杜纯、杜纮，皆韩氏姻家，尧俞、纯礼窃相拟议，欲相继进此三人。②

而著名的权臣蔡京，亦"假借姻娅布满要途"，以维持其势③。高门大族、官僚、士子间的交错姻亲关系，往往更绵延数代，成为当时触目的盛事，如王珪（1019—1085）家族四世凡十榜登科，而其父王准子四房，孙婿九人，余中（1073年状元）、马玿、李格非

---

① 《鸡肋编》卷中，第73页。
② 《长编》卷四五三，元祐五年十二月冬壬子，第10868页；《栾城集》，《拾遗》，《论韩氏族戚因缘侥冒札子》，第1747页。
③ 徐梦莘：《三朝北盟会编》（以下简称《会编》）卷五〇，靖康元年七月二十一日乙酉条引《秀水闲居录》言，上海：上海古籍出版社，1987年，第2页。

（1076年进士）、闾丘吁、郑居中（1059—1123）、许光疑、张焘、高旦、邓洵仁亦皆登第。郑、邓、许三人又相代为翰林学士，准之曾孙婿秦桧及孟忠厚同时拜相开府①。这样一个家族，实把科第与婚嫁两种维持家势之要诀运用得淋漓尽致。

一般大族均以缔婚作为维持家势的重要手段，身为宋代两大相业家族之一的河南吕氏，其"婚姻多大家名胄"②，是否同样利用婚姻关系来维持甚至发展其家势呢？吕氏家族之姻亲关系与其家势之维持，究竟有多大的关系呢？

首先从缔婚的对象及其动机来看，吕氏家族似乎是有利用姻亲关系来保持家势不堕之目的。"吕氏家族姻亲表"显示有过半数的姻戚曾登第，而其全部姻亲又曾为官；吕氏家族又利用世代通婚、二女同嫁一夫及三角姻亲关系与各大族扣紧联系，单用巧合来解释这些情况是不足的。《石林燕语》有一段记载说：

> 王沂公（曾）初就殿试时，固已有盛名。李文靖公沆为相，适求婿，语其夫人曰："吾得婿矣。"乃举公姓名曰："此人今次不第，后亦当为公辅。"是时吕文穆公家亦求姻于沂公。公闻文靖言，曰："李公知我。"遂从李氏，唱名果为第一。③

这是有关吕氏家族择婚情况之唯一记载，而从李沆招赘王曾为婿之目的——后亦当为公辅，再加上当时吕蒙正以宰相之尊而求亲

---

① 《鸡肋编》卷中，第76—77页。
② 陆游：《陆放翁全集·渭南文集》卷三六，《吕从事夫人方氏墓志铭》，北京：中国书店，1986年，第221页。
③ 叶梦得：《石林燕语》卷九，北京：中华书局，1984年，第139页。

于王氏，蒙正又早赏识王曾之才①，可反映吕氏与当时其他大族一样，挑选年轻有为之士为婿，以便翁婿之族间得以互相扶持提携，保持家势。吕氏择婿之史料虽然不多，但我们又可从其姻亲选择吕氏为婿之动机来窥见证明前说。吕夷简年少时，其父蒙亨为福州县官，当时马亮为两浙转运使，一见夷简而奇之，遂许以女嫁之。马亮妻刘氏怒责他说："嫁女当与县令儿耶？""君尝谓此女为国夫人，何为与选人子？"马亮回答说："非尔所知也。""此所以为国夫人也"②。夷简是吕蒙正之侄，其人"词藻宏茂"③，马亮一阅，"知其必贵，遂以女妻之"④。同样地，王旦因为赏识吕夷简奏请不税农器等数事，嘱王曾善交之⑤，后来王旦家族便与吕氏缔结前面所述的多层婚姻关系。很明显，马亮及王旦选择吕氏为其姻亲，实以吕氏之家势背景及才能为考虑要素，我们在第二章讨论王旦、马亮与吕夷简之关系，更可证此；相对地吕氏择婿嫁女时亦应同样重视对方之家势及才能，加上吕蒙正求姻于王曾，吕氏家族的姻亲又多名族贵胄；而王曾虽没有答允吕蒙正之亲事，但吕、王二家最后亦联了姻，吕

---

① 文莹：《湘山野录》卷上："予尝爱王沂公曾布衣时，以所业贽吕文穆公蒙正，卷有早梅句云：'雪中未问和羹事，且向百花头上开。'文穆曰：'此生次第已安排作状元宰相矣。'后皆尽然。"北京：中华书局，1984年，第9页。
② 见《长编》卷一一〇，天圣九年八月丁丑，第2565页；脱脱等：《宋史》卷二九八，《马亮传》，北京：中华书局，1977年，第9917页；《类苑》卷四九，《占相医药·贵人识贵人》，第641页；丁传靖：《宋人轶事汇编》卷六引《孙公谈圃》，第266页；吕本中：《吕氏杂记》卷下，《四库全书珍本别辑》，台北：商务印书馆，1975年，第5页。
③ 《琬琰集》中卷一，《马忠肃公亮墓志铭》，第11页。
④ 《东轩笔录》卷三，第28页。
⑤ 《长编》卷一五二，庆历四年九月戊辰，第3698—3699页；《隆平集》卷五，《宰臣》，第6页；王称：《东都事略》卷五二，《吕夷简传》，台北：文海出版社，1967年，第3页；章定：《名贤氏族言行类稿》（以下简称《言行类稿》）卷三六，《四库全书珍本初集》，上海：商务印书馆，1934年，第15页。

好问娶了王曾弟王子融之曾孙女①。故吕氏以缔姻作为联结各大族互相扶持、保持家势不堕之手段这一点论,应可成立。

吕氏家族选择姻亲时既然有保持家势不堕之目的,则必慎于择婿,事实上吕氏对族人的婚姻安排亦非常成功,除半数姻戚曾登第及全部人均曾做官外,吕氏姻戚中更不乏宋代知名的贤相名臣。家喻户晓的如赵安仁(958—1018)、丁度(990—1053)、王旦、钱惟演、张士逊、鲁宗道、韩亿、韩琦、苏颂、程琳、宋敏求、王安石、陈康伯(1097—1165)、曾几、韩元吉等人,他们或为宰执、或为参政,有充分的实力与姻家吕氏互相扶持,其中更有与吕氏同时参拜大政者,如宋真宗大中祥符元年(1008)吕蒙正进封徐国公、其女婿赵安仁时参知政事,亦进官一等②;乾兴元年(1022)吕夷简为给事中,鲁宗道为谏议大夫,姻亲二人并为参知政事③;仁宗天圣元年(1023),枢密副使张士逊、参知政事吕夷简、鲁宗道三姻家同定茶、盐、矾税法④,三年十二月,张士逊加左丞,吕夷简加礼部侍郎,鲁宗道加给事中⑤;六年,张士逊为礼部尚书、平章事,吕夷简加户部侍郎,鲁宗道加礼部侍郎⑥;神宗熙宁二年(1069)吕公著知制诰,其姻亲苏颂与判流内铨⑦;三年公著仍知制诰,苏颂直

---

① 《童蒙训》卷下,第18页。
② 《长编》卷七〇,大中祥符元年十二月癸卯,第1581页。
③ 《长编》卷九九,乾兴元年七月辛未,第2291页;《类苑》卷一二,《名臣事迹·王文正》,第140页;《东都事略》卷五,《本纪》,第2页。
④ 《长编》卷一〇〇,天圣元年正月丁亥,第2314页。
⑤ 《长编》卷一〇三,天圣三年十二月甲寅,第2394页。
⑥ 《长编》卷一〇六,天圣六年三月壬子,第2468页。
⑦ 徐松辑:《宋会要辑稿》,《选举》二十四之一二,北京:中华书局,1987年,第4625页。

集贤院①；而王安石与吕嘉问共主新法，更是人所共知之事。吕氏与姻戚同时为朝中宰执、参政和重要大臣，对维持保护彼此的家势及地位，极之有利。到了建炎初年，吕好问为右丞，而吕氏姻族郭逵之孙郭仲荀（？—1145）则为侍卫亲军马军副都指挥使②，一文一武，其势更可想见。

吕氏与姻族同为朝中要员，自会互相扶持或持同样政见，而一般人亦很自然会有这种想法。例如熙宁年间青苗法行，争议蜂起，"谏官孙觉见上论青苗事，且言条例司驳韩琦疏镂板行下，非陛下所以待勋旧大臣意。赖韩琦朴忠，固无他虑；设当唐末、五代藩镇强盛时，岂不为国事乎？"后二日吕公著亦极论青苗事，后来神宗乃误记吕公著有诬韩琦"欲兴晋阳之甲"而欲贬之③。当时司马光为吕公著辨诬，即云："公著兄女嫁琦子者二人，公著必不肯诬琦。"④而当王安石令宋敏求草制贬斥吕公著，敏求即不从其言⑤，此固为公著事涉冤枉，而宋敏求不肯屈之，但宋敏求女实嫁公著子吕希纯⑥，这未似不与姻亲间互相扶持有关。的确，吕氏与姻亲之间实曾互相扶掖，使彼此之家势得以发展，如马亮虽"有智略，敏于政事，然所至无廉称"。但当马、吕二家联姻后，吕夷简为相，乃谥

---

① 《宋会要辑稿》，《选举》一之一二，第4236页。
② 李心传：《建炎以来系年要录》（以下简称《系年要录》）卷一，建炎元年丁未春正月辛丑，北京：中华书局，1988年，第27页。
③ 《长编》卷二三四，熙宁五年六月辛未，第5684页；韩琦：《韩魏公集》卷一八，《家传》，《丛书集成初编》，上海：商务印书馆，1936年，第253页。
④ 《长编》卷二一〇，熙宁三年四月戊辰，第5099页。
⑤ 《长编》卷二一〇，熙宁三年四月壬午，第5105页；《东都事略》卷五七，《宋敏求传》，第3页。
⑥ 苏颂：《苏魏公文集》卷五一，《龙图阁直学士修国史宋公神道碑》，北京：中华书局，1988年，第771—777页。

亮曰忠肃，虽然"人不以为是也"①，但马亮仍得此隆誉。此外，夷简另一姻亲钱易（968—1026）子钱明逸（1015—1071）"为夷简所知，擢右正言。首劾范仲淹、富弼"②。姻戚二家共同针对敌人，正可反映互相扶持之休戚关系。至于互相奏荐，更是常见之事，范祖禹（1041—1098）便曾荐妻舅吕希哲为侍讲③，又荐吕公著外甥杨国宝为馆职④；而曾仲躬则为外甥吕祖谦求得宫祠⑤。

吕氏姻亲均为名冑巨室，且又互相援引，于是其婚姻集团各子弟乃布满朝廷内外，如吕蒙正为宋初名相，虽被誉称"未尝以姻戚徼宠泽"⑥，然其后也因擢用妻族宋沆受牵连而罢相⑦。而王旦与吕夷简先后入政府，结果"内外姻族之盛，冠于当时"⑧。到了吕公著秉政时，吕氏借荐贤为名，大量引用姻亲，"虽是姻戚，隐而不言，外托用才之名，中为立党之实"⑨。而吕公著的外甥杨国宝与欧阳棐（1047—1113）、程颐、毕仲游（1070年进士）及孙朴交结执政范

---

① 《长编》卷一一〇，天圣九年八月丁丑，第2565页；《宋史》卷二九八，《马亮传》，第9917页。
② 《宋史》卷三一七，《钱惟演传》，第10346页。
③ 《长编》卷四七二，元祐七年四月己卯，第11276页；卷四七四，元祐七年六月戊辰，第11307页；朱熹：《三朝名臣言行录》卷一三，《内翰范公祖禹》，《四部丛刊初编》，台北：商务印书馆，1967年，第315页。
④ 朱熹：《伊洛渊源录》卷七，《丛书集成初编》，上海：商务印书馆，1936年，第70页。
⑤ 《吕东莱文集》卷五，《与陈同甫书》，第115页。
⑥ 文莹：《玉壶清话》卷三，北京：中华书局，1984年，第24页；《类苑》卷八，《名臣事迹·吕文穆》，第89页；朱熹：《五朝名臣言行录》卷一之六，《丞相许国吕文穆公》，《四部丛刊初编》，台北：商务印书馆，1967年，第23页。
⑦ 《长编》卷三二，淳化二年九月丁丑，第720页。
⑧ 《苏舜钦集》卷一五，《两浙路转运使司封郎中王公墓表》，第228页。
⑨ 刘安世：《尽言集》卷三，《论胡宗愈除右丞不当》第十二，《丛书集成初编》，上海：商务印书馆，1936年，第43页；《长编》卷四一七，元祐三年十一月戊辰，第10134页。

士族篇　179

纯仁及吕公著的子弟，恭预密论，刘安世批评他们在荐绅之间，号为"五鬼"，人所共疾，为清议所不齿[1]。唯因当时朝中除布满吕氏姻属外，"台谏官多出公著之门"，故"终无一语，敢及此事"[2]。虽然这些评论或涉及政敌之恶意批评，但当时吕氏之势，的确与前述的势家韩氏无多大分别，刘安世便曾详论之：

> 而庙堂之上，犹习故态，子弟亲戚，布满要津，此最当今之大患也。……司空吕公著之子希绩，今年知颍州，才及成资，召还为少府少监；希纯，去年自太常博士又迁宗正寺丞。女婿范祖禹，与其妇翁共事于实录院，前此盖未尝有；而次婿邵鷾为开封推官，公著才罢仆射，即擢为都官郎中。外甥杨国宝，自初改官知县，又堂除太常博士，未几又擢为成都路转运判官；杨瓛宝，亦自常调堂差，知咸平县。妻弟鲁君贶，今年自外任擢为都水监丞；姻家张次元，堂除知洺州；胡宗炎、擢为将作少监；马传庆，自冗官得大理寺主簿。其间虽或假近臣论荐之名，皆公著任宰相日拔擢除授也。宫教之职，旧系吏部依法选差，近方收为堂除，而公著首用其孙婿赵演。……臣方欲发奏，又闻除知真州钱唤为福建路提点刑狱，亦是吕公著姻家，其势如此不已，臣故不敢不亟论也。……奉议郎程公孙，堂差监在京都商税院；葛繁，军器监主簿。臣闻二人者，与执政皆是姻家，众论益喧，无不愤叹，以谓孤寒之士，待次

---

[1] 《长编》卷四一一，元祐三年五月丁巳，第9997—9998页；《尽言集》卷一，《论欧阳棐差除不当》，第9页。
[2] 《尽言集》卷三，《论胡宗愈除右丞不当》第十二，第43页；《长编》卷四一七，元祐三年十一月戊辰，第10134页。

选部，动踰齿月，不得差遣，及有注授，二年远阙。今公孙辈，本系常调，止缘执政姻戚，而京师优便之职，无名轻授，堕紊纪纲，滋长侥幸……臣闻程公孙，乃吕公著男希纯之妻兄，葛繁系范纯仁之同门婿，而执政徇私牵意，无所顾惮，如此之甚，窃虑陛下体貌大臣，重伤其意，欲乞去此贴黄，付外施行。①

刘安世，从学于司马光，其忠孝正直，皆则像司马光②；加上他是由吕公著荐于宣仁后而除右正言的③，吕公著实对安世有知遇之恩，故其对吕氏姻族横行之奏劾是可信的。当然，我们在析述吕氏一人、一家以至一族的历史时，其实一个人身上本来就并存多个社会角色，同时也占据着不同的社会位置，故同一行径在不同人眼中自有不同评价。刘安世又曾先后上章十二道，论胡宗愈（1029—1094）除右丞不当，并说"胡宗愈系吕公著之姻家"，"宗愈之侄女，适吕公著之亲孙"，"昨除御史中丞，乃是公著秉政之日，匿宰相之私亲，废祖宗之旧制"④，故"公著、宗愈均是欺君，宜正典刑，以示中外"⑤。刘安世身为台谏，多次交章请罢黜胡宗愈，且谓：

臣孤立小官，蒙陛下误有拔擢，寘在谏垣，苟缄默不言，

---

① 《尽言集》卷一，《论差除多执政亲戚》，第5—8页；《长编》卷四一三，元祐三年八月辛丑，第10045—10048页。
② 《宋史》卷三四五，《刘安世传》，第10952—10955页。
③ 《东都事略》卷九四，《刘安世传》，第3页。
④ 《尽言集》卷三，《论胡宗愈除右丞不当》第八及第十，第37—42页。
⑤ 《尽言集》卷三，《论胡宗愈除右丞不当》第十二，第43页。

士族篇　181

足以全身保禄，而今日之论，遍及柄臣，既犯众怒，决非自安之计。但臣不敢旷职上负陛下，亦非敢据摭大臣私事，以为捭阖之说，盖得于众论所共不平者。①

而最后上奏至第十二章，宗愈才被罢，但吕公著则全不受影响，由此可反映当时吕氏与其姻族之势盛。至于李德刍，更因为是"韩氏之甥，吕氏之婿"②，为当时两大势家之姻党，故得以多所请谒。

元祐年间，吕公著官拜尚书右仆射兼中书侍郎，与司马光共同辅政，光疾革，以国事托之，公著独当国三年，吕氏姻亲遂遍布于朝，其家势蒸蒸日上。哲宗继立后，新党相继复用，绍述神宗之政，吕希哲兄弟虽先后被贬，但吕氏另一支族人吕嘉问则党附新法，故吕氏家族并未完全失势。当时吕嘉问亦有透过其姻亲关系巩固自己的势力，吕嘉问的儿子吕安中便娶了王雱之女③，因此当何琬和曾布究治吕嘉问颁布市易不法事时，王安石遂多次在神宗面前支持吕嘉问④；而嘉问婿刘逵（1061—1110）、蹇序辰则羽翼之⑤，序辰又曾举吕安中为监茶场⑥。南渡后，吕氏姻族之盛虽未及北宋，但吕氏姻亲中陈康伯累拜平章事，封鲁国公，配享孝宗庙廷；韩元吉则

---

① 《尽言集》卷三，《论胡宗愈除右丞不当》第十二，第43页；《长编》卷四一七，元祐三年八月辛丑，第10047页。
② 《长编》卷二七一，熙宁八年十二月丙申，第6639页。
③ 《长编》卷五〇〇，元符元年七月甲子，第11912—11913页。
④ 《长编》卷二九三，元丰元年十月壬寅，第7145—7146页；卷二五一，熙宁七年三月乙丑，第6140页。
⑤ 《宋史》卷三五五，《吕嘉问传》，第11189页。
⑥ 《长编》卷二七一，熙宁八年十二月丙申，第6639页。

累官吏部尚书、龙图阁学士，封颍川郡公；曾几亦终权礼部侍郎，这对吕氏家势之维持，不无一点帮助。

综上所述，姻亲关系对吕氏家势之维持与发展，确曾起过很大的作用，然而单凭婚姻纽带来保护家势，是不太保险的。首先，北宋对士族豪强定下了诸多限制，其中"避亲嫌"一制便限制了士族姻戚间之互相荐引[1]，规定凡官员亲戚或于职事有统摄或相干者，并回避[2]。执政者极刻意限制姻戚互荐，以抑权势、进孤寒[3]；两府姻亲回避则成为不成文之惯例[4]。姻戚互避之例子多不胜举，如王旦避妻父赵昌言[5]；韩亿避妻父王旦[6]；庞藉避女婿宋庠[7]；王安石避姻家吴充[8]。吕氏家族亦受到此制的影响，使其与姻戚互引以膨胀家势的做法受到限制。真宗天禧二年（1019），吕蒙正婿赵安仁为御史中丞，吕夷简以亲嫌，改起居舍人[9]；神宗元丰八年（1085），吕希绩为少

---

[1] 可参见陶晋生师：《北宋士族——家族·婚姻·生活》，第132—134页；又张邦炜：《宋代避亲籍制度述评》，原载于《四川师范大学学报》1986年第1期，现收于张邦炜：《宋代婚姻家族史论》，北京：人民出版社，2003年，第360—375页。
[2] 《宋会要辑稿》，《职官》六二之三八，第3801页。
[3] 如仁宗黜退使相王德用的甥婿，见《类苑》卷四，《祖宗圣训·仁宗皇帝》，第35页。而邵亢因其姓与宰相张士逊媳妇同姓，为人诬为与张逊姻亲而黜于制科。见《长编》卷一二二，宝元元年七月壬戌，第2876页。
[4] 《类苑》卷二八，《官职仪制·两府亲戚回避》，第358页。
[5] 《琬琰集》上卷二，《王文正公旦全德元老之碑》，第14页；《涑水记闻》卷七，第141页。
[6] 《琬琰集》下卷八，《韩忠宪公亿》，第9页；《隆平集》卷七，《参知政事》，第6页。
[7] 《涑水记闻》卷一〇，第186页。
[8] 王安石：《临川先生文集》卷四二，《乞免修实录札子》，香港：中华书局，1971年，第451页。
[9] 《长编》卷九二，天禧二年五月壬戌，第2115页；《宋会要辑稿》，《职官》六三之一，第3813页；《宋史》卷三一一，《吕夷简传》，第10206—10207页。

监,避姻族韩宗道(1027—1097)、韩宗古之嫌①;范祖禹屡避其妻父吕公著嫌,辞不就官②;而吕希哲经术履行虽可备劝讲,范祖禹久欲荐之,但以妻兄故而避嫌不举③,吕希纯亦以祖禹为妹夫而辞著作郎;④吕广问则避姻家陈康伯嫌辞侍御史之职⑤。此外,除了直接姻家需要回避外,间接之姻亲也不例外,如范祖禹为吕公著婿,韩忠彦为吕公弼婿,范、韩二人亦要避嫌⑥。不过,由于吕氏族人及其姻戚多有贤相名臣,为使国家能得资材,朝廷亦曾下诏准许吕氏不避姻家,如柴成务不避吕蒙正嫌、⑦范祖禹不避右丞吕公著而为台谏⑧。但就一般情况而言,吕氏还是须与姻亲回避的,吕希纯便曾因"以隐匿不回避张次元亲故",被贬知归州⑨。故姻亲回避之制实阻遏了吕氏与姻家势力之发展。

姻亲关系虽可振兴彼此家势,但另一方面亦可能会拖垮对方。在互相倾轧的政治斗争中,政敌的姻党往往受到连累,这类例子在

---

① 《长编》卷三五九,元丰八年八月丁丑,第8584页。
② 《长编》卷三六〇,元丰八年十月丁丑,第8607页;卷三八四,元祐元年八月辛卯,第9368页;卷四一〇,元祐三年五月癸丑,第9993页;卷四八二,元祐八年三月癸卯,第11473页;《宋会要辑稿》,《职官》三之五四,第2424页;六之五八,第2525页;《东都事略》卷七七,《范祖禹传》,第8页;《三朝名臣言行录》卷一三,《内翰范公》,第310页。
③ 《长编》卷四七二,元祐七年四月己卯,第11276页;《范太史集》卷二六,《荐讲读官札子》,第14—15页。
④ 《长编》卷四七六,元祐七年八月丁巳,第11340页。
⑤ 《系年要录》卷一九九,绍兴三十二年壬午四月戊子,第3364页;韩元吉:《南涧甲乙稿》卷二〇,《左太中大夫充龙图阁待制致仕赠左正奉大夫吕公墓志铭》,《丛书集成初编》,上海:商务印书馆,1936年,第395页。
⑥ 《范太史集》卷五,《乞避亲状》,第1页。
⑦ 《宋史》卷三〇六一,《柴成务传》,第10114页。
⑧ 《长编》卷三六〇,元丰八年十月丁丑,第8606—8607页。
⑨ 《宋会要辑稿》,《职官》六七之一四,第3894页。

宋代极多[1]；而姻亲常因避嫌故而不敢为对方辨诬[2]。吕夷简就曾利用此法，借政敌李迪姻亲范讽以陷迪，结果李迪乃坐范讽姻党而罢政[3]；其党王拱辰（拱辰后亦为吕氏姻亲）亦攻击苏舜钦（1008—1048）以连其妻父宰相杜衍[4]。然而，讽刺地吕氏家族本身便曾多次受到姻戚牵连之打击：淳化二年（991），左正言宋沆上疏忤旨，沆是吕蒙正妻族，蒙正由是罢为吏部尚书[5]。天圣中，"陈诂知祥符县，治严急，吏欲动朝廷使罪诂，乃空一县逃去，太后果怒。而诂妻，宰相夷简妹也，执政以嫌不敢辨。"最后要由枢密副使陈尧佐为陈诂（1008年进士）申冤[6]。吕公著为姻亲兼幕官程嗣先踰法事受劾[7]；吕嘉问则受其婿曾诚纳贿曾布（1036—1107）子曾纡（1073—1135）求馆阁差遣事连累落职[8]；但当曾布治吕嘉问市易不法事时，其姻亲蹇周辅、蹇序辰及曾诚也被贬责[9]；甚至当吕嘉问受邹浩牵连

---

[1] 《琬琰集》中卷一一，《张恭安公存墓志铭》，第11页，载张存受姻家牵连落学士职；卷二七，《王懿敏公素墓志铭》，第9页，记阎询被贬责，王素亦以阎询姻家故落公职；《宋元学案》卷三六，《紫微学案》，第1248页，则载方畴因与胡忠简为姻亲，受太守宋若朴奏贬之。
[2] 如范纯仁与韩维联姻，维被小人诬陷贬窜，纯仁以姻故无法救之，要由吕公著、吕大防等代之申辩。见《长编》卷四〇三，元祐二年七月壬戌，第9808—9811页。
[3] 《长编》卷一一六，景祐二年二月丁卯，第2721—2723页；《宋会要辑稿》，《职官》七八之一五至一六，第4183页；《隆平集》卷五，《宰臣》，第4页。
[4] 陈师道：《后山谈丛》卷六，上海：上海古籍出版社，1989年，第64页。
[5] 《宋史》卷二六五，《吕蒙正传》，第9147页；《宋会要辑稿》，《帝系》二之四，第46页；佚名：《宋大诏令集》卷六五，《吕蒙正罢相除吏部尚书制》，北京：中华书局，1962年，第319页。
[6] 《长编》卷一〇七，天圣七年三月戊寅，第2503页；《隆平集》卷五，《宰臣》，第12页；《东都事略》卷四四，《陈尧佐传》，第20页。
[7] 《长编》卷二三六，熙宁五年闰七月丙辰，第5731—5732页。
[8] 《宋会要辑稿》，《职官》六八之一〇，第3913页。
[9] 《长编》卷五一六，元符二年闰九月辛巳，第12276页；《宋会要辑稿》，《食货》三七之二〇至二二，第5458—5459页。

士族篇　185

落职时,其婿曾诚也一并受累罢官[1]。

最能反映吕氏家族与其姻亲间互相连累的事件,是发生在神宗元丰年间的"陈世儒狱"(此案本身很可能是一件冤狱)。据说当时国子博士陈世儒妻李氏恶世儒庶母,乃与诸婢于家中共杀之。开封治狱,法吏谓李氏不明言使杀姑,法不至死,神宗怀疑府中宽贷狱事,遂命大理寺丞贾种民究治此案,结果牵连极广[2]。案此狱株连甚广的原因,是由于牵涉多个朝中大臣,而他们之间又有姻亲关系,故为人所疑。案中的主要人物陈世儒是故相陈执中(991—1059)的儿子,其妻李氏为龙图阁直学士李中师女,其母即为吕夷简孙[3]、吕公绰女[4]、枢密使吕公著甥也[5];李中师的另一女儿又嫁吕公绰孙、即吕希道儿子吕之问,吕、李二氏两姻家关系至密[6];而当时负责勘治的开封府尹是苏颂[7],他的妹妹为吕蒙正孙吕昌绪之妻,是以整件案件便牵涉吕、陈、李、苏几个大臣及其家族,我们可用下图来表示及窥见案中有关人物的关系:

---

[1] 《吕氏杂记》卷下,第24页。
[2] 《邵氏闻见录》卷六,第56页;苏象先:《丞相魏公谭训》卷五,《前言·政事》,北京:中华书局,1988年,第1151页。
[3] 《长编》卷三〇〇,元丰二年九月丁丑,第7301—7302页。
[4] 据《琬琰集》中卷一五,《吕谏议公绰墓志铭》,第12页;及王珪:《华阳集》卷三八,《翰林侍读学士赠左谏议大夫吕公墓志铭》,《丛书集成初编》,上海:商务印书馆,1936年,第511页载,吕公绰女嫁李中师,故此狱中之吕氏应为公绰女。
[5] 《宋会要辑稿》,《职官》六六之一一,第3873页;黎靖德:《朱子语类》卷一三〇,《本朝》四,《自熙宁至靖康用人》,北京:中华书局,1986年,第3119页。
[6] 强至:《祠部集》卷三四,《李中师行状》,《文渊阁四库全书》,台北:商务印书馆,1986年,第14页。
[7] 《三朝名臣言行录》卷一一之三,《丞相苏公》,第272页。

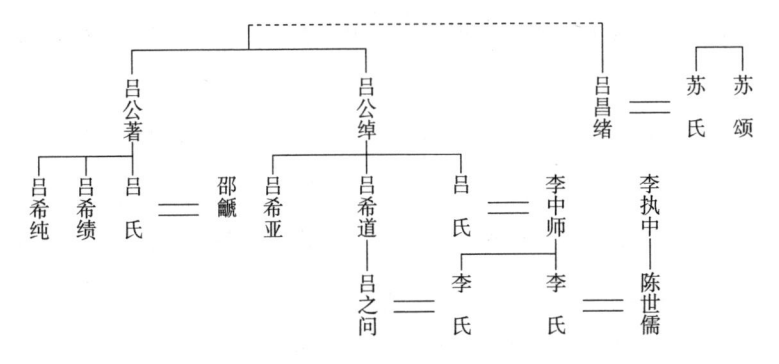

陈世儒案涉案人物关系图

由于"李乃吕氏甥，亲党甚多"①，加上苏颂与吕公著亲善，故人多疑心吕公著尝请求苏颂贷免其罪②。事实上，当时吕氏子弟确曾为此事奔走，李氏母亲吕氏即曾求助于叔父吕公著，《长编》：

> 先是，(元丰)元年六月，开封府鞫陈世儒狱，(吕)公著时为端明殿学士兼侍读。世儒妻李将就逮，亟谓其母曰："幸告端明公为祝苏尹，得即讯于家。"吕即夜至公著所，如女言。公著曰。"不可，比相州狱止坐请求耳，逮系者数百人。况此，岂可干人耶？"吕涕泣而退。③

而吕氏兄弟大理评事吕希亚亦尝伺问，后坐报上不实④。虽然

---

① 《丞相魏公谭训》卷五，《前言·政事》，第1151页。
② 《丞相魏公谭训》卷五，《前言·政事》，第1151页；《三朝名臣言行录》卷一一之三，《丞相苏公》，第272页。
③ 《长编》卷三〇三，元丰三年四月丁酉，第7376页。
④ 《长编》卷三〇二，元丰三年二月壬戌，第7360页；《宋会要辑稿》，《职官》，六六之一一，第3873页。

士族篇　187

吕公著并没有干预此事，但因为其姻族多人牵涉入案，故易为政敌以姻戚互庇的口实攻击，当时负责此狱的贾种民，就是为蔡确（1037—1093）所用以此打击吕氏[1]，结果吕氏婚姻集团均为所逼：

> 诏迁其狱于大理。大理丞贾种民因欲蔓其狱，间谓李曰："亦尝有属于官司乎？"李即具对尝请于（吕）公著，而公著不许。种民得之，乃更其狱牒，谓公著尝许之，而公著子希绩、希纯皆与闻。遂逮李母吕。吕至，对如李辞。又逮公著从子希亚、世儒友婿晏靖而告于朝。……逮公著婿邵鬷及二婢。[2]

而苏颂亦不能自安，吕公著则避位待辨于家。最后，经李定（1028—1087）、舒亶（1041—1103）等多次上奏后，神宗才悟其诬，陈世儒及李氏伏罪，贾种民冲替。

陈世儒案了结后，吕公著及苏颂等最终也逃过一劫，但此狱却能见到姻亲间互相拖累的情况。撤除本案自身可能是桩冤狱外，陈世儒案的罪犯本只陈世儒及妻子李氏二人而已，但因为姻亲关系之故，原不相关者如吕公著、吕希亚、吕希纯、吕希绩、苏颂及邵鬷等相继受嫌被累，虽然当时吕氏"亲党甚多"，遍布于朝；而公著自己又为同知枢密院事，但吕氏婚姻集团仍受贾种民诸多锻炼逼迫。由此可见，大族虽可利用姻亲关系建立互相扶持的势力集团，以保持及发展自身的家势；但同样地姻亲关系亦会拖累彼此的发展，一人、一族的起落，往往影响到整个姻亲集团的盛衰，陈世儒案正可

---

[1] 《邵氏闻见录》卷六，第56页。
[2] 《长编》卷三〇三，元丰三年四月丁酉，第7376—7377页。

反映这种枯荣与共的关系。是以在讨论姻亲关系与吕氏家势的关系时，我们既要注意其正面的作用，但亦不可忽视其负面的影响。

(四) 讨论

衣川强认为吕氏家族和各大族间互相联姻，从而维持彼此的政治和社会地位，实在是宋代官僚社会的"家格"[①]；而郝若贝在研究了千多个宋代家族后，指出每一个上升的实例都显示出考试出身的人在科举前已经与地方精英分子的士绅家族通了婚[②]。的确，从上面的讨论中可以看到吕氏家族与其他大族缔婚的客观情况，及他们企图利用此种关系互相支持的主观愿望，然而其效果则有正负两面，未必十拿九稳。再者，在资料及观念的分析方面，仍有一些问题值得强调姻亲关系与家势发展者去思考。

在史料方面，我们面对的第一个难题是资料的不足和不完整。"吕氏家族姻亲表"所记载的吕氏姻族资料，只是全族婚姻状况的一部分资料而已，故以之量化作为讨论的支据是有问题的。另一方面，有关吕氏与其姻亲缔婚的确实时间不详，我们无法知道他们当时的家势如何。因此，我们只能知道缔婚对两家有利，但不能确定是否有一方曾借姻家之势而自寒微崛起，最后更反哺姻家，达到互相扶持之目的。举例说，我们看见吕蒙正和赵安仁缔婚，双方又在朝中先后执政，故可凭一些实例和推理指出吕、赵二家借此互相帮助支持，却不能确实知道哪一方靠姻家崛起，其他例子也有这个问

[①] 衣川强：《宋代の名族——河南吕氏の场合》，第100页。
[②] Robert M. Hartwell, "Demographic, Political and Social Transformations of China, 750—1550", p. 419.

题。倘若这个史料上的难题成立的话,则郝若贝之观点便有可议之处,盖郝若贝强调与精英分子的士绅家族通婚,才是士子上升的主要途径,科举是不重要的;但从吕氏家族的例子而言,我们只可见已崛起的大士族间的通婚互助,而无法证明郝氏之论。因此,就吕氏家族而论,姻亲关系确是保持家势的一种方法,却非唯一的或最重要的途径,因为吕氏与姻家在通婚前,双方均已具有一定的家势或潜在发展的力量(如一方已中第),他们只是将两个有势力的家族用婚姻纽带联结起来,借彼此互助的休戚关系增加原来的地位和家势而已,而这种原来的势力则实源于族中有人中举及当官入仕。

在讨论吕氏缔婚动机的时候,本文举了很多例子证明吕氏欲借此建立互助的姻亲集团,但同时我们面对另一难题:不少史料显示吕氏选择姻亲时亦有其他动机和原因。举例说,王安石和吕嘉问交情极笃[1],而安石一再强调他与嘉问亲厚,并非因为他们是姻戚,乃是彼此政见相合故也[2]。很明显,王、吕二人是因为双方亲密交往后,加上政见相同才撮合其后代的婚事,维护彼此的家势在此应该是较为次要的原因。又如曾几的儿孙辈与吕氏联姻,但曾几早与吕本中、吕用中等相善[3];吕祖谦更与潘景回两世交好,其女儿才嫁潘

---

[1] 王安石与吕嘉问感情之笃好,可从安石赠嘉问的一系列诗中窥看,见《临川先生文集》卷一,《古诗》《与吕望之上东岭》《与望之至八功德水》《与望之过我庐》《闻望之解舟》,第86—87页;卷一七,《律诗》《招吕望之使君》,第229页。
[2] 《长编》卷二六二,熙宁八年四月甲申,第6407页。
[3] 曾几:《茶山集》卷四,《五言律诗》《挽吕惇智用中直阁》三,《丛书集成初编》,上海:商务印书馆,1936年,第45页;《拾遗》,《东莱先生诗集后序》,第104—105页;《陆放翁全集·渭南文集》卷三一,《跋吕伯恭书后》,第191页。

景良为妻①；沈焕亦与吕祖谦、吕祖俭兄弟唱游多年后，焕女然后嫁祖俭子吕乔年②；而吕祖谦与芮烨交好，但祖谦娶其女儿则在芮烨身殁之后③，这些例子均更可显示，除了维持互保家势外，士大夫间的友情交往和政见相合也是吕氏择姻的动机和因素。提出吕氏家族通婚的对象有其他动机，并不排斥其有借婚姻关系保持家势之目的，我只是要指出两者在不充足的史料下，往往极难分辨。明招山新近出土韩元吉所撰其长女即吕祖谦第一任妻子的墓志有很珍贵的记录：

> 吾六世祖冀公（笔者案，即韩亿）与黄州（即吕大器）六世祖文靖公（即吕夷简）同事仁宗在政地；五世祖宫师（即韩维）与黄州五世祖正献公（即吕公著）友善，又同辅元祐；黄州祖右丞公（即吕好问）及吾诸祖父为兄弟交，两家族姓甲天下，契谊甚厚。吾从姑（即韩维弟韩缜孙韩璹的女儿）嫁右丞第四子秘阁（即吕用中）。吾女幼时，姑见而爱之，谓宜归吕氏，而祖谦行适等，故以归焉。④

---

① 吴师道：《敬乡录》卷一三，《郑氏馆中书事》，《四库全书珍本十一集》，台北：商务印书馆，1981年，第9—10页。
② 沈焕：《定川遗书》附录卷二，《通判舒州沈君焕墓碣》，《四部丛书》，台北："国防研究院"，1966年，第17页；卷三，《延祐四明志本传》，第5页；同卷，《鄞县志本传》，第9页；卷四，《定川行汇考》，第13、17页。
③ 《吕东莱文集》卷二，《通芮氏定婚启》，第39—40页；吕祖谦：《东莱集》，附录《年谱》卷一，《四库全书珍本十一集》，台北：商务印书馆，1981年，第11页。
④ 韩元吉：《吕祖谦妻前韩氏墓志》，见郑嘉励：《明招山出土的南宋吕祖谦家族墓志》，第204页。

这里提到韩元吉把女儿嫁给吕祖谦的原因很复杂：两家祖先多代同殿为臣、共襄国政（"在政地""同辅元祐"），且为友好（"友善""为兄弟交""契谊甚厚"）；韩吕二族同为当世大族、门当户对（"两家族姓甲天下"），累代联姻（"从姑嫁右丞第四子秘阁"），使两个家族容易认识对方，结成婚姻（"吾女幼时，姑见而爱之，谓宜归吕氏"）；最后再加上对象条件合适（"而祖谦行适等，故以归焉"）。由此可见，韩元吉与吕祖谦的联姻关系，不能简化成某一个动机或原因；但像郝若贝和韩明士师徒等，当其接触吕氏家族与其他大族缔婚联姻的资料时，便会认定其目的是要互相联盟互保，忽视上述其他的因素。这样，保持地位原来只是吕氏或其他大族互相通婚的其中一个原因，在郝氏等人之论下，便完全成为宋代大族互相通婚的最主要原因，甚至是唯一的原因。婚姻在这个角度而言，便完全成为一种维持士族政治和社会地位的战略，对吕氏与其姻亲早已交笃的史料完全忽视。

陶晋生师指出吕氏家族的婚姻纽带遍及于若干个家族，甚至敌对政治因素之间，则唯一的解释是有意识或无意识的维护整个士族的政治和社会地位的考虑[①]，他所指出的客观现象和郝若贝等吻合，但郝氏只强调姻戚互保的动机，即陶师所说的"有意识"，然陶师更提出了"无意识"的情形，可惜他并无解释当中的意义。而我以为此一"无意识"的动机，与我在上面所讲的其他因素等同，最后我将其归于文化方面的因素。

伊沛霞在研究《袁氏世范》时，强调阶级的社会性，认为具有相

---

① 陶晋生：《北宋士族的婚姻关系》，《中国近世社会的构成研究计划报告之一》（手稿），未刊，第24页。本文承陶晋生师赐阅，谨此致谢。

同行为模式的人乃可视作属于同一个社会阶级，是以她认为士大夫只是一种文化现象，必须从他们的起居习惯、谈吐行为来认识他们[1]。伊沛霞的定义和研究是从人类学的观点出发，笔者无意给"文化""士大夫文化""士族文化"等词下定义，但如果根据伊沛霞之论，则士大夫或士族阶级拥有同一相同行为模式的文化现象，而其日常行为就是其表征。假如我们同意她的论点，则婚姻亦应是其行为表征之一，盖士大夫间和大族间的交往，使他们具有相同的日常行为的文化现象，所以当他们欲为后代觅择婚姻对象时，很自然便会选择日常与之交往而具同一文化现象的同一社会阶级，于是便会出现大族均与大族联姻的客观现象。所以，我认为"竹门对竹门、木门对木门"这类说法，除了政治社会的意义外，应该是有文化上的意义，盖在同一阶级文化内的人是会互相通婚的。如果此论不错，则郝若贝等乃将士族间的通婚完全归于保持实际政治和社会地位的考虑，忽视了文化上的因素。

柏文莉后来对宋代婺州士族的婚姻关系研究中，修正了韩明士的论点，她指出女性族人似乎特别喜欢与其娘家持续地联姻，个中原因是儿媳如果同时又是侄女或外甥女的话，那比陌生人更可取；同样地，比起让自己心爱的女儿嫁入一户她无从沟通的陌生人家当媳妇，士族妇女也更愿意看到女儿成为值得信赖的兄弟家中的儿媳[2]。前引韩元吉女儿墓志铭提到其自少已被从姑（吕用中妻）青睐"谓宜归吕氏"、后来终嫁入吕家为吕祖谦妻子的例子，证明了柏文莉这个说法，也显示吕氏家族等士族缔婚之目的，不完全都是政治和社会上

---

[1] Patricia B. Ebrey, *Family and Property in Sung China: Yuan Ts'ai's Precepts for Social Life*, Princeton: Princeton University Press, 1984, pp. 3—29.

[2] Beverly J. Bossler, *Powerful Relations: Kinship, Status, and the State in Sung China (960—1279)*, pp.163—164.

的考虑。再者,前面提及吕公弼长女临终时对韩忠彦说:"我有幼妹在家,君若全旧恩以续之,必能恤我子矣……。"这种为照顾孤雏的意愿,可能更是实际,但郝若贝及韩明士似乎无视这类记载。

这里可再举一个问题来讨论,郝若贝及韩明士认为北宋的大家族均在中央互相通婚,垄断朝政,而在中叶以后以讫南宋,南方新兴地主崛起,于是二者互为缔婚,大族联姻的现象由集中于中央转为分散于地方①。从"吕氏家族姻亲表"所载姻戚的籍贯分布来看,北宋时以河南河北省者居多,南渡后则浙江、江苏者比例渐重,似乎颇合郝氏等论。然而,正如赵翼所说,"宋时士大夫多不归本籍"②,"宋南渡世家多从行"③,由于大族均跟从政府及首都由开封南迁至杭州,而他们通婚的对象又以同一文化的大族为主,则其姻戚籍贯分布地有分散于江浙一带是合理的现象。况且,新史料的发现,让我们知道吕氏家族在南宋的姻亲中,其实并不限于南方的新兴地主,情况并非如韩明士所谓的由集中于中央转为南方。除了前引韩亿家族后人与吕用中、韩元吉与吕祖谦的姻戚关系外,明招山新近出土吕弸中第二任妻子文氏的圹志显示,她是文彦博的曾孙女④,而吕大伦继室程氏圹志则记录她是程颐的曾孙女⑤,其时吕氏家族在

---

① Robert M. Hartwell, "Demographic, Political and Social Transformations of China, 750—1550", pp. 405—416; Robert P. Hymes, *Statesmen an Gentlemen: The Elite of Fu-Chou, Chiang-Hsi, in Northern and Southern Sung*, pp. 48—53, 82—105.
② 赵翼:《陔余丛考》卷一八,《宋时士大夫多不归本籍》,上海:商务印书馆,1957年,第345页。
③ 《陔余丛考》卷一八,《宋南渡世家多从行》,第345—346页。
④ 吕大器:《吕弸中妻文氏圹志》,见郑嘉励:《明招山出土的南宋吕祖谦家族墓志》,第191页。
⑤ 吕祖永:《吕大伦继室程氏圹志》,见郑嘉励:《明招山出土的南宋吕祖谦家族墓志》,第201页。

政治上的影响力已日渐衰落，缔婚的政治效益应该减低，但文氏和程氏这类北宋官僚旧族，仍与韩氏家族一样与吕家联姻，我相信官僚家族和士大夫阶级的文化社会属性，应该是其中的重要原因。柏文莉也敏锐地发现吕氏家族这个特殊例子，她在研究婺州的情况后指出，吕氏家族的婚姻网络主要涉及与婺州以外的人，体现了北宋政治高官间的持续联姻。大约到了十三世纪，吕氏家族虽然居于婺州，却显然仍更愿意在婺州以外物色姻亲，并且将这种姻亲网持续下去[1]。当然，这仍不排除他们有士族联姻互保的动机[2]，但郝若贝和韩明士等完全将此现象归于中央大家族和地方新兴家族互相通婚、垄断政治的后果现象，是有以偏概全之病。

另一个观念上的问题是姻亲关系与家势维持是否有必然关系。郝若贝及韩明士的研究都努力去证明大家族间及士子互相通婚借以提升及保持势力，科举的作用并不大。他们这个论点其实已经有一

---

[1] Beverly J. Bossler, *Powerful Relations: Kinship, Status, and the State in Sung China (960—1279)*, pp. 165—169. 柏文莉在本书第174—175页又指出，吕家这个例子显示，南宋末年异地婚姻出现在道学领域，而非官场扬名之人。不过，我认为这种说法仍必须多作探讨，毕竟婺州史料本身的保存，多为道学者之作品，影响了对客观情况的了解。正如柳立言评论柏文莉讨论道学与传世南宋宰相的墓志关系时指出，如果陈亮的文集失传，那么164篇婺州人的墓志便立即不见了41篇，柏文莉的说法就站不住脚。见柳立言：《书评：Beverly J. Bossler, *Powerful Relations: Kinship, Status, and the State in Sung China (960—1279)*》，《台大历史学报》第24期，1999年12月，第434—435页。况且，士族间因为道学这类思想学术圈的交往而缔婚，也是我说的文化因素。

[2] 其实，这种互保的动机同样也可以是文化上的，例如姻亲彼此都出身士族官僚，媳妇的女教质素就有保证，对维系家族的生存至关重要，不少记录就强调吕氏家族的妇女（媳妇或外嫁女）在这方面的贤惠。很明显，郝若贝和韩明士就没有考虑到这点。关于吕氏家族妇女在这方面的情况，参考王章伟：《从几个墓志铭看宋代河南吕氏家族中的妇女》，载于杨炎廷编：《宋史论文集——罗球庆老师荣休纪念专辑》，香港：中国史研究会，1994年，第132—143页；又见本书后文最近的修订研究。

前提，即姻亲关系与大族家势的维持有必然的关系，故此倘能证明他们之间有婚姻网络存在，其论便可成立。然而，虽然有大量史料显示姻亲集团确有互相援引的现象，但也有不少史料记载姻亲不和交恶的例子，知名的如富弼指斥其妻父晏殊"党吕夷简以欺陛下"①；欧阳修支持范仲淹变法，其妻父胥偃则"数纠仲淹立异不循法"，修由是"与偃有隙"②；欧阳修与王拱辰虽同为薛奎婿，但王拱辰主吕夷简，欧阳修则主范仲淹，欧阳修心实少之，故友婿间势成水火③。这些情况可见在政治上，姻亲关系不能保证彼此互助，故家势的维持和姻亲关系并无必然的关系，以吕氏家族而言，苏颂与吕公著既为姻亲，又相得于场屋④，但他们便曾对侍讲赐座事各持己见⑤；而韩琦及吕氏二姻族的后人更互相攻伐，最后韩侂胄贬斥吕祖俭、吕祖泰兄弟，对吕氏家族的发展造成极大的打击⑥。

　　强调姻亲与家势关系者，多从士族间错落交替的婚姻网络中指出其借血缘姻亲纽带互助的情况，而事实上我们确可由此发现不少互相援引的姻亲集团，但由于姻亲与家势维持并无必然的关系，故我们必须按个别例子讨论，不能以偏概全。也就是说，我们不能一看见大族间有互相联姻的情况，便认定他们借此互保，甚至断言这是维持其势的

---

① 《邵氏闻见录》卷九，第90页。
② 《长编》卷一一八，景祐三年正月己酉，第2775页。
③ 《邵氏闻见录》卷八，第80—81页。
④ 《苏魏公文集》，附录《年表》，第1228页。
⑤ 《苏魏公文集》卷一六，《驳坐讲义》，第218页。
⑥ 《宋史》卷四五五，《吕祖俭、吕祖泰传》，第13369—13372页；叶绍翁：《四朝闻见录》丁集，《庆元党禁》，北京：中华书局，1989年，第141—142页。再推而论之，吕氏与韩氏两族发展至南宋，韩侂胄与吕祖俭兄弟的姻亲/宗亲关系已很疏远，以韩明士等人的视角将他们拉上互助互利关系，是否合理？关于宗族问题，详后章。

196　近世社会的形成：宋代的士族与民间信仰

最重要方法，否则便会将姻亲集团中一些利益关系无限扩大，所得的结论亦极为危险。举例说，甲、乙、丙、丁四族互相通婚如下图所示：

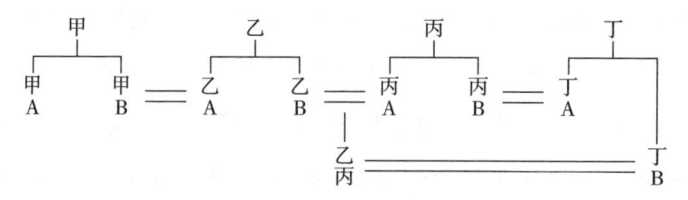

宋代士族婚姻网络图

这四族之间的姻亲关系，与我们前面所说宋代士族的情况非常相似，他们当中可能有数组的婚姻是基于互助动机而缔合的，但也可能包含其他原因，故当我们指出其家势起伏与姻亲互助的关系时，必须考察每个组合，否则便会忽视其他结合的情形，而将个别的利益关系扩大引申为四个家族通婚之目的。吕氏家族的例子，就极能反映这个论点，因为攻击吕氏姻亲遍布于朝、阻碍寒微最用力的刘安世，他自己其实也是吕氏姻戚集团的一员，因为刘安世的一个儿子娶了韩忠彦的女儿[①]，而韩忠彦是吕公弼婿，他们三族的关系如下：

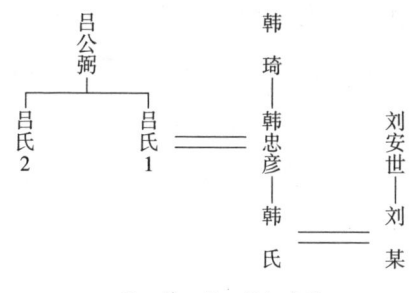

吕、韩、刘三族姻亲图

---

① 刘、韩关系，见陶晋生：《北宋士族——家族·婚姻·生活》表15，《韩氏的婚姻》，第259页。

士族篇　197

由刘安世来证明姻戚关系与家势维持无必然关系之论是最合适不已的。如前所述，由于文化方面的原因，宋代士大夫间互相通婚的情况极为普遍，故几个以至几十个家族构成的婚姻网络是不稀奇的，固然其中不少是基于互援的结合，但若单以这种情况而断言姻亲才是维持和发展家势之主要手段，便会犯了上面无限引申的错误，而将一种文化现象完全视作为利益的表现，明白这点后，才能了解何以吕氏家族的婚姻纽带亦遍布于敌对的因素之间。

最后附带一提的是韩明士认为，地方士子在应举省试时要有"家保状"以证明其家世清白，倘士子能得到地方上之大族权贵担保其家状，则对其考试前途是有利的。因此，一个与地方上精英分子之士绅家族通婚的士子，他在这方面是占优势的[1]。但从吕氏家族而言，我们看不到这点，这可能是史料残缺之故，然而更大之可能是以吕氏家族之势，根本不需要依靠其他家族去证明和担保其家世。所以，就一些大家族及其后裔来说，联姻是没有给予他们此一利益。

正如贾志扬和李弘祺师所说，婚姻关系对家势之维持虽然十分重要，但考试成功毕竟才是真正的保证，李师更指出没有可以不参加考试（广义）而长期保持地位及优势的[2]。笔者亦同意此论，因为一个家族欲借婚姻以保持家势，则其选择缔婚的对象除地位相等的

---

[1] Robert P. Hymes, *Statesmen and Gentlemen: The Elite of Fu-Chou, Chiang-Hsi, in Northern and Southern Sung*, pp. 43—46.

[2] 见贾志扬 John W. Chaffee, *The Thorny Gates of Learning in Sung China: A Social History of Examinations*, Cambridge: Cambridge University Press, 1985, p. 11；李弘祺：《宋代社会与家庭——评三本最近出版的宋史著作》，《清华大学学报》1989年新19卷第1期，第191—207页；李弘祺：《宋代官学教育与科举》，《中译本导论》，台北：联经出版事业公司，1994年，第ix—xiii页。

势家外，必是年轻有为之士子和中第者，以期他日反哺姻家，互惠互助。因此，科举成功本身已经是与士族联姻之一个必要条件[①]，试问一个落泊潦倒的士子，又有哪个士族愿意与之联姻呢？孙抃（996—1064）之例子，最能说明此理：

> （孙抃）三姊皆适豪族，生子者又相聘娶，公以儒者独不得继好。及贵，三家始来求婚，公亦不拒之，又为之保任，其子孙入仕者两世。[②]

总括来说，吕氏家族和其他宋代大族一样，利用姻亲关系与各大族互相援助，以保持其家势；然而姻亲集团与家势兴隆并无必然关系，其中除了避嫌制度之限制及姻戚互累的负面影响外，姻亲间也会互相攻伐，身为吕氏姻戚而正直敢言的刘安世，便对吕氏子弟姻亲遍布于朝的情况极之不满，累章弹劾吕公著，而韩、吕二族后人更势成水火。因此，与科举入仕比较，婚姻关系对家势维持是不大保险的，我们不应过分强调姻亲关系对吕氏家势发展之影响，衣川强亦认为姻亲关系及以权谋私虽有助吕氏之发展，但使子孙读书考试做官，仍是最正常有效的手段[③]。不过，当吕氏崛兴后，组织姻亲集团互相援引，仍不失为保持家势之一种有效办法。

[①] John W. Chaffee, *The Thorny Gates of Learning in Sung China: A Social History of Examinations*, p. 12亦有提到此点。
[②] 《琬琰集》中卷四五，《孙文懿公抃行状》，第17页。
[③] 衣川强：《宋代の名族——河南吕氏の场合》，第77—122页。

五、宗族组织与互助

（一）宋代宗族组织之及发展

中国家族的基本结构是"五服制"，"服制"是一个能伸缩之同心圈，愈接近内圈的成员不但血缘愈近，日常的生活关系就愈密切；其中的最亲密者不但同居，而且共财。同居共财的单位即是通常所说的家庭。现代的人类学家则分别用"核心家庭"（Nuclear Family）、"主干家庭"（Stem Family）和"共祖家庭"（Lineal Family）等概念来进行分类，有趣的是，据杜正胜的研究，这三种分类都包含于中国的"服制"里。秦汉时之家庭范围以夫妇及其未成年子女组成的"核心家庭"为主；东汉以下，受儒家伦理之影响，父子生分的情形减少，家庭结构从"核心家庭"转为祖、父、子的"主干家庭"，但还不是共同祖父所有成员同居共财的"共祖家庭"；魏晋隋唐时代，"共祖家庭"增多；宋代以下，共祖家庭相对减少，甚至有父母健在，诸子就瓜分财产；不过，随着宋代新宗族组织的出现、发展，"主干"或"共祖家庭"成为宋元以后中国家庭形态的主流[①]。

伊沛霞（Patricia Ebrey B.）对宋代家庭有深入之研究，她认为宋代的家庭是一个"政治经济单位"，和产业有密切的关系，因

[①] 见杜正胜：《传统家族试论》上、下，《大陆杂志》1982年第65卷第2期，第57—84页，第65卷第3期，第127—151页；简论可参见杜正胜：《中国传统社会的重心——家族》，《历史月刊》1989年第12期，第48—58页。关于人类学家对家庭及宗族等之命义，见Patricia Ebrey & James Watson (eds.), *Kinship Organization in Late Imperial China 1000—1940*, "Introduction", Berkerly, Los Angeles & London: University of California Press, 1986, pp. 1—15。

财产而成立,因财产分散而解体,"治家"成为士大夫最重要的责任,故《袁氏世范》常有"破家""分家""保家""守家""治家"等语。"家"既然是一个政治经济单位,故"聚族而居,共炊一爨"的大族是一家,而已分家产的"小家庭"也是一家[1]。然而,在此情况下,"聚族而居"之宗族组织便与"家"混淆,但正如陈其南的研究指出,家、族、家族、宗族等用语在不同的时期有不同的指涉范围,而这些用语往往又是多义词,故英美社会科学界及人类学家对family、lineage和clan的定义,不能不经思索地应用在中国家族制度上[2]。那么,宋代的亲属或家族组织在"家"这一基本单位外,究竟还发展出什么的形式呢[3]?

中国人素来重视由血缘关系扩大而成的家族(或宗族)组织,家族是人人参与的社会组织,至为平凡、普遍,但亦至为切身重要。周行封建,以宗法制度拉紧血缘关系,天子与诸侯之间,诸侯与卿、大夫、士之间,嫡长子与别子之间,大宗与小宗之间,其地位之继承与财产之传授,均按血缘之亲疏而分配。而前述的"五服制"就是一个分别血缘亲疏的同心圆:第一圈,父、己、子和兄弟;第二圈,祖父与孙,及旁系的伯叔父、堂兄弟与侄;第三圈,曾祖父与曾孙,旁系是堂伯叔以下至再从兄弟,以及堂侄、侄孙;其余

---

[1] 见 Patricia B. Ebrey, *Family and Property in Sung China: Yuan Ts' ai's Precepts for Social Life*, Princeton: Princeton University Press, 1984, pp. 3—171; Patricia B. Ebrey, "Conceptions of the Family in the Sung Dynasty", *Journal of Asian Studies*, Vol. 43, No. 2, 1984, pp. 219—245.
[2] 见陈其南:《"房"与传统中国家族制度》,载于陈其南:《家族与社会》,台北:联经出版事业公司,1990年,第219—213页。文中对傅立曼(Maurice Freedman, 1920—1975)之宗族理论,有详细的批评,值得深思。
[3] 本研究初稿完成后,王善军对宋代的宗族制度展开了深入研究,值得参考。见王善军:《宋代宗族和宗族制度研究》,石家庄:河北教育出版社,2000年。

五服内的人为第四圈①。在此情形下,家族成为政治、经济及社会各方面最重要之组织。

春秋以降,宗法崩析,氏族社会解体;秦汉之世,家族组织以前述的"核心家庭"为主,"虽王公大人亦莫知有敬宗之道,寖淫后世,习以为俗。"②唯至魏晋之世,因累世经学与累世公卿,遂使士族渐掌特权,积久乃形成门阀。九品官人法下之门第社会,任官以谱牒为据,世族享有各种特权,故士族均以门第相高,婚姻更成为高门大族间互保地位的手段,宗族血缘关系及郡望等乃成为一个人在政治与社会上的凭借③。与周代之宗法社会相似,宗族组织在魏晋南北朝便成为"家"以外最重要的亲属组织。

唐废九品官人法,血统谱系已不能成为世族保持政治和社会地位的凭借,惟魏晋六朝数百年之积习已深,一时难以推翻,故寒族庶姓虽可晋身为统治阶级,唐太宗虽重订《氏族志》,但世族旧门仍为政治及社会上之主导,郡望谱牒等宗族制度仍备受重视④。不过,

---

① 关于五服之论,见杜正胜:《传统家族试论》上,第57—84页及下,第127—151页;杜正胜:《中国传统社会的重心——家族》,第48—58页。
② 顾炎武:《日知录》卷一三,《分居》,上海:上海古籍出版社,1985年,第41页。
③ 详下列诸书:王伊同:《五朝门第》,香港:中文大学出版社,1978年;唐长孺:《魏晋南北朝史论丛》,北京:三联书店,1978年;唐长孺:《魏晋南北朝史论丛续编》,北京:三联书店,1978年;唐长孺:《魏晋南北朝史论丛补遗》,北京:中华书局,1983年;毛汉光:《两晋南北朝士族政治研究》,台北:学术著作奖助委员会,1966年;何启民:《中古门第论集》,台北:学生书局,1982年;余英时:《中国知识阶层史论——古代篇》,台北:联经出版事业公司,1980年;杨联陞:《东汉的豪族》,《清华大学学报》1936年第11卷第4期;苏绍兴:《两晋南朝的士族》,台北:联经出版事业公司,1986年。
④ 见孙国栋:《唐宋之际社会门第之消融》,载于孙国栋:《唐宋史论丛》,香港:龙门书店,1980年,第211—308页;毛汉光:《中国中古社会史论》,台北:联经出版事业公司,1988年。

到了唐代的晚期,门阀世族走向"中央化",除"尚阀阅"外更"尚冠冕"(即"尚官")①,于是重郡望等亲属组织亦渐趋解体。

唐末五代的战乱,令门阀士族受到极大的打击,其旧式的以血缘为纽带的宗族组织也随之崩溃,族人星散,宗法关系松弛②。姜士彬(David G. Johnson)研究赵郡李氏在唐末宋初之发展时指出,北宋中叶有恢复使用"郡望"的现象,但因多数谱系已不清楚,而各大族之间也无大联系,故此一趋势并没有真正的作用③,但郝若贝(Robert M. Hartwell)则坚信宋代士族仍用地望④。的确,北宋有些家族曾复用地名以冠于其姓之前,如河南刘氏、⑤清源曾氏、南丰曾氏等等⑥,清源、南丰两曾氏更"尝通谱系"⑦,惟对宋代宗族及谱牒学极有研究之王明清曾记一事:

> 李成公季玘,元祐左史,自号乐静居士,五代宰相李涛五世孙。涛至本朝,以兵部尚书莒国公致仕。……其家自洛徙

---

① 毛汉光:《中国中古社会史论》;又宋德熹:《唐代后半期门阀与官宦之关系》,载于淡江大学中文系编:《晚唐的社会与文化》,台北:学生书局,1990年,第113—161页。
② 见朱瑞熙:《宋代社会研究》,河南:中州书画社,1983年,第98页。
③ David G. Johnson, "The Last Years of a Great Clan: The Li Family of Chao Chun in Late T'ang and Early Sung", *Harvard Journal of Asiatic Studies*, Vol. 37, No. 1, 1977, pp. 76—80.
④ Robert M. Hartwell, "Demographic, Political, and Social Transformations of China, 750—1500", *Harvard Journal of Asiatic Studies*, Vol. 42, No. 2, 1982, pp. 407—411.
⑤ 邵伯温:《邵氏闻见录》卷一六,北京:中华书局,1983年,第178—179页;李焘:《续资治通鉴长编》(以下简称《长编》)卷一〇三,天圣三年夏四月庚辰,北京:中华书局,1979—1995年,第2380页。
⑥ 曾敏行:《独醒杂志》附录,周必大:《独醒杂志跋》,上海:上海古籍出版社,1986年,第107页;王明清:《挥麈录·前录》卷二,北京:中华书局,1961年,第21—22页。
⑦ 周必大:《独醒杂志跋》,第107页。

齐。成季犹子、汉老郎也,中兴初,位政府,一时大诏令多出其手。秦少游作《李公择常行状》云:"远祖涛,五代时号称名臣,仕皇朝为兵部尚书,封莒国公。莒公少时仕于湖南,有一子留江南,公其裔孙也。所以今为南康建昌人,世号山房李氏。"成季与公择,乡里虽各南北,要是本出一族,子孙皆鼎盛,不知后来两家曾叙昭穆否耳。①

"本出一族"的显赫家族并不一定"叙昭穆",故学者以为他们作为"一族"的凝聚力十分单薄②。此外,邵亢(1014—1074)与邵康节(邵雍,1011—1077)叙宗盟、邵伯温(1057—1134)与邵充叙宗盟,更被誉为美事,《闻见录》更谓:"世不讲宗盟久矣,具载之以示三家子孙。"③这正与姜士彬之论相合。其实,宋世已不存有九品官人法,故血统及郡望已不能保障士族之地位,其衰亡是可想见的;而据研究所得,唐代的"郡望"观念在宋代已经解体,一个人一旦离开本家,往往从此与本乡的族人脱离关系,这种例子极多④。

旧的宗族组织已经崩溃瓦解,新的模式还没有出现及建立起来,但骨肉亲情之观念毕竟深烙在国人脑中,故除"家"以外,宋人仍重"宗族",虽无严密的宗族组织,但当族人遇到厄困时,仍

---

① 王明清:《挥麈录·后录》卷三,第106页。
② 见李弘祺师:《宋代社会与家庭——评三本最近出版的宋史著作》,《清华大学学报》1989年新19卷第1期,第201页。
③ 《邵氏闻见录》卷二○,第223—224页。
④ 李弘祺师:《宋代社会与家庭——评三本最近出版的宋史著作》,第201页。

多加予援手，关于这方面的例子极多，如丁度①、王质②、王珪③、杜衍④、邵亢⑤、吕诲⑥、刘敞（1019—1068）⑦、孙抃⑧、鲜于侁（1018—1087）⑨、毕士安⑩、胥偃⑪、王安石等⑫，他们均自奉甚约，俸禄所入，有余辄赈其宗族之贫者；赵抃（1008—1084）⑬、韩绛⑭、范百禄（1030—1094）⑮、王洙（997—1057）等则"孝于宗族"，"诸孤不能自立者，皆为之嫁娶"⑯；此外，如前章所述，宋代恩荫之范围极广，故张存（984—1071）⑰、曾公亮（998—1078）⑱、吴育（1004—1058）⑲、范镇（1007—1088）⑳、韩琦等㉑，任子恩多推与旁宗外族；而王曾执政时，"亲戚可任者言之于上，否者厚恤之以金帛"㉒。然而，

---

① 杜大珪：《名臣碑传琬琰集》（以下简称《琬琰集》）上卷三，《丁文简公度崇儒之碑》，《四库全书珍本十一集》，台北：商务印书馆，1981年，第13页。
② 《琬琰集》上卷七，《王待制质墓志铭》，第6页。
③ 《琬琰集》上卷八，《王文恭公珪神道碑》，第18页。
④ 《琬琰集》中卷四，《杜祁公衍墓志铭》，第5—6页；吕本中：《少仪外传》卷上，《丛书集成初编》，上海：商务印书馆，1936年，第17页。
⑤ 《琬琰集》中卷一九，《邵安简公亢墓志铭》，第14页。
⑥ 《琬琰集》中卷二四，《吕中丞诲墓志铭》，第1—4页。
⑦ 《琬琰集》中卷三四，《刘学士敞墓志铭》，第8页。
⑧ 《琬琰集》中卷四五，《孙文懿公抃行状》，第3、15—17页。
⑨ 《琬琰集》中卷五三，《鲜于谏议侁行状》，第15页。
⑩ 《琬琰集》下卷四，《毕文简公士安传》，第13页。
⑪ 李元纲：《厚德录》，台北：商务印书馆，1979年，第23页。
⑫ 《邵氏闻见录》卷一一，第115—116、122页。
⑬ 《琬琰集》上卷八，《赵清献公抃爱直之碑》，第10—11页。
⑭ 《琬琰集》上卷一〇，《韩献肃公绛忠彦之碑》，第11—12页。
⑮ 《琬琰集》中卷二九，《范资政百禄墓志铭》，第16页。
⑯ 《琬琰集》中卷三七，《王翰林洙墓志铭》，第5页。
⑰ 《琬琰集》中卷一一，《张恭安公存墓志铭》，第4—6页。
⑱ 《琬琰集》中卷五二，《曾太师公亮行状》，第12—13页。
⑲ 《琬琰集》中卷八，《吴正肃公育墓志铭》，第11—12页。
⑳ 范镇：《东斋记事》附录二，《范景仁墓志铭》，北京：中华书局，1980年，第70页。
㉑ 《琬琰集》上卷一，《两朝顾命定策元勋之碑》，第18页。
㉒ 《厚德录》，第29页；《琬琰集》中卷五，《王文正公曾墓志铭》，第6页。

由于宋代缺乏门第制度之保障,官僚及士族不易保有其地位,更遑论维持宗族之势力,故到了宋代中叶以后,一些敏感的士大夫开始意识到需要寻求自助或自救之方法,松散无组织的宗族间的互助已不敷应用,一种新的宗族组织已开始酝酿产生[1]。

与范仲淹同在兵间的韩琦首先致力于维持其家族的发展,他搜集家族的资料,修撰墓志铭、修缮祖坟,建立家祭仪式,又收藏书籍以供子弟研读,并诫其谨慎言行,力学不懈,以维持官宦及士族之地位不堕[2]。另外,一些士大夫则倡复家庙之制,按家庙是贵族的象征,唐朝以官品定贵族,令他们拥有宗庙,以表现贵族阶级的特权。因此,作为法律用语的"家庙"之家,不是泛指一般家庭的家,而是似贵族之家,所以有三庙、四庙的规定。在唐朝"良贱

---

[1] 宋人对"家族""宗族"等用语并不严谨,但柳立言认为我们仍然应该将二者区分,他运用杜正胜对五服制的研究,再加上现代西方人类学的观念和用语,认为"家族"是大功以外至缌麻共曾高之祖而不共财者;"宗族"是五服以外的同姓,虽共远祖而疏远无服者。见柳立言:《宋代明州士人家族的形态》,《"中研院"历史语言研究所集刊》,第81本第2分,2010年,第289—364页。不过,如何厘清今人所谓的family、lineage及clan等观念与宋人所指的内涵,其实是一个很复杂的问题,陈其南认为中国社会的确存在着一个独立自主的亲属体系,其建构的原则以不同的形式展现于实际的功能性社会生活形态中,成为汉人亲属团体的基本构成因素;至于诸如同居、共食、共财、经济生活的安排,以及祖先祭祀和祖产的建立等,则为功能性的辅助因素。因此,陈其南提出,唯有透过"房"和家族的系谱模式,才可以了解这些功能性亲属团体的构成法则和组织形态。见陈其南:《"房"与传统中国家族制度》,载于陈其南:《家族与社会——台湾和中国社会研究的基础理念》,台北:联经出版事业公司,1990年,第202—203页。由于学者的意见莫衷一是,特别是吕氏家族的史料未能让我们作这种分类,本文暂时不将宋人所谓的"家族"与"宗族"强行划分,其中自然有不足之处,请读者原谅。

[2] 《琬琰集》中卷四八,《韩忠献公琦行状》,第23—24页;韩琦:《韩魏公集》卷一,《韩氏参用古今家祭式序》,《丛书集成初编》,上海:商务印书馆,1936年,第13—14页;《少仪外传》卷上,第20页;又参阅陶晋生师:《北宋韩琦的家族》,载于"中研院"历史语言研究所出版品编辑委员会编:《中国近世社会文化史论文集》,台北:"中研院"历史语言研究所,1992年,第103页。

制"下，良民与贵族在礼制上仍有悬隔，受差别待遇。"家庙制"特别引人注意，在于这种特权并非及身而止，而是以"家"为对象，可以延续到子子孙孙，故"家庙制"的设计，是为了政治之目的，是要支持贵族这种特殊身份[1]。宋代士大夫醒觉到其地位不易保存，加上到了十一世纪中叶任官的竞争愈来愈大，于是不少人开始讨论"至唐以来不复讲"的"士大夫家庙"[2]，希望借此强化其家族地位，欧阳修便极赞颂杜衍家族保用其祖杜佑之旧制，韩琦亦努力为之[3]，而宋庠则明言："夫建宗祏，序昭穆，别贵贱之等，所以为孝。"[4]故富弼[5]、文彦博[6]、王存（1023—1101）等[7]均曾参详古法建立家庙。庆历元年（1041）郊祀赦，更听文武百官皆许立家庙，皇祐二年（1050）下两制礼官议之，然因古今制度不同、环境迥异，故家庙之制终不能行[8]。终宋之世，只有文彦博、蔡京、郑居中、邓洵武（1057—1121）、余深（？—1132）、侯蒙（1054—1121）、薛昂（1085年进士）、白时中（？—1127）、童贯（1054—1126）、秦

---

[1] 甘怀真：《略论唐代百官家庙》，《史原》1987年第16期，第66—70页。
[2] 叶梦得：《石林燕语》卷一，北京：中华书局，1984年，第8—9页。
[3] 见 Particia B. Ebrey, *Confucianism and Family Rituals in Imperial China: A Social History of Writing about Rites*, Chapter 3, "Redesigning Ancestral Rites for a New Elite in the Eleventh Century", Princeton: Princeton University Press, 1991, pp. 45—67;《石林燕语》卷一，第8—9页。
[4] 《挥麈录·前录》卷三，第26—27页;《长编》卷一六九，皇祐二年十二月甲申，第4071页。
[5] 《邵氏闻见录》卷九，第94页。
[6] 《石林燕语》卷一，第8—9页。
[7] 《琬琰集》中卷三十，《王学士存墓志铭》，第11—18页。
[8] 王林：《燕翼诒谋录》卷四，北京：中华书局，1981年，第40页；江少虞：《宋朝事实类苑》（以下简称《类范》）卷二六，《官职仪制·请立家庙者子孙袭三品勋阶及爵》，上海：上海古籍出版社，1981年，第329页;《石林燕语》卷一，第8—9页; Particia B. Ebrey, *Confucianism and Family Rituals in Imperial China: A Social History of Writing about Rites*, pp. 45—67。

桧、杨存中（1102—1166）、吴璘、虞允文（1110—1174）、史弥远（1164—1233）等十四人获赐家庙①。不过，在宋代诸儒的鼓吹下，家庙开始普及下层社会，庶人也立庙祭远祖，家庙由唐代贵族阶级之一特权制度，慢慢演为庶民家族全族祭祀祖先之活动中心的祠堂，南宋时朱熹、陆九渊等加以提倡，元明以后就普遍起来②。由此可见，一种新的宗族组织或设施——祠堂，在宋中叶以后已开始形成。

在倡复家庙之同时，张载和程颐等理学家更主张复行周代的宗子制度，张载主张"立宗子法"，"以管摄天下人心，收宗族，厚风俗"③。程颐则认为"宗子法坏，则人不自知来处，以至流转四方，往往亲未绝，不相识"④。而"后世骨肉之间，多至仇怨忿争，其实为争财。使之均布，立之宗法，官为法则无所争"⑤。所谓"宗子者，谓宗主祭祀也"⑥，意即族长⑦，目的在于收族，而程颐更指称"今无

---

① 罗大经：《鹤林玉露》卷五，乙编，《大臣赐家庙》，北京：中华书局，1983年，第200页。
② 见左云鹏：《祠堂族长族权的形成及其作用试说》，《历史研究》1964年，第5、6页，第133—137页；朱瑞熙：《宋代社会研究》，河南：中州书画社，1983年，第110—111页。关于宋儒的理想与元明的情况，见何淑宜：《香火——江南士人与元明时期祭祖传统的建构》，台北：稻乡出版社，2009年，特别是第72—93页；又参阅［日］吾妻重二著，吴震编，吴震、郭海良等译：《朱熹〈家礼〉实证研究》第四章，《宋代的家庙与祖先祭祀》，上海：华东师范大学出版社，2012年，第101—158页；Particia B. Ebrey, *Confucianism and Family Rituals in Imperial China: A Social History of Writing about Rites*, pp. 45—67.
③ 张载：《张载集》，《经学理窟》《宗法》，北京：中华书局，1985年，第259页。
④ 程颢、程颐：《二程集·河南程氏遗书》卷一五，北京：中华书局，1981年，第150—151页。
⑤ 《河南程氏遗书》卷一七，第177页。
⑥ 《河南程氏遗书》卷一七，第179—180页。
⑦ 左云鹏：《祠堂族长族权的形成及其作用试说》，第133页；朱瑞熙：《宋代社会研究》，第101—102页。

宗子法，故朝廷无世臣。若立宗子法，则人知尊祖重本，则朝廷之势自尊"①。将宗法与国家统治拉上关系。在张、程二子倡议后，朱熹更将其制加以完备及鼓吹，从此宗子法和祠堂祭田等便大量涌现②。其实，正如伊沛霞所言，张载、程颐等人努力倡复宗子法，部分原因是基于个人及家族之利益，希望透过宗法代代互助，保障共祖子孙之利益；而且在每代之中只要有一族人能保持其官宦及士族的地位，则整个家族便有以凭借，不致没落，亦不需过分依靠朝廷③。

与宗法有密切关系的另一宗族制度是谱牒之学，按族谱之内容是"叙本系""奠系世、序昭穆"，是宗族团体的记录④，故与组织宗族的宗法制不可分割。宋世，一些唐代旧族之谱牒犹存，如长孙无忌（594—659）裔孙曾上其家谱而获授永兴军助教⑤、严陵方氏自唐末至南宋仍"联谱合牒"⑥、韩琦在多番搜查后，仍能重整其族谱⑦；而对谱学有研究者亦大不乏人，如王旦，"近世典章族氏尤极

---

① 《河南程氏遗书》卷一八，第242—243页。
② 左云鹏：《祠堂族长族权的形成及其作用试说》，第134页；宋三平：《宋代封建家族的物质基础是墓祭田》，《江西大学学报（社会科学版）》1991年第1期，第79—83页。
③ Particia B. Ebrey, *Confucianism and Family Rituals in Imperial China: A Social History of Writing about Rites*, pp. 45—67.
④ 参阅下列诸书：中国谱牒学会编：《谱牒学研究》第1辑，北京：书目文献出版社，1989年；联合报文化基金会国学文献馆编：《第一届亚洲族谱学术研讨会议纪录》，台北：联经出版事业公司，1984年；陈捷先：《中国的族谱》，台北：台湾地区行政管理机构文化建设委员会，1989年。
⑤ 《长编》卷一八一，至和二年十月丙戌，第4378页。
⑥ 吕祖谦：《吕东莱先生文集》卷八，《严陵方君墓志铭》，《丛书集成初编》，上海：商务印书馆，1936年，第184页。
⑦ 《琬琰集》上卷一，《两朝顾命定策元勋之碑》，第10页；《韩魏公集》卷一，《韩氏家集序》，第12页。

该治"①，宋敏求，"本朝士大夫之族系，九流百家之略录，悉能推本其源而言其归趣"②。不过，普遍的情况却并非如此，郑樵就谓：

> 自隋唐而上，官有簿状，家有谱系。官之选举，必由于簿状；家之婚姻，必由于谱系。……此近古之制，以绳天下，使贵有常尊，贱有等威者也。所以人尚谱系之学，家藏谱系之书。自五季以来，取士不问家世，婚姻不问阀阅，故其书散佚，而其学不传。③

宋人王得臣（1036—1116）也说，"谱牒不修也久矣"④。欧阳修则指"近世士大夫于氏族尤不明其迁徙，世次多失其序，至于始封得姓，亦或不真"⑤。考其原因，宋代以前的谱牒乃用来夸耀门第，并由官方的图谱局审核备案，以作任官之依据，故自为世家大族所珍视及把持；宋历五代数世，门第破坏，郡望解体，任官亦不以血统为尚，故谱牒之学也随之而失。然而，谓宋以后中国谱牒之学已趋衰微，则颇可商榷。事实上，中国近代之谱学实源于宋代，并与当时之宗族组织极有关系。

宋仁宗皇祐、至和年间，欧阳修和苏洵（1009—1066）不约而同地提出新谱例，并以自己家族为例，修撰《欧阳氏谱图》和《苏

---

① 曾巩：《隆平集》卷四，《宰臣》，台北：文海出版社，1967年，第13页。
② 苏颂：《苏魏公文集》卷五一，《龙图阁直学士修国史宋公神道碑》，北京：中华书局，1988年，第771页。
③ 郑樵：《通志》卷二五，《氏族》一，北京：中华书局，1987年，第439页。
④ 王得臣：《麈史》，卷下，《姓氏》，上海：上海古籍出版社，1986年，第73页。
⑤ 欧阳修：《欧阳修全集·居士集》卷四七，《与曾巩论氏族书》，北京：中国书店，1986年，第323页。

氏族谱》。欧阳修以为一般人不能确知祖先世系，与其附会穿凿，不如断自可见之世，依宗法别自为世，五世以后，格尽别起，并有行实以为牒记，以图纪次，使谱牒互见，亲疏有伦[1]；苏谱则强调小宗之法："凡嫡子而后得为谱，为谱者，皆存其高祖而迁其高祖之父。"[2] 论者谓谱学至两宋遂绝，盖由于郑樵等所谓之谱学，其含意跟今天一般所说的谱学，并不相同。一般泛称谱学当然包括了明清以来有关谱牒的一切意见及修谱之具体成果；但宋代以前所谓谱学者，乃专指对各姓渊源流传以及职爵尊卑、婚媾匹俪等知识而说，为中正举官及世族证明血统之依据。由此看来，宋代族谱的性质与前代截然不同，因为世族姓望与谱牒已经失去了政治上的作用，故血统的尊卑划分也失去了意义，六朝以迄隋唐的百家合谱乃趋于没落，所谓的"谱学"之性质与内容亦随之转变。在这种情况下，族谱再重新开始被注意，惟在丧失其原有作用后，重新反省，乃成为宋代宗族组织结合血缘族群的工具，其性质是联系、强化同宗集团；体例是记载子孙繁衍、分派、成长；内容则为族内之活动及关系如祭祀、族长、选举、义田义庄管理、义塾经营、宗规、宗谱编集等；危及宗族者则被摈诸谱外；编撰者及管理机构均为宗族本身[3]。至此，谱牒与新的宗族组织关系结合在一起，欧阳修和苏洵不约而同于仁宗时代提出新谱例，与范仲淹倡义庄之时相若，正可反映宋代

---

[1] 《欧阳修全集·居士集》卷二一，《谱》3首；陈捷先：《中国的族谱》，第30页。
[2] 苏洵：《嘉祐集》卷一三，《族谱后录》，上篇，台北：商务印书馆，1977年，第131页。
[3] 参阅龚鹏程：《唐宋族谱之变迁》，载于《第一届亚洲族谱学术研讨会议纪录》，第64—103页；瞿林东：《唐代谱学和唐代社会》，载于氏著：《唐代史学论稿》，北京：北京师范大学出版社，1989年，第90—116页。

士大夫对家族之关心及谱牒、宗族与政治社会变化的关系。

中国的家族最富历史感,族中任何一成员都要对过去的祖先和将来的子孙负责,所以传统的家族最讲究家法,也重视门风。家法终极目的在延续家族,而家族一长久,也自然形成一特殊的风格,即"门风"。在共同的家族结构下,各家门风各有特色,但基本精神则是一致的[1]。宋代的情形也不例外,不少士族之家有家法和家训,如韩绛[2]、胡瑗[3]、金华汤氏[4]、义乌徐氏[5]及晁氏等[6];而富弼[7]、王存[8]、与孙抃等子孙亦能恪守家法[9];刘挚(1030—1098)一族更为其中之佼佼者:

> 刘丞相挚,家法俭素,闺门雍睦。凡冠巾衣服制度,自其先世以来,常守一法,不随时增损。故承平时,其子弟杂处士大夫间,望而知其为刘氏也。[10]

---

[1] 杜正胜:《传统家族试论》上,第57—84页及下,第127—151页;杜正胜:《中国传统社会的重心——家族》,第48—58页。
[2] 朱熹:《三朝名臣言行录》卷一〇之一,《丞相康国韩献肃公》,《四部丛刊初编》,台北:商务印书馆,1967年,第233页。
[3] 黄宗羲原著、全祖望补修:《宋元学案》卷一,《安定学案》附录,北京:中华书局,1986年,第29页。
[4] 《吕东莱先生文集》卷七,《汤教授母潘夫人墓志铭》,第161页。
[5] 《吕东莱先生文集》卷七,《义乌徐君墓志铭》,第166页。
[6] 吕本中,《童蒙训》卷上,《万有文库荟要》,台北:商务印书馆,1965年,第10页。
[7] 《三朝名臣言行录》卷二之一,《丞相韩国富文忠公》,第49页;《邵氏闻见录》卷九,第94页;《麈史》卷中,《治家》,第31页。
[8] 《琬琰集》中卷三〇,《王学士存墓志铭》,第11—18页。
[9] 《琬琰集》中卷四五,《孙懿公抃行状》,第18页。
[10] 《石林燕语》卷一〇,第150页。

这些家法有些极为严厉，如包拯家训谓："后世子孙仕官，有犯赃滥者，不得放归本家；亡殁之后，不得葬于大茔之中。不从吾志，非吾子孙。"①且有自己之法度，如杜衍及司马光家族"治丧皆用家法"②。

　　正如族谱一样，六朝以来宋代以前之世族，虽也以经学礼法自饰，但其目的只是作为区别门第身份的工具；宋代的家训家法则重视族内人伦孝悌之关系，温情脉脉，有敬宗收族之味，故前述刘挚一门在素俭的家法熏陶下，闺门雍睦。这些名族世家所关心的是族人的生活和发展，他们希望借着家训家法诱导子孙，使其家势不堕，族人得以凭借，不致星散无托，故苏颂戒其子孙曰："吾宗自许公显于唐，其后或隐或显，以至于今，仕本朝者七世矣，忠孝文行，士大夫以为名族。汝辈宜慎守家法，勿使坠废。"③司马光训勉其子时亦以寇准家道中落为例，劝诫子孙无习侈靡之风，以保家族④。事实上，宋世特重家法，宋人好谓"祖宗之制"，祖、宗即指宋太祖和宋太宗，亦即赵家之遗训家法；而苏颂亦以为："国家所以太平百三十余年而内外无患者，只由家法好。"⑤陈亮则谓："本朝二百年之间，学问文章，政事术业，各有家法，其本末源流，班班可考。"⑥而家法不

---

① 吴曾：《能改斋漫录》卷一四，《纪文》《包孝肃公家训》，上海：商务印书馆，1984年，第404页。
② 《琬琰集》中卷四，《杜祁公衍墓志铭》，第2页；《琬琰集》中卷二三，《司马谏议康墓志铭》，第15页。
③ 苏象先：《丞相魏公谭训》卷二，《家世》，北京：中华书局，1988年，第1129—1130页。
④ 司马光：《司马文正公传家集》卷六七，《训俭示康》，《丛书集成初编》，上海：商务印书馆，1936年，第839页。
⑤ 《丞相魏公谭训》卷一，《国论·国政》，第1120页。
⑥ 陈亮：《陈亮集》卷二七，《与韩无咎尚书》，北京：中华书局，1987年，第311页。

严或不能训子者往往受到批评，如翰林学士彭乘（985—1049）不训子弟，文学参军范宗韩乃上启责之[1]；严重者甚或影响仕途，如陶谷子中举，太祖谓左右曰："谷不能训子，邴（谷子）安得登第？"遽命中书覆试[2]。总之，家训家法家风发展至宋代，已由原来区别门第身份的工具，演为维系宗族的道德规范，对家势之保持有一定的影响。发展至后来，不少家法更演为成文的条规，如吕大钧（1029—1080）的《乡约》等，与宗族组织的关系更紧密[3]。

前面说过，宋人重视家法，连皇帝也不例外。宋廷既重家法，故自然讲求孝道，宋太宗便曾说："孝者人伦至重。"[4]仁宗天圣九年（1031）更诏流内铨选人父母年八十以上，职听注近官，以"教人以孝，且厚风俗也。"[5]其目的与原因，可从真宗和李宗谔之谈话窥见：

（真宗）因谓宗谔曰："闻卿至孝，宗族颇多，长幼雍睦。朕嗣守二圣基业，亦如卿辈之保守门户也。"[6]

盖治国如治家，故孝悌父母宗族者自可效法，是以王栐谓"皇朝以孝治天下"[7]；而事实上忠孝本为一念，对家族孝悌者自能对国家忠心，前述程颐论宗法时与国家统治拉上关系，就是此理。因

---

[1] 庄绰：《鸡肋编》卷中，北京：中华书局，1983年，第90—91页。
[2] 《长编》卷九，开宝元年三月癸巳，第200页。
[3] 关于乡约等的发展，见朱瑞熙：《宋代社会研究》，第112—114页。
[4] 《长编》卷三六，淳化五年八月壬午，第791页。
[5] 《燕翼诒谋录》卷五，第46—47页。
[6] 《长编》卷七六，大中祥符四年十月戊辰，第1738页；《类苑》卷三，《祖宗圣训·真宗皇帝》，第30页。
[7] 《燕翼诒谋录》卷二，第16页。

此，宋室对孝悌宗族父母者都多加奖励，旌表累世同居者即为其中之典型。

累世同居的风气大约始于魏晋南北朝时期，当时因为战乱的影响，不少富有的家族乃开始建造坞堡，平日在堡外耕作，有警则退入堡内，坞堡内并有丰富的食粮①。这种家族聚居的风气，再加上国人对大家族的憧憬②，慢慢便发展成"累世同居"。在宋代，这种家族累世聚居的大家庭或被称为"义门"，宋室多加以旌表，如太宗以济州金乡县李延家，"自唐武德初同居，至今近四百年，世世结庐守坟墓"，"诏旌其门，赐以粟帛"③；"襄阳县民张巨源五世同居，内无异爨，诏旌表门闾"④；"永嘉县民陈侃五世同居，内无异爨，侃事亲至孝，为乡里所称。诏旌表门闾，赐其母粟帛。"⑤而真宗亦旌表陕州累世同居的张化基、阎用和及杨忠等⑥。这些"义门"多数同爨，聚居长达六世⑦，以至十数世⑧，且能绵亘数百年，原因是其组织颇为完备，如江州陈氏"悉有规制"，且于"别墅建家塾，聚书延

---

① 参阅金发根：《永嘉之乱后北方的豪族》，台北：学术著作奖助委员会，1964年。
② 杜正胜：《传统家族试论》上，第57—84页及下，第127—151页；杜正胜：《中国传统社会的重心——家族》，第48—58页。又参阅林天蔚：《论我国文化中谱系因子与谱系学的建立》，载于《第一届亚洲族谱学术研讨会纪录》，第35页。
③ 《长编》卷二一，太平兴国五年七月己巳，第477页。
④ 《长编》卷二一，太平兴国五年三月戊子，第474页。
⑤ 《长编》卷四〇，至道二年六月庚辰，第842页。
⑥ 《长编》卷七六，大中祥符四年八月丁未，第1732页。
⑦ 如南康县六世义居的洪文抚，见《长编》卷四一，至道三年六月己亥，第867页。
⑧ 如河中府河东县永乐镇姚氏家族，见《邵氏闻见录》卷一七，第187页；王辟之：《渑水燕谈录》卷四，《忠孝》，北京：中华书局，1981年，第37—38页；《类苑》卷五三，《忠孝节义》，第696页。

四方学者"①，真宗曾旌表的会稽裘氏更为突出：

> 稽县民裘承询同居十九世，家无异爨，诏旌表其门闾。屈指今二百三十六年矣，其号义门如故也。……世推一人为长，有事则决，则坐于听事。有竹箠亦世相授矣，族长欲挞有罪者，则用之。岁时会拜，同族咸在。②

而且他们多有田产，作为经济的支持③；朝廷除予旌表赐粟外，更宽其力役④。然而，这样庞大的家庭组织，就血缘关系而论，五世之后已超出了"服制"的范围，情谊已极为疏远，加上义居虽好，但其心未必协齐，故袁采谓："顾见义居而交争者，其相疾有甚于路人。"⑤实在不易维持，是以在宋代开始，一种新的宗族组织开始出现，既可发挥九族一体的精神，又能避免累世同居之弊，那就是范仲淹的义庄组织。

---

① 《长编》卷一〇一，天圣元年十二月辛酉，第2344页；文莹：《湘山野录》卷上，北京：中华书局，1984年，第16页；真德秀：《真西山文集》卷四〇，《潭州谕俗文》，台北：商务印书馆，1968年，第706页。关于江州陈氏之研究，可参阅许怀林：《"江州义门"与陈氏家法》，载于邓广铭、漆侠主编：《宋史研究论文集》，1987年年会编刊，河北：河北教育出版社，1989年，第387—400页；又，[日]河原由郎：《宋代社会经济史研究》第3章第2节，《北宋期における中国の社会构造の研究》，东京：劲草书房，1980年，第313—338页。
② 《燕翼诒谋录》卷五，第47—48页；施宿：《嘉泰会稽志》卷一三，《义门》，《宋元地方志丛书》，台北：大化书局，1980年，第21—22页；张淏：《会稽续志》卷七，《真宗旌表裘氏门闾》，《宋元地方志丛书》，台北：大化书局，1980年，第11—12页。
③ 《邵氏闻见录》卷一七，第187页；《渑水燕谈录》卷四，《忠孝》，第37—38页；《类苑》卷五三，《忠孝节义》，第696页。
④ 《长编》卷一一四，景祐元年正月庚午，第2660页。
⑤ 袁采：《袁氏世范》卷一，《兄弟贵相爱》，《知不足斋丛书》，台北：艺文印书馆，1966年，第14页。

如前所述，宋代的士族和官僚不如唐或以前的世族一般，在政治上得到九品官人法和谱局管制谱牒等保障，在经济上有庄园和部曲的支持，个人或家族的起落盛衰只有完全依赖朝廷皇室，故"富者之子孙或不能保其地"，"贫富久必易位"①。再者，能注重子弟教养的家族，以之晋身科第，毕竟较一般暴起暴落的豪族，能有较持久的家声②；惟能教养子弟的书籍、师资、投考科举的路费等③，均需要庞大的资金。因此，建立族产以作收族④、并以之教养子弟应付科举，祈使宗族得以维持的组织乃应运而生。范仲淹因为微时贫困，托宗朱氏，故个人感受特深，加上累世义居风气的影响，乃于苏州故里长州、吴县买负郭常稔田千亩，号曰"义田"，将每年所得租赋，自远祖以下各房宗族，计口供给衣食、教学、婚嫁、丧葬之用，号为"义庄"，并设有义塾；又于各房中挑选一名子弟为族长，逐步立家"规矩"，建立一结合宗法、谱系、家法的宗族组织，并得到官方的立法保障。结果，范氏义庄一直绵延至清代不绝⑤。范氏义庄的

---

① 见黄宽重：《宋代四明袁氏家族研究》，载于"中研院"历史语言研究所出版品编辑委员会编：《中国近世社会文化史论文集》，第16页，引苏洵及黄震语。
② 参阅葛绍欧：《宋代湖州莫氏事迹考》，载于陶希圣先生九秩荣庆祝寿论文集编辑委员会编：《陶希圣先生九秩荣庆祝寿论文集》，台北：食货出版社，1987年，第129页；李弘祺：《宋代官学教育与科举》，《中译本导论》，台北：联经出版事业公司，1994年，页ix-xiii。
③ 杨联陞：《科举时代的赴考旅费问题》，《清华大学学报》1961年新2卷2期，第116—128页。
④ 见［日］清水盛光著、宋念慈译：《中国族产制度考》，台北：台湾文化大学，1986年。
⑤ 见范仲淹：《范文正公文集》卷八附录，《义庄规矩》《义田记》《范氏义庄申严规式记》《范氏复义宅记》《义学记》，《丛书集成初编》，上海：商务印书馆，1936年，第97—112页；《琬琰集》中卷一二，《范文正公仲淹墓志铭》，第10—11页；《长编》卷一七二，皇祐四年五月丁卯，第4146—4147页；《渑水燕谈录》卷四，《忠孝》，第35—36页；《类苑》卷五三，《忠孝节义·范文正》，第689页。学者的研究可参阅 Denis Twitchett, "The Fan Clan's Charitable Estate, 1050—

士族篇　217

建立，成为宋代宗族组织的典范，以后不少官僚和士族均模仿此制，如吴奎（1011—1068）"以钱二千万买田北海，号曰义庄，以赒亲戚朋友之贫乏者"①；刘辉（1030—1065）"哀族人之不能为生者，买田数百亩以养之"②；彭汝砺（1041—1094）"族人贫者分俸钱赒给，或为置义庄"③；杨椿（1094—1166）"置义庄以给宗族之贫者"④；而南宋时希墟张氏⑤、二十三都蒋氏⑥、洮湖陈氏⑦、建昌钟氏等均设有义庄，并请刘宰（1166—1239）撰记⑧；而汤东野⑨、蔡瑞等也置义庄，并"买书真石庵，增其屋为便房，（族人）愿读者处焉"⑩。

综上所述，宋代因为隋唐的家族组织和郡望等观念已经崩解，宋人乃开始寻求建立新的模式，宗法、谱牒、家庙、家法家训等脱离其旧有形态，重新反省，转化为新的宗族制度；而强调以族产收宗睦族的范氏义庄遂成为宋元以后中国盛行的宗族组织。"义庄""义田"的经济性格，正反映伊沛霞所说宋代的"家"为一政

　　1760", in David Nivison & Arthur Wright (eds.), *Confucianism in Action*, California: Stanford University Press, 1959, pp. 97—133; Liu Wang Hui-chen, *The Traditional Chinese Clan Rules*, New York: J. J. Augustin Pub., 1959；朱瑞熙：《宋代社会研究》，第102—106页。
① 《三朝名臣言行录》卷三之三，《参政吴文肃公》，第76页。
② 《渑水燕谈录》卷四，《忠孝》，第34—35页；《类苑》卷五四，《忠子节义·刘辉》，第704页。
③ 《琬琰集》中卷三一，《彭待制汝砺墓志铭》，第14页。
④ 《琬琰集》中卷二三，《杨文安公椿墓志铭》，第17页。
⑤ 刘宰：《漫塘集》卷二一，《希墟张氏义庄记》，《四库全书珍本九集》，台北：商务印书馆，1979年，第32—35页。
⑥ 刘宰：《漫塘集》卷二三，《二十三都义庄记》，第17—19页。
⑦ 《漫塘集》卷二三，《洮湖陈氏义庄记》，第10—12页。
⑧ 《漫塘集》卷三一，《故知建昌军朝议钟开国墓志铭》，第29—30页。
⑨ 李心传：《建炎以来系年要录》（以下简称《系年要录》）卷九六，绍兴五年乙卯十二月甲寅，北京：中华书局，1988年，第1590页。
⑩ 叶适：《叶适集·水心文集》卷一二，《石庵藏书目序》，北京：中华书局，1989年，第203—204页。

治经济单位的情况,已推衍到家族组织上。考其原因,实由于宋行科举制度,士族和官僚失去凭借,故需要建立族产赈赒维系族人,并以之作为族人参与科举的经济支持,使义庄此一宗族组织无论在经济上或政治上,均能援助族人及家族的发展[①]。因此,宋汉理(Harriet T. Zurndorfer)在研究《新安大族志》时便谓宗族作为徽州的一种社会组织机构,并非纯粹是一种依靠公有的财产来加强的尊祖敬宗的团体。大批进士的涌现,是为了使其宗族组织的权力、声望及财富世代相传而作的有目的有组织的努力结果[②]。

不过,正如学者所言,从五代到南宋中叶是中国"宗族"在摸索它的社会效用及组织形式的重要过渡时期,部分士大夫开始成立族产,以确保其"宗族"的优越地位及在地方上的权势[③]。但我要强调一点,这个过程是缓慢的,而其影响官僚士族和一般庶民的范围究竟有多大,因史料的原因我们无法知道详情,我个人颇怀疑其深度与阔度。事实上,完整的宗族组织和互助情况要到明清以后才普遍起来,因此郝若贝及韩明士等以母系及宗族组织来衡度宋代的士族互庇情况,我想是有问题的。吕氏家族的例子,正可反映宗族组织及互助,对宋代士族家势的保援是有限度的。

[①] 李弘祺:《宋代社会与家庭——评三本最近出版的宋史著作》,第200—202页,其中之观点,与笔者相似相合,可参阅之。

[②] [荷]宋汉理著、叶显恩译:《〈新安大族志〉与中国士绅阶层的发展》,《中国社会经济史研究》1982年第3期,第55—73页,1983年第2期,第43—56页;Harriet T. Zurndorfer, "The Hsin-an ta-tsu chih and the development of Chinese Gentry Society 800—1600", *T'oung Pao*, Vol. 67, issue 3, 1981, pp. 154—215.

[③] 李弘祺:《宋代社会与家庭——评三本最近出版的宋史著作》,第202页。

(二) 宗族互助与吕氏家族

要讨论吕氏家族的宗族组织及其互助对吕氏家势的影响,本来应首先确定吕氏每支族人的居地分布,然后看看他们之间的交往关系,加以分析论述。可惜,因为史料的限制,我们无法做到这点。而据第二章的讨论,我们大约可以知道吕蒙正一支活跃于洛阳、吕夷简一支则在首都开封;南渡后吕好问一支在浙江及江西一带、吕广问一支则在宁国府,但每支族人是包括"吕氏谱系图"中的哪些人物,我们并不清楚。正如前章引赵翼语"宋时士大夫多不归本籍",盖宋代任官者则携家人到任地就职,但吕氏族人见于谱系者多曾出仕,而他们在一生中可能辗转易地为官,故此我们也不能从其任职地追溯其族人之分布。

我们虽无法从吕氏族人之居住地探讨其交往情况,但可从其成员之茔域窥见其宗族关系。按祭祀祖先是中国人的传统习俗,而宗法强调的是共祖的血脉关系,故一个家族的重心,活着的是本族的宗子族长,去世的则为同宗的祖先。因此,倘若宗族关系亲密者,必有同祀祖茔[1],甚至有本族的公墓,是以韩琦要使其家族不堕,乃搜访先茔之所在,并"重修五代祖茔域"[2]。《淳熙三山志》也提到福州当地的风俗:

---

[1] 宋三平后来深入研究宋代的墓祭与墓田,根据她的解释,墓祭在春秋时代已见端倪,西汉末年上冢已成为团结宗族的一种手段,而清明扫墓的习俗则在唐代形成。到了宋代,士庶家族进行墓祭,祭祀祖先,敬尊长、明尊卑,向族人灌输宗法伦理,已经是当时收宗睦族的主要手段。见宋三平:《试论宋代墓祭》,《江西社会科学》1989年第6期,第104—107页。因此,我首先以吕氏家族坟茔的分布情况探研吕氏各房之间的宗族关系,可谓把握了其中的关键。

[2] 《少仪外传》卷上,第20页;《韩魏公集》卷一,《韩氏家集序》,第12—13页;《琬琰集》中卷四八,《韩忠献公琦行状》,第23—24页。

州人寒食春祀必拜坟下。富室大姓有赡茔田,屋祭毕合族多至数百人,少数十人,因是燕集序列,昵欵服尊祖睦族之道也。①

根据王安礼(1034—1095)撰的《吕公绰行状》载:

公自高祖以上葬太原,曾祖以下葬开封新郑县神崧乡怀忠里。②

可见吕氏第一、第二代的吕韬及吕梦奇葬于山西太原,即其祖贯之地。从"吕氏谱系图"来看,配合王安礼的说法,则自龟祥起便葬于开封,但他并无提及龟图葬地,故我们无法从此论及龟图、龟祥以后二支之关系。不过,就龟祥一代(即第三代)而论,他们的父亲吕梦奇及祖父吕韬都葬于太原祖坟,则他们兄弟二房之关系应颇亲密。

吕公绰的曾祖父龟祥、祖父蒙亨和父亲夷简葬于开封,龟图一支又如何呢?《吕蒙正神道碑》并无记其父坟地所在,只说蒙正葬于洛阳县金石乡奉先里③;据江少虞(1118年进士)称,吕蒙正"生于洛中祖第正寝,至易箦亦在其寝"④。则洛阳为蒙正之祖籍,推想龟图或可能葬于洛阳吧?无论如何,蒙正却是葬于洛阳,与其堂弟蒙亨异地,则可见吕氏至第四代末第五代始,夷简一支与吕蒙正诸

---

① 梁克家:《三山志》卷四〇,《土俗类》二,《岁时·寒食·墓祭》,《宋元地方志丛书》,台北:大化书局,1980年,第8079页。
② 王安礼:《王魏公集》卷七,《吕公绰行状》,《四库全书珍本别辑》,台北:商务印书馆,1975年,第35页。
③ 《琬琰集》上卷一五,《吕文穆公蒙正神道碑》,第1页。
④ 《类苑》卷五,《名臣事迹·吕文穆》,第90页。

子一支之关系应开始疏远；惟其时乃家族发展之前期，族人的繁衍还有限，故各房间仍有一定的来往，且似有家塾聚众教学，王珪记述吕蒙巽三女的情况即为例子：

> 夫人姓吕氏，其先并州人。曾大父讳梦琦，赠太师、尚书令。大父讳龟祥，赠太师、中书令。父讳蒙巽，尚书户部员外郎、知海州、赠太常少卿。夫人实第三女也。海州之从兄宫师文穆公，太平兴国中策进士第一，未几，致位宰相，被两朝顾遇，固隆贵矣。与海州素相友爱，故久留毂下，不得补官于外。夫人既生相家，文穆见每奇之，以谓殊非诸女之俦。太尉文靖公，海州之兄子也，少时尝亲帅诸子弟，励志于学。夫人方幼，见文字辄喜，于是泛通诗书百家之学。①

蒙正后人之坟地并无记录，至于蒙亨一支，有数人均同葬于其茔左右。按怀忠里本名马亭乡，吕夷简薨，仁宗思之，书"怀忠碑"三字以赐之，将其坟寺名为怀忠荐福院，并改马亭乡为怀忠里②；而其子公绰③、公弼④、公著⑤及公绰子希道夫妇也都葬于夷简墓侧⑥。由此观之，自龟祥、蒙亨、夷简、公绰、希道五代都是葬于怀

---

① 王珪：《华阳集》卷四〇，《寿安县太君吕氏墓志铭》，第556—558页。
② 《长编》卷一五二，庆历四年九月戊辰，注引《吕氏家塾记》，第3699页。
③ 《王魏公集》卷七，《吕公绰行状》，第35—36页；王珪：《华阳集》卷三八，《翰林侍读学士赠左谏议大夫吕公绰墓志铭》，第511页；《琬琰集》中卷一五，《吕谏议公绰墓志铭》，第12页。
④ 《琬琰集》上卷二〇，《吕惠穆公公弼神道碑》，第6页。
⑤ 《苏魏公文集》卷一四，《挽辞·司空平章军国事赠太师开国正献吕公五首》，第95—97页。
⑥ 《范太史集》卷四二，《左中散大夫少府监吕公墓志铭》，第10页。

222　近世社会的形成：宋代的士族与民间信仰

忠里,则这里已是其宗族聚葬的同族墓地。至于宗简一房,据吕广问的墓志铭载:

  公自河东迁符离,而世葬郑州管城县,因公之南,始家宁国太平县,葬其夫人与其兄弟长寿之古城山,且自为穴,今遂窆焉。①

  据范祖禹撰吕公绰墓志铭:"公(公绰)葬郑州管城县怀忠乡神崧里"②,可知管城县之墓地即怀忠里者,故吕广问之父希朴、祖父公雅及曾祖宗简均葬于河南开封龟祥祖坟侧旁。所以大抵在南渡以前,蒙正一支已迁葬洛阳,与夷简及宗简一支关系较疏;而宗简和夷简两支则同葬于怀忠里祖茔,由于是同族聚葬墓地,故推想他们两支之宗族关系应较为亲密。

  本研究初稿完成后二十余年,考古学者郑嘉励在研究浙江武义县南宋吕氏家族墓地时指出:

  六世祖吕夷简,在河南新郑,也就是河南郑州神崧里,当时已经打造了一个七代的聚葬家族墓地,这个墓地现在还在,但没有经过考古发掘。这一个家族墓地,在埋的时候是有严格规划和坟图的。这些图在历史的传播过程中,在当时使用是雕版印刷,刻文字时相对来说比较简单,图翻刻起来比较麻烦,

---

① 韩元吉:《南涧甲乙稿》卷二〇,《左太中大夫充龙图阁待制致仕赠左正奉大夫吕公墓志铭》,《丛书集成初编》,上海:商务印书馆,1936年,第396页。
② 《范太史集》卷四二,《左中散大夫少府监吕公墓志铭》,第10页。

所以文字相对来说容易流传下来，而图就比较容易失传，图现在没有了。神崧里墓地的坟图的序现在还保留在天一阁鄞县的墓府的吕氏宗谱里。把神崧里北宋吕氏的家族墓地的形成过程，描述的非常详细。神崧里的墓地甚至将吕用中这一代的墓地都做好了，可以想象，如果北宋没有灭亡，吕氏不会南迁，也不会有明招山的墓地。①

可惜我未能看到这些资料，无法详论，但足见以吕氏家族的坟茔讨论其宗族关系是正确的。

宋室南渡以后，吕蒙正一支的资料全无，而宗简一支，据上论可见吕广问已移居太平县，长寿古城山成为他和兄弟宗人的坟茔，但夷简一支之情形又如何呢？由于史料缺乏，故在第二章的论述中我们只知道夷简一支的后人多移居江西和浙江一带，故他们的坟地很自然随朝廷由东京迁至南方，而吕大同（吕本中子）妻子方氏的墓志铭便谓：

> 夫人初没时，（其子）祖平屡不能以柩袝从事墓（即吕大同墓），乃婺州武义县明招山祖墓之旁焉。自改葬从事，诹日奉夫人归袝。②

可见婺州武义县明招山已成为吕祖平一族的聚葬祖坟。按吕

---

① 《考古才子郑嘉励：武义明招山，一场理想主义者的族葬》，http://zj.zjol.com.cn/news/135962.html，访问日期：2016年9月10日。
② 陆游：《陆放翁全集·渭南文集》卷三六，《吕从事夫人方氏墓志铭》，北京：中国书店，1986年，第221—222页。

氏族人葬于此地辈分最高者，似为吕公著之孙、即吕本中之父吕好问。吕好问自伪楚蒙污退隐后，终卒于桂州，后二十四年乃改葬于武义县之明招山①；其子吕用中并上言朝廷乞得武义县之惠安院作为好问之功德院②。此后，吕好问另一子吕弸中③、弸中子吕大器夫妇④、大器子吕祖谦夫妇⑤、祖谦弟吕祖俭⑥及前引好问另一子吕本中的儿子吕大同夫妇，均葬于明招山。是以可知夷简后人迁于浙江及江西一带者，均葬于明昭山之宗族祖墓。

我在二十多年前研究吕氏家族的坟茔时，能够运用而确实可信的宋人史料，就只能拼合到上面的简单图像；幸运地，近年考古学家在明招山吕氏家族墓地的发掘工作，让我们更清楚吕好问一房如何在婺州建立南渡后的家族墓地，也证明我当年的构论大致无误。由于史料珍贵，这里值得详细征引和深入讨论，见《吕好问圹志》：

> 绍兴元年四月，避地南走桂州，得疾寖剧，薨七月丁酉，享年六十八。……孤子本中、弸中、用中、忱中奉丧藁葬城南龙泉寺。……自公之考侍讲荥阳公、祖正献晋公、曾祖文靖豫公以上，与公夫人王氏，皆前葬郑州新郑。今公之丧未克归

---

① 《吕东莱先生文集》卷九，《家传》，第212—214页。
② 徐松：《宋会要辑稿》，《道释》二之一二，北京：中华书局，1987年，第7894页。关于功德坟之详情，可参考黄敏枝：《宋代佛教社会经济史论集》，台北：学生书局，1989年，第241—285页。
③ 吴师道：《吴正传先生文集》卷一八，《吕文穆公诰词》，《元代珍本文集汇刊》，台北：台湾图书馆，1970年，第555—556页；吕祖谦，《东莱集》附录一，《吕祖谦年谱》，《四库全书珍本十一集》，台北：商务印书馆，1981年，第2页。
④ 《吕东莱文集》，《本传》，第1页；《东莱集》，《吕祖谦年谱》，第5页及8页。
⑤ 《吕东莱文集》，《本传》，第1页；《东莱集》，《吕祖谦年谱》，第5页及8页。
⑥ 《吴正传先生文集》卷一八，《吕文穆公诰词》，第555页。

葬，诸孤号哭即事，惧不得济而亦不敢谋久安，于是将视四方
少定而改卜焉。孤子本中泣血谨志。……[补刻文字]：先公藁
葬桂林，□二十有二年，绍兴癸酉秋，乃克扶护度岭，以其年
闰十二月己酉改葬于婺州武义县明招山之塘坞。当改葬之岁，
本中、弸中皆先没………。孤子用中疾病号泣谨志。[①]

吕好问卒于桂林，子孙只将他暂时"藁葬"，而墓志的方石早
已预留了足够的补刻空间，很明显他们是希望待时局安定后，再将
吕好问的灵柩移归其祖父辈和妻子王氏长眠的郑州神崧里家族墓地；
惟最后因为朝廷和吕家已迁移南方，吕用中兄弟遂将父亲葬于明招
山，是为新建宗族墓地的最高辈分者。

吕好问一房何以选择明招山？从前面第二章的讨论可见，好问有
五个儿子，吕揆中未婚早夭，当时长子吕本中住在信州，即江西的上
饶；吕弸中住在婺州，即浙江的金华；吕用中住在浙江绍兴，吕忱中
住在浙江的衢州。四人均非住在武义，将好问及其后人逐步葬于明招
山，似乎是跟吕弸中死于儿子吕大伦的官舍有关。《吕弸中圹志》：

（绍兴）十六年十二月癸卯，感疾，终于男大伦婺州武义县
丞廨舍正寝，享年五十有七。……诸孤奉丧藁葬于武义县明招
山。自公之妣、祖考妣、曾祖考妣以上及公之夫人章氏皆葬郑州
新郑县。公之考右丞及公之夫人文氏皆藁葬静江府。今公之丧

[①] 吕本中、吕用中：《吕好问圹志》，见郑嘉励：《明招山出土的南宋吕祖谦家族墓志》，载于包伟民、刘后滨主编：《唐宋历史评论》第1辑，北京：社会科学文献出版社，2015年，第188页。

既未克归祔先垄,又不能从葬桂林。诸孤流离异乡,惧不得济,于是衔哀茹苦权宜即事,以俟它日改卜焉。孤子大伦泣血记。[1]

由于当时吕好问暂葬于桂林,吕大伦遂在武义县丞的任上,将父亲"藁葬"于明招山,但他仍强调吕夷简在郑州建立的祖坟,希望他日可以改卜归葬,可见当时还没有建立永久性墓地的想法[2]。吕弸中死于儿子在武义县丞的官廨里,巧合地开启了浙江吕氏家族墓地的序幕。后来,吕弸中继室文氏的灵柩也从桂林迁来明招山安葬:

（文氏）绍兴辛亥四月避地适岭表,甲戌暴终于桂之兴安驿中,享年□十二。吕氏世葬郑州新郑县怀忠乡神崧里。今□□□然未可北归,遂卜是月甲申藁葬桂州□□□山隆教寺之后,以待兵革小定,归祔先垄。……[补刻文字]:先考驾部既葬于婺州武义县之明招山,绍兴癸酉奉先妣安人文氏至自桂林,以是年闰十二月己酉□举先考之柩合葬于旧穴之南六十三步。……孤子大器号泣谨志。[3]

跟吕好问一样,文氏"藁葬"于桂州佛寺之原因,仍然是希望将来北定中原后回归郑州的祖坟,故志石留下位置以备将来补刻文

---

[1] 吕大伦:《吕弸中圹志》,见郑嘉励:《明招山出土的南宋吕祖谦家族墓志》,第190—191页。
[2] 郑嘉励也有同样的释读,见《明招山出土的南宋吕祖谦家族墓志》,第191页。又可参考郑嘉励:《考古所见之江南文化》,https://kuaibao.qq.com/s/20190303B0XFJ200?refer=spider,访问日期:2020年8月3日。
[3] 吕大器:《吕弸中妻文氏圹志》,见郑嘉励:《明招山出土的南宋吕祖谦家族墓志》,第191—192页。

士族篇　227

字；不过，现实是偏安江左大局已成，吕弸中已在明招山长眠，故文氏亦跟吕好问一样，由子孙接回明招山之墓地，重投丈夫的怀抱里去。文氏这次归葬，吕大器将父亲吕弸中改葬，和文氏同穴，虽然当时仍然念念不忘河南的祖墓，但似已有永久安葬婺源之意；而吕弸中父子及妻子的墓地聚垄于明招山，隐隐然已可看见吕氏家族各房之间靠拢之目的了①。

前面提到吕用中上言朝廷，为父亲乞得武义县之惠安院作功德院，他自己和妻子韩氏后来也长埋于斯地，《吕用中圹志》：

> 以（绍兴）三十二年六月二十八日，终于男大麟常州武进令治所。……繇公之六世祖代国公而下暨秦国夫人皆葬于郑州，公之考东莱公先葬桂林，后改卜婺州武义县之明招山。诸孤奉公之丧，以是岁九月二十六日葬于明招，迩东莱公之兆，成公志也。……孤子大麟等泣血谨记。②

《吕用中妻韩氏圹志》：

> 夫人叙封宜人，先君没，（子）大麟升朝……乾道六年十一月以疾终于建康府江东转运司主管文字官舍，享年七十。

---

① 郑嘉励亦指出，南方的世家大族因为重视风水穴，故很难将所有族人同葬于一个地方；北来的吕氏家族在明招山建立多个坟垄，就显示其为一个家族墓地。见《考古才子郑嘉励：武义明招山，一场理想主义者的族葬》。郑氏此论，可补充我们在这里的讨论。
② 吕大麟：《吕用中圹志》，见郑嘉励：《明招山出土的南宋吕祖谦家族墓志》，第193—194页。

明年二月十二日，大麟、大虬奉夫人之丧合先君之葬于婺州武义县明招山。……大麟泣血谨记。①

吕用中的圹志同样提到郑州的宗族墓地，但儿子大麟说到"成公志也"，证明吕用中自己已希望葬在父亲墓地之侧；而其妻韩氏殁后，儿子也将她的遗体从建康府运回明招山，跟吕用中一起下葬；至若其弟吕忱中也一样，要求子孙将自己葬于父亲坟墓之右，《吕忱中圹志》：

（绍兴）三十二年，除知饶州，视事凡三月，以十月十六日寝疾终于郡治，享年六十五……惟吕氏自代国公而下皆葬新郑，自东莱公之丧不克归祔，卜葬婺州武义县之明招山。而公之仲兄驾部、叔兄秘阁皆从葬焉。隆兴元年正月十八日，奉公之丧于东莱公兆域之右，遵治命也。……侄……大器泣血谨记。②

而后来吕忱中妻子李氏以疾终于家，其子吕大信亦将母亲"合祔于婺州□□县明招山先君之兆"③。值得注意的是，自吕弸中先葬于婺州后，吕用中将父亲之灵柩迁回明招山墓地，其后弸中妻、用中夫妻和忱中夫妻也在父亲坟茔周围安葬，而用中和忱中夫妻的

---

① 吕大麟：《吕用中妻韩氏圹志》，见郑嘉励：《明招山出土的南宋吕祖谦家族墓志》，第195页。
② 吕大器：《吕忱中圹志》，见郑嘉励：《明招山出土的南宋吕祖谦家族墓志》，第196—197页。
③ 吕大信：《吕忱中妻李氏圹志》，见郑嘉励：《明招山出土的南宋吕祖谦家族墓志》，第197页。

《圹志》也再没提到"藁葬",可见吕好问一房的子孙已不再将明招山视为族人暂卜之墓地了。

事实上,到了弸中子吕大器死时,其弟大猷所写的《圹志》,已将明招山的吕氏家族墓地称为祖坟了,将大器和妻子合葬:

> (大器)乾道八年二月七日,以疾终于家,享年六十。是年五月十六日,葬于婺州武义县明招山祖茔之次。娶曾氏,故尚书礼部侍郎几之女,前公七年卒,赠宜人,实合袝焉。①

曾氏早吕大器先殁,其实吕大器早已将其葬在明招山的家族墓地里:

> 孺人性至孝,父没,哀毁成疾,以乾道二年十□月一日终于建业舟中,享年□□□□。吕氏世葬郑州新郑县怀忠乡,今既未克归葬,姑以明年正月二十二日袝于婺州武义县明招山先公驾部冢次……吕大器记。②

河南郑州的吕氏家族墓地已是遥不可及,遇有亲人离世,实际已无须犹豫,明招山的先茔就是最好和最自然不过的选择。因此,吕大器弟吕大伦和其妻子程氏也是葬在这里,吕祖永为母亲写的《圹志》就提到程氏"以淳熙丁酉十一月十五日终于正寝……以

---

① 吕大猷:《吕大器圹志》,见郑嘉励:《明招山出土的南宋吕祖谦家族墓志》,第199页。
② 吕大器:《吕大器妻曾氏圹志》,见郑嘉励:《明招山出土的南宋吕祖谦家族墓志》,第200页。

明年二月初二日祔于婺州武义县明招山先君之兆。先君讳大伦"①。而吕用中子吕大麟亦将自己的妻子薛氏葬在家翁墓侧："予先君秘阁（即吕用中）以绍兴三十二年奄弃诸孤，诸孤奉公之丧葬于东莱公兆域之左。夫人为先君冢妇，义当从葬近地，遂以是年六月二十五日葬夫人于明招山之塘坞，迩先君之墓也。"②当然，大麟自己也是一样，长眠于明招山家族墓地③。

自吕好问祖孙三代都葬在婺州以后，直至宋末元初，本房各代后人遂以武义县明招山的墓地为"先茔""祖茔""祖兆"，建立了吕氏在南方最大型的新家族墓地，当时甚至有人从风水之说指出"然或者谓吕之子孙不甚寿，亦祖山掘凿太过也"④。新发见吕氏族人的《圹志》还有下列几通可见其况，姑以简表列出，免再赘说：

表1 明招山吕氏族人坟茔资料

谱代	姓名	内容	资料出处
11	吕祖谦妻前韩氏	绍兴三十二年秋，吾(韩元吉)女将葬于婺州明招山吕氏之兆。	韩元吉：《吕祖谦妻前韩氏墓志》⑤

① 吕祖永：《吕大伦继室程氏圹志》，见郑嘉励：《明招山出土的南宋吕祖谦家族墓志》，第201页。
② 吕大麟：《吕大麟妻薛氏圹志》，见郑嘉励：《明招山出土的南宋吕祖谦家族墓志》，第203页。
③ 吕大麟儿子吕祖宪为自己的儿子吕荣年写的圹志，就提到自己的曾祖父、祖父及父亲吕大麟都是葬于明招山。见吕祖宪：《吕荣年圹志》，载于郑嘉励：《明招山出土的南宋吕祖谦家族墓志》，第212页。
④ 方大琮：《与林提干进礼书》，载曾枣庄、刘琳主编：《全宋文》卷七三八九，《方大琮》二九，上海：上海辞书出版社，2006年，第61页。
⑤ 韩元吉：《吕祖谦妻前韩氏墓志》，见郑嘉励：《明招山出土的南宋吕祖谦家族墓志》，第204页。

续 表

谱代	姓名	内容	资料出处
11	吕祖俭	其明年七月二十四日之夜,无疾终于筠州大愚寺寓居之正……朝廷怜之,诏令归葬。吕氏世葬……忠乡神崧里,右丞公始葬婺州武义明招山,子孙皆族葬焉。诸孤遂以是……十九日葬于先茔之次。(本段省略号为碑文残缺不清处)	《吕祖俭圹志》①
11	吕祖忞	先君生于乾道丙戌六月十二日,终于嘉熙庚子十一月初六日,享年七十有五。以淳祐改元三月己酉归葬于婺州武义县来苏乡明招山祖茔之右。	吕袤年:《吕祖忞圹志》②
12	吕康年及妻子刘氏	迪功郎、温州录事参军吕君康年之妻刘氏……初,录参君以诸生登第,主庆元鄞县簿,再调,未上而卒。……(刘氏)卒以不疗而死。……以明年二月二十一日奉其柩葬于明招山,以录参君之兆。	刘宗奭:《吕康年妻刘氏圹志》③
12	吕荣年、吕叔骏	荣年生以淳熙十年十月二十七日,卒以嘉泰四年六月十三日。自予(吕祖宪)曾大父太师莱公、大父秘阁、先君右司悉葬婺州武义县明招山,荣年卒之岁十月丁酉乃以其丧祔于祖茔之次。予有四子,叔骏年七岁矣,先以庆元戊午夏六月逝,瘗越之近郊,□是亦徙其柩,葬于荣年圹侧,盖同兆云。	吕祖宪:《吕荣年圹志》④

---

① 佚名:《吕祖俭圹志》,见郑嘉励:《明招山出土的南宋吕祖谦家族墓志》,第207—208页。
② 吕袤年:《吕祖忞圹志》,见郑嘉励:《明招山出土的南宋吕祖谦家族墓志》,第208页。
③ 刘宗奭:《吕康年妻刘氏圹志》,见郑嘉励:《明招山出土的南宋吕祖谦家族墓志》,第210—211页。
④ 吕祖宪:《吕荣年圹志》,见郑嘉励:《明招山出土的南宋吕祖谦家族墓志》,第212页。

续表

谱代	姓名	内容	资料出处
13	吕宜之 (吕本中 四世孙)	先君生于绍定辛卯二月十二日,卒于至元甲申正月二十日,享年五十有四……惟是宅兆久未协吉,不肖孤凤夜不宁,卜以己丑孟春丁酉葬于武义县来苏乡明招山社塘坞之原,附祖兆也。	吕克庄:《吕宜之圹志》[1]

综观以上所述,可见吕氏家族在第四代以前,祖坟为太原,故龟图、龟祥两房关系应很密切;而自蒙正一支迁葬洛阳、蒙亨一支迁葬开封,两支之关系乃开始疏远,并应以各自衍生之后人为本宗互助的对象;宗简及夷简一支在南渡前同葬开封,故宗族关系紧扣,但南渡后广问一支迁葬长寿,好问一支迁葬明招,宗简、夷简两房在三代后也疏远,同样应以各自衍生之后人为本族互助之对象。

以上是利用宗族的坟茔来分析吕氏宗族的关系,笔者发觉过去史家在讨论宋代宗族组织及互助时,并无注意此点,故此可谓我的大胆尝试及推论[2]。然而,此点正与传统的宗法相合,从世代分辨亲疏,故吕蒙正一支在五代后便与夷简、宗简二房脱离关系;而夷简、宗简为兄弟,故以宗法计算,自其父蒙亨至曾孙广问、好问止亦为五代,是以好问与广问二支又脱离关系,这似乎可证明我用坟茔讨论其宗族关系是可靠合理的。事实上,方大琮(1183—1247)就如此说:

---

[1] 吕克庄:《吕宜之圹志》,见郑嘉励:《明招山出土的南宋吕祖谦家族墓志》,第213页。
[2] 何晋勋后来也开始研究士族发展与葬地的关系,见何晋勋:《宋代鄱阳湖周边士族的居、葬地与婚姻网络》,《台大历史学报》1992年12月第24期,第287—328页。

> 吕氏自南渡来，子孙虽分散四出，多归葬婺之明招山。①

坟茔作为吕氏家族敬宗睦族的作用，清楚可见；婺源吕氏宗族各房之间的关系，亦因此更形巩固。这里还有一个有趣的问题，吕好问而下，子孙都葬在明招山家族墓地，如果靖康劫后宋室真的能直捣黄龙收复中原，依吕好问诸人的《圹志》所见，他们都念念不忘要归葬河南郑州的祖茔，那郑州的吕氏墓地就肯定不只是前引郑嘉励提到的为七代吕氏族人的冢穴。果如是，我们在第一章引柳立言对宋代"宗族"论的质疑，吕氏这个例子，或可回应其挑战、也显示将吕氏家族视为一个整体研究，仍然有其道理或意义？

此外，我们或可再用族人字辈来看，据日本宗谱学家多贺秋五郎（1912—1990）的研究，命名排行，具有表示宗族内部纵与横的人伦辈行关系②，王明清《挥麈录》亦云：

> 东莱吕氏，文穆家也。文穆诸子，文靖兄弟也，名连简字。简字生公字，公字生希字，希字生问字，问字生中字，中字生大字，大字生祖字。③

从"河南吕氏家族谱系图"可见，吕蒙正一支与夷简一支前五代均以同字排辈，合于宗法，故其关系亲密；但蒙正孙及曾孙以"昌"字及"仲"字排辈，与夷简、宗简后人不同，盖已超出五

---

① 方大琮：《与林提干进礼书》，第61页。
② ［日］多贺秋五郎：《中国宗谱の研究》，东京：日本学术振兴会，1981年，第51—116页。
③ 《挥麈录·前录》卷二，第21页。

代,关系自会渐渐疏远①。至于夷简、宗简为亲兄弟,两房五代排辈之字亦相同,正可反映夷简与宗简两房较与蒙正一支亲密;而到了"中"字辈以后,吕氏族人有史料可寻者,只剩下吕公著的后人及吕公绪的后人,公绪后人在金初移居沦陷的河南武陟,其字辈在"希"字后亦与公著后人不同②,故两支的关系已隔绝,宗族互助更谈不上了。

笔者用坟茔和字辈来讨论吕氏的宗族关系,目的是要指出即使我们可确定某人属于某一家族时,仍然不能凭此谓其成员间有宗族互助的情况,必须考虑其亲疏关系。例如郝若贝便过分夸大宗族的范围和互助关系,故论者批评其将宋代家族的内容和活动过分扩大,更将完全无关系的"开封贾氏"和"河东贾氏"误作一族③;而贾志扬亦批评韩明士在研究抚州精英时,把他们所有的家族成员也视作精英分子,是不合理的④。因此,我们不能过分夸大宗族互助对吕氏家势的帮助,让我们举些实例看看。吕蒙正曾孙吕仲甫曾任京

---

① 柏文莉(Beverly J. Bossler)在后来的研究里,跟我有相同的研究进路,同样强调宋代士族在维系家族地位时,重视建立祖茔和利用字辈维持凝聚力。不过,柏文莉引用《挥麈录》的资料后认为,吕夷简一房利用字辈维持家族这种模式,并未被吕蒙正任何已知的后人所采用,此点我却不敢苟同。盖从本文"图1:河南吕氏家族谱系图"可见,吕蒙正诸子都以"简"字为辈、诸孙以"昌"字为辈、曾孙则以"仲"字为辈,可惜其余后人都未见载于史籍,我们无法再知道以后的情况。不过,仅从这三代的年辈推测,吕蒙正一脉同样都是以字排行年辈,未知柏文莉是否因为未见吕蒙正诸孙及曾孙的资料,故有上论?吕蒙正后人跟吕夷简后人的字辈不同,正反映不同支脉的亲疏发展不同。有关柏文莉之论,见Beverly J. Bossler, *Powerful Relations: Kinship, Status, and the State in Sung China (960—1279)*, Cambridge, Mass. and London: Harvard University Press, 1998, pp. 75—76.
② 苏天爵:《滋溪文稿》卷七,《元故翰林侍读学士赠陕西行省参知政事吕文穆公神道碑》,《元代珍本文集汇刊》,台北:台湾图书馆,1970年,第1页。
③ 李弘祺:《宋代社会与家庭——评三本最近出版的宋史著作》,第201页。
④ John W. Chaffee, *The Thorny Gates of Learning in Sung China: A Social History of Examinations*, Cambridge: Cambridge University Press, 1985, p. 12.

都提刑等官,与苏轼善①;吕仲敏则曾为户曹,与刘挚善②;苏轼和刘挚等均与吕公著有深交,但我们完全看不到公著一支和仲甫、仲敏等有任何交往。而吕仲敏之父吕昌辰(蒙正之孙、务简之子)更"家极贫",甚至"死也至无以敛"③;当时吕氏家族极为显贵的吕夷简、吕公著一支似也没予以援手。又例如吕蒙正子吕居简官右谏议大夫,曾与夷简子枢密直学士吕公弼先后详定均税④,同殿为臣,亦无资料显示他们有联络交往。更有甚者,吕蒙正孙吕昌龄曾干请族父吕夷简荐用,因为没有获得夷简的帮助,昌龄乃向李迪诬夷简曾纳贿,欲以陷之⑤。吕夷简不荐吕昌龄,已可见宗族互助对吕氏家势之帮助是有限的,而他们因仇怨而互相攻讦,更提醒我们对宗族互助的重新反省。

当然,或有谓吕夷简一支与吕蒙正之裔在血缘上已疏远,故其没有互助是可想见的,笔者接受此论,而我在前面论述坟茔等等就是要指出宗族互助在数代以后便会失效,即使能证明他们是同族之成员,但亦不能推论他们有宗族间之互助,这一点是我要强调的。蒙正与夷简之后人因血缘疏远而缺少互助,那么较亲密的宗简和夷简之后人又如何呢?众所周知,夷简之子吕公弼和吕公著本与王安

---

① 苏轼:《苏东坡全集·外制集》卷上,《吕穆仲京东提刑制》,北京:中国书店,1986年,第598页;陆心源:《宋诗纪事补遗》卷二二,《吕仲甫》,台北:鼎文书局,1971年,第12页。
② 刘挚:《忠肃集》卷一九,《送吕曹仲敏》,《丛书集成初编》,上海:商务印书馆,1936年,第280页。
③ 《忠肃集》卷一三,《清海军推官吕君墓志铭》,第189页。
④ 《长编》卷一九一,嘉祐五年四月丙戌,第4621页;《宋会要辑稿》,《食货》七〇之一〇,第6375页;马端临:《文献通考》卷四《田赋》四,《历代田赋之制》,北京:中华书局,1986年,第58页。
⑤ 朱熹:《五朝名臣言行录》卷五之二,《丞相李文定公》,《四部丛刊初编》,台北:商务印书馆,1967年,第94页。

石相善，但后因新法故而反目成仇，但宗简子吕公雅却曾提举保甲保马法[1]，而他们之间亦未见往来，在政见不同、缺少交往下，公雅与公著等亦未必有互助。此外，吕夷简本支之后人中，公著子希纯之孙吕企中，"少孤贫，漂转建昌"[2]，"孤""贫"正可显示无宗族之帮助。吕公绪子希衍失其官封，携其家人入金，更与吕氏其他族人完全脱离关系，自然亦没有宗族互助[3]。其实，正如前节所言，"郡望"观念在宋代已经解体，一个人一旦离开本家，往往从此与本乡的族人脱离关系，吕氏族人大多到各地任官，故各支之间的关系自然日渐疏远，除非他们有共同的祖茔或类似义庄的组织，又或是居住在一起，否则其宗族关系及互助情况不会很多。正因为如此，故吕居简、公弼、仲甫、仲敏、公著、公绰等人虽曾相若同时为朝官，但吕蒙正及吕夷简二支间似并无很亲密的交往；南渡后，吕广问、本中、忱中、企中和吕希常等亦曾一殿为臣，但他们数支之间也无很强的联系，更有政见不同者，如吕忱中、愿中党秦桧。诸吕之间，笔者推想他们在碰面时虽知道彼此同为一族之后，至于互助云云，那要按个别情况而论吧。

然则宗族互助对吕氏是否完全没有帮助呢？这当然不是，上面的讨论旨在指出是有限的，不能过分夸大其效用。如前节所论，宋人在"家"以外已发展了新的宗族组织，故在血缘亲密的族人中，

---

[1] 《长编》卷三三五，元丰六年六月戊辰，第3125页；卷三四一，元丰六年十二月甲申，第3174页；卷三四三，元丰七年二月庚午，第3183页。
[2] 洪迈：《夷坚志·三志壬》卷二，《吕仲及前程》，北京：中华书局，1981年，第1482页。
[3] 《滋溪文稿》卷七，《元故翰林侍读学士赠陕西行省参知政事吕文穆公神道碑》，第1页。

吕氏亦有互助的情况，例如吕蒙正为相后，太宗便从其请而命蒙正诸弟蒙叟为郾城县主簿、蒙庄为楚邱县主簿、蒙巽为沈邱县主簿[1]。此外，蒙正又与堂弟蒙巽"相友爱"，故蒙巽"久留縠下，不得补官于外"[2]。而吕氏宗族互助对家族发展帮助最突出的例子，自然要算吕蒙正推荐堂侄吕夷简了：

> 吕文穆公既致政居洛，真宗祀汾阴过洛，文穆尚能迎谒，至回銮已病，帝为幸其宅，问曰："卿诸子孰可用？"公对曰："臣诸子皆豚犬，不足用。有侄夷简，任颍州推官，宰相才也。"帝记其语，遂至大用。[3]

按蒙正不举儿子而荐堂侄夷简，一方面固然是夷简有才能，但亦可能是为了使家族有更大之发展，故蒙正宁舍子荐侄，使有才能之族人可令吕氏昌盛不衰；而夷简后来亦不负所托，成为北宋一代名相，吕氏更成为宋代名族。至于夷简，他亦与"季氏宗简尤为友爱"[4]；其子公绰也重视宗族互助，"每任子，必先诸族，公捐馆而诸孙犹有未命者"[5]；公著则"俸赐率以周九族"[6]；公绰子希道遇郊礼

---

[1] 《长编》卷三一，淳化元年九月戊寅，第705页。
[2] 《王华阳集》卷四〇，《寿安县太君吕氏墓志铭》，第556页。
[3] 《五朝名臣言行录》卷一之六，《丞相许国吕文穆公》，第24页；《长编》卷七五，大中祥符四年三月甲申，第1716页；毕仲游：《西台集》卷一七，《祭司空吕申公文》，《丛书集成初编》，上海：商务印书馆，1936年，第261页。
[4] 张方平：《乐全集》卷三六，《吕文靖公夷简神道碑》，《四库全书珍本初集》，上海：商务印书馆，1934年，第10页。
[5] 《琬琰集》中卷一五，《吕谏议公绰墓志铭》，第11页。
[6] 《三朝名臣言行录》卷八之一，《丞相申国吕正献公》，第198页。

恩迁官，"固辞，诸及族人之未仕者"[1]；吕好问亦将天子加恩"推与从父兄"[2]；吕广问任婺源主簿，也奉其兄吕和问以俱[3]；吕游问更"将官屋亏价卖与族侄昭中"[4]；吕祖谦也料理其八家叔[5]及其婶母之丧[6]，并从浙西挈其另一家叔一房归婺[7]，又照料诸弟[8]。不过，这里存在一个难题，记述中吕家互助的对象是"诸族""族人""从父兄""族侄""族叔"等等，实际所指是谁？前面提过，家、族、家族、宗族等用语在不同的时期有不同的内涵，而这些用语往往又是多义词，如夷简应是蒙正的堂侄，但蒙正就多称其为"侄"；加上文本的记录者并非人类学家，故他们均无严格标准使用这些字词。职是之故，今人根本无法知道吕氏宗族互助的范围，若以前述坟茔之论，猜想大抵在五代之内而已。

南宋时代明招山诸吕的称谓或谱系有时很混乱，其中一个原因是"过继"导致的。我们在第二章曾提到吕忱中因为两子早亡，故"遗言以侄大猷之第四子祖新更名祖信为后"，后来此事没有果行，而由另一旁系子孙吕大信继后香灯；而吕康年也因为早卒，结果以仲兄吕延年之命，由吕祖义孙吕正之和吕安之过继给康年为嗣。这种情况，吕氏各房之间并不罕见，《吕大麟妻薛氏圹志》：

---

[1] 《范太史集》卷四二，《左中散大夫守少府监吕公墓志铭》，第5页。
[2] 《吕东莱先生文集》卷九，《家传》，第204页。
[3] 《宋元学案》卷二七，《和靖学案·尹和靖门人吕节夫先生和问》，第1009页。
[4] 《宋会要辑稿》，《职官》七二之一一，第3993页。
[5] 《吕东莱先生文集》卷五，《与陈同甫书》，第109页；《陈亮集》卷二三附，《与陈同甫书》，第253页。
[6] 《吕东莱先生文集》卷五，《与陈同甫书》，第115页。
[7] 《吕东莱先生文集》卷三，《与汪端明书》，第41页。
[8] 《吕东莱先生文集》卷四，《与周丞相书》，第87页；同书同卷，《与虞丞相书》，第93页。

夫人生四子：长曰祖恕，次曰祖悫，皆以祖荫授将仕郎。次曰祖□（宪），幼曰祖志。祖志为予弟大虬之后。①

这里可见吕大麟就以自己的儿子吕祖志接续吕大虬一门。案宋代的宗族制度自然是以父系血缘关系构成，对一个成年男性而言，必须有人来继承其宗祧，如因为种种原因而没有亲生儿子嗣立，就必须立同姓昭穆相当者为继，宋朝的法令有很明确的规定②。如前所言，南宋明招诸吕多有享寿不长者，各房之间过继承续香火，是家族绵延的最重要者，也是宗族互助最显见的踪迹。

除此以外，与范仲淹相若，吕氏家族为使子孙能得到名师的教养，以应付科举，使家势不堕，故乃营建书院等宗族组织，教导宗人。《邵氏闻见录》便载：

先是富韩公（弼）之父贫甚，客（吕）文穆公门下，一日白公曰："某儿子十许岁，欲令入书院事廷评、太祝。"公许之。其子韩公也，文穆见之惊曰："此儿他日名位与吾相似。"亟令诸子同学，供给甚厚。③

盖吕蒙正自幼为父所弃，贫穷潦倒，读书备试均仰居寺院，故一旦登第起家后，自然深明科举及宗族的关系，于是在家中建有书

---

① 吕大麟：《吕大麟妻薛氏圹志》，见郑嘉励：《明招山出土的南宋吕祖谦家族墓志》，第203页。
② 详见王善军：《宋代宗族和宗族制度研究》，石家庄：河北教育出版社，2000年，第123—138页。
③ 《邵氏闻见录》卷八，第76页。

院供子弟读书，且供给甚厚，作为族人参与科举的经济支持。前面提过吕蒙巽三女的情况，似乎蒙正也容许女性族人在家塾里读书识字，而吕夷简也曾在其中带领族人为学。后来吕氏家族族人广众，分支愈多，且又多放官于外，故其中不少人均于其任官寄居处设有此类组织，延聘名师，教育子弟，如吕公著、希纯父子：

> 欧阳公知颍州，吕正献公为通判，正献日与公讲学，其于诸弟子中，独敬先生（焦千之），延之馆，使子希哲辈师事焉。……吕待制希纯知颍州，筑宅于城南以居先生，颍人称曰焦馆。①

而吕大伦于绍兴十五年（1145）为武义县丞时，也与堂兄吕大器、大猷及大同等"筑堂于厅之西"，"以与兄弟讲习道义于其间"，名曰"豹隐堂"②，吕祖谦在金华设立的"丽泽书院"则更为著名③。"丽泽书院"虽非为吕氏子弟专设，实为祖谦与诸友讲学之地，但吕氏子弟亦多从学其中，如吕祖谦弟吕祖俭，便"受业祖谦如诸生"，而据后引祖谦宗法条目，可见吕氏亦有宗学之设④。吕氏号为"中原文献之传"，族人多有登第使家势不堕者，此一因素颇为重要，如夷简父蒙亨"无禄早世"⑤，但夷简少时还能"帅诸子弟厉志

---

① 《宋元学案》卷四，《庐陵学案》，第205—206页。
② 汪应辰：《文定集》卷九，《豹隐堂记》，《四库全书珍本十集》，台北：商务印书馆，1979年，第102页。
③ 楼钥：《攻愧集》卷一五，《东莱吕太史祠堂记》，《丛书集成初编》，上海：商务印书馆，1936年，第762页；《吕东莱先生文集》，《本传》，第4页。
④ 《宋史》卷四五五，《吕祖俭传》，第13368页。
⑤ 《乐全集》卷三六，《吕文靖公夷简神道碑》，第2页。

于学"①，日后更有大成，正可反映吕氏宗学之力②。

吕氏多代人聚族同居，自然亦有宗族组织之设立，《异闻总录》曾载：

> 吕文靖公宅在京师榆林巷，群从数十。（案，《宋人轶事汇编》引《异闻总录》则作数"千"）遇时节朔望，则昧旦共集于一处，以须尊者之出。文穆公之孙公雅，年十八岁，时当元日谨礼，以卑幼故起太早……③

公雅为蒙正族孙，即宗简之子（这里可证明前面以祖莹提论宗简与夷简二支关系密切之说无误），夷简为其伯父，从他们聚居的情况，朔望时节的集会及严格的长幼尊卑之礼，可反映吕氏的宗族组织，而他们也有类似"宗子"之职，《吕氏杂记》中有语："初，文靖公薨，侍读公（吕公绰）主家政，族人游东园"④，据此，夷简原为家族之首，他死后乃由长子公绰主家政，可见其行宗子之法，

---

① 《王华阳集》卷四〇，《寿安县太君吕氏墓志铭》，第556页。
② 如本章所见，吕氏诸儒自身就是当世的大学者，而吕家为"中原文献之传"，家世、家学、家风之显赫，当世无出其右。因此，吕氏家族自己具备"优良师资"及"丰富藏书"这两个培养子孙读书投考科举的重要条件。事实上，到了南宋时代，吕氏的家势虽然已无法跟北宋相比，但如吕广问及吕问两兄弟于居处买地建立园亭，其中便有"卷书阁"（见周紫芝：《太仓稊米集》卷一三，《题吕节夫园亭十一首》，第4页），更不用说吕蒙正及吕夷简家里的书院、吕大伦兄弟的"豹隐堂"及吕祖谦的"丽泽书院"了，吕氏家族深厚的文化根基，自然有助子弟在场屋中决战。
③ 佚名：《异闻总录》卷四，《笔记小说大观》，第8页；《宋人轶事汇编》卷六，第271页。
④ 吕希哲：《吕氏杂记》卷下，《四库全书珍本别辑》，台北：商务印书馆，1975年，第5页。

242　近世社会的形成：宋代的士族与民间信仰

而《异闻总录》谓"遇时节朔望，族人昧旦共集于一处，以须尊者之出"，很明显就是记族长吕夷简主持宗族祀礼的情形。这种宗族组织的设立，除了以宗子族长领辖族人，以祖先祭祀及严格的尊卑家礼维系宗族的凝固外，更为族人提供实质的帮助，前述吕氏诸人将任子恩推与族人及以俸禄赈济同宗者就是其例，而他们与范氏义庄相似，是同居共财的大家庭。《三朝名臣言行录》有载：

（吕希哲）居京师旧第，与众共财，一毫不取，皆推与众。①

不过，吕氏似无范氏义庄等的义田组织，其宗族组织是随着各支转徙各地而设立，以维系本房。盖如前述吕氏多有放官于外者，其本支族人乃随之而往，吕本中曾说："元祐中，诸院族人居榆林，甚盛。"②除京师本宗外，其余各支均有自己的宗族组织互助，如吕好问"上奉二亲，下任数百指之责"③；吕广问一支居符离，兄弟俩亦"奉亲至孝，聚族数百指，无闲言"④。南渡后，广问一支移迁宁国府，祖谦等则在婺源。据吕祖谦文集，中有宗法条目，详列祭祀、省坟、婚嫁、生子、租赋、家塾、饮食、衣服、束脩、合族、庆吊、送终、会计、规矩等，其案言云：

按与朱晦庵书云，宗法，春夏间尝令诸弟读大传，颇欲略

---

① 《三朝名臣言行录》卷八之一，《崇政殿说书荥阳吕公》，第199页。
② 《能改斋漫录》卷一三，《记事·儒冠多误身》，第398页。
③ 《吕东莱先生文集》卷九，《家传》，第204页。
④ 《南涧甲乙稿》卷二〇，《左太中大夫充龙图阁待制致仕赠左正奉大夫吕公墓志铭》，第396页。

见之行事，其条目未堪传家，闲与叔位同居，向来先人以先叔久病之故，尽推祖业畀之，后来看得两位藐然，却无系属。今年商量两位，随力多少，构办一项钱，共祭祝宾客等用，令子弟一人主之。今方行得数月，俟数年行得有次序，条目始可定也。①

可知到了祖谦时，吕氏可能受流行设立义庄风气的影响，亦开始建有类似范氏义庄的更严密的宗族组织②。

总结前论，吕氏家族确有家族墓地和宗族组织，达到敬宗收族的效用。惟各支之间因族人为官散居各地，于是也各有自己的组织，互助范围相信在五代之内，即行小宗宗子之法。故我们论其对吕氏家族盛衰之关系时，不能认为所有吕韬后人都有或都会互助，正如前章所说，他们也可能只知彼此源于同一个祖宗，但世代疏远后关系已淡如水，不能过分夸大其效用；不过，在亲密的世代范围内，宗族互助仍能帮助吕氏之发展，族人间互相赒赈任荫，提供了经济和政治上的保障③；而家塾的设立，在宋代这个科举社会里，更

---

① 《吕东莱先生文集》卷四，《与朱侍讲书》，第75—76页；卷一〇，《宗法条目》，第241—246页。
② 由于史料所限，我们无法详论吕氏家族"同居共财"的情况。有关宋代的实况，可参考柳立言：《宋代同居制度下的所谓共财》，载于柳立言：《宋代的家庭和法律》，上海：上海古籍出版社，2008年，第325—374页。
③ 这里值得再深思一遍，前章提及吕公雅在王安石变法中与吕公著等分道扬镳，政治上未见任何联系，也未见史料提及他们之间的关系。但本节引《异闻总录》的记载，显示公雅年轻时随父亲跟伯父夷简一起居住，与公弼、公著兄弟也一定亲厚。如何解释他们在熙宁、元丰时候的宗族关系？我们猜想，宋人已不重视郡望，宗族间的关系，视乎实际的情况，以公雅而言，他跟公弼、公著入仕后到不同地方任官，亲情日疏，加上人各有志，踏上了不同的政途，宗族间的互助关系自然日淡。这样的话，郝若贝和韩明士等视"互助"为宋代士族宗亲的必然关系，实在以偏概全；而柳立言重提"家"比"家族"重要，自有一定的道理。我们的研究或许比较谨慎：视个别例子而言，不能一概而论。

为吕氏家族的发展,种下一个最好的投资——教育应举。

(三)家训、家法(礼)、家风与家学

吕氏既有宗族组织,则自应有谱牒以维系族人,收宗睦族。据尤袤(1124—1193)《遂初堂书目》载"姓昏类"有《三院吕氏世族》[①],所谓三院者,河南吕氏即为其中之一(见前章引《挥麈录》及吕祖谦所撰之《家传》),可见吕家是有族谱的;而《三朝名臣言行录》记吕希哲、《系年要录》记吕好问时,均曾屡引《吕氏家传》[②],传世的亦有我们多次征引的吕祖谦《东莱公家传》,可知吕氏族谱牒记之情况。不过,到了元代时,吴师道便说吕氏"谱牒告身遗像之属,为人所购售,至自称苗裔者有之"。但吕蒙正进封徐国公加食邑诰词,则仍为其"九世孙某所藏"[③]。

保存祖先的著作遗物,向为吕氏所重,如蒙正殁后,其子从简存其文集,后更以此获朝廷甄录[④];吕祖平存其六世祖夷简及五世伯祖公弼帖[⑤];吕企中得曾祖公著文集,属其从兄子吕大麟、大虬考订刊删为二十卷,藏为家传[⑥],并藏有祖父吕希纯之集[⑦];吕本中则作

---

① 尤袤:《遂初堂书目》,载于陶宗仪等编:《说郛三种》,上海:上海古籍出版社,1988年,第18页。
② 见《三朝名臣言行录》卷八之一,《崇政殿说书荥阳吕公》,第199页;《系年要录》卷七,建炎元年丁未七月癸卯,第182页。
③ 《吴正传先生文集》卷一八,《吕文穆公诰词》,第555—556页。
④ 《长编》卷九〇,天禧元年九月癸巳,第2084页。
⑤ 周必大:《文忠集》卷八,《广西漕属吕君祖平以其六世祖文靖公及五世伯祖惠穆公帖示周某,敬题其后》,《四库全书珍本二集》,台北:商务印书馆,1971年,第4页。
⑥ 《文定集》卷一〇,《题吕申公集》,第117页。
⑦ 《文定集》卷一〇,《题吕子进集》,第118—119页。

《吕文靖公事状》①；而吕夷简应本州乡举之试卷，南渡后更为丽泽吕氏家塾所珍藏，并有刊本②。绍兴八年（1138）朝廷命有司绘配享功臣像于景灵宫之壁，其中吕夷简之像就是取诸其家③。凡此种种，均见吕氏家族极富历史感，成员对过去的祖先和将来的子孙极负责，故其族讲究家训家法，也重视门风，这是可想见的。

按吕蒙正幼时母子虽为父亲所弃，惟其贵显后也"迎二亲，同堂异室，奉养备至"④。故时称其孝；而"孝"遂为吕氏所重，如：

> 吕宣问，字季通，开封人，文穆公之四世孙，徙居溧阳。父希圆，绍兴甲子倅洋州，妾韩氏生宣问，甫六岁辞去，莫知所之。父卒，李氏独在，宣问既长，将访所生，以池阳当蜀人往来通道，乃调录事参军，凡蜀客经从，必托使物色存否。临满秩而仙井兵杨俊报之曰韩氏在彼，时李氏已老，无它男，宣问不可舍李氏而远涉，亟调峡州推官，欲益近蜀。至之次年，被檄如荆门，过当阳玉泉寺，寺侧武安王庙，求梦而应，果得其母于仙井。时绍兴庚戌，相失四十余年，至是母子如初，相持感泣，吏卒为之出涕，李氏时年八十三，韩亦七十矣。⑤

---

① 《文定集》卷一〇，《吕文靖公事状》，第119页。
② 《宋会要辑稿》，《选举》一二之二六，第4460页；《文献通考》卷三〇，《选举》三，第283—284页。
③ 《系年要录》卷一五七，绍兴十八年戊辰五月甲子，第2556页。
④ 《宋史》卷二六五，《吕蒙正传》，第9146页；《东都事略》卷三二，《吕蒙正传》，第3页。
⑤ 周应合：《景定建康志》卷四八，《孝悌传·吕宣问》，《宋元地方志丛书》，台北：大化书局，1980年，第7—8页。

吕宣问之孝义，令人感动不已。此外，为使家族维持不堕，除重人伦孝道外，吕氏亦有家训，如吕蒙正退居于里，"常召诸子立庭下诲之"，使不堕家世，"由是诸子夙夜相警励，不忘诏教，持身谨勅，咸称善人。"诸孙及曾孙"并传公之所诲于其父祖，罔敢不率"。可知蒙正之义训，"大施于其后"①；夷简也书忠孝夫子之训十八字于门铭，"以遗后人"，其玄孙吕祖平即珍藏之②；蒙正并著有《夹袋册》，公著则有《掌记》，均为用世规模③；至若吕本中《少仪外传》及《童蒙训》二书，更载有大量其祖吕公著、希道、希绩、希纯、希哲等人的身范和训诫④，可见吕氏之家训家法家教等，而其目的则是"导之以礼，示之以礼法，养之以恩意，严肃逊悌之风，可以维持百年而不息"⑤。

这里有一点需要注意，吕氏除蒙正、公著、希哲等名臣之家训对子孙有影响外，其族之母教亦非常重要。按女性在宋代家庭中之地位其实并不低⑥，除有财产继承权外⑦，年长的女性亦有很高的地

---

① 《琬琰集》上卷一五，《吕文穆公蒙正神道碑》，第7—8页。
② 《陆放翁全集·渭南文集》卷三一，引《跋吕文靖门帖》，第192页。
③ 罗大经：《鹤林玉露》卷二，甲编，《达贤录》，北京：中华书局，1983年，第34页。
④ 由于其训语太多，范围更涉及做人各方面之道，故不详录，请自行参阅二书。
⑤ 《吕东莱先生文集》卷二〇，《杂说》，第468页。
⑥ 关于宋代女性的研究，近年来学者有丰盛的成果，这里无法详述，读者至少应参考下列几部著作：Patricia Ebrey B., *The Inner Quarters: Marriage and the Lives of Chinese Women in the Sung Period*, Berkeley, Los Angels and London: University of California Press, 1993；游惠远：《宋代民妇的角色与地位》，台北：新文丰出版股份有限公司，1998年；游惠远：《宋元之际妇女地位的变迁》，台北：新文丰出版股份有限公司，2003年；邓小南主编：《唐宋女性与社会》，上海：上海辞书出版社，2003年；铁爱花：《宋代士人阶层女性研究》，北京：人民出版社，2011年；方建新、徐吉军：《中国妇女通史·宋代卷》，杭州：杭州出版社，2011年；王扬：《宋代女性法律地位研究》，北京：法律出版社，2015年。
⑦ 参见[日]岛田正郎著、卓菁湖译：《南宋家产继承法上的几种现象》，《大陆杂志》1965年第30卷第4期，第15—16页。又，《名公书判清明集》中有很多例子，可参考之。

位①,故母亲的教诲多为子女所接受。关于吕氏家族妇女的问题②,本书后文有专章讨论,这里暂且从略。我们在讨论吕氏姻亲中已可得见,其姻族多为名门,颇有教养,其中突出者如吕公著妻为鲁宗道女,当时公著居家"简重寡默",而"申国夫人性严、有法度,虽甚爱公(吕希哲),然教公事事循蹈规矩"。故吕本中、魏了翁(1178—1237)和朱熹等均认为吕希哲之得成大器,实由于"申国夫人教训如此之严"③;而希哲妻为待制张昷之女儿,亦是鲁宗道之外孙,她"自少每事有法"④,由此可见吕氏家族之家教得来有因。事实上,吕氏之家规家教颇严,从现在仅存的片言记载亦可窥其况,《紫微杂记·家礼》:

> 吕氏旧俗,母母受婶房婢拜,以受其主母拜也;婶见母母婢妮即答拜,是母亦尊尊之义也。母母呼婶房人并斥其名,婶呼母母房稍老成亲近者,则并以姐称之;诸婶先来即呼后来者名,后来者呼为姐;母母于婶处自称名,或去名不称,新妇婶于母处则称之。⑤

---

① 如伊沛霞研究刘克庄家族中之女性便是一例,见 Patricia Ebrey B., "The Women in Liu Kezhuang's Family", *Modern China*, 10: 4, October, 1984, pp. 415—440.
② 参考王章伟:《从几个墓志铭看宋代河南吕氏家族中的妇女》,载于杨炎廷编:《宋史论文集——罗球庆老师荣休纪念专辑》,香港:中国史研究会,1994年,第132—143页。
③ 《童蒙训》卷上,第6—7页;魏了翁:《鹤山先生大全文集》卷六一,《跋宋龙学帖》,《四部丛刊》,台北:商务印书馆,1966年,第506页;《伊洛渊源录》卷七,《吕侍讲家传略》,第65页。
④ 《童蒙训》卷上,第7页。
⑤ 吕东莱:《紫微杂记》,《丛书集成初编》,上海:商务印书馆,1936年,第1页。

《吕氏杂记》:

> 吾家旧规,中表兄弟甥婿皆来,以长幼叙坐,唯妹婿则宾之,有年齿爵位之相远者,则不尽然。①

《酬酢事变》:

> 娣之夫长于己者拜之,少者答拜焉可也;妻之兄长于己者拜之,少者答拜可也;受外孙拜,不当扶。②

是以吕希哲外弟杨瓛宝与他人语及希哲,但称曰"内兄"或曰"侍讲",未尝敢称字也;而希哲子吕好问亦不敢直呼杨瓛宝字③;吕希纯除著作郎,更以父名公著而辞④,可见其家法之严。正因为如此,故吕氏族人多能克守家规家法,如吕昌辰"家极贫,不以一毫取人,人亦不可干以私,死也至无以敛,盖其节如此"⑤。朝廷制诏亦称吕好问"克守于家规"⑥、吕大麟"素守家法,好学不衰"⑦;甚至诸女也能秉承祖训,如吕蒙巽女"幼见文字辄喜,于是泛通诗书之学",及长

---

① 《吕氏杂记》卷上,第15页。
② 吕希哲:《酬酢事变》,载于陶宗仪等编《说郛三种》,上海:上海古籍出版社,1988年,第10页。
③ 佚名:《爱日斋丛钞》,载于陶宗仪等编:《说郛三种》,上海:上海古籍出版社,1988年,第13—14页。
④ 洪迈:《容斋随笔·五笔》卷三,《士大夫避祖讳》,上海:上海古籍出版社,1978年,第832页。
⑤ 《忠肃集》卷一三,《清海军推官吕君墓志铭》,第189页。
⑥ 程俱:《北山集》卷二二,《资政殿学士太中大夫提举临安府洞霄宫吕好问守本官致仕》,《四库全书珍本三集》,台北:商务印书馆,1972年,第4页。
⑦ 《攻媿集》卷三五,《吕大麟知常德府》,第477页。

适王珪伯父王覃，"治家亦有法，阃内肃然如宫廷"①；而吕聪问女儿嫁钱受之为妻，靖康之祸后遇溃兵，"自投于水，以誓义不污贼"②。张九成（1092—1159）即赞其"正合春秋之法，此文靖文正舍人公之遗训也"③。到了南宋后期，吕延年仍恪守吕家重礼之传统，《癸辛杂识》：

> 林靖之共甫初筮越之民曹，尝直议舍，同幕东莱吕延年后仲在焉。有妇人来投牒，吏无在者，林欲前受之，吕自后止之曰："男女授受不亲。"林竦然而止，每称以诲子孙云。④

吕氏既重家训礼法，久而久之乃形成特殊之家风门风，故章惇谓"吕公著素有家风"⑤；而"败坏家法"者如吕嘉问⑥，则被号为"家贼"，不得与吕氏同传⑦。家训、家法与家风成为吕氏凝固宗族关系、约束族人，使家势不堕的道德规范。

吕氏除了以节义家风维系族人外，蒙正、夷简、公著三代为相，代出名人，遂有家学之传。《宋元学案·范吕诸儒学案》：

> （黄）梓材谨案：（全）谢山札记："吕正献公家登《学案》者七世十七人。"考正献子希哲、希纯为安定门人，而希哲自为

---

① 《王华阳集》卷四〇，《寿安县太君吕氏墓志铭》，第556—557页。
② 《文定集》卷二三，《枢密院计议钱君嫔夫人吕氏墓志铭》，第16页。
③ 张九成：《横浦集》卷一九，《书吕夫人墓铭后》，《四库全书珍本四集》，台北：商务印书馆，1973年，第11页。
④ 周密：《癸辛杂识》别集上，《男不授女状》，北京：中华书局，1988年，第232页。
⑤ 《长编》卷四八六，绍圣四年四月辛丑，第11539页。
⑥ 《宋人轶事汇编》卷六，第269页。
⑦ 《宋史》卷三五五，《吕嘉问传》，第11189—11190页。

《荥阳学案》。荥阳子切问亦见《学案》。又和问、广问及从子稽中、坚中、弸中，别见《和靖学案》。荥阳孙本中及从子大器、大伦、大猷、大同为《紫微学案》。紫微之从孙祖谦、祖俭、祖泰又别为《东莱学案》。共十七人，凡七世。然荥阳长子好问，与弟切问历从当世贤士大夫游，以启紫微，不能不为之立传也。[①]

而吕祖谦子延年，吕祖俭子乔年、康年（？），亦附载于《东莱学案》，复益以全祖望未列入之吕希绩、吕好问，应为七世二十二人[②]，可见其家学之盛。至于吕氏家学的内容，王崇炳（1653—1739）以为："盖自其祖正献公与涑水司马公同朝，往来于河南二程间最契，荥阳公则受业二程之门。至于南渡，北方之学散，而吕氏一家，独得中原文献之传。"[③]而吕祖谦亦云："昔我伯祖西垣公（吕本中），躬受中原文献之传，载而之南。"[④]可知除承接胡安定和二程之学外，还有自己的家学"中原文献之传"，故全祖望《东莱学案》案语说："宋乾、淳以后，学派分而为三"，"吕学则兼取其长，而复以中原文献之统润色之"[⑤]。

然而，过去有些学者以为吕氏只传胡程之学，并无什么家传之学[⑥]。但据近人研究显示，吕氏确有"中原文献之传"的家学，所谓

---

① 《宋元学案》卷一九，《范吕诸儒学案·涑水同调正献吕晦叔先生公著》，第789页。
② 刘昭仁：《吕东莱之文学与史学》，台北：文史哲出版社，1986年，第2页；孔东：《宋代东莱吕氏之族望及其贡献》，台北：商务印书馆，1988年。
③ 《吕东莱先生文集》，《重刻吕东莱先生文集叙》，第1页。
④ 《吕东莱先生文集》卷九，《祭林宗丞文》，第221页。
⑤ 《宋元学案》卷五一，《东莱学案·林汪门人成公吕东莱先生祖谦》，第1653页。
⑥ 何炳松：《浙东学派溯源》，北京：中华书局，1989年，第199—200页。

"中原文献"即指中原河南一带的文章典籍,而其范围则甚广,大致可分为二,一为关洛之学,一为元祐之政。关洛之学,为吕氏义理所宗;庆历元祐之政,为其考究"国朝治体"之本。前者记言,后者着重在制度,征诸吕祖谦之著述,其意含此二者无疑,如其所著《家塾读诗记》《唐鉴音注》《宋文选》《大事记》《历代制度详说》等,无不用文献家综罗之手法,兼综前人之说而成①。事实上,《宋史》便明言:"祖谦之学本之家庭,有中原文献之传。"②陆游亦说吕本中承家学,"心体而身履之"③。不过,个人以为吕氏之家学传统,除得力于吕公著、希哲、本中及祖谦等之学养外,亦与其族人多有充秘阁及修史者,盖"秘阁聚天下之图籍,以崇养豪英"④,而史馆亦藏古今典籍。

---

① 刘昭仁:《吕东莱之文学与史学》,第78—79页。关于吕氏家学,可详见《宋元学案》卷一九,《范吕诸儒学案·涑水同调正献吕晦叔先生公著》,第787—790页;卷二三,《荥阳学案》,第902—914页;卷三六,《紫微学案》,第1233—1244页;卷五一,《东莱学案》,第1652—1688页。而刘昭仁前引书第77页亦有概括的论述:"以学术言之,荥阳初学于焦千之,庐陵欧阳修之再传也,后学于胡瑗安定。孙复泰山、邵雍康节、王安石介甫,而归宿于程氏伊川,一时名儒,如明道、横渠、孙觉、李常,皆相与游。大抵北宋之学,象数则濂溪邵雍、性理则二程、张载,经术则荆公、李觏,经济则范文正,而荥阳皆收蓄之,故'集益之功,至广至大'之誉,诚非虚语也。荥阳之孙吕本中,不名一师,亦家风也。自元祐后诸名儒,如元城、龟山、荐山、了翁、和靖等,莫不从存,多蹑前言往行,以著其德,收束元祐以迄建炎、绍兴间之学术,故'中原文献之传,犹归吕氏,其余大儒弗及也'。黄梨洲列本中于《尹氏学案》,全祖望颇不以为然,而别为《紫微学案》。且谓上绍原明,下启伯恭,是也。伯恭吕祖谦,虽凤从林拙斋、汪玉山、胡籍溪诸先生游,籍溪师武夷胡文定安国,为朱子师也,故东莱与朱子、南轩为讲友,又善陆象山,可谓兼取朱陆之长。由是观之,吕荥阳综元祐以前之学,吕紫微收元祐以迄绍兴之学,而吕东莱又统乾淳之学,承先启后,得其人矣!然就其家学之内容与方法言之,清晰一贯,本中再传而为东莱,所守者亦世传也。"可谓得其发展之要,其论是也,故详引之。
② 《宋史》卷四三四,《吕祖谦传》,第12872页。
③ 《陆放翁全集·渭南文集》卷一四,《吕居仁集序》,第81页。
④ 邹浩:《道乡集》卷一八,《吕希哲直秘阁知曹州制》,《宋名家集汇刊》,台北:汉华文化事业股份有限公司,1970年,第6页。

吕氏多曾直秘阁，已见前文，此处无须赘论；而吕氏为史官者，除夷简和公著曾以宰相故监修提举国史[1]、未必真是参与修史的工作外，可考者有吕公绰为史馆修撰[2]、吕公弼为直史馆[3]、吕希纯同修国史[4]、本中兼史馆修撰[5]、祖谦则为国史院编修官[6]。吕氏多有直秘阁及入史馆者，自能多参古今典要，对其家学修养定多增益，是以朝廷诏用吕本中时，亦说他"文章典雅，长于史学，习学有渊源"[7]。突出其史学，就是此理。因此，吕氏家族在中原文献方面，涉猎至深。靖康之祸，国家陷于危难，文物制度受到重创，学术发展也自然受阻；宋高宗迁都临安以后，吕好问、本中和祖谦等吕家几代学人承传这种深厚的家学传统，移居婺州，令中原文献能够相传不绝而且发扬光大。

最后还有一点要强调，吕氏家学有一最大特色，就是博取群议，不专一说，主调和之论，如《荥阳学案》谓吕希哲"荥阳少年，不名一师"[8]；《紫微学案》谓吕本中"为荥阳冢嫡，其不名一师，亦家风也"[9]。《东莱学案》谓吕祖谦"小东莱之学，平心易气，不欲逞口

---

[1] 《长编》卷一〇五，天圣五年二月癸酉，第2436页；卷一〇九，天圣八年六月癸巳，第2540页；卷一一一，明道元年二月癸卯，第2576页；卷一四〇，庆历三年三月乙酉，第3359页；卷三八九，元祐元年十月壬辰，第3667页；《宋会要辑稿》，《职官》一八之七五至七六，第2792页。
[2] 《东都事略》卷五二，《吕公绰传》，第7页；《琬琰集》中卷一五，《吕谏议公绰墓志铭》，第5页；《王魏公集》卷七，《吕公绰行状》，第28页。
[3] 《东都事略》卷五二，《吕公弼传》，第7页。
[4] 《东都事略》卷八八，《吕希纯传》，第6页；《长编》卷四七六，元祐七年八月丁巳，第4450页。
[5] 《系年要录》卷一二一，绍兴八年戊午八月，第1962页。
[6] 陈骙：《南宋馆阁录》卷八，《官联》下，《四库全书珍本别辑》，台北：商务印书馆，1975年，第14页。
[7] 《系年要录》卷一〇〇，绍兴六年丙辰四月壬寅，第1638页。
[8] 《宋元学案》卷二三，《荥阳学案序录》，第902页。
[9] 《宋元学案》卷三六，《紫微学案序录》，第1233页。

舌以与诸公角,大约在陶铸同类以渐化其偏"①。其后更有鹅湖之会,调和朱陆异同②。吕学不名一师,兼取众长,无朱陆异同之争,亦没有陈亮与朱熹功利之论战③,故各学者均与之相交相善,这点与吕氏在政治上不易随便树敌,主宽容之政,颇为相似,或可反映吕氏在政治及学术上均主包容,是其家风,亦是其能长久发展之一因乎④?

总之,宋宰相家之讲学者,其盛莫如吕氏⑤。至淳熙间,伊川、考亭之裔逐渐没落,"诸学子孙惟吕氏未坠"⑥,故日本学者衣川强以为自吕公著后,出政治家之吕氏转为出学者,并谓可见"学者社会"之成立⑦。然而,学术与政治之间在宋代是有很大的关系,宋以科举取士,而得荫者以后之发展亦仰视其人之才干,故学养教育成为最重要之因素,吕家众房之中多有失禄没落或为小官者,然因其家学深厚,是以终能赖之复展家势,如吕昌辰家道衰微贫穷,但其子仲敏"能操

---

① 《宋元学案》卷五一,《东莱学案序录》,第1652页。
② 《宋元学案》卷五七,《梭山复斋学案》,第1874页。
③ 参阅 Hoyt Tillman, *Utilitarian Confuscianism: Ch'en Liang's Challenge to Chu Hsi*, Cambridge, Mass. & London: Harvard University Press, 1982。
④ 本研究初稿完成后二十余年,内地学者对吕氏家族之学术、家学和家风等有丰富的研究成果,读者可参考之。见:赵璐:《宋代东莱吕氏家族教育研究》,上华东师范大学硕士论文,2009年;陈开勇:《宋代开封——金华吕氏文化世家研究》,北京:中国社会科学出版社,2010年,第39—172页;姚红:《宋代东莱吕氏家族及其文献考论》,北京:中国社会科学出版社,2010年,第124—226页;罗莹:《宋代东莱吕氏家族研究》,北京:人民出版社,2011年,第157—322页;杨松水:《两宋寿州吕氏家族著述研究》,合肥:黄山书社,2012年;刘玉民:《吕祖谦与南宋学术交流》,华中师范大学博士论文,2013年。此外,台湾学者欧阳炯研究吕本中,对其家学的剖析也很到位,值得细阅。见欧阳炯:《吕本中研究》,台北:文史哲出版社,1992年。
⑤ 《宋元学案》卷三四,《武夷学案》,第1189页。
⑥ 叶绍翁:《四朝闻见录》乙集,《洛学》,北京:中华书局,1989年,第48页。
⑦ [日]衣川强:《宋代の名族——河南吕氏の场合》,原刊于《神户商科大学人文论集》1973年第9卷第1、2期,第134—166页;今收于[日]衣川强:《宋代官僚社会史研究》,东京:汲古书院,2006年,第77—122页。

学谊"[1]，知郓州，其弟仲履、仲棐更并举进士[2]；吕广问亦自少隽拔能文，登宣和七年（1125）进士[3]，复振吕公雅一房之势；吕希常、[4]吕本中及吕大麟等亦因其能克守家学，无堕家声，获朝廷叙录[5]；而吕祖谦能登博学宏词科，深厚之家学更是其资据。到了宋末，叶绍翁亦谓吕氏子孙未坠家学，故祖谦犹子吕康年仍能登第[6]；入元以后，吕公绪七世孙吕端善终官翰林侍读学士赠陕西行省参知政事，亦未似不与其能继续先业有关[7]。由此可见，家学、科举与吕氏家族势力之关系。

六、结论

宋代确有累世高门的存在，河南吕氏家族就是其中的表表者，而影响其发展起落之最重要因素，实为朝廷的政治环境，吕家的兴起便是由于宋太宗的求才和吕夷简的政治智慧和手段；而其没落则是因为新旧党争、伪楚事件的牵连及秦桧、韩侂胄等权相的打击。

朝廷政治既为大族兴衰的要因，族人的宦途及出身便至为重

---

[1] 《忠肃集》卷一九，《送吕曹仲敏》，第280页。
[2] 《忠肃集》卷一三，《清海军推官吕君墓志铭》，第189页。
[3] 《南涧甲乙稿》卷二〇，《左太中大夫充龙图阁待制致仕赠左正奉大夫吕公墓志铭》，第395页。
[4] 张扩：《东窗集》卷一一，《吕希常除司农少卿总领淮东财赋制》，《四库全书珍本初集》，上海：商务印书馆，1934年，第1页。
[5] 张纲：《华阳集》卷六，《吕本中除祠部郎官》，《四库全书珍本三集》，台北：商务印书馆，1972年，第11页；李弥逊：《筠溪集》卷四，《吕本中太常少卿》，《四库全书珍本初集》，上海：商务印书馆，1934年，第9页；《攻媿集》卷三五，《吕大麟知常德府制》，第477页。
[6] 《四朝闻见录》乙集，《洛学》，第48页。
[7] 《滋溪文稿》卷七，《元故翰林侍读学士赠陕西行省参知政事吕文穆公神道碑》，第2页。

要,选官制度科举乃成为占有政治力量的主要管道。宋代科举虽提供了社会流动,但科举为一"公正"却非"公平"之制度,故其实际对平民之作用不能过分夸大。此外,部分凭借科举上升之布衣寒士,透过任荫及投资族人应举,得以累代保持家族势力,结果他们虽是出身平民阶级,但数代后便成为新的世家大族,利用上述方法及优势阻碍后进之布衣寒士,故科举实际上已异化成为这些"新门阀"保持地位之一种主要工具。

缔结婚姻集团亦成为"新门阀"保持势力、地位之惯用方法,但因为宋代已不存在门第制度,谱牒、中正已废坏,郡望观念解体,故士庶不婚之情况已有改变。再者,由于科举使社会流动率较前代大增,故平民士子倘能克服不利之条件,则仍可凭借其个人的才能应举,晋身官宦之途。因此,过分强调婚姻对象的出身是没有意义的,部分大族高门更刻意物色前途未可限量的寒士为婿,利用自身家族的财势助其举业成就,以祈日后反哺姻家。况且,柏文莉的研究提醒我们,当两个士族家庭不断通婚时,两家就逐渐由姻亲而兼有宗亲关系,柳立言称之为"姻亲——宗亲混合说"[1],这样的话,有权有势的高门与年轻有为的士人联姻成亲,自然与魏晋南北朝只重血缘门当户对的门阀婚姻不同。然而,姻亲集团与家族势力并无必然的关系,姻亲间的互相攻伐、避嫌制度的实行及姻戚互累的负面影响等,均限制了婚姻作为"新门阀"维持家族势力的效用。

---

[1] Beverly J. Bossler, *Powerful Relations: Kinship, Status and the State in Sung China (960—1279)*, Cambridge, Mass., and London: Harvard University Press, 1998, pp. 156—175;柳立言,《书评:Beverly J. Bossler, *Powerful Relations: Kinship, Status, and the State in Sung China (960—1279)*》,《台大历史学报》1999年12月第24期,第438—439页。

由于科举促使政治阶级及社会的转变，官僚士族为世保其势，遂利用宗族组织协助家族投资科举及抚恤族人，以之代替魏晋南北朝时期世家大族赖以存在的社会经济基础（例如庄园制）；而中国的新宗族制度及组织，遂因此而产生，但其历史环境已不如魏晋六朝，内涵亦南辕北辙，宋代之宗族组织纯为私人互助之制，以敬宗收族为本。不过，这种宗族组织的约束力不大，纯建基于家族个人感情的基础上，故世代久远或兄弟各房异地分居等情形，均易使同族互助之目的失效，而不肖子孙或族人间之不睦，更容易造成不稳定。因此，宋代之宗族互助对家族势力之保持虽有贡献及帮助，但同样不能过分高估其效力，这与重郡望的魏晋世族社会不同。

总结而论，若谓宋代因科举之兴而促使平民社会出现，社会流动很大，是一个"开放社会"，此论未免过于乐观。透过吕氏家族这个个案研究，我们可以看见宋代确实存在一些累世为官的"新门阀"。然而，若谓宋代（或是"南宋精英地方化论"所谓的北宋时代）与魏晋隋唐时代之门第社会无甚分别，则亦同样值得商榷。宋代之"新门阀"虽以婚姻及宗族互助等手段保持家族势力，但其情形已不如六朝时代之严密；而最重要的是高门大族同样需要透过科举及仕途与寒士竞争，这与魏晋时代纯以血缘郡望为据之情况不同。况且，宋代朝廷政治的变化足以打击任何权要，故官僚大族在科场及宦途上的荆棘特多，并须仰息于高涨的君权之下。因此，在丧失门第社会基础的情况下，大族欲长期保持家族势力，实非易事，吕氏家族乃一典型之成功例子，相对而言，宋代社会流动已较门第时代或前代为高。

以宋代最显赫的高门河南吕氏家族为考察重点，讨论"新门阀"及其相关的历史问题，是一个必须的方向；可是，极具研究意义的吕氏家族，客观而言，却未必是一个最令人满意的案例，主要是因为史料不全的限制。本书虽然尽量搜集吕氏家族的史料，但我们对这个家族的宗族内部组织、族产、经济情况、族人的日常生活等等，所知却极为贫乏，无法细论。更甚者，从"河南吕氏家族谱系图"（图1）所见，自第七代以后，除了零星的人物外，我们所讨论的其实只是吕夷简一房的后人；而自第九代起，我们甚至只是讨论移居婺源吕好问一房的后人而已。这样也再次让我们想起柳立言的批评，究竟我们所讨论的，是"吕氏家族""吕夷简家族"甚或是"吕好问家族"？

不过，从宋代到明代，吕家后人及时人事实上都将吕夷简、吕宗简及明招山诸吕等各房或裔孙视为吕蒙正一族，《异闻总录》记：

> 吕文靖公宅在京师榆林巷，群从数十。遇时节朔望，则昧旦共集于一处，以须尊者之出。文穆公之孙公雅，年十八岁，时当元日谨礼，以卑幼故起太早……。[1]

吕公雅是吕宗简的儿子，他住在吕夷简在京师的大宅，但这里却强调他是吕蒙正的儿孙辈；而宋末元初的吴师道也说："吕文穆……建炎度江，裔孙一派侨居吾婺，于是东莱先生出焉。"[2] 即使到了今天，谈吕祖谦与浙东文化、谈今天的吕氏家族后人者，也必溯源吕蒙正之起家[3]。

---

[1] 佚名：《异闻总录》卷四，《笔记小说大观》，第8页。
[2] 吴师道：《吴正传先生文集》卷一八，《吕文穆公诰词》，《元代珍本文集汇刊》，台北：台湾图书馆，1970年，第555页。
[3] 浙江省武义县政协文史资料委员会编：《吕祖谦与浙东明招文化》，北京：社会科学文献出版社，2006年，第29—50页。

事实上，吕蒙正友爱诸弟，推荐堂兄弟吕蒙亨的儿子吕夷简，照顾堂兄弟吕蒙巽的女儿，故将吕梦奇一族的后人视为一个家族/宗族，似乎是合情合理的。更重要的是，我们在上一章提到吕氏家族在河南郑州怀忠里的家族墓地，即包括了夷简和宗简两房，而原来的设计已经打造了一个七代的聚葬家族墓地；而正如笔者指出的，如果明招山诸吕能够归葬怀忠里祖茔，那这逾十代的族人墓地，更肯定了"河南吕氏家族"作为宗族研究的意义。我相信，如果史料齐全的话，我们自能鸟瞰"宋代河南吕氏家族"各房裔支的发展、交涉与分合。

还有一点要指出的是，吕好问四个儿子里，本中居于信州、弸中住在婺源、用中住在绍兴、忱中住在衢州，明招山的祖茔虽然将他们连在一起，但其实他们四房又各自发展成新的分支。这样的话，如果其各支后人接续归葬明招山墓地的话，又会重复北宋郑州怀忠里七代聚葬家族墓地的情况，宋人眼中的"家""家族""宗族"所指为何，实在值得我们深思。

总之，宋代并未因科举之实行而造成一社会流动率极大的平民社会，相反，新的高门大族借此而起；但对比魏晋隋唐时代而言，此种"新门阀"之起落较频，阶级之分隔不若门第社会之森严，上向或下向之流动率亦较多。以往之论著，或过分乐观强调科举造成之开放程度，又或完全否定科举对社会流动所起之作用，笔者希望透过本文对吕氏家族之研究，对此问题提出一个比较谨慎的观点或认识。无论如何，科举引致宋代的士族阶级、婚姻观念和宗族组织等发生变化，日后发展成明清时代的士绅阶层和耕读社会，近世社会的形成，实始于此。

表2　吕氏族人登第表

姓名	谱代	登第年份	备考	资料出处
吕龟祥	3	太平兴国二年（公元977年）	案宋代诸书并无载龟祥曾中举，独明人凌迪知记之。	《古今万姓统谱》卷七五，《宋·吕龟祥》，第6页。
吕蒙正	4	太平兴国二年（公元977年）	擢进士第一	《宋史》卷二六五，《吕蒙正传》，第9145页；《琬琰集》上卷一五，《吕文穆公蒙正神道碑》，第1页；《东都事略》卷二二，《吕蒙正传》，第3页；《名贤氏族言行类稿》卷三六，《吕蒙正》，第13页；《五朝名臣言行录》卷一之六，《丞相许国吕文穆公》，第23页；《隆平集》卷四，《宰臣》，第10页；《古今万姓统谱》卷七五，《宋·吕龟祥》，第6页。
吕蒙休	4	咸平元年（公元998年）	进士	《古今万姓统谱》卷七五，《五代·吕梦奇》，第5页；《攻媿集》卷七三，《跋金花帖子绫本小录》，第9页。
吕蒙叟	4		乡贡进士	《长编》卷三一，淳化元年九月戊寅，第705页。
吕蒙亨	4		举进士高等，既廷试，以蒙正居中书，故报罢。	《宋史》卷二六五，《吕蒙正传》，第9149页；《古今万姓统谱》卷七五，《五代·吕梦奇》，第5页；《古今万姓统谱》卷七五，《宋·吕龟祥》，第6页。
吕蒙周	4	淳化年间（公元990—995年）		《宋史》卷二六五，《吕蒙正传》，第9149页；《古今万姓统谱》卷七五，《五代·吕梦奇》，第5页。

续 表

姓名	谱代	登第年份	备考	资料出处
吕居简	5	明道二年(公元1033年)	赐国子博士吕居简同进士出身	《宋会要辑稿》,《选举》九之八,第4400页;《古今万姓统谱》卷七五,《宋·吕居简》,第6页。
吕夷简	5	咸平三年(公元1000年)	擢进士,又举制科。	《宋史》卷三一一,《吕夷简传》,第10206页;《乐全集》卷三六,《吕文靖神道碑》,第3页;《东都事略》卷五二,《吕夷简传》,第3页;《琬琰集》下卷八,《吕文靖公夷简怀忠之碑》,第1页;《名贤氏族言行类稿》卷三六,《吕夷简》,第15页;《长编》卷六九大中祥符元年四月甲寅,第1535页;《隆平集》卷五,《宰臣》,第5页;《宋宰辅编年录》卷四,乾兴元年七月辛未,第165页;《五朝名臣言行录》卷六之一,《丞相许国吕文靖公》,第101页;《古今万姓统谱》卷七五,《宋·吕夷简》,第7页。
吕宗简	5	天圣二年(公元1024年)	太常寺太祝吕宗简赐进士及第。	《长编》卷一〇二,天圣二年三月壬子,第2354页;《宋史》卷二六五,《吕蒙正传》,第9149页。
吕公弼	6	明道二年(公元1033年)	吕夷简以功请赐公弼进士出身。(初以荫补官)	《长编》卷一一二,明道二年正月己丑,第2604页;《宋会要辑稿》,《选举》九之八,第4400页;《宋史》卷三一一,《吕夷简传》,第10212页;《王魏公集》卷七,《吕公弼行状》,第27页;《琬琰集》上卷二六,《吕惠穆公公弼神道碑》,第1页。

士族篇 261

续表

姓名	谱代	登第年份	备考	资料出处
吕公著	6	庆历二年（公元1042年）	初以荫补官，后进士及第。	《琬琰集》下卷一〇，《吕正献公公著传》，第1页；《东都事略》卷八八，《吕公著传》，第1页；《名贤氏族言行类稿》卷三六，《吕公著》，第17页；《宋史》卷三三六，《吕公著传》，第10772页；《三朝名臣言行录》卷八之一，《丞相申国吕正献公》，第175页；《古今万姓统谱》卷七五，《宋·吕公著》，第9页；《宋元学案》卷一九，《范吕诸儒学案》，第787页。
吕公孺	6	康定元年（公元1040年）	以荫补官，赐同进士出身。	《宋会要辑稿》，《选举》九之九，第4401页；《宋史》卷三一一，《吕夷简传》，第10215页。
吕仲胥	7		举进士第	《忠肃集》卷一三，《清海军推官吕君墓志铭》，第189页。
吕仲柴	7		举进士第	《忠肃集》卷一三，《清海军推官吕君墓志铭》，第189页。
吕仲甫	7	治平二年（公元1065年）	举进士第	《天台续集别编》卷一，吕穆仲，《送罗仲之年兄出使二浙》，第4—5页。
吕希道	7	庆历七年（公元1046年）	以荫补官，后以遗恩赐进士出身。	《宋会要辑稿》，《选举》九之一一，第4402页；《宋史翼》卷一，《吕希道传》，第18页。

续表

姓名	谱代	登第年份	备考	资料出处
吕希纯	7		登进士第	《宋史》卷三三六,《吕公著传》,第10779页;《宋元学案》卷一九,《范吕诸儒学案》,第808页;《紫微诗话》,第8页。
吕好问	8	钦宗年间	以荫入官,钦宗赐进士出身。	《吕东莱先生文集》卷九,《家传》,第205页。
吕聪问	8	北宋末年	登科入仕	龚延明、祖慧:《宋代登科总录》,第6810页。
吕广问	8	宣和七年（公元1125年）	贡太学,后登第。	《南涧甲乙稿》卷二〇,《左太中大夫充龙图阁待制致仕赠左正奉大夫吕公墓志铭》,第395页;《南宋馆阁录》卷八,《官职》下,第12页;《宋史翼》卷一〇,《吕广问传》,第17页。
吕本中	9	绍兴六年（公元1136年）	以荫入官,后特赐进士出身。	《系年要录》卷一〇三,绍兴六年丙辰七月癸酉,第1680页;《宋会要辑稿》,《选举》九之一八,第4405页;《宋史》卷三七六,《吕本中传》,第11635页;《名贤氏族言行类稿》卷三六,《吕本中》,第23页;《南宋馆阁录》卷八,《官职》下,第11页;《宋元学案》卷三六,《紫微学案》,第1233页;《古今万姓统谱》卷七五,《宋·吕本中》,第11页。
吕用中	9	北宋末年	登进士第	龚延明、祖慧:《宋代登科总录》,第6806页。

士族篇

续表

姓名	谱代	登第年份	备考	资料出处
吕祖谦	11	隆兴元年（公元1163年）	初以荫补官，后登进士第，又中博学宏词科。	《宋史》卷四三四，《吕祖谦传》，第12872页；《吕东莱文集》卷八，《金华时君德懋墓志铭》，第191页；《南宋馆阁录》卷七，《官职》上，第12页；《宋会要辑稿》，《选举》一二之一五，第4455页；《宋元学案》卷五一，《东莱学案》，第1652页；《古今万姓统谱》卷七五，《宋·吕祖谦》，第12页；《东莱集》附录，《年谱》，第2页及第5页，《扩记》，第16页。
吕祖泰	11		进士及第	《道命录》卷七下，《吕泰然论不当立伪学之禁》，第80页；《毗陵志》卷一七，《人物》二，《国朝·宜兴·吕祖泰》，第27页。
吕僲（文蔚）	11	金贞祐年间入宋（约1213—1217）。	以经义登进士第	《滋溪文稿》卷七，《元故翰林侍读学士赠陕西行省参知政事吕文穆公神道碑》，第1页。
吕康年	12	嘉定七年（公元1214年）	真德秀欲置吕康年于状头，同列以其言中书之务多触时政，固争不从，遂自甲置乙。	《四朝闻见录》乙集，《洛学》，第48页及《甲戌进士》，第74页；《宋元学案》卷五一，《东莱学案》，第1687页。
吕应焱	13或以后	景定三年（公元1262年）	进士及第	龚延明、祖慧：《宋代登科总录》，第6289页。

表3 吕氏家族姻亲表[1]

姓名	谱代	姻亲姓名	籍贯	备考	资料出处
吕韬	1	王氏（妻）	太原		《琬琰集》上卷一五，《吕文穆公蒙正神道碑》，第1页。
吕梦奇	2	陈氏（妻）	颍川		《琬琰集》上卷一五，《吕文穆公蒙正神道碑》，第1页。
吕龟图	3	刘氏（妻）	彭城		《琬琰集》上卷一五，《吕文穆公蒙正神道碑》，第1页；《宋史》卷二六五，《吕蒙正传》，第9146页；《隆平集》卷四，《宰臣》，第11页；《东都事略》卷三二，《吕蒙正传》，第3页；《名贤氏族言行类稿》卷三六，第13页。
吕蒙正	4	初娶宋氏 再娶薛氏	长安（今陕西西安）	宋氏为宋沆族人。宋沆中太平兴国五年（980）进士，后为文思副使，京西提点刑狱。据《宋史·柴成务传》载，成务中进士甲科。后"吕蒙正为宰相，尝与之联外姻，避嫌辞职，不许。"惟未知成务与蒙正之确实关系。	《宋史》卷二六五，《吕蒙正传》，第9147页；《琬琰集》上卷一五，《吕文穆公蒙正神道碑》，第7页。 《宋史》卷三〇六，《柴成务传》，第10114页。

---

[1] 为谨慎见，部分未经严格考证之人物或史事不收于本表，例如李贵录根据清人编修的《王氏宗谱》，指出王旦孙王恪的第二女嫁于吕嘉问、王震的女儿则嫁吕舜问，惟宋代史料未见有载，故暂不取。见李贵禄：《北宋三槐王氏家族研究》，济南：齐鲁书社，2004年，第254—255页。

续 表

姓名	谱代	姻亲姓名	籍贯	备考	资料出处
吕蒙亨	4	王氏（妻）韩氏（妻）		范镇撰《吕惠穆公公弼神道碑》及王珪撰《吕谏议公绛墓志铭》均作王氏，但王安礼撰《吕公弼行状》则作韩氏，未知是何人误记。另一可能是蒙亨有二妻。	《琬琰集》上卷二六，《吕惠穆公公弼神道碑》，第1页；同书，中卷一五，《吕谏议公绛墓志铭》，第1页；《王魏公集》卷七，《吕公弼行状》，第1页。
吕居简	5	马氏（妻）	合肥（今安徽合肥）	马氏为马亮女。亮举进士，官至工部尚书，以太子少保致仕[①]。	《琬琰集》中卷一，《马忠肃公亮墓志铭》，第12页。
吕蒙正长女	5	孙暨（夫）	河南汝州（今河南临汝）	孙暨为咸平二年（999）状元，光禄寺丞直集贤院。	《琬琰集》上卷一五，《吕文穆公蒙正神道碑》，第8页。
吕蒙正二女	5	赵安仁（夫）（958—1018）	河南洛阳（今河南洛阳）	雍熙二年（985）进士，官至尚书右丞。	《琬琰集》上卷一五，《吕文穆公蒙正神道碑》，第8页；《宋史》卷二八七，《赵安仁传》，第9655—9656页。
吕蒙正三女	5	周渐（夫）		进士，太常博士	《琬琰集》上卷一五，《吕文穆公蒙正神道碑》，第8页。
吕蒙正四女	5	丁度（夫）（990—1053）	祥符（今河南开封市）	吕氏为丁度继室。度大中祥符四年（1011）登服勤词学科，后拜参知政事，再迁尚书右丞。	《琬琰集》上卷一五，《吕文穆公蒙正神道碑》，第8页；同书，上卷三，《丁文简公度崇儒之碑》，第15页。

---

① 最新发现的史料显示，晏殊写的马亮墓志有误，吕居简的妻子应为李氏，生平及背景不详。请见本书后文的补论。

266　近世社会的形成：宋代的士族与民间信仰

续 表

姓名	谱代	姻亲姓名	籍贯	备考	资料出处
吕蒙正六女	5	杨巽（夫）		杨巽为永州推官。	《琬琰集》上卷一五，《吕文穆公蒙正神道碑》，第8页
吕夷简	5	马氏（妻）	合肥（今安徽合肥）	马氏为马亮女，亮仕至工部尚书。	《乐全集》卷二六，《吕夷简神道碑》，第9页。
吕宗简	5	鲁氏（妻）			《南涧甲乙稿》卷二〇，《左太中大夫充龙图阁待制致仕赠左正奉大夫吕公墓志铭》，第394页。
吕蒙亨女、夷简妹	5	陈诂（夫）	晋江（今福建晋江）	陈诂为在中子，大中祥符元年（1008）进士，历官祠部员外郎、秘阁校理、知祥符县，终兵部员外郎。	《长编》卷一七〇天圣七年三月戊寅，第2503页；《东都事略》卷四四，《陈尧佐传》，第20页；《隆平集》卷五，《宰臣》，第12页。
吕蒙亨女	5	鲁宗道（夫）（966—1029）	亳州（今安徽亳州）	案：据鲁宗道之传记及吕氏传记，不知宗道妻为何人，但据《麈史》所载，吕公著妻鲁氏"父太师简肃公（宗道）也，其舅吕申公（夷简）也"。则可知鲁宗道妻为吕夷简之妹妹，即蒙亨之女。宗道登咸平二年进士（999），拜参知政事。	《麈史》卷下，《盛事》，第77页。
吕蒙巽三女	5	王罕（夫）	华阳，后徙庐江（华阳为今四川成都，庐江为安徽）	王罕为王珪伯父，王珪为神宗时宰相。	《华阳集》卷四〇，《寿安县太君吕氏墓志铭》，第557页。

士族篇 267

续表

姓名	谱代	姻亲姓名	籍贯	备考	资料出处
吕昌龄	6	王氏（妻）		王氏为王世昌四女。世昌端拱元年（988）进士，补凤翔郿县主簿，转都官郎中知绛州。	《欧阳修全集·居士外集》卷一一，《都官郎中王公墓志铭》，第441页。
吕昌绪	6	苏氏（妻）	泉州人，寓丹阳（泉州为今福建泉州，丹阳为江苏丹阳）	苏氏为苏颂长妹。苏颂庆历二年（1042）进士，元祐中拜右仆射兼中书侍郎，以太子少师致仕。吕昌绪早卒，苏氏后改嫁张斯立。	《苏魏公文集》卷六二，《万寿县令张君夫人苏氏墓志铭》，第951页；同书卷七一，《祭亡妹张氏五县君》，第1077页。
吕昌辰	6	刘氏（妻）			《忠肃集》卷一三，《清海军推官吕君墓志铭》，第188页。
吕惟简女	6	舒昭叙（夫）	颍州沈丘人	据铭文载，其祖父为舒元(923—977)，父亲为舒知崇。舒元官终白波兵马都监；知崇官至河北安抚副使，舒昭叙八迁至内殿崇班。	《舒昭叙墓志》，收于《北京图书馆藏中国历代石刻拓本汇编》第39册，第113页。
吕居简女	6	钱勰		钱勰父为钱彦远，祖为钱易，为吴越王之后。钱勰历官工部侍郎、知开封、知制诰兼侍读。	《梁溪集》卷一六七，《宋故追复龙图阁直学士赠少师钱公墓志铭》，第11—12页。
吕公绰	6	上官氏（妻）		上官氏为兵部员外郎上官似女。	《琬琰集》中卷一五，《吕谏议公绰墓志铭》，第11页；《华阳集》卷三八，《翰林侍读学士赠左谏议大夫吕公墓志铭》，第511页；《范太史集》卷四二，《左中散大夫守少府监吕公墓志铭》，第5页。

续表

姓名	谱代	姻亲姓名	籍贯	备考	资料出处
吕公弼	6	初娶扈氏 继娶王氏	大名莘县人（今河北莘县）	王氏为王旦女。王旦太平兴国五年（980）进士，咸平三年（1000）拜给事中知枢密院事，次年参知政事，景德二年（1005）尚书左丞，三年工部尚书同中书门下平章事，封魏国公。	《琬琰集》上卷二六，《吕惠穆公公弼神道碑》，第7页；《王魏公集》卷七，《吕公弼行状》，第34页；《琬琰集》上卷二，《王文正公旦全德元老之碑》，第18页。
吕公著	6	鲁氏（妻）	亳州谯人（今安徽亳州）	鲁氏为鲁宗道女。	《童蒙训》卷上，第6—7页。
吕公孺	6	张氏（妻）	光化军阳城（今湖北老河口市附近）	张氏为张士逊女。张士逊淳化三年进士（992），累官同中书门下平章事，封邓国公。	《琬琰集》上卷四，《张文懿公士孙旧德之碑》，第13—14页。
		郑氏（妻）	吴县（今江苏）	郑氏为郑戬女。郑戬天圣三年进士，累官枢密副使、吏部侍郎。	《王华阳集》卷五一，《丹阳郡夫人李氏墓志铭》，第11页。
吕夷简长女	6	王雍（夫）（988—1045）	大名莘县（今河北莘县）	王雍为王旦长子。王雍历殿中丞通判郑州，后出为淮南转运使，充两浙转运按察使。	《苏舜钦集》卷一五，《两浙路转运使司封郎中王公墓表》，第229页；《乐全集》卷三六，《吕夷简神道碑铭》，第9页。

士族篇　269

续表

姓名	谱代	姻亲姓名	籍贯	备考	资料出处
吕夷简女	6	杨仲元（夫）	管城（今河南郑州）	案：据《童蒙训》《尽言集》《爱日斋丛钞》等书记载，杨瓌宝、国宝兄弟为吕公著外甥、吕希哲外弟，则杨氏母应为吕公著之姊妹，即吕夷简之女。而据《宋史翼》载，杨瓌宝父为杨仲元，故知夷简一女嫁杨仲元。杨仲元，《宋史》有传，第进士，历官光禄卿，改中散大夫。	《童蒙训》卷下，第20页；《乐全集》卷一，《论差除多执政亲戚》，第6页；《爱日斋丛钞》，《说郛三种》卷一七，第3页；《宋史翼》卷七，《杨瓌宝传》，第1页；《宋史》卷三三三，《杨仲元传》，第10714—10715页。
吕公雅	6	安氏（妻）			《南涧甲乙稿》卷二〇，《左太中大夫充龙图阁待制致仕赠左正奉大夫吕公墓志铭》，第394页。
吕希圆	7	李氏（妻）韩氏（妾）			《景定建康志》卷四八，《孝悌传·吕宣问传》，第7—8页。
吕希杰	7	王氏（妻）	大名莘县（今河北莘县）	王氏为王雍女。	《苏舜钦集》卷一五，《两浙路转运使司封郎中王公墓表》，第229页。

续表

姓名	谱代	姻亲姓名	籍贯	备考	资料出处
吕希道	7	王氏（妻）		王氏为虞部郎中王珣瑜之女。	《范太史集》卷四二，《左中散大夫守少府监吕公墓志铭》，第10页。
吕希俊	7	傅氏（妻）	考城（今河南民权县附近）	傅氏为傅求女。傅求天圣二年（1024）进士甲科，累迁龙图阁学士，权知开封府。	《乐全集》卷三六，《傅公神道碑》，第42页。
吕希亚	7	王氏（妻）	开封咸平（今河南通许县）	王氏为王拱辰女，拱辰为天圣八年（1030）状元，官至吏部尚书。	《公是集》卷五一，《王开府行状》，第23页。
吕公绰长女	7	李中师（夫）（1015—1075）	内黄人，徙开封（内黄为今河北内黄）	景祐元年（1034）进士，累官龙图阁直学士，知河南府。	《华阳集》卷三八，《翰林侍读学士赠左谏议大夫吕公墓志铭》，第511页；《琬琰集》中卷一五，《吕谏议公绰墓志铭》，第12页。
吕公绰二女	7	程嗣恭（夫）	博野人，徙河南（博野为今河北博野）	程嗣恭为程琳子，绍圣四年（1097）以光禄卿知扬州。程琳景祐四年（1037）拜参政，皇祐元年（1049）除中书门下平章事。	《华阳集》卷三八，《翰林侍读学士赠左谏议大夫吕公墓志铭》，第511页；《琬琰集》中卷一五，《吕谏议公绰墓志铭》，第12页。

士族篇

续表

姓名	谱代	姻亲姓名	籍贯	备考	资料出处
吕公弼长女三女	7	均适韩忠彦（夫）（1038—1109）	安阳（今河南安阳）	韩忠彦以父韩琦荫补官，复举进士，徽宗即位拜门下侍郎，进尚书左仆射，封仪国公。父子同为北宋名相。	《琬琰集》上卷二六，《吕惠穆公公弼神道碑》，第7页；同书，中卷五〇，《韩仪公丞相忠彦行状》，第15页；《西台集》卷一五，《丞相仪国韩公行状》，第239页；《少仪外传》卷上，第23页。
吕公弼二女	7	向纪（夫）		为宰相向敏中之孙，敏中登太平兴国五年（980）进士。向纪为保州军事判官	《琬琰集》上卷二六，《吕惠穆公公弼神道碑》，第7页；《王魏公集》卷七，《吕公弼行状》，第35页。
吕公弼四女	7	赵倧[元绪]（夫）	南京虞城	父为赵概，仕至吏部尚书，倧为光禄寺丞。	《琬琰集》上卷二六，《吕惠穆公公弼神道碑》，第7页；《王魏公集》卷七，《吕公弼行状》，第35页。
吕公弼女	7	王正国（夫）		登进士第，资料不详。	《少仪外传》卷上，第23页。
吕希哲	7	张氏（妻）	武进（今江苏常州市）	张氏为待制张昷之女，亦为鲁宗道之外孙。	《童蒙训》卷上，第7页；《北山集》卷二三，《（吕好问）故母齐安郡夫人张氏赠文安郡夫人》，第11页。

续 表

姓名	谱代	姻亲姓名	籍贯	备考	资料出处
吕希绩	7	钱氏（妻） 吴氏（妻）	建州浦城（浦今福建浦城） 钱塘（钱塘为今浙江杭州）	钱氏为钱暄女。钱暄为钱惟演子、吴越王钱俶之孙，历光禄卿，拜宝文阁待制。吴氏为吴充女。吴充举宝元元年（1038）进士高第，熙宁中代王安石为同中书门下平章事。	《范太史集》卷四二，《安康郡太夫人胡氏墓志铭》，第4页。 《琬琰集》中卷二七，《吴正宪公充墓志铭》，第8页。
吕希纯	7	宋氏（妻） 程氏（妻）	赵州平棘博野，徙河南（平棘为今河北赵县）	宋氏为宋敏求女。宋敏求宝元二年（1039）赐进士出身，官至知制诰，卒赠礼部侍郎。 程氏为程嗣弼女。程嗣弼为程琳子，以父荫为秘书省正字，积勋至上柱国。	《苏魏公文集》卷五一，《龙图阁直学士修国史宋公神道碑》，第777页。 《范太史集》卷三八，《朝议大夫致仕程公墓志铭》，第17页；《尽言集》卷一，《论差除多执政亲戚》，第8页。
吕公著长女	7	范祖禹（夫）（1041—1098）	华阳（今四川成都）	范祖禹为范镇从孙，嘉祐八年（1063）进士，哲宗立，迁给事中。	《宋史》卷三三六，《吕公著传》，第10778页；《三朝名臣言行录》卷八之一，《丞相申国吕正献公》，第196页；《童蒙训》卷上，第6页；《尽言集》卷一，《论差除多执政亲戚》，第6页。

士族篇　273

续表

姓名	谱代	姻亲姓名	籍贯	备考	资料出处
吕公著女	7	邵鱲（夫）	丹阳（今江苏丹阳）	邵鱲为邵亢次子，登熙宁六年进士，终除显谟阁待制，知苏州。	《北宋经抚年表》，第88页、第109页及第245页；《长编》卷三〇三，元丰三年四月丁酉，第7377页；同书卷四一三，元祐三年八月辛丑，第10045页；《尽言集》卷一，《论差除多执政亲戚》，第6页。
吕希朴	7	张氏（妻）			《南涧甲乙稿》卷二〇，《左太中大夫充龙图阁待制致仕赠左正奉大夫吕公墓志铭》，第395页。
吕之问	8	李氏（妻）	内黄人，徙开封（内黄为今河北内黄）	李氏为李中师女儿。	《祠部集》卷三四，《李中师行状》，第14页。
吕延问	8	梁氏（妻）	郓州须城（今山东东平）	梁氏为梁彦回女。梁彦回为梁适第三子，至和元年（1054）赐进士出身，迁殿中丞通判瀛州，终知博州。	《苏魏公文集》卷五八，《屯田郎中知博州梁君墓志铭》，第896页。
吕昭问	8	郭氏（妻）	洛阳（今河南洛阳）	郭氏为郭逵女。郭逵以战功累官签枢密院，哲宗初以左武卫上将军致仕。卒赠武雄军节度使，封秦国公。	《范太史集》卷四〇，《检校司空左武卫上将军郭公墓志铭》，第17页。
吕希道长女次女	8	张埴（夫）		张埴为宣义郎	《范太史集》卷四二，《左中散大夫守少监吕公墓志铭》，第10页。

续 表

姓名	谱代	姻亲姓名	籍贯	备考	资料出处
吕希道三女	8	王博古（夫）		王博古为通直郎。	《范太史集》卷四二，《左中散大夫守少监吕公墓志铭》，第10页。
吕希道四女	8	张卿佐（夫）		张卿佐为宣义郎。	《范太史集》卷四二，《左中散大夫守少监吕公墓志铭》，第10页。
吕好问	8	王氏（妻）	青州益都（今山东益州）	据《北山集》及《东莱集》附录载，吕好问妻为王氏，背景不详。然据《童蒙训》记吕本中之外高祖为王子融，可知王氏为王子融曾孙女。王子融为王曾弟，祥符进士，迁太常丞，累进兵部侍郎卒。	《北山集》卷二三，《（吕好问）故妻永嘉郡夫人王氏赠东莱郡夫人》，第12页；《东莱集·附录》，《吕祖谦扩记》，第16页；《童蒙训》卷下，第18页。
吕切问	8	张氏（妻）	武进（今江苏武进）	张氏为张次元女。张次元为张昷之子，累官江淮荆浙福建广南提点坑冶铸钱司事。	《道乡先生文集》卷四〇，《故朝请郎张公行状》，第4页；同书卷三七，《寿昌县太君钱氏墓志铭》，第13页。
吕希哲女	8	赵演（仲长）（夫）	汝漠（今河南）		《尽言集》卷一，《论差除多执政亲戚》，第6页；《长编》卷四一三，元祐三年八月辛丑，第10045页；《童蒙训》卷上，第6页及卷中，第15页；《三朝名臣言行录》卷八之一，《丞相申国吕正献公》，第196页；《宋元学案》卷二三，《荥阳学案》，第913页。

士族篇　275

续表

姓名	谱代	姻亲姓名	籍贯	备考	资料出处
吕公著孙	8	胡氏（妻）	常州晋陵（今江苏常州市）	据《长编》及《尽言集》载，"胡宗愈之侄女适吕公著之亲孙"，但不知此孙为何人。胡宗愈，胡宿子，嘉祐四年进士，元祐初为御史中丞，后召为吏部尚书。	《长编》卷四一五，元祐三年十月甲申，第10072页；《尽言集》卷一，《论差除多执政亲戚》，第6页；及卷三，《论胡宗愈除右丞不当》，第43页；及卷三，《论胡宗愈除右丞不当》第8，第37页。
吕广问	8	王氏（妻）		王氏为太府寺丞王有之女。	《南涧甲乙稿》卷二〇，《左太中大夫充龙图阁待制致仕赠左正奉大夫吕公墓志铭》，第396页。
吕广问	8	陈康伯（姻亲）	弋阳（今江西弋阳）	据《南涧甲乙稿》及《系年要录》载，"广问自言与陈康伯连姻"，惟未知陈康伯与吕广问之确实关系。陈康伯，宣和三年进士，累拜平章事，孝宗即位封鲁国公，配享孝宗庙庭。	《南涧甲乙稿》卷二〇，《左太中大夫充龙图阁待制致仕赠左正奉大夫吕公墓志铭》，第395页；《系年要录》卷一九九，绍兴三十二年壬午四月戊子，第3364页。
吕安中	9	王氏（妻）	临川（今江西抚州）	王氏为王雱女。王雱，王安石子，治平四年进士（1067），累官太子中允、崇政殿说书。	《长编》卷五〇〇，元符元年七月甲子，第11912页；《宋会要辑稿》，《礼》六一之六，第1690页，及《仪制》一〇之三〇，第2019页；《景定建康志》卷一三，《建康表》《国朝建隆以来年表》，第31页；《至正金陵新志》卷三中，第61页。

续表

姓名	谱代	姻亲姓名	籍贯	备考	资料出处
吕嘉问女	9	曾诚（夫）	泉州（今福建泉州）	曾诚为曾孝宽子,元符间官秘书监。曾孝宽为曾公亮子,召为吏部尚书。曾公亮天圣二年（1024）进士第五人,嘉祐六年（1061）拜同中书门下事,后以太保致仕。	《宋会要辑稿》,《职官》六八之一〇,第3913页。
吕嘉问女	9	寒序辰（夫）	双流（今四川双流）	寒序辰为寒周辅子,累拜礼部侍郎。寒周辅,累官刑部侍郎。	《宋史》卷三五五,《吕嘉问传》,第11189页;《长编》卷二九三,元丰元年冬十月壬寅,第7145—7146页;及卷五〇〇,元符元年七月甲子,第11912页。
吕嘉问女	9	刘逵（夫）	随州随县（今湖北随州市）	刘逵举进士高第,官至中书侍郎。	《宋史》卷三五五,《吕嘉问传》,第11189页。
吕弸中	9	章氏（妻） 文氏（妻）	浦城,徙居吴（浦城为今福建浦城,吴为吴江县）	章氏为章甫女。章甫熙宁三年（1070）进士,授山阴令,后忤宰相曾布出知泰州。文氏为西京留守御史台文永世之女,文永世为文恭祖长子,文恭祖为文彦博长子。文彦博天圣五年（1027）进士,累官同中书门下平章事,封潞国公。	《龟山集》卷三五,《章端叔墓志铭》,第4页;《东莱集.附录》,《吕祖谦圹记》,第166页。 《吕弸中圹志》《吕弸中妻文氏圹志》[①]。

---

① 吕大伦:《吕弸中圹志》,见郑嘉励:《明招山出土的南宋吕祖谦家族墓志》,载于包伟民、刘后滨主编:《唐宋历史评论》第1辑,北京,社会科学文献出版社,2015年,第189—191页;吕大器:《吕弸中妻文氏圹志》,同见郑嘉励:《明招山出土的南宋吕祖谦家族墓志》,第191—192页。

续表

姓名	谱代	姻亲姓名	籍贯	备考	资料出处
吕用中	9	韩氏（妻）	开封	韩氏为朝奉大夫韩璹之女。韩璹曾祖父为韩亿，咸平五年进士（1002），景祐四年（1037）参知政事。	《吕用中圹志》《吕用中妻韩氏圹志》①。
吕忱中	9	李氏（妻）	怀州（今河南沁阳市）	李氏为权刑部侍郎李与权之女，《圹志》说："李氏号大族"。	《吕忱中圹志》《吕忱中妻李氏圹志》②。
吕好问女	9	蔡兴宗（夫）		蔡兴宗为右朝奉郎。	《吕东莱文集》卷九，《家传》，第212页。
吕聪问女	9	钱受之（夫）	钱塘（今浙江杭州）	据《文定集》载，吕聪问女嫁钱受之，而谓"钱吕世姻也"。考吕氏之前诸代中，惟钱暄女嫁吕希绩为妻，则可知钱受之为钱暄后人。钱受之为右朝奉郎，尝为枢密计议官。（另一可能是吕氏较疏一支吕师简女与钱觊相关的钱氏族人，但都同为吴越王之后。）	《文定集》卷二三，《枢密院计议钱君嫔夫人吕氏墓志铭》，第17页。
吕得中	9	李氏（妻）	宣城（今安徽宣城）	李氏为李宏女。李宏（1088—1154），政和五年进士，官至御史台主簿、淮南京西转运判官。	《南涧甲乙稿》卷二〇，《左朝请大夫致仕李公墓志铭》，第392页。

---

① 吕大麟：《吕用中圹志》，见郑嘉励：《明招山出土的南宋吕祖谦家族墓志》，第192—194页；吕大麟：《吕用中妻韩氏圹志》，见郑嘉励：《明招山出土的南宋吕祖谦家族墓志》，第194—195页。
② 吕大器：《吕忱中圹志》，见郑嘉励：《明招山出土的南宋吕祖谦家族墓志》，第195—197页；吕大信：《吕忱中妻李氏圹志》，见郑嘉励：《明招山出土的南宋吕祖谦家族墓志》，第197—198页。

续表

姓名	谱代	姻亲姓名	籍贯	备考	资料出处
吕广问女	9	胡琏（夫）		胡琏为从事郎。	《南涧甲乙稿》卷二〇，《左太中大夫充龙图阁待制致仕赠左正奉大夫吕公墓志铭》，第395页。
吕大猷	10	张氏（妻）			《吕宜之圹志》[①]。
吕大同	10	方氏（妻）	严州桐庐（今浙江桐庐）	方氏为朝散郎知建州方元矩女，元矩父为朝散郎尚书屯田员外郎方蒙，方蒙父为尚书驾部员外郎方楷。	《陆放翁全集·渭南文集》卷三六，《吕从事夫人方氏墓志铭》，第221页。
吕大器	10	曾氏（妻）	河南人，后侨居茶山（今湖北浠水附近）	曾氏为曾几女。曾几（1084—1166）试吏部诠中优等，赐上舍出身，擢国子正，官终权礼部侍郎。	《陆放翁全集·渭南文集》卷三二，《曾文清公墓志铭》，第203页；《茶山集》卷五，《送吕仓部治先守齐安》，第60页；《东莱集·附录》，《吕祖谦圹记》，第16页；《吕东莱文集》，《吕东莱先生本传》，第1页；《宋诗纪事续补》附录2，《厉辑小传补正·吕大器》，第1348页；《烛湖集》卷九，《兰风酒库厅壁记》，第22页；《宋元学案》卷三六，《紫微学案》，第1243页。
吕大伦	10	程氏（继室）	河南	程氏为程易女，程易父程端中举进士，父亲为程颐。	《吕大伦继室程氏圹志》[②]。

[①] 吕克庄：《吕宜之圹志》，见郑嘉励：《明招山出土的南宋吕祖谦家族墓志》，第213页。
[②] 吕祖永：《吕大伦继室程氏圹志》，见郑嘉励：《明招山出土的南宋吕祖谦家族墓志》，第201页。

续 表

姓名	谱代	姻亲姓名	籍贯	备考	资料出处
吕大麟	10	薛氏（妻）	郑州荥泽	薛氏为右通直郎薛镃女，镃于政和二年（1112）中词学兼茂科，父为朝议大夫、直龙图阁薛仓舒。	《吕大麟妻薛氏圹志》①。
吕弸中女	10	王复（夫）			《吕弸中妻文氏圹志》②。
吕祖义	11	田氏（妻）			《吕宜之圹志》③。
吕大同女	11	曾棐（夫）	河南人，后侨居茶山。	曾棐为曾几孙，为朝请郎通判镇江府，亦曾监明州支盐仓。	《陆放翁全集·渭南文集》卷三二，《曾文清公墓志铭》，第203页；同书卷三六，《吕从事夫人方氏墓志铭》，第222页。
吕祖谦	11	韩氏（妻）韩氏2（妻）芮氏（妻）	开封（今河南开封）胡州乌程（今浙江胡州市）	二韩皆为韩元吉女。韩元吉（1118—1187）为韩维世四孙，累官吏部尚书，龙图阁学士，封颍川郡公。芮氏为芮烨女。芮烨（1114—1172）绍兴十八年二甲第十三名进士，历官国子正，秘书省正字、殿中侍御史、监察御史等，以右文殿修撰致仕。	《吕东莱文集》卷二，《通芮氏婚书》，第40页；同书卷七，《祔芮氏志》，第166—167页；书同卷八，《祔芮氏志》，第193页；《南涧甲乙稿》卷一二，《回吕氏定婚书》，第225页；《东莱集·附录》，《吕祖谦圹记》，第16页；同书，附录卷一，《吕祖谦年谱》，第3页、第4页、第6页、第8页及第11页；《宋元学案》卷二七，《和靖学案》，第101页；《宋史翼》卷一四，《韩元吉传》，第5页。

---

① 吕大麟：《吕大麟妻薛氏圹志》，见郑嘉励：《明招山出土的南宋吕祖谦家族墓志》，第203页。
② 《吕弸中妻文氏圹志》，见郑嘉励：《明招山出土的南宋吕祖谦家族墓志》，第192页。
③ 《吕宜之圹志》，郑嘉励：《明招山出土的南宋吕祖谦家族墓志》，第213页。

续表

姓名	谱代	姻亲姓名	籍贯	备考	资料出处
吕祖俭	11	曾氏（妻）	河南人，后徙居茶山	曾氏为曾几孙女。	《陆放翁全集·渭南文集》卷三二，《曾文清公墓志铭》，第203页。
吕祖恕	11	滕氏（妻）	宋成（今河南商丘）	滕氏为滕庚长孙女。滕庚兄弟登崇宁进士，历秘书省正字，著作郎，终太常少卿。	《文忠集》卷二九，《权太常少卿滕公神道碑》，第30页。
吕祖忞	11	冯氏（妻）葛氏（妻）		冯氏为严州观察支使冯镛女。葛氏为宫辖南纪之女。	《吕祖忞圹志》①。
吕嵞年	12	时氏（妻）			《吕宜之圹志》②。
吕华年	12	潘景良（夫）	金华（今浙江金华）	潘氏为金华名士。潘景良祖父潘宗回仕至左朝奉大夫，父潘好古授朝散郎致仕，景良兄景宪登隆兴元年（1163）进士，景愈为太学解魁，登进士第，景良亦为进士。	《敬乡录》卷一三，《郑氏馆中书事》，第9—10页；《吕东莱文集·本传》，第3页；同书卷二，《答潘氏定婚启》，第39页；《东莱集·附录》，《吕祖谦圹记》，第17页及《年谱》，第10页。
吕乔年	12	沈氏（妻）	定海（今浙江镇海）	沈氏为沈焕女。沈焕（1139—1191）登干道五年进士，历太学录事，后通判舒州。	《絜斋集》卷一四，《通判沈公行状》，第241—245页；《定川遗书》卷二，《通判舒州沈君焕墓碑》，第17页。

① 吕袤年：《吕祖忞圹志》，见郑嘉励：《明招山出土的南宋吕祖谦家族墓志》，第208—209页。
② 《吕宜之圹志》，见郑嘉励：《明招山出土的南宋吕祖谦家族墓志》，第213页。

续表

姓名	谱代	姻亲姓名	籍贯	备考	资料出处
吕康年	12	刘氏（妻）	婺州武川	刘氏为吕祖谦门人刘清臣女，清臣父为承事郎刘昭忠。	《吕康年妻刘氏圹志》[①]。
吕宜之	13	田氏（妻）	缙云	志文谓："娶缙云田氏，世姻也。"反映其祖母田氏可能同为缙云田氏，亦可见二家联姻之目的。	《吕宜之圹志》[②]。
吕蒙正裔孙女	/	马绍庭（夫）	合肥（今安徽合肥）	马绍庭为马亮裔孙，吕氏则为吕蒙正裔孙女。马绍庭于北宋仁宗时曾任庐州（合肥）知府。	《合肥北宋马绍庭夫妻合葬墓》；《合肥市志》（网页版）卷二八，《文化》，第8章，《文物》，第1节，《古墓》。[③]

[①] 刘宗奭：《吕康年妻刘氏圹志》，见郑嘉励：《明招山出土的南宋吕祖谦家族墓志》，第210—211页。
[②] 《吕宜之圹志》，见郑嘉励：《明招山出土的南宋吕祖谦家族墓志》，第213页。郑嘉励亦怀疑吕祖义之妻田氏是缙云人，见第214页。
[③] 网址：http://60.166.6.242:8080/was40/index_sz.jsp?rootid=58033&channelid=44443，点击日期：2016年8月9日。

图1：河南吕氏家族谱系图

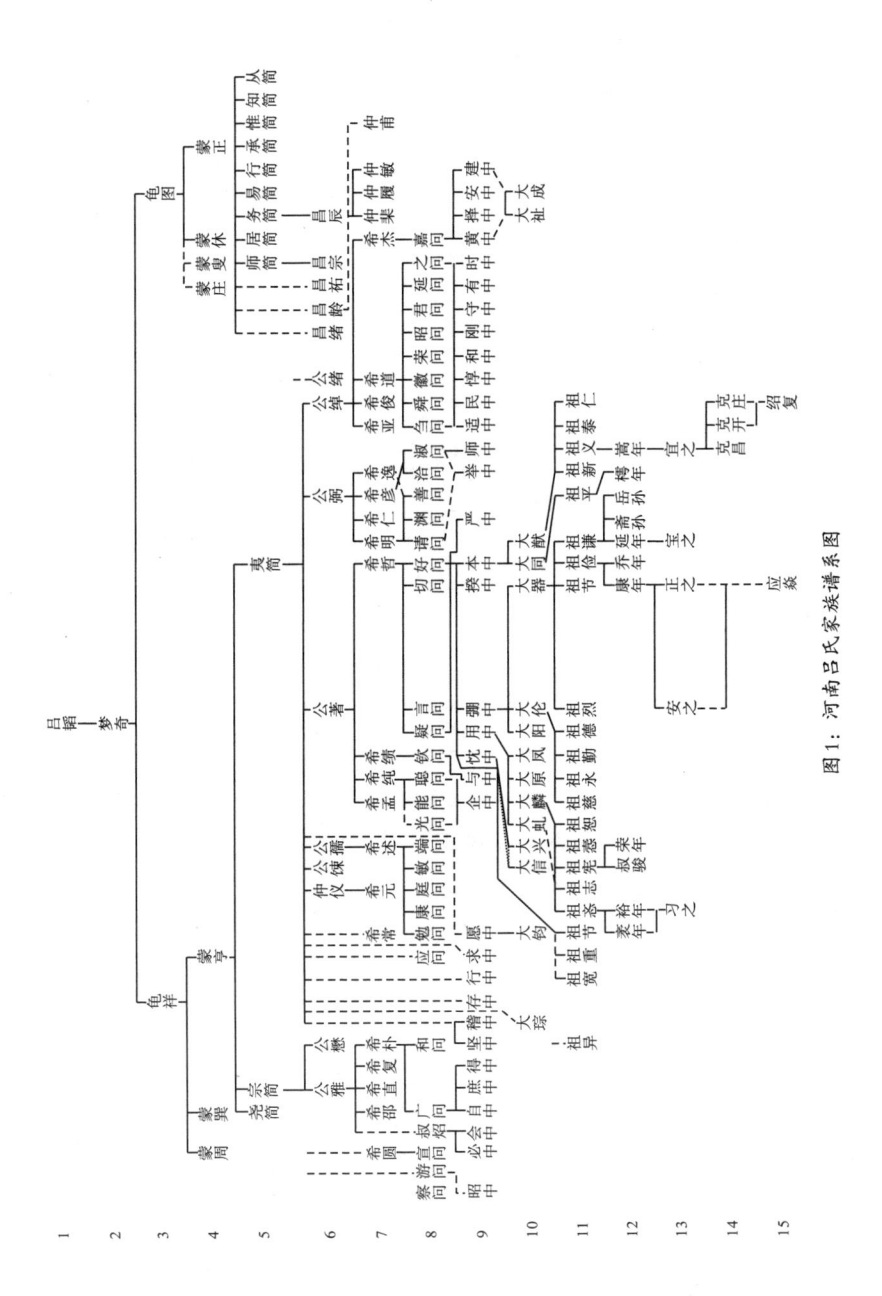

士族篇　283

图2: 吕氏族人以荫入仕图（灰标者）

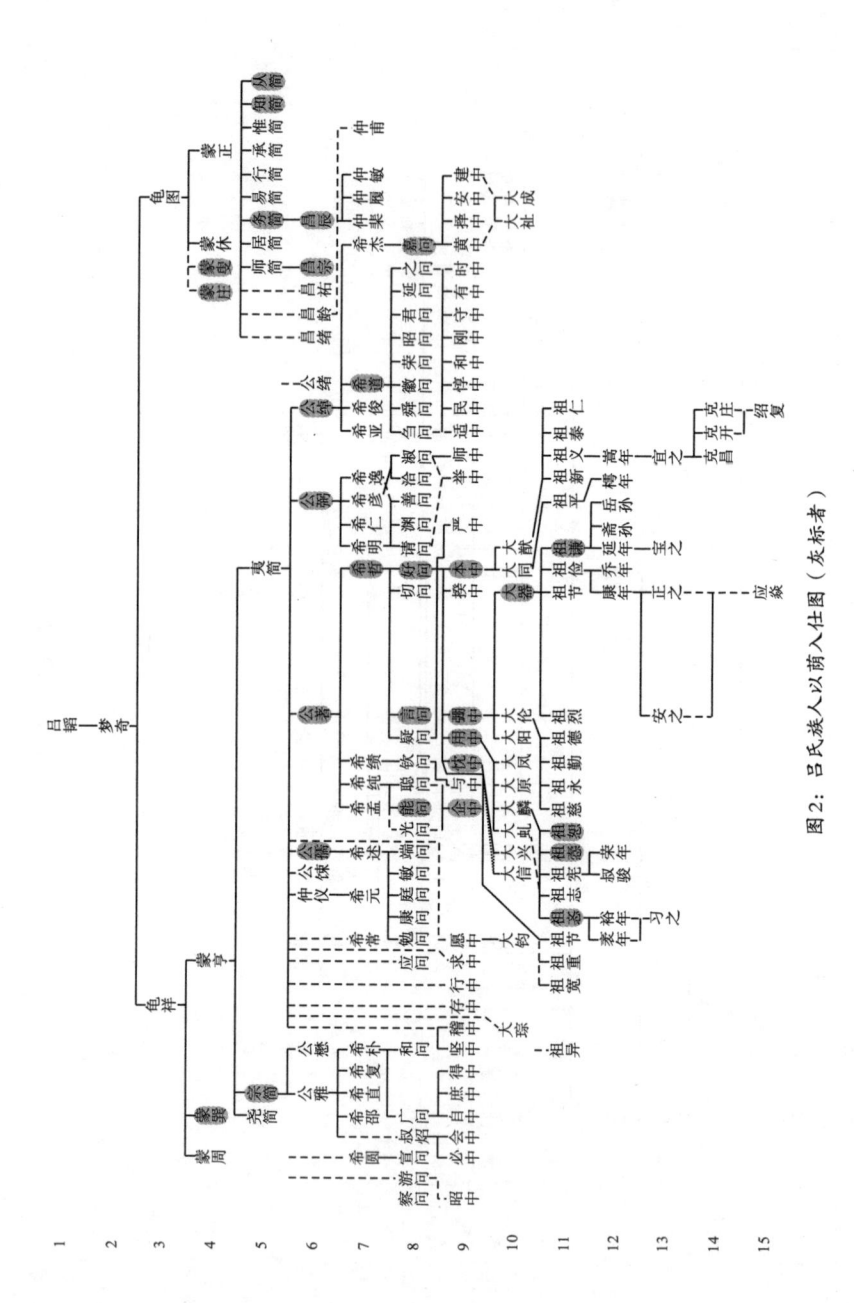

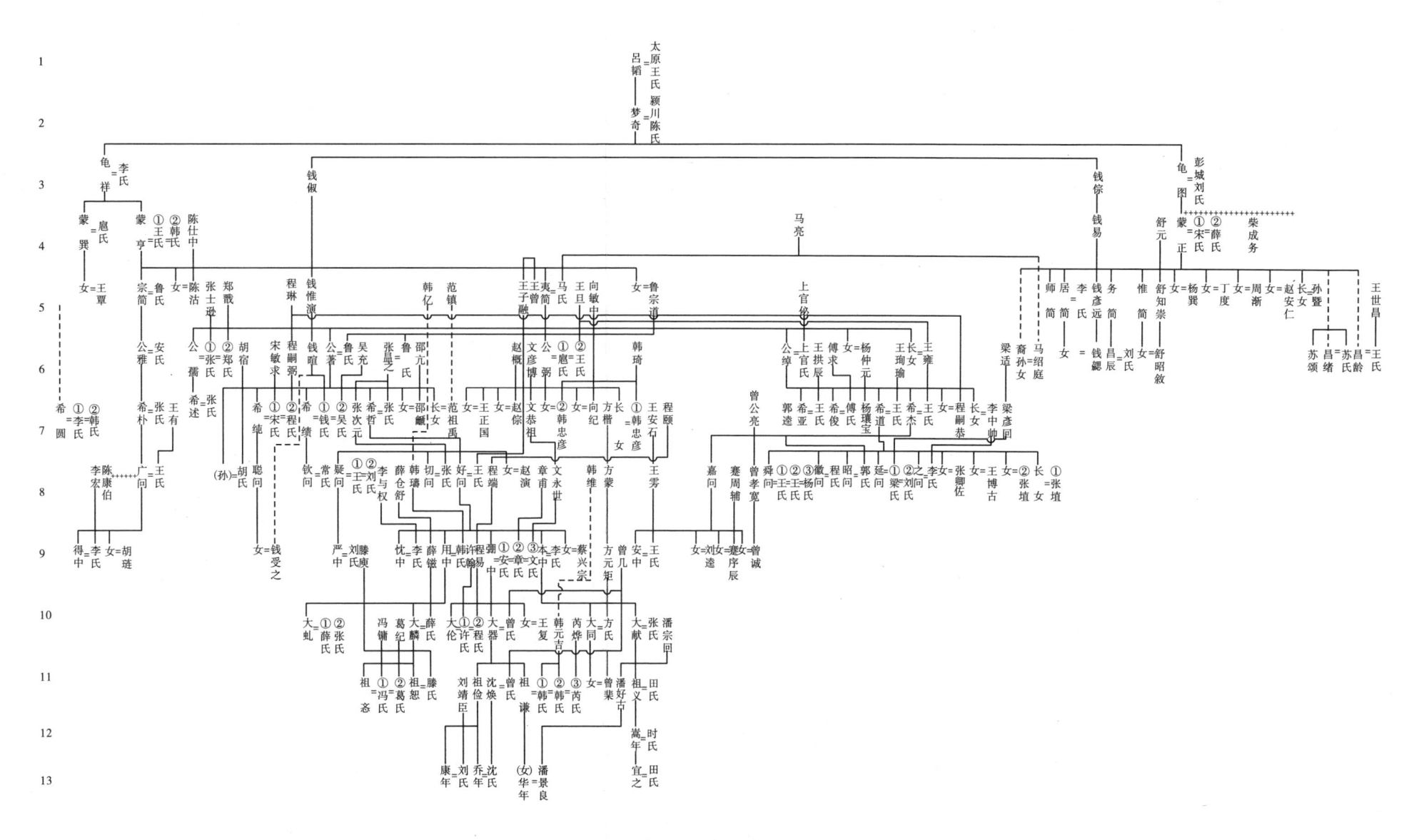

图 3：吕氏姻亲图

新发见史料补遗

一、引言

本书初版2017年由台湾花木兰文化出版社出版后,得内地著名考古学家郑嘉励教授指正,并惠赐新发现的两份关于宋代河南吕氏的重要资料,包括《上木阜吕氏宗谱》所载,佚名的《吕氏坟域图前集序》、吕好问的《吕氏坟域图集后序》、吕用中的《吕氏坟域图志》及吕大麟的《婺州武义县来苏乡明招山吕氏坟域图志》[1],并及另一通新出土的《吕大麟圹志》[2]。

对于利用后人所编修的族谱研究宋代历史,笔者一向采取比较谨慎的态度,除非有确实证据,否则"宁纵勿枉"。盖治史者之言,信而有征也。不过,郑嘉励教授是考古大家,他曾考察河南郑州神崧里吕夷简家族的墓地[3],近年更长期调查及研究浙江武义县明招山

---

[1] 1937年修,慎德堂活字本,天一阁藏。
[2] 2004年三、四月间被盗于浙江武义县明招山沈宅岭头。2016年九月由武义县公安局追缴,现藏于武义县博物馆。
[3] 《考古才子郑嘉励:武义明招山,一场理想主义者的族葬》,http://zj.zjol.com.cn/news/135962.html,点击日期:2016年9月10日。

南宋吕祖谦家族墓地的考古工作，利用出土的吕氏家族墓文与族谱比对讨论，发表了重要的著作[①]。据先生告知，《上木阜吕氏族谱》记载的东莱吕氏世系，错误百出，但偏偏是这本荒谬之极的族谱，保存了神柽里墓地《坟图序》这样关键的史料。因此，郑教授认为，越是显赫的大族，族谱越可靠。也许我们读到九十九种族谱是不可靠的，但是也有可能有一种是可靠的；也许，一本族谱中，百分之九十九的内容是不可靠的，但是另外百分之一却是十分可靠[②]。

所谓"坟图"，是因为神柽里这样一个大型的家族墓地，在族人下葬的时候必须要严格规划，故画有坟图。由于当时使用雕版印刷，刻写文字时相对来说比较容易，图翻起来则比较麻烦，经过漫长的历史传播，文字仍然能够流传下来，而坟图则已经佚失[③]。郑嘉励教授指出，通过考古发掘定位，目前已经大致确定（明招山）吕氏家族各个墓地的相对位置，并且确定了除吕大猷外，吕用中《吕氏坟域图志》序言所涉多个墓地的位置。由此证明此序是抄录自宋代吕氏家族的史料。而从《吕氏坟域图集后序》中的官称、世系等分析，并结合传世文献墓志资料，《上木阜吕氏族谱》的《坟域图集序》记载吕氏在郑州的家族聚葬墓地，也较为可靠[④]。

[①] 郑嘉励：《明招山出土的南宋吕祖谦家族墓志》，载于包伟民、刘后滨主编：《唐宋历史评论》第1辑，北京：社会科学文献出版社，2015年，第186—215页；魏峰、郑嘉励：《出土文献与族谱文献研究简论——试以武义吕祖谦家族为例》（讨论稿），宣读于"十至十三世纪中国史国际学术研讨会暨中国宋史研究会第十七届年会"，2016年8月20日至21日，第3—7页。
[②] 郑嘉励与王章伟私人电邮，2017年6月6日。
[③] 《考古才子郑嘉励：武义明招山，一场理想主义者的族葬》，http://zj.zjol.com.cn/news/135962.html，点击日期：2016年9月10日。
[④] 魏峰、郑嘉励：《出土文献与族谱文献研究简论——试以武义吕祖谦家族为例》，第5页。

由于有考古发掘和存世文献的互勘,加上经郑嘉励教授的专业研究,我也同意可以利用这几份新发现的史料研究宋代河南吕氏家族。笔者僻处南疆,未能见读《上木阜吕氏族谱》及《吕大伦圹志》的原文,而一般读者也难以觅寻,故这里就志引嘉励先生寄赠的文档,然后稍作分析补论,并向先生致以最高的谢意。

二、佚名:《吕氏坟域图前集序》

(一)文本存志

吕氏出神农,其后四岳唐虞之际,佐禹平水土有功,以其心膂之臣,故封于吕。至周,太公封于齐,传三十二世。田和篡国,其公族有避难东莱者,遂为东莱人。

西汉尚书令霸,葬掖城。令生骠骑将军鸽,葬漏泽。骠骑生尚书征,葬掖城。尚书生后汉太原太守陵,太原生徐州刺史隆,徐州生彭城太守徽,以上世谱载所葬地。后不载者并不书。

彭城生征南将军巇,葬掖城。征南生魏南阳太守泽,葬掖城。南阳生安德太守德,安德生青州别驾肇,葬掖城。青州生徐州刺史万年亭侯虔,亭侯生翻,翻生桂,桂生前燕东平太守弈,东平生后燕尚书左丞述,左丞生使持节青齐兖徐胜光莒等州诸军事济南公谥敬双周,济南生隋使持节汴陈亳等州诸军事齐郡公永吉,齐郡公生徐州司马植,徐州之裔孙项唐诸卫胄曹参军,以上旧传葬幽州,然世谱不载。

胄曹生唐郑州郑县令、赠太师、尚书令兼中书令燕国公韬,燕国公生后唐兵部侍郎、河东节度使、北京副留守、赠太师、尚书令兼中书令齐国公梦齐（奇）。燕公、齐公皆葬太原榆次县。

　　齐公二子，长起居郎、赠太师、尚书令兼中书令、郑国公讳龟图，起居生文穆公讳蒙正，相太宗、真宗，赠太师、尚书令兼中书令，葬西京，是为南宅；齐公之次子，殿中丞、知寿州讳龟祥，寿州之孙文靖公，是为北宅。天禧中，文靖公葬父祖于郑州管城县怀忠乡神崧里，即今之坟域也。今图但记所葬名号及所葬之处，使后世子孙可考而知，凡诸殇以塔或经幢葬，及出祖别立域葬者不记。

（二）补述分析——吕氏祖茔

《坟域图前集序》首三段追述宋代河南吕氏家族的源流，一如我们在前面的分析，跟所有家族历史的叙述分别不大，也都是宣称自己为圣王的后裔，然后严肃地交代绵亘千年的详尽世系，但后人根本无法验证其是否伪托。其中，由隋代徐州司马吕植至其"裔孙"吕顼，个中的传承更是含糊不清；有趣的是，连这篇相信是吕氏族人的作者自己也说："以上旧传葬幽州，然世谱不载。"后人似乎无须认真。

入宋后，《坟域图前集序》文中谓吕蒙正一支葬于西京，即洛阳，是为"南宅"；而吕夷简将父祖葬于郑州管城县怀忠乡神崧里，也就是直至吕好问为止夷简一支的"今之坟域也"，是为"北宅"。至于吕夷简一支以后的族人，除了因为以塔葬或经幢葬不录外，更重要的是"出祖别立域葬者"也不记。由此可见，吕氏南宅、北宅之分，或是族人迁居他方另外建立新的家族墓地者，宗族关系就会疏远。再加深思，家庭成员居地与大宗小宗的关系、聚族而葬与宗族的合散，这种动态的变化，是否所谓"家族"和"宗族"等一些静态的观念所能完全解释？正如我们在前章的讨论，如果赵宋王朝真的可以"王师北定中原日"，吕好问的子孙都由明招山南宋的墓地归葬北宋神崧里的"祖茔"，这份《坟域图》相信会令学者有更多空间重新反省宋代的家庭与宗族问题。

三、吕好问：《坟域图后集序》

（一）文本存志

寿州讳龟祥，文靖之祖也，赠太师、尚书令兼中书令、代国公，及代国夫人李氏，葬东茔之甲穴。大理寺丞、赠太师、尚书令兼中书令、魏国公讳蒙亨，文靖之父也，及魏国夫人王氏，葬东茔之庚穴。又葬文靖之叔，虞部员外郎、知海州、赠职方郎中讳蒙巽，及内黄县郡君扈氏，葬东茔之壬穴。又以文靖之弟，太子中允讳尧简，次文靖之长殇、赠赞善大夫讳公悚，于东茔之庚穴。后又以海州之子，大理评事、赠刑部侍郎讳居简，及永宁县太君李氏，祔东茔之庚穴。

文靖相仁宗，终太尉、许国公、赠太师、尚书令兼中书令、秦国公，谥文靖，讳夷简，配享仁宗庙庭，及秦国夫人马氏，葬西茔之甲穴。文靖之介弟、刑部员外郎、赠金紫光禄大夫讳宗简，及太宁太君鲁氏，葬西茔之庚穴。文靖之长子，翰林侍读学士、赠司徒讳公绰，及英国太夫人上官氏，葬西茔之壬穴。文靖之次子讳公弼，在英宗、神宗朝为枢密使、赠太师、中书令，谥惠穆，及内黄郡夫人扈氏、清源郡夫人王氏，祔西茔之庚穴。次文靖之第三子讳公著，相哲宗、终司空、申国公，及申国夫人鲁氏，葬第二穴。次文靖第四子，户部尚书讳公孺，及南阳郡君张氏、文安郡君郑氏，葬第三穴。申国薨于位，敕具一品礼葬，三坟同作一域。申公子荣公请增修文靖坟一品礼，诏从之。二茔以是各具山门阙角之制。次侍读次子，中散大夫、少府监希道，及华源郡君王氏，葬第四穴。次惠穆长子，朝散大夫、西京留守御史台讳希彦，及仙源县君王氏、永嘉郡君郭氏，葬第五穴。次惠穆次子，大理评事、赠殿中丞讳希仁，及施氏，葬西南隅。

又侍读长子，判吏部南曹、赠金紫光禄大夫讳希杰，及荥阳郡太君王氏，葬东茔北，别为茔，居甲穴。侍读之第四子，宣德郎、监西京粮料院讳希亚，大监次子，宣德郎讳延问，及梁氏、刘氏，葬西茔之北。申公之次子，左司郎中讳希绩，及靖安县君吴氏、嘉兴县君钱氏，贯东茔之丁穴，别为域，葬庚穴。申公第三子，中书舍人、宝文阁待制讳希纯，及蓬莱县君宋氏、大宁县君程氏，葬壬穴。大监之第四子，通直郎讳昭问，及旌德县君郭氏，次第五子，淮南茶盐司勾当公事讳徽问，及程氏，皆贯新城（域）丁穴。

又侍读之第三子，太常寺太祝讳希俊，及傅氏，次今朝散郎疑问之配天台县君王氏，皆贯西茔之丁穴。次西茔之望丁贯庚，别葬尚书之子、光禄丞讳希述，及顺阳县君张氏。次西，台之长子，将作丞讳淑问，及仁寿县君张氏。次西穴，光禄丞之长子、陇安县丞、奉议郎讳端问。其西南，台二子、经略司勾当公事讳洽问，及荥德县君杨氏。次西南第二穴，国子监丞讳渊问，将作之长子，登州推官讳师中。

又东茔之南别为域，刑部之长子，都水丞讳公懋，葬甲穴。次子徽猷阁待制、知晋州讳公雅，及咸宁县君安氏，葬庚穴。次晋州待制之次子，中散大夫讳希复，及寿昌县君陈氏，次泗州知录讳希直及二孙氏皆祔庚穴。知鄢陵县丞、奉议郎讳希朴，静海丞讳希邵，皆窆丁穴。北茔之东北一域葬晋州都水光禄之所生。今因葬荣公及荥阳子恭人张氏于东茔贯丁之甲穴。遂图前后葬者于此，以告来者。

政和七年正月一日

好问谨记

（二）补述分析——聚葬收族

政和七年（1117）宋廷内部仍然歌舞升平，宋徽宗在正月以殿前都指挥使高俅（？—1126）为太尉，二月命道士林灵素于上清宝箓宫讲道经，三月以宦官童贯（1054—1126）权领枢密院，四月徽宗更因崇道而册封自己为"教主道君皇帝"[1]。三年后的宣和二年（1120）宋金才缔结"海上之盟"，联金灭辽[2]，没有人会料到，国破家亡的灾难已经迫近。吕好问此时虽受崇宁党祸影响，坐元祐子弟废，却可以料理吕家在郑州祖坟的事务，这篇《坟域图后集序》，为我们研究吕氏家族提供了不少新的信息。

首先，埋骨于神崧里墓地里的吕氏宗人，让我们知多了一些已阙失的家族人物，例如除吕宗简外，夷简还有一弟尧简；而宗简

---

[1] 《宋史》卷二一，《徽宗纪》三，北京：中华书局，1977年，第398页。
[2] 《宋史》卷二二，《徽宗纪》四，第403—405页。

除公雅一子外,还有长子吕公懋;至于公雅,史传只载吕希朴是其儿子,这里却可见他还有希复、希直及希邵三子,且还有两个孙儿同葬在墓侧。此外,吕公弼二子希彦,过去完全未见记录其育有子孙,但原来他自己和长子吕淑问及次子吕洽问都在这里长眠;同样的情况,吕公弼之弟吕公孺,补记了有一子名希述。当然,这些片言只语的作用未必很大,但弄清楚这些吕氏宗人的存在和其中的关系,或许能帮助我们了解一些本来看似无关却可能有用的文献。吕希述这个例子就很有意思,吕陶(1028—1104)有一篇《吕希述字说》,对其人的背景和生平完全没有提及,只说:

> 治心正己,为天下国家,莫不由之,曰"道"。……而曰"述而不作"者,盖能训范于后世而不能兼善于当时云尔。……嗣孟子之业者,荀、杨、王、韩也。四子之言,虽所蓄有醇疵,所骋有详略,要其归皆祖述六经之趣而得其传。君之名,义取于斯矣。予以传叟字之者,以明学之宗尚,以见君之志也。[①]

很明显,这本来只是士人间赞赏后辈学行之文,但我们借《坟域图后集序》解读了吕希述是公孺的儿子,据此就更可想见吕氏科举世家的学行根基,自公著讲学以后,族中人才辈出,实不只荥阳诸公而已。当然,要解读这些细碎的史料史事其实不易,但大海淘沙,本来就是治史者的责任。

---

① 吕陶:《吕希述字说》,载于曾枣庄、刘琳主编:《全宋文》卷一六〇九,《吕陶》二一,上海:上海辞书出版社,2006年,第41页。

至于嫁入吕家的妇女,部分亦消失于史传记忆之中,《坟域图后集序》至少记录了她们曾经是这个宋代名族的一员,包括吕龟祥妻李氏、吕蒙巽妻扈氏、吕希彦妻王氏和郭氏、吕希仁妻施氏、吕希述妻张氏、吕延问妻刘氏(传世文献只有梁氏,这里多了刘氏,应为继室)、吕徽问妻程氏、吕疑问妻王氏及吕洽问妻杨氏。可惜,妇女"于归"后,我们对其认识除姓氏以外,一无所知。不过,也因为"回到"自己的夫"家"里去,《坟域图后集序》有确实记录的吕氏伉俪,夫妻都是同穴合葬,这群无名的母亲和妻子最终都可以在夫家的坟茔中,享受子孙的祭祀。合葬的夫妇包括:吕龟祥、蒙亨、蒙巽、夷简、宗简、居简、公绰、公弼、公著、公孺、公雅、希道、希彦、希仁、希杰、希绩、希纯、希俊、希述、希复、延问、昭问、徽问、疑问、淑问、洽问等。

透过吕好问自身对祖坟墓穴的记述,也帮助我们厘清了一些家族成员间的亲属关系。以吕公弼一房为例,以往我们只知道吕淑问是其孙、吕师中是曾孙(未知父亲是谁),确切的承传却搞不清楚。但墓葬的安排交代了淑问是公弼二子希彦的长子,洽问是其弟,而师中则是淑问的长子("长"即表示,吕淑问不止一子,只是《序》文没有提及)。于是,公弼、希彦、淑问及师中四代人的关系清楚明白。又如吕端问,其好友米芾只提到他是吕公孺孙[①],《坟域图后集序》除了让我们知道公孺有子名希述外,也标明吕端问是希述的长子(同样也说明吕希述不止一子),公孺、希述及端问一房的繁衍遂明。

---

① 米芾:《跋李邕帖》,《全宋文》卷二六〇一,《米芾》五,第9页。

除了拾遗补阙外，墓穴和墓主的安排反映传世文献可能有些错误，例如这里提到蒙亨的妻子为王氏，与范镇撰《吕惠穆公公弼神道碑》及王珪撰《吕谏议公绰墓志铭》吻合；但王安礼撰《吕公弼行状》则作韩氏，我们在《吕氏家族姻亲表》（本书附表二）曾怀疑她是否继室。不过，从《坟域图后集序》得知，吕家有继室的公弼、公孺、希绩、希纯及延问等人，前妻及继室都是与其同穴合葬，蒙亨也不应该例外，故猜想王安礼的行状是误记。此外，这里提到吕居简的妻子是李氏而非马亮女儿，与一般人所知道的迥然不同。其实，过去也有研究考证"马亮长女嫁于陈尧叟，次女亡，三女嫁戴宏，四女嫁吕夷简。其他女儿分别嫁于张士惑、钟离景裕、张去奢，马亮并无吕居简作女婿。因此晏殊《马忠肃公亮墓志铭》中似有笔误，未知吕居简夫人为谁"[1]。现在似乎已经可以断论，吕居简并非马亮的女婿。不过，马亮与夷简缔婚，马、吕二家仍是合二姓之好，没有影响我们前篇认为吕蒙正与寇准二派合流之说。

最后，也是《坟域图后集序》最珍贵的，当中有一些叫人惊讶的线索，让我们再次深思吕氏的宗族组织和关系。只要我们谨慎和细读一下，立即会有一个疑问：吕居简是吕蒙正儿子，是"南宅"的人，何以夫妻二人竟会在"北宅"族人聚葬的怀忠里祖茔之中？吕好问一房一直很强调郑州的祖坟自吕龟祥开始，而蒙正的"南宅"则归葬西京洛阳；而我们在本书全篇的史料和分析中，也从未见过吕居简跟吕夷简父子有交往的记载。而且，也如前章讨论过

---

[1] 徐红：《北宋太平兴国五年进士研究——以精英分子为中心》，山东大学博士论文，2007年。转引自姚红：《宋代东莱吕氏家族及其文献考论》，北京：中国社会科学出版社，2010年，第20页。笔者当年未见徐红此文，无由判断是非，故过去仅依从存世文献之说，将吕居简视为马亮之婿。

的，吕居简跟富弼相善，政治上似不属于吕夷简一派的路线，如何解释《坟域图后集序》说"后又以海州之子，大理评事、赠刑部侍郎讳居简，及永宁县太君李氏，祔东茔之庚穴"？因为史料阙如，暂时无法析述[①]，但这再一次提醒我们，宋代可能只处于中国近世新宗族组织的重组初期，宗族内部的构成、家与家族及宗族的情况，未必如明清及以后般清晰和严格。

相类的问题，吕公雅力行新法，与堂兄弟公弼、公著的立场不同，除了其父亲宗简因为与夷简为兄弟、又感情深厚，自然葬于家族墓地外，原来公雅自己和四个儿子两个孙也埋于神崧里。本书前章曾因为公雅年少时随父亲居于夷简在京师榆林巷的大宅，推论他与公弼、公著的感情本来应该不俗；然而他们后来在王安石新法上分道扬镳，再未见彼此有任何联系。最后我们因此猜想，宋人已不重视郡望，宗族间的关系，视乎实际的情况，由于公雅跟公弼、公著入仕后到不同地方任官，亲情日疏，宗族关系自然日淡。不过，《坟域图后集序》显示，公雅最后还是回归祖茔，与公弼、公著为邻，可见宗人间的关系，与政治路线没有必然的相连，而新法对整个吕氏家族的影响，不能只以夷简一房为论。况且，族人间日常的往来与关系，史料其实不会记录，故本书对吕家的深入研究，或许能提醒史家，利用政见、宗族及姻亲等视角讨论宋代士族与政治时，必须小心谨慎，按个别情况去看，不能以偏概全，妄下结论。

---

① 不过，铭文说居简是海州之子，故另一个可能只是这里弄错了蒙巽儿子的名字（即不是居简）而已，可是蒙正儿子也是名臣，"北宅"竟将"南宅"同宗兄弟名字混淆，又有点不明。或许，后世族谱在转录此文时有误。录之以备考。

士族篇

四、吕用中：《吕氏坟域图志》

（一）文本存志

宣和元年，于祖坟之西别为二茔，东茔具山门阙角之制。甲穴葬侍读长子，南曹赠少保讳希杰并国夫人王氏。庚穴葬少保之子，龙图阁学士赠资政殿学士讳嘉问并庆国夫人王氏。壬穴，资政长子，前淮南路提举茶盐公事讳建中寿穴。又以资政长孙，文林郎讳大成并宁德县君蔡氏，祔东茔之甲穴。次资政第四孙，登仕郎讳大祉，祔东茔之庚穴。

西茔甲穴葬资政第二子，通直郎、监在京水磨都茶场讳安中并令人王氏。庚穴葬资政第三子，润州司理参军择中。壬穴葬资政第五子，奉议郎、京兆府司录事，黄中。

西茔之南别作茔，甲穴葬资政长女四十娘，庚穴葬资政孙女五娘，壬穴葬资政孙女十娘。

宣和四年八月庚寅，葬尚书右丞赠太师讳好问之室，秦国夫人王氏，于祖坟之东二里许，隶新郑县溱泉乡北平康原，实居茔之甲穴。靖康元年十月二十九日，葬朝奉大夫、通判广德军讳疑问并宜人王氏、刘氏于茔之庚穴。其壬穴则开封府司工曹事、朝奉大夫讳切问之寿穴也。

右丞之长子中书舍人讳本中之室永嘉郡夫人李氏，靖康元年十月，葬于秦国夫人之坟南百余步，别立茔穴域，是为甲穴。庚穴先以宣和四年八月，葬驾部员外郎讳弸中之室安氏、章氏，为直秘阁用中之寿穴。广德长子，福昌主簿严中之室刘氏祔葬于坟域之西。

建炎元年五月,右丞执政请于朝将建寺于秦国茔西,以元净明度禅院为额,有诏许之。

靖康元年五月十八日,葬通直郎新淮阳军宿迁县丞讳钦问及孺人常氏于颍昌府阳翟县大隗乡西白鹿村,用域中第三穴。其坟之西数十步,葬宿迁之第三子,五十三丞务与中。其西南数里,晏元献公坟。

靖康元年十月二十九日,于殿中丞坟西,别作一茔。甲穴葬户部尚书长孙,奉议郎讳端问。庚穴为尚书第二孙,右奉直大夫、提点江淮荆浙坑冶铸钱等事讳敏问寿穴。壬穴为尚书第三孙,金部员外郎庭问寿穴。

又于惠穆公神道碑楼西别为一茔,第一穴葬尚书第四孙,将仕郎、太原府交城县主簿讳康问。第二穴葬尚书第五孙,修职郎、德顺军隆德县主簿讳勉问。第三穴葬尚书长孙女大娘。

政和丙申九月,于祖坟之东南作一茔(与周越侍郎家茔域相邻)。甲穴葬大监之第七子,朝散郎、京畿京西路提举炭事讳舜问,及安人清源王氏、安人太原王氏,后又举安人杨氏祔也。

先公藁葬桂林二十有二年,绍兴癸酉,始克扶护度岭,改葬婺州武义县明招山,先兄驾部安人文氏祔。因刊《怀忠坟域》于石,出祖葬者亦祔于末,使子孙有所考焉。

绍兴二十三年闰月二十六日
用中记

(二)补述分析——怀忠念亲

本文志于绍兴二十三年(1153),距离"靖康之祸"(1127)已有二十六年,宋金亦于绍兴十一年(1141)底达成和议,南宋偏安江左之局已成。汴京此时已沦陷于金人的铁蹄之下,河南郑州管城县怀忠乡神崧里已是遥不可及,虽然万分不舍,吕用中等已经接受现实,将原本"藁葬"于桂林的父亲吕好问的灵柩改葬于婺州武义县的明招山。因而刻石刊写新的《怀忠坟域图志》,接续吕好问《坟域图后集序》,记述了从宣和元年(1119)至靖康元年(1126)北宋灭亡的前夕,继葬于神崧里祖茔吕氏族人的情况,让子孙知念先祖。

跟吕好问《坟域图后集序》一样,新埋葬的族人有些从未见于史载,包括吕希哲第四子吕疑问有"长子"名吕严中(反映他不只有一子),而吕希绩儿子吕钦问,原来也有第三子名吕与中(可见他至少有三个儿子)。此外,过去我们只知道吕庭问是夷简后人,这里则清楚说他是吕公孺的第三孙,并带出除了《坟域图后集序》提过的长孙吕端问外,公孺还有第二孙吕敏问、第四孙吕康问及第五孙吕勉问。也就是说,如果公孺只有前节提到的一个儿子希述,那这五个孙子的父亲就是吕希述了。(当然公孺也有可能还有其他不葬于此的儿子,故吕希述不一定是他们的父亲)

同样的,有几个族中妇女"重见天日"。包括疑问的妻子王氏和刘氏,钦问妻常氏,本中妻李氏,严中妻刘氏;舜问先后有两个王姓妻子，后来再娶杨氏①。吕弸中后来的《圹志》记其先后娶章氏和文氏②，这里却说"葬驾部员外郎讳弸中之室安氏、章氏，为直秘阁用中之寿穴"。很明显章氏之前，弸中还有安氏，她和章氏在北宋末年先逝，葬于神崧里祖坟；而文氏南渡后，《圹志》说她绍兴甲戌（即1154）卒于桂林，藁葬后再由子孙移回明招山与吕弸中合穴③。奇怪的是，吕弸中和文氏的《圹志》都有记载章氏，为何却没有安氏？据笔者推测，弸中的《圹志》和文氏的《圹志》提到章氏和文氏时，都交代了有子三人：大器、大伦和大阳。或许，安氏无子，故当大伦和大器先后为父母刻写《圹志》时，就没有提到远葬于神崧里而又不是自己母亲的安氏吧？

夫妻同穴，仍是吕氏的惯常，这篇《怀忠坟域图志》提到的包括希杰、嘉问、疑问、钦问、舜问、安中、大成等，其中疑问与二妻合葬，舜问更是与三妻合葬："甲穴葬大监之第七子，朝散郎、京畿京西路提举炭事讳舜问，及安人清源王氏、安人太原王氏，后又举安人杨氏祔也。"杨氏后来才去世，仍祔葬于丈夫之穴，妇女从属于夫家的意味最为清晰，而《怀忠坟域图志》还带出了一个很有趣味的问题：何以竟有女儿葬于父祖的家族墓地里？

宋代妇女史研究近年有长足的发展，但对妇女死后和葬殓等

---

① 李贵录根据清人编修的《王氏宗谱》，指出王旦孙王震的女儿嫁吕舜问，惟宋代史料未见有载，见李贵禄：《北宋三槐王氏家族研究》，济南：齐鲁书社，2004年，第254—255页，但这篇《怀忠坟域图志》只记王氏，未有交代二女是否同为王震的女儿。
② 吕大伦：《吕弸中圹志》，见郑嘉励：《明招山出土的南宋吕祖谦家族墓志》，第190—191页。
③ 吕大器：《吕弸中妻文氏圹志》，见郑嘉励：《明招山出土的南宋吕祖谦家族墓志》，第191—192页。

问题,却未见有深入讨论[1],直至最近美籍华裔学者许曼在有关宋代福建妇女的日常生活大作里,才独具慧眼辟有专章讨论女性人生的归宿——女性与墓葬,详细分析了妇女墓穴的结构、与夫合葬及一夫多妻的问题,最是精彩[2]。可惜,碍于史料所限,她只析述了已嫁为人妻或成为母亲的女性的墓葬,并没有女儿埋葬于父亲家族坟地的例子。然而,《怀忠坟域图志》里却有两段这种记录:"西茔之南别作茔,甲穴葬资政(吕嘉问)长女四十娘,庚穴葬资政孙女五娘,壬穴葬资政孙女十娘。""又于惠穆公神道碑楼西别为一茔……第三穴葬尚书(吕公孺)长孙女大娘。"其中都没有提到这些妇女的夫婿,想必是未出嫁已夭殇。按理说,妇女"于归"夫家,死后自然从葬于其族;但未嫁而死者,情况又是如何?我们没有这方面的资料,想来也是许曼没有研究的客观原因。不过,宋代似乎也流行"冥婚"[3],人类学者和宗教史家的研究显示,由于中国人相信无祀的野鬼会变成"厉",而女性须依附于夫家受祭,故早夭或未婚即亡的女性就会不幸地变成凄惨的"孤娘",因此在生的亲人往往

---

[1] 即便最杰出的伊沛霞(Patricia B. Ebrey),她研究宋代妇女的婚姻和生活的名作,也未提及女性人生这个最后归宿,见Patricia B. Ebrey, *The Inner Quarters: Marriage and the Lives of Chinese Women in the Sung Period*, Berkeley, Los Angeles and London: University of California Press, 1993, 本书已有中文版,见[美]伊沛霞著,胡志宏译:《内闱——宋代的婚姻和妇女生活》,南京:江苏人民出版社,2004年。同样地,中文著作最完备的《中国妇女通史·宋代卷》也只稍稍提及冥婚的问题,仍未见讨论女性的丧葬。见方建新、徐吉军:《中国妇女通史·宋代卷》,杭州:杭州出版社,2011年,第306—309页。

[2] Man Xu, Crossing the Gate: *Everyday Lives of Women in Song Fujian, 960—1279*, Albany: State University of New York Press, 2016, pp. 213—260. 此书刚出版中文译本,读者应该参考。见[美]许曼著,刘云军译:《跨越门闾——宋代福建女性的日常生活》,上海:上海古籍出版社,2019年。

[3] 见方建新、徐吉军:《中国妇女通史·宋代卷》,第306—309页。

304　近世社会的形成:宋代的士族与民间信仰

代其缔结冥婚,让她的神主得以依托夫家享用血食①。吕氏家族的祖茔却庇护了早夭女儿的游魂白骨,让其安躺于祖先墓穴之旁受族人祀奉,既显示上述观念未必是所有人的想法,又得见吕家父兄对孤女的亲爱,温暖有情。

最后也是《坟域图后集序》最重要的,是其揭开了吕嘉问千古身世之谜,也引证了我们在前章的推论。过去,笔者曾遍查宋代史料,却无法得知吕嘉问是哪人的儿子,似乎"家贼"之号,令其与宗党的关系异常紧张,存世的文献都讳言其父,可能是因为免生尴尬。虽然,不少学者根据后人编修的各种吕氏家谱和族谱,早已指出他是吕希杰的儿子,但一来没提出有力的证据,同时也未由此引申对嘉问作更深入的分析②。根据郑嘉励教授的可靠考证,肯定了《坟域图后集序》是吕用中所写,而用中的祖父吕公著是吕希杰的叔父,他在这里的叙述就最为可信,也最是珍贵,值得再引:

---

① 全面的研究,可参看黄萍瑛:《台湾民间信仰"孤娘"的奉祀——一个社会史的考察》,台北:稻乡出版社,2008年。
② 例如姚红径云是吕希杰之子,却无举出任何史源,见姚红:《宋代东莱吕氏家族及其文献考论》,第35、41页。陈开勇引用《白沙圩吕氏宗谱》(渭起堂,同治九年木活字本,吕洪裕等纂修),及王珪的《翰林侍读学士朝散大夫尚书右司郎中集贤殿修撰中都县开国伯食邑八百户护军赐紫金鱼袋特赠左谏议大夫吕公墓志铭》,同样指出吕嘉问为吕希杰子,见陈开勇:《宋代开封——金华吕氏文化世家研究》,北京:中国社会科学出版社,2010年,第19页。但他没有解释何以这部清人编修的族谱是可信的;至于王珪所写的吕公绰墓志铭,其实只说吕嘉问是公绰的孙子,没有提及其父亲是谁,见王珪:《翰林侍读学士朝散大夫尚书右司郎中集贤殿修撰中都县开国伯食邑八百户护军赐紫金鱼袋特赠左谏议大夫吕公墓志铭》,《全宋文》卷一一五七,《王珪》三十八,第239页。详细的讨论,请参看本文第二章。更重要的是,姚红和陈开勇并未因嘉问号为"家贼"、讳言其父及弄清楚其族属后,引申讨论其与吕氏全族的关系,并及吕氏在新法中的发展问题。

甲穴葬侍读长子，南曹赠少保讳希杰并国夫人王氏。庚穴葬少保之子，龙图阁学士赠资政殿学士讳嘉问并庆国夫人王氏。壬穴，资政长子，前淮南路提举茶盐公事讳建中寿穴。又以资政长孙，文林郎讳大成并宁德县君蔡氏，祔东茔之甲穴。次资政第四孙，登仕郎讳大祉，祔东茔之庚穴。

西茔甲穴葬资政第二子，通直郎、监在京水磨都茶场讳安中并令人王氏。庚穴葬资政第三子，润州司理参军择中。壬穴葬资政第五子，奉议郎、京兆府司录事，黄中。

西茔之南别作茔，甲穴葬资政长女四十娘，庚穴葬资政孙女五娘，壬穴葬资政孙女十娘。

真相终于大白，吕嘉问的确是公绰长子希杰的儿子[1]。存世的史料没有详载家问的家世及其与族党的关系，只知道他有一个儿子吕安中，娶王安石儿子王雱的女儿为妻。从这段《坟域图后集序》可见，葬在祖茔中的除了吕嘉问和妻子王氏外，还有嘉问的长子建中、二子安中、三子择中、五子黄中，长孙大成、四孙大祉，而长女四十娘及两个孙女五娘、十娘等，都一并葬于墓侧。

---

[1] 也反映如郑嘉励教授所说，后世不可靠的族谱中，保留了一些可信的史料。不过，在未有考古发掘或可靠的资料对比、论证前，我仍然倾向不能随便信用这些族谱。

吕嘉问的家庭如下图：

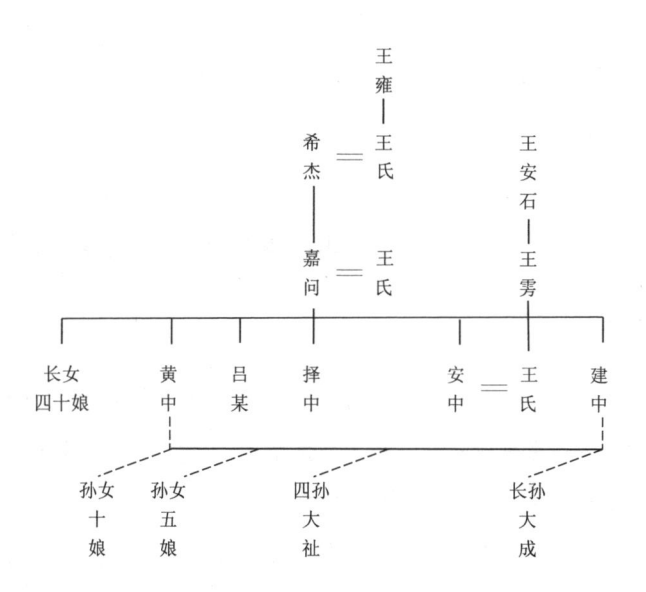

```
              王雍
               |
          希   王氏
          杰 ═
          ┃       王安石
          嘉   王氏  |
          问 ═    王雱
  ┌────┬────┬────┬────┬────┬────┐
 长女  黄   吕  择   安 ═ 王氏  建
 四十娘 中  某  中   中        中
       ┊   ┊   ┊              ┊
      孙女 孙女 四孙           长孙
       十   五   大             大
       娘   娘   祉             成
```

虽然，有学者以为，吕嘉问"与家族整体成员早已各行其道、互不相干，故他不能成为家族政治发展史上的代表之一"[①]。但如前章所论，我在二十多年前的研究里就一直怀疑，嘉问与族党的关系未必完全破裂，事实上我们亦不见他们互相攻击（除号家贼外），那么在政见分歧以外，嘉问或会念及同族之情，对势蹇之吕氏家族予以一定之帮助？《坟域图后集序》的发现非常珍贵，它除了补正吕嘉问一支的繁衍外，也证明他和儿孙辈都被安葬在曾祖父夷简一房的家族墓地群里，与其他族人无异。也就是说，吕嘉问的一房仍然被接纳为家族的一分子，宗族之间还是有紧密的联系。所谓"家

---

① 姚红：《宋代东莱吕氏家族及其文献考论》，第111页。

贼"云云，只是一时政治的话语罢了，吕氏宗人并不如想象中的介怀，吕用中刻写《坟域图》详记了伯祖这一支的坟穴，"使子孙有所考焉"。这多少可以证明，吕嘉问与族人在新旧党争中并未完全决裂，家族的凝聚力也不至完全倾覆。

五、吕大麟：《婺州武义县来苏乡明招山吕氏坟域图志》

（一）文本存志

吕氏之先葬于太原，自代公、魏公以下悉葬于郑州新郑县怀忠乡神崧里。戎狄乱华，中原陷没，予家子孙南渡者，皆不克归葬，各适所寓之地而安厝焉。

绍兴十六年，从兄仓部讳大器、朝奉郎讳大伦始卜伯父驾部讳弸中葬于婺州武义县明招山惠安院之西，盖距二十里也。

十七年，朝奉葬安人（大伦妻许氏）于本寺明招岭之垄下。先君秘阁讳用中，以大父右丞东莱讳好问旅葬桂林炎荒之地，不可以久厝，择地累年，乃得穴于驾部坟山之东。二十三年，始克迁东莱公之葬于兹地。驾部硕人文氏亦自桂林迁奉与驾部同穴。

后五年，叔父提举公讳忱中，葬于大兴于本院虎山之后。三十一年，朝廷赐惠安院为东莱公功德院，其额增"元净"二字。

三十二年秋，大麟同弟大虬葬秘阁公于东莱公兆域之左。秘阁长子右从事郎大凤，前葬绍兴府梅山本觉寺，先君之丧，与弟举其柩祔葬于秘阁虎山之侧。大虬妻薛氏，前葬于婺州兴教寺，亦改葬于明招主山之后垄下。是秋，仓部长子祖谦乃葬其妇韩氏于驾部坟山之西。其年冬，叔父提举公没，诸侄奉公之枢于本院虎山之末，公爱其子大兴，遗命殡于此，以近其墓焉。

隆兴元年，大麟葬其妻孺人薛氏于驾部坟山之西，与韩妇盖隔一垄。

乾隆（乾道）元年夏，大虬葬其继室张氏于东莱公兆域之次。

二年，仓部葬其宜人曾氏于驾部坟山之东。

四年，朝奉（大伦）没，与许氏同穴。

七年春，大麟同大虬葬先妣太恭人韩氏与先君同穴。

八年夏，祖谦同弟祖俭葬仓部与宜人曾氏同穴。夫皆正穴也，妻为祔葬，居枢之西，而以石隔之。

九年秋，大虬病没，予举其丧葬于东莱公兆域之右，并迁其妻薛氏、张氏皆合祔焉。

明招山乃唐末德谦法师道场，谦结庐于山中，其徒数百人，亦皆斲庵以相近焉。故今之诸坟往往皆昔日庵居之地。图云经（《图经》云）：寺墓乃阮孚古宅，寺山门之东有土高起，故老相传云即遥集之墓，近处多姓阮者，乃遥集之后裔也。今详其始末以告来者，庶易以考焉。

淳熙元年二月十一日，大麟敬记。

（二）补述分析——明招山家族墓地

由于内地考古学者近年对浙江武义县明招山的吕祖谦家族墓地

已展开了深入的调查,故这篇《坟域图志》现在能够提供的新讯息已不多,但仍然补充了吕大虬的妻子为薛氏和继室张氏;而新出土的《吕大伦继室程氏圹志》只记大伦娶了程颐曾孙女为继室[①],大麟在这里则补记了其妻为许氏。

正如上面所说,《上木阜吕氏族谱》收录的这几篇《坟域图志》,将其与明招山出土的吕氏墓穴及圹志对比,就可以证明其来有据,应该是宋人的真实笔录。就此点而言,大麟此作也是他自己和吕氏族人的珍贵文献资料。

最后,大麟在篇首解释:"吕氏之先葬于太原,自代公、魏公以下悉葬于郑州新郑县怀忠乡神崧里。戎狄乱华,中原陷没,予家孙南渡者,皆不克归葬,各适所寓之地而安厝焉。"总结来看,以好问一房而言,上下八代族人都视神崧里为祖茔,明招山是南渡后迫不得已建立的新祖茔而已。他们虽然不是累代"同居共财"的义门,但子孙绵延,却仍透过聚族而葬的"祖茔"凝结宗人的团结与关系。

六、吕大器:《吕大伦圹志》

(一) 文本存志

宋故右朝奉郎、主管台州崇道观吕君讳大伦,字时叙,其先河东人,自五世祖文靖公占籍开封,因家焉。曾祖讳希哲,终奉直大夫、直秘阁、赠太子太师;曾祖妣张氏,封仙源县君,

---

① 吕祖永:《吕大伦继室程氏圹志》,见郑嘉励:《明招山出土的南宋吕祖谦家族墓志》,第200页。

赠文安郡夫人。祖讳好问，终资政殿学士、太中大夫、赠太师；祖妣王氏，封建德县君，赠秦国夫人。考讳弸中，终右朝请郎、赠通议大夫；妣章氏、文氏，皆赠硕人。

君幼以祖遗泽补右承务郎，李丞相纲帅江西，辟君洪州分宁县丞，君始出仕。累任签书道州判官厅公事、监潭州南岳庙、婺州武义县丞、两浙东路安抚司干办公事、福建路提举常平司干办公事、通判鼎州军州事。归自鼎，阖门不出，得请主管台州崇道观，秩满，因任者再，迄以祠禄终。中更太上皇明堂恩赐六品服，而积官止右朝奉郎。

先娶许氏，尚书右丞翰之女，累赠安人；再娶程氏，知桐庐县易之女，今封安人。子男四人：长祖德、次祖勤，皆蚤天；次祖永、次祖慰。女五人：三早夭，二在室。君以政和四年五月二十七日生于宿州之宁陵，以乾道四年五月十三日没于婺州寓舍之正寝。

吕氏世葬郑，建炎南渡，太师、通议皆藁葬婺州武义县明招山，而许夫人之兆先在焉，遂以是年七月十四日葬君于祖茔之东，举许夫人之丧祔，遵治命也。君之葬日薄，未克论次出处、言行、政绩之详，以请于立言君子，姑犅举阀阅官簿纳诸窆以识焉。

右朝奉郎、尚书仓部郎中大器识
童义刊

（二）补述分析

以一个人的圹志而言，这篇刻石所能提供的信息自然有限，但仍补充了一些吕家人物的讯息。例如，除了其继室程颐曾孙女外，吕大器为其弟大伦写的这篇《圹志》终于记录了他先娶许翰（？—1133）之女为妻。案许翰登元祐三年（1088）第，为人刚正不阿，积极支持抗金，曾为李纲所荐，拜为尚书右丞兼门下侍郎[1]。可见宋室南渡后吕氏家族在政治上的影响力虽然已日渐衰落，但族人仍多有与北宋的官僚旧族联姻。此外，大器也提及大伦有两子吕祖德及吕祖勤早夭，并有五个女儿，三个同样早世，二人在室未嫁。

最后，值得一提的是，吕大伦虽然以祖父遗荫得补右承务郎，但《圹志》说其仕途是始于李纲帅江西时，将他辟为洪州分宁县丞。如前章所论，李纲曾经因伪楚臣僚论罪问题，似与吕好问有嫌隙，吕家的政治发展更从此一蹶不振；但大伦却获李纲赏识，反映吕氏宗人仍有一定的能力。百年大族，自有过人之处。

---

[1] 见《宋史》卷三六三，《许翰传》，第11343—11344页。

从墓志铭看宋代河南吕氏家族中的妇女

一、绪论

宋代士族的兴起与维持，族中妇女其实充当着很重要的角色[1]，日本学者衣川强和笔者曾对宋代两大望族——韩亿和吕蒙正家族——之一的河南吕氏家族作深入探讨[2]，但对族中这"半边天"的情形却完全没有道及，本文就是希望填补这一空白。

记载吕氏家族妇女的史料并不很多，主要来源有三种：第一种是散见于宋人文集、家训和笔记中的片言只语，对了解某一事件或有帮助，却无法考知族中妇女的生平；第二种是附记于父亲或丈夫墓志铭中的记述，这类资料虽略有交代传主妻女的数目，但所言亦极为有限，除个别例子外，用途也不大；最后一种是有独立的墓

---

[1] 见陶晋生师：《北宋士人的起家及其家族之维持》，《兴大历史学报》1993年第3期，第11—34页。

[2] ［日］衣川强：《宋代の名族——河南吕氏の场合》，原刊于《神户商科大学人文论集》第9卷第1、2期，1973年，第134—166页，今收于［日］衣川强：《宋代官僚社会史研究》，东京：汲古书院，2006年，第77—122页；王章伟：《宋代河南吕氏家族研究》，香港中文大学历史学部哲学硕士论文，1991年，参看本书"家族篇"第一章。

志铭者，其生平多有过人之处，撇除墓志铭歌功颂德的缺点外，这些记载对传主的生平提供较详细的讯息，是最有用的资料①。可惜妇女能有墓志铭传世者并不多，而现存宋人文集中吕氏家族妇女的墓志铭只有五个，分别是王珪的《寿安县太君吕氏墓志铭》②、苏颂的《万寿县令张君夫人苏氏墓志铭》③、韩琦的《故东平县君吕氏墓志铭》④、汪应辰的《枢密院计议钱君嫔夫人吕氏墓志铭》⑤，和陆游的《吕从事夫人方氏墓志铭》⑥。幸运地，近年在浙江省金华市武义县明招山出土的南宋吕好问家族的十七通圹志中，竟然有八篇是族中妇女的墓志，包括吕大器写的《吕弸中妻文氏圹志》⑦、吕大麟的《吕用中妻韩氏圹志》⑧、吕大信的《吕忱中妻李氏圹志》⑨、吕大器的《吕

---

① 关于宋代妇女的墓志铭问题，可参考刘静贞：《女无外事？——墓志碑铭中所见之北宋士大夫社会秩序理念》，载于宋史座谈会编：《宋史研究集》第25辑，台北：台湾编译馆，1995年，第95—142页；刘静贞：《欧阳修笔下的宋代女性——对象、文类与书写期待》，《台大历史学报》第32期，2003年12月，第57—76页。
② 王珪：《华阳集》卷四〇，《寿安县太君吕氏墓志铭》，《丛书集成初编》，上海：商务印书馆，1936年，第556—558页。
③ 苏颂：《苏魏公文集》卷六二，《万寿县令张君夫人苏氏墓志铭》，北京：中华书局，1988年，第951—952页。
④ 韩琦：《安阳集》卷四八，《故东平县君吕氏墓志铭》，《四库全书珍本四集》，台北：商务印书馆，1973年，第8—9页。
⑤ 汪应辰：《文定集》卷二三，《枢密院计议钱君嫔夫人吕氏墓志铭》，《四库全书珍本十集》，台北：商务印书馆，1979年，第16—18页。
⑥ 陆游：《陆放翁全集·渭南文集》卷三六，《吕从事夫人方氏墓志铭》，北京：中国书店，1986年，第221—222页。
⑦ 吕大器：《吕弸中妻文氏圹志》，见郑嘉励：《明招山出土的南宋吕祖谦家族墓志》，载于包伟民、刘后滨主编：《唐宋历史评论》第1辑，北京：社会科学文献出版社，2015年，第191—192页。
⑧ 吕大麟：《吕用中妻韩氏圹志》，见郑嘉励：《明招山出土的南宋吕祖谦家族墓志》，第194—195页。
⑨ 吕大信：《吕忱中妻李氏圹志》，见郑嘉励：《明招山出土的南宋吕祖谦家族墓志》，第197—198页。

大器妻曾氏圹志》①、吕祖永的《吕大伦继室程氏圹志》②、吕大麟的《吕大麟妻薛氏圹志》③、韩元吉的《吕祖谦妻前韩氏墓志》④及刘宗奭的《吕康年妻刘氏圹志》⑤,其中增加了不少有用的资料。

妇女问题是宋代社会史的重要环节,战前的研究多指出妇女地位低微,近来则似有相反趋势,往往强调宋代妇女地位独立。惟这个问题极为复杂,不同阶层的妇女,情况自然不同;研究角度的迥异,亦显示要澄清的问题很多。关于这点,学者已有深入的评述⑥,无须赘论⑦。本书此部分就是希望借这几个墓志铭,一窥宋代河南吕氏家族中妇女的情况,并对其中一些问题如教育、守节、再嫁等略加讨论,结果自不能代表宋代士族以至整个社会中妇女的概况,但

---

① 吕大器:《吕大器妻曾氏圹志》,见郑嘉励:《明招山出土的南宋吕祖谦家族墓志》,第200页。
② 吕祖永:《吕大伦继室程氏圹志》,见郑嘉励:《明招山出土的南宋吕祖谦家族墓志》,第201页。
③ 吕大麟:《吕大麟妻薛氏圹志》,见郑嘉励:《明招山出土的南宋吕祖谦家族墓志》,第203页。
④ 韩元吉:《吕祖谦妻前韩氏墓志》,见郑嘉励:《明招山出土的南宋吕祖谦家族墓志》,第203—205页。
⑤ 刘宗奭:《吕康年妻刘氏圹志》,见郑嘉励:《明招山出土的南宋吕祖谦家族墓志》,第210—211页。案,后文中出自这十三篇墓志铭的资料及引文,均不再注明页数。
⑥ 柳立言:《浅谈宋代妇女的守节与再嫁》,《新史学》第2卷第3期,1991年,第37—76页。
⑦ 参考下列几部著作: Patricia B. Ebrey, *The Inner Quarters: Marriage and the Lives of Chinese Women in the Sung Period*, Berkeley, Los Angels and London: University of California Press, 1993;游惠远:《宋代民妇的角色与地位》,台北:新文丰出版股份有限公司,1998年;游惠远:《宋元之际妇女地位的变迁》,台北:新文丰出版股份有限公司,2003年;邓小南主编:《唐宋女性与社会》,上海:上海辞书出版社,2003年;[日]大泽正昭:《唐宋时代の家族・婚姻・女性——妇は强く》,东京:明石书店,2005年;柳立言:《宋代的家庭和法律》,上海:上海古籍出版社,2008年;铁爱花:《宋代士人阶层女性研究》,北京:人民出版社,2011年;方建新、徐吉军:《中国妇女通史・宋代卷》,杭州:杭州出版社,2011年;王扬:《宋代女性法律地位研究》,北京:法律出版社,2015年。

相信也可反映部分士族妇女的情形，对了解宋代高门吕氏亦有很大帮助①。

二、墓志铭所见族中妇女的一般资料

吕氏为宋代最显赫的高门大族，代出雄才，但女性族人事迹详见于史传的却很少，原因可能有四个：第一是早亡；第二是部分男性族人没有娶妻或生女；第三是可能姻家地位不显，故不见载；第四则是在以男性父系为中心的传记写作传统下，女性地位较为次要，故受忽略。就笔者的初步分析，吕氏族人早夭者，男性的比例不见得低于女性；至于大量族人没有娶妻或生女的可能性也不太大，因为部分族人虽未见其妻女记录，但记有他们后代或女婿的名称；至于姻家方面，笔者亦曾对吕氏家族的姻亲细加考察，结果显示其多为著名的官僚士族②。因此，最有可能令女性族人记载不多见者，似为第四个因素。

正如前面所说，除个别妇女因有过人之处而有独立墓志铭外，

---

① 美国学者柏文莉（Beverly J. Bossler）精彩地剖析过宋代妇女的墓志铭，指出跟唐代比较，宋代妇女的墓志铭更多地提到她们践行母亲的责任，教育子女，勤俭持家，而不是对其仪容评头品足；而宋代的墓志铭在强调妇女相夫和合于妇道之余，也不喜欢详述夫妻的关系。柏文莉认为，宋代妇女墓志铭的这种新模式，让我们可以有全新的资料去认识当时的社会和环境。见 Beverly J. Bossler, *Powerful Relations: Kinship, Status, and the State in Sung China (960—1279)*, Cambridge, Mass. and London: Harvard University Press, 1998. pp. 15—24. 当然，这种墓志铭背后的观念也很清晰，强调妇女对家庭的贡献和责任，铭文有套模之弊，也有夸大渲染的成分，但这也是所有传记文体必有的毛病，是史料的客观局限。
② 王章伟：《宋代士族婚姻研究——以河南吕氏家族为例》，《新史学》1993年第4卷第3期，第19—58页。

大部分女性族人均只附载于父亲和丈夫的铭文中而已，而更有甚者，不少这类铭文竟只记有父祖及儿子的资料，对其母亲和妻子却只字不提。事实上，在吕氏女性族人中，只有吕祖谦在文集中提到自己的三个女儿名字是吕华年、吕复和吕螺[1]；而上述吕氏女性族人的墓志里，也只偶有提及其女儿或孙女的名称，所以我认为这种男性父系中心的史传传统是吕氏女性族人记载罕阙的主因[2]。

这十三篇墓志铭可分为两类，一是外嫁的吕姓族人：《寿安县太君吕氏墓志铭》的传主为吕蒙巽三女，嫁王珪的伯父王覃；《故东平县君吕氏墓志铭》的传主为吕公弼女儿，嫁韩忠彦；《枢密院计议钱君嫔夫人吕氏墓志铭》的传主为吕聪问女儿，嫁钱暄的曾孙钱受之。第二类是嫁入吕家的外姓族人：《万寿县令张君夫人苏氏墓志铭》的传主是苏颂长妹，嫁吕蒙正孙吕昌绪；《吕从事夫人方氏墓志铭》的传主是方元矩女儿，嫁吕本中儿子吕大同；《吕弸中妻文氏圹志》的传主是文彦博孙文永世的女儿；《吕用中妻韩氏圹志》的传主是韩亿四世孙韩璹的女儿；《吕忱中妻李氏圹志》的传主是朝散大夫李与权的女儿；《吕大器妻曾氏圹志》的传主是曾几的女儿；《吕大伦继室程氏圹志》的传主是程颐孙程易的女儿；《吕大麟妻薛氏圹志》的传主是右通直郎薛镒的女儿；《吕祖谦妻前韩氏墓志》的传主是韩元吉的女儿；而《吕康年妻刘氏圹志》的传主则是承事郎刘昭忠的孙女，其父亲是吕祖谦的学生刘清臣。

---

[1] 吕祖谦：《吕东莱文集》卷七，《衬韩氏志》，《丛书集成初编》，上海：商务印书馆，1936年，第166—167页；同书卷二，《答潘氏定婚启》，第39页。
[2] 宋代女性墓志铭也绝少提及传主的姓名，这可能是对墓主的尊敬，讳称其名。这十三通吕氏女性族人的墓志铭中，只有韩元吉为自己女儿写的墓文才提到其姓名为韩招。

这两类共十三篇的墓志铭所透露关于传主生平的讯息亦可分为两种：第一种是有关其生卒和出嫁的年岁、父亲和夫家的背景、生育和子女的情况、坟茔所在等；第二种是一些表扬传主功业和德行的记载，例如教养、家教和节行等，是立传的主因。这两种资料均对我们研究吕氏家族妇女的情况很重要。

就第一种讯息来说，这十三篇墓志铭提供了颇为有用的资料，笔者利用其生卒年等计算相关的年份或岁数，归纳绘制成下表：

表4　墓志铭所见吕氏家族妇女资料

传主	出嫁年岁	生卒年及死因	享寿	子女数目	葬地
蒙巽女	不详	989—1059（享天年）	70	3子 孙男15人、孙女3人	死后合葬于其夫在扬州的墓穴。
公弼女	16	1038—1065（病亡）	27	3子 （长子及次子早夭）	葬于相州安阳县丰安村其家姑墓穴侧。
聪问女	18	1099—1148（享天年）	49	3子、1女 孙男1人	宜春县湖岗里
昌绪妻	不详	不详（溺毙）	42	与吕昌绪育有2子、2孙 与张斯立亦有3子，均早夭无后。	吕昌绪早卒，苏氏后改嫁张斯立，死后与张斯立同穴。
大同妻	21	1127—1176（享天年）	49	1子（吕祖平） 1女，嫁曾几孙曾榘 孙男1人（吕樗年），孙女1人（吕莱孙）	先葬于吕氏明招山祖墓，后因改葬吕大同，而将方氏也一并合穴同葬。
弸中妻	不详	？—1154（暴终）	/	3子（吕大器、吕大伦、吕大阳）、1女	终于桂林，后移葬于明招山吕氏祖墓，与丈夫吕弸中合穴。

续表

传主	出嫁年岁	生卒年及死因	享寿	子女数目	葬地
用中妻	18	1101—1170（以疾终）	69	4子（吕大凤、吕大原、吕大麟、吕大虬） 4女（皆幼亡） 孙男5人，孙女7人	跟丈夫一同葬于明招山吕氏祖墓。
忱中妻	33	1101—1176（以疾终）	75	2子（吕大兴、吕大信，大兴早夭）	跟丈夫合葬于明招山吕氏祖墓。
大器妻	19	1115—1166（终于舟中）	51	3子（吕祖谦、吕祖俭、吕祖节）	葬于明招山吕氏祖墓。
大伦继室	20	1131—1177（终于正寝）	46	2子（吕祖永、吕祖慈） 2女（长适王栩）	与丈夫合葬于明招山吕氏祖墓。
大麟妻	17	1131—1163（感疾终）	32	4子（吕祖恕、吕祖恚、吕祖宪、吕祖忞） 4女（吕婪孙、吕越娘、蓬娘、双娘。婪孙及越娘早卒）	葬于明招山吕氏祖墓。
祖谦前妻韩氏（韩招）	18	1140—1162（以疾终）	22	1子（吕康年） 1女（吕复）	墓文虽然没有提到，但据祖谦之文集，加上本墓志的出土地，可知亦葬于明招山吕氏祖墓。
康年妻	不详	1181—1234（以疾终）	53	无子女	葬于明招山吕氏墓地丈夫吕康年墓侧。

表4中的资料对我们研究一个家族以至整个时代妇女的资料极为重要，以出嫁年岁为例，当时法律规定女性的最低结婚年龄是13岁，现实里的士大夫家庭平均是18岁，初次出嫁最高不超过27

士族篇 319

岁①。吕家的情形如何呢？除了吕祖谦的年谱有载其女儿吕华年的出生及嫁潘景良之纪元，而知其结婚年龄为17岁外②，就只有这十三篇墓志铭提供这方面的资料，结果显示吕氏家族与其他士族的情况分别不大，缔婚之龄为16—21岁，很是适中；惟吕忱中妻以33岁之高龄嫁为吕氏妇，墓志中没有记述情况，未知是否为再嫁者。

宋代妇女的寿命有多长？这是一个很有趣但又极难解决的问题③，笔者曾希望统计吕氏这个大族的情况，可惜并无这方面的完整资料。但这十三篇墓志铭却提供了一些重要讯息：十三人之中，吕忱中的妻子享寿最长，死时75岁；吕祖谦的妻子韩氏以疾卒，年纪最轻，只有22岁。除吕弸中妻子死时年龄不详外，十二位族中妇女的平均寿命是48.75岁，似乎显示能够抚育成人的妇女，一般的寿命也不算太短。早夭的例子中，疾病是主要元凶，除前述的韩氏外，吕公弼的女儿只有27岁，吕大麟的妻子则是32岁，都是因为疾病亡故；而较长寿的族人里，仍然有7人因病而不治（吕弸中妻"暴卒"、大器妻"终于舟中"，相信也是以病故）。吕大同妻子的墓志铭谓其："不幸得年不长，四十有九而卒"，49岁死是"不幸"，而吕蒙巽女得享天年则有70岁，吕用中妻和吕忱中妻因病而亡也有69岁和75岁，由此可见当时族中

---

① 方建新：《宋代婚姻礼俗考述》，《文史》1985年第24期，第157—178页；方建新、徐吉军：《中国妇女通史·宋代卷》，第309—312页。
② 吕祖谦：《东莱集》附录卷一，《年谱》，《四库全书珍本十一集》，台北：商务印书馆，1981年，第10页。
③ 陶晋生师曾利用宋人文集中120个士族妇女的墓志传记统计，计算出其平均寿命是37岁；而如果以曾巩的《隆平集》中的资料统计，则为59岁。若与欧洲比较，1276年左右欧人的平均寿命是35.3岁，而妇女的寿命一般都较短，在四十以下。不过，陶师亦指出，文集传记多未记载未成年就死去的子女的资料，故这样的比较未必是真实。见陶晋生：《北宋士族——家族·婚姻·生活》，台北："中研院"历史语言研究所，2001年，第147页。

妇女的寿命不会太短，想必在平均岁数48.75以上的五十多岁吧？

这批铭文除了记载族中妇女的出嫁和生卒年龄外，也交代了其生育状况。从中可见传主生育子女的数目不算太多，十三人共生有34男18女，平均每人只有四个儿女，情况合理。性别比例方面，儿子和女儿的数目差不多是2比1，当中原因，或许是在"重男轻女"的传统下，故没有完全记述女儿的资料？可以肯定的是，吕氏家族这个不完整的取样，未能反映宋代的普遍情况；事实上，据学者研究所得，宋代妇女一般生育的男女比例大致持平，当中只是男孩稍稍比女孩多点而已[1]。无论如何，以一个当世高门而言，即使到了南宋末年家族的衰落时期里，我们也完全未发现有"生子不举"或"溺女"的情况，值得肯定[2]。有一点值得注意，吕用中妻子和吕大麟妻子育养的子女数目较多，各有四子四女，虽然以国人的家庭情况而论，仍然属于正常，惟吕用中妻子享寿69岁，但吕大麟妻子则只有33岁，她17岁嫁给大麟，十五年间生育八人，于此或可反映对妇女而言，生儿育女的确是其主要使命。

我们利用上述资料与吕氏其他族人相对照，发觉情况颇为配合，根据笔者过去的研究，吕家只有第四代的吕蒙正和第七代的吕希道有较多子女，前者有九个儿子和四个女儿，后者则生了八个儿子和四个女儿[3]。案吕蒙正先后娶了宋氏和薛氏为妻，故子女稍多并不意外；至

---

[1] 方建新、徐吉军：《中国妇女通史·宋代卷》，第395—434页。
[2] 关于宋代"不举子"及"溺女"的问题，参见臧健：《南宋农村"生子不举"现象之分析》，《中国史研究》1995年第4期，第75—83页；刘静贞：《不举子——宋人的生育问题》，台北：稻乡出版社，1998年，第138—145页。
[3] 资料出处见王章伟：《宋代河南吕氏家族研究》附表一、二及附图一、二，第212—242页。

于吕希道,若运用伊沛霞(Patricia Ebrey)的推测,这可能是纳妾或偏房多的表现①。因此,利用这十三篇铭文,再配合其他史料,大约可估计吕氏家族蓄妾的情况不会太严重②;日后或更可借此研究这些士族家庭的人口及规模,对宋代的家、房、宗、族等作更深入的分析。

最后,上述铭文亦提供了女性族人的死葬坟茔资料,笔者会于后文讨论中交代,暂且从略。总括来说,这十三篇墓志铭为我们提供了吕氏家族妇女的一些基本资料,至于族中妇女的活动情况,即前面提到的第二种讯息如教养、家教和节行等等,更是重要,且涉及宋代士族妇女的一些重要问题,现分点略析于下。

三、女子教育与治家

科举成为宋代取士主要途径之一后,竞争愈趋激烈。吕氏家族以举业崛兴,自然深明科举与宗族的关系,故在家中建有书院供

---

① Patricia B. Ebrey, "Women in Liu Kezhuang's Family", *Modern China*, Vol. 10, No. 4, 1984, pp. 426—427; Patricia B. Ebrey, *Women and the Family in Chinese History*, London and New York, Routledge, 2003, pp. 89—106.
② 就我收集的史料来看,吕氏家族中只有第三代的吕龟图、第六代的吕公雅和第七代的吕希圆肯定有纳妾。当然,在资料不完整下,吕氏蓄妾的情况只是推测而已。至于妻妾的关系,不能一概而论,如吕龟图就因多内宠而将妻子刘氏和儿子吕蒙正赶走;但吕希圆与妾生的儿子吕宣问则迎其母与希圆妻共住。见李焘:《续资治通鉴长编》卷三一,淳化元年九月戊寅,北京:中华书局,1979—1995年,第705页;周应合:《景定建康志》卷四八,《孝悌·吕宣问传》,《宋元地方志丛书》,台北:大化书局,1980年,第7—8页。宋代墓志铭所见的妻妾关系,未必是真像,见陶晋生:《北宋士族——家族·婚姻·生活》,第143—144页;关于宋代妻妾及其在家庭中的角色问题,参见Patricia B. Ebrey, *The Inner Quarters: Marriage and the Lives of Chinese Women in the Sung Period*, pp. 217—234; Patricia B. Ebrey, "Concubines in Song China", in Patricia B. Ebrey, *Women and the Family in Chinese History*, pp. 39—61.

子弟读书，且供给甚是丰厚，作为族人参予科举的支持。此外，吕氏家族族人广众，分支极多，且又多放官于外，故其中不少族人均于其任官寄居处设有这类组织，延聘名师，教育子弟。因此，吕氏家族成员的教育水平极高，衣冠最盛，巨儒辈出，《宋元学案》凡九十一学案，吕氏诸儒居三十一，四人更为学宗，全祖望谓其族登学案者，"七世十七人"[1]。可是，族中的女性成员又如何呢？

十三篇墓志铭显示这些妇女的教育水平不低，就外嫁的吕氏宗女来看，蒙巽女儿的情形可谓巾帼不让须眉，其墓志铭记吕夷简"少时尝帅诸子弟励志于学，夫人（即吕蒙巽女儿）方幼，见文字辄喜，于是泛通诗书百家之学。文靖叹曰：'信矣诸父之言。'"而嫁吕昌绪为妻的苏氏，其家族同样是宋代的官僚大族，故所受的教育也不浅，"始稚而孩已能言，渐诵章句。少长而承礼义之训，又能秉笔为词语"。吕蒙巽女儿与兄长辈共学，且令堂兄吕夷简大为惊叹；而苏颂也极推崇这个妹妹，至于吕祖谦的妻子是名臣韩元吉的女儿，其父亲即赞她"性慈惠，读书识大指"。可见她们所掌握的学养，绝不低于一般士族的男儿，也绝非只是司马光和朱熹等人所提倡为治理家务所需的初级教育而已[2]。

---

[1] 黄宗羲原著、全祖望补修：《宋元学案》卷一九，《范吕诸儒学案》，北京：中华书局，1986年，第789页。详见王章伟：《宋代河南吕氏家族研究》，第182—183页。

[2] 关于司马光和朱熹等人对女子教育与治家的关系，见 Bettine Birge, "Chu Hsi and Women's Education", in Wm. Theodore de Bary & John W. Chaffee (eds.), *Neo-Confucian Education: The Formative Stage*, Berkeley, Los Angeles & London: University of California Press, 1989, pp. 325—367; Patricia B. Ebrey, "Women, Money, and Class: Ssu-ma Kuang and Sung Neo-Confucian Views on Women", 载于"中研院"历史语言研究所出版品编辑委员会编：《中国近世社会文化史论文集》，第613—669页，后一文又见 Patricia B. Ebrey, *Women and the Family in Chinese History*, pp. 10—38.

与前三人相比，其余吕氏女性族人的学养似乎稍弱，但她们在家中和族中也担当着极重要的角色。以吕公弼女儿为例，她嫁韩忠彦后即随其家姑崔氏治家，崔氏死后，韩琦"则以家事付之，吕氏奉其姑遗法，惕然不敢失"。结果韩氏族内族外欣服。吕聪问女儿嫁钱受之后，遇上靖康兵祸，夫妻转徙道路千里，崎岖山谷之间，最是艰苦；后来钱受之为枢密院计议官，不足一年就罢官回家，自是闲居十年，家境拮据，但吕氏"躬服俭勤，经纪家事，无不自得之色"。到了南宋时代，吕氏家族播迁金华，但其姻亲仍是衣冠望族，媳妇都持家有道，例如吕大同妻子方氏，丈夫虽然早卒，她却能"笃礼孝义，哀死字孤，为子求师择友，日夜进其业，而教女以妇事，皆讫于成"。吕忱中妻子李氏"生而敏□□□原故家世系，族姻礼俗，皆记识亡遗。相先君治家□□□大毕举。先君（即吕忱中）没于番阳，太宜人（即李氏）独护千里归□□□户"。吕大麟妻子薛氏的情况更是典型，大麟在其圹志记云：

> 性温柔，动有礼法，世事无所不解。事舅姑以孝闻，平日与姑未尝跬步相舍。姑有疾扶持抱披，躬侍药饵，昼夜不怠。繇是姑爱之如女，家事尽以委之。夫人以隆兴元年四月十五日感疾终于婺州，享年三十有三。姑痛悼伤蠹，如失左右手。……夫人为先君冢妇，义当葬近地，遂以是年六月二十五日葬夫人于明招山之塘坞，迩先君之墓也。

薛氏能够调和"婆媳关系"这种中国家族制度中最烦扰的问题，对于维系吕氏家族而言，这种传统女教至为重要，而吕用中妻子韩氏的圹志就说她"乃淑德懿范"。不过,男尊女卑的传统视角,有时又忽视了妻女在家庭中的"亲情位置",吕祖谦岳丈韩元吉为亡女韩招写的墓文,就清楚可见士族妇女孝行背后的亲情,在姻亲两家中激荡:

> 吾女性慈惠,读书识大指,女功一见辄解。不妄喜怒,吕族无大细咸称之。嫁五年矣,值吾官远,不得归宁,日夜以为言。今年春,始与其壻俱来,则又趣之前归曰:"凡思侍父母心一也,岂以吾故滞子耶?"既而生子男也,喜以为无恨,乃病热不能寐,若自知其不起者,曰:"儿不孝,累父母亦且负良人。"吾妻惊问之,则曰:"为人子者,不可斯须弃父母也。今命实短,弃父母而往,非不孝何?人之娶妻,将以终老也,今不俟其老而先焉,负之矣。"吾妻闻其言而悲,犹谓其谵也,吾闻其言而疑,不谓其果然也。将没之夕,执吾手道后事,有不忍舍父之叹,劝其母以勿忧,呼诸妹前,人人戒之,俾宽吾夫妇也。语其婢子寄谢舅姑,问其壻未至,曰:"不能待也。"取纸作字,祝其善视儿女而已。抚其婴儿曰:"吾有一女而又一男,亦足奉吾祀矣。"左右皆号泣,则遽曰:"吾念欲正,毋相乱也。"喋嚅诵佛书终篇,遂革。呜呼,尚忍言之哉!

> 始,黄州(即吕大器)教其子学以有立,谓非吾女不足为配。至是书来,吊曰:"君失此贤女,吾亡此孝妇矣。"夫以吾女之质不得见其成就,敢以为贤?唯其奉吾夫妇无违,事舅姑知礼节,于其夫敬而能助,处其家和而有则,不知古所谓贤妇人如何哉?

韩招病殁时只有二十二岁，从其父亲那真挚感人的笔触，我深受震撼。我认为，要了解宋代妇女在家庭中的角色与情况，单从生育、经济等方面去讨论，其实并不全面，这篇墓文记述吕祖谦的表现，足见夫妻感情之深：

> 吾婿恸而曰："盍有以志之乎？"吾谓志无如子宜，则又恸而曰："祖谦哀甚矣，不能文也。"然则吾又何文相与叙其哀，所以志吾女也。

读史至此，当明白父女、夫妻间的感情，古今自有相同之处，不应尽以《女孝经》等"剥削""压迫"的说法以偏概全。可惜的是，吕氏家族女性族人以至宋代士族妇女在这方面的记录不多，无法供我们再深入讨论[①]。

正如袁采（1163年进士）所言，"妇人自识书算"是治家保家的必要条件[②]，而上述数位女性在治家方面都井井有条，加上都是名族之后，其教育程度自然不会很差[③]。事实上，吕氏家族对男女族人

[①] 伊沛霞具透析力地指出，单以妇女"服从"丈夫这个要素，是远远无法形容宋人的夫妻关系；跟其他任何一个地方相若，宋代的夫妻有深情相爱的，也有躁夫悍妻。见 Patricia B. Ebrey, *The Inner Quarters: Marriage and the Lives of Chinese Women in the Sung Period*, pp. 152—171.
[②] 详细的讨论见 Patricia B. Ebrey, *Family and Property in Sung China: Yuan Ts'ai's Precepts for Social Life*, Princeton: Princeton University Press, 1984, pp. 118—120.
[③] 陶晋生师指出，宋代士族的妇女，或生于富家，大都有机会读书识字；虽然也有部分士大夫认为妇女不必受良好的教育，但士族为了维持其地位，实际上需要妇女能读书明理，才能主持家政，以及照顾族人。能读书也许是一个女子能嫁给士族的一个有利条件。见陶晋生：《北宋士族——家族·婚姻·生活》，第153—170页。

的家教均极严,吕祖谦更作有《闺范》,以维持家族之不息①;而女性族人除了接受良好的教育外,更在家庭里扮演教育子女的角色。例如吕公著妻子为鲁宗道女儿,"性严而有法度",虽极疼爱儿子吕希哲,但教其事事必须循规蹈矩,有一次当范仲淹和欧阳修过颍州探望吕公著时,谈到一些道理,"夫人在厅后,闻其语,尝举以教荥阳公(吕希哲)"。吕希哲后来成为当世巨儒,他自己和当时的人均认为其母教是一个重要因素②。而王安石亦认为吕嘉问之贤能,其母亲的教导,"著不可诬"③。

最能显示女性在这方面的情形是寡妇治家的状况,吕蒙巽女儿的例子最是典型。吕蒙巽女儿除了泛通诗书百家之学而为堂兄吕夷简赞叹外,墓志铭记载了她"治家亦有法度,阃内肃然如宫庭",可惜在她三十多岁时丈夫王覃却得疾早世,吕氏"泣谓诸子曰:'汝父病且革,犹语我且善勉汝等,汝钟罚不天,何以奉遗言?'诸子号顿,咸自言愿夙夜勉力,不敢坠先人之绪业。夫人于是尽屏珠玉

---

① 吕氏家教可参见吕希哲:《吕氏杂记》卷上,《四库全书珍本别辑》,台北:商务印书馆,1975年,第15页;吕本中:《酬酢事变》,载于《说郛三种》卷四三,上海:上海古籍出版社,1988年,第10—11页;吕本中:《紫微杂识》,《家礼》,载于《说郛三种》卷三一,第1页。关于吕祖谦的《闺范》,见张栻:《闺范序》,载于曾枣庄、刘琳主编:《全宋文》卷五七三三,《张栻》十三,上海:上海辞书出版社,2006年,第253—254页;吕祖谦:《吕东莱文集》卷三,《与朱侍讲》,《丛书集成初编》,上海:商务印书馆,1936年,第65页。详细的讨论,见王章伟:《宋代河南吕氏家族研究》,第185—190页。
② 吕本中:《童蒙训》卷上,《万有文库荟要》,台北:商务印书馆,1965年,第6—7页;朱熹:《三朝名臣言行录》卷八之一,《崇政殿说书荥阳吕公》,《四部丛刊初编》,台北:商务印书馆,1967年,第198—199页;朱熹:《伊洛渊源录》卷七,《吕侍讲家传》,《丛书集成初编》,台北:商务印书馆,1965年,第65页。
③ 王安石:《临川先生文集》卷八六,《祭吕望之母郡太文》,香港:中华书局,1971年,第897—898页。

之饰,市书环室,亲授经义,日月渐劘,卒至于有成"。更有甚者,除了自己的儿子外,吕氏对夫家王氏族人亦多有教益,"得宗族之欢心",王覃侄子王珪即深以此为念,难怪他为吕氏写的墓志铭褒奖如此之厚。这样一个出色的女子,身兼父母二职,且能"亲授经义",多少可反映吕氏家族妇女的教育背景及其与家族维持的关系。

比起吕氏家族的女教,吕家挑选的媳妇也毫不逊色,吕大同妻子方氏在丈夫死后教子育女的情况已见前段,吕大伦的继室程氏在其殁后,也"拊育诸孤劬瘁";而吕康年妻子刘氏的圹志,亦详述了她守寡前后肩负治家的重责:

性凝重有仪矱,家庭化之,伯姊类焉。(案,墓文是由刘氏族人刘宗奭所写,故称其为"伯姊"。)既筓,归于吕氏。吕为中原名家,闻范饬于他族,伯姊始入,于服修盥馈之节无所失,及庙见,于执笲奠菜之敬无所骞,授以事,于伏腊饔饎之务无所遗。盖仪足以称礼,职足以称功也。尤能孝于姑,而姑爱之;相于夫,而夫敬之;宜于家,皆与之曰:"真吕氏妇也。"

初,录参君(即吕康年)以诸生登第,主庆元鄞县簿,再调,未上而卒。于时姑曾夫人寿已高,念之不置。伯姊不敢以戚其姑,曲意娱悦,凡膳馈汤饵之奉,非手不以进。曾夫人亦待之如孝女,用以释其慢。录参君卒,有二子一女,伯姊拊之若己出。而一子忽以死,未几曾夫人即世,而一子又以死。至是,而伯姊之忧浸结,叹善人之无子,伤母职之莫酬,将何以答录参君及泉之望。……前三岁,录参仲兄永嘉贰车(吕延年)命立会稽簿(吕)正之、(吕)安之为录参嗣,伯姊方以自慰，曾未及待其养，而伯姊遽死，呜呼痛哉！

案宋代士族的家庭跟传统家庭相若，丈夫的年龄往往长于妻子，如果妻子早卒，丈夫可以续弦；而夫死后妻子大概只能再嫁一次，且其新夫婿年纪也不会很轻。这样的话，如果夫不先死于妻，也多半死于继室亡殁之前，故夫死子幼的情况相当普遍，寡妇就成为治家育儿的支柱[1]。吕家的情况并没有例外，这十三篇墓文显示，有八位传主都是丈夫先死要负起持家养子的重任，故其中士族妇女的家庭教育自然很是重要。

吕公弼女儿的墓志铭记其病危时对丈夫韩忠彦说："我有幼妹在家，君若全旧恩以续之，必能恤我子，合二姓之好不绝如故。"我们的研究显示，吕氏一族缔婚的对象多为大族官僚，"合二姓之好"的政治动机固然很重要[2]，但从前面的分析可见，教育与治家对家势的维持如此重要，所以姻亲的家庭背景便是个重要的条件，陆游为吕大同妻子写的墓志铭便说得最清楚：

维申国吕氏，自五代至宋，历十二圣，常有显人。忠孝文武，克肖先世，婚姻多大家名胄，妇姑相传以德，先后相勉以义，富贵不骄汰，虽甚贫，丧祭犹守其旧，养上抚下，恩意曲尽，虽寓陋巷环堵之屋，邻里敬化服之，犹在京师故第时。呜呼盛哉！

---

[1] 陶晋生：《北宋士族——家族·婚姻·生活》，第169页。
[2] 对这方面的研究与批评，见王章伟：《宋代河南吕氏家族研究》，第163—226页。

因此，我以为韩忠彦最后继娶吕氏之妹，除了慰其亡妻及政治上的考虑外，吕家宗女的教育保障未似不是一个原因。事实上，不少吕氏与姻族的定婚启中都强调这一点[①]，故家族中的女子教育、治家和婚姻有极大的关系，值得深思。

四、守节与再嫁

这十三个妇女中，有八人丈夫早卒，成为寡妇，其中大部分人都为亡夫守节，只有苏颂妹妹在吕昌绪死后四年再嫁张斯立，她们对研究吕氏家族及当时士族官僚的贞节观有很大的启发和帮助。笔者利用墓文中的片言只语，尝试计算成一些有用的资料，例如传主守寡时的岁数、守寡的年数等等，制成表5，既能反映其生活状况，也可以资讨论。

表5　墓志铭所见吕氏家族妇女婚嫁与守节之情况

传主	结婚年龄	守寡年龄	守寡年数	补充
蒙巽女	不详	30余岁	30—40年	以宋代妇女平均出嫁年龄为18岁计，传主只有十多年的婚姻生活。 传主有3子，为人母亲当有50年之久。

---

① 《吕东莱文集》卷二，《代汀州叔父答李氏定婚启》，第39页；同卷，《代右司叔父答李氏合定婚启》，第39页；同卷，《通潘氏定婚启》，第39页；同卷，《通芮氏定婚启》，第39—40页；卷八，《祔芮氏志》，第193页。

续表

传主	结婚年龄	守寡年龄	守寡年数	补充
昌绪妻（苏颂妹）	不详	与吕氏结婚甫3年而寡 改嫁张氏，7年再为寡妇	为吕氏守寡3年 再嫁张氏，7年后再丧夫，直至身殁	两段婚姻合共10年。 苏氏42岁过桐庐县漏港滩失舟而亡，估计守寡时间约10年。 与吕氏育有2子，均较传主早亡，但有两孙。 与张氏育有3子，相继死亡，张斯立一脉乃无后。
大同妻（方元矩女）	21	据右栏估算，约30余岁。	据右栏的估算，约十多年。	方氏49岁卒，只知其夫大同早夭，估计其守寡时间在十多年间。 生1男1女，为人母亲约二十多年。
弸中妻（文彦博曾孙女）	据右三栏推算，约为24岁	据右栏估算，约44岁	据右栏估算，守寡8年	文氏1126年嫁吕弸中为继室，1154年暴卒于桂林，其圹志有阙文，只记其享年□十二。如以妇女结婚年龄约20岁计，文氏最有可能在24岁时结婚，故其年龄应为1154−1126+24=52岁，切合墓志的卒年阙文。 据《吕弸中圹志》，弸中之生卒年为1089—1146，享年57岁，则文氏嫁弸中后二十年弸中殁，守寡8年。 有子3人，以其卒年逆推，约为母亲二十多年。
用中妻（韩亿五世孙女）	18	据右两栏推算卒年及守寡年数，约61岁为寡妇	据右栏推算，守寡8年	传主卒于1170年，而据《吕用中圹志》载用中卒于1162年，故可知韩氏守寡8年。 有4子4女，为人母亲四十多年。

士族篇 331

续表

传主	结婚年龄	守寡年龄	守寡年数	补充
忧中妻（李与权女）	33	据右两栏推算，60岁时为寡妇	据右栏资料，守寡15年。	传主生卒年为1101—1176，而铭文载其夫死后又15年而李氏终于家，故可知其守寡年数。
大伦妻（程颐曾孙女）	20	36	守寡10年后终于正寝	程氏为吕大伦继室。育2子2女。
康年妻		据右两栏计算，刘卒时54岁，守寡约10年，则约在44岁左右为寡妇	据右栏，约10年	据墓志，传主的卒年是1234年，享年54岁，其丈夫吕康年则在主鄞县簿后再任而卒。史载吕康年在1220年为鄞县簿，距刘氏卒年十有三年，则刘氏守寡应该在10年左右。又，墓志说吕康年有2子1女，刘氏"拊之若己出"，可见她是继室。后2子夭，但未提及女儿的情况，猜想刘应曾为吕氏前妻子女的继母。

先谈守节的情形，八名寡妇中，吕用中和吕忧中妻子都在年老时丧夫，分别再孀居八年和十五年就辞世。吕蒙巽女儿、吕昌绪妻、吕大同妻、吕㧑中妻、吕大伦妻和吕康年妻等都在较年轻时丧夫，其中吕蒙巽女儿和吕昌绪妻子的例子较特别，前者守寡多至近四十年才寿终正寝，昌绪妻则孀居四年后改嫁，而其余三人则守寡十年后继亡。吕用中妻子守寡后期，儿子肯定已长大成人（吕忧中无子），故正如伊沛霞的分析，她的社会身份更多是"婆婆"或

"奶奶",或许正享受长寿的果实;孀居生活其实充满困难[1],而其余年青丧夫者,要熬过近十年的孤独生活,且肩负起教子育儿的重任,个中苦况,实不足为外人道也。无怪乎吕大同妻卒后,其儿子吕祖平请陆游代写墓志铭时哭说:"祖平不才,不得以斗升之禄养吾亲,视斯世尚何聊?惟图所以慰亲于九原者,在墓隧文乎?"吕昌绪孀妻改嫁,或许正反映寡居之艰难,惟此等隐事均非当事人所愿细说者,我们也无法详论。

除吕昌绪妻后来改嫁外,吕蒙巽女儿及其他各人似乎都是在丈夫死后留在夫家守节,并且负起持家教子的重任。由于她们有良好的教育,故可避免袁采所说"夫死子幼,居家营生,最为难事"的情况。其中吕蒙巽女儿的例子最堪注意,如前所述,她除了亲授儿子经义及治阃有法度外,也有顾及夫家之宗党,在其身教努力下,王覃诸孤终于克绍箕裘,而吕氏经历了四十年的孀居生活,晚年生活美满:

> 其后昆弟仕进,夫人或岁过诸子,始至必进寿于堂,子妇拜于庭,诸孙诜诜于前。夫人喜甚,因曰:"其益思尽忠于乃事,若夫极嘉旨之奉,殆匪亲意也。"夫人素贵,能谦下其德,举得宗族之欢心。晚尤爱京洛之风,长子因请麾之太康。未几,夫人感疾,终于官第。

这里值得深思的是,如果没有吕氏之贤,王覃一族自然没可能有如此风光的发展;惟四十年的寡妇生涯,足证吕蒙巽女儿的坚

---

[1] 伊沛霞就深入析论寡居生活的困难处,见 Patricia B. Ebrey, *The Inner Quarters: Marriage and the Lives of Chinese Women in the Sung Period*, pp. 188—203.

毅，难怪吕蒙正当年如此看重这个堂侄女，而吕氏之家教非凡，自可想见。这些例子充分显示，寡妇在夫家守节，除了对其家庭的维持举足轻重外，亦对整个家族有深远的影响[①]。

还可补充一点，在吕氏家族的其他例子中，有部分寡妇是"归宗守义"的，即离开夫家返回娘家守节，例如吕嘉问儿子吕安中的妻子是王雱（王安石子）女儿，王氏在吕安中死后即回母家守节[②]。归宗守义的原因多是因为夫家贫穷，难以维持孤儿寡妇的生计[③]。前面曾详细征引吕康年妻子刘氏的《圹志》，其中亦记述刘氏在丈夫、家姑及丈夫前妻所生的二子先后去世后，刘氏抑郁成痈疽之疾，结果回娘家跟随弟弟刘宗奭居住疗病。吕康年一门差不多全部辞世，最后要由旁支过继吕正之和吕安之以续香火，刘氏的情况，相信就是因为生活无依而需要从弟之居；不过，刘氏为吕康年守节尽义，故身殁之后，仍然得以葬于明招山吕氏祖墓里，陪随于丈夫吕康年之墓侧。

至于再嫁方面，吕昌绪妻子苏氏是唯一在前夫死后再嫁者。据墓志铭记载，苏氏是苏颂长妹，是一个可怜的人，先嫁吕蒙正孙亳

[①] 伊沛霞从携妆奁改嫁使夫家经济陷入困境此一经济角度，研究寡妇守节对士族维持家势的重要性，见 Patricia B. Ebrey, "Shifts in Marriage Finance from the Sixth to the Thirteenth Century", in Rubie Watson & Patricia Ebrey (eds.), *Marriage and Inequality in Chinese Society*, Berkeley, Los Angeles & London: University of California Press, 1991, pp. 97—132；又载于 Patricia B. Ebrey, *Women and the Family in Chinese History*, pp. 62—88. 身为一个大士族的宗女，吕蒙巽女儿除了有丰富的家教外，妆奁自必不少，故其留在夫家守节在经济方面的贡献也可想见；惟笔者未见这方面的资料，故无法详论。

[②] 徐松：《宋会要辑稿》，《礼》六一之六，北京：中华书局，第1690页。

[③] Patricia B. Ebrey, "Women in the Kinship System of the Southern Song Upper Class", in Richard W. Guisso & Stanley Johannesen (eds.), *Women in China*, New York: Philo Press, 1981, pp. 121—122.

州司法吕昌绪，甫三年而寡，育有二子；后四年苏氏再归颍州万寿县令张斯立，又七年而斯立亦卒，育有三子。关于宋代妇女再嫁的问题，学者有很多讨论①，柳立言对此有详细的评论，他统计过宋代妇女守节与再嫁的资料，结论是士大夫妻女再嫁的例子不出十个，守节的记录却十倍于此，似乎反映士大夫对再嫁总是有点别扭，所以少提为妙，而对守节总觉是种光荣，所以大书特书②。持平地看，笔者也同意柳立言的观点（不过，上述的统计数字或许也可以得出这样的推论：由于再嫁是至为普通的情形，故除个别原因外，不值得特别记载；相反，守节是难得的光荣，故士人遂大加笔墨，这些资料可反映出宋代妇女再嫁是普遍的情况，守节只是特殊例子而已），中国士人素重"忠贞"，妇女能为丈夫守节，自然值得加以表扬，但对于再嫁，笔者却以为士大夫未必会以此为羞，而苏氏这一墓志铭就是最好的例子。

《万寿县令张君夫人苏氏墓志铭》是由苏颂执笔，文中详细交代了其妹的聪慧、择配吕昌绪及再归张斯立的经过：

> 苏氏，予长妹也。我先人太尉公翰林府君晚年得女，以其秀且慧，故特抚爱之。始稚而孩已能言，渐诵章句。少长而承

---

① 这方面的论著如汗牛充栋，不能尽引，近年最重要的研究，或可参考下列数文：Patricia B. Ebrey, *The Inner Quarters: Marriage and the Lives of Chinese Women in the Sung Period*, pp.204—217；陶晋生：《北宋士族——家族·婚姻·生活》，第171—196页；张邦炜：《宋代妇女再嫁问题探讨》，载于张邦炜：《宋代婚姻家族史论》，北京：人民出版社，2003年，第149—180页；方建新、徐吉军：《中国妇女通史·宋代卷》，第339—394页；王扬：《宋代女性法律地位研究》，第13—77页。
② 柳立言：《浅谈宋代妇女的守节与再嫁》，第54页。

礼仪之训,又能秉笔为词语。及笄,择配且久,乃以适亳州司法吕昌绪。昌绪故相吕文穆公之孙也。甫三年而寡,后四年获归斯立。斯立贤而有文章,好学不倦,平居刻苦,奉养简薄。吾妹从其所好,未尝见于言色。又七年,而斯立卒且葬矣,乃归宁太夫人河南郡太君。日侍膳外,则以未亡自处,不复接外事。惟闭合冥心诵佛书而已,虽亲戚亦少有见其面者。

综观全文,笔者完全看不到苏颂对其妹的再嫁有什么讳言,而他在另一篇祭奠其妹的的文章中更谓:"始归吕氏,吕大宗也,尔能恭顺协睦,不失妇道。未几而丧其夫,予以尔又归张氏。"[1]可见身为一个大士族、大官员,苏颂对此并未觉得有何不妥,且认为其妹"不失妇道"。事实上,铭文中的苏氏,秀外慧中,知书识礼,孝义两全,且为亡夫闭门孀居,完全是一个典型的模范妇女。当然,苏颂为苏氏兄长,自然偏爱其妹,但这点正是本文要强调的,士人固然赞扬对夫忠贞不贰的节妇,但实际上对于寡妇再嫁,仍然予以同情,也没有任何歧视;而当再嫁者为自己的亲人时,更不讳言,盖血浓于水,恩情至深之故也。因此,我以为宋代士族的贞节观实在很复杂,在道德大义上,守节当然要大书特书,是以钱受之妻子吕聪问女儿的墓志铭主要就是赞扬她遇贼"自投于水,以誓义不污",但这是最高的德行标准,一般人未必能守,而为夫守寡也不是必需的。无论如何,吕聪问女儿的贞烈,也多少反映吕氏家族作为当世文化高门,其道德家风,教人景仰,故汪应辰就作铭曰:

---

[1]《苏魏公文集》卷七一,《祭亡妹张氏五县君》,第1077页。

> 吕氏之盛，实始文靖。典型之遗，女有卓行。见危靡他，处约何病。其死有义，其生有命。曷观于斯，惟命之听。

当然，对于夫家的宗族来说，携子再嫁可能会使夫家绝嗣，破坏宗族组织，而携妆奁离开也会影响家内的经济，所以最好是留在夫家守寡，吕蒙巽女儿等人的墓志铭由子孙或夫家宗党撰写，予以隆誉，就是此理，而苏氏的墓志铭就只好由兄长代办了。

苏颂长妹再嫁的情况更带出了一个很有趣而更复杂的问题，她嫁吕昌绪后生有两子，丈夫死后她便回娘家守寡，铭文中没有交代二子是否留予吕氏宗族抚养、抑或随其归于母家，而后文记述她再嫁张斯立后，亦没有再提到吕氏二子，因此肯定这两个孩子并没有换宗改姓，是由张家代养吗？铭文没有记载，不得而知。那么，苏、吕、张三家的关系，在苏氏再嫁后起何种联系、何种变化？不过，吕氏二子后来亦卒，却有二孙尚幼，情况也不清楚。宋代士族间有错落的婚姻网络，吕家也是其中一例[1]，寡妇再嫁对其家族及其他士族的家势、婚姻和宗族的重要性，仍待进一步探讨。

最后，笔者曾经以坟茔所在地讨论吕氏家族各支裔间的亲疏关系[2]，而上述十三篇妇女的墓志铭也可反映妇女与夫族的联系。在这十三名妇女中，没有再嫁的全部都葬于丈夫的坟旁或其家族墓地；而苏颂长妹因为再嫁张斯立，无论她与前夫宗党的关系如何，她也自然

---

[1] 见陶晋生师：《北宋几个家族间的婚姻关系》，载于"中研院"第二届国际汉学会议论文集编辑委员会编：《第二届国际汉学会议论文集·历史与考古组》，台北："中研院"，1989年，第933—943页；陶晋生：《北宋士族——家族·婚姻·生活》，第101—135页。
[2] 见王章伟：《宋代河南吕氏家族研究》，第177—179页。

葬于张氏之墓地，不过这同样可见她跟其他例子没有分别，与丈夫同穴。因此，在享受祭祀方面，宋代士族妇女的确是从属于夫家之下。

五、结语

以上只就现存十三篇吕氏家族妇女的墓志铭窥论其族内妇女的一些片段，由于篇幅及资料所限，所述自欠全面，请读者原谅。

研究吕家，固然因为她是宋代显赫的高门大族之一，但笔者始终认为，要了解宋代士族的情形，就必须尽可能考察其时各大名门的情形，集多个个案的研究成果后，似才可能进一步讨论更深入的问题。学者在宋代科举、恩荫、婚姻等方面的研究有那么多的争论，原因即在于此。同样地，要知道宋代士族妇女的情形、士人对妇女的贞节观，除了需考核和统计一般的情况外，各个士族高门的例子也应多加研究，特别是关于统计数字的运用应非常小心，一千个守节的例子和一百个以至十多个再嫁的资料比较，究竟是否真的可以显示、解释当时的贞节观和妇女情形？而统计数字的诠释程式究竟是如何？又当比例数字发生变化时，程式的函数和分析又是如何？

研究宋代妇女最有力的伊沛霞曾指出，由于五四批判旧文化的影响，令学者只多从新儒学是否造成妇女地位低落这一角度探讨问题，慢慢走向死胡同。她认为我们应该多从不同角度考察宋代妇女的问题，并且接受在同一文化中存在着不同甚至是有冲突的性别观和妇女观[①]。的确，就士族妇女的守节和再嫁问题来看，本书就显示

---

① Patricia B. Ebrey, "Engendering Song History", *Journal of Sung-Yuan Studies*, Vol. 24, 1994, pp. 340—346.

不同的情形：有其夫族极之推崇的《寿安县太君吕氏墓志铭》，也有不讳再嫁的《万寿县令张君夫人苏氏墓志铭》。由于资料的缺乏和欠完整，再加上运用统计出现的难题，要为宋代士族的贞节观问题给予一致的结论，目前似尚未可能[①]。

后记：本文原题《从几个墓志铭看宋代河南吕氏家族中的妇女》，刊于杨炎廷编《宋史论文集——罗球庆老师荣休纪念专辑》，香港：香港中国史研究会，1994年，第132—143页，为祝贺罗师荣退之作。原文所论，只建基于存世的五篇宋代河南吕氏家族妇女墓志铭；惟近年考古学家在浙江省金华市武义县明招山吕氏家族墓地，发现了八通南宋时代吕好问家族妇女成员的《圹志》，内容弥足珍贵。因此，笔者参考了这批新的史料，大量修订和扩充旧作，篇幅增加一倍之余，对吕氏家族妇女的分析更加深入，而题目则改为《从墓志铭看宋代河南吕氏家族中的妇女》。

[①] 本文初稿完成后，陶晋生师出版了研究北宋士族的经典之作，其中谈到苏颂妹妹的例子和士族妇女再嫁的问题时，与本文有很多相合之处，读者必须参考。见陶晋生：《北宋士族——家族·婚姻·生活》，第171—196页。

宋代儿童的生活与教育[1]
——评周愚文《宋代儿童的生活与教育》

二十世纪的西方史学发展，自"年鉴"学派的三代大师布洛克（Marc Bloch，1886—1944）、费弗尔（Lucien Febvre，1878—1956）、布劳代尔（Fernand Braudel，1902—1985）及勒高夫（Jacques Le Goff，1924—2014）等的倡领下，已渐从精英史走向"总体史"（histoire totale）的研究，学者将眼光注向历史的社会、经济层次研究，并集中于作为群体的人的研究[2]。1960年代开始，社会史的研究与人口史相结合，使家庭结构和亲属关系的课题渐受重视，儿童史即为其中的要项[3]。另一方面，社会科学家在探研社化问题时，最终亦会溯源历史中儿童的情况，故科际间的合作、互补，实已无法避免，年鉴学派确立以史学为中心的跨学科体系，虽突显史学家的野心壮志，但亦可见其慧眼。

---

[1] 周愚文：《宋代儿童的生活与教育》，台北：师大书苑有限公司，1996年。
[2] 参见姚蒙：《法国当代史学主流——从年鉴学派到新史学》，台北：远流出版有限公司，1988年。
[3] 1960年一部有关的经典著作出版了，两年后被译为英文，即Philippe Aries, *Centuries of Childhood*, New York: Alfred A.Knopf, 1962.

诚然，每一种社会都关心按照自己的文化和社会思想来培养自己的下一代[1]，故身为一个教育学者，周愚文先生本书以历史角度及方法来研究中国宋代的儿童生活和教育，这是可以理解的，也是必须的。就我所知，有关此一课题的中文专著，本书可谓开山之作，实足称道。我自己身为一个宋史工作者，兼又长期关注史学与社会科学之科际合作，故除了对本书特别感兴趣外，也有很大的期望；可惜，笔者看毕本书后，觉得作者实未能适当运用史学及社会科学方法，而本书只停留在一部很原始、粗糙的史料汇集（但不完整）而已。

本书共分四部分，首三章交代研究缘起、目的与范围、研究方法与史料；第二部分为"生活篇"，共四章，析述宋代儿童的养育、儿童负担的工作、与儿童有关的节庆与习俗、游戏等情况；第三部分为"教育篇"，共八章，析述官立小学教育、私办儿童教育、学习与教学、蒙学教材、理学家的儿童教育理念、童子科及女童教育的情况；最后一章为结论部分。

首先，在序章部分已很有问题，对全书有很大影响。在交代研究缘起中，作者除指出中国儿童教育史向为人所忽视外，促使作者选择宋代作为研究对象的原因主要有三：一是精力有限，故未及历代；二是作者对宋代教育史略有心得；最后则是宋代在这方面留下的文献较为丰富（第2—3页）。本来，以这些文献及私人有利条件拣选研究课题，实在无可厚非，可是若只有这些外缘因素，作者就无法突显其研究的意义与重要性，读者不禁会问，宋代儿童史在中国儿童史中处于何等位置？与其他朝代有何异同？身为一个宋史

---

[1] Michael Mitterauer and Reinhard Sieder, *The European Family*, Oxford: Basil Blackwell Publisher Ltd., 1983, p.93.

研习者，我是肯定研究宋代儿童史之重要性的。其实对宋史略有涉猎者，都知道"唐宋变革期"的问题，一个世纪以前，日本京都大学史学大师内藤湖南提出了"唐宋变革期"的学说，指出宋代是中国近世的开端，无论在政治、社会、经济各方面均与中古中国有很大不同[1]，故要了解现代中国，必须对宋代有所认识。内藤学说即为"京都学派"的核心，在其学生宫崎市定等的努力下，已在宋史领域中占有重要地位，且深切影响欧美的宋史研究[2]。因此，要了解中国现代的儿童问题，宋代儿童史的重要性可以想见，这也是社科学者关心儿童史的原因。事实上，即使撇除观念理论的问题，纯由史料来看，宋代亦是中国史上首先关注儿童的时代，有学者称之为"The Discovery of Childhood"[3]，故宋代儿童问题实际是研究中国儿童史、家庭史、社会史的重要课题。可惜，本书作者似乎未能掌握宋代史的重要性，更遑论洞悉宋代儿童史的相关问题，以宋代儿童为研究对象，只是作者的美丽巧合而已，这个史识方面的不足，使本书以后所开展的论述，均未能掌控问题的核心。

在解释研究目的与范围时，作者指出本书是希望透过对宋代儿童的生活与教育两个层面的探讨，以了解宋代儿童生命世界的全貌。可是，对于研究的主体——儿童，作者只是说了这句："自出生

---

[1] ［日］内藤湖南:《唐宋时代の研究——概括的唐宋时代观》，《历史と地理》第9卷第5号，1922年，第1—11页。
[2] 参见Robert P. Hymes, *Statesmen and Gentlemen: The elite of Fu-Chou, Chiang-Hsi, in Northern and Southern Sung*, Cambridge: Cambridge University Press, 1986.
[3] 见李弘祺Thomas H. C. Lee, "The Discovery of Childhood: Children Education in Sung China (960—1279)", in Sigrid Paul (ed.), *"Kultur": Begriff und Wort in China and Japan*, Berlin: Dietrich Reimer Verlag, 1984, pp. 159—189. 本文承李弘祺师自美国寄赠，谨此致谢。

的婴儿起,至十五岁成童以前,都包括在内。"(第3页)既没有特别指明,那么这里的儿童自然包括宋代(960—1279)三百多年间各个阶层、各个地域里的有关年龄者?以历史研究而言,笔者自然以为作者会从横向、纵向等层面讨论宋代儿童的情况,但结果本书在此含糊的主体下,不分阶层、地域、时间(即或有所区分,也极含糊),东拉西扯地将史料集合起来,得出的实在不是历史的真相。举例说,作者谓"牧牛羊""助农事"是许多农家男童的工作(第39页),但"农家"所指究竟为何?研读宋史者都知道,宋代乡村的户等很复杂,贫富差距很大[1],且更包括了地主、佃户等等[2],我们可以想到,这些"农家"中儿童的工作自有很大分别,根本不能一概而论。更有甚者,除了地域差距外,南宋历史实在并非只是北宋的延续而已,当中在政治、社会、文化各方面均有很大的变化[3]。时、空是历史研究的两大坐标,本书"生活篇"的论述完全脱离此轨道,使论述者与阅读者根本无法找到立足点,对所谓"宋代儿童生活"的认识,实是史料的堆集而已[4],意义不大,更遑论"了解宋

---

[1] 参看[日]柳田节子:《宋元乡村制の研究》,东京:创文社,1986年;宋晞:《宋代户等考》,载于氏著:《宋史研究论丛》第2辑,台北:中国文化研究所,1980年,第1—12页。
[2] 朱瑞熙:《宋代社会研究》,河南:中州书画社,1983年,第23—43、55—72页;梁庚尧:《南宋的农村经济》,台北:联经出版事业公司,1985年。
[3] 前引Robert P. Hymes, *Statesmen and Gentlemen: The elite of Fu-Chou, Chiang-Hsi, in Northern and Southern Sung*一书对宋代士族的研究就是一个好例子。另见刘子健的卓论:《略论南宋的重要性》,载于刘子健:《两宋史研究汇编》,台北:联经出版事业公司,1987年,第79—85页。
[4] 因篇幅故,这里只再举一例:作者介绍宋代儿童习俗时,引苏轼、孟元老等人的记述,谓儿童在除夕夜通宵不眠"守岁"(第61—62页)。可是作者忽略了时间问题,北宋末南宋初的袁文(1119—1190),就已慨叹此俗废弃已久,事见袁文:《瓮牖闲评》卷三,上海:上海古籍出版社,1985年,第26页。

代儿童生命世界的全貌"。

在微观的史学方法上,作者也犯了史学工作者不应有的错误,作者宣称"本书是属于历史研究,主要是透过对史料的搜集、考证、整理、分析、归纳与解释,反映宋代儿童的生活世界"。(第4页)可是,本书在利用史料论证史事时,即犯了史学研究的大忌——引用孤证,例如作者仅以梅尧臣(1002—1060)的一首诗就谓宋人在生育方面是有男尊女卑的观念(第14—15页);在析述宋代溺婴的原因时,亦只引苏轼的一条史料,就大胆说重男轻女也是一个原因(第296页)。其实,在史学方法的基础训练里,已清楚明定"孤证必不可得结论,凭孤证得结论,与凭臆度,相去几希"[①],特别是在这样富争论性的议题中[②],引用资料必须谨慎,除不可用孤证外,在收集史料时更须注意反证[③],宋代生子不举的原因,就有与作者相反的论据,溺婴其实是不分男女的[④]。此外,作者在介绍宋代儿科医书的刊印增加后,讨论到作者的出身背景时谓:"究竟这些书

---

① 有关的讨论,在所有论述史学方法的著作中都可见到,这里引用的是杜维运:《史学方法论》,台北:三民书局,1986年,第69页。
② 宋代女性地位的高低,近年的研究有很大发展,且极富争议性,参考下列诸文:Patricia B. Ebrey, *The Inner Quarters: Marriage and the Lives of Chinese Women in the Sung Period*, Berkeley, Los Angeles and London: University of California Press, 1993;陶晋生师:《北宋妇女的再嫁与改嫁》,《新史学》1995年第6卷第3期,第1—25页;柳立言:《浅谈宋代妇女的守节与再嫁》,《新史学》1991年第2卷第4期,第37—76页;王章伟:《从几个墓志铭看宋代河南吕氏家族中的妇女》,载于杨炎廷编:《宋史论文集——罗球庆老师荣休纪念专辑》,香港:中国史研究会,1994年,第132—143页。
③ 这也是史学的基本训练及规条,杜维运前揭书即谓:"反证是最须尊重的,一条反证,可以否定数条或数千百条正面的证据,归纳证据,从正面归纳类似的证据是消极的,应积极的归纳相反的证据,不顾反证的存在,结论必流于武断。"见杜维运:《史学方法论》,第60—70页。
④ 臧健:《南宋农村"生子不举"现象之分析》,《中国史研究》1995年4期,第75—83页。

的作者，是何种出身背景？兹以钱氏《小儿方》八卷作者钱乙为例加以说明。"（第21页）但结果他什么也没有说明，而且他也没有解释钱乙这一个例子如何可作代表。上述诸例，令人颇怀疑作者对史料的"搜集、考证、整理"究竟有多少理解[1]？

一本史著的价值，除了广泛搜集史料，小心爬梳外，更重要的是将史料消化，撰成历史。而撰写历史的工作，主要包括了历史叙述（historical narrative）和历史解释（historical interpretation），前者即将所发生的事叙述出来，后者则是阐明历史发展的轨迹及其意义所在，而史家与史著的责任是兼具两者[2]。很可惜，本书只有前者而缺后者，而即使在叙述宋代儿童历史时，本书的价值也不大。

由于对时空坐标掌握不够，本书所述的宋代儿童情况，诚如前论，只是一片浮光掠影而已，作者花了一半篇幅所析述的，其内容可谓平平无奇，完全显示不到一个学术研究起码的成果与贡献。举例说，本书指出宋代农家的男童担任的工作主要是牧牛，除了牧牛外，也有牧羊、牧猪者，而其工作看似平淡，但其实有不少危险（如有老虎）（第35—39页）；此外，喂牛马、打扫、饲养家禽、摘种疏果、拾薪等也是其工作（第39—42页）。

中国是一个农耕社会，上述内容，即便一般大众，也会知晓，作者花了这么多工夫，然后得出这些说法，实在令人气馁。笔者认为，当中可供探究的问题其实很多，例如宋代是中国的商业革命时

---

[1] 本文在1997年刊出后，刘静贞教授在1998年出版了研究"不举子"的杰出专著，更可证明宋人溺婴杀子的问题其实很复杂，不能只归因于性别问题。见刘静贞：《不举子——宋人的生育问题》，台北：稻乡出版社，1998年。
[2] 杜维运：《史学方法论》，第211—232页。

代,农业、手工业等有长足的发展[1],儿童劳动在农事的发展、社会分工、国家经济上占有什么位置等。当然,史料是否充分是个问题,但本书第二篇的叙述多如上论[2],作者是责无旁贷的。

作者是教育工作者,本书下半部"教育篇"是其专长,析述自然比"生活篇"优胜,却未能超越过往的研究成果[3]。而且,当一涉及有关宋代历史问题时,本书的论述即嫌过时和欠深入。举例说,在讨论女童的教育及母亲在家庭教育中的角色时,书中所述所论,均未见参考最新的论著,其实近年西方学者在这方面有很重要的成果,可资参考[4]。又例如,作者花了很长篇幅讨论蒙学教育及理学家的儿童教育观,但他竟然完全没有探讨何以宋代会出现这么多蒙学教材?何以时人那么重视蒙学教育?

---

[1] [日]斯波义信:《宋代商业史研究》,东京:风间书房,1968年;Mark Elvin, *The Pattern of the Chinese Past*, Stanford and California: Stanford University Press, 1973, pp.113—199.

[2] 这里因为篇幅所限,无法尽引,只再举一例:作者析述宋代杀婴风气盛行的原因,谓"贫无以养,是关键因素"。(第23页)接着就无任何解释。这个论点实在很肤浅,亦是人所共知,价值不大。其实,即使贫穷是主要因素,也应探究何以致之,前引臧健的文章就有深入分析。

[3] 这方面优异的著作很多,例如前引李弘祺师的文章,还有下列诸文:Pei-yi Wu, "Education of Children in the Sung", in Wm. Theodore de Bary and John W. Chaffee (eds.), *Neo-Confucian Education: The Formative Stage*, Berkeley and Los Angeles.: University of California Press, 1989, pp. 307—324; Thomas H. C. Lee, *Government Education and Examinations in Sung China*, Hong Kong: The Chinese University Press, 1985;苗春德主编:《宋代教育》,开封:河南大学出版社,1992年;袁征:《宋代教育》,广州:广东教育出版社,1991年。这几部书均未见作者参考引用。

[4] 参考前引 Ebrey 书及下列诸文:Bettine Birge, "Chu His and Women's Education", in *Neo-Confucian Education: The Formative Stage*, pp. 325—367; Dorothy Ko, *Teachers of the Chambers: Women and Culture in Seventeenth-Century China*, Stanford and California: Stanford University Press, 1994; Patricia B. Ebrey, "Women, Money, and Class: Ssu-ma Kuang and Sung Neo-Confucian Views on Women",文载"中研院"历史语言研究所编:《中国近世社会文化史论文集》,台北:"中研院"历史语言研究所,1992年,第613—669页。

其实，更根本的问题是，宋代何以比前代增加了那么多关于儿童的记载？宋人何以那么注意儿童（包括其生活与教育）？换句话说，儿童何以在宋代"被发现"了？这些均非简单的历史叙述所能解决，史学工作者在此必须作出历史解释，而社会史及社会科学的经验，正可给予我们支持，近数十年来有关儿童史的著作，均重视儿童与家庭、社会结构的关系，从而更引申出亲子关系、成人规范儿童等课题。宋代儿童史的研究也可向此借镜，李弘祺师就在其一篇开创性的论文中借用菲利普·阿利埃斯（Philippe Aries, 1914—1984）的方法，考究宋代绘画中儿童的形象，结果发现宋代以前中国画中的儿童与成人的形象并无分别，宋画显示宋代是中国人"发现"儿童的时代。他接着研究当时对儿童的抚养、儿童的游戏、小儿医学、新儒家对儿童教育的注意等，最后带出儿童与其所处时代的家庭及社会的关系，论述极为精彩，且甚富启发性[1]。本书的作者在引用史料时，与李氏的方向很相似，但很可惜，由于他不明白宋代史的重要性，又没有吸取社会科学对家庭、社化、亲子关系等的研究，结果他只是罗列了一堆史料而已。

现代对儿童史的关注，无论是史学或社会科学者，均着重其在社会中之关系与位置；回顾历史，运用韦伯（Max Weber, 1864—1920）的"移情"（empathy）方法，我们也可见成人对儿童的注意与其社会很有关系。我曾经长期研究宋代家族与社会结构的关

---

[1] Thomas H. C. Lee, "The Discovery of Childhood: Children Education in Sung China (960—1279)", pp. 159—189.

系,再加上学者在这方面的研究成果①,我深信,宋代由于以科举取士,士族为了保持其地位,一方面建立宗族组织以求互助,另一方面并教育下一代投资科举考试,确保家族及个人的地位,结果令整个社会及家庭结构产生很大变化。而在这个变革中,作为下一代的儿童,自是士人所关心者,故宋人"发现了"现童,注意儿童的抚育,小儿科大为发展,对规范、社化儿童的游戏、教育更是关怀,母教和亲子关系的重要性大增。宋代儿童史实在与宋代的社会发展分不开。

当然,上面只是我个人的观点而已,本书作者大可不必认同,但我认为儿童史的研究绝不可与当代社会结构割裂,而宋代儿童史在中国历史研究中的意义也在于此,社会史研究的意义亦是如此。作者宣称这是一部儿童史研究,成绩实在令人失望,除了前述在史学方法上的错误外,本书还有一个很严重的过失,作者在绪论中提到儿童史这个领域,仍待两岸学者进一步开拓。(第2页)但事实上,在研究情报上,本书作者做得很差,单从笔者本文所引的注释就可想见,惟广泛搜集资料(包括二手研究)实在是历史研究的起码功夫,而作者没有参考李弘祺师及吴百益(Wu Pei-yi)二人的文章,更是难以接受,事实上本书无论在内容及论点方面,均无法与之匹比,倘若作者看过上述研究,或能取长补短,成果或会更大。

---

① 陶晋生师:《北宋士人的起家》,载于第二届宋史学术研讨会秘书署编:《第二届宋史学术研讨会论文集》,台北:台湾文化大学,1996年,第61—78页;李弘祺师:《宋代社会与家庭——评三本最近出版的宋史著作》,《清华大学学报》1989年新19卷第1期,第191—207页;王章伟:《宋代士族婚姻研究——以河南吕氏家族为例》,《新史学》1993年第4卷第3期,第19—58页;John W. Chaffee, *The Thorny Gates of Learning in Sung China: A Social History of Examinations*, Cambridge: Cambridge University Press, 1985.

最后，欠缺"历史解释"更是本书之要害，年鉴学派大师布洛克曾说历史学家应该像任何科学家一样，"面对众多纷杂的实在'进行'挑选"，这种挑选显然不是武断的或信手拈来的，而意味着科学地收集资料，进行分析，以便恢复历史的本来面目和作出解释[①]。史家的责任、史学的意义即在于此。

本文原刊于《香港社会科学学报》1997年第9期

---

① [法]雅克·勒高夫:《新史学》，载于蔡少卿编:《再现过去：社会史的理论视野》，杭州：浙江人民出版社，1988年，第92—122页。

考试制度作为一种社会制度
——从李弘祺的《宋代教育散论》中的中国教育史研究谈起

一、引言

十年前笔者在研究院念硕士班时，因为研究宋代"新门阀"的形成，注意到科举考试制度与社会结构转变的关系，精读了李弘祺老师两部有关宋代教育史的专论[①]，后来受其影响而写有《考试与平民社会》一文，批评一般人对考试制度的曲解，并希望香港的政策制定者能慎重思考当中的要害[②]。桃花依旧，十年以后，笔者的研究兴趣已转向民间宗教的问题，惟世事多有巧合，近又得阅李师的一

[①] 李弘祺:《宋代教育散论》，台北：东升出版事业公司，1980年；Thomas H. C. Lee, *Government Education and Examinations in Sung China*, Hong Kong: The Chinese University Press, 1985. 后一书现已出版了中文版：李弘祺:《宋代官学教育与科举》，台北：联经出版事业公司，1993年。感谢李弘祺老师惠赠这两部中文版大著。
[②] 王章伟:《考试与平民社会》，载于《政策透视学报》1991年创刊号，第74—77页。

本中国教育史新著《中国传统教育：历史篇》[1]，掩卷思考之际，正值香港教育制度进行翻天覆地的改革，舆论鼎沸，其中有些意见对考试制度及其相关问题提出严苛的批评，反映十年以来，社会大众对这个重要制度的意义误解仍然很深，思之令人感慨良多。故笔者现再以李弘祺教授这部新著为出发点，辅以其他资料，草成此文，重申考试制度的历史社会意义，以供参考，当中不无逆耳之言，然亦聊尽知识分子的一份良知而已。

自九年免费教育施行以后，大量适龄儿童拥入学校，对香港的社会和教育制度造成极大影响。一方面，普及教育既能提高民众的知识水平，为社会培养人才，促进香港的经济发展，贡献至大；另一方面，传统的精英教育也受到很大冲击，制度和课程等各方面都作出了不少改革，以应转变。然而，普及教育施行二十余年以来，香港的教育发展屡受批评，社会舆论对香港的教育改革，意见更是纷纭。举其大者，如"填鸭式"教育窒息思维、学童缺乏创意、影响香港在国际贸易上的竞争能力。有部分人认为，造成香港"填鸭式"教育偏重背诵记忆、使学生缺乏学习动机和兴趣，元凶就是频繁的公开考试；而考试压力太大，制造无数失败者，青少年无心向学，引致连串社会问题，令人忧心。

因此，有必要减少甚至取消公开考试，继废除"中三评核试"及"小六学能测验"后，中五及中七的"会考"也可能合并，而大

---

[1] Thomas H. C. Lee, *Education in Traditional China, a History*, Leiden, Boston, Koln : Brill, 2000. 补记：此书后来分别在香港和内地出版了中文译本，见李弘祺：《学以为己：传统中国的教育》，香港：香港中文大学出版社，2012年；大陆简体字本2017年由上海华东师范大学出版社出版，并于2018年4月荣获第十三届"文津图书奖"。

学在录取考生时应多考虑在考试成绩以外的其他因素。教育统筹委员会于去年发表的《香港教育制度改革建议》中，就批评现行的收生机制皆偏重学生的学业成绩，忽略其全面表现，且评核方式多以纸笔式的考试为主，太着重知识的背诵。故教统会建议要"拆墙松绑"，小一入学应按"就近入学"的原则派位，而公开考试的评核方式也须适当地加入教师评核的部分，以便有助评估一般不能通过笔试进行的能力，鼓励学生多参与多元化的学习活动，发展多方面的能力①。而"家庭与学校合作事宜委员会"主席狄志远也认为，应改革考试制度，让孩子愉快地学习②。无论是官方或民间意见，大家似乎都认定，"愉快学习"至为重要，没有考试的压力，教学就能更有创意，考生的学习动机自会提升。

笔者对教育学认识不深，对香港教育问题的了解也只限于皮毛，然而从历史发展方面看，考试制度是中国对人类文明最伟大的贡献之一③，今天它仍然是世界各地甄别人才的最主要方法，当中的原因何在？本文要讨论的正是考试制度的公正、不可取代、以及社会变迁和考试之间的密切关系。作为一种社会制度，其意义至大，鼓吹废革考试制度者，必须慎加考虑。有一点必须首先叙明，本文非欲为教育改革献谋出策，也不认为考试制度能解决任何问题。如果说研读中国考试制度与教育的历史，可以帮助我们判定香港的教

---

① 香港特别行政区教育统筹委员会：《终身学习，全人发展：香港教育制度改革建议》，2000年，第39页。
② 见2001年5月24日《明报》有关狄志远《让孩子愉快地学习，改革制度，改变态度》的短论。
③ 李弘祺：《科举——隋唐至明清的考试制度》，载于郑钦仁主编：《中国文化新论·制度篇·立国的宏规》，台北：联经出版事业公司，1987年，第259页。

育改革，或许会给人有点穿凿附会的感觉；然而回顾历史，我们今天对考试制度的不少批评和建议，前人走过的道路其实已留下不少可贵经验，当中不无可供反省之处。

《中国传统教育：历史篇》全书共分七章，第一章引论介绍中国教育的理念和主要核心课题，讨论儒家思想主张读书是为了一己之论，并阐释道家、佛教等不同知识传统如何与之汇流，凝合成中国教育的复杂遗产。第二章详述官学与考试制度的历史，第三章讨论中国教育的知识史，第四章交代课程的转变与学习的乐趣，第五章则讨论识字教育、家庭教育和技术教育。这数章深入研究学校与考试制度的发展，并分析私人讲学的书院如何与官学教育和科举对抗，但最终却又不得不受科举影响而"官学化"，以致消沉，从中可见教育与国家和社会的关系；此外，又仔细审察家庭教育、学者的生活、观点，及经典与理学传统的形成与解说。第六章则以学生和学生运动为题，全面论述学校生活、师生关系、学规及相关问题，并对传统中国学生运动的起伏，作深入分析。第七章为全书结论，既讨论理想与现实的距离，又尝试比较中外不同的情况。

一部优秀的中国教育史，不但可令我们了解过去二千年的教育发展，更应引发我们思考现况与未来，李教授此书正不乏这方面的洞察力。其中不少讨论均有助我们反省前面关于香港考试与教育的问题，值得深思。

二、社会流动与考试制度

二十世纪初俄国社会思想家梭罗金（P. A. Sorokin）提出社会流

动（social mobility）的理论，要旨为："社会流动是个人或社会的目标或价值，从一个社会地位转移到另一个社会地位。"如果一个社会具有高度的社会流动率，包括纵横两面，则这个社会便比较开放和平等[1]。自此之后，不少史家以之讨论中国历史，检察社会的统治阶层，是由自身阶层内甄选产生，造成门阀社会；抑或挑选有能者用之，形成"平民社会"[2]。其中，考试制度——科举，乃成为学者研究的重心。

有关中国的考试制度，本书有详细的讨论（第104—170页，笔者案：以后正文中所有括号内的页码均指本书）。案春秋时代，我国犹是世卿大夫的局面，所谓"选贤与能"，其实仅行于贵族之间，至于平民则因"庶人不议"，根本不得推择为吏。降及战国之世，封建崩溃，诸侯间相互吞并剧烈，贵族逐渐没落，各国为争霸天下，乃争相引用游士，于是势不得不要求一套客观标准来解决人才选仕问题。这种"尚贤政治"（meritocracy），即为后世考试制度的源始，到了汉代，乃演为"察举"之制。所谓"察举"，简单而言就是"考察后予以荐举"的意思，它是荐举制在新的历史条件下的发展，从荐举而察举，反映了古代统治阶级在选取人材方面由简单到比较复杂、由粗疏到比较严密的进步，且要求考选制度要有一定的标准。当然，其与科举考试仍有一段距离。

---

[1] Pitirim A. Sorokin, *Social and Cultural Mobility*, London: The Free Press of Clencoe Collier-Macmillian Limited, 1959, p. 133.

[2] 最著名的有下列数人：E. A. Kracke Jr., *Civil Service in Early Sung China, 960—1067*, Cambridge, Mass. & London: Harvard University Press, 1953；何炳棣 Ping-ti Ho, *The Ladder of Success in Imperial China*, New York & London: Columbia University Press, 1962；[美] 卡尔·魏特夫（Karl A. Wittfogel）著，徐式谷等译：《东方专制主义》，北京：中国社会科学出版社，1989年。

察举制度于人才甄拔方面虽已粗具规模，但其重在考察，而德行难有客观准则；魏文帝（曹丕，187—226，220—226在位）咸康元年（220）尚书陈群（？—237）乃建议改行"九品官人法"，主要以家世、道德作为标准，终于演成"上品无寒门，下品无世族"的现象，仕途全为世族所把持。到了隋唐时代，乃实行科举取士之法，所谓"科举"，就是按照不同的科目通过考试来选取人才的考试制度。不过，唐代由科举出身的官员数目实在不多，门第旧族的地位根深蒂固，朝廷官职仍多为其垄断，科举作为选士之主要途径，实奠定于宋代（第138页）。

宋代科举制度与社会流动的关系，曾经引起激烈的讨论。美国学者柯睿格（E. A. Kracker, Jr.）于二十世纪四十年代末起专研科举与宋代的社会流动，他以绍兴十八年（1148）和宝祐四年（1256）的登科录计算登第者的背景，结论是超过半数的进士前三代都无人当官，故宋代的社会流动率很高，有一半以上的官僚是透过科举从布衣阶层晋升的[1]。柯睿格的研究引起很大的回响，李弘祺及日本学者荒木敏一等都曾深入剖析宋代科举制度，修正柯氏之论，虽然如此，他们均同意科举制度造成门阀的消灭，开辟了寒俊出身的途径[2]。然而，多年后另一美国学者郝若贝（Robert M. Hartwell）批评柯氏之论，提出完全相反的论点，他指出宋代朝廷是由数个或数十个大家族垄断，他们世代相袭为官，互相通婚，以保持其对政府和

---

[1] E. A. Kracke Jr., "Family vs. Merit in Chinese Civil Service Examinations under the Empire", *Harvard Journal of Asiatic Studies*, X (1947), pp. 103—123; E. A. Kracke Jr., *Civil Service in Early Sung China, 960—1067*, pp. 68—70.
[2] ［日］荒木敏一：《宋代科举制度研究》，东京：同朋社，1969年；李弘祺：《宋代教育散论》及 *Government Education and Examinations in Sung China*。

社会的控制，故科举并无打破唐代以来世族垄断政府的情况[①]。

八十年代中期，美国学者的研究，使我们对科举与社会流动问题的认识更深入。柯睿格的学生贾志扬（John W. Chaffee）于芝加哥大学完成其关于宋代科举社会史的博士论文。贾志扬虽为柯氏的学生，但他比较谨慎，同意恩荫（父祖为官者得荫庇子孙为官）及与高官大族通婚在宋代的仕途来说是很重要的；可是他又指出科举考试成功毕竟才是真正的保证，故科举仍能制造一定的社会流动。不过，贾志扬认为宋代的科举远不如后代的公平，因为宋代恩荫制度的范围很大，平民势难占优，是以对宋代科举所造成的社会流动，不能过分乐观和夸大[②]。关于这个问题，不少学者确已注意到宋代官

[①] Robert M. Hartwell, "Demographic, Political and Social Transformations of China, 750—1500", *Harvard Journal of Asiatic Studies*, Vol. 42, No. 2, 1982, pp. 354—442.

[②] John W. Chaffee, *The Thorny Gates of Learning in Sung China: A Social History of Examinations*, Cambridge: Cambridge University Press, 1985. 本书现在已有中译本，贾志扬：《宋代科举》，台北：东大图书公司，1995年。另一方面，郝若贝的学生韩明士（Robert P. Hymes）亦出版了研究宋代江西抚州精英的著作，指出南宋以后的地方士地有很强烈的地方色彩，他们虽多曾登第，然而其权力来源主要是来自和大族通婚。韩明士更指出柯睿格结论中从科举晋身的布衣平民，倘若我们考查其母系亲属，把他们的外祖及母舅也算进去，那便会发觉其实很多人本已是豪族大官之裔，科举成功只是其财官势力以外之点缀而已。因此，韩明士以为柯氏盛赞的科举制度，实际为当代提供了零的社会流动。换言之，宋代社会仍与魏晋隋唐时代无大分别，是一个不开放的门阀社会，孤寒难与世族竞进。见 Robert P. Hymes, *Statesmen and Gentlemen: The Elite of Fu-Chou; Chiang-Hsi, in Northern and Southern Sung*, Cambridge: Cambridge University Press, 1986. 郝若贝及韩明士师徒的理论，一度惹起广泛讨论，惟今天已受到学界普遍批评，参考下列各文：陶晋生师：《北宋士族——家族·婚姻·生活》，台北："中研院"历史语言研究所，2001年；李弘祺：《宋代官学教育与科举》《中译本序》；邹重华：《士族与学术——宋代四川学术文化发达原因探讨》，香港中文大学历史学部博士论文，1997年；王章伟：《宋代河南吕氏家族研究》，香港中文大学历史学部硕士论文，1991年。

僚间之婚姻网络与其家势的关系[1],更有指出北宋士族互相通婚,逐渐形成"新门阀"[2];但姻亲集团与家势兴隆并无必然关系,现在大家都认同,与科举入仕比较,婚姻关系对家势的维持是不大保险的,使子孙读书、考试、做官,仍是最正常和有效的手段[3]。

从上面的历史发展可见,考试制度与社会结构转变的关系。在古代的中国,平民要跻身上阶层并不容易,春秋以前的典型贵族社会及魏晋南北朝的门阀时代自不待言,汉朝即使是有了较具规模的察举制,然选仕的权力仍然操于负责荐举的少数官员手中,一直要到唐宋以后,科举考试制度才为庶民建立一条晋身的阶梯。宋代科举与社会流动的讨论,正反映其为考试制度引致社会结构转变的一个过渡时期,明清以后,科举成为仕进的最主要方法,中第者名列绅籍,享有免役免税的权利,逐渐形成士绅。他们为了绵延其势,于投资土地之余,乃继续教养家中的子弟,让其考试任官,以便再回过头来继续照顾自己的家族,形成"耕读世家",士绅阶级由是

---

[1] 最新及最优异的讨论,见下列二书:Beverly J. Bossler, *Powerful Relations: Kinship, Status, and the State in Sung China, 960—1279*, Cambridge, Mass. & London: Harvard University Press, 1998;陶晋生:《北宋士族——家族·婚姻·生活》。

[2] 陶晋生:《北宋几个家族间的婚姻关系》,载于"中研院"编:《第二届国际汉学会议论文集·历史与考古组》,台北:"中研院",1989年,第933—943页;王章伟:《宋代河南吕氏家族研究》。

[3] 李弘祺:《宋代社会与家庭——评三本最近出版的宋史著作》,《清华大学学报》1989年新19卷第1期,第191—207页;李弘祺:《宋代官学教育与科举》《中译本序》,第 i—xxv 页;陶晋生:《北宋士族——家族·婚姻·生活》,第66页;王章伟:《宋代士族婚姻研究——以河南吕氏家族为例》,《新史学》1993年第4卷第3期,第55—56页;[日]衣川强:《宋代的名族——河南吕氏的场合》,原刊于《神户商科大学人文论集》1973年第9卷第1、2期,第134—166页,今收于[日]衣川强:《宋代官僚社会史研究》,东京:汲古书院,2006年,第77—122页。

形成[1]。科举改变了家庭、宗族、阶级以至整个社会的结构。

明清以后,中国社会结构演变为平民社会,考试制度是最主要的促成者;其后考试制度西传[2],形成今日世界各地的文官考试制度,由此可见其影响之大。然而到了今天,不少香港人已遗忘了考试制度促进社会流动、帮助建立较为开放之社会的这段历史,有些人更指责考试造就精英阶级,形成"学历社会",使莘莘学子承受沉重压力。但"学历社会"其实并不一定是坏事,韦伯(Max Weber)就认为它是现阶段工业社会合理化的一种表现[3];至于精英,则更是每一个社会所必须要的。再者,无论你是否喜欢精英,但回溯历史,传统社会分成统治阶级和被统治阶级,精英之存在是不争的事实;而考试制度只是其产物,而非造就精英之始源,考试制度只是精英流动之工具而已。因此,事实是先有了精英,然后才有考试制度,我们不能将精英之产生归于考试制度。精英之出现,实由其他多项因素所造成[4]。

三、公正与开放:考试制度的精神

科举毕竟是一个"公正"的制度,任何人要晋身统治阶级,祈

---

[1] 参考李弘祺:《科举——隋唐至明清的考试制度》,第288—292页。
[2] 邓嗣禹(Ssu-yu Teng),"Chinese influences on the Western Examination System", *Harvard Journal of Asiatic Studies*, Vol.8(1943), pp.167—212.
[3] 贾非:《考试制度研究》,成都:四川教育出版社,缺出版年份(内页作者序日期为1991年),第20页。
[4] 关于这方面的讨论,见T. B. Bottomore著、尤卫军译:《精英与社会》,香港:社会理论出版社,1990年。前面提到韩明士的观点,就是显示考试与精英之形成无关。

获拥有绝大的社会报酬（包括荣誉、财富及权力），唯一的办法就是通过科举考试[1]；只要能克服经济条件等的不利因素[2]，考试是向所有人开放的，平民也可以与贵族决战于科场之中，评分标准不会受出身背景所影响。随着社会经济的发展及宗族互助之流行，不少平民也可以投资科举考试[3]，跻身官僚精英阶层。

考试制度所以能促进社会流动，改变社会结构，其最重要的精神就是"公正"与"开放"，也是整个制度的关键。东汉顺帝（刘保，115—144，126—144在位）阳嘉元年（132），鉴于察举的种种流弊，如官员贪污滥荐、举子德行不符等，乃据左雄（?—138）提出的"限年考试法"，实行改革，其要点大略有三：第一、被举者年纪限为四十岁以上；第二、以儒生、文吏两科取人；第三、建立经术和笺奏的考试制度。这就是所谓的"阳嘉新制"[4]。左雄倡议的这个改革极为重要，李弘祺于本书中即指出由于要求一个更客观的评核方法，很明显地牺牲了察举的特征：孝、廉等道德行为标准。这种趋势，成为以后中国考试制度历史的要旨（第120—121页）。的确，科举制的母胎察举制还不是现代意义上的考试制度，它主要是以孝、廉为标准的荐举制而已，惟如要为国家觅得真材，"公正"是很重要

---

[1] 李弘祺：《宋代教育散论》，第23—72页。
[2] 正如李弘祺指出，科举制度在隋代出现以后，平民要因之向上爬升，仍然非常困难，盖大部分的家庭不仅无力出钱供养他们的子弟读书，甚至于不出钱而让其闲着上学都负担不来。在农业社会的中国，每一个男子都是一份劳力，除非家庭实在供养得起，否则学校待遇再好也没法去上学；而家庭环境富裕，有优良教师和资源充分的学生自然占尽便宜（即使在今天，情形也很相似）。参加科举考试，所费极高，对穷人并不容易。
[3] 杨联陞：《科举时代的赴考旅费问题》，《清华大学学报》1961年新2卷第2期，第116—128页。
[4] 关于左雄的改制，除本书的分析外，详细内容可参考阎步克：《察举制度变迁史稿》，沈阳：辽宁大学出版社，1991年，第61—79页。

的，要做到这点，"考试法"是最客观的评核工具，察举制作为一种荐举制度，也被迫采用这个新方法，朝考试制度的方向发展[1]。

"选贤与能"这种"尚贤政治"一直是中国人选仕的理想（第106页），在唐代实行科举制度后，为了确保中第者非于考试中侥幸过关，且应兼备相当的道德修养，于是乃有"行卷""通榜"和"温卷"等风尚，重视考生在科场外的表现，其意虽佳，后来却演为请托贪污之风，压抑了真正的人才[2]。这些问题的最关要处，既损害了考试的公正性，无形中也破坏了考试制度为国家选才的作用。到了宋代，科举成为仕晋之要途，投考的人数激增，据初步的估计，每次科举之年，全国有百分之三的人口参与其中，落第率很高，竞争激烈（第146页）。投考科举的人数日增，加上宋初诸帝刻意利用科举提拔寒俊[3]，朝廷和士子对考试制度的公正程度要求更高，结果是防止作弊的规定愈趋严密，除了废除唐代的"公卷"制度外，陆续实施了一系列的科场关防措施，如将试卷糊名、重新誊录，考生进入试场要搜身等等[4]。科举制度的公正性愈高，愈为人所

---

[1] 单就左雄所提出的考试法而论，在古代选官制度上确是重要事件之一，不过当时的考试，仅作为察举的辅助手段，而且总是察举在先，考试在后，故实非后世的科举或文官考试制度。

[2] 所谓"行卷"，即应试的举子将自己素日所作诗文择其佳者，投呈给当时的名公巨卿及著名的学者，求其赏识，制造声誉，向主考官推荐，以增加及第的希望。"通榜"是与行卷伴生的，即在省试之前，达官贵人、社会名流、文坛巨子与主考官相互通气，共同拟定举子才德声望的榜贴（名单），称作通榜，行卷之目的即为求助他人为之延誉通榜。首次行卷，如没有回音，则隔数日再投其所为之文，称作"温卷"。有关唐代这些情形及影响，参见刘虹：《中国选士制度史》，长沙：湖南教育出版社，1992年，第176—181页；黄留珠：《中国古代选官制度述略》，西安：陕西人民出版社，1989年，第227—230页。

[3] ［日］荒木敏一：《北宋科場における寒畯の擢第》，《東方学》第34期，1967年，第1—15页。

[4] Thomas H. C. Lee, *Government Education and Examinations in Sung China*, pp.154—155, 163—171.

信赖，愈多有能之士愿意参与，国家因此愈能取得人才，考试制度亦因而奠定于宋代，且以以后各朝所乐于及必须采用。

公正原则与考试制度发展的过程，其内涵、影响以及所表现出来的智慧和经验，有时实在出人意表，诸如考选方法、课程及识字教育等，无不包含其中。先谈考选的方法。"笔试"容易造成考生背诵课本知识，"口试"反能挑战其应变能力，这似乎是今天社会部分人士的"真知卓见"，然而"口试"其实在考选制度中古老得很，也欠缺了进步的公正原则。李氏于本书中指出，"考选"的概念存在于每一个文明之中，不能说是中国独有，但在近代以前，世界大部分地区的考选制度都是基于面试和口试的。中国在隋代以前，选仕制度也是以口试为主，隋代施行科举制度的最伟大发明，就是以笔试代替口试，笔试既为评核订定了一套客观之标准，且能为各种技术性的资历提供一个有效证明，中国是世界上第一个采用笔试的文明（比西方早千多年），影响着当今世界每一个国家（第658—661页）。事实上，一部研究考试制度的专著就认为，口试不能用统一尺度去检查全体学生，结果又易受主考和学生当时的主观状态左右，造成偏袒，笔试的出现和广泛运用，使考试向客观化和标准化迈进[①]。笔试较口试公正可取，昭然若揭。

这种重视书写的传统，实在也有其渊源可寻。中国文化丰厚，可资学习的经验包罗万有，孔子（前551—前479）授徒即以"六艺"为本，包括礼、乐、射、御、书、数等不同种类的技与艺，文武双全。本书向我们解释了一个很重要的转变，当孟子（前372—前

[①] 贾非：《考试制度研究》，第7—9页。

士族篇

289）等儒家强调修养之学后，教育逐渐转向对过往先贤的知识及技艺作重新认识和解说，智慧存于经典，学习遂本于文本。最后，学习课程由"六艺"转为《六经》(《诗》《书》《礼》《乐》《易》《春秋》六部经书），历代考选均以儒家理想和经典为据，学子的学习自然与这种文本传统相连（第16—22页）。这个刺激的研究，或可启发我们思考中国考试制度最早采用笔试这种书写传统之由来。

另一方面，宋代开始，为了应付科举制度下的教育和考试，儿童早于六岁时就要接受识字教育，记忆和背诵成为教育的重要内容，与儒学重视德行教育的原意不无相违（第4页）。我们可以见到，儒学文本传统教育影响科举笔试制度，笔试制度又影响儿童识字教育，教育与考试制度间之"异化"至剧。考试制度自身也出现了"异化"，八股文可能是其中之最激烈者。

八股文作为科举考试的文体，始于宋代王安石推行的"经义取士"，即用文章解释儒家经典义理，以其作答之内容及文章的好坏为评核标准，明清时代乃成为科举考试指定的文体（第158—161页）。八股文是一种讲究格式的文体①，共分八段，考生答题除必须按指定段落位置使用对偶句外，作文亦要遵从"破题、承题、起讲、入题、过接、收结、落下"（简称起、承、转、合）等方式。破题必用对句，切中题旨，不得跳出题目；对句必须工整，言之有物，能合声律更好；八股顺序要敷畅，累积气势；委婉而不直率，富丽而不腐冗。平心而论，作文时果真可以做到如此好文字，且内

---

① 关于八股文的格式与其高超的艺术技巧，有两本小书值得参考，王凯符：《八股文概说》，北京：中国和平出版社，1991年；启功、张中行、金克木：《说八股》，北京：中华书局，2000年。

容言之有物，未尝不是一篇好文章①。

我之所以如此不厌其烦地覆述八股文的文体，其实是想据之以思考考试制度的异化问题。八股文的确有其先天的缺病，正如批评者所指出，八股文行之久远，题目总在经书中钻牛角尖，学者仅注意于文字的堆砌，缺乏思想上创新的机会，忽视了义理的阐发。影响所及，大家只习作文，只读坊间所刻的墨卷（类似今天《考试必读》一类中的范文与标准答案），一旦登第，便把这些东西抛诸脑后②。然而，大家或可细加思考一下，我认为当科举制度趋向公正开放以后，投考的士子众多，竞争愈趋激烈；而在公正原则下的笔试制度，考核的文本范围总有个界限。这样，经过十年苦读的考生，部分必能完全掌握文本范围的知识内容，于是想要分别出高下，只有向考核答卷的技巧去钻；惟当考核的文本范围有界限，则无论技巧要求如何高，坊间的书商就可据有限的试题和以往考卷答案中的佳作，编写范文，而考生自然也乐于背诵，省却临阵时仓促思考作答。香港"中学会考"里中国历史科的情形最为类似。但我们要弄清楚这不是考试制度的问题，只是课程和形式的毛病而已，正如背诵八股范文固不可取，但并不等于就不要考试，甚至八股文自身也不一定要完全舍弃③。

考试制度自身这个异化矛盾，也许再一次反映维护公正原则下

---

① 李弘祺:《科举——隋唐至明清的考试制度》，第284—285页。
② 李弘祺:《科举——隋唐至明清的考试制度》，第285页。
③ 贾非认为教育之目的决定了考试的内容和方法，见其《考试制度研究》，第65页。的确，清代以八股取士的部分原因，就是要消磨士子的心力，使其无暇与政府对抗，采用朱子的钦定经义，则是要巩固上下有序这种有利统治的思想，这是人所共知的。因此，我们不能将八股的缺点等同科举的缺点。

的一些局限：教育其中之一个目的本来是要为国家选拔贤能之士，惟德行难以量度，国家和投考者都要求公正为最高原则，于是放弃考核修养表率之余，退而求其次即为对知识的测量。经典既为科举的指定知识内容，则八股文的死胡同也是其必然的悲剧宿命，我们不应过分深诟，毕竟，考试制度自有其限制，但坚守公正原则、向平民阶级开放是其最尊贵的精神[1]，而公正和开放是要付出代价的，历史就是如此告诉我们。

四、不可替代：作为社会制度的考试制度

的确，考试制度在维护公正和开放之余，却也不无缺陷，当中最重要的是放弃了对道德的关怀。本来，中国传统的选仕理想是"贤"与"能"，但由于要维持公正的原则，宋代科举制度结果放弃了考核士子的道德表率，试卷实施糊名、誊抄以后，评卷者根本无法得知考生的德行为人；明清以后，官方于科场最关心的是如何防止作弊，其对弥封、誊录、对读诸事极其讲究，考试制度为了维护公正性，原始的道德理想就难再维持了[2]。

但是我们要谨记，德行或考生平时的表现难有客观标准，唐代科举制度中的"行卷"和"通榜"，原意就是要用"推荐"这个方

---

[1] 当然，我们不能过分夸大统治阶级对平民的同情，袁征就认为中国的古代教育始终是为政治统治服务的，各阶层间的流动，貌似公正平等，给社会中下层造成上升的希望，并且把各阶层中有能力的人才吸收进政权，使国内不易形成足以威胁皇权的强大家族势力。见袁征：《宋代教育——中国古代教育的历史性转折》，广州：广东高等教育出版社，1991年，第313页。
[2] 李弘祺：《科举——隋唐至明清的考试制度》，第277—288页；Government Education and Examinations in Sung China, pp.165—166.

法弥补缺点,结果却导致贪污和偏袒等不公现象,真正有才能的人反而受到抑压。今天香港正逐步施行大学在录取考生时,中学校长的推荐列为一个重要的条件;又有人指责仅以公开考试制度决定学生的前路,是未能考核其平时的表现,故应外加校内日常表现。这不是唐代科举不公的现代翻版吗(只是将"德行"换上"平时表现"而已)?这又是否符合(或如何保证)公正的原则呢?

我们完全明白前引批评考试制度缺陷的善良动机,但历史的发展证明了这并不可取,反对也是徒然的。事实上,宋代私人书院的兴起,就是理学家对官学教育及科举制度欠缺道德关怀的一种反动,代表学者独立于政府的控制,李弘祺甚至认为是一种"公共领域"(public sphere)的表现(第14—15页,第85页,第149—150页,第278—281页)。不过,中国传统的知识分子,要将所学到的道德抱负实践,"学而优则仕"是必经之管道,书院的发展由是不免受到科举的影响,最终走向"官学化"[①]。考试制度造成的限制,有时确也使人感到无奈;但考试作为社会选取人才的最重要渠道,为了确保其效用,这种无奈是必须忍受的。

一千年来的考试制度发展史显示,人们对其虽多有批评,却仍愿意继续。盖在前科举的魏晋南北朝时期,政治权力全为世族垄断,寒士难有进身之机会;高门子弟不须建功立业,便可扶摇直上,故生活多尚奢华,崇尚清谈,纵情声色,生活腐化。士族在社会上居优越的地位,而轻视庶族寒门,以致士庶不相坐语、不通婚

[①] 李弘祺:《绛帐遗风——私人讲学的传统》,载于林庆彰主编:《中国文化新论·学术篇·浩瀚的学海》,台北:联经出版事业公司,1981年,第343—410页。

姻,致使社会上阶级森严,士庶对立。在这种门阀制度下,高门大族世居显要地位,控制了"九品官人法",社会选取人才的制度失效[1],遂使世族垄断利益,贫富悬殊严重[2]。考试制度最可取的地方,就是在公正原则下,在历史上为布衣平民打开仕进之途,打破门阀士族垄断统治阶层的局面,即使在今天,作为一种重要的社会制度,考试这种社会功能仍是其最主要的功能,对社会的变革、发展和稳定起重要的作用,没有其他制度能够取代。

时下舆论,多批评考试对学生构成沉重压力,制造精英与失败者,这是可以理解的,日本已故汉学泰斗宫崎市定在其研究中国科举的经典中,就将这种制度称为"试验地狱"[3]。考试成为社会流动的主要工具后,上述调节社会的功能愈来愈大,竞争率也愈来愈高,其对整个社会产生的指挥棒效应也愈来愈强[4],其为莘莘学子的"试验地狱",自属必然。事实上,考试制度在宋代确立后,其与教育理念间的矛盾愈益彰显(第13页),批判之声,此起彼落,但历代所有严谨的学者最终都同意,作为选仕制度,考试制度实在是一种"必需的恶灵"(a necessary evil)(第38页)。这种踏实和客观的评论,我们应该深切反思。

---

[1] 九品官人法曾对门阀制度之确立起一定的巩固作用,惟要强调的是,当"士庶之别"成为选人原则后,正如唐长孺先生的经典研究指出:"门阀制度发展到这一阶段,九品官人法已不是士族专政必需的工具。"见唐长孺:《九品中正制度试释》,载于唐长孺:《魏晋南北朝史论丛》,北京:生活·读书·新知三联书店,1978年,第123页。

[2] 参考下列诸书,毛汉光:《两晋南北朝士族政治之研究》,台北:学术著作奖助委员会,1966年;王伊同:《五朝门第》,香港:香港中文大学出版社,1978年;何启民:《中古门第论集》,台北:学生书局,1982年;苏绍兴,《两晋南朝的士族》,台北:联经出版事业公司,1986年。

[3] [日]宫崎市定:《科举——中国の试验地狱》,东京:中央公论社,1984年。

[4] 贾非:《考试制度研究》,第59页。

一个社会，必须要有精英，香港也不例外。但我们必须确保社会开放，防止精英垄断各项利益，造成门阀贵族式的世袭社会，阻碍真正有能之士跻身精英阶层。但我们要谨记，精英不等于门阀，精英并不可恶，也不可排除。考试制度比较起其他方法而言，既能较有效地为社会选取人才/精英，又可以促进社会流动。若我们不顾现实，胡乱代之以"随机抽签""就近上学""分区派位"等平均主义式的方法，是否又真正有效和可取呢？我们只要翻一翻香港名校区的售楼广告，就可以嗅出那种凌人的贵族气味，而兄姐就读的记录竟然可以荫及弟妹，更是门阀世袭式的荒谬现代版本，也令我们深深感受到公正原则被破坏后贫民子弟的悲凉；至于压力问题，入学非取决于真材实料，时下家长早至幼儿园教育就要为子女奔竞名校之门，其承受的压力又是否低于应付考试呢？

　　指责考试制度带来沉重的压力，这是不错的，但要公正就必然有竞争（依靠门阀庇荫、以金钱贿赂就无须竞争），有竞争就必有压力，这个社会难道就可以没有竞争吗？考试的确有很多缺点和限制，但我们可以轻率地摒弃它吗？"文化大革命"期间，废除了考试制度，结果并没有消灭竞争，而只是消灭了文化，"走后门"的情况严重，社会付出了极大的代价，我们必须警惕这个历史教训[1]。因此，考试制度为"必需的恶灵"，清楚明白。

　　骤然听来，这似乎是诸般无奈，但积极地看，却可以令人有一个振奋的立足点：走向真理。二十世纪最伟大的科学哲学家、被誉为"真理的捍卫者"的卡尔·波普尔（Karl Popper, 1902—1994）

---

[1] 杨学为：《片面追求升学率与考试竞争》，《教育研究》1987年第1期，第84页。

指出，一切活的事物都在寻求更加美好的世界，永恒地想着解决问题的任务，但一种尝试性的解决办法常常误入歧途，继之而来的便是进一步的对解决办法的尝试——进一步的试错活动，科学的任务就是与错误作斗争，这意味着寻求客观真理，我们主要通过寻求错误来这样做，人类亦因此通过知识而获得解放①。中国从春秋时代以前"庶人不议"的贵族政治，经战国之世的尚贤政治，而历汉代的察举制度，而魏晋南北朝的九品官人法、隋唐的进士科，而宋明清诸代的科举制度，最后发展至今天通行世界的文官考试制度，其实就是这种试错法的过程，科举考试制度史其实就是这一理性化过程的历史。历史经验告诉我们，考试制度最经得起试错考验，我们有其他方法可以采用吗？它是不可替代的。

五、小结：读书的苦与乐

最后，让我们谈谈一个既理性又感性的问题。目下香港的青少年多缺乏学习动机，论者往往归咎于考试导向的课程，使勤力的学生只懂死记背诵，较被动的则往往放弃自己，故无论是精英或平庸者，其学习生活均乏味无趣，是以近年上至教育当局，下及一般舆论，均倡议"愉快学习"②。

---

① ［英］卡尔·波普尔著，范景中、李本正译：《通过知识获得解放》，杭州：中国美术学院出版社，1996年，第1—32页。
② 官方及舆论关于这方面的评论很多，不详引，最近有关学童的自杀事件，再次引起"愉快学习"的讨论，其中可以"家庭与学校合作事宜委员会"主席狄志远为代表，他于2001年5月24日的《明报》有《让孩子愉快地学习，改革制度，改变态度》的短论。

本来，从儿童成长的心理角度而言，从愉快中进行学习，既可促进其身心发展，而学习的效率自亦事半功倍，实在无可厚非；然而，过分强调"愉快"，会将求学之目的与手段混淆，且不易办到。我们试举一例，老一辈人摇头摆脑背读白居易（772—846）的《长恨歌》时，趣味盎然，现在的青少年既不明白何以要学习唐诗，朗背如此冗长的诗篇，又何来愉快？不如游戏去也。我们不禁要问，求学之目的是什么？愉快是终极之目的吗？它们与考试的关系又是如何？

求学之目的，李弘祺师于本书中引领我们重温孔子这个说法："学而时习之，不亦说乎？"自《论语》而下，中国教育史传统中求学之目的这个理念非常清晰：学问既为完善自己，其自身就是有趣快乐的。李氏更指出，道家和佛教的看法与儒家是一致的（我们必须谨记此点，它表明中国文化在这方面的一致），而孟子则将教育的价值说得更清楚：求学首先是为了个人一己之满足，其次则为社会之用（第2—16页）。的确，教育由个人推至社会，我们读书既为一己之修养快乐，也应该以所学服务人群，"才能政治"或"贤治"（meritocracy）就是传统中国官方教育与个人自我完善的结合点：由修养臻善的儒者治理国家，儒家所谓的修身、齐家、治国、平天下，即是此意。

上述《论语》关于学习这个记录，我们自然不会感到陌生，然而我们当中又有几人真正认识及记得孔子对学习及快乐的诠释呢？孟子对教育目的之分析，足够我们警惕：香港教育之目的究竟是什么？按孟子的第一义，教育如果是为了个人人格的修养，则正如李氏的分析，读书乐的真义就是找到价值，但要获得个中的乐趣，苦学是必须的(第400—401页)。不先苦读、背诵《长恨歌》,又怎能领略到其中的乐趣?更遑论从诗歌的意境学习知识道理、以求达致自我完善。

况且,当代中外医学界和教育学界都已论证,基于我们对左右脑功能的认识愈多,背诵之于左右脑的均衡发展,加强记忆力、灵感、注意力、判断力和创造力,以及使脑波从β波转换到α波,从而纾解小孩的身心压力等等有积极作用。君不见教改步伐比香港早得多成功得多的台湾,约六年前起由台中师范学院王财贵教授发起"儿童读经运动"(按:即背诵经典),一呼万应,推算参加者超过一百万,保守估计长期持续的儿童超过三十万[1]。

当然,对香港大部分学生,甚至对香港大部分人来说,教育或求学之目的,是要为社会提供人力资源,并达成追求财富或名誉等个人梦想,修养云云,何其天真。其实,这个目的亦暗合孟子的第二义,但正如本书所示,当求学目的是"学而优则仕",就要通过科举,其中的艰苦自可想见,不少传统故事就是鼓励学子要不畏辛苦,才能成功(第400页)。香港学生金钱挂帅,选读科目时至为功利,那又何来乐趣可言?而令人费解的是,读书既为前途,则自应如竞考科第的莘莘学子一般,不畏艰难,勇往直前。俗云"一分耕耘,一分收获",香港人求学只问效益,却又要"愉快学习",何其矛盾。我们不禁要问,"愉快学习"是否只是学生逃避责任的借口?

要强调的是,在这种教育目的下,将问题推在考试制度上,殊

---

[1] 翟本瑞:《教育与社会》,台北:扬智出版社,2000年。

欠公允。正如研究考试制度的教育学者指出，在社会制度中，劳动就业制度对考试制度影响最大，一些劳动就业制度给考试制度带来的社会压力，迫使考试制度不断强化，调节自身的结构[①]。香港人求学只为择业，资本家则视教育为提供合适雇员的生产工具，这种教育目的自然制约了考试制度，当出租车司机或市场菜贩都被要求考英语时，我们又焉能将责任归咎于考试制度呢？香港是一个高度发展集中的城市，社会大众无休止地要求增值，这种带病态的"社会契约"，自然带来恼人的竞争，单单呼吁要让学童愉快学习，将所有问题推卸在教育界身上，又是否真能解决问题？我们应该深思，何以欧洲不少地方的儿童和青少年对其深邃的历史和文化传统充满关怀，对学习充满兴趣，而纽约、东京、香港等等高度发展城市之文化却如此短视功利，学童天天或困斗于考试之中，或沉溺于享乐自暴自弃之地？当然，前者要付出的就是经济力稍逊，后者则是病态的经济增值，但这又怎可能愉快呢。

历史是人类文明的宝贵经验，但对于香港人来说，中国教育和考试制度的历史源远流长，难以理解，也无暇理解（又一次反映何其短视）；再加上现代学术研究日趋专业化，分工愈加精细，有关中国各个朝代的教育史著作多不胜数，除供专科学者研读之外，实在令人望而生畏。不过，李弘祺教授这部刚由荷兰汉学重镇布里尔（Brill）出版社出版的中国教育史新著，填补了这个缺憾，是书实为具透析力、能全盘鸟瞰中国教育史的不可多得之作，关心教育与考

[①] 贾非：《考试制度研究》，第84—87页。

试制度者，应列为必备手册①。

综观全书，读者可发现其与一般的教育史著极为不同，其突破性新贡献处是，作者没有将论述仅仅局限于教育政策、学制或教育思想等某一方面，而是从坚实的史料入手，全面分析二千年来的教育史，并将教育作为社会重要的一环，缕述其与家庭、社会和国家的关系，既重视教育自身的演变发展，也突显作为一种社会制度，其与政治及社会的互动和影响。李氏为杰出的史学家，既能驾驭浩瀚的史料，又深受西方治学方法的影响，对宋代及以后的社会变化有深入的研究，且长期关注中国教育史、儿童史、书院及理学发展等课题②，本书正是在这种丰厚基础下的成熟之作，熔史学、教育学及各种不同的社会科学于一炉，故卓见时出。当然，任何著作都不可能是十全十美的，本书也不例外，由于其涉及之时间与内容广泛，故全书篇幅虽然如此丰厚，但部分章节述来仍嫌简略。此外，加州大学的班杰明·艾尔曼（Benjamin A. Elman）教授刚完成了一部关于中华帝国晚期科举文化史的巨著③，由于出版事间相若，作者未能及时参考，实为憾事。

---

① 本书为布理尔出版社"东方研究手册"（HandBook of Oriental Studies）丛书 IV"中国"的第十三册，丛书的主编为汉学泰斗 E. Zurcher、S. F. Teiser 及 M. Kern。
② 除本书外及前引各文外，李氏有关中国教育史的论文而与本课题有关的，有下列数文："The Discovery of Childhood: Children Education in Sung China", in Sigrid Paul (ed.), *Kultur – Begriff und Wort in China und Japan*, Berlin: Dietrich Reimer Verlag, 1984, pp.159—189; "The Social Significance of the Quota System in Sung Civil Service Examinaions", in *The Journal of the Institute of Chinese Studies of the Chinese University of Hong Kong*, vol. xiii (1982), pp.287—318; "Life in the Schools of Sung China", in *Journal of Asian Studies*, vol.37 (1977), pp.45—60.
③ Benjamin A. Elman, *A Cultural History of Civil Examinations in Late Imperial China*, Berkeley, Los Angeles, London: University of California Press, 2000.

如果读书是为了求满足、求心境愉快，则李弘祺教授此书洋洋七百多页，笔者读毕后竟有不忍离手之感觉，不亦说（悦）乎，其之谓也。

本文原刊于《香港社会科学学报》2001年第20期

民间信仰篇

沟通古今的萨满[1]
——研究宋代巫觋信仰的几个看法

一、引言

过去二十多年,中国民间信仰的研究已成为中外汉学界的显学,当中涌现了一大批杰出的学者和著作,他们提出的不少理论更成为往后研究者的典范。不过,关于中国巫史的问题,除了重复套用弗雷泽(Sir James George Frazer, 1854—1941)和马林诺夫斯基

---

[1] 不少学者(如张光直、林富士)都将中国的"巫觋"译作"萨满"〔见 Chang Kwang-chih, *Art, Myth, and Ritual: The Path to Political Authority in Ancient China*, Cambridge, Mass. & London: Harvard University Press, 1983, pp.44—45; Lin Fu-shih, *Chinese Shamans and Shamanism in the Chiang-nan Area During the Six Dynasties Period (3rd—6th century A.D.)*, Ph.D. dissertation, Princeton: Princeton University, 1994, pp.16—25〕,甚或以为"名称虽不一,实际的性质则全同"(见张紫晨:《中国巫术》,上海:上海三联书店,1992年,第16—17页),但萨满主义(shamanism)为西方学界对西伯利亚和北亚宗教现象的后起研究,二者的内涵并非完全相同。本文用"萨满"为题,只取其"沟通古今"此一特性之醒目果效而已。

（Bronlislaw Kaspar Malinowski，1884—1942）等人的理论外①，一直没有什么突破；加上巫觋地位在秦汉以后每况愈下，佛、道等"制度化宗教"及其他新兴的神祠信仰遂成为学者关怀的重心②。唐宋以后的巫史研究一直备受冷落，得不到应有的重视③。

撇除老一辈寓居香港的史学大师如罗香林（1906—1978）、许地山（1893—1941）及饶宗颐（1917—2018）等不论④，近年来研究中国民间信仰的香港学者并不太多，却不乏影响深远者，科大卫、黎志添、谭伟伦、游子安及范家伟等就是当中的代表。不过，他们的研究，或侧重佛、道二教与民间信仰的关系；或深受"华南学

---

① 参见［英］弗雷泽著，汪培基译：《金枝——巫术与宗教之研究》，台北：桂冠图书股份有限公司，1994年；［英］马林诺夫斯基著，李安宅译：《巫术科学宗教与神话》，北京：中国民间文艺出版社，1986年。有关二者的巫术研究在人类学的古典进化学派及功能学派上的地位与影响，可参阅夏建中：《文化人类学理论学派——文化研究的历史》，北京：中国人民大学出版社，1997年，第47—52页及第128—138页。
② 关于"制度化宗教"与民间信仰的问题，详见杨庆堃的经典讨论，见C.K.Yang, *Religion in Chinese Society: A Study of Contemporary Social Functions of Religion and Some of Their Historical Factors*, Berkeley and Los Angeles & London : University of California Press, 1961。此书最近有中译本，见［美］杨庆堃著，范丽珠等译：《中国社会中的宗教——宗教的现代社会功能与其历史因素之研究》，上海：上海人民出版社，2007年。
③ 关于中国巫觋巫术历史研究的回顾，见王章伟：《在国家与社会之间——宋代巫觋信仰研究》，香港：中华书局，2005年，第3—10页。
④ 罗香林在民间宗教史方面的研究以《流行于赣闽粤及马来亚之真空教》（香港：中国学社，1962年）一书为代表，许地山则以《扶箕迷信底研究》（长沙：商务印书馆，1941年）最为著名；饶宗颐的著述更多，详见饶宗颐二十世纪学术文集编辑委员会编：《饶宗颐二十世纪学术文集》，台北：新文丰出版股份有限公司，2003年。要特别指出的是，饶宗颐在二十世纪九十年代初发表的《历史家对萨满主义应重新作反思与检讨——"巫"的新认识》一文，可说是中国巫史研究的重要指导文章，惜此文似未受到应有的重视，文载中华书局编辑部编：《中华文化的过去、现在和未来——中华书局八十周年纪念论文集》，香港：中华书局，1992年，第396—412页。

派"的影响,集中讨论明清时代岭南地区的信仰与社会问题[1]。同样地,巫觋信仰也不是香港史学或宗教学研究者的关注点。

笔者一直关心宋代民间社会的问题,在香港大学的博士论文就是研究宋代的巫觋信仰,初步提出了一些很不成熟的看法。惭愧得很,我其实是中国民间信仰研究的"新兵",在本书中谈谈自己对研究宋代巫觋信仰的几个看法,滥竽充数,请各位读者斧正。

二、回到当代人的世界

宋仁宗天圣元年(1023年),管治洪州(治今江西南昌)的地方官夏竦(985—1051)向朝廷上奏,强烈批评当地的巫觋传习妖法,愚弄百姓,甚至谋财害命;然而民众敬畏巫觋的程度,竟然远远超过国家的官吏,而对其言听计从,也甚于国家的法制典章。夏竦这篇奏议,就是宋代批判巫觋之害最著名的《洪州请断袄巫奏》。由此引起了朝廷的震动,宋朝政府除了针对洪州的巫风外,更全面取缔各地的巫觋巫俗[2]。

宋代的巫风如此炽烈,以一个宋史研究者而言,我最初关心的问题其实很简单:究竟发生了什么事?十至十三世纪的中国,知识阶层扩大,新儒学复兴,经济蓬勃,城市发达,信仰世界也因而起

---

[1] 有关学者的著作太多,由于与本文关系不大,故不详列。
[2] 李焘:《续资治通鉴长编》卷一○一,仁宗天圣元年十一月戊戌,北京:中华书局,1979—1995年,第2340—2341页;徐松:《宋会要辑稿》,《礼》二○之一一,北京:中华书局,1987年,第770页;夏竦:《洪州请断袄巫奏》,载于曾枣庄、刘琳主编:《全宋文》卷三四七,《夏竦》一五,上海:上海辞书出版社,2006年,第76—77页。

了很大变化①。除了传统的佛、道二教外,神祠信仰也大为流行②;然而,这种源于古代的信仰仪式——巫觋巫术,何以还会在这个文明的国度里存在和流播?

史料的缺乏与支离破碎,是我们面对的第一个大难题,不过情况其实更差。我在研读零散的史料时立即发觉,我们必须判断宋代人所说的,究竟哪些才属于巫觋与巫术的范围。然而,何谓"巫术"?"巫觋"又是指哪些人③?过去学者在讨论宋代巫觋信仰时,其实对这个问题没有详加分析,他们往往只移植西方的理论,然后硬套史料,其中弗雷泽的"交感巫术"论就是最常被应用者④。然而

---

① Patricia B. Ebrey & Peter N. Gregory (eds.), *Religion and Society in Tang and Sung China*, Honolulu: University of Hawaii Press, 1993, p.6.
② 程民生认为,古代中国人信奉千千万万、形形色色的神祇,各有自己的宫殿,一般通称为"祠庙"或"神祠",以别于佛教的寺院和道教的宫观。见程民生:《神人同居的世界——中国人与中国祠神文化》,郑州:河南人民出版社,1993年,第1页;又见程民生:《宋代地域文化》,开封:河南大学出版社,1997年,第290页。
③ 以一个受西式教育培养的香港人而言,电影《魔戒》或童话《白雪公主》中那些头戴尖帽、身穿灰黑长袍的钩鼻巫师,两腿夹着小棍或骑着扫帚,腾空起飞,夜半赶赴撒旦在深山野岭召开的"巫魔会"(sabbat),可能才是更深入人心的巫师与巫术的形象。见王章伟:《文明世界的魔法师——宋代的巫觋与巫术》,台北:三民书局,2006年,第1—3页及第9—21页。
④ "交感巫术"的意思是:"如果我们分析巫术赖以建立的思想原则,便会发现它们可以归结为两个方面:第一是'同类相生'或果必同因;第二是'物体一经互相接触,在中断实体接触后还会继续远距离的互相作用'。前者可称之为'相似律',后者可称作'接触律'或'触染律'。巫师根据第一个原则即'相似律'引伸出,他能够仅仅通过模仿就实现任何他想做的事;从第二个原则出发,他断定,他能通过一个物体来对一个人施加影响,只要该物体曾被那个人接触过,不论该物体是否为该人身体之一部分。基于相似律的法术叫做'顺势巫术'或'模拟巫术'。基于接触律或触染律的法术叫做'接触巫术'。……把'顺势'和'接触'这两类巫术都归于'交感巫术'这个总的名称之下可能更便于理解些,因为两者都认为物体通过某种神秘的交感可以远距离的相互作用,通过一种我们看不见的'以太'把一物体的推动力传输给另一物体。"见弗雷泽著,汪培基译:《金枝——巫术与宗教之研究》,第21—23页。

在这种情况下，很多不涉及当代巫觋信仰的事件却被归纳在讨论范围之内，当中除了占卜、相术、风水等外，甚至连僧道作法、民间祭灶拜火等也算是巫术[1]，这是否合理？

韩明士（Robert P. Hymes）及谢康伦（Conrad Schirokauer，1929—2019）等西方学者在运用社会科学及政治学研究宋代历史时，已指出"国家"（state）、"社会"（society）这些现代英语词汇，在文化差异及时代不同的情况下，根本无法找到与宋代意思完全相等的对译[2]；而研究萨满主义的权威米尔希·埃利亚德（Mircea Eliade，1907—1986）也早已说过，自二十世纪开始，民族学家惯于交互使用"shaman"（萨满）、"medicine man"（医士、医巫）、"sorcerer"（术士）、"magician"（巫觋、魔法师）等数语，以标示某些存在于所有原始社会中具有巫术——宗教力量的人，而相同的专门用语亦被应用于研究文明人的宗教史，如印度、伊朗、日耳曼、中国以至巴比伦。但他认为这样会使概念变得极之复杂和含糊，也令萨满一语失去意义[3]。

的确，以弗雷泽的理论为例，他所谓的"巫术"，英语原为"magic"，肯定不完全等同我们及宋人所谓的巫觋巫术；相反，"巫术"这个中文词汇，究竟应该译为"magic""witchcraft""shamanism"

---

[1] 范荧:《宋代的民间巫术》是一篇典型的例子，载于张其凡、陆勇强主编:《宋代历史文化研究》，北京：人民出版社，2000年，第130—147页。

[2] Conrad Schirokauer & Robert P. Hymes, "Introduction", in Robert P. Hymes and Conrad Schirokauer（eds.）, *Ordering the World: Approaches to State and Society in Sung Dynasty China*, Berkeley: University of California Press, 1993, pp.5—12.

[3] Mircea Eliade, *Shamanism: Archaic Techniques of Ecstasy*, Princeton: Princeton University Press, 1974, p.3.

还是"sorcery"①？因此，以民俗学或社会人类学的角度而言，中国民俗学者套用西方巫术理论探讨宋代巫觋信仰，验证其自身的学说，无可厚非；不过，身为历史工作者，我却认为这只是一个现代人用西洋的话语，数说一些宋朝的灵异故事与现象而已，这固然可以为当代巫术研究提供一个观点，但肯定不是历史的真相②。宋代巫

---

① 众所周知，翻译外语时涉及的是有关词汇背后的文化观念，一部翻译史就是一部文化史。时代背景不同，地域和文化上的距离又大，弗雷泽所谓的"magic"自然不完全等同宋人心目中的巫术；事实上，他对巫觋的解释，更与宋代的巫觋分别很大。弗雷泽认为巫觋在执行"公众巫术"时，巫觋就上升至更有影响力和声望的地位，而且可能很容易地取得一个首领或国王的身份和权力，因而这种专业就会使部落里一些最能干、最有野心的人进入显贵地位，见弗雷泽著，汪培基译：《金枝——巫术与宗教之研究》，第65—79页。这种原始时代的部落"祭司王"，或许与商代的情况有些类似，卜辞中常有"王卜""王贞"之语，商王兼为巫之所事，故陈梦家指出商王即是巫觋，"由巫而史而为王者的行政官吏；王者自己虽为政治领袖，同时似为群巫之长。"见陈梦家：《商代的神话与巫术》，《燕京学报》1936年第20期，第535—536页。然而，进入近世高度文明的宋代，民间巫觋的情况自非如此，故无论是在巫觋的实貌或在巫术的内涵上，我们不能不加思索地套用弗雷泽的研究。其实，追溯词汇本身的起源，英文"magic"与中文"巫"一语，可能均源于古印度—伊朗语，或与琐罗亚斯德教（祆教）有密切的关系，见［美］梅维恒（Victor H. Mair）著：《古汉语巫、古波斯语Magus和英语Magician》，载于［美］夏含夷（Edward L. Shaughnessy）编：《远方的时习——〈古代中国〉精选集》，上海：上海古籍出版社，2008年，第55—86页；研究祆教的学者则指出，祆教的祭司"麻葛"（magoi）就是英语"magic"一语的本源，"巫师"即"麻葛"，见龚方震、晏可佳：《祆教史》，上海：上海社会科学院出版社，1998年，第88页。

② 方燕最近在其研究巫文化与宋代女性的博士论文中，引法国人类学家马塞尔·莫斯（Marcel Mauss，1872—1950）的著作反驳我的看法，见方燕：《巫文化视域下的宋代女性——立足于女性生育、疾病的考察》，北京：中华书局，2008年，第3—4页。本书承方燕托同门挚友何冠环博士寄赠，惟多年后我才收到此书，未能立即言谢，谨此致谢致歉。然而，方燕所引马塞尔·莫斯：《社会学与人类学》（余碧平译，上海：上海译文出版社，2003年）一书，本身就译自1950年的法文版；由法文"magie"，与弗雷泽英语著作中的"magic"，再译成中文的"巫术"，其间因法、英及英、中三地文化不同而造成的对译差异，再加上古今历史的不同而造成的错误类比或模拟，我们是可以想见的。这也是拙著中讨论"巫术"定义时最强调者，奇怪的是，方燕似乎看不懂我的观点，仍然没有"回到当代人的世界"。补记：本书行将付梓之际，惊闻方燕教授不幸于2023年3月13日辞世，年仅53岁。本文与方教授的观点多有不同，当时偶有批评，惟仅是真诚的学术讨论；笔者对方教授及其大著极其尊重，现在突闻同道遽归道山，悲伤不已。特此敬致哀悼。

史的研究，必须回到古人的视角里去。

不过，"回到古人的视角里去"又不表示我们可直接采用先秦巫文化中对巫觋的看法与定义[1]。因为中国文化绵延千载，当中的发展自有其一致的地方，但同样亦会因为时间与地域的不同而产生转变[2]。过去不少论著在分析问题时，举用的证据往往在时间上横亘古今，在地域上南辕北辙[3]，这种割裂时空的论述，实在无法显示中国各朝巫史的真相，也凸显不出几千年来中国巫史发展的起伏趋势。历史研究重视"长时段"的立体考察，探讨其中的传承转变，我们既不能以今代古，但同样也不应以古（先秦两汉对巫的诠释）代今（宋人的看法）。

回到我们最初而又最根本的问题：究竟发生了什么事？"回到宋人的视角里去"这个说法，其实也正是了解这个问题的最佳方法。历史学者对当代的史料至为娴熟，我们在研读当事人的记述中，可尝试代入宋人的角色里，透过宋人的眼睛去看问题：面对

---

[1] 先秦时代的巫觋，据左丘明撰，韦昭注：《国语》，上海：上海古籍出版社，1978年，卷一八，《楚语》下："古者民神不杂。民之精爽不携贰者，而又能齐肃衷正，其智能上下比义，其圣能光远宣朗，其明能光照之，其聪能听彻之，如是则明神降之，在男曰'觋'，在女曰'巫'。"第559—562页；许慎著，段玉裁注：《说文解字注》，上海：上海古籍出版社，1986年："巫，巫祝也，女能事无形，以舞降神者也……觋，能齐肃事神明者，在男曰觋，在女曰巫。"第201—202页。不过，历史发展至宋代，"事鬼神者"已绝非巫觋的专利事业，道士、僧侣以至其他宗教的祭司都扮演着相类的角色，单以"事鬼神者"一项作为宋代巫觋的定义，会造成混淆。

[2] 就巫觋的发展历史而言，宋代正处于一个关键的转变时期：与唐代及以前不同，宋朝废太卜署，官方祭祀不再任用巫觋；巫觋从此完全没入民间，与地方社会紧密结合，其情况与前代自有不同。参考［日］中村治兵卫：《五代の巫》及《北宋朝と巫》，二文均载于中村治兵卫：《中国シャーマニズムの研究》，东京：刀水书房，1992年，第69—84页及第85—106页。

[3] 最具代表性的就是高国藩：《中国巫术史》，上海：上海三联书店，1999年。

各种各样的"事鬼神者",何以人们一见巫觋其人就会说"他是巫觋"。宋人眼中的巫觋,其内涵才应是有关问题的重点,事实上,宋人编《太平广记》即有"巫"之一门,与卜筮、方士、道术等分开,显示时人的确将巫觋视为特有的身份[①]。我相信,"回到当代人的世界",会是研究中国民间信仰历史的一个基本原则。

三、史、论结合:从断裂的史料上建构"实况"

怎样才可以褪下现代人的有色眼镜,让我们尝试从宋人的目光去了解当代的巫觋信仰?这并不容易办到。不过,社会人类学的研究方法其实有很值得我们参考之处。社会人类学强调将"异文化"看作与"本文化"具有同等地位和价值的实体加以理解,并以之反省本文化的局限[②],"只有在了解其他的文化和社会后,一个人才能透视自己"[③]。当代美国人类学大师克利福德·格尔兹(Clifford Geertz,1926—2006)认为,要了解一个民族象征系统的内在意义,就必须以该民族本身的立场为出发才有可能,故他力倡"从土著的立场出发"[④]。如果我们认同巫术是一个民族文化之重要"象征系统",那么现代人在研究宋代巫觋信仰时,就应该明白自身的局限,

---

[①] 李昉等:《太平广记》卷二八三,《巫厌·巫》,北京:中华书局,1986年,第2253—2260页。
[②] 王铭铭:《社会人类学与中国研究》,北京:读书·生活·新知三联书店,1997年,第5页。
[③] [英]伊凡·普里查(E.E. Evans-Pritchard)著,陈奇禄、王崧兴等合译:《社会人类学》,台北:唐山出版社,1997年,第120页。
[④] 见李亦园:《人类学召集人序》,载于[美]芮克里夫·布朗(A.R.Radcliffe-Brown)著,夏建中译:《社会人类学方法》,台北:桂冠图书股份有限公司,1994年,第xi页。

像一个"本文化"者研究"异文化"一样,"从宋人的立场出发"。

当然,我们无法回到宋代社会里去进行田野调查,研究历史的人只有建基于当代的证据,却因此可以穿梭于现存宋代各种不同的文献与碑志之间,借助不同的社会科学及宗教人类学方法,从断裂的史料上建构当时的"实况"。

过去,学者在研究中国各朝巫史时因为受到既有理论框架的影响,往往只平铺直述巫觋的活动,千篇一律,无法凸现其中的发展与差异;我们转从宋人的眼睛看问题后会立刻发现,考察施术者的活动场所、作法的器具、遵行的仪式,已不再只是重复前人对中国巫觋外貌的描述而已。人类学家指出,宗教仪式是人与神灵联系的手段,是活动中的宗教,而巫术就是相信在仪式实践中,能迫使超自然力量以某种方式达到善或恶的目的[1];格尔兹的解释更为透彻:"正是通过圣化了的行动——仪式,才产生出'宗教观念是真的'这样的信念。"[2]当我们"置身于"宋代的环境里,会发觉,这些正是人们分辨巫觋身份的凭借,从中更能感受出他们的想法与心态。

苏堂栋(Donald Sutton)讨论台湾民间信仰的例子给我们一个很好的佐证,他研究台湾"家将崇拜"节日里的剧团,在没有教会组织和统一权威的经典下,不同的剧团为了竞争,会将神祇的形象加以改塑,奇怪的是,大家总有一定的共通性,即无论剧团如何因应需要去改塑"家将"的形象,但表演者和观众都能立刻认出其为

---

[1] [美]威廉·A.哈维兰(W. A. Haviland)著,王铭铭等译:《当代人类学》,上海:上海人民出版社,1987年,第515—519页;又见王铭铭:《想象的异邦——社会与文化人类学散论》,上海:上海人民出版社,1998年,第154—159页。
[2] 郭于华:《导论:仪式——社会生活及其变迁的文化人类学视角》,载于郭于华主编:《仪式与社会变迁》,北京:社会科学文献出版社,2000年,第2页。

"家将"。原因何在？苏堂栋认为，这就是地方宗教的传统，即指剧团并非只为表演者，且是参与者和仪仗队，他们会用一定的"仪式"进行，这仪式就是统一的原因，令各剧团"家将"形象的演变都限于在一个共同接受的理路内发展[1]。相类的情况，无论宋代巫觋巫术如何难以清楚定义，但当其施术行法时，人们总能一见巫觋其人就会说："他是巫觋"。历史学者透过研读史料，立足于宋人的视野和认知，仿佛就是参予了一幕"巫系演剧"[2]，亲历其场所、器具和仪式，表演者巫觋和我们这些观众，都能从独特的场所、不同的器具和慑人的仪式中，辨别出宋代巫觋巫术的实际含义。

宋人对巫觋信仰的心态和想法，我们本来很难理解。在讨论宋人信巫的原因时，过去往往只是从今人或文献记述者的精英视角出发，批判其为"低级鄙俗的文化现象"[3]，是"消极的落后的甚至有害的东西"[4]；加上巫觋的一个主要活动就是为民众治病，于是大家似乎都认定，在民智未开的古代，人们面对疾病的死亡威胁，"医药不足"这种说法是最能解释巫觋信仰流行的原因。但运用上述"从宋人的立场出发"这种"移情"方法，配合史料分析，我们会

---

[1] Donald S. Sutton, "Transmission in Popular Religion: The Jiajiang Festival Troupe of Southern Taiwan", in Meir Shahar & Robert P. Weller (eds.), *Unruly Gods: Divinity and Society in China*, Honolulu: University of Hawaii Press, 1996, pp.212—249.
[2] 中国的巫觋巫术与戏剧关系至为密切，田仲一成称之为"巫系演剧"，见其下列两部重要的著作：[日]田仲一成：《中国巫系演剧研究》，东京：东京大学东洋文化研究所，1993年，及田仲一成：《中国演剧史》，东京：东京大学出版社，1998年。
[3] 胡新生：《中国古代巫术》（修订本），济南：山东人民出版社，2005年，第73页。
[4] 詹鄞鑫：《心灵的误区——巫术与中国巫术文化》，上海：上海教育出版社，2001年，第4页。

发现情况并非如此简单①：当代除了"信巫不信医"外，其实还有很多"巫医并举""巫觋疗病"的例子②，从中我们会明白宋人面对疾病时的无奈③。而运用医疗人类学的研究，巫觋作为"土俗医生"，其实是医疗系统中的一个重要组成部分④；在瘟疫横行与死神肆虐的环境下⑤，宋人佞巫的原因清楚易见。沿着这种思路，当代精英的片

---

① 王章伟：《在国家与社会之间——宋代巫觋信仰研究》，第139—195页；李小红：《宋代民间"信巫不信医"现象探析》，《学术研究》2003年7期，第94—99页；李小红：《宋代"信巫不信医"问题探析》，《四川大学学报》（哲学社会科学版）2006年第6期，第106—112页。
② 除拙著外，木村明史研究《夷坚志》的资料，提到巫觋其实在宋代地方医疗上扮演着重要的角色。见［日］木村明史：《宋代の民间医疗と巫觋观——地方官による巫觋取缔の一侧面——》，《东方学》2001年第101辑，第89—104页。
③ 宋人邢昺论民之灾患大者有四，"疫"即居其首，见邢昺：《论灾患奏》，《全宋文》卷五三，《邢昺》，第280页；而朱翌以为"江南病疫之家，往往至亲皆绝迹，不敢问疾，恐相染也。药饵食饮，无人主张，往往不得活。此何理也？死生命也，何畏焉？使可避而免，则世无死者矣"。见朱翌：《猗觉寮杂记》，《笔记小说大观》，扬州：广陵古籍刻印社，1983—1984年，册六，卷下，第13页。从当代人的话语中，可见一般民众的无奈。
④ 医疗人类学者认为，"每个次医疗系统有它的一套理论以解释病因、症状的发作、病的过程、治疗的方式等，每个次体系的这套解释理论均与其历史社会背景有关，各有其不同的意义、价值。而'专业人员'次体系与另外二个次体系'大众医疗'及'土俗医生'最大差别即在疾病与生病之差。疾病（disease）是生理上或心理上失调引起的疾病，生病（illness）是因上述疾病引起的个人心理或社会文化上的反应。（Arthur）Kleinman认为专业人员重'疾病'的解释而大众医疗与土俗医生则重'生病'之解释。病人在求助于巫医时，巫医给的不在症状之去除，也不在解释"疾病如何得来的？"而在给病人了解"为何是你，而不是别人？"在给病人一个超越经验、超越病痛的解释。见张珣：《疾病与文化——台湾民间医疗人类学研究论集》，台北：稻乡出版社，1994年，第7页及第23页。又，宋太宗淳化三年（992）十一月二十九日下了一道很重要的诏令："两浙诸州，先有衣绯裙、中单，执刀吹角，称治病巫者，并严加禁断，吏谨捕之。"见《宋会要辑稿》，《刑法》二之五，第6498页。"治病巫"这一个称号，凸出了宋代巫觋在医疗系统中的角色、能力；而其与台湾当代民间的土俗医生——童乩，无论是外表与治疗方法，都十分相似。
⑤ 宋代是一个疫病横行的时代，陈元朋根据《宋史》的记载，统计出北宋发生了二十次大规模的瘟疫，南宋则有三十次。见陈元朋：《〈夷坚志〉中所见之南宋瘟神信仰》，《史原》1993年第19期，第72页。

民间信仰篇 387

面批判和今人的重新诠释,就可以被逐一剥落。

同样,运用这种"宋人视角"后,细心思考巫术内涵中的一个重要元素——仪式,我们会立刻感受到宋代巫觋那些奇特的咒语、特定的罡步,以及那些赤脚践踏碎瓦、裸足走过烧红火砖、用手采拈热镬沸汤的"迷狂的技术"(techniques of ecstasy)是那么震人心弦①。置身于这种与别不同的"活动中的宗教",人们绝对不会将巫觋与其他宗教教士或祭司混淆。这勾起了一个叫我更感振奋的想法:宋代废太卜署,巫觋被摈斥于官僚制度之外,加上巫觋没有教会组织、巫术没有文本经典,本来是极难传播及发展下去;但巫觋既然是以仪式凸现其身份及施术的成效,那么供其演试宗教仪式的地域机制,就是宋代巫觋信仰赖以绵延的一个重要原因。于是,我们注意到"社"与"丛祠"。随着传统社祭自汉唐以后衰落,宋代民间社庙和丛祠兴起,并成为地方社会的基本祭祀单位;而巫觋是丛祠社祭的仪式主持者,掌握着祭祀对象的决定权,这样,村落的社庙和丛祠不仅成为巫觋的主要寄生地,也是他们在民间社会传播巫觋

---

① 埃利亚德给"萨满主义"下了一个严格的定义:萨满是神迷入狂的大师,等于"迷狂的技术"(techniques of ecstasy),他专注于一个被人相信是其灵魂离开躯体上升至天上或下降至地下世界的"迷离状态"(trance),见 Mircea Eliade, *Shamanism: Archaic Techniques of Ecstasy*, p.5. 简单来说,所谓"萨满",是一个心醉神迷的司祭者,他在进行祭祀仪式时会进入一种精灵附身的状态,信众会认为他受神灵支配,而神灵也是通过他说话、行动。萨满是一个巫医、术士和送魂者,也就是说他能为人治病、主持宗教祭祀活动、护送死者的灵魂到另一个世界里;萨满可以如此,是由于他拥有那种进入"迷狂"状态的本领,可以自由地离开肉体,上天遁地。参见王章伟:《文明世界的魔法师——宋代的巫觋与巫术》,第14页。在宋人的记载里,不少巫觋就具有这些赤脚践踏碎瓦、裸足走过烧红火砖、用手采拈热镬沸汤的"特异功能",例见洪迈:《夷坚志》,北京:中华书局,1981年,丁志卷四,《戴世荣》,第569页;支景卷五,《圣七娘》,第919页;支丁卷三,《李氏红蛇》,第986页。

信仰的重要场所[1]。

过去，历史学者惯于运用政治、经济和社会等不同视角讨论民间信仰流行的背景和原因。这种后设的分析固然有助于我们了解问题，然而这种先有分析框架的做法，虽然不至于硬套理论，惟在后现代思潮及解构理论的挑战下，历史著作往往就被讥刺为另一种的"文学书写"而已，说的并不是"真相"[2]。事实上，民间信仰或心态史这类关于民庶历史的课题，碍于资料阙失及精英记述者的有色眼镜，过去不少讨论的确与史实未必相符[3]。我研究宋代巫觋信仰，最初因为资料不足和研究主体的定义含糊，被迫运用不同的社会科学方法，尝试回到宋人的视角去解读资料，将史、论结合起来，虽不敢说是找到"真相"，但至少比较成功地将断裂的史料串联起来思考，尝试从当代人的生活面上去解释巫觋信仰的内涵与流行。

近二十年来有关中国民间信仰的研究，重要的成果主要都是集中在明清及以后的课题[4]，除了因为史料较丰富外，也由于历史及人类学者可以携手透过田野考察，比较容易成功建构、接近民众生活

---

[1] 关于宋代巫觋信仰的传承与其寄生地域机制的复杂关系，详见王章伟：《在国家与社会之间——宋代巫觋信仰研究》，第224—241页。
[2] 这里无法详述后现代思潮对历史学的批判与挑战，请参看王晴佳、古伟瀛：《后现代与历史学——中西比较》，台北：巨流图书公司，2000年。
[3] 葛兆光先生讨论重写《思想史》时，就提到在"一般知识、思想与信仰世界的历史"，"经典话语系统"的叙述与解释有很多问题，见其《七世纪前中国知识、思想与信仰世界——中国思想史第一卷》，上海：复旦大学出版社，1998年，第9—24页。其实，中国民间信仰的历史同样需要重新解读和重新书写，但正如葛兆光先生所说，"需要太多的可操作思路、太多可综合的材料"（第24页），我们仍需努力。
[4] 参考蒋竹山的两篇讨论：《宋至清代的国家与祠神信仰研究的回顾与讨论》，《新史学》1997年第8卷第2期，第187—220页；《评介近年来明清民间信仰与地域社会的三本新著》，《新史学》2004年第15卷第4期，第223—238页。

的实况。宋代的史料虽然不算很少,但正如皮庆生在这次研讨会的论文所说[1],真正记载民间信仰活动的其实不多,且相当分散;不过,我们虽然不能回到宋代做蹲点调查,但运用不同的方法辅助研究,往往会给我们更多的思考空间,开拓更有用的研究路向。

四、立足史料,谨慎变通

过去几十年,研究唐宋以后中国巫觋历史的著作不多,其中一个重要原因,是由于学者多只移植早期西方如弗雷泽或马林诺夫斯基等人的理论,然后硬套史料;结果,无论研究的对象是哪一个时代,无论再有多少篇论文,也都是沿袭旧框架下的重复研究而已,可读性并不很高。不过,近年来台湾学者林富士引入西方社会人类学及宗教人类学等理论,深入研究汉魏南北朝的巫史,获得了很高的成就[2],也让我们重新反省运用西方理论研究民间信仰的利弊。

我们研究宋代巫觋信仰,反对生硬地将十九世纪西方有关巫术的理论移植过来,但我们也大量借用弗雷泽、马林诺夫斯基、埃利亚德及格尔兹等人的不同研究。个中的理由其实很简单,面对史

---

[1] 皮庆生:《材料、方法与问题意识——对近年宋代民间信仰研究的思考》,载于复旦大学文史研究院编:《"民间"何在,谁之"信仰"》,北京:中华书局,2009年,第78—89页。

[2] 参考下列林富士的著作:《汉代的巫者》,台北:稻乡出版社,1999年;《小历史——历史的边陲》,台北:三民书局,2000年;《试论汉代的巫术医疗法及其观念基础——"汉代疾病研究"之一》,《史原》1987年第16期,第29—53页;《中国六朝时期的巫觋与医疗》,《"中研院"历史语言研究所集刊》第70本第1分册,1993年3月,第1—48页;《"巫叩元弦"考释——兼论音乐与中国的巫觋仪式之关系》,《新史学》1996年第7卷第3期,第195—218页;《试论六朝时期的道巫之别》,载于周质平、Willard J. Peterson编:《国史浮海开新录——余英时教授荣退论文集》,台北:联经出版事业公司,2002年,第19—38页。

料的不足与支离破碎，我们虽然无法将历史的真相全部说出，但至少要尝试尽量找出真相，年鉴学派大师马克·布洛克（Marc Bloch，1886—1944）曾说过，历史学家应该像任何科学家一样，"面对众多纷杂的实在进行'挑选'，这种挑选显然不是武断的或信手拈来的，而意味着科学地收集资料，进行分析，以便恢复历史的本来面目和作出解释"[1]。

"解释史学"要尝试作出解释，可以借用不同的理论，帮助思考，从断裂的史事上推测建构；然而，历史学者在借用各种理论时必须谨慎，我们可以灵活变通地将其作为辅助研究的工具，却不能脱离我们最重要的基础——史料，错把理论框架当作历史真相。我以为，这就是历史学家跟社会科学家在研究民间信仰方面的分别。

因此，研究宋代巫史时，我们明白自己不是人类学家，不应硬套、也无须验证他们的理论；但我们也可以运用这些分析架构去研读史料，提供不同的思考方向。事实上，即使是弗雷泽，他的"交感巫术"论在一个多世纪后的今天，仍然是了解巫术心理的最有用参考。不过，巫史研究者在面对后现代思潮的挑战时，更应该警惕不能预设理论套述史料，否则那就确实变成一种在西方话语宰制下的"文学书写"。

我们的研究在灵活运用西方理论之余，在史料的释读上却极为审慎，不敢妄下判语；这种谨慎，甚至不只在移植理论方面，而且是对历史现象的解释，也必须万分小心。举例说，我也同意学者之论，以为唐宋之际，汉族文明、儒家文化中心区域的北方中原地区

---

[1] ［法］雅克·勒高夫：《新史学》，载于蔡少卿编：《再现过去：社会史的理论视野》，杭州：浙江人民出版社，1988年，第92—122页。

向南方地区尤其是西南、岭南等地的推进,由城市向乡村山区的推进联系起来。北宋受到辽、夏等的压迫,更加希望加强统治区域内部的同一性,对南方各地拓展的步伐也随之加大,南宋政治、文化中心的南迁更促进了这一过程。而在这个过程中,南部各地的地方性传统,如巫觋以及祠神信仰与中原汉族文明、儒家文化的冲突才变得十分激烈,朝廷和地方官员打压巫觋和淫祀的行为也就不难理解[①]。然而,在细心研读史料时,我却感到情况很复杂,其中如城市的巫风不一定较乡村弱,士大夫阶层与庶民也可能同样佞巫,"信巫不信医"的不一定是落后的偏远地区。事实上,宋代巫觋信仰从纵向而言,巫觋完全没入民间社会,进一步发展了这种古典的信仰;从横向来说,两宋南北各地都盛行巫风巫俗,且遍布各个阶层。我们用"中原文明向南方推展"去解释民间信仰的转变,仍然需要更多深入的研究去论证。

历史学者面对最大的问题,始终是史料方面的限制。例如南宋时代关于"杀人祭鬼"的记载远较北宋为多,这或许让人感到南方民俗的野蛮妖异;但宫崎市定(1901—1995)的研究就显示,北宋"杀人祭鬼"的情况未必不及南宋的严重,只是官员交相隐瞒而已[②]。事实上,南宋的传世文献较北宋为多,地方志的情况就更凸出,故运用这些失衡的地方志资料,以北宋、南宋的推展去考察民间信仰的转变,尤要小心。我特别要指出,韩明士(Robert P. Hymes)那部《道与庶道》,以丰富的地方及道教文献研究华盖山三

---

① 皮庆生:《评王章伟〈在国家与社会之间——宋代巫觋信仰研究〉》,《唐研究》第12卷,北京:北京大学出版社,2006年,第581—587页。
② [日]宫崎市定:《宋代における杀人祭鬼の习俗について》,载于[日]宫崎市定:《アジア史研究》第5册,京都:同朋社,1978年,第101—102页。

仙信仰，是近年来研究宋代民间信仰最杰出的著作[1]；然而，韩明士的研究基础仍然是立足于他早年研究抚州精英的理论，如果我们根本不同意他对两宋抚州地方精英转变的预设看法，撇开其分析框架再重读那些文献，可能又有不同的看法[2]。或许，这是历史研究在引入方法论时最有趣又最具挑战之处。

我很喜欢林富士教授在研究北台湾厉鬼信仰时的一段反省：

> 历史学家应该也可以做好一个现代萨蛮的工作。因为，他们的工作就是要透过文献资料，突破时间、空间、和语言文字的障碍，进入一个他原本不熟悉的世界，去了解另一个世界的种种现象。在探索的过程中，他必须想办法抛开自己的宗教信仰、族群认同、价值体系、性别意识、时代习性，才能进入"异域"（异文明的世界），或回到古代，走进死人的世界，探索过往的时空环境。而知悉了过去的世界或异文化的世界之后，一个史学家，往往必须将探索的结果陈述出来，让其他的人也能在他们的带领之下，去见识一下另一个世界的情景。这和萨蛮必须解离自己的人格，让不同的神灵都能附在他身上"发言"，或是让灵魂脱离自己的肉体到另一个世界去遨游，并

---

[1] Robert P. Hymes, *Way and Byway: Taoism, Local Religion, and Models of Divinity in Sung and Modern China*, Berkeley, Los Angeles & London: University of California Press, 2002. 本书最近有中译本，见［美］韩明士著，皮庆生译：《道与庶道——宋代以来的道教、民间信仰和神灵模式》，南京：江苏人民出版社，2007年。
[2] 笔者在十多年前研究宋代家族史的时候，已指出韩明士以为南宋地方精英由中央政治转向关怀地方事务的这个观点，可能只是宋室南移及存世史料不足造成的假象而已。见王章伟：《宋代士族婚姻研究——以河南吕氏家族为例》，《新史学》1993年第4卷第3期，第19—58页。

且陈述他的所见所闻,似乎有异曲同工之妙,其"沟通者"的角色也是非常类似的①。

研究民间信仰者,应该本着这种萨满沟通古今的信念,一方面广泛搜集史料,小心爬梳;另一方面运用不同的社会科学理论或研究方法,将史料消化,撰成历史。史家的责任、史学的意义即在于此。"中国民间信仰的历史学研究方法与立场",是否也可以建基于此,再加深思反省?请各位不吝赐正。

* 本文初稿宣读于2008年4月5日上海复旦大学文史研究院主办之"批判的中国学研究——中国民间信仰的历史学研究方法与立场"学术研讨会,文稿修订后刊于复旦大学文史研究院编:《"民间"何在,谁之"信仰"》,北京:中华书局,2009年。

---

① 林富士:《孤魂与鬼雄的世界——北台湾的厉鬼信仰》,台北:台北文化中心,1995年,第231—232页。

《清明集》中所见的巫觋信仰问题

一、引言

近年来,宋代巫觋巫术的研究方兴未艾,日本和中国两岸与香港的学者续有发见[1]。不过,碍于史料残缺、古今观念相异等问题,笔者曾经呼吁运用不同的社会科学方法,"立足史料,谨慎变通",尝试回到宋人的生活层面上去解释当代巫觋信仰的内涵,希望借此可重构部分的"历史真相"[2]。然而,资料不足仍是中国巫史研究的最困难处。

王见川业已指出,研究中国古代的宗教和民间信仰,必须"出

---

[1] 见下列多部专著,其他散篇文章不赘。[日]中村治兵卫:《中国シャーマニズムの研究》,东京:刀水书房,1992年;刘佳玲:《宋代巫觋信仰研究》,台湾师范大学历史研究所硕士论文,1996年;刘黎明:《宋代民间巫术研究》,成都:巴蜀书社,2004年;王章伟:《在国家与社会之间——宋代巫觋信仰研究》,香港:中华书局,2005年;王章伟:《文明世界的魔法师——宋代的巫觋与巫术》,台北:三民书局,2006年;方燕:《巫文化视域下的宋代女性——立足于女性生育、疾病的考察》,北京:中华书局,2008年;李小红:《宋代社会中的巫觋研究》,北京:光明日报出版社,2010年。

[2] 王章伟:《沟通古今的萨满——研究宋代巫觋信仰的几个看法》,载于复旦大学文史研究院编:《"民间"何在,谁之"信仰"》,北京:中华书局,2009年,第140—154页。

入四教",即除了熟知儒、释、道外,还要加上"巫";可是,学界对这方面的关注不多,而当中仅有的研究又有很多缺憾,最致命的是"几乎未搜集巫(或乩童等)的内部数据或经卷,以致巫的讨论只限于外人眼中的巫,而无法探索巫的实质及生态"[①]。可惜,我们已无法找到宋代巫觋的"内部数据或经卷",但一些珍贵的史料仍然为我们提供有用的讯息,其中《名公书判清明集》(以下简称《清明集》)一书很是重要。

《清明集》是宋代一部诉讼判词和官府公文的分类汇编,过去流传的只是日本静嘉堂所藏的宋刻残本;自从上世纪80年代上海图书馆明刻本《清明集》的发现和出版后,此书为宋史研究提供了珍贵的史料[②]。由于这些史料涉及南宋中后期南方各地的社会及经济发展,其中多反映基层社会的情况,故中国大陆及台湾、日本和美国等地的学者都争相研究,蔚成风气[③]。

幸运地,《清明集》中也有几篇判词涉及巫觋与淫祠等问题,对我们了解宋代巫觋信仰至为有用,可惜过去学者的关注不足。本篇短文即以《清明集》中这些关于民间信仰的诉讼判词为基础,配合其他史料和论著,浅探其中所见南宋中后期南方各地巫觋信仰的几个问题。

[①] 王见川:《中国民间信仰研究的省思》,载于复旦大学文史研究院编:《"民间"何在,谁之"信仰"》,第37页。关于"巫术"的定义、"巫觋"所指为何、东西方和古今辞意不同之问题,学者多有争论,这篇短文难以交代清楚,读者请参考王章伟:《在国家与社会之间——宋代巫觋信仰研究》,第23—77页。
[②] 陈智超:《宋史研究的珍贵史料——明刻本〈名公书判清明集〉介绍》,载于中国社会科学院历史研究所宋辽金元史研究室点校:《名公书判清明集》,北京:中华书局,1987年,第645—686页。
[③] 宋代官箴研读会编:《宋代社会与法律——名公书判清明集讨论》,台北:东大图书公司,2001年,第1—10页。

二、有关南方巫风巫俗的诉讼判词

《清明集》中有关巫觋与淫祀的诉讼判词，均收于卷十四《惩恶门》中，可供我们详细讨论的计有8篇，表列于下：

表6 《清明集》南方巫风巫俗诉讼判词

序号	作者	判词	简称
1	胡石壁	《不为刘舍人庙保奏加封》[1]	《判词一》
2	胡石壁	《非勅额者并仰焚毁》[2]	《判词二》
3	佚名	《先贤不当与妖神厉鬼错杂》[3]	《判词三》
4	胡石壁	《计嘱勿毁淫祠以为奸利》[4]	《判词四》
5	范西堂	《宁乡段七八起立怪祠》[5]	《判词五》
6	佚名	《行下本路禁约杀人祭鬼》[6]	《判词六》
7	胡石壁	《巫觋以左道疑惑者当治士人惑于异者亦可责》[7]	《判词七》
8	范西堂	《提刑司押下安化曹万胜讼曹九师符禁事》[8]	《判词八》

除了第3及第6篇判词的作者不详外，其余4篇出自胡颖，两篇是范应铃。

---

[1] 《名公书判清明集》卷一四，《惩恶门·淫祠》，第538—541页。
[2] 《名公书判清明集》卷一四，《惩恶门·淫祠》，第541页。
[3] 《名公书判清明集》卷一四，《惩恶门·淫祠》，第542—543页。
[4] 《名公书判清明集》卷一四，《惩恶门·淫祠》，第543页。
[5] 《名公书判清明集》卷一四，《惩恶门·淫祀》，第544—545页。
[6] 《名公书判清明集》卷一四，《惩恶门·淫祀》，第545—546页。
[7] 《名公书判清明集》卷一四，《惩恶门·巫觋》，第547—548页。
[8] 《名公书判清明集》卷一四，《惩恶门·巫觋》，第548—549页。

民间信仰篇 397

胡颖，字叔献，号石壁，潭州湘潭人。绍定五年（1232）登进士第，历官知平江府兼浙西提点刑狱，移湖南兼提举常平，为广东经略安抚使，徙广西经略安抚使，迁京湖总领财赋，咸淳（1265—1274）间卒。《宋史》本传谓其：

> 为人正直刚果，博学强记，吐辞成文，书判下笔千言，援据经史，切当事情，仓卒之际，对偶皆精，读者惊叹。临政善断，不畏强御。在浙西，荣王府十二人行劫，颖悉斩之。一日轮对，理宗曰："闻卿好杀。"意在浙狱，颖曰："臣不敢屈太祖之法以负陛下，非嗜杀也。"帝为之默然。①

《清明集》所收判词的作者，胡颖居首，共75篇，多在其湖南任上②。

范应铃，字旗叟，号西堂，洪州丰城人，开禧元年（1205）举进士。《宋史》本传称赞他：

> 开明磊落，守正不阿，别白是非，见义必为，不以得失利害动其心。……所至无留讼，无滞狱，绳吏不少贷……进修洁，案奸赃，振树风声，闻者兴起……所著有《西堂杂著》十卷，断讼语曰《对越集》四十九卷。③

---

① 脱脱等：《宋史》卷四一六，《胡颖传》，北京：中华书局，1977年，第12478—12479页。
② 陈智超：《宋史研究的珍贵史料——明刻本〈名公书判清明集〉介绍》，《名公书判清明集》，第681页。
③ 《宋史》卷四一〇，《范应铃传》，第12344—12347页。

《清明集》所收其书判，内有抚州、宜黄的，应是他通判抚州时作；有蕲春的，应是通判蕲州时作；有临桂、永福、宾州的，当是任广西提刑时作[①]。

胡颖所写的四篇判词中，《判词一》的主要内容是解释他不肯为洞庭湖中的"刘舍人庙"保奏加封的原因。身为地方官，胡颖必须核证治内祠庙要求朝廷加封的资格；而由于他是湖南人，对湖湘巫俗传统认识至深，故胡颖直指这所"刘舍人庙"所谓的灵异神迹，其实只是巫觋之徒交相蛊惑的淫祠而已。从判词所见，"刘舍人庙"的信众除了平民百姓之外，更不乏士大夫和商贾，甚至连王公大臣也向其乞灵，数十年来争相在朝廷上为其请封加号。胡颖狠批这种巫觋信仰危害地方社会，故力抗上命、下抑愚民，不肯为"刘舍人庙"的申请开绿灯。

《判词二》提到民间供奉先贤的禹庙中，表面上是合符国家祀典的神明祭祀，但其实内里所献祭的往往是"淫昏之鬼"，主事的女巫男觋借此躲过官方的耳目，愚弄百姓。受儒家思想的影响，胡颖承继唐代狄仁杰（630—700）禁毁淫祠的政策，严厉扫荡没有敕额的祠庙，"不问所祀是何鬼神"，以杜绝这种"挂羊头卖狗肉"的巫风巫俗。

《判词四》解释地方上的淫祠劳民伤财，为害甚大，故胡颖禁毁淫祠的政策其实是"废无益以作有益，无害于民而有补于官，实为两便"。可是，不少愚民惑于巫鬼之说，多方阻挠。其中巫觋"卿二十二"更欲贿赂官员、诳惑乡民，借此逃过毁庙之祸。结果

[①] 陈智超：《宋史研究的珍贵史料——明刻本〈名公书判清明集〉介绍》，《名公书判清明集》，第682页。

民间信仰篇　399

地方政府在扫荡之余，更引起了民间社会的震动，幸赖"名公"胡颖妥善处理，贯彻禁毁淫祠打击巫觋的政策外，也消弭了地方社会上的不安。

《判词七》审判当地坏俗犯法的巫觋"黄六师"等人，除了因为他们的庙宇都是淫祠外，其中所祭拜的更是魑魅魍魉的妖神，如通天三娘、孟公使、黄三郎、太白公等，名称至为怪诞。这些巫觋聚众厌胜诅咒，甚至"埋桐人以造蛊，用生人以代牺"，杀人祭鬼，危害治安。在镇压这些妖神淫祠时，胡颖更痛斥当地士人李学谕因为父亲久病不愈，竟然相信是师巫诅咒所致，因而求庇于"乌龟大王庙"。面对这种泛滥的地方巫俗，胡颖遂指出"巫觋以左道疑众者当治"，但"士人惑于异者亦可责"，李学谕其身不正，没有资格训谕诸生，遂下令罢其学职，重新接受再教育。

《判词五》和《判词八》是比胡颖略早的范应铃所写，针对的也都是地方上巫觋兴淫祠、行诅咒之事。身为儒家士大夫，范应铃对于楚地传统巫鬼淫祠的态度，跟胡颖如出一辙，《判词五》也是强调唐代的先辈狄仁杰在江南和李德裕（787—850）在浙西禁毁淫祠移风易俗的功劳，故当其治内乡民"段七八"兴建祭拜"东沙文皇帝"的妖祠，范应铃即严加取缔，痛惩"更相诅咒，专行巫蛊"之徒，并极力赞赏镇压淫祠有功的县尉。对于地方上的"邪巫惑众"，范应铃最是愤恨，《判词八》就是将地方上两个互相攻击、兴讼的巫祝"曹九师"和"王魂三"都一并治罪。

作者不详的《判词三》，处理的可以说是《判词一》和《判词二》合并一起的问题：地方上的孔明庙原是官方肯定的"先贤"祠，是合法的庙宇，可是当地的巫觋却以其为掩护，将妖神厉鬼之祀渗入其中，既可免除官方的禁制，又可蛊惑民众，混淆视听。判案的"名公"除了拆毁这所已变质的"正祠"外，也训斥希望保存这所祀拜"孔明之神"祠庙的县尉是非不分。

同样是作者不详的《判词六》，审理的是更有乖伦常、国法的巫风邪术——杀人祭鬼。由于湘阴一带地方上有很多"杀人祭鬼之家"，他们除了贩卖、拐诱人口祭祀邪神外，甚至用自己的奴仆或亲生儿女作为牺牲，最是恐怖。不过，地方上的官僚往往玩忽职守，以致这种残忍野蛮的巫风恶俗肆无忌惮。"名公"在判词里要求厉行取缔，除了责成知县着力办案外，更透过保甲互相监视、许人告奸等措施，将恶徒绳之以法，凌迟处斩，绝不许官府纵容。

上述八则诉讼判词，为我们提供了一幅南宋中后期南方地域社会民间信仰的速写，虽然不算全面，却是我们了解、重审当代巫风巫俗概况的珍贵片段，值得深入讨论和分析。

三、诉讼判词所见南宋中后期南方的巫觋信仰

（一）巫风炽烈

自宋朝建立后，针对全国各地炽热的巫风巫俗，政府曾多次下令禁制巫觋信仰，地方官员也时加取缔[①]。经过北宋一代的努力，加上靖康之祸导致大量北人移居南方，推广中原的礼教和医学文明，这种情况似乎逐渐改变，绍兴年间流寓岭南琼州的李光（1078—1159）就指出，"自兵兴以来，北人多流寓二广，风俗渐变，有病

---

① 王章伟：《在国家与社会之间——宋代巫觋信仰研究》，第79—138页、第265—341页。

稍知服药，不专巫祝之事。"①

不过，实际的情况却未必尽是如此，《清明集》中所见的是另一个景象，《判词一》：

> 某楚产也，楚之俗实深知之。盖自屈原赋离骚，而九歌之作，辞旨已流于神怪，其俗信鬼而好祀，不知几千百年。于此沉酣入骨髓而不可解者，岂独庸人孺子哉！虽吾党之士，求其能卓然不惑者，亦百无一二矣。绝地天通，罔有降格，正于守道君子是望，亦从而曲徇其说，则百姓愚冥，易惑难晓，女巫男觋，乘衅兴妖，自此湖湘之民，益将听于神而不听于人矣。②

《判词七》：

> 楚俗尚鬼，其来已久，而此邦为尤甚。当职正欲极攘却诋排之力，毁淫昏妖厉之祠，开明人心，变移旧俗，庶几道德一，风俗同，庶民安其田里，无或诪张为幻，以干先王之诛。③

胡颖生于湖南，对当地的风俗至为了解，他在这两篇判词中一再强调荆楚巫俗自古以来影响着当地的民众生活，即使到了南宋时

---

① 李光：《庄简集》卷一七，《跋再刊初虞世必用方》，《文渊阁四库全书》，台北：商务印书馆，1986年，第2—3页。
② 《名公书判清明集》卷一四，《惩恶门·淫祠》，第540页。
③ 《名公书判清明集》卷一四，《惩恶门·淫祠》，第547页。

代仍然未变①,而范应铃也有相类的看法,《判词五》:

> 昏淫之鬼,散在荆楚,习尚尤甚……楚之为俗,荒于巫风,久其日矣,牢不可破。②

这些民众所崇奉的巫觋及其神祠,都是一些不合于正统的"淫祠",内里的偶像和仪式等古怪吓人,《判词七》:

> 观其所犯,皆祀典之所不载,有所谓通天三娘,有所谓孟公使者,有所谓黄三郎,有所谓太白公,名称怪诞,无非魑魅魍魉之物,压胜咀咒,作孽兴妖,若此者,真所谓执左道,假鬼神,乱政疑众者矣……其乌龟大王庙,帖县日下拆毁,所追到木鬼戏面等,并当厅劈碎,市曹焚烧。③

---

① 林富士最近对宋代"巫俗"和"巫风"作了一个比较精细的区分:"'巫俗'是指长期存在的巫觋信仰,已成为一种宗教或社会'习俗'(custom)或'惯习'(habit)。而'巫风'是指新兴的或由沉寂变得活跃的巫觋信仰,近乎某种文化'风潮'(tide)或宗教、社会'运动'(movement)。当然,两者有时候并不容易完全切割或清楚区分,因为,新兴的巫风经过一段时间之后,可能就会因为长期存在而成为巫俗。但究竟要多少时间才能化风成俗,则无一定的判准。而沉寂的巫俗,有时也会因为某些人增添新的薪材,予以扇扬而活跃,甚至成为新的流行,这种情形很容易让人误以为那仍是'旧俗'(old custom)。研究宋代巫觋信仰的学者便常常将两者混为一谈,其所说的'盛行''兴盛',往往只是'旧俗',而禁巫所改变的则大多只是'巫风'风行的程度而已,并非巫俗的根绝。"宋代湖湘的巫风巫俗,或可以此视角加以分析,可惜由于史料不足,本文暂未能深入讨论。关于宋代巫觋信仰的"旧俗与新风",见林富士:《"旧俗"与"新风":试论宋代巫觋信仰的特色》,发表于"宋辽金元时期的中国宗教"(Modern Chinese Religion: Song-Liao-Jin-Yuan)国际学术研讨会(香港:香港中文大学,2012.6.25—28),未刊,第29页。本文承林富士教授赐阅,谨此致谢。补记:此文后经修订,刊于《新史学》2013年第24卷第4期,第1—54页。
② 《名公书判清明集》卷一四,《惩恶门·淫祠》,第544—545页。
③ 《名公书判清明集》卷一四,《惩恶门·淫祠》,第548页。

其庙貌更是巍峨,如《判词五》所记"东沙之神":"今栋宇宏壮,图像炳焕,愈为民惑。"更可怕的是,其中"采生"或"杀人祭鬼"之事时有发生,《判词七》即谓巫觋"黄六师"等人"埋桐人以造蛊,用生人以代牺,何所不至哉"①,甚至贼害亲生儿女,骇人听闻,《判词六》:

> 访闻本路所在乡村,多有杀人祭鬼之家,平时分遣徒党,贩卖生口,诱掠平民,或无所得,则用奴仆,或不得已,则用亲生男女充代,脔割烹炮,备极惨酷,湘阴尤甚。②

---

① 《名公书判清明集》卷一四,《惩恶门·淫祠》,第545—548页。关于宋代杀人祭鬼的问题,可参考下列诸文:[日]河原正博:《宋代の杀人祭鬼について》,《法政史学》,第19期,1967年,第1—18页;[日]宫崎市定:《宋代における杀人祭鬼の习俗について》,载于氏著:《アジア史研究》第5册,京都:同朋社,1978年,第100—144页;[日]泽田瑞穗:《中国の民间信仰》,东京:工作舍,1982年,第330—404页;[日]金井德幸:《南宋荆湖南北路における鬼の信仰について——杀人祭鬼の周边——》,原载于《驹泽大学禅研究所年报》五,1994年,第49—64页,今刊于《中国关系论说资料》36.1上,1994年,第567—575页;[日]金井德幸:《宋代における妖神信仰と"吃菜事魔"、"杀人祭鬼"再考》,原载于《立正大学东洋史论集》八,1995年,第1—14页,今刊于《中国关系论说资料》37.1(增刊),1995年,第388—395页。综合的讨论,见王章伟:《在国家与社会之间——宋代巫觋信仰研究》,第265—341页。
② 这里说到的"脔割烹炮",有学者认为已非一般的血牲,可能是密教的尸身法术。见刘黎明:《宋代民间"人祭"之风与密教的尸身法术》,《四川大学学报》2005年第3期,第92—97页。柳立言认为,宋代的文献虽多说"杀人"及"尸身",但是否真的杀人(尤其是亲生子女)或仅是割取部分人肉,尚待分辨。不过,如果撇开其动机与目的不谈,密教以人肉人血作法,与孝子贤孙割肉疗亲有异曲同工之处,即由执行者凭其意志或潜能等,去"感召"或"役使"超自然力量,使人肉人血产生神奇功效。若出于"感召",便较接近孝子贤孙之所为,若出于"役使",便较接近巫觋之所为。参看柳立言:《宋代的宗教、身分与司法》,北京:中华书局,2012年,第60页。柳立言这个分析,细腻而富启发性,让我们可再深入思考当代巫风的实况究竟如何。

一般来说，在官员和士大夫眼中，巫术这种"迷信"所以盛行，实是因为"愚民无知"，在面对种种困难和危机、特别是死亡和疾病时，信用巫觋崇奉神祇，以祈禳或厌胜等手法消灾去祸[①]，《清明集》这几篇判词就频以"愚民""愚冥""愚夫愚妇""世间蠢愚之人""愚俗无知"等形容他们，而"惩巫扬医"也成为政府遏止巫风巫俗的最有效方法[②]。可是，佞巫的民众中，其实不乏有知识有文化者，前引胡颖的《判词一》就提及："虽吾党之士，求其能卓然不惑者，亦百无一二矣。"而他在《判词七》中就严厉批评了祭拜"乌龟大王庙"的士大夫，说"巫觋以左道疑惑者当治士人惑于异者亦可责"：

> 但李学谕既为士人，当晓义理，岂不知人之疾病，或因起居之失节，或因饮食之过伤，或因血气之衰，或因风邪之袭，但当惟医药之是急，不当于鬼神而致疑。而乃谓其父病之由，起于师巫之咒，钉神之胁，则父之痛在胁，钉神之心，则父之痛在心，此何等齐东野人之语，而发于学者之口哉！当职于其初词，已尝训以博奕之事，尚不通晓，而又见之所供。胸中所存，亦可知唉，其何以训谕诸生乎？以其昏昏，使人昭昭，无

[①] 王章伟：《在国家与社会之间——宋代巫觋信仰研究》，第139—263页。
[②] 史继刚：《宋代的惩"巫"扬"医"》，《西南师范大学学报（哲学社会科学版）》1992年第3期，第65—68页；杨倩描：《宋朝禁巫述论》，《中国史研究》1993年第1期，第76—83页；木村明史：《宋代の民間医療と巫覡観——地方官による巫覡取締の一側面——》，《東方学》2001年第101辑，第89—104页；TJ Hinrichs, *The Medical Transforming of Governace and Southern Customs in Song Dynasty China*（960—1279 C.E.），Ph.D. diss., Cambridge & Mass.: Harvard University, 2003.

乃不可乎？牒学且与罢职，请教授勉令笃志学问，无使复为异端所惑。①

李学谕将父亲的疾病视作受到巫觋诅咒，这种巫蛊害人之事，其他几篇判词也有相类的记载，《判词一》：

> 卜疾病者，谓实沈台骀为祟，入山泽者，唯魑魅魍魉是逢，神降于莘，石言于晋，民神杂糅，疵厉荐臻，用人于次睢者有之，娶女为山姬者有之，民听一滥，何所不至。②

《判词五》：

> 东沙之神，何功于民，乃立庙祀。据本县体究回申，朱书年命，埋状屋下，更相诅咒，专行巫蛊之事……③

《判词八》：

> 曹万胜状论曹九师，将一家年命埋在庙中，以兴灾患，系是王魂三凭神报知，就庙搜寻，果有铁符在内。准提刑判下，则曰邪巫惑众，岂可不治，遂送县追曹九师根究。据知县所申，则曰巫蛊在庙，王自为之，启其终讼，罪当坐王。④

---

① 《名公书判清明集》卷一四，《惩恶门·淫祠》，第548页。
② 《名公书判清明集》卷一四，《惩恶门·淫祠》，第540页。
③ 《名公书判清明集》卷一四，《惩恶门·淫祀》，第545页。
④ 《名公书判清明集》卷一四，《惩恶门·巫觋》，第548—549页。

宋代是一个瘟疫横行的时代[1]，邢昺（932—1010）讨论当时百姓的灾患大者有四，"疫"即居其首[2]；宋朝政府虽然大兴医政[3]，然而由于医者技艺的精粗不齐和医药的不易获取，故宋代民间的医疗卫生状况，其实也未必尽是理想[4]。因此，巫蛊诅咒之事，似乎很是可笑，但李学谕的例子叫我们反省，在面对至亲罹祸而药石无效之时，延巫请神可能是迫不得已的另一个方法。士大夫尚且如此，佞巫的就不一定是没有知识的低下层，当时巫风巫俗盛行的原因与状况，于此可见一斑。

（二）灵力、赐额与地方社会

韩森（Valerie Hasen）对宋代民间信仰的经典研究已经指出："如果有一位人类学家问为什么某位神祇受到民众喜爱，宋代的信

---

[1] 陈元朋根据《宋史》的记载，统计出北宋发生了20次大规模的瘟疫，南宋则有30次，见陈元朋：《〈夷坚志〉中所见之南宋瘟神信仰》，《史原》1993年第19期，第72页。邱云飞则以不同的资料，统计出两宋时期的瘟疫有49次，见邱云飞：《中国灾害通史·宋代卷》，郑州市：郑州大学出版社，2008年，第163—167页。郭志嵩（Asaf Goldschmidt）研究北宋医史的新著中，仅就北宋而言，已录得37次大疫，见 Asaf Goldschmidt, *The Evolution of Chinese Medicine: Song Dynasty, 960—1200*, London and New York: Routledge, 2009, p.77.
[2] 邢昺：《论灾患奏》，见曾枣庄、刘琳主编：《全宋文》卷五三，《邢昺》，上海：上海辞书出版社，2006年，第280页。
[3] 根据郭志嵩的研究，宋代因为经济重心南移，人口激增，加上贸易发达和都市化的影响，南方经常发生大规模的瘟疫，有时更牵连北方，特别是仁宗在位时的1045—1060年间。政府采取了几种对策，首先由太医局审定疫病的种类，然后施与金钱和药物，进行社会救济；此外，朝廷又指令有关的地方官员提供免费的方剂，让人民得到及时的医疗援助。更重要的是，仁宗于1057年成立"校正医书局"，搜集、研究、重印各种医书，特别是关于疗治温病的《伤寒论》，企图透过促进新的医学知识解决疫病的问题。见 Asaf Goldschmidt, *The Evolution of Chinese Medicine: Song Dynasty, 960—1200*, pp.69—102.
[4] 陈元朋：《两宋的"尚医士人"与"儒医"——兼论其在金元的流变》，台北：台湾大学出版委员会，1997年，第85页。

徒会回答说，因为那位神祇灵验。所以，最为灵验的神祇也就最受民众喜爱。"①"惟灵是从"的确是当代人选择神祇崇拜的一个重要准则，但对于"灵验"的理解，不同人士之间往往存在很大的分歧②。从《清明集》所见，这个问题直接影响政府的赐额、官员的对策和民间社会间的互动问题，其中巫觋又扮演着重要的角色。

《判词一》所见，在对"刘舍人庙"的保奏加封问题上，官员与当地民众对有关神祇"灵力"的观点，未必一样。深受儒家思想影响的胡颖，他对神灵的诠释最是古典：

> 夫阴阳不测之谓神，圣而不可知之谓神，聪明正直而一之谓神，是神也，在天则为星辰，在地则为河岳，而在人则为圣帝，为明王，为大贤君子，为英雄豪杰。其大者足以参天地之化，关盛衰之运，其小者亦莫不随世以就功名，书简册而铭彝鼎。彼其生也，既有所自来，故死也，是以有精爽至于神明。古人所谓圣人之精气为鬼者，盖如此也。虽下如伯有之鬼，亦必从政三世，用物也弘，取精也多，所凭者厚，然后能为厉其国。至于其他蚩蚩之民，则不过与草木俱腐而已，死纵有知，且不免于若敖氏之馁，果何自而能灵。③

---

① Valerie Hansen, *Changing Gods in Medieval China, 1127—1276*, Princeton: Princeton University Press, 1990, p.47. 中译本见［美］韩森著，包伟民译：《变迁之神——南宋时期的民间信仰》，杭州：浙江人民出版社，1999年，第44页。
② 韩森在回答"人们是如何确定哪位神祇最为灵验的呢？"这个问题时指出："由于史料阙如，我推测作出这样的决定可能是一个社会性的过程，每位神祇的信徒们都试图为自己所信奉的神祇赢得名声。"见 Valerie Hansen, *Changing Gods in Medieval China, 1127—1276*, p.47;［美］韩森著，包伟民译：《变迁之神——南宋时期的民间信仰》，第44页。
③ 《名公书判清明集》卷一四，《惩恶门·淫祠》，第538页。

他在《判词二》就举出大禹之祀,最是符合这种要求:

夏禹为古帝王,功被万世,微禹吾其鱼乎之叹,岂独发于刘子而已。凡盈乎天地之间,为人为物所以得免于怀襄之祸,至今生生不穷者,孰不知其为禹之德也。载在祀典,冠于群神,齐明盛服,以承其祭祀,临之在上,质之在旁,谁敢侮之。①

范应铃在《判词五》对祀典祠神的界定与乡民"段七八"因拜神有灵应而立"东沙文皇帝"之祀,也可见这些"名公"与民众在地方信仰上的距离:

近有白箚子,指言宁乡段七八因劫墓事发,祷神得免,竭力为祠,奉于水滨,谓之"东沙文皇帝"。此何神也?夫祭祀之典,法施于民,则祀之,故以死勤事,以劳定国,则祀之,能御大灾,捍大患,则祀之。东沙之神,何功于民,乃立庙祀。②

不过,当地巫觋却利用民众求神庇祐的心理,将生前原也是庙祝巫觋的刘舍人的尸骨塑像造神、制造神话、显示灵力,然后再透过在民众中逐步推广,由低下层至士大夫甚至王公贵族,并向朝廷求请封号和庙号,跻身祀典,《判词一》详记云:

---

① 《名公书判清明集》卷一四,《惩恶门·淫祠》,第541页。
② 《名公书判清明集》卷一四,《惩恶门·淫祀》,第545页。

刘舍人者，本一愚民，以操舟为业，后因衰老，遂供洒扫之职于洞庭之祠。遇有祠祷者，假鬼神之说以荧惑之。亦既多言，岂不惑信，于是流传远近，咸以为神。及其死也，巫祝之徒遂以其枯朽之骨，臭秽之体，塑而祀之，又从而为之辞，谓其能兴风云，神变化，见怪物，以惊动祸福其人。其始也，不过小人崇奉之，至其久也，虽王公大人亦徼福乞灵于其前矣，又为之请封号，请庙额，鼓天下众而从之矣。①

韩森指出，十二世纪以前的地方神祇体系中，能够得到官府承认的是山神或生前即便不是帝王也是重臣的神祇；但到了宋代，不同类型的神祇开始被政府认可，其出身多为平民百姓，且在一个有限区域之内广泛受到崇拜。不过，不少文人士大夫，尤其是对民间宗教持批评态度者，竭力反对这些神祇，以为他们并不符合公元前二世纪儒家经典《礼记·祭法》所提出的关于神祇的传统条件②。很明显，胡颖批评的"刘舍人"神就是这种地域神祇，其人鬼背景并不为这些儒家"名公"所接受：

使其在数千年之前，非时人耳目之所接，则犹在可疑之域，今其死未及六、七十年，老商犹有能识其面者，数十年前，其顾主犹有存者，彼其生尚不能自给其口腹，而衣食于人，其顽冥不灵，亦可想见，焉有既死之后，反能为生民捍大

---

① 《名公书判清明集》卷一四，《惩恶门·淫祠》，第538—539页。
② Valerie Hansen, *Changing Gods in Medieval China, 1127—1276*, p.37；韩森著，包伟民译：《变迁之神——南宋时期的民间信仰》，第35页。

患，御大灾者哉！盖万万无是理。且吾夫子尝有言曰：鬼神之为德，视之而弗见，听之而弗闻。又曰：洋洋乎如在其上，如在其左右。是则所谓鬼神虽同流天地之间，无所不在，而实非如人果有形迹之可求也。[1]

惟面对着这些"愚民"，胡颖那些儒家古礼并不管用，他也只好随俗，从"灵力"角度入手，指出"刘舍人"并无神力，而民众所见之"神迹"也并不可信，《判词一》：

今舟人所陈，乃谓祷祀之顷，目击旗帜满空，上有刘字。信斯言也，则夫子为欺我矣！齐东野人，何所知识，语言谬妄，岂足凭信……况刘之建祠于湘，受爵于朝，迨今已数十年，商贾之贸迁，郡县之贡输，士夫之游宦，凡为泛舟之役，上下于江湖间者，莫不奉牲奉醴，进礼庙下而后敢行。若其果有神灵，则皆当为之拘鼋鼍，蛰蛟蜃，鞭逐鲸鲵，号令风伯，弹压水神，使沅湘无波，江水安流，祥飙送飓，梢夫奏功，举无惊湍怒涛之厄，然后食于其土而无愧。今问诸水滨，则葬于江鱼腹中者，殆无虚日，其作神羞亦甚矣！而乃指所全三十艘以为功，是何以异于一牛之尖，则隐而不言，五羊之获，则指以为劳绩乎？设或异时果能假东南之风，以助赤壁之捷，假风鹤之声，以济淮淝之师，则又将何以报之？论至于此，正使刘舍人闻之，亦将垂头丧气，伏辜谢罪之不暇，尚安敢贪天之功

---

[1] 《名公书判清明集》卷一四，《惩恶门·淫祠》，第539页。

以为己力哉！[1]

胡颖的狠批，正反映在洞庭湖上往来的商贾和舟人，面对惊涛骇浪，他们需要，也的确相信"刘舍人"显灵，可以保护财产和性命。巫觋正是利用这种水道安全问题的地理和经济环境[2]，推动其创造的"刘舍人"神的灵力，获得民众的支持，而官员的反对态度和政策，未必有用。事实上，胡颖在此跟信奉"刘舍人"神的信众辩论"灵力"的问题，已可见其儒家视角在地方信仰上的被动性。

当然，政府和官员可以透过对祀典的控制，利用赐额和封号政策，承认和收纳那些既具灵力而又符合国家利益的神灵和祠庙，排斥被视为威胁地方管治秩序的"淫祠淫祀"[3]。韩森和日本学者须江隆的

---

[1] 《名公书判清明集》卷一四，《惩恶门·淫祠》，第539—540页。
[2] 韩森的研究就认为唐宋商业革命对民众祠神体系有很大影响，五显、梓潼、天后、张王等四个主要的区域性神祠的发展过程中，新庙宇的增加是沿水路推进的，其中商人的作用最为突出。见Valerie Hansen, Changing Gods in Medieval China, 1127—1276, p.128—159；韩森著，包伟民译：《变迁之神——南宋时期的民间信仰》，第102—159页。不过，皮庆生认为不应份夸大市场与城市的发展，他对韩森的观点有修正，见皮庆生：《宋代民众祠神信仰研究》，上海：上海古籍出版社，2008年，第17—27页。万志英对五通神的研究也显示，信徒和宗教人士在有关信仰传播中的作用并不低于商人，而朝圣信仰中心对信仰传播的意义更是重要，见Richard von Glahn, The Sinister Way: The Divine and the Demonic in Chinese Religious Culture, Berkeley, Los Angeles & London: University of California Press, 2004, pp.173—179. 韩明士（Robert P. Hymes）研究宋元时代华盖山的三真君信仰，也认为推动三仙信仰的主要力量是士大夫而非商人，见Robert P. Hymes, Way and Byway: Taoism, Local Religion, and Models of Divinity in Sung and Modern China, Berkeley: University of California Press, 2002, 第20页，第83—97页，第106—112页。此书有中译本，见［美］韩明士著，皮庆生译：《道与庶道——宋代以来的道教、民间信仰和神灵模式》，南京：江苏人民出版社，2007年。
[3] 松本浩一最早研究这个问题，见［日］松本浩一：《宋代の赐额·赐号について——主として'宋会要辑稿'にみえる史料から——》，载于［日］野口铁郎编：《中国史中央政治地方社会》，昭和六十年度科研费补助金总合研究（A）研究成果报告书，东京：文部省，1986年，第282—294页。

研究指出了地方民众向政府申领赐额封号给予地方祠庙的过程中,转运使负责"双重检定"的重要性,同时也可见地方社会中士绅精英阶层的作用①;事实上,另一位日本学者金井德幸在讨论宋代祠庙的发展时,就注意到"父老"在赐额和封号的申领及官府审核中扮演了重要的角色②。不过,百姓黎庶是巫觋信仰的广大信徒,其中不少人就是地方上的"父老"③,《判词一》中推动"刘舍人"神的力量,就是巫觋、舟人、商贾、士绅甚至是"王公大人"等不同地方力量的结合。

更加耐人寻味的是,究竟哪些巫觋主持的神祠是违法的?④何谓"淫祠"?这些问题相当复杂,近年来不少学者已有深入的讨论⑤。简

---

① 韩森:《变迁之神——南宋时期的民间信仰》,第88—92页;[日]须江隆:《唐宋期における祠庙の庙额、封号の下赐について》,《中国——社会と文化》九,1994年,第96—119页。又参见须江隆的另外两篇论文,《"熙宁七年の诏"——北宋神宗朝期の赐额・号号——》,《东北洋大学东洋史论集》八,2001年,第54—93页;Sue Takashi, "The Shock of the Year Hsuan-ho 2: The Abrupt Change in the Granting of Plaques and Titles during Hui-tsung's Reign", *Acta Asiatica*, 84 (2003), pp.80—125. 最新的总结性讨论,见[日]水越知:《宋代社会と祠庙信仰の展开——地域核としての祠庙の出现——》,《东洋史研究》2002年第66卷第4期,第629—666页。
② [日]金井德幸:《南宋の祠庙と赐额について——释文珦と刘克庄の视点》,载于宋代史研究会编:《宋代の知识人——思想、制度、地域社会》,东京:汲古书院,1993年,第257页。
③ 王章伟:《在国家与社会之间——宋代巫觋信仰研究》,第119页。
④ 笔者过去的研究已指出,巫觋在宋代并不是一种违法的"身份",《宋刑统》中也无禁制巫觋之法律,政府的禁巫令是针对巫觋的违法"活动",依赖的是"敕"的至高无上法律效力。此外,政府又利用"淫祠"与"邪神"这两个"象征符号",重塑和打击地方上的巫觋活动。详见王章伟:《在国家与社会之间——宋代巫觋信仰研究》,第265—341页。就以本文提到《清明集》的几份判词来看,"名公"们也认为推动淫祠的都是男觋女巫,祭拜的都是妖鬼邪神。
⑤ 近年来中、日、美等地学者在这方面有很多杰出的研究成果,这里无法详引,可参考下列数部中文论著的综合讨论。韩森:《变迁之神——南宋时期的民间信仰》;皮庆生:《宋代民众祠神信仰研究》;沈宗宪:《国家祀典与左道妖异——宋代信仰与政治关系之研究》,台湾师范大学历史研究所博士论文,2000年;王章伟:《在国家与社会之间——宋代巫觋信仰研究》。

单来说，宋朝政府和官僚士大夫认为，淫祠就是"信众以不恰当的方式祭祀不合适的神灵"①，统治者透过整饬祀典，将不受国家控制或欢迎的神祠和巫觋排斥、打压。不过，"淫祀"与"正祀"的界线却会因时、地、人而变化，就以《判词一》为例，胡石壁不肯为"刘舍人庙保奏加封"，说到"刘之建祠于湘，受爵于朝，迨今已数十年"。很明显，在胡石壁莅任之前，"刘舍人庙"已受到包括王公大臣在内的信众支持，并已获得朝廷的一些爵号，但胡石壁却称其为"淫祠"，当中的界线究竟若何？执法者又何去何从？这是其中的困难处。

再者，即使依据政府的祀典标准执法，不少祠庙中所祭拜的神灵，其实往往也是"正""邪"渗杂，难以分辨真、伪。例如《判词二》中的禹庙已变了质：

> 但以今世蚩蚩之氓，不知事神之礼，擅立庙宇，妄塑形像，愚夫愚妇，恣意亵渎，女巫男觋，实祀淫昏之鬼，以惑民心，姑假正直之神，以为题号。若今所谓禹庙，其名虽是，其实则非也，岂可堕于小人之奸哉！②

据胡颖所说，这所禹庙已被巫觋占据，借用了祀典中的题号，建立了新的神像，瞒骗民众，蛊惑人心，也躲过了官府的查办。这里让我想到人类学家华琛（James L.Watson）在多年前对天后信仰

---

① 皮庆生：《宋代民众祠神信仰研究》，第287页；王见川、皮庆生：《中国近世民间信仰——宋元明清》，上海：上海人民出版社，2010年，第72页。
② 《名公书判清明集》卷一四，《惩恶门·淫祠》，第541页。

414 近世社会的形成：宋代的士族与民间信仰

的经典论述,他指出宋代福建湄洲的林巫女原本只是地方上的一个小神,在士大夫的推动下逐渐演变成全国崇拜的天后。在这个过程中,不同阶层的利益结合起来:地方集团掌握了祀权,透过确立其神祇信仰,即象征了领导权;政府则透过对祀典的控制,让政府倡导的神灵"吃掉了"地方的小神,增强了对地方社会的控制,收到其"神祇标准化"(Standardizing the Gods)之政治目的[1]。不过,近年来宋怡明(Michael A. Szonyi)的一系列论文显示,华琛所说的这种"标准化"政策往往在本质上未能触及地方的淫祀,因为当地人可以透过贴上另一个神祇的标签而在祀典的掩护下,继续崇拜原来被列入淫祀的地方神。这种做法其实是"伪标准化"(The Illusion of Standardizing the Gods)。宋怡明认为由此我们应该区分"正确行为"(所有人都按照同一方式行动)和"正确行为的说辞"(所有人都声称自己按同一方式行动),而事实上,在中国的日常生活里,后者比前者更为常见[2]。很明显,《判词二》所见的,巫觋和民众就是声称自己所奉拜的是"正确的禹庙",但胡颖则认为这只是混淆了真

---

[1] James L. Watson, "Standardizing the Gods: The Promotion of T'ien Hou Along the South China Coast, 960—1960", in Johnson, Nathan and Rawski (eds.), *Popular Culture in Late Imperial China*, Berkeley, Los Angeles & London: University of California Press, 1985, pp.292—324. 中文译本见[美]华琛著,吕宇俊、邓宝山译:《神祇标准化:华南沿岸天后地位的提升,960—1960》,载于陈慎庆编:《诸神嘉年华——香港宗教研究》,香港:牛津大学出版社,2002年,第163—198页。

[2] Michael A. Szonyi, "The Illusion of Standardizing the Gods: The Cult of the Five Emperors in Late Imperial China," *Journal of Asian Studies*, 56.1 (1997):113—135; Michael A. Szonyi, "Making Claims about Standardization and Orthopraxy in Late Imperial China: Rituals and Cults in the Fuzhou Region in Light of Watson's Theories," *Modern China*, 33.1 (2007):47—71. 后一文有中译本,见[美]宋怡明著,刘永华、陈贵明译:《帝制中国晚期的标准化和正确行动之说辞——从华琛理论看福州地区的仪式与崇拜》,载于刘永华主编:《中国社会文化史读本》,北京:北京大学出版社,2011年,第151—170页。

假的"说辞"而已。

至于《判词三》中的孔明庙，情况更是复杂：

> 然今观道旁所立之祠，嚣尘湫隘，岂足为高卧之草庐，所塑之像，齷齪庸陋，又绝无长啸之英气，加以妖神厉鬼，错杂先后，田夫野老，裸裎左右，假令牲牷肥腯，粢盛丰洁，祝史矫举以祭，虽马医夏畦之鬼，亦将出而吐之矣，谓孔明享之乎？县尉所陈，盖知其一，未知其二也……然则庙貌之设，其可苟乎？县尉欲存此以致敬，而不知适委之蓁莽，又所不可。议案契勘近城内外，别有无侯祠宇，如别无之，即命画工求真像，用绢图写一本，仲春秋祭祀于府学先贤之祠，使朝夕与之处者，皆升堂入室之高第，而淫昏魍魉之辈，不得以乱之，春秋尸其祭者，皆冠冕佩玉之君子，而妖冶魅醉之巫，不得以渎之，如此则庶几不为神羞矣。[1]

跟上面的禹庙相若，巫觋利用祀典中合法的孔明庙作为庇护，将自己崇拜的淫祀依托其间，逃过官府的查究与镇压。我们可以见到，巫觋在地方祭祀社会中扮演着重要的角色[2]，他们掌握了祠庙的运作后，或改造原来的塑像，或渗入其他的"妖鬼淫神"，普罗大众根本搞不清楚其中的神灵是正是邪，也不明白官府的礼仪，甚至是县尉等地方基层吏员，也未必一定知道其庙宇和崇拜的神祇是否符合祀典。

---

[1]《名公书判清明集》卷一四，《惩恶门·淫祠》，第542—543页。
[2] 王章伟：《在国家与社会之间——宋代巫觋信仰研究》，第235—239页。

这两则《判词》中的禹庙与孔明庙都杂入了妖鬼邪神的崇拜，其实是宋朝建立后政府施行禁巫政策所衍生出来的复杂问题。根据学者研究显示，宋代将巫觋排出于官方祭祀中，一方面令巫觋走向民间，政府也失去统制巫觋的能力；另一方面，巫觋在下层社会的社祭中，却找到了其生存的场所。然而，传统的社祭在汉代后已经逐渐衰落，民间好祀"人鬼化"的社神，故为了讨好信众，巫觋遂投其所好，将灵力强大的妖化神祇引入社祭丛祠中，部分邪巫更刻意引入非正统而具灵力的邪神，以显示自身的力量。正如日本学者金井德幸所说，邪神信仰的传播，使官方正统祭祀在民间中没落崩溃[①]。

　　总之，面对着力量如此巨大的地方社会，赐额制度的施行与成效，未必如一些学者所说的那样有效。事实上，要对付鱼目混珠者，地方官员禁制祠庙与否，只是用"敕额"作为辨识的符号，很是困难，这从《判词二》就可见到；而巫觋及民众又可以想方设计争取贵族或有权势者的支持，获取朝廷的封号，光明正大地免除官员的弹压，前引的"刘舍人庙"就是最好的例证。

（三）地方官员对巫觋信仰的态度和措施

　　胡颖和范应铃所处的南宋时代，内忧外患接踵而至，社会动

[①] 王章伟：《在国家与社会之间——宋代巫觋信仰研究》，第320页。并请参考金井德幸的三篇论文：《南宋荆湖南北路における鬼の信仰について——殺人祭鬼の周邊——》，第567—575页；《宋代における妖神信仰と"吃菜事魔"、"殺人祭鬼"再考》，第388—395页；《南宋妖神信仰素描——山魈と瘟鬼と社祠——》，原载于《驹泽大学禅研究所年报》七，1996年，第51—65页，今刊于《中国关系论说资料》第38号第1分册下，1996年，第54—61页。

荡，他们都是公正严明的"名公"，深受黎民爱戴。特别是胡颖，"他起自田间，关心百姓疾苦，尤其痛恨违法公吏和无理兴讼所带给百姓的祸害。"[1]这位"儒家化的法官"[2]，对逾越于正统以外的民间信仰尤其讨厌：

> 性不喜邪佞，尤恶言神异，所至毁淫祠数千区，以正风俗。衡州有灵祠，吏民夙所畏事，颖彻之，作来谂堂奉母居之……以枢密都承旨为广东经略安抚使。潮州僧寺有大蛇能惊动人，前后仕于潮者皆信奉之。前守去，州人心疑焉，以为未尝诣也。已而旱，咸咎守不敬蛇神致此，后守不得已诣焉，已而蛇蜿蜒而出，守大惊得疾，旋卒。颖至广州，闻其事，檄潮州令僧舁蛇至，至则其大如柱而黑色，载以阑槛，颖令之曰："尔有神灵当三日见变怪，过三日则汝无神矣。"既及期，蠢然犹众蛇耳，遂杀之，毁其寺，并罪僧。[3]

禁制淫祀，是地方官的责任，从《清明集》的判词所见，这些官员均致力打击地方上的巫觋信仰，将不在祀典的庙宇和神祠一律取缔，移风易俗，教化生民。我们把有关判词的资料表列于下，方便参考：

---

[1] 柳立言：《青天窗外无青天：胡颖与宋季司法》，载于柳立言主编：《中国史新论·法律史分册》，台北："中研院"、联经出版事业公司，2008年，第244页。
[2] 郭东旭：《胡颖的法治理念与司法实践》，载于郭东旭：《宋代法律与社会》，北京：人民出版社，2008年，第231页。
[3] 《宋史》卷四一六，《胡颖传》，第12479页。

表7 《清明集》禁止南方淫祀之诉讼判词

判词编号	内容与措施
1	某为此惧，于是自守郡以来，首以禁绝淫祠为急，计前后所除毁者，已不啻四、五百处。倘更数月，不以罪去，使靡有孑遗而后已。
2	狄梁公毁淫祠一千八百余所……当职岂不念到此哉？……应非敕额，并仰焚毁，不问所祀是何鬼神。仍榜地头。
3	夫有天下者祭百神，自天地四方名山大川，凡德施于民，以死勤事，以劳定国，能御大灾，捍大患者，无不载之祀典。若诸侯则止得祭于其地者，晋祭河，鲁祭太山，楚祭睢漳河汉。非其所祭而祭之，名曰淫祀，无福。……所有见存敝祠，合行毁拆。仍榜地头。
4	且自当职到任以来，拆淫祠不知其几，若使因此而获戾于上下神祇，则何缘连年阴阳和而风雨时，五谷熟而人民育，灾害不生，祸乱不作，降康降祥，反远过于往年。以此观之，则淫祠之当毁也明矣！
5	狄仁杰持节江南，毁淫祠千七百所，李德裕观察浙西，除淫祀一千一十所，前贤所为，大概为风俗设也……礼已亡矣，若不禁止，此无乃其戎之先乎？
6	应有淫祠去处，并行拆毁，奉事邪鬼之家，并行籍记，四路采生之人，并行收捉，邻甲照已排立保伍，互相举觉，赏钱三千贯，仍许诸色人陈告。
7	当职正欲极攘却诋排之力，毁淫昏妖厉之祠，开明人心，变移旧俗。

对于那些破坏地方治安秩序的妖巫邪神，"名公"们绝不留手，如胡颖《判词七》便说："王制曰：执左道以乱政，杀；假于鬼神疑众，杀。古先圣王，岂乐于杀人哉，盖以其邪说波行，足以反道败常，诡计奸谋，足以阶乱稔祸，故不容不严为之禁也。"范应铃《判词八》也有相似的观点："假于鬼神以疑众者，杀，此圣人之格

言也。"而《判词六》佚名的"名公"对于"杀人祭鬼"者的惩治，更是严厉：

> 如有违犯，不分首从，并行凌迟处斩，家属断配，家业抄籍充赏。如官容纵，本司体探得知，定将知县并巡、尉按劾，当行人吏决配，邻人、保正隐蔽，一体施行。仍镂榜晓示。①

这些铁腕措施自然有一定成效，但有关判词自身的严词厉语，其实也正好反映问题的严重性。我们不禁要问，两宋政府都曾三令五申禁抑巫觋信仰，但何以到了南宋中叶以后，南方地域社会的巫风情况却仍然如斯炽烈？除了前面讨论过的民众尚鬼信巫的各种因素和相配合的客观环境外，上引《判词六》对纵容巫俗的官员和邻里的重责，道出了个中的另一些真相与利害处：地方基层官员及乡社的态度至为关键。

政府的禁巫措施是否有效，必须仰赖地方基层官员实际推行时的作为，但他们身为地方社会的一员，耳濡目染于荆楚自古以来的巫风，要挺身弹压乡里的传统信仰风俗，其实并不容易，范应铃在《判词五》就盛赞执行禁毁淫祀的县尉：

> 楚之为俗，荒于巫风，久其日矣，牢不可破。尉有定力，不惑于众，以身行之，可为善俗之助，亦古之所谓贤德者也。②

---

① 《名公书判清明集》卷一四，《惩恶门·淫祀》，第546页。
② 《名公书判清明集》卷一四，《惩恶门·淫祀》，第545页。

不惑于"众"的自然是少数，更多的情况，可能就如上引《判词三》孔明庙中与"名公"争辩的而被斥责"盖知其一，未知其二"的那个县尉，"名公"在这则《判词》中就抨击"县尉欲存此以致敬，以不知适委之蓁莽"。况且，除了风俗习惯外，这些淫祀中的巫觋往往与地方的基层吏员有着千丝万缕的利益关系，《判词四》可见一斑：

本府毁拆淫祠，整葺铺驿……卿二十二平时自称神老，凭借此庙，诳惑乡民以为奸利，一旦见官司拆毁，深恐失其所依，遂欲裒敛民财，计嘱官吏，以存此狡兔之穴。①

而干练的胡颖在处理这桩事件中小心翼翼，免得挑起地方社会的震动，也可见牵涉地方社会的信仰风俗时，官员必须格外留神：

此等奸民，何可不治，勘杖一百，余人并免根究，放。但昨据本尉所申，谓阿李等聚集三十余人，各执器杖，赶杀弓手、保正，若果有此事，则其罪当何如。今据各人所供，原来却是恁地弓手、保正意在求胜乡民，故张大声势，惊骇听闻，县尉又不讨仔细，便行乞追捕。若使本府信其偏词，轻易施行，则一乡鸡犬皆无孑遗矣。帖县追保副姜全、弓手王瑫，各杖六十，以为妄申官府之戒。②

---

① 《名公书判清明集》卷一四，《惩恶门·淫祠》，第543—544页。
② 《名公书判清明集》卷一四，《惩恶门·淫祠》，第544页。

当然，最重要的就是表6《判词一》记胡颖所说，必须有像他一般的官员坚持在地方上大力扫荡淫祠巫觋，才勉强可以遏制这种根深蒂固的信仰文化，惟当中却更面对重重困难。因为无论是基于针对巫觋的违法活动，或是全面禁制人民充当巫觋，这两种律诏本身实在难以贯彻施行，其结果也自难有成。就前者而言，巫俗既深入民心，地方上的巫觋活动自然多不胜举，官员也就禁不胜禁，即使有胡颖或范应铃之流，最后也是人去政废。至于后者，以宗教身份而论，中央既乏统制的巫官机构，巫觋又没有一统的司祭组织，政府根本难有凭据核证其身份；而以职业身份而言，巫觋的工作往往与卜祝医者相混，官员也无法辨别。再者，要变易职业实在不难，在政府严厉取缔之时，巫者自可改从他业，待雨过天晴后又可重操故业，至若兼职为巫者，更是防不胜防。简单来说，撇除民众尚巫的风俗及地方官吏加以庇护这两个客观因素不论，宋朝政府的禁巫令自身就存有不少限制，地方巫觋活动的屡禁不绝，自属必然[1]。

况且，跟胡颖或范应铃如此此严厉镇压地方巫觋信仰的官员，究属少数，我在《说郛》收录的《朝野遗记》中找到一条珍贵而有趣的资料：

> 洞庭庙在金沙堆中，秋水淼溢，风浪号怒，故行人必卜之，而妖巫倚为神怪。有刘彦者，纲梢中大头也，入庙为驶吏，凭神以恐舟人……彦既死，塑于庙，以其为社神。而愚俗

---

[1] 王章伟：《在国家与社会之间——宋代巫觋信仰研究》，第284页。

遂讹为舍人，赵彦励帅潭，乞封于朝，袯在后省格斥乃已。至陈研继守，舟胶于湖，祷而克济，遂申前请，竟得善利将军之号焉。①

我们对《判词一》的"刘舍人庙"本来所知不多，也不明白在胡颖之前此庙"受爵于朝，迨今已数十年"的详情；但这里提到的陈研，他是乾道二年（1166）进士，累迁提点湖南刑狱②，故可见他是在任内为洞庭湖金沙堆里的庙宇请封，而这里作为"社神"的刘彦刘舍人，应该可以肯定就是胡颖不肯为其"保奏加封"的"刘舍人庙"。

事实上，即使坚定如胡颖，要针对地方的淫祠巫觋，他同时还要面对来自上级的压力。除了王公贵人自身的信仰外，正如我们前面引华琛研究天后的例子所说，政府及官员的部分政策，可能是要与地方信仰妥协，故"名公"们夹在其中，自然也就难伸一己之愿。《判词一》中胡颖不肯为刘舍人庙"保奏加封"，似乎就是他不肯答应上级官员的要求：

> 今不敢二三其德，以强奉崇台之命，又近得名公所谓对越集者读之，窃见其间施行，有适相类者，是则我心之所同，然明公已先得之矣，尚何言哉！谨以固陋之见，冒昧申闻，并将谕俗印牒一本缴呈，伏望明公特赐嘉纳，焚之庙中，使此等淫

---

① 佚名:《朝野遗记》《善利将军》，载于陶宗仪等编:《说郛三种》，上海：上海古籍出版社，1988年，第19页。
② 昌彼得、王德毅、程元敏、侯俊德编，王德毅增订:《宋人传记资料索引》，北京：中华书局，1988年，第2475页。

昏之鬼有所愧惧，榜之庙前，使世间蠢愚之人有所觉悟，其于世教，实非小补。①

我们虽然不知道这件事最后的结果，但胡颖在此除了恳求上司接纳其不为"刘舍人庙"请号赐封的申辩外，又不厌其烦地希望借焚烧谕俗印牒警惕民众，正可反映这些名公在与地方根深蒂固的巫觋信仰相对抗时的困境。

身为地方官员，陈研等与胡颖的取态却是如此不同，可见地方祭祀社会与政府互动的情况最是复杂，而巫觋寄生于地域社会最基层祭祀单位中的"社"里，所谓"村巫社觋"，作为一种民间信仰，其生命力也至为顽强②。当然，我们也无须过分夸大巫觋的地位，跟僧侣或道士不同，巫觋信仰缺乏如佛道般坚固的体制组织，他们分散隐没在各种庙宇、丛祠或私社里面，互不关联，"名公"们在克服上述各种困难后，可随时加以镇压；而巫觋们因为竞争等利害关系，甚至互相攻击，前引《判词八》的曹九师和王魂三相斗，更引致范应铃轻易掌握他们诅咒兴妖的罪证，予以取缔。不过，野火烧不尽，春风吹又生。

四、小结

研究宋代地方上的巫觋信仰，资料阙如始终是其中的最大艰难

---

① 《名公书判清明集》卷一四，《惩恶门·淫祠》，第540—541页。
② 关于"社"在宋代祭祀社会中的重要性及巫觋所扮演的角色，这里无法详述，请参看王章伟：《在国家与社会之间——宋代巫觋信仰研究》，第224—241页。

处，这篇短文利用明刻本《清明集》中仅存的几个诉讼判词，论述了南宋中后期湖湘一带巫风巫俗的一些重要片段，虽不全面，却也弥足珍视。例如，《判词》一胡颖的《不为刘舍人庙保奏加封》就最是重要，除了笔记小说提供的零星资料外，这是现存唯一的官方文件能让我们了解一个建基于地方的巫觋信仰，如何在数十年间透过民众、官僚和宗室贵族的祀奉而逐渐建立起来。此外，我们也可以从《清明集》中窥见这些"名公"对巫觋和淫祠的观点和判断，让我们了解他们的视角，除研究当代的民间信仰外，也是研究宋代法律史的重要材料。

其实，宋代南方的巫风巫俗是一个复杂的问题，因为在官僚和士大夫眼中，这些"恶俗"与中原的礼乐祭祀文明大相径庭，故朝廷在统一南方后，有需要在当地移风易俗，中原文明的推进即伴随着国土在南部疆域的扩张而并行[1]。徽宗政和四年（1114）十一月对两广的禁巫令，最见这种企图：

> 臣僚言：窃见民间尚有师巫作为淫祀，假托神语，鼓惑民众。二广之民，信向尤甚，非"一道德、同风俗"之意也。臣愚欲乞申严法禁，以止绝之。若师巫假托神语欺愚惑众，徒二年，许人告，赏钱一百贯文。[2]

而胡颖在《判词》七也说："庶几道德一，风俗同，庶民安其

---

[1] 王章伟：《文明推进中的现实与想象——宋代岭南的巫觋巫术》，《新史学》2012年第23卷第2期，第1—55页。
[2] 徐松：《宋会要辑稿》，北京：中华书局，1987年，《刑法》二之六四，第6527页。

田里。"不过,《清明集》这些判词呈现的另一个面相,却让我们反省,"山高皇帝远",政府和官僚强行在地方上移风易俗,效益如何,实在叫人怀疑。

＊本文初稿宣读于2011年11月26日广州中山大学历史学系主办之"十至十三世纪中国的政治与社会学术研讨会暨岭南宋史研究会第二届年会",感谢评议人邓小南教授的批评与建议。修订稿得挚友温伟国先生及范芷欣小姐提供各种协助和支持,笔者铭记。

＊＊原刊于《九州学林》2013年第32期。

文明推进中的现实与想象
——宋代岭南的巫觋巫术

一、前言

宋太祖开宝四年（971）二月初五，南汉国主刘鋹（942—980）出降，岭南并入宋土，得6州214县170263户。"岭南"一语，指"五岭"以南地区，宋平南汉后设广南路，太宗端拱元年（988）分为广南东路和广南西路，合43州，约为今日广东、广西和海南省的全部地区[①]。

研究宋代地域文化的学者指出，宋代南北风俗迥然不同，北方人质直忠厚、劲勇强悍、勤劳节俭，南人则相对地灵巧轻扬、柔弱、奢侈、好讼和趋利重商。更重要的是，南方风俗在许多方面都不符合北方的儒家礼法，保留着原地的习气乃至"蛮夷之风"。举其大者而言，有婚嫁丧葬未知礼、生子不举、父子兄弟分财析居、

---

① 宋代岭南地界的讨论，参见金强：《宋代岭南谪宦》，广州：广东人民出版社，2009年，第13—23页；郎国华：《从蛮裔到神州——宋代广东经济发展研究》，广州：广东人民出版社，2006年，第28—31页。

称呼与时序不合伦常、"女作登于男"等等[1]。这种观点，也是宋人的普遍看法，就以岭南为例，虽然南汉统治期间社会和平安定，经济和文化都有所发展[2]，但中原士大夫对岭南的印象，除了路途遥远、景色秀美外，这里也充满奇风"陋俗"和珍禽异兽[3]。事实上，《宋史·地理志》就是这样概述宋代两广的地理、风俗与文化：

> 广南东、西路，盖《禹贡》荆、扬二州之域，当牵牛、婺女之分。南滨大海，西控夷洞，北限五岭。有犀象、瑇瑁、珠玑、果布之产。民性轻率。宋初，以人稀土旷，并省州县。然岁有海舶贸易，商贾交凑。桂林邕、宜接夷獠，置守戍。大率民婚嫁、丧葬、衣服多不合礼。尚淫祀，杀人祭鬼。山林翳密，多瘴毒，凡命官吏，优其秩奉。春、梅诸州，炎疠颇甚，许土人领任。景德中，令秋冬赴治，使职巡行，皆令避盛夏瘴雾之患。人病不呼医服药。儋、崖、万安三州，地狭户少，常以琼州牙校典治。安南数郡，土壤遐僻，但羁縻不绝而已。[4]

"尚淫祀，杀人祭鬼""人病不呼医服药"等巫觋巫术问题，在当代人眼中，似乎是岭南地区民间信仰方面固有的"恶俗"，与中原的礼乐祭祀文明大相径庭。因此，宋人在统一南方后，有需要在当地移风易俗，中原文明的推进即伴随国土在南部疆域的扩张而

---

[1] 程民生：《宋代地域文化》，开封：河南大学出版社，1997年，第2—32页。
[2] 陈欣：《南汉国史》，广州：广东人民出版社，2010年，第373—425页。
[3] 金强：《宋代岭南谪宦》，第45—51页。
[4] 脱脱等修：《宋史》卷九〇，《地理志》六，北京：中华书局，1977年，第2248—2249页。

并行。

宋代两广的巫觋巫术,其实是一个饶有意义的问题。在社会(文化)人类学的领域里,"神灵信仰"和"仪式"构成了文化的基本特质,同时亦构成了社会形貌的象征展示方式,故无论采用何种解释体系,信仰与仪式向来都是人类学者主要观察的焦点[1]。宗教仪式是人与神灵联系的手段,是"活动中的宗教",而巫术就是相信在仪式实践中,能迫使超自然力量以某种方式达到善或恶之目的[2]。因此,巫术研究向为西方社会人类学者所重视。

就此而论,人类学家注意"仪式"与儒家提倡"礼教"其实有共通之处。历史人类学者指出,人类学假设人与人的关系表现于"仪",儒家则认定人与人的关系根本于"礼"。"仪"是文化产生的设定程序,近似于戏剧的剧本,而"礼"则源于天理产生的必然定律。因此,假如用剧本来比喻设定行为的程序,在天理的安排下,剧团演来演去只能演一出剧本。自宋朝到清代中叶,儒家教化之目的,就是要推广这一出剧本,以天理规范的礼教取代地方的风俗[3]。职是之故,研究宋代中原文明在两广的推进,巫觋巫术的兴替最是重要,是中央政府与士大夫精英阶层"移风易俗"的具体表现。

---

[1] 王铭铭:《社会人类学与中国研究》,北京:读书·生活·新知三联书店,1997年,第149页;王铭铭:《神灵、象征与仪式:民间宗教的文化理解》,收入王铭铭、潘宗党编:《象征与社会——中国民间文化的探索》,天津:天津人民出版社,1997年,第89页。

[2] [美]哈维兰(W. A. Haviland)著,王铭铭等译:《当代人类学》,上海:上海人民出版社,1987年,第515—519页;又见王铭铭:《想象的异邦——社会与文化人类学散论》,上海:上海人民出版社,1998年,第154—159页。

[3] 科大卫:《国家与礼仪——宋至清中叶珠江三角洲地方社会的国家认同》,《中山大学学报(社会科学版)》1999年第39期,第65页。

近年来，宋代巫觋巫术的研究方兴未艾，日本和中国的学者续有发现[①]，其中自有涉及岭南地区的巫风巫俗，例如中村治兵卫研究唐、五代和两宋巫史的拓荒之作，即包括了不少两广的例子[②]；王章伟与李小红的专著，分析两宋巫风概况的地理分布列表里，也专门收集了岭南的史料[③]。此外，学者在讨论宋朝政府"惩巫扬医"的政策时，往往也兼及岭南禁巫的情况[④]；而一些研究宋代岭南的文化史或医疗史著作，也有相关的论述[⑤]，其中美国学者艾媞婕（T. J. Hinrichs）的博士论文就与本文有不少互相补足之处[⑥]。不过，

[①] 参见［日］中村治兵卫:《中国シャーマニズの研究》，东京: 刀水书房，1992年；刘佳玲:《宋代巫觋信仰研究》，台湾师范大学历史研究所硕士论文，1996年；刘黎明:《宋代民间巫术研究》，成都: 巴蜀书社，2004年；王章伟:《在国家与社会之间——宋代巫觋信仰研究》，香港: 中华书局，2005年；王章伟:《文明世界的魔法师——宋代的巫觋与巫术》，台北: 三民书局，2006年；方燕:《巫文化视域下的宋代女性——立足于女性生育、疾病的考察》，北京: 中华书局，2008年；李小红:《宋代社会中的巫觋研究》，北京: 光明日报出版社，2010年。
[②] 中村治兵卫:《中国シャーマニズの研究》，第18—20页、第69—138页。
[③] 王章伟:《在国家与社会之间——宋代巫觋信仰研究》，第79—99页、第267—277页；李小红:《宋代社会中的巫觋研究》，第183—188页、第235—265页。
[④] 参见史继刚:《宋代的惩"巫"扬"医"》，《西南师范大学学报（哲学社会科学版）》1992年第3期，第65—68页；杨倩描:《宋朝禁巫述论》，《中国史研究》1993年第1期，第76—83页；［日］木村明史:《宋代の民间医疗と巫觋观——地方官による巫觋取缔の一侧面——》，《东方学》2001年第101辑，第89—104页。
[⑤] 例如: 金强:《宋代岭南谪宦》，第45—51页；刘小斌、郑洪、靳士英主编:《岭南医学史》上册，广州: 广东科技出版社，2010年，第151—204页。
[⑥] T. J. Hinrichs, *The Medical Transforming of Governace and Southern Customs in Song Dynasty China（960—1279 C.E.）*, Ph.D. diss., Cambridge, Mass.: Harvard University, 2003. 笔者草成本文初稿后，才得见这篇论文，发现与本文关系很大。简单来说，我们都是研究宋代"南方"被纳入中原文明的过程，但彼此的切入点不同，艾媞婕研究宋朝政府和士大夫在南方"扬医"，因而兼论"惩巫"；我则因为讨论文明推进中的"惩巫"，而触及"扬医"，故彼此所述自然有交叉迭合之处，可互相补足。不过，两文除了重点不同外，还有一些更根本的差异: 1. 艾媞婕讨论的是宋代整个"南方"的扬医情况，本文则集中分析岭南一地的巫风问题，她的研究无论从时间或地域范围而言，都较本文为长为广。因此，宋代"南方"和"岭南"如何被中原"文明化"，其间的发展、情况、问题，自然不尽相同；而本文针对的只是岭南一隅，无论在史料搜集和问题讨论方面，都比较容易集

截至目前，却未见有专文讨论宋代两广地区的巫风巫俗，本文即欲填补这个空白[①]。

有一点必须申明，如前所述，社会（文化）人类学向来重视研究巫术这种"异文化"里的社会风俗信仰，故其分析概念也是本文有用的参考。人类学家书写民族志时，强调将"异文化"看作与"本文化"具有同等地位和价值的实体加以理解，借此找出一个与自己相对的"他者"，并以之反省"本文化"的局限[②]。这种"我者"与"他者"的分析方法，可以让我们重新思考和审视宋代中原文明随着国家疆域的拓展，对两广巫觋巫术的了解、想象与对策[③]。当

中和清晰一点。遗憾的是，艾媞婕的论文并没有明确指出所谓的"南方"，究竟是包括哪些地域范围，致其所述往往就比较含糊。2. 如同许多美国宋史学者一样，艾媞婕的论文深受韩明士（Robert P. Hymes）"南宋菁英阶层地方化"的论点影响，故其研究从北宋至南宋扬医惩巫的发展时，就以此为基础前提（p. 52）。笔者怀疑这个"观念先行"（包伟民对韩明士论著的批评）的前提是否可靠，而本文讨论两宋在岭南推广文明摈斥巫风的问题上，紧扣的是政府统一风俗这种政治需要的史实。参见 Robert P. Hymes, *Statesmen and Gentlemen: The elite of Fu-Chou, Chiang-Hsi, in Northern and Southern Sung*, Cambridge, Cambridge University Press, 1986；包伟民：《菁英们"地方化"了吗？——试论韩明士〈政治家与绅士〉与"地方史"研究方法》，收入荣新江主编《唐研究》第11卷，北京：北京大学出版社，2005年，第653—671页。

① 葛兆光：《中国思想史》第2卷，《七世纪至十九世纪中国的知识、思想与信仰》，上海：复旦大学出版社，2000年。该书虽非研究宋代巫史的专著，但其中第2篇第3节《国家与士绅双重支持下的文明扩张——宋代中国生活伦理同一性的确立》，有一些重要的观点与讨论，必须参考。
② 王铭铭：《社会人类学与中国研究》，第5页。这方面的著作和讨论很多，参见王铭铭主编：《二十世纪西方人类学主要著作指南》，北京：世界图书出版公司，2008年。
③ 这里所谓的"文明"，并非西方语汇 civilization 的直译，而是引用葛兆光讨论"宋代中国生活伦理同一性的确立"时的说法："所谓'文明'，现在看来只是一种被传统与历史建构起来的，得到政治权力认同的，关于在一定的社会秩序中生活的常识与规则，当传统与权力已经确认它的合法性的时候，它就拥有话语权力，在人们不自觉地认同它的合理性时控制着人们的生活。在古代中国，这种文明本来常常是通过强制性的禁令和劝诱式的教育，经由'酷吏'和'循吏'两方面来推进的。"参阅葛兆光：《中国思想史》第2卷，第358页。

民间信仰篇　431

然，治史者切忌"以论代史"，在运用有关概念时，我们必须细心分析各项资料，不能以偏概全①。事实上，当代叙述、记录和书写岭南巫史"文本"的"他者"，其身份也非常复杂：有对南方风俗认识不深的北方人，有支持中央政府在南方移风易俗的官僚和士大夫（包括出身南方者），有鄙薄或怜悯南方俚俗的精英阶层（同样也包括出身南方者），亦有对两广蛮夷风俗充满猎奇兴趣者。

这种史料的"书写情境"令我们必须小心考虑关于宋代岭南巫风的确实情况。从史事的客观情况、事件的传播者及文本的记叙者等三方面而言，笔者认为这些史例的"现实"其实渗透了不少"想象"，而"想象"中当然也有不少"现实"作为基础。简单来说，第一，南方跟中州文明迥异，地方确有一些背离中原文明的巫风巫俗。第二，在共有的场域气氛或文化传统下，这些巫术事件中的参与人，包括施术者、受术者、观众和故事传播者等等，自身都相信事件的真实性②，无论这些事件在"他者"眼中是如何的乖张荒谬。第三，文本的记叙者，即那些身份复杂的北人、官僚精英或

---

① 王章伟：《沟通古今的萨满——研究宋代巫觋信仰的几个看法》，载于复旦大学文史研究院编：《"民间"何在，谁之"信仰"》，北京：中华书局，2009年，第140—154页。
② 莱维-斯特劳斯（Claude Levi-Strauss, 1908—2009）研究巫术与医疗的关系时指出："我们没有理由怀疑某些巫术实践的效应。不过我们同时看到，巫术的效应须以对它的迷信为其条件。后者有三个互补的方面：第一，巫觋相信他的技术的效应；第二，病人或受难者相信巫觋的威力；最后，共同体的信念和期望，它们始终像一种引力场那样起着作用，而巫觋和受术者的关系便存在于和被规定于其中。"见［法］克洛德·莱维-斯特劳斯著，谢维扬、俞宣孟译：《结构人类学》，上海：上海译文出版社，1995年，第178页。这或许让我们明白，宋代岭南民众信奉巫术的原因，是由于在同一社会（共同体）和文化环境下，包括巫觋自身（当然其中必会有些是存心弄虚作假之行骗者）、受术者和群众在内共有的集体心理，深信那些灵异事件是真实的。

猎奇者，他们基于自身视角的限制，其笔下的两广傩巫记录，除了夹有南方土著自身的怪谈妖说这种"社会想象"，也必定存有"他者"的误解，自非实际真相。因此，笔者相信，研究宋代岭南巫觋巫术的情况，除了有助宋代民间信仰的研究外，也是了解当代国家／社会、上层／下层、城市／乡村、中心／边缘等问题的一个有用视角。

二、化外之俗——宋代两广的巫风

先从史料文本的记录去看，谈到当代巫鬼之风，宋人往往将其与南方的旧俗传统相提并论，例如崔敦礼（1160年进士）谓"江东之民好祠信鬼，有楚之遗风"[1]，其情况之严重，黄震（1213—1280）就说："好淫祠尚巫鬼，楚越之俗，然也。而江东为尤甚然。"[2]曾敏行（1118—1175）记刘彝（1015—1091）在江南西路禁制巫觋时，也提到"楚俗大抵尚巫"[3]。另一方面，地方志在提到各地风俗时，也有相似的看法，如《赤城志》谓"其乐鬼重巫，越之遗风固尔耶"[4]，《四明续志》说"越俗禨鬼，史巫纷若"[5]。南疆与中州，南北分异，似乎是两广巫风之渊源。

---

[1] 崔敦礼：《宫教集》卷三，《九序》，《文渊阁四库全书》，台北：商务印书馆，1986年，第9页。
[2] 黄震：《黄氏日抄》卷七四，《申词司乞禁社会状》，《文渊阁四库全书》，台北：商务印书馆，1986年，第23页。
[3] 曾敏行：《独醒杂志》卷三，上海：上海古籍出版社，1987年，第28页。
[4] 黄齐硕修、陈耆卿纂：《（嘉定）赤城志》卷三一，《祠庙门》，《宋元方志丛刊》，北京：中华书局，1990年，第1页。
[5] 王元恭修，王厚孙、徐亮纂：《（至正）四明续志》卷九，《祠祀》，《宋元方志丛刊》，北京：中华书局，1990年，第1页。

的确，客观而言，地处南疆边陲的岭南，环境与风俗跟中州迥然不同。这里气候炎热，群山险阻，江流纵横，独特而封闭的自然和地理环境阻碍了跟中原的交流。此外，这里又是古代蛮夷外族的聚居地，由于远离中原政治、经济和文化中心，崇山峻岭之间，"奇风怪俗"绵延不绝。《史记》载云："既灭两越，越人勇之乃言：'越人俗鬼，而其祠皆见鬼，数有效。'……乃令越巫立越祝祠。"①

　　汉代以来，粤地巫风盛行，一直发展到宋代都没有改变②。可以想见，在这种历史背景和大传统下，无论在南方土著还是南迁北人的"社会记忆"中，宋代岭南"尚鬼右巫"的恶俗，似乎已是铁一般的事实。翻查记录，宋代两广地区的民众，尚巫、右鬼、好淫祀③，除了前面提到的《宋史·地理志》外，当代的史料屡有记录，并时加挞伐。为方便讨论，本文将搜集到的资料表列于后：

---

① 司马迁：《史记》卷二八，《封禅书》，北京：中华书局，1959年，第1440页。
② 参见林富士：《汉代的巫者》，台北：稻乡出版社，1999年，第170页；傅芳：《巫与道在客地的影响》，《客家研究辑刊》七，1995年，第90—105页。
③ 尚巫、右鬼和好淫祀三者关系至大，巫觋为"事鬼神者"，其与鬼神信仰至为密切，所拜祀的多为国家祀典以外的淫祠。宋人也往往将"巫鬼"并称，后文表8中的多条资料就是证据。沈宗宪解释宋代的史书方志往往连称"好鬼信巫"时，亦指出惟其好鬼，相信一切人事均受制于另一个超自然世界，一旦日常生活发生不顺，必须邀巫对治，故巫与鬼神的关系是密不可分的。见沈宗宪：《国家祀典与左道妖异——宋代信仰与政治关系之研究》，台北：台湾师范大学历史研究所博士论文，2000年，第21页。又，金井德幸也有很多相关讨论，限于篇幅，这里无法详引，详见王章伟：《在国家与社会之间——宋代巫觋信仰研究》，第123—124页。

表8 宋代两广"尚巫右鬼好淫祀"风俗分布表[①]

地区	事例序号	资料出处
岭南/粤/两广	（1）大率民婚嫁、丧葬、衣服多不合礼。尚淫祀，杀人祭鬼。山林翳密，多瘴毒……人病不呼服药。	《宋史》卷九〇，《地理志》六，第2248页。
	（2）民间尚有师巫作为淫祀，假托神语鼓惑愚众，二广之民，信向尤甚。	《宋会要辑稿》，《刑法》二之六四，第6527页。[②]
	（3）其俗又好巫鬼，疾病不进药饵，惟与巫祝从事，至死而后已，方书药材未始见也。	《独醒杂志》卷三，第27页。
	（4）杀人祭鬼，病不求医。	《续资治通鉴长编》（以下简称《长编》）卷二六，太宗雍熙二年九月庚戌，第599页。[③]

---

① 表8中事例来自不同史料，其中以《太平寰宇记》《舆地纪胜》《方舆胜览》和《宋史》四书为本。《宋史》所述之两广风俗可视之为两宋的普遍情况，前三书则为当代最重要的地理书，且立有"风俗门"记述当地的情况，故以此四书分析宋代两广巫风的地理分布，足具代表性。此外，《太平寰宇记》成书于雍熙（984—987）末至端拱（988—989）初，内容主要以太平兴国（976—983）后期的簿籍为根据，见王文楚：《宋版〈太平寰宇记〉前言》，收入乐史：《宋本太平寰宇记》，北京：中华书局，2000年，第3—4页。《舆地纪胜》约成书于南宋理宗（1205—1264，1224—1264在位）绍定二年（1229）之后，见李勇先：《舆地纪胜研究》，成都：巴蜀书社，1998年，第19页。《方舆胜览》至迟于南宋度宗（1240—1274，1264—1274在位）咸淳三年（1267）补订，见谭其骧：《影宋本方舆胜览前言》，载于祝穆撰、祝洙增订：《方舆胜览》，《附录》，北京：中华书局，2003年，第1250页。《宋史》则为元代至正五年（1345）修成。四书分别成书于北宋初叶、南宋中后期及元代，前后三百多年，应该较能全面反映两广的巫风巫俗。
② 徐松：《宋会要辑稿》，北京：中华书局，1987年。
③ 李焘：《续资治通鉴长编》，北京：中华书局，1979—1995年。

地区		事例序号	资料出处
广南东路		（5）多杀人而祭鬼。	《建炎以来系年要录》（以下简称《系年要录》）卷一六五，绍兴二十三年七月戊申，第2693页[①]。
		（6）杀人祭鬼。	《宋会要辑稿》，《刑法》二之一二六，第6558页。
	广州	（7）粤俗尚鬼。	苏颂：《太中大夫陈公墓志铭》，《全宋文》卷一三五〇，《苏颂》四三，第140页[②]。
		（8）杀人以祭鬼、疾病不求医药。	宋太宗：《令岭南长吏多方化导污俗诏》，《全宋文》卷六九，《宋太宗》七，第179页。
	英州	（9）淫祠如织，牲牢酒礼，日所祈赛。诘其鬼，无名氏十常七六。	郑侠：《英州应龙祠记》，《全宋文》卷二一七六，《郑侠》八，第9页。
	梅州	（10）州境介汀赣之两闲，在广之极东。（……俗信巫鬼，舍医即神，劝以药石伐病，则慢不之信。）	《舆地纪胜》卷一〇二，《广南东路·梅州·风俗形胜》，第2页[③]。
		（11）其俗信巫尚鬼。（《图经》"云云，舍医而即神。"）	《方舆胜览》卷三六，《广东路·梅州·风俗》，第650页。
	连州	（12）（风俗）与郴州同。（注，据本书"郴州·风俗"条："俗信鬼好淫祀。"）	《太平寰宇记》卷一一七，《江南西道·连州·风俗》，第7页。

[①] 李心传：《建炎以来系年要录》，北京：中华书局，1988年。
[②] 曾枣庄、刘琳主编：《全宋文》，上海：上海辞书出版社，2006年。
[③] 王象之：《舆地纪胜》，台北：文海出版社，1963年。

续 表

地区		事例序号	资料出处
	南雄州	（13）岭南无医，凡有疾病，但求巫祝鬼，束手待毙。	《系年要录》卷一五九，绍兴十九年六月辛酉，第2587页。
	新州	（14）瘴气最恶，（皇朝《郡县志》）俗以鸡骨占吉凶。（《汉书》云"越巫以鸡卜"，此也。）	《舆地纪胜》卷九七，《广南东路·新州·风俗形胜》，第2页。
		（15）瘴气最恶……俗以鸡卜。（《汉书》"越巫以鸡卜"，即此。）	《方舆胜览》卷三七，《广东路·新州·风俗》，第676页。
广南西路	静江府/桂州	（16）陈尧叟、（为广西运使……又其俗有疾不服药，唯祷神。）张栻。（《岭外代答》："南轩为帅……又毁淫祠，新学校。"）	《方舆胜览》卷三八，《广西路·静江府·名宦》，第690—691页；《宋史》卷二八四，《陈尧叟传》，第9584页。
		（17）南俗尚鬼。	《铁围山丛谈》卷二，第34页。①
		（18）杀人以祭鬼、疾病不求医药。	宋太宗：《令岭南长吏多方化导污俗诏》，《全宋文》卷六九，《宋太宗》七，第179页。
		（19）愚民无知，遇有灾病等事，妄听师巫等人邪说……愚民无知，病不服药，妄听师巫淫祀諂祷，因循至死。	《南轩集》卷一五，《谕俗文》，第15—18页。②

---

① 蔡絛：《铁围山丛谈》，上海：上海古籍出版社，1987年。
② 张栻：《南轩集》，《文渊阁四库全书》，台北：商务印书馆，1986年。

民间信仰篇　437

续表

地区	事例序号	资料出处
柳州	（20）聚巫用卜。（唐柳宗元《大云寺记》云："越人……病且忧，则聚巫师用鸡卜。始则杀小牲；不可，则杀中牲；又不可，则杀大牲；而又不可，则诀亲戚饬死事，曰：'神不置我，已矣。'因不食，蔽而死。"）	《方舆胜览》卷三八，《广西路·柳州·风俗》，第694页。
郁林州	（21）病则惟祀鬼神。病者求巫祝。病不服药，惟好事鬼神。惟信巫祝，重淫祀。	《永乐大典》卷二三三九，《梧州府·风俗形势》[1]。
邕州	（22）俗好淫祀，轻医药，重鬼神。	《宋史》卷二四九，《范旻传》，第8796页。
邕州	（23）邕州俗重祠祭，被病者不敢治疗，俗益杀鸡豚，徼福于淫昏之鬼。	《长编》卷一二，太宗开宝四年冬十月戊寅，第271页。
邕州	（24）杀人以祭鬼、疾病不求医药。	宋太宗：《令岭南长吏多方化导污俗诏》，《全宋文》卷六九，《宋太宗》七，第179页。
象州	（25）其俗火耕水耨，食鱼稻，信鬼神，好淫祀。又云俗以鸡卜吉凶，旧经云人多骋猎，家少秀民。（皇朝《郡县志》）	《舆地纪胜》卷一〇五，《广南西路·象州·风俗形胜》，第3页。
象州	（26）俗好淫祀。（《郡县志》："云云，以鸡骨卜吉凶。"）	《方舆胜览》卷四〇，《广西路·象州·风俗》，第718页。

---

[1] 转引自刘佳玲：《宋代巫觋信仰研究》，台湾师范大学历史研究所硕士论文，1996年，第126页。

续 表

地区	事例序号	资料出处
浔州	（27）越人畏鬼，甚于畏官。	程颐：《先公太中家传》，《全宋文》卷一七五八，《程颐》九，第349页。
藤州	（28）病则惟祀鬼神。病者求巫祝。病不服药，惟好事鬼神。惟信巫祝，重淫祀。	《永乐大典》卷二三三九，《梧州府·风俗形势》。
梧州	（29）病则惟祀鬼神。病者求巫祝。病不服药，惟好事鬼神。惟信巫祝，重淫祀。	《永乐大典》卷二三三九，《梧州府·风俗形势》。
宾州	（30）宾无大江以泄水气，民所居，前后皆沮洳卑湿，人多腿重脚软之患。病者不求医药，惟事鸡卜。	《舆地纪胜》卷一一五，《广南西路·宾州·风俗形胜》，第3页。
	（31）惟事鸡卜。	《方舆胜览》卷四一，《广西路·宾州·风俗》，第740页。
庆远府/宜州	（32）孤城溪洞里。（陶弼诗："云云，闻说已堪哀。蛮水如鲜血，瘴天已死灰。吏忧民置毒，巫幸鬼为灾。"）	《方舆胜览》卷四一，《广西路·庆远府·题咏》，第745页。
贺州	（33）俗重鬼，尝以鸡骨卜。	《舆地纪胜》卷一二三，《广南西路·贺州·风俗形胜》，第2页。
	（34）俗重鸡卜。（《寰宇记》："俗重鬼，尝以鸡骨卜。"）	《方舆胜览》卷四一，《广西路·贺州·风俗》，第746页。
化州	（35）其俗信鬼好淫祠。	《舆地纪胜》卷一一六，《广南西路·化州·风俗形胜》，第3页。
	（36）其俗信鬼。（原注：《图经》："云云，好淫祠。"）	《方舆胜览》卷四一，《广西路·化州·风俗》，第748页。

民间信仰篇

续 表

地区	事例序号	资料出处
高州	（37）高在粤地，民尚节俭，易于取足。元成先生谓，此间饮食粗足，绝无医药。土人遇疾，惟祭鬼以祈福。	《舆地纪胜》卷一一七，《广南西路·高州·风俗形胜》，第3页。
高州	（38）民尚简俭。祭鬼祈福。（元城先生曰："此间饮食粗足，绝无医药。土人遇疾，惟祭鬼以祈福。"）	《方舆胜览》卷四二，《广西路·高州·风俗》，第751页。
容州	（39）病则惟祀鬼神。病者求巫祝。病不服药，惟好事鬼神。惟信巫祝，重淫祀。	《永乐大典》卷二三三九，《梧州府·风俗形势》。
容州	（40）杀人以祭鬼、疾病不求医药。	宋太宗：《令岭南长吏多方化导污俗诏》，《全宋文》卷六九，《宋太宗》七，第179页。
钦州	（41）钦之祀，无非淫祠。	《岭外代答校注》卷一〇《宁谦议》，第435—436页①。
雷州	（42）骆越风俗殊，有疾皆勿药，束带趋祀房，瞽史巫纷若。	秦观：《淮海集》卷六，《雷阳书事》，第7页②。
琼州	（43）夷人之俗。（《长编》："开宝八年，琼州之俗无医，民疾病但求巫祝……"）	《舆地纪胜》卷一二四，《广南西路·琼州·风俗形胜》，第3页；《方舆胜览》卷四三，《广西路·海外四州·琼州·风俗》，第769页。

---

① 周去非著，杨泉武校注：《岭外代答校注》，北京：中华书局，1999年。
② 秦观：《淮海集》，《文渊阁四库全书》，台北：商务印书馆，1986年。

续表

地区	事例序号	资料出处
	（44）琼州言俗无医，民疾病但求巫祝。	《长编》卷一六，太宗开宝四年十一月己巳，第349页。
	（45）岭外俗皆恬杀牛，而海南为甚……病不饮药，但杀牛以祷……幸而不死，则归德于巫。以巫为医，以牛为药。	苏轼：《书柳子厚牛赋后》，《全宋文》卷一九三三，《苏轼》八十五，第206页。
	（46）荒祠鼓坎坎，老巫舞蹁跹……异域俗尚鬼，殊形耳垂肩。	李光：《庄简集》卷二，《元夕阴雨孤城愁坐适魏十二介然书来言琼台将然万炬因以寄之》，第1页①。
万安军	（47）病不服药，信尚巫鬼。	《舆地纪胜》卷一二六，《广南西路·万安军·风俗形胜》，第2页。
	（48）其俗质野。居多茅竹。信巫尚鬼。	《方舆胜览》卷四三，《广西路·海外四州·万安军·风俗》，第785页。

从表8中可见，宋代岭南地区的确是巫风盛行之地，而广南西路的情况似乎又比广南东路更为严重，前者中十八州有这方面的记录，后者却只有六州而已，这或许与广西一地多有蛮夷杂居者相关。周去非（1163年进士）官桂林通判，其著作提到广西的巫风时说"巫以荆得名，岂无自而然哉"，而愈是偏僻的地方，传统的巫风巫俗愈是猖獗："然今巫者画符，必为鸱顶之形，亦可见其源流矣。是故愈西南愈多诡异，茫茫天地，法各有本。"②"化外"之义，

---

① 李光：《庄简集》，《文渊阁四库全书》，台北：商务印书馆，1986年。
② 周去非：《岭外代答校注》卷一〇，《志异门·南法》，第446页。

民间信仰篇 441

除了地理沿革、历史渊源外,更渗入了"文明的我者"与"野蛮的他者"之差异。

巫风巫俗泛滥,巫觋与民众的生活息息相关,如钦州(今广西灵山)人惧怕祖先"家鬼"作祟,岁时祭祀中,巫觋就充当重要的主祭角色:

> 家鬼者,言祖考也。钦人最畏之,村家入门之右,必为小巷升堂。小巷右壁,穴隙方二三寸,名曰鬼路,言祖考自此出入也。人入其门,必戒以不宜立鬼路之侧,恐妨家鬼出入。岁时祀祖先,即于鬼路之侧,陈设酒肉,命巫致祭,子孙合乐以侑之,穷三日夜乃已。①

蔡绦也提到五岭以南之人"喜祀雷神",巫觋就在降神后主持杀牲的礼仪②。事实上,巫觋运用咒语、禹步,配合鼓乐等通神法器,在乡村社会里的祭神活动负责迎神、降神、祀神、乐神及送神等重要仪式,交通人神③,如表8例46,李光(1078—1159)记琼州(今海南海口)元夕一所丛祠的情况:

> 海滨遇元夕,况值愁阴天。重阴障佳月,微雨杂瘴烟。孤城欲黄昏,里巷已萧然。荒祠鼓坎坎,老巫舞蹁跹,挥杖眩村氓,掾齿传神言。异域俗尚鬼,殊形耳垂肩,邦人素敬畏,香

---

① 周去非:《岭外代答校注》卷一〇,《志异门·家鬼》,第447页。
② 蔡绦:《铁围山丛谈》卷四,第74—75页。
③ 关于宋代巫觋通神的仪式,参见王章伟:《在国家与社会之间——宋代巫觋信仰研究》,第23—77页。

灯竞骈阗。①

巫觋可以传达神意，也就可以将民众的欲求上告于鬼神，而岭南一带自古以来尚鬼好"鸡卜"②，巫觋往往即是其中的通灵占卜者（表8例14、15、20）。另一方面，遇上荒年或旱灾时，巫觋身为事鬼神者，自然会在祠庙中替老百姓拜神求雨，例如桂州（今广西桂林）一带：

易苦旱，率十年八九耕不获。每旱，即立视苗槁，而乞哀于神，无问在不在祀典。日击羊豕，聚群巫鼓舞象龙，或燃指以膏火薄肉供佛。不効，则祷于龙渡山之神。③

周去非记载，广西有一处灵岩，"洞顶穹窿，如宝盖然"，其下

---

① 李光：《庄简集》卷二，《元夕阴雨孤城愁坐适魏十二介然书来言琼台将然万炬因以寄之》，第1页。
② 传统以为岭南的"鸡卜"是持鸡骨进行占卜，但蔡绦提到宋代的实况："《汉郊祀》言：粤人信鬼，而以鸡卜。李奇《注》谓，持鸡骨卜也。唐（柳）子厚亦言，鸡骨占年。考之今粤俗且不然，实用鸡卵尔。其法先祭鬼，乃取鸡卵，墨画其表，以为外象。画皆有重轻，类分我别彼，犹《易》卦所谓世与应者。于是北面诏鬼神而道էը事，然后誓之，投卵镗中，烹之熟，则以刀横断鸡卵。既中破焉，其黄白厚薄处为内象，配用外象之彼我，以求其侵克与否。凡卜病卜行人，雅殊有验。"见蔡绦：《铁围山丛谈》卷四，第75页。不过，熟悉岭右风俗的周去非却认为持鸡骨占卜和用鸡卵卜两者都有，前者的方法是："以小雄鸡未孳尾者，执其两足，焚香祷所占而扑杀之，取腿骨洗净，以麻线束两骨之中。以竹梃插所束之处，俾两腿骨相背于竹梃之端，执梃再祷。左骨为侬，侬者我也。右骨为人，人者所占之事也。乃视两骨之侧所有细窍，以细竹梃长寸余者偏插之，或斜或直，或正或偏，各随其斜直正偏而定吉凶。其法有一十八变，大抵直而正或附骨者多吉，曲而斜或远骨者多凶。"见周去非：《岭外代答校注》卷一〇，《志异门·鸡卜》，第442页。
③ 陈傅良：《止斋集》卷四一，《跋灵润庙赐敕额》，《文渊阁四库全书》，台北：商务印书馆，1986年，第13页。

是神龙所居，有一次天久不雨，他们到灵岩祈祷焚香，"巫者以修缏下瓶汲深，奉之以归，辄有感应"①；当地巫觋这种"交感巫术"，有趣有效②。

这些巫觋掌握了"以禹步咒诀，鞭笞鬼神"之术，能替人画符役神攘鬼，消灾解难③，最常见的就是为百姓疗疾治病，表8有很多这方面的例子和批判（表8例1、3、4、8、10、11、13、16、18—24、28—30、37—40、42—45、47）。民众面对流行疫病时的无奈，畏鬼信巫是可以想见的，奸巫就可借此兴妖渔利：

> 广西凌铁为变，邓运使擒之，盖杀降也。未几邓卒，若有所睹。广西群巫乃相造妖且明言曰："有二新圣，曰邓运使、凌太保。必速祭，不然，疠疫起矣！"里巷大谨，结竹粘纸为轿、马、旗帜、器械，祭之于郊，家出一鸡。既祭，人惧而散，巫独携数百鸡以归。因岁岁祠之。巫定例云："与祭者，不得受胙。"故巫岁有大获，在钦为尤甚。④

"尚巫右鬼"的风俗习惯引起了一连串问题，包括祭拜淫祀（表8例1、2、9、12、16、19、21、25、26、28、29、35、36、39、41）、杀人祭鬼（表8例1、4—6、8、18、24、40）、民众病不服

---

① 周去非:《岭外代答校注》卷一,《地理门·灵岩》，第19页。
② 这些巫觋用瓶子在神龙居住的灵岩汲水返归施法，是西方交感巫术理论中典型的"同类相生"或"果必同因"的"相似律"，见［英］弗雷泽著、汪培基译：《金枝——巫术与宗教之研究》上册，台北：桂冠图书股份有限公司，1994年，第21—23页。
③ 周去非:《岭外代答校注》卷一〇,《志异门·南法》，第445—446页。
④ 周去非:《岭外代答校注》卷一〇,《志异门·新圣》，第440页。

药但依巫祝（表8例1、3、4、8、10、11、13、16、18—24、28—30、37—40、42—45、47）、巫觋装神扮鬼愚弄百姓（表8例2、19）等等，威胁社会安宁，后文还会提及。宋朝政府在统一南方后，自须认真对待这种岭外的旧俗传统，巩固统治。

三、移风易俗——文明向南方推进

五代时期，南方社会巫风炽烈，南方诸国也积极封神[1]；北方的情况却迥然不同，周世宗（921—959，954—959在位）积极整顿和排斥巫觋，后来的宋王朝也继承这方面的政策[2]。两广的情况，太祖开宝四年二月平定南汉后，到了十月，知邕州（今广西南宁）范旻（936—981）即针对当地的右鬼尚淫祀之风俗，大加镇压：

> 岭南平，[范旻]迁知邕州兼水陆转运使。俗好淫祀，轻医药，重鬼神，旻下令禁之。且割己奉市药以给病者，愈者千计，复以方书刻石置厅壁，民感化之。[3]

伴随着帝国势力向南部疆土的扩张，中原文明首度向岭南的巫鬼信仰犁踏，据说颇有成效。不过，移风易俗并非一朝一夕之事，

---

[1] 除了民间信仰外，最新的研究指出，五代南方王国积极推行封神运动，与北方五代王朝无意封神的态度，形成"南热北冷"的现象，直接影响后来神宗、徽宗朝宋廷积极封神的政策。参见杨俊峰：《五代南方王国的封神运动》，《汉学研究》2010年第28卷第2期，第327—362页。
[2] 中村治兵卫：《中國シャーマニズの研究》，第69—84页。
[3] 《宋史》卷二四九，《范旻传》，第8796—8797页；李焘：《长编》卷一二，开宝四年十月戊寅，第271页。

在宋朝统一全国后六年（985），太宗皇帝在看毕《邕管杂记》关于两广的乖异风俗记载后下诏：

> 岭峤之外，封域且殊，盖久隔于华风，乃染成于污俗。朕尝览传记，备知其风土。饮食男女之仪，婚姻丧葬之制，不循教义，有亏礼法。昔汉之任延理九真郡，遂变遐陋之地，而成礼让之俗。是知时无古今，人无远近，问化之如何耳，岂有弗率者乎！应邕、容、桂、广诸州，婚嫁丧葬、衣服制度，并杀人以祭鬼、疾病不求医药及僧置妻孥等事，并委本属长吏多方化导，渐以治之，无宜峻法，以致烦扰。①

可见，相对于中原的礼法教义，岭南杀人祭鬼和有病不医这种同样是历史悠久的巫风巫俗，仍然未有改变；而太宗在鄙薄这些跟中州"华风"不同的"污俗"时，却又不忘叮嘱牧民之官要循加善诱，切勿用严刑峻法挑起抗争。政治上，南部疆土虽然早归国有，但文化上的畛域，仍然需要循吏小心翼翼地泯除；比起范旻的铁腕镇压，宋太宗这个统一帝国的缔造者对岭南"他者"化外之俗的关怀与改造，确有一番苦心。

仁宗天圣元年（1023）十一月，中央政府又因两广地区、江南东西、荆湖南北、两浙和福建诸路均有巫觋害人之事，于是诏加禁制："自今师巫以邪神为名，屏去病人衣食、汤药，断绝亲识，意

---

① 《宋会要辑稿》，《刑法》二之三，第6497页；《长编》卷二六，雍熙二年九月庚戌，第599页；《宋史》卷五，《太宗纪》二，第76页；宋太宗：《令岭南长吏多方化导污俗诏》，《全宋文》卷六九，《宋太宗》七，第179页。

涉陷害者，并并谋之人，并比类咒咀律条坐之。"① 而徽宗政和四年（1114）十一月对两广的禁巫令，移风易俗之目的更是清楚：

> 臣僚言：窃见民间尚有师巫作为淫祀，假托神语，鼓惑民众。二广之民，信向尤甚，非"一道德、同风俗"之意也。臣愚欲乞申严法禁，以止绝之。若师巫假托神语欺愚惑众，徒二年，许人告，赏钱一百贯文。②

配合着这种高压政策，不少地方官员亦继续积极在岭南开化民俗，打击害人坏俗的妖巫邪法，如仁宗朝于广东任官的陆起：

> 为英州真阳令。有村巫以银瓮贮二蛇，自岭北至。所经乡聚，率民具旗旙萧鼓迎且祠焉。至真阳，观者塞路。[陆]起至蛇所，曰："吾欲见神。"巫偕耆老倭捧瓮覆于地，蛇旋走，起斩之数段导，从物悉焚之。捕巫，劾奸状，挞逐。远近骇伏，称为神明。③

事实上，要有效对付岭南民众好鬼尚巫、病不服药的风俗，施行高压的禁制措施，将巫觋捕拿，如张栻（1133—1180）在桂州的做法，直截了当：

> 愚民无知，遇有灾病等事，妄听师巫等人邪说，辄归罪父

---

① 《长编》卷一○一，天圣元年十一月戊戌，第2340页；《宋史》卷九，《仁宗纪》一，第179页。
② 《宋会要辑稿》，《刑法》二之六四，第6527页。
③ 王象之：《舆地纪胜》卷九五，《广南东路·英德府·官吏》，第6页。

祖坟墓不吉，发掘取棺栖寄它处……愚民无知，病不服药，妄听师巫，滛祀谣祷，因循至死。反谓祈祷未至，曾不之悔，甚至卧病在床，至亲不视，极害义理……，[张栻] 出榜禁止，捉押决定，依条重作施行。①

度宗（1240—1274，1264—1274在位）时李肖龙（1235—1292）则在循州（今广东龙川）禁治邪巫②。笔记小说《夷坚志》亦有两则相关的故事，其一提到雷州（今广东海康）一个名叫康财的人，妻子被蛮巫林公荣用邪法所害，州吏捕林置狱③；另一事发生在化州（今广东化州），墟落间有一个巫觋能禁人生魂，害人生病，结果被县宰正法，死于狱中④。后一个故事提醒读者，要在南方落后地方禁巫，就要处理当地巫觋与疾病的密切关系，这也是中原文明向南方推进的另一个重要手段⑤。

宋代是一个瘟疫横行的时代⑥，邢昺（932—1010）讨论当

---

① 张栻：《南轩集》卷一五，《谕俗文》，第15—18页。
② 阮元修、陈齐昌等撰：《（道光）广东通志》卷二七〇，《李肖龙传》，《续修四库全书》，上海：上海古籍出版社，1995年，第592页。
③ 洪迈：《夷坚志》丁志卷一，《治挑生法》，北京：中华书局，1981年，第542页。
④ 洪迈：《夷坚志·三志壬》卷四，《化州妖凶巫》，第1498—1499页。
⑤ TJ Hinrichs, *The Medical Transforming of Governace and Southern Customs in Song Dynasty China*（960—1279 C.E.）, pp. 23—26, 29—60.
⑥ 陈元朋根据《宋史》的记载，统计出北宋发生了20次大规模瘟疫，南宋则有30次，参见陈元朋：《〈夷坚志〉中所见之南宋瘟神信仰》，《史原》1993年第19期，第72页。邱云飞则以不同的资料，统计出两宋时期的瘟疫有49次，见邱云飞：《中国灾害通史·宋代卷》，郑州：郑州大学出版社，2008年，第163—167页。郭志嵩（Asaf Goldschmidt）研究北宋医史的新著中，仅就北宋而言，已录得37次大疫，参见 Asaf Goldschmidt, *The Evolution of Chinese Medicine: Song Dynasty, 960—1200*, London and New York: Routledge, 2009, p. 77.

时百姓的灾患大者有四,"疫"即居其首[1]。根据郭志嵩（Asaf Goldschmidt）的研究,宋代因为经济重心南移,南方人口激增,加上贸易发达和都市化的影响,南方经常发生大规模的瘟疫,有时更牵连北方,特别是仁宗在位期间（1045—1060）。政府采取了几种对策,首先由太医局审定疫病的种类,然后施与金钱和药物,进行社会救济；此外,朝廷又指令有关的地方官员提供免费方剂,让人民得到及时的医疗援助。更重要的是,仁宗于嘉祐二年（1057）成立"校正医书局",搜集、研究、重印各种医书,特别是关于疗治温病的《伤寒论》,企图透过促进新的医学知识解决疫病的问题[2]。岭南地方的医政,实际情况不太清楚,但据元符（1098—1100）时的地方医学设置规格,两广应该有医学博士43人、助教5人；徽宗时由中央向地方派出医官"驻泊",岭南名额本可达140人,但当时全国可供分配的医官仅700人,故两广显然不可能有足额配给[3]。

表8已能略见官方和士大夫对两广民众弃医从巫的不少批评,为了更深入分析问题,这里将更多的事例情况和官方的对策绘成"宋代两广'信巫不信医'及官方对策事例表",罗列于下：

---

[1] 邢昺:《论灾患奏》,见曾枣庄、刘琳主编:《全宋文》卷五三,《邢昺》,第280页。
[2] Asaf Goldschmidt, *The Evolution of Chinese Medicine: Song Dynasty, 960—1200*, pp. 69—102；南方情况参见 TJ Hinrichs, *The Medical Transforming of Governace and Southern Customs in Song Dynasty China*（*960—1279 C.E.*）, pp. 101—129.
[3] 刘小斌、郑洪、靳士英主编:《岭南医学史》上册,第151—157页。

民间信仰篇　449

表9　宋代两广"信巫不信医"及官方对策事例表

序号	地界	情况	官方的处理方法	资料出处
1	岭南诸州	杀人祭鬼，病不求医。	（朝廷下令）深宜化导，使之悛革。	《长编》卷二六，太宗雍熙二年九月庚戌，第599页；宋太宗，《令岭南长吏多方化导污俗诏》，《全宋文》卷六九，《宋太宗》七，第179页。
2	广南	广南风土不佳，人多死于瘴疠。其俗又好巫鬼，疾病不进药饵，惟与巫祝从事，至死而后已，方书药材未始见也。	（真宗）赐《圣惠方》与药材之费，岁给钱五百缗，漕臣制药以赐一路之官吏。	《独醒杂志》卷三，第27页。
3	梅州	俗信巫鬼，舍医即神，劝以药石伐病，则慢不之信。		《舆地纪胜》卷一〇二，《广南东路·梅州·风俗形胜》，第2页；《方舆胜览》卷三六，《广东路·梅州·风俗》，第650页。
4	南雄州	岭南无医，凡有疾病，但求巫祝鬼，束手待毙。	（朝廷下令）取古今名方治瘴气者，集为一书，颁下本路。	《系年要录》卷一五九，绍兴十九年六月辛酉，第2587页。
5	静江府/桂州	（1）其俗有疾不服药，唯祷神。	（陈尧叟）以集验方刻石桂州驿舍，自后始有服药者。	《方舆胜览》卷三八，《广西路·静江府·名宦》，第690—691页；《宋史》卷二八四，《陈尧叟传》，第9584页。

450　近世社会的形成：宋代的士族与民间信仰

续表

序号	地界	情况	官方的处理方法	资料出处
		（2）愚民无知，遇有灾病等事，妄听师巫等人邪说……愚民无知，病不服药，妄听师巫淫祀謟祷，因循至死。	（张栻）出榜禁止捉押决定依条重作施行。	《南轩集》卷一五《谕俗文》，第15—18页。
6	郁林、藤、梧、容诸州	病则惟祀鬼神。病者求巫祝。病不服药，惟好事鬼神。惟信巫祝，重淫祀。		《永乐大典》卷二三三九，《梧州府·风俗形势》。
7	邕州	（1）俗好淫祀，轻医药，重鬼神。	（范）旻下令禁之。且割己奉市药以给病者，愈者千计，复以方书刻石置厅壁，民感化之。	《宋史》卷二四九，《范旻传》，第8796—8797页。
		（2）邕州俗重祠祭，被病者不敢治疗，俗益杀鸡豚，徼福于淫昏之鬼。	范旻下令禁之，出俸钱市药物，亲为和合，民有言病者给之。获痊愈者千计，乃以方书刻石竁置厅壁，部内化之。	《长编》卷一二，太宗开宝四年冬十月戊寅，第271页。
8	宾州	宾无大江以泄水气，民所居，前后皆沮洳卑湿，人多腿重脚软之患。病者不求医药，惟事鸡卜。	知县蒋国博作喻民一篇，并刻方书一册，邦人感之，稍为之变。	《舆地纪胜》卷一一五，《广南西路·宾州·风俗形势》，第3页；《方舆胜览》卷四一，《广西路·宾州·风俗》，第740页。

民间信仰篇　451

续 表

序号	地界	情况	官方的处理方法	资料出处
9	高州	此间饮食粗足，绝无医药。土人遇疾，惟祭鬼以祈福。		《舆地纪胜》卷一一七，《广南西路·高州·风俗形胜》，第3页；《方舆胜览》卷四二，《广西路·高州·风俗》，第751页。
10	雷州	骆越风俗殊，有疾皆勿药，束带趋祀房，瞽史巫纷若。		《淮海集》卷六，《雷阳书事》，第7页。
11	琼州	（1）琼州之俗无医，民疾病但求巫祝。	（朝廷）诏以《方书》《本草》给之。	《舆地纪胜》卷一二四，《广南西路·琼州·风俗形胜》，第3页；《方舆胜览》卷四三，《广西路·海外四州·琼州·风俗》，第769页；《长编》卷一六，太宗开宝四年十一月已巳，第349页。
11	琼州	（2）岭外俗皆恬杀牛，而海南为甚……病不饮药，但杀牛以祷……幸而不死，则归德于巫。以巫为医，以牛为药。间有饮药者，巫辄云："神怒，病不可复治。"亲戚皆为却药，禁医不得入门，人、牛皆死而后已。	（苏轼）莫能救，书柳子厚《牛赋》以遗琼州僧道赟，使以晓喻其乡人之有知者。	苏轼：《书柳子厚牛赋后》，《全宋文》卷一九三三，《苏轼》八五，卷一九三三，第206页。
12	万安军	病不服药，信尚巫鬼。		《舆地纪胜》卷一二六，《广南西路·万安军·风俗形胜》，第2页。

事实上，要劝止民众不再"信巫不信医"，首先必须了解当地疫病频生的背景，考察人们尚巫弃医的原因，然后对症下药。从表9中的资料可知，政府和官员认为岭南地区山林茂密，潮湿炎热，瘴气弥漫，容易发生疠疫，百姓因此多病（表9事例2、4、8），这其实是传统视岭南为瘴乡的看法：

> 南方凡病，皆谓之瘴，其实似中州伤寒。盖天气郁蒸，阳多宣泄，冬不闭藏，草木水泉，皆禀恶气。人生其间，日受其毒，元气不固，发为瘴病。轻者寒热往来，正类痁疟，谓之冷瘴。重者纯热无寒，更重者蕴热沉沉，无昼无夜，如卧灰火，谓之热瘴。最重者，一病则失音，莫知所以然，谓之痖瘴。冷瘴未必死，热瘴久必死，痖瘴治得其道，间亦可生……痛哉深广，不知医药，唯知设鬼，而坐致殂殒！①

可见在这种环境下，加上南疆远离中原，医药水平落后，甚至没有医生或方书，故民众只有依赖巫觋，求神拜鬼，禳灾去祸［表9例2、4、9、11（1）］；而即使有药，愚昧迷信者也多尚鬼佞巫，不肯求医服药（表9例1、3、5—8、11）。

---

① 周去非：《岭外代答校注》卷四，《风土门·瘴》，第152—153页。关于岭南瘴气的问题，参阅范家伟：《六朝时期人口迁移与岭南地区瘴气病》，《汉学研究》1998年第16卷第1期，第27—58页。宋代的情况，见金强：《宋代岭南谪宦》，第26—35页；左鹏：《宋元时期的瘴疾与文化变迁》，《中国社会科学》2004年第1期，第194—204页。艾媞婕则详细讨论时人对南方"疫病"（Epidemics）和"感染"（Contagion）的不同认识、观点和争论，参见 TJ Hinrichs, *The Medical Transforming of Governance and Southern Customs in Song Dynasty China*（960—1279 C.E.）, pp. 130—226.

针对岭南地区在物质文化和精神文明方面的落后而引致"信巫不信医",政府和官员即从给药、刻方书和严厉打压巫觋两者下手。前者的情况,表9的例2、4、5、7(1)、8、11(1)等都可窥见;据《宋史》所载,两宋中央政府也因岭南兵民苦于瘴毒而多次置医施药[1],官修方书和其他的医家著作也对瘴病进行研究,获得一定成就[2]。从"他者"的视角而言,中央政府这种移风易俗的政策,固然是"一道德"彰显其政治权力的内在;然而,统治菁英这种对"信巫不信医"的改造,同时也可能是兼及出于自身"文明"的真心关怀,朝廷编修的医方一再显露这种爱民惠政之目的:

> 昔神农尝百草之味,以救万民之疾;周官设疾医之政,以掌万民之病。著在简编,为万世法。我宋勃兴,神圣相授,咸以至仁厚德,涵养生类,且谓札瘥荐臻,四时代有,救恤之术,莫先方书。故自开宝以来,早敕近臣雠校本草,厥后纂次《神医普救》,刊行《太平圣惠》,复位《针艾俞穴》,校正《千金》、《外台》,又作《庆历善救》、《简要济众》等方,以惠天下。[3]

---

[1] 《宋史》卷一〇,《仁宗纪》二,第201页;卷三五,《孝宗纪》三,第672页。
[2] 刘小斌、郑洪、靳士英主编:《岭南医学史》,上册,第186—204页。左鹏前引文指出,文献中瘴疾在各地分布的变迁,反映了中原王朝的势力在这些地区的进退盛衰;宋元时期,华夏汉文化在南方渗透、改造这些地区,"瘴乃稍轻",到后来"绝无烟瘴,土风不异于中州"。见左鹏:《宋元时期的瘴疾与文化变迁》,第194页。由此可见岭南巫俗、医疗与中土文明推进间的关系。
[3] 太平惠民和剂局编,陈庆平、陈冰鸥校注:《太平惠民和剂局方》,北京:中国中医药出版社,1996年,第1页。

"尚医士人"程迥（1163年进士）所著的《医经正本书》[1]，在讨论伤寒疫病的传染问题时，就痛陈了跟中州不同的这种南方风俗所造成的祸害：

> 迥及见中原之人，信医不信巫，亲人未尝去其旁，故多全活。江南俚俗，信巫不信医，亲人屏去，故多死……今乾道敕，同居亲疾病，辄相弃绝者杖一百。盖其有此陋俗，故立法也。[2]

对于朝廷和士大夫来说，抑巫、扬医除了是南北问题外，其实也是"俚俗"与"文明"的碰撞，故宋太宗御制《太平圣惠方》，就是要"贵在救民，去除疾苦，……庶使天高地厚，明王道之化成。春秋往来，布群黎之大惠"，并强调"遍施华夷，凡而生灵，宜知朕意。"[3] 表9例5中的陈尧叟（961—1017）、例7（1）中的范旻和例8中的蒋国博，也是在这种"同风俗"的思想下，努力将上层的医药知识推展到两广华夷杂处的穷乡僻壤里去，结果令当地百姓"受到感化"。

然而，要更易岭南自古以来根深蒂固的迷信习俗，教化引导［表9例1、11（2）］、动之以情（表9例7、8）可能是更根本的做法，故范旻在采取强硬政策之余，也出私俸去救济病者，情理兼

---

[1] 关于"尚医士人"的讨论，参见陈元朋：《两宋的"尚医士人"与"儒医"——兼论其在金元的流变》，台北：台湾大学文学院，1997年。
[2] 程迥：《医经正本书》，《续修四库全书》，上海：上海古籍出版社，1995年，第5页。
[3] 宋太宗：《御制太平圣惠方序》，收入王怀隐等撰：《太平圣惠方》卷一七一，载于中国文化研究会编纂：《中国本草全书》，北京：华夏出版社，1999年，第121—122页。

备。大儒张栻在桂林一方面禁巫觋毁淫祀,却又独留境内的尧舜祠庙①,就是要让蛮荒异域的民俗,逐渐沾染中原的儒家礼乐文明②;政府和官僚士大夫甚或可能利用佛、道等较为符合道德名教的"制度化宗教",排斥巫觋巫术③。不过,文明推进的过程其实很是缓慢,客观条件未必一定配合,哲宗时虞策(1158年进士)就上言:

> 神农区辨百物,黄帝有内、外诸经,《周官》有医师、疾医、疡医之官,掌万民疾病。盖养人之事,凡可以致力者,圣王未尝不为之留意也。恭惟祖宗已来,广裒方论,颁之天下。嘉祐诏书复开元故事,郡置医生,熙宁已来,县亦如之。然郡

---

① 刘昌诗:《芦浦笔记》卷四,《尧庙》,北京:中华书局,1986年,第31页。
② 兴学教化自然是"一道德,同风俗"的重要手段,表8例16记张栻在禁毁广西的淫祠时就"新学校"。不过,由于这篇短文无法通论岭南地区的移风易俗,只针对巫觋巫术的问题,故官僚和士大夫在南方兴学的情况暂且按下不表。参见葛兆光:《中国思想史》第2卷,第356—386页; TJ Hinrichs, *The Medical Transforming of Governace and Southern Customs in Song Dynasty China*(960—1279 C.E.), pp.61—100.
③ 在宋代,"事鬼神者"绝非巫觋的专利事业,佛教僧侣、道士、法师以及其他宗教的祭司其实都扮演着相类的角色,互为竞争。参见王章伟:《在国家与社会之间——宋代巫觋信仰研究》,第37页。戴安德(Edward L.Davis)指出,宋代民间信仰的仪式市场里,法师与道士和巫觋竞争很大,政府更以之打击村落间的巫觋巫术。参见Edward L. Davis, *Society and the Supernatural in Song China*, Honlulu: University of Hawaii Press, 2001, pp. 45—66. 的确,宋朝政府的禁巫政策中,就曾利用佛教抵消巫医的活动影响,转换民众的精神寄托;地方官甚至会利用道士的法术和符箓对付巫觋,如"收摄邪巫法"或"追邪巫符式"。关于佛教,参考杨倩描:《宋朝禁巫述论》,《中国史研究》1993年第1期,第80页,及刘黎민:《宋代民间巫术研究》,成都:巴蜀书社,2004年,第339—340页;后者见鲍菊隐Judith Magee Boltz, "Not by the seal of office alone : New weapons in battles with the supernatural," in Patricia B. Ebrey & Peter N. Gregory(eds.), *Religion and Society in Tang and Sung China*, Honolulu: University of Hawaii Press, 1993, pp. 241—305. 因此,有理由相信宋朝政府在岭南"惩巫扬医"时也可能这样做;不过,现有的史料虽然有不少南方的例子,但笔者暂时未见有两广的记载,为谨慎故,此说暂存疑。

县奉行未称诏旨，有医生之名，无医生之实，讲授无所，传习未闻。今要藩大郡或罕良医，偏州下邑，遐方远俗，死生之命委之巫祝。纵有医者，莫非强名，一切穿凿，无所师法，夭枉之苦，何可胜言？①

岭南的情况，经过北宋一代的努力，再加上靖康之祸导致大量北人移居南方，将中原的礼教和医学文明在两广推广，情况才逐渐产生变化，绍兴年间流寓岭南琼州的李光说：

予观《千金》《外台秘要》诸方书，皆前古圣贤有意拯救生灵，其功甚大，……最为有用。五十年来，中原士大夫家藏此书，其间所居僻远，一旦老少疾恙难致良医，按方治疗，无不愈者。……自兵兴以来，北人多流寓二广，风俗渐变，有病稍知服药，不专巫祝之事。予谪居于琼，偶与郡守论近世方术之妙无出此书，遂欲刊行。②

南徙的北方士大夫，在南方移植其起居生活的习惯和伦理价值，慢慢改变了当地"信巫不信医"的风俗③。

---

① 《长编》卷四七二，哲宗元祐七年四月丙子，第1272页。
② 李光：《庄简集》卷一七，《跋再刊初虞世必用方》，第2—3页。
③ 艾媞婕认为，南宋统治菁英地方化后，政府退出对南方扬医惩巫的干涉，转由地方菁英领导文明开化的政策。见TJ Hinrichs, *The Medical Transforming of Governance and Southern Customs in Song Dynasty China*（960—1279 C.E.）, pp. 52—57. 就"惩巫扬医"一点所见，本书表9的史料或许尚与其论相符，但如就整个宋朝政府对巫风巫俗的态度，本书表8及表10的史料却呈现不同情况。

民间信仰篇　457

四、他者的想象——岭南巫俗

宋朝统一岭南后,北方人因为其路途遥远,加上环境恶劣,遂以为是不适合居住的蛮荒野地,故两广的经济发展也较其他地区落后,成为朝廷安置流人谪官之地①。另一方面,南疆远离中州,跟中原的儒家礼乐文明本就是南辕北辙,而两广之地又杂居了大量少数民族,域外风俗更显得诡奇。对中原的士大夫来说,岭南充满了尚巫好鬼的传说;对流寓的官绅而言,这里也多奇风异俗②。这方面,岭外土著本身的怪谈妖说中,施术者、受术者、观众和故事的传播者等,都为这些南来的"他者"提供了丰富的材料去记述、书写。然而,这种猎奇式的"社会想象",当中自然夹杂了不少北人、官僚或儒家士大夫菁英阶层等他者的构想。

理学大师陈淳(1159—1223)以为,"江淮以南,自古多淫祀。以其在蛮夷之域,不沾中华礼义"③,这是当代人的典型看法。两广接壤蛮荒,是少数民族聚居的地方,汉、夷的文化隔阂更为复杂,周去非提到钦州之民有五种,除西北流民、射地而耕的福建人和以舟为室的"蜑人"外,尚有:

---

① 金强:《宋代岭南谪官》,第37—45页。
② 周去非在《岭外代答校注》的《序》里就说:"仆试尉桂林……荒忽诞漫之俗,瑰诡谲怪之产,耳目所治,与得诸学士大夫之绪谈者,亦云广矣。"见《岭外代答校注》,第1页。而范成大在《桂海虞衡志》的《序》也提到"蛮陬绝徼见闻可纪者,亦附著之,以备土训之图。"见范成大著,严沛校注:《桂海虞衡校注》,南宁:广西人民出版社,1986年,第1页。
③ 陈淳:《北溪字义》卷下,北京:中华书局,1983年,第64页。

一曰土人，自昔骆越种类也。居于村落，容貌鄙野，以唇舌杂为音声，殊不可晓，谓之萎语。……三曰俚人，史称俚僚者是也。此种自蛮峒出居，专事妖怪，若禽兽然，语音尤不可晓。①

《夷坚志》即记载柳州宜章县黄沙峒，"山势险恶，盘纤百余里，为溪洞十八所，皆刚夷恶獠根株窟穴之处"，其间有一淫祀黄巢庙，前有怪树，后有大黑蛇，多有异象②。同书描述南安的"穷神"而啧啧称奇时，也认为是受两广影响，"岭下风俗逼于蛮陬，故神怪如此"③。广州境内的大溪山有一神秘山洞，外人不识，每年五月五日山洞会打开，土人用纸张在石壁上印出咒语或药方，无不效验，记叙者以为是土著的"南法"也④。教人意外的是，连到岭外钦州任官的林千之，亦"坐食人肉削籍隶海南。天下传以为异，谓载籍以来未之见"⑤。陈淳是福建隆溪人、周去非是温州永嘉人、洪迈（1123—1202）是饶州鄱阳人，虽都来自南方，但所谓"非我族类"，其著作中这种岭南土著"专事妖怪"的看法，其来已久，却也深入民心。

表9宋代两广"信巫不信医"的事例中，反映的是中央政府及官员对南人这种风俗习惯的记录与批评，当中虽有事实的基础，叙述的基调却可谓完全出于一种菁英式的"文明开化／野蛮愚昧""中原

---

① 周去非：《岭外代答校注》卷三，《外国门下·五民》，第144页。
② 洪迈：《夷坚志》支乙卷五，《黄巢庙》，第835页。
③ 洪迈：《夷坚志》补卷十五，《南安穷神》，第1694页。
④ 庞元英：《谈薮》卷三一，收入陶宗仪等编：《说郛三种》，上海：上海古籍出版社，1988年，第22页。
⑤ 赵与时：《宾退录》卷七，上海：上海古籍出版社，1983年，第85页。

/边疆""上层/下层"的二元思维[1]。因此，他们只单单用"医药不足"或"民智落后"去解释南方"信巫不信医"的问题。的确，在医学水平仍难以有效应付疫疠的宋代，特别是岭南的条件特别差、特别不足的时候，当地民众遇到严重的传染病时，那种无奈是可想见的。不过，医疗资源较好的中原，情况却未必有很大的差异[2]。

根据研究，"信巫不信医"其实是宋代各地的风俗，而时人在面对疾病威胁时，"巫医并举"的情况也不罕见；宋代不少巫觋实为掌握一定医学知识的"治病巫"[3]，其外表与替民众疗病的方法跟台湾现代的童乩至为相似，是地方上的"土俗医生"。而且，巫觋透过通灵，可以向病者解释何以不幸降临其身？何以是自己而不是其他人罹染恶疾？这种心理治疗的"宽慰作用"（placebo effect）至为重要[4]。其实，现代医疗人类学在"疾病理论体系"和"保健体

---

[1] 试看表9例11（2）苏轼对柳州人的佞巫批判，何其理直气壮。然而，苏轼却又曾经大谈其在广州所见女仙降神为文的佳话。参见苏轼：《子姑神记》，《全宋文》卷一九七○，《苏轼》一二二，第445页；苏轼：《广州女仙》，《全宋文》卷一九七九，《苏轼》一三一，第151—152页。他所说的其实也只是一个比较知书识礼的野鬼，但其对两事的看法却差异如此。
[2] 宋代的医疗水平，比起前代来说，无论在理论或实践方面都取得突出成就，见王章伟：《在国家与社会之间——宋代巫觋信仰研究》，第147页。不过，陈元朋指出，由于医者技艺的精粗不齐和药材的不易获取，故民间"信巫不信医"的情况仍然很严重，见陈元朋：《两宋的"尚医士人"与"儒医"——兼论其在金元的流变》，第85页。
[3] 宋太宗：《禁两浙诸州治病巫诏》，收入《全宋文》卷七六，《宋太宗》一二，第312页；《宋会要辑稿》，《刑法》二之五，第6498页。
[4] 王章伟：《在国家与社会之间——宋代巫觋信仰研究》，第139—195页；木村明史：《宋代の民间医疗と巫觋观——地方官による巫觋取缔の一侧面——》，第89—104页。关于"土俗医生"的讨论，参见医疗人类学方面的研究成果：张珣：《疾病与文化——台湾民间医疗人类学研究论集》，台北：稻乡出版社，1994年，第3—13页。基思·汤玛士（Keith Thomas）则认为，巫术医学早已凸显了现代医学中有关心理治疗的"宽慰作用"，巫觋是"通过病人的心理而不是通过其身体治愈他们"，故巫觋宣称他们治不好那些不相信他们的人，见Keith Thomas, *Religion and the Decline of Magic*, New York: Oxford University Press, 1999, pp. 204—211.

系"方面的研究,让读者更能了解这种民间信仰与医疗的问题。张珣对台湾乡民的调查显示,他们往往认为疾病是与鬼神等超自然力量有关,可分为始因、远因和近因:

> 例如某人命中注定或八字轻(始因),因此容易碰到外界鬼神等歹物(远因),歹物再引起其人灵魂脆弱,抵抗力低而失去平衡,吹到风(近因)才感冒。①

为了治病,他们并不区分何种医疗体系,只要有效便行;不过,超自然致病因既然那么重要,故乡民为了防患,平日就会采取烧香拜神等预防保健的方法②。可以想见,宋代岭南地方"信巫不信医"的情况,或许与这种民俗医疗体系和乡民的医疗观念有关,民众平常会烧香祭拜祠神,求神灵保佑自己身体健康,遇有疾病时就会延巫禳灾,自然不已。对于岭南"愚民"这种"疾病理论体系"和"保健体系",统治菁英未必明白个中真谛,自然嗤之以鼻。

有趣的是,当时连一些流寓岭南之士大夫在遇到恶疾缠身时,也多有延巫求医者,如吴幵建炎年间谪居韶州(今广东韶关),其子祖寿颈上突然生了个大瘤,母亲刘夫人即"迎医召巫"③;朝请大夫黄民瞻知惠州,妻子也因其急病突发而"召医巫疗拯"④;而陈子辉绍兴年间待判南雄州,女儿罹病"气虽绝而心微温,医巫拯疗不效"⑤。更

---

① 张珣:《疾病与文化——台湾民间医疗人类学研究论集》,第136页。
② 张珣:《疾病与文化——台湾民间医疗人类学研究论集》,第137—139页。
③ 洪迈:《夷坚志》乙志卷一九,《吴祖寿》,第348页。
④ 洪迈:《夷坚志》支戊卷二,《黄惠州》,第1067—1068页。
⑤ 洪迈:《夷坚志》丁志卷五,《陈通判女》,第574—575页。

民间信仰篇 461

直截的情况，官员在遇到妖鬼时，就立刻招巫禳灾，如郝光嗣在绍兴年间为广州录事参军，"有魅挠其家，房闼庖湢，无不至也"，郝氏"始犹命巫考治"①。不过，从国家和儒家士大夫的角度去看，巫医巫术毕竟是如前引张栻的《谕俗文》所指"愚民无知"的举动，也是如陈淳和周去非等人眼中的"蛮夷之俗"，故针对疫病问题，中央政府就编修如《太平圣惠方》等医学方书著作，大力在全国特别是南方"信巫不信医"的地域推广传播，希望在救民去疾之余打击巫医，并以此改变社会风气，达到宣扬儒家教化和实现国家权威统治之目的②。由此可见，"扬医"与"惩巫"，或许只是统治菁英对岭南巫风巫俗的误解和构想下之对策而已。

两宋时代，巫风盛行，早在太宗太平兴国六年（981），中央政府就第一次颁行禁巫的诏令，此后各朝均三令五申，我也将其内容详细表列于下，以资讨论。

表10　宋代中央政府禁巫诏令表

序号	时间	禁令详情及内容	禁制原因	施行地域	资料出处
1	太宗太平兴国六年(981)四月	（1）禁西川诸州白衣巫师。		东、西川诸州	《宋史》卷四，《太宗纪》一，第66页。
		（2）禁东、西川诸州白衣巫师。			《长编》卷二二，太宗太平兴国六年四月丙戌，第492页。

---

① 洪迈：《夷坚志》甲志卷一九，《郝氏魅》，第174页。
② 韩毅：《国家、医学与社会——〈太平圣惠方〉在宋代的应用与传播》，收入姜锡东主编：《宋史研究论丛》第11辑，保定：河北大学出版社，2010年，第514—526页。

续 表

序号	时间	禁令详情及内容	禁制原因	施行地域	资料出处
2	太宗淳化三年（992）十一月二十九日	（1）两浙诸州，先有衣绯裙、中单、执刀吹角，称治病巫者，并严加禁断，吏谨捕之。犯者以造妖惑众论，置于法。	造妖惑众。	两浙诸州	《宋会要辑稿》，《刑法》二之五，第6498页；宋太宗，《禁两浙诸州治病巫诏》，《全宋文》卷七六，《宋太宗》一二，第312页。
		（2）禁两浙诸州巫师。			《宋史》卷五，《太宗纪》二，第90页。
3	仁宗天圣元年（1023）十一月	（1）禁两浙、江南、荆湖、福建、广南路巫觋。	巫觋挟邪术害人。	两浙、江南东西、荆湖南北、福建、广南东西路	《宋史》卷九，《仁宗纪》一，第179页。
		（2）诏江南东西、荆湖南北、广南东西、两浙、福建路转运司："自今师巫以邪神为名，屏去病人衣食、汤药，断绝亲识，意涉陷害者，并比类咒咀律坐之。"			《长编》卷一〇一，仁宗天圣元年十一月戊戌，第2340页；宋仁宗：《禁巫觋挟邪术害人诏》，《全宋文》卷九四三，《宋仁宗》四，第31页。
4	仁宗天圣三年（1025）四月二十三日	淮南江浙荆湖发运司言，昨高邮军有师巫起张仗者庙……乞降敕依例止绝，从之。	扇惑人民。	淮南东路高邮军	《宋会要辑稿》，《礼》二〇之一二，第770页。

民间信仰篇　463

续 表

序号	时间	禁令详情及内容	禁制原因	施行地域	资料出处
5	徽宗政和四年（1114）十一月二十五日	臣僚言，窃见民间尚有师巫作为淫祀……二广之民信尚尤甚……乞申严法禁以止绝之。	作为淫祀，假托神语，鼓惑愚民……恐非一道道德、同风俗之意。	两广	《宋会要辑稿》，《刑法》二之六四，第6527页。
6	徽宗政和七年（1117）六月	（1）诏禁巫觋。		全国	《宋史》卷二一，《徽宗纪》三，第398页。
		（2）前提点刑狱周邦式奏，江南风俗，循楚人好巫之习……诏令监司守令禁止。			《宋会要辑稿》，《刑法》二之六七，第6529页。
7	高宗绍兴十二年（1142）五月	杀人祭鬼，必大巫所倡，治巫则止。	杀人祭鬼，必大巫所倡。	夔州路	《系年要录》卷一四五，绍兴十二年二月己未，第2328页。
8	高宗绍兴十六年（1146）二月三日	臣僚言，近来淫祠稍行，江淛之间，此风尤炽，一有疾病，唯妖巫之言是听……望申严律令，俾诸监司郡守，重行禁止。	不求治于医药，而属军牲畜以祷邪魅，罄竭家赀。	江淛之间	《宋会要辑稿》，《刑法》二之一五二，第6571页。
9	高宗绍兴二十三年（1153）七月二十一日	将作监主簿孙祖寿言……欲望申严法令，戒饬监司州县之吏治之纵之……毁撤巫鬼淫祠，从之。	愚民无知，至于杀人以祭巫鬼。	全国	《宋会要辑稿》，《礼》二〇之一四，第771页；《系年要录》卷一六五，绍兴二十三年七月戊申，第2693页。

续表

序号	时间	禁令详情及内容	禁制原因	施行地域	资料出处
10	光宗绍熙二年（1191）六月十一日	臣僚言……立社首以衷民财，做巫祝以诳惑愈众……皆所当禁，乞谨饬有司申严厥令一，或有犯，必加以罪，从之。	诳惑愈众。	浙西临安府	《宋会要辑稿》，《刑法》二之一二五，第6558页。
11	宁宗庆元四年（1198）五月六日	臣僚言……乞告诫湖北一路监司帅守，先严官吏收纳师巫钱之禁，然后取其为巫者，并勒令易业，不帅者与传习妖教同科，庶几此俗渐革，从之。	鼓愚民……遂至用人以祭。	荆湖北路	《宋会要辑稿》，《刑法》二之一二九至一三〇，第6560页。
12	宁宗嘉泰二年（1202）十二月九日	权知万州赵师作言，峡路……使巫得肆……乞行下本路，先禁巫，俾之改业。	凡遇疾病，不事医药，听命于巫……虚费家财，无益病人……凡得疾，十死八九。又其俗以不□千□，祀诸昏淫之鬼，往往用人□□作福流为残忍，不可备言。	夔州路	《宋会要辑稿》，《刑法》二之一三三，第6562页。
13	不详	归、峡信巫鬼，重淫祀，故尝下令禁之。		荆湖南、北路	《宋史》卷八八，《地理志》四，第2201—2202页。

从这些资料可见，宋朝政府对两广和其他地区巫觋所造成的问

民间信仰篇

题，观点多有相似。官方都是以精英的视角解读地方巫俗，以为乃愚民无知，让妖巫有机可乘；而结果都是"杀人祭鬼"，崇拜邪神，影响社会安宁。不过，同中有异，徽宗政和四年针对两广的禁巫令，特别强调"一道德、同风俗"之目的（表10禁巫令5），反映政府打压岭南巫觋信仰之意图：除了精英／愚民之视角不同外，更添上了中央／边陲、中原／化外的权力话语①。

杀人祭鬼和崇拜邪神的问题也往往与巫觋扯上关系。"杀人祭鬼"即杀人祭邪神，宋代史料多有记载，这自然有一定的客观事实，盖在落后的原始社会里，人祭人殉并不罕见②；而宋代的京畿路和荆湖南、北路一带，更曾经流行巫觋杀人祭"摩驼神"（摩䭾神）、"棱腾神"和"棱睁神"（狞瞪神）等几个著名的恶神妖鬼③。据研究所

---

① 艾媞婕认为，宋朝政府对待北方和南方巫觋问题的分别是，北方针对的是一些偶发性的事件，多因为其"夜聚晓散"危害管治而加以镇压；南方的情况则强调其地方社会风俗问题，且与地方性疫病根源相关，参见 TJ Hinrichs, *The Medical Transforming of Governace and Southern Customs in Song Dynasty China*（*960—1279 C.E.*）, p. 47. 笔者不知其论点有何依据，但从过去研究所见，这种说法似乎不能成立。详见王章伟：《在国家与社会之间——宋代巫觋信仰研究》，第265—341页。其实，正如这里所说，南北巫风的问题是"同中有异"；况且，强调南方巫风的"中原／化外"说，跟镇压夜聚晓散的"精英／愚民"观，本就是一体两面的管治问题。
② 周庆基：《人祭与人殉》，《世界宗教研究》1984年第2期，第96页。
③ 关于宋代的杀人祭鬼问题，参见［日］河原正博：《宋代の杀人祭鬼について》，《法政史学》第19期，东京，1967年，第1—18页；［日］宫崎市定：《宋代における杀人祭鬼の习俗について》，收入宫崎市定：《アジア史研究》第5册，京都：同朋社，1978年，第100—144页；［日］泽田瑞穗：《中国の民间信仰》，东京：工作舍，1982年，第330—404页；［日］金井德幸：《南宋荆湖南北路における鬼の信仰について——杀人祭鬼の周边—》，原载于《驹泽大学禅研究所年报》五，1994年，第49—64页，今刊于《中国关系论说资料》36.1上，1994年，第567—575页；［日］金井德幸：《宋代における妖神信仰と"吃菜事魔"、"杀人祭鬼"再考》，原载于《立正大学东洋史论集》八，1995年，第1—14页，今刊于《中国关系论说资料》37.1（增刊），1995年，第388—395页。最新的讨论，参见王章伟：《在国家与社会之间——宋代巫觋信仰研究》，第265—341页。

得，北宋时期官方对杀人祭鬼和巫觋关系的讨论并不多，但南宋建立以后，地方上杀人祭鬼之巫风转趋炽烈，按宫崎市定的说法，北宋的情况未必不及南宋般严重，只是官员交相隐瞒而已[①]。我们或可换另一个角度去看，靖康之难后宋室南迁，新建立的中央政权无论从政治或文化上而言，也亟需要将南方的异域风俗加以统一，巩固威权。皮庆生对一部巫史的评论，很有参考价值：

> 自中唐以来，中原地区陷入藩镇混战局面，南方各地相对安宁，且有大量北方人口南迁，由此带来南方经济文化水平的发展，而宋代一直处在北方少数族政权的巨大压力之下，朝廷迫切希望加强统治区域内部的同一性，对南方各地拓展的步伐也随之加大，南宋政治、文化中心的南迁更促进了这一过程。正是在这一过程中，南部各地的地方性传统，如巫觋以及祠神与中原汉族文明、儒家文化的冲突才变得十分激烈，朝廷、地方官员打压巫觋、淫祀的行为也就不难理解。[②]

然而，却从未见有官方资料详析岭南这个蛮夷杂处的落后社会里"杀人祭鬼"的情况，史料亦仅提示一个概括的印象，即两广多有这种恶俗，（参考表8例1、4—6、8、18、24、40）却未见具

[①] 宫崎市定：《宋代における杀人祭鬼の习俗について》，第101—102页。
[②] 皮庆生：《评王章伟〈在国家与社会之间——宋代巫觋信仰研究〉》，收入荣新江主编：《唐研究》第12卷，北京：北京大学出版社，2006年，第586页；皮庆生：《宋代民众祠神信仰研究》，上海：上海古籍出版社，2008年，第315—316页；王见川、皮庆生：《中国近世民间信仰——宋元明清》，上海：上海人民出版社，2010年，第82页。

体内容，连邪神的名称也阙如。我不禁怀疑，岭南民间信仰中的所谓巫风妖俗，当中的实况究竟若何？部分叙述是否只为中原政权及士大夫对南方"落后社会"地方传统的一种误解甚至是"想象"而已？

巫觋兴淫祠、祭邪神，这似乎是统治者和士大夫的常识，但何谓"淫祠"、何谓"邪神"？这个问题相当复杂，近年来不少学者已有深入的讨论①。简单来说，政府和官僚士大夫认为，淫祠就是"信众以不恰当的方式祭祀不合适的神灵"②。宋代的统治者透过整饬《祀典》，将不受国家控制或欢迎的神祠和巫觋排斥、打压，故表8所见岭南各地巫觋和民众所崇拜者，全是"淫祀"（表8例1、2、9、12、16、19、21、25、26、28、29、35、36、39、41）。当然，南人崇巫拜鬼是客观存在的事实，但从"文明的他者"眼中，两广地方民众祭拜的却都是一些跟中原迥然不同的神祇，"诘其鬼，无名氏十常七六"（表8例9），例如我们前节引李光见到琼州淫祠中的神像（表8例46），至为神秘："异域俗尚鬼，殊形耳垂肩"。在这个士大夫的脑海里，他者的形象不仅奇特，这种主观语言的密码也至为清楚。

不过，"淫祀"与"正祀"的界线却会因时、地、人而变化，论者以为，宋廷划定淫祀界线时侧重点在信仰活动、对社会秩序的

---

① 近年来中、日、美等地学者在这方面有很多杰出的研究成果，参见 Valerie Hansen, *Changing Gods in Medieval China, 1127—1276*, Princeton: Princeton University Press, 1990；皮庆生：《宋代民众祠神信仰研究》；沈宗宪：《国家祀典与左道妖异——宋代信仰与政治关系之研究》；王章伟：《在国家与社会之间——宋代巫觋信仰研究》。
② 皮庆生：《宋代民众祠神信仰研究》，第287页；王见川、皮庆生：《中国近世民间信仰——宋元明清》，第72页。

影响，而非信仰的人或被信仰的神；界定地方祠神信仰是否为淫祀，包含着不同的政治利益、法律制度、神灵祭祀权力等因素[①]。森田宪司研究宋代四川"梓潼神"演变为全国的科举神"文昌帝君"[②]、华琛（James Watson）研究福建湄州林巫女从地方神祇转化为全国倡导的天后信仰[③]、康豹（Paul Katz）研究浙江瘟神信仰发展为"温元帅"[④]、万志英（Richard von Glahn）研究江南"五通神"从山魈恶鬼发展成国家和佛道护持的五路财神等众多著名例子[⑤]，除了反映不同利益集团的角力外，笔者认为，也叫我们要重新思考中央政府统治菁英这种操控地方信仰的政策是否成功？

岭南尚巫右鬼的情况，在强大的国家机器统制下，在两宋三百年中原文明的洗礼中，自然有一定的成效，出现如前引李光所说的"自兵兴以来，北人多流寓二广，风俗渐变"。部分地方信仰更被士大夫改造"美容"，成为正祀，例如桂林静江府的猴妖淫祀，就被

[①] 皮庆生：《宋代民众祠神信仰研究》，第272—317页；王见川、皮庆生：《中国近世民间信仰——宋元明清》，第68—83页。

[②] ［日］森田宪司：《文昌帝君の成立——地方神から科举の神へ》，收入［日］梅原郁主编：《中国近世の都市と文化》，京都：京都大学人文科学研究所，1984年，第389—418页。关于文昌帝君信仰的发展，参见Terry F. Kleeman, "The expansion of the Wen-Ch'ang Cult", in Patricia B. Ebrey & Peter N. Gregory (eds.), *Religion and Society in Tang and Sung China*, pp. 45—73.

[③] James L. Watson, "Standardizing the Gods: The Promotion of T'ien Hou Along the South China Coast, 960—1960," pp. 292—324. 关于天后，最详细的研究见［日］李献章：《妈祖信仰的研究》，东京：泰山文物社，1979年；李小红最近则深入析论湄州林巫女演为海神妈祖的嬗变，参见李小红：《宋代社会中的巫觋研究》，第202—221页。

[④] Paul R. Katz, *Demon Hordes and Burning Boats: The Cult of Marshal Wen in Late Imperial Chekiang*, Albany: State University of New York Press, 1995.

[⑤] Richard von Glahn, "The Enchantment of Wealth: The God Wutong in the Social History of Jiangnan", *Harvard Journal of Asiatic Studies*, 51:2 (1991), pp. 651—714; Richard von Glahn, *The Sinister Way: The Divine and the Demonic in Chinese Religious Culture*, Berkeley Los Angeles & London: California University Press, 2004, pp. 180—256.

张孝祥(1132—1170)改建为江西宜春仰山神的行祠[1]:

> 静江府迭彩岩下,昔日有猴,寿数百年,有神力,变化不可得制,多窃美妇人,欧阳都护之妻亦与焉。欧阳设方略杀之,取妻以归,余妇人悉为尼。猴骨葬洞中,犹能为妖。向城北民居,每人至,必飞石,惟姓欧阳人来,则寂然,是知为猴也。张安国改为仰山庙。相传洞内猴骨宛然,人或见,眼忽微动,遂惊去矣。[2]

因此,宋朝政府其实是以"淫祠"与"邪神"这两个负面标签重塑岭南的巫鬼信仰,借此打击、约束当地民俗[3];也如论者所说,"是在一种虚构的关系中,象征和暗示一种中央对地方、官方对民间、主流对边缘的控制,以实现政治权力对世俗生活的整合"[4]。不难想象,两广所谓的淫祀与杀人祭鬼问题,部分情况可能只是官方树立威权的话语论述。然而,谪官惠州的唐庚(1070—1120),曾经挑战"正祀""淫祀"的观点,盛赞当地不在祀典的水东庙,教人意外:

> 故神江铁步水东皆有庙,而水东庙为特盛,然皆不在祀典,故或者以为疑。夫以祀典而论鬼神,犹以阀阅而论人物也,便谓之尽,可乎?此亦无足疑者。[5]

---

[1] 这个"美容"的说法和例子,承匿名审稿人提点,谨此致谢。
[2] 周去非:《岭外代答校注》卷一〇,《志异门·桂林猴妖》,第453页。
[3] 王章伟:《在国家与社会之间——宋代巫觋信仰研究》,第320页。
[4] 葛兆光:《中国思想史》第2卷,第361页。
[5] 唐庚:《眉山集》卷二,《水东庙记》,《文渊阁四库全书》,台北:商务印书馆,1986年,第11—12页。

由此可知，中央政府要在岭南移风易俗，并非易事[①]。桂林猴妖的例子中，民众继续祭祀猴骨和猴妖作祟的传说，或能让我们发现，岭南地方巫鬼信仰传统在中原文明的话语支配下，披上符合这种他者想象的"正祀"（仰山神）的外衣[②]，被迫接受改造，其实可能只是如宋怡明（Michael Szonyi）所说般，是神灵"标准化的幻觉"（the illusion of standardizing the gods），甚至是"伪标准化"（pseudo-standardization）而已[③]。因此，宋廷在两广的"去巫化"，建立"中国文明的同一性"的过程中，"他者"与"我者"互相激荡，"想象"与"被想象"的事实互相依存并逐渐溶冶起来。

[①] 皮庆生对宋代祠神信仰研究的观点，对这里的讨论可为佐证："官方对民众祠神信仰的政策是宋代文明推广的重要组成部分，朝廷、地方官重点打击杀人祭鬼、信巫不信医、敛财害民等淫祠现象，树立符合儒家礼制的神灵信仰，兴学校等等，在信仰之后渗透的是儒家那套社会秩序观念。在空间上，打击淫祠的重心正在远离中原文明中心的南部地区，特别是四川、两湖、岭南等地，政治控制、经济开发、风俗改变、中原'文明'的输入相互关联，儒家文化的渗透力度、普及的广度前所未有，以汉族为主体的中国文明的同一性逐渐建立起来。相同淫祠现象在同一地区累次提起，不断打击，朝廷禁令经常颁布，这种不断打击同时也意味着禁而不止，既反映了此类行为对国家支持下的'文明'程序的顽强抵抗，也透露出宋代国家拓展政治区域，扩大儒家文化过程的艰难曲折。"见皮庆生：《宋代民众祠神信仰研究》，第314页；王见川、皮庆生：《中国近世民间信仰——宋元明清》，第81页。
[②] 仰山神信仰的传播，参见皮庆生，《宋代民众祠神信仰研究》，第224—254页。
[③] 宋怡明（Michael A. Szonyi）针对华琛"神祇标准化"的论点，指出朝廷的标准化政策往往在本质上未能触及地方的淫祠，因为当地人可以透过贴上另一个神祇的标签而在祀典的掩护下，继续崇拜原来被列入淫祠的地方神。宋怡明认为，这种做法其实是"伪标准化"，故应该区分"正确行为"（所有人都按照同一方式行动）和"正确行为的说辞"（所有人都声称自己按同一方式行动）。事实上，在中国的日常生活里，后者比前者更为常见。参见 Michael A. Szonyi, "The Illusion of Standardizing the Gods: The Cult of the Five Emperors in Late Imperial China", *Journal of Asian Studies*, 56:1（1997）, pp.113—135; Michael A. Szonyi, "Making Claims about Standardization and Orthopraxy in Late Imperial China: Rituals and Cults in the Fuzhou Region in Light of Watson's Theories", *Modern China*, 33:1（2007）, pp.47—71.

最后，在重塑两广巫觋巫术这种文化深层建构时，中央朝廷、统治精英、汉族文明等作为"他者"，是如何进入、理解这种陌生迥异的、地方性的、"愚昧"的、"野蛮"的岭南人文景观？天圣元年，知洪州夏竦对其治内的巫觋妖俗作出了严厉批判，结果导致宋廷禁制包括两广在内的地方"师巫"，他对这些南方巫风巫俗的描述与攻击，最能反映中央政府、官僚和士大夫的视角，兹详引如下：

> 左道乱俗，妖言惑众，在昔之法，皆杀无赦。盖以奸臣逆节，狂贼没规，多假鬼神，动摇耳目。汉、晋张角孙恩，偶失防闲，遂至屯聚。国家宜有严禁，以肃多方。当州东引七闽，南控百粤，编氓右鬼，旧俗尚巫。在汉栾巴，已尝剪理。爰从近岁，传习滋多。假托禨祥，愚弄黎庶，剿绝性命，规取货财。所居画魑魅，陈幡帜，鸣击鼓角，谓之神坛。婴孺襁褓，诱令寄育，字曰"坛留"、"坛保"之类，及其稍长，传习妖法，驱为僮隶。民病，则门施符咒，禁绝往还，斥远至亲，屏法便物。家人营药，则曰神不许服，病者欲饭，即云神未听飨。率令疫人死于饥渴。洎至亡者服用，言余祟所凭，人不当留，规以自入。若幸而获免，家之所资，假神而言，无求不可。其间有孤子单族、首面幼妻，或绝户以图财，或害夫而纳妇。浸淫既久，习熟为常，民被非辜，了不为讶。奉之愈谨，信之益深，从其言甚于典章，畏其威重于官吏。奇神异象，图绘岁增；怪箓祅符，传写日异。小则鸡豚致祀，敛以还家，大则歌舞聚人，餕其余胙。婚葬出处，动必求师。劫盗斗争，行须作水。蠹耗衣食，眩惑里闾，设欲扇摇，不难连结。在于典宪，固亦靡

容。其如法未胜奸，药弗瘳疾，宜颁严禁，以革袄风。当州师巫一千九百余户，已勒改业归农及攻习针灸方脉。首纳到神像、符箓、神杖、魂巾、魄帽、钟角、刀筊、沙罗一万一千余事，已令焚毁讫。伏乞朝廷严赐条约，所冀防萌杜渐，以右群生。[①]

就政府禁巫的问题，这道奏疏提供了两个重要讯息，第一、政府禁巫的原因：巫觋活动猖獗，装神弄鬼，愚弄百姓，谋财害命；第二、禁巫的措施：缉捕巫觋，予以杖罚黥隶他州、勒令改业归农或攻习针灸边脉等医事[②]。这跟前面提到张栻在桂州镇压巫觋的情况，最是相似，应该是当时岭南巫风的实况。惟跟张栻的《谕俗文》相比，除了对巫觋祸害的传统论述，夏竦眼中这些南方巫觋巫术不尽是一些"愚民无知"的鄙陋之俗，且有更为可怕的形象。这些巫觋除了房人勒索禁止信徒服药外，其住所、神坛、神像、仪式、符咒及器物至为诡谲，尽是一些魑魅蛊惑、怪箓妖符，而"魂巾""魄帽"之说，又容易令人想到叫魂摄魄、诅咒害人之术，叫人不寒而栗。更重要的是，这些都是源远流长的闽、粤巫鬼旧俗。看来，文本的书写除了基于事实外，也一如既往，充满土著和他者的社会想象。

除了夏竦的奏文外，关于官僚和士大夫眼中两广巫觋巫术的细腻描述并不多见，只有前引陆起在英州打击的蛇妖邪巫，和李光在

[①] 《长编》卷一〇一，仁宗天圣元年十一月戊戌，第2340—2341页；《宋会要辑稿》，《礼》二〇之一一，第770页；夏竦：《洪州请断袄巫奏》，收入《全宋文》卷三四七，《夏竦》一五，第76—77页。
[②] 王章伟：《在国家与社会之间——宋代巫觋信仰研究》，第79—80页；李小红，《宋代社会中的巫觋研究》，第158—160页。

琼州目睹荒祠老巫祭拜的"殊形耳垂肩"域外鬼神两例,能够略窥一二。不过,笔记小说却提供了一些有用的参考。其中,说到岭南的巫觋妖术,不少都提到"南法"。从字面释义,南法大抵指南方盛行的一些妖术,多与巫觋杀人祭鬼有关,未必专指岭南一地,如《夷坚志》提到有蜀士因登科赴调而投宿失道,结果遇上杀人祭鬼之党,幸得孤寺僧侣相救,并点示说:"此辈皆习南法,害人极多,每岁必择日具礼祭神,而馂其胙"[1]。另一则关于信州贵溪龙虎山的异事,又提及"后山巫祝所习,谓之南法,乃邪术也"[2]。不过,同书《莆田处子》的故事却清楚显示,这种妖法其实来自岭南的"采生":

绍兴二十九年,建州政和县人往莆田买一处子,初云以为妾。既得,……置诸别室,不敢犯。在途旬日,饮食供承,反若事主。所携唯一笼,扁钥甚固,每日暮,必焚香启钥,拜跪惟谨。女颇慧黠,窃异之,意其有诡谋。……黄昏时至笼前,陈设酒果,祷祀毕,明灯锁户而去。女危坐床上,诵咒愈力。甫半夜,笼中磔磔有声,划然自开,……良久,一大蟒自内出,蜿蜒迟回望,若有所畏,既而不见。……邻里素知其所为,相与伺其人至,执以赴县。时长溪刘少庆季裴为令,穷治其奸,盖传岭南妖法采生祭鬼者,前已杀数人矣。[3]

周去非在介绍广西的"南法"时,就详述巫觋"禹步咒诀,鞭

---

[1] 洪迈:《夷坚志》补卷十四,《蜀士白伞盖》,第1682—1683页。
[2] 洪迈:《夷坚志》补卷二十,《董氏子学法》,第1736—1737页。
[3] 洪迈:《夷坚志》补卷十四,《莆田处子》,第1683—1684页。

答鬼神"的源流，可见巫觋与"南法"的关系①。除了"采生"外，南法中又有所谓"挑生"，周去非说：

> 广西挑生杀人。以鱼肉延客，对之行厌胜法，鱼肉能反生于人腹中而人以死。相传谓人死，阴役于其家。有一名士，尝为雷州推官，亲勘一挑生公事。置肉盘下，俾囚作法，以验其术。有顷发视，肉果生毛。何物淫鬼，乃能尔也？然解之亦甚易，但觉有物在胸膈，则急服升麻以吐之；觉在腹中，急服郁金以下之。此方亦雷州镂板印散者，盖得之于囚也。②

雷州这桩公案，有多部宋人笔记小说载录③，可见蛮荒异俗，广为中原人士猎奇传播；而谦称"道听涂说"的《夷坚志》又载录了广东和广西两个跟巫觋相涉的相似例子，其中的一个施术者是蛮族巫觋林公荣，前文曾简略提及：

> 莆田人陈可大知肇庆府，肋下忽瘴起，如生痈疖，顷刻间大如盌。识者云："此中挑生毒也，俟五更以菜头嚼试，若香甘则是已。"果然。使捣川麻为细末，取冷熟水调二大钱连服之，遂洞下，泻出葱数茎，根须皆具，瘴即消。续煎平胃散调

---

① 周去非：《岭外代答校注》卷一〇，《志异门·南法》，第445—446页。
② 周去非：《岭外代答校注》卷一〇，《志异门·挑生》，第448页；范成大，《桂海虞衡志校注》，《佚文》，第139页，也有类似的简述。
③ 江少虞：《宋朝事实类苑》卷六八，《神异幽怪·咒肉复生》，上海：上海古籍出版社，1981年，第912页；沈括撰，胡道静校注：《新校正梦溪笔谈》，香港：中华书局，1978年，第212页；彭乘：《墨客挥犀》卷六，《笔记小说大观》，扬州：江苏广陵古籍刻印社，1984年，第2页。

民间信仰篇　475

补,且食白粥,经旬复常。雷州民康财妻,为蛮巫林公荣用鸡肉挑生,值商人杨一者善医疗,与药服之;食顷,吐积肉一块,剖开,筋膜中有生肉存,已成鸡形,头尾嘴翅悉肖似。康诉于州,州捕林置狱,而呼杨生令具疾证及所用药。①

最典型的事例,是前面也简略提到的"化州妖凶巫",其咒生之术及恶行如下:

> 边察德明终于化州守,其子嵊县主簿沂,从黄齐贤学。尝谈化州之俗:妖民善咒生,逢人食肉而咒之,则满腹皆成生肉;食果菜而咒之,则皆生果菜,徐徐腹塞必死,虽守二或不免。故一岁之中,公会绝少,动辄折送,然懼其祸者亦可解。
>
> 及咒妇人生产,则无法可防。倘食牛肉而就蓐,则生牛儿。有持讼于州,指名某凶所为,边命捕逮禁鞠,凶子答款曰:"人不应生牛,是其家不积阴德,为恶神所谴尔!"遂妄供数家,狱官知其为而无可奈何。边愤甚,会其病卒。又墟落一巫,能禁人生魂,使之即病。适与邻人争田,石龙县宰知其名,将杀之。既捕入狱,即觉头痛甚,疑而思之。宰固健吏,不为阻止,帕首坐狱户自鞠讯,不胜痛,始承伏云:"囚来时已收系知县生魂于法院,盛之以缶,煮之以汤,申之以符,见在法坐。"宰即押巫出城三十里,抵其居,视之而信。下著姓名、生年日月,因给之曰:"汝速解之,吾释汝。"巫禹步雷声,俄顷,宰脱然,所

---

① 洪迈:《夷坚志》丁志卷一,《治挑生法》,第541—542页。

患如失。就估其赀货,了不以屑意。毕事将反,吏白言:"彼处一小室,妇人以死守之,意必有物。"宰翻然再入,破其锁,中才容膝,秉烛四照,所画鬼神怪绝,世所未睹,盖所谓法院也。妇人又捐舟(身)遮障,争一小箧,吏夺而取之,正其秘法,宰畀诸火。巫死于狱,一邑之人,更相喜贺云①。

笔记小说虽能反映一定的客观现实,但故事自身的具体情节,却往往包含一些修饰或虚构②。然而,这种修饰或虚构却又提供另一种客观信息,即创作者或传话者自身的主观看法或想象③。"化州妖

---

① 洪迈:《夷坚志》三志壬卷四,《化州妖凶巫》,第1498—1499页。
② 洪迈强调《夷坚志》里的故事都出自耳目相接,非常可靠;韩森也认为《夷坚志》搜集的道听涂说来自不同阶层,而且有准确的时、地、人等资料,对了解宋代不同阶层民众的心态与想法,特别有用。Valerie Hansen, *Changing Gods in Medieval China, 1127—1276*, pp. 17—23. 李剑国也特别指出《夷坚志》关注来自下层市井之说,存实的意图强烈。参见李剑国:《宋代志怪传奇叙录》,天津:南开大学出版社,1997年,第352—353页。
③ 当然,笔者并不否认宋代岭南客观存在不少巫风陋俗,虽然自本篇附录的三个事例表略窥一二,但也不欲推论太过。英格斯(Alister D. Inglis)一方面肯定《夷坚志》存实的努力和成就,但也指出洪迈记述的故事,在记录书写为文前,曾经过不少的口头传播。参见Alister D. Inglis, *Hong Mai's Record of the Listener and its Song Dynasty Context*, Albany: State University of New York Press, 2006, pp. 148—154. 但应该如何诠释这种"客观"的巫俗?正如本文引论所说,文本的记述往往受到这些成分复杂的记录者自身所经历的仪式或经验场所影响,并可能受其认知上的制约,以一个"他者"所习用的思想、观念、词汇来形容、描写、说明、解释这种南方的地方民俗与信仰。更令人难于辨明的是,这种历史悠久的南方巫俗,其乖异荒诞的内容,参与"想象"的叙述者,也如前面提到般,包括了南方土著中的施术者、受术者、观众和传播者,是一个共有的"社会想象"。事实上,这种情况并不限于南、北的分野,在精英与民间早已存有这种"文明"与"野蛮"的分歧,笔者研究宋代精英与民众的巫觋观时指出,官员和士大夫对巫觋的批判与普罗大众的佞巫形成强烈对比;身在广西任官的理学大师张栻就斩钉截铁地说,当地巫风盛行是因为"愚民无知"。见王章伟:《在国家与社会之间——宋代巫觋信仰研究》,第139—195页。因此,菁英对庶民信仰的解释未必可靠,中州对岭南巫风的描述,有一定"事实",也不无"想象"之处,这种"想象"并不否定客观巫风"事实"的存在,两者甚至是互相渗透、融合,如"桂林猴妖"之例。

凶巫"这则故事,当中即有两个大问题:第一,对化州妖巫技艺的描述太清晰;第二,故事太完整。

就第一点问题分析,这则故事在详细解释过广东化州一带的"咒生"邪术后,接着就提到巫觋施法过程中有几个重点:其一,巫觋能禁人生魂施术,受害者立即生病,捕治他的县宰也同样受诅咒;其二,生魂禁于巫觋的巢穴"法院",有符咒镇压,上书受害者的姓名四柱八字等;其三,巫觋施法时"禹步雷声"。读者可以见到,说故事者似乎有意先引导听众回忆一下岭南的"咒生"邪术习俗,然后就用人们一般所理解的巫术情况解释化州妖巫施术的经过,其中,禁人的四柱八字、施法时禹步雷声等情节,正是中原人士熟悉的巫觋巫术[1]。毕竟,说故事者及听故事的人都必先依赖自己熟悉的语言,从中才能"传播"及"接收"异国风情的奇特内容。当然,岭南域外蛮荒,其巫法应该跟中原不同,于是说故事者就详细解说:"法院"里的情况阴森可怖,所祀拜的鬼神"怪绝","世所未睹",最后还有法力高强的一小箧"秘法",这跟前引夏竦的描述,何其相似。据此,我将这则故事的情节析如下图:

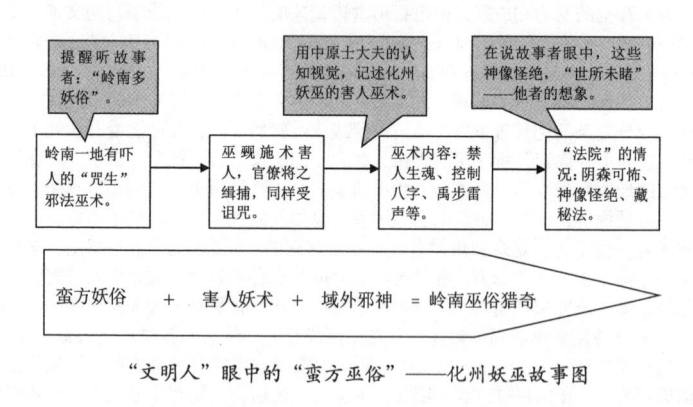

"文明人"眼中的"蛮方巫俗"——化州妖巫故事图

---

[1] 王章伟:《在国家与社会之间——宋代巫觋信仰研究》,第23—77页。

由此可见，这个故事仿如一出电影，说故事者和观众共历每项细部；这也是前文提到的第二个问题，读者是否相信这是一个完全建基于岭南巫觋巫术实况的可信故事？故事的结尾："秘法"烧掉，妖巫死了，完美的结局，更来个"死无对证"，读者纵有怀疑，也难作深究。不过，这些富有异域猎奇情调的文本，又如何能令人相信那完全是"事实"？其中化州善咒的妖民能使人腹中生肉生菜而死，甚至使孕妇生牛，妖巫诅咒和解除石龙县宰头痛等事，自然不能当真。可见，怪谈妖说的背后，除了岭南土著文化和异事的基础外，也渗杂中原文明、官僚士大夫对岭南化外民众信仰的"想像"和"历史记忆"。

五、结语

谈到岭南地区的巫风巫俗，人们最容易想起"蛊毒"，宋代有很多这方面的记载，曾敏行说："南粤俗尚蛊毒诅咒，可以杀人，亦可以救人。"[①] 而熟悉广西风俗的周去非，就详细记述了当地的蛊毒，并指出与峒人的关系：

> 广西蛊毒有二种：有急杀人者，有慢杀人者，急者顷刻死，慢者半年死。人有不快于己者，则阳敬而阴图之，毒发在半年之后，贼不可得，药不可解，蛊莫惨焉。乾道庚辰，钦州城东有卖浆者，蓄蛊毒败而伏辜。云其家造毒，妇人裸形披发

---

① 曾敏行：《独醒杂志》卷九，第83页。

夜祭，作麋粥一盘，蝗虫、蛱蝶、百虫自屋上来食，遗矢乃药也。欲知蛊毒之家，入其门，上下无纤埃者是矣。今黎峒溪峒人置酒延客，主必先尝者，示客以不疑也。①

连自称"惓惓于桂林"，"不鄙夷其民"的范成大（1126—1193）②，也有相类的说法③。这似乎是到过岭南的中原士大夫的普遍认识，时人深受影响，《宋刑统》内即有针对"造畜蛊毒"的条文④，宋慈（1183—1246）的验尸手册里也教人辨认中了"金蚕蛊毒"尸体的特征⑤，当时或以为这种厉害的妖术就是源自广东和福建一带⑥。今天不会再有人相信蛊毒这种传说⑦，但宋朝政府的刑律、提刑司官员、两广牧民官和士大夫等，都言之凿凿。其实，岭南地区的"蛊"，只是汉民族作为"他者"的一种"想象"而已⑧。

同理，宋人以为岭南自古以来好巫尚鬼、两广民众最是迷信，其实只是部分中原人士、官僚和士大夫的偏见和印象而已。自岭南并入宋土后，国家在政治上已完全控制南汉旧地，集权措施令地方

---

① 周去非：《岭外代答校注》卷一〇，《志异门·蛊毒》，第449页。
② 范成大：《桂海虞衡志校注》，《序》，第1页。
③ 范成大：《桂海虞衡志校注》，《佚文》，第139页。
④ 窦仪：《宋刑统》，北京：中华书局，1984年，第281—285页。
⑤ 宋慈著，罗时润、田一民、关信译释：《洗冤录译释》，福州：福建科学技术出版社，1992年，第167页。
⑥ 方回：《虚谷闲抄》，收入陶宗仪等编：《说郛三种》，第1524页。
⑦ 详见邓启耀：《巫蛊考察——中国巫蛊的文化心态》，台北：台湾发展基金管理委员会、汉忠文化事业股份有限公司，1998年。
⑧ 关于岭南汉文化视野下的"蛊"问题，参见张咏维：《汉文化视野下的蛊——以清代岭南为例》，《中正历史学刊》2006年第8期，第291—328页。艾媞婕亦引苏堂栋（Donald S. Sutton）的研究指出，"蛊"其实源于汉人对南方文化的陌生和恐惧而产生之"想象"而已，参见 TJ Hinrichs, *The Medical Transforming of Governace and Southern Customs in Song Dynasty China（960—1279 C.E.）*, p.72.

割据力量消失,不足为惧,南北浑成一家。然而,基于自然环境差异和文化传统不同,南疆与中州间的文化畛域,却不易泯除;政府及士大夫阶层认为偏远的岭南,华夷杂处,风俗落后诡异,民众好鬼尚巫。随着国土扩张,统治者当然不能容许岭南地区继续背离中原的儒家礼乐文化,于是中土文明就从中心向边缘推进,移风易俗,惩巫扬医,开化两广。

在这个过程中,宋朝政府和士大夫一方面以一个陌生外来者的角度,在原有的历史传统及土著的"社会想象"中,了解、描述、塑造想象中的岭南"异文化";另一方面,为了将岭外的蛮荒世界逐渐纳入中原的礼乐文明里,政府和士大夫又透过高压和劝诱两种手段,逐渐消灭原地的土著文化,"一道德,同风俗"。透过本章对岭南巫觋巫术的考察和反省,可知"文明开化/野蛮落后""中心/边缘""中州/南疆"的推进和融合,当中有塑造建立、有镇压消灭,有真实、有想象,互相激荡。由北宋发展到南宋,朝廷的政策和南迁的北人逐渐"开化"岭南;然而,民间故事里仍然不乏尚巫右鬼之例,无论是"我者"与"他者",似乎还是彼此共有的"社会记忆",即使到明清时代,两广还是"过癞"传说流播最广的地域[①]。可惜,由于当代史料不足,本文无法完整交代宋代岭南"去巫化"的全貌,也未能针砭当中的各个成败原因。从历史发展的长时段角度而言,中原文明重构本我的价值,将异己的南疆土著文化

---

① 参见蒋竹山:《性、虫与过癞——明清中国有关麻疯病的社会想象》,"中国日常生活的论述与实践"国际学术研讨会,纽约:哥伦比亚大学,2002年10月27日;蒋竹山:《过癞——明清中国有关麻疯病的社会想象》,载于蒋竹山:《裸体抗炮——你所不知道的暗黑明清史读本》,台北:蔚蓝文化,2016年,第51—85页。

逐步吞噬消融，最终，儒家理学改变了岭南社会，两广文化也融入了"华南"，没有"我者"，也没有了"他者"。当然，这个过程相当缓慢，宋代只是一个重要的开端而已①。

*本文初稿宣读于2010年11月6日广州暨南大学主办之"十到十三世纪中国边疆和对外关系问题（以南疆问题为重心）学术研讨会暨岭南宋史研究会成立大会"，蒙张其凡教授、曹家齐教授的鼓励；修订稿又得林富士教授、李广健教授及何冠环教授等师友诸多提点及建议，在此并志谢忱。挚友温伟国先生及范芷欣小姐先后提供各种协助和支持，笔者铭记。此外，十分感谢两位匿名审稿人的指正和宽容，文中所有舛误均系笔者学力浅陋。最后谨以此文纪念先父王文松先生（1923—2009）。

**原刊于《新史学》2012年第23卷第2期。

① 要讨论宋代在统一全国后将岭南文化整合到帝国的疆域里，单凭"去巫化"这个角度，除了史料的限制外，似乎也无法完全论述、交代、代表这个复杂的政治与文化问题。事实上，单从"文明开化"的着眼点去看，宋朝政府在岭南兴办学校，将理学传播到两广，或许更能收移风易俗的果效，但这已超出本文的范围，无法详究。此外，似乎要到明清两代，才有充足的史料详论这个问题，科大卫（David Faure）指出，随着中原王朝在华南的军事征讨、行政规划，一套关于权力的文化语言也渗透到华南，影响着当地的礼节、身份、地位、财产权、商业习惯、社会流动和社会构建。透过这一正统纽带，华南社会就被整合到国家里去，变成安分守己的良民。参阅 David Faure, *Emperor and Ancestor: State and Lineage in South China*, Stanford: Stanford University Press, 2007. 科大卫这部巨著所揭示的，亦有助我们对本文的反思："去巫扬医"作为宋朝政府开化岭南的一个权力话语，朝廷对这问题的了解、想象与对策，岭南土著文化因此而受到的镇压、改造及反弹，其间的碰撞、激荡、磨合以至消融，或许能部分地反映宋朝整合两广建立统一文化的努力与情况？碍于史料、篇幅及个人的才识所限，这里就无法对科教授这部体大思精的著作进行比较和深入评论，请读者原谅。

妖与灵
——宋代邪神信仰初探

一、杀人祭鬼——问题的提出

对于研究宋朝民间信仰历史的学者而言，时人频繁不绝的"杀人祭鬼"记录，实在是一个令人既震撼却又不解的问题。所谓"杀人祭鬼"，即"杀人祭邪神"[1]。撇除官员的大量评论及众多案例，单从两宋时代政府三申五令禁制邪神崇拜的措施（参见表11），读者已可见其情况之普遍与严重。我们不禁要问，何以在儒学复兴的宋代，民众竟然会奉拜如此有乖人伦的邪神，干出骇人听闻的"杀人

---

[1] 研究中国民间信仰者均同意，中国人对"鬼"与"神"的意义并无严格分辨，人死后为"鬼"，受祀则被视为"神"，其中的要害是"灵验"与否。武雅士（Arthur P. Wolf, 1932—2015）的经典研究就指出，一个灵魂被视为是鬼或祖先神灵，完全要看当事人是谁，一个人的祖先即别人的鬼。参见Arthur P. Wolf, "Gods, Ghosts, and Ancestors", in Arthur P. Wolf（ed.）, *Religion and Ritual in Chinese Society*, Stanford & California: Stanford University Press, 1974, p.146. 事实上，宋人即同时有称家宅内庇护子孙的神明为"鬼"或"神"，见何薳：《春渚纪闻》卷二，《杂记·中溜神》，北京：中华书局，1983年，第31页；刘斧：《青琐高议》别集卷六，《大眼师》，上海：上海古籍出版社，1983年，第242页。因此，宋代的"杀人祭鬼"即"杀人祭邪神"，读者亦可从表11中的资料窥见。至于"邪神"之定义，后文会有讨论。

祭鬼"勾当[①]？

表11　两宋政府禁制邪神的诏令

序号	时间	禁令内容	地域	资料出处
1	太宗雍熙二年（985）闰九月	岭峤之外，封域且殊，盖久隔于华风，乃染成于污俗……应邕、容、桂、广诸州，婚嫁丧葬、衣服制度，并杀人以祭鬼、疾病不求医药及僧置妻孥等事，并委本属长吏多方化导，渐以治之，无宜峻法，以致烦扰。	广南东路广州，广南西路邕、容、桂州	《宋会要辑稿》，《刑法》二之三，第6497页；宋太宗，《令岭南长吏多方化导污俗诏》，《全宋文》卷六九，《宋太宗》七，第179页[②]。
2	真宗咸平元年（998）	禁峡州民杀人祭鬼。	荆湖北路峡州	《宋会要辑稿》，《刑法》二之六，第6498页。
3	真宗大中祥符三年（1010）二月	禁荆南界杀人祭棱腾邪神。	荆湖南路	《续资治通鉴长编》卷七三，真宗大中祥符三年二月乙巳，第1656页[③]；《宋会要辑稿》，《刑法》二之一〇，第6500页。

[①] "杀人祭鬼"自然并非始于宋代，这可说是传统中国社会自古即有的一种祭祀仪式，也普遍存在于古代世界，见黄展岳：《古代人牲人殉通论》，北京：文物出版社，2004年；周庆基：《人祭与人殉》，《世界宗教研究》1984年第2期，第89—96页。不过，进入文明时代以后，宋代"杀人祭鬼"的情况似乎特别厉害和凸出，笔者曾经利用电子版《文渊阁四库全书》检索"杀人祭鬼"条目，得出匹配的资料有16笔，其中有13笔资料为宋代史事，只有3笔资料为前代者。这虽然不是一个完整的统计，也不科学，但似乎多少也可反映宋代"杀人祭鬼"较前代严重的情况。
[②] 曾枣庄、刘琳主编：《全宋文》，上海：上海辞书出版社，2006年。
[③] 李焘：《续资治通鉴长编》，北京：中华书局，1979—1995年。以下简称《长编》。

续 表

序号	时间	禁令内容	地域	资料出处
4	真宗天禧三年（1019）四月	如闻金、商州等州，颇有邪神之祭，或缘妖妄，辄害生灵……所犯头首及豪强者并处死。	京西南路金州、永兴军路商州	《长编》卷九三，真宗天禧三年夏四月戊申，第2145页；宋真宗：《禁金商等州祭邪神诏》，《全宋文》卷二五八，《宋真宗》四七，第44页。
5	仁宗天圣九年（1031）五月	如闻荆湖杀人以祭鬼，自今首谋若加功者，凌迟斩之。募告者，悉畀以罪人家赀。官吏捕获者，其赏与获全伙劫盗同。	荆湖南、北路	《长编》卷一一〇，仁宗天圣九年五月壬子，第2558页；宋仁宗：《严禁荆湖杀人祭鬼诏》，《全宋文》卷九五二，《宋仁宗》一三，第226页。
6	仁宗康定元年（1040）十一月	知万州马元颖言，乞下川陕、广南、福建、荆湖、江淮，禁民畜蛇毒蛊、杀人祭妖神。其已杀人者，许人陈告赏钱……从之。	川陕、广南、福建、荆湖、江淮	《宋会要辑稿》，《刑法》二之二五，第6508页。
7	徽宗政和八年（1118）三月	访闻江东路饶州管下乡落之间，信用师巫，蔽溺流俗，多以纸帛画三清上真与邪神同祀，以祈禳为事，荤茹杂进，殊不严洁……自今仰本路提点刑狱行下所属州县严行禁止，后有犯者，以违制论……	江南东路饶州	《宋会要辑稿》，《刑法》二之七〇，第6530页；宋徽宗：《禁三清上真与邪神同祀诏》，《全宋文》卷三六〇〇，《宋徽宗》五八，第266页。

民间信仰篇　485

续 表

序号	时间	禁令内容	地域	资料出处
8	高宗绍兴十二年（1142）五月	言者论夔路有杀人祭鬼之事，乞严禁之。上谓宰执曰，此必有大巫倡之，治巫此自止，西门豹投巫于河，以救河伯娶妇，盖知此道也。	夔州路	《建炎以来系年要录》卷一四五，绍兴十二年五月己未，第2328页①。
9	高宗绍兴十九年（1149）二月	禁湖北溪洞用人祭鬼及造蛊毒，犯者保甲同坐。	荆湖北路	《宋史》卷三〇，《高宗纪》七，第569页②。
		湖北溪峒酝造蛊毒，以害往来之人。又夷人以人衅鬼，安复、荆门、鼎、丰独行之人，或罹此祸，望令巡尉觉察……可取当行之。		《系年要录》卷一五九，绍兴十九年二月丁丑，第2576页。
10	高宗绍兴二十一年（1151）闰四月	湖南北之俗，遇闰岁则盗杀小儿，以祭淫祠，谓之采生。望令逐路监司帅臣严责巡尉，如一任之内，纠察采生七人，依获强盗法推赏，因事发觉，则巡尉坐失捕之罪，庶几其弊可革。从之。	荆湖南、北路	《系年要录》卷一六二，绍兴二十一年闰四月丙戌，第2636页；《宋会要辑稿》，《刑法》二之一五二，第6571页。

---

① 李心传：《建炎以来系年要录》，北京：中华书局，1988年。以下简称《系年要录》。
② 脱脱等：《宋史》，北京：中华书局，1977年。

续 表

序号	时间	禁令内容	地域	资料出处
11	高宗绍兴二十三年（1153）七月	乞严禁杀人祭鬼神奏：明王之制，祭祀非忠劳于国、功德及民者，不与祀典。闻近者禁止淫祠不为不至，而愚民无知，至于杀人以祭巫鬼，笃信不疑。湖、广之风，自昔为甚。近岁此风又寖行于他路，往往私遣其徒，越境千里，营致生人。以贩奴婢为名，及至岁阄，屠害益繁，虽同姓至亲，亦不遑恤。今浙东又有杀人而祭海神者，四川又有杀人而祭盐井者。守令不严禁之，生人实被其害。今岁阄在冬季，良民惧其非横者必多，若不早为之禁，缓则弗及矣。欲望申严法令，戒饬监司、州县之吏，治之纵之，明示赏罚，增入课令格，加之乡保连坐，诰诫禁止，明于革心，毁撤巫鬼淫祠。从之。	湖、广、浙东、四川	《宋会要辑稿》，《礼》二〇之一四，第771页。
12	孝宗隆兴二年（1164）正月	湖南北多有杀人祭鬼者，耳目玩习，遂成风俗。乞委两路监司严行禁戢，如捕获犯人，依法重作行道。	荆湖南路、荆湖北路	《宋会要辑稿》，《刑法》二之一五六，第6573页；黄祖舜，《乞严禁湖南北杀人祭鬼奏》，《全宋文》卷四〇九〇，《黄祖舜》，第155页。
13	孝宗乾道三年（1167）十一月	勘会民间多有杀人祭鬼，及贫乏下户往往生子不举，甚伤风俗。可令逐路州军检举见行条法，令于县镇乡村晓喻，严行觉察，许人陈告。	全国	《宋会要辑稿》，《刑法》二之一五八，第6574页；宋孝宗，《南郊赦文》，《全宋文》卷五二二八，《宋孝宗》二三，第319页。

民间信仰篇　487

续 表

序号	时间	禁令内容	地域	资料出处
14	孝宗淳熙十二年（1185）三月	前发遣筠州赵谠言，湖外风俗，用人祭鬼，每以小儿妇女生剔眼目，截取耳鼻，埋之隙窨，决以沸汤，糜烂肌肤，靡所不至……乞行下诸路州军……严立赏罚……从之。	荆湖	《宋会要辑稿》，《刑法》二之一二二，第6556页。
15	宁宗绍熙五年（1194）九月	访闻湖广等处州县杀人祭鬼，及略卖人口，并贫乏下户往往生子不举。条法禁约非不严切，习以为常，人不知畏。可令守令检举见行条法，镂板于乡村道店、关津渡口晓谕，许诸色人告捉，依条施行。仍仰监司严行觉察，毋致违戾。	荆湖南、北路，广南东、西路	《宋会要辑稿》，《刑法》二之一二六，第6558页；宋宁宗，《明堂赦文》，《全宋文》卷六八八九，《宋宁宗》一，第79页。
16	宁宗庆元四年（1198）四月	臣僚言，楚俗淫祠其来尚矣，惟是戕人以赛鬼，不宜有闻于圣世。俗尚师巫，能以祸福证兆，簧鼓愚民……漫淫妖幻诅厌益广，遂至用人以祭。遇闰岁，此风犹炽。乞告戒湖北一路监司帅守……庶几此俗渐革。从之。	荆湖北路	《宋会要辑稿》，《刑法》二之一二九，第6560页。
17	宁宗嘉泰二年（1202）十二月	权知万州赵师㒟言，峡路民居险远，素习夷风，易惑以诈，易煽以恶，致使淫巫得肆簧鼓。凡遇疾病，不事医药，听命于巫，决卜求神，杀牲为祭，虚费家财无益，病人虽或抵死，犹谓事神之未至故，凡得疾十死八九。又其俗以不道，千富祀诸昏淫之鬼，往往用人，侥幸作福，流为残忍，不可备言。乞行下本路先禁师巫，俾之改业。	夔州路	《宋会要辑稿》，《刑法》二之一三三，第6562页。

宫崎市定（1901—1995）、泽田瑞穗（1912—2002）、河原正博（1912—1993）、金井德幸及台静农（1902—1990）等几位前辈史家，多年前曾著有数篇短文，初步爬梳宋代"杀人祭鬼"的史料[1]；而过去二十多年，关于宋代民间宗教和祠神信仰的研究更有长足发展，其中美国学者韩森（Valerie Hansen）的 *Changing Gods in Medieval China, 1127—1276* 一书[2]，更引起了广泛的回响和讨论[3]。"宋代民间信仰"成为一个炙手可热的跨学科研究课题，中、日、美、欧等地的学者运用人类学、宗教学、社会学和民族学等不同学科的理论和视角，深入研究两宋时代民间信仰的历史。其中，"淫祀"和"淫祠"[4]是不少学者研究和讨论的交叉点，重要又优秀的著

---

[1] 参见下列诸文：[日]宫崎市定：《宋代における杀人祭鬼の习俗について》，载于宫崎市定：《アジア史研究》，京都：同朋社，1978年，第5册，第100—144页；[日]泽田瑞穗：《杀人祭鬼》《杀人祭鬼・证补》《杀人祭鬼・再补》《メタモルフォーシスと变鬼谭》《メタモルフォーシスと变鬼谭再补》，载于泽田瑞穗：《中国の民间信仰》，东京：工作舍，1982年，第330页—404；[日]河原正博：《宋代の杀人祭鬼について》，《法政史学》1967年第19卷，第1—18页；[日]金井德幸：《南宋荆湖南北路における鬼の信仰について——杀人祭鬼の周边——》，《驹泽大学禅研究所年报》卷五，1994年，第49—64页；金井德幸：《宋代における妖神信仰と"吃菜事魔"、"杀人祭鬼"再考》，《立正大学东洋史论集》卷八，1995年，第1—14页；台静农：《南宋人体牺牲祭》，载于宋史座谈会编：《宋史研究集》第2辑，台北：台湾编译馆，1964年，第327—342页。

[2] Valerie Hansen, *Changing Gods in Medieval China, 1127—1276*, Princeton: Princeton University Press, 1990.

[3] 详见下列著作的回顾与讨论：蒋竹山：《宋至清代的国家与祠神信仰研究的回顾与讨论》，《新史学》1997年第8卷第2期，第187—220页；Stephen F. Teiser, "Chinese Religions: Popular Religion", *The Journal of Asian Studies*, vol.54, no.2 (1995), pp.378—395；皮庆生：《宋代民众祠神信仰研究》，上海：上海古籍出版社，2008年，第7—17页。

[4] 关于"淫祀"与"淫祠"二词，宋代史料都有将两者混合，但如欲强分，"淫祀"即是"非所当祭而祭之"，由此而"私自立庙者"即为"淫祠"。本文跟大部分研究宋代民间信仰的著作一样，都将这两个词语交替互用。见沈宗宪：《国家祀典与左道妖异——宋代信仰与政治关系之研究》，台北：台湾师范大学历史研究所博士论文，2000年，第69页。

民间信仰篇 489

作汗牛充栋[1];然而,与此相关却又不尽相同的"邪神信仰",除了个别专著中的少部分篇章外[2],自宫崎市定等日本学者的开创性研究后,却始终未见再有深入讨论。

对于政府和执法的官员而言,要审定"邪神信仰"这类宗教犯罪,必须界定一些普遍标准[3],例如破坏社会教化这类邪风败俗(妖异坏化);但从民众的视角去看,虽难辨清神鬼之邪正本质,惟其害人骇俗的强大灵力,则教人胆战心寒,印象深刻。本章即以宋代邪神信仰为题,从"妖异"与"灵力"两方面、透过政府与民众的视角,重新思考宋代邪神信仰的本质与流行原因,初步探讨这种

---

[1] 这类著作很多,不能尽引,除了上引皮庆生及Hansen的著作外,下列著作亦必须参考:宋代史研究会编:《宋代の社会と宗教》,东京:汲古书院,1985年;[日]松本浩一:《宋代の赐额・赐号について——主として'宋会要辑稿'にみえて史料から》,载于[日]野口铁郎编:《中国史における中央政治と地方社会》,昭和六十年科学研究费补助金综合研究[A]研究成果报告书,东京:文部省,1986年,第282—294页;[日]小岛毅:《正祠と淫祠——福建の地方志における记述と理论——》,《东洋文化研究所纪要》第114册,1991年,第87—213页;[日]须江隆:《唐宋期における祠庙の庙额、封号の下赐について》,《中国——社会と文化》卷九,1994年,第96—119页;[日]须江隆:《"熙宁七年の诏"——北宋神宗朝期の赐额・赐号——》,《东北洋大学东洋史论集》卷八,2001年,第54—93页;[日]水越知:《宋代社会と祠庙信仰の展开——地域核としての祠庙の出现——》,《东洋史研究》2002年第60卷第4号,第629—666页;沈宗宪:《国家祀典与左道妖异——宋代信仰与政治关系之研究》;Ebrey B. Patricia and Gregory N. Peter (eds.), *Religion and Society in Tang and Sung China*, Honolulu: University of Hawaii Press, 1993; Robert P. Hymes, *Way and Byway: Taoism, Local Religion, and Models of Divinity in Sung and Modern China*, Berkeley, Los Angeles & London: University of California Press, 2002; Richard von Glahn, *The Sinister Way: The Divine and the Demonic in Chinese Religious Culture*, Berkeley, Los Angeles & London: University of California Press, 2004.

[2] 王章伟:《在国家与社会之间——宋代巫觋信仰研究》第6章,《淫祠与邪神》,香港:中华书局,2005年,第265—341页。

[3] 据柳立言的研究,宋朝政府界定宗教犯罪的普遍标准有七项:淫祠、淫风、淫神、诳惑(即以妄言或妖言惑众)、淫祀、异行、妖术。见柳立言:《从〈名公书判清明集〉看南宋审判宗教犯罪的范例》,载于柳立言编:《性别、宗教、种族、阶级与中国传统司法》,台北:"中研院"历史语言研究所,2013年,第102—106页。此文承蒙柳立言兄赐阅,谨此致谢。

"逾越于正统"以外的信仰崇拜,何以能够存在于国家和社会之间的夹缝里。

二、妖异坏化——官方话语中的"邪神"

要研究宋代邪神信仰和讨论其本质,除了史料分散等问题外,还会遇到一个更大的困难:究竟"邪神"所指若何?中国人以为,人有邪、正,鬼神似乎也没有例外,朱熹(1130—1200)的门人即以为"道理有正则有邪,有是则有非。鬼神之事亦然。世间有不正之鬼神,谓其无此理则不可"①。可是"邪神"既为日常生活惯用的词汇,宋代以至今天,似乎无须、实在也没有人会为其本义详加解释;而所谓的正、邪,确实也无可能有"权威"的解释。对宋代鬼神及淫祠有深入批判的陈淳(1159—1223)曾经说过:"'敬鬼神而远之',此一语极说得圆而尽。如正神,能知敬矣,又易失之不能远;邪神,能知远矣,又易失之不能敬。"②他是少数点出了对待正神、邪神不同态度的人,可惜其对邪神之义也无深究。

宋代以前有关"邪神"一词的史料并不多见,多是佛教徒攻击祀拜其他神祇者之贬语而已③。不过,邪神崇拜往往涉及妖异之事,故有关"妖神"的记载却不少,例如吴主孙权(182—252)"礼罗

---

① 黎靖德编:《朱子语类》卷三,《鬼神》,北京:中华书局,1986年,第55页。
② 陈淳:《北溪字义》卷下,《鬼神》,北京:中华书局,1983年,第67页。
③ 释道宣:《广弘明集》卷九,《周·甄鸾·笑道论》,《文渊阁四库全书》,台北:商务印书馆,1986年,第23—24页;卷二七下,《戒法摄生门二十》,第31—32页。

阳妖神以求福助"[1]；唐代苏州有渔人拜祀湖中妖神，"祷之必丰其获"[2]。元稹（779—831）有《赛神》诗云"村落事妖神，林木大如村"[3]，对妖神在村落间造成的影响，严加批评："楚俗不事事，巫风事妖神，事妖结妖社，不问疏与亲。"[4]其送白居易（772—846）到巴蜀的诗作，又说到当地"犷俗诚堪惮，妖神甚可虞"[5]。唐高祖武德九年（626）即曾下诏"私家不得辄立妖神，妄设淫祀，非礼祈祷，一皆禁绝"[6]。不过，这些"妖神"的实质内涵，我们所知也不多。《左传·僖公十九年》有一条重要的记载：

宋公使邾文公，用鄫子于睢之社，欲以属东夷。注："睢水……此水次有妖神，东夷皆社祠之，盖杀人而用祭。"[7]

这里以活人祭祀社庙里的"妖神"，宋代的朱翌（1098—1167）即认为，"今远方犹杀人祭鬼，实二子启之也，哀哉"[8]！可见"杀人祭鬼"是从古以来祭拜邪神最显见的特征，而"妖神"也就是"邪神"。

---

[1] 沈约：《宋书》卷三三，《五行志》，北京：中华书局，1974年，第950页。
[2] 袁桷：《延祐四明志》卷一七，《唐心镜大师碑》，《文渊阁四库全书》，台北：商务印书馆，1986年，第11—12页。
[3] 元稹：《元氏长庆集》卷一，《赛神》，《文渊阁四库全书》，台北：商务印书馆，1986年，第7—8页。
[4] 元稹：《元氏长庆集》卷三，《赛神》，第4页。
[5] 元稹：《元氏长庆集》卷一二，《酬乐天东南行诗一百韵并序》，第4页。
[6] 王溥：《唐会要》卷四四，北京，中华书局，1955年，第797页。
[7] 杜预注，陆德明音义、孔颖达疏：《春秋左传注疏》卷一三，杨伯峻编著：《春秋左传注（修订本）》，北京：中华书局，1990年，第381页。
[8] 朱翌：《猗觉寮杂记》卷下，《笔记小说大观》，扬州：广陵古籍刻印社，1983—1984年，第6页。

现代学者对宋代民间信仰与国家政权之间关系的讨论，亦有助我们重新思考宋代邪神本质的问题。大量优秀的研究显示，宋朝政府透过赐额和封号等政策，建立起一套成熟的国家祭祀体系，承认、吸纳、控制民间各色各样的祠神，将"合法正当"的国家意识与儒教文化推展到民间社会里；同时利用"淫祠""淫祀"等标签，禁毁不符合正统价值的民间信仰，以维护国家政权的一统与威权[①]。不符合正统的"邪神"或"妖神"，自然不可能是国家《祀典》的一员，与"淫祀"有很大关系；然而，两者其实并不完全等同，陈淳就这样解释：

> 古人祀典，品节一定，不容紊乱。在诸侯，不敢僭天子而祭天地；在大夫，亦不敢僭诸侯而祭社稷山川。如季氏旅泰山便不是礼。《曲礼》谓："非所当祭而祭之，名曰淫祀。淫祀无福。"淫祀不必皆是不正之鬼。假如正当鬼神，自家不应祀而祀他，便是淫祀。如诸侯祭天地，大夫祭社稷，季氏旅泰山，便是淫祀了。[②]

不过，政府和官员这种对民间信仰的统制措施与神祇性质的分类，正可反映民间祠神的邪、正性格，官方话语的形塑举足轻重[③]，

[①] 详见第489页注④及第490页注①各篇论著；又请参阅 James L Watson. "Standardizing the Gods: The Promotion of T'ien Hou Along the South China Coast, 960—1960," in Johnson, Nathan and Rawski (eds.) , *Popular Culture in Late Imperial China*, Berkeley, Los Angeles & London: University of California Press, 1985, pp. 292—324.

[②] 陈淳：《北溪字义》卷下，《鬼神》，第60—61页。

[③] 蔡竺君最近的研究却认为，国家力量并非宋代祠神正当性的唯一权力来源和标准，各种宗教传统的重要性不容忽视。见蔡竺君：《在正统与异端之间：从〈夷坚志〉看江西地区祠庙信仰与儒道关系，998—1224》，台湾政治大学宗教研究所硕士论文，2009年。笔者要感谢竺君小姐赐阅本文。

民间信仰篇　493

也是我们理解宋代邪神之义的适当切入点①。

政府既然试图操控民间信仰发展的轨迹，对那些逾越于正统以外，甚或威胁到名教礼法的妖鬼，自必大加镇压。万志英（Richard von Glahn）在其宋代邪神"五通"的经典研究基础上，已开始注意对中国民间信仰中"左道"（the sinister way）与"恶魔"这种"恶"的一面传统②。事实上，宋朝统治者对这种"左道"最是忌惮，真宗的禁令谓：

先王立法，在妖邪而必诛……顾小民之多僻，习左道而相传，苟用常科，难逃极断，屈兹彝宪，投置远方……各令著业，自今不得传习。③

英宗时又再弹旧调：

夫左道乱法，淫祀败俗，与夫贼杀善良之人，皆前古之所

---

① 笔者过去研究宋代民间信仰时，一再强调应该"回到当代人的世界"，从宋人的视角去看问题，不能仅以今人的目光、语言去诠释史料。见王章伟：《在国家与社会之间——宋代巫觋信仰研究》，第29—37页；王章伟：《沟通古今的萨满——研究宋代巫觋信仰的几个看法》，载于复旦大学文史研究院编：《"民间"何在，谁之"信仰"》，北京：中华书局，2009年，第140—154页。这里谈论宋代"邪神"之本义时指出可从当时官方之话语去了解，其实仍是基于"从宋人的立场出发"的这个原则。

② Richard von Glahn, "The Enchantment of Wealth: The God Wutong in the Social History of Jiangnan," *Harvard Journal of Asiatic Studies*, 51:2（1991）, pp.651—714; Richard von Glahn, *The Sinister Way: The Divine and the Demonic in Chinese Religious Culture*.

③ 宋真宗：《妖人谷隐干连人等放罪诏》，《全宋文》卷二五〇，《宋真宗》三九，第321页。

甚禁，而在上者所同疾也。朝廷比设防制，以纠奸违，厚赏以明告之科，严罚以重纵出之坐。①

镇压的手段至为严厉，"诏有司察所部左道、淫祀及贼杀善良不奉令者，罪毋赦"②，刑法上为死罪"十恶"之一③。《宋史·刑法志》即云：

> 左道乱法，妖言惑众，先王之所不赦，至宋尤重其禁。凡传习妖教，夜聚晓散，与夫杀人祭祀之类，皆著于法，订察甚严。故奸轨逞之民，无以动摇愚俗。间有为之，随辄报败。④

官员如李觏（1009—1059）等更认为是重要的"富国之策"⑤。对这种乱法左道的声讨，宋仁宗天圣元年（1023）知洪州夏竦要求禁制江西村落间妖巫害人之奏，说得最是明白：

> 臣闻左道乱俗，祅言惑众，在昔之法，皆杀无赦。盖以奸臣逆节，狂贼乱规，多假鬼神，摇动耳目。汉之张角，晋之孙恩，偶失防闲，遂至屯聚。国家宜有严制，以肃多方。窃以当州东引七闽，南控百粤，编氓右鬼，旧俗尚巫。在汉栾巴，已

---

① 宋英宗：《禁结集社会诏》，《全宋文》卷一七三二，《宋英宗》三，第302页。
② 《宋史》卷一三，《英宗纪》，第259页。
③ 《长编》卷九二，真宗天禧二年七月壬申，第2119页；卷九五，真宗天禧四年四月丙寅，第2193页。《宋史》卷一九九，《刑法》一，第4974页。
④ 《宋史》卷一九九，《刑法》一，第4981—4982页。
⑤ 李觏：《富国策第四》，《全宋文》卷九〇五，《李觏》一四，第167页。

民间信仰篇　495

尝蔫理，爰从近岁，传习滋多……所居画魑魅，陈幡帜，鸣击鼓角，谓之神坛……奇神异象，图绘岁增；怪篆妖符，传写日异。小则鸡豚致祀，敛以还家，大则歌舞聚人，餕其余胙。[①]

不过，这里提到被迷惑的民众、张角（?—184）和孙恩（?—402）等前代民间宗教领袖、其假托的妖鬼邪神等，却道出了宋代史料中的"妖民""妖（邪）教"及"邪（妖）神"等均为官方所谓的"左道"，互相混杂，往往难以分辨。因此，一般人很容易会将这些资料混淆，将这些现象和问题简单地混为一谈；事实上，记载史事者也未必很清楚其中的分别，故当我们探讨宋代邪神信仰并依赖这些史料做研究时，很多时亦无法分辨当中的异同。不过，要了解问题的真相，似仍须试加析论。

（一）妖人与妖兵

为了维护国家信仰的正当性和稳定政权，宋朝政府对一些民间妖异之事，最为敏感与警惕。例如仁宗庆历年间，夏竦"言博州军人赵宗者，夜寐有蛇出入口鼻，恐以妖惑众，请度为僧，令居京师，毋得出外，从之"[②]。皇祐时仁宗又对辅臣曰："开封奏妇人阿齐为祈雨断右臂，恐惑众，不可以留京师，其令徙居曹州。"[③]而程琳（988—1056）判大名府时，"府兵有肉生于背，蜿蜒若龙伏者，文

[①] 《长编》卷一〇一，仁宗天圣元年十一月戊戌，第2340—2341页。夏竦：《洪州请断祅巫奏》，《全宋文》卷三四七，《夏竦》一五，第76页。
[②] 《长编》卷一六〇，仁宗庆历七年二月庚午，第3864页。
[③] 《长编》卷一七二，仁宗皇祐四年三月戊辰，第4140页。

简（程琳）收禁之"①。至于民间所谓"畜蛊毒"者，或徙移其家于穷乡僻处，不得复齿于乡②；或直截了当擒治伏罪，杜绝这种害人的风俗③。国家甚至对研究天文、阴阳等都有严格限制④，所谓"本朝自祖宗禁星纬之学"⑤。一些与宗教信仰相关以至容易引起民众不安的思想或活动，官员更是严加取缔：

> 南剑尤溪林绩，仁宗时，为吉州安福令。时有张嗣宗者，挟妖术作符箓，自称汉师君三十三代孙。率其徒自龙虎山至，谓能却祸邀福。百姓翕然以从。绩视其印文，曰："嘻，乃贼物耳。昔张道陵再传至鲁，鲁以鬼道教民，自号师君，遂据汉。垂三十年，方败于曹操……今有道之世，讵容妖贼苗裔，公肆诬罔，以害吾治耶！"于是收治之。闻于朝，毁印。而江左妖学遂息。⑥

---

① 邵伯温：《邵氏闻见录》卷二，北京：中华书局，1983年，第12页。
② 《长编》卷五，太祖乾德二年四月己巳，第126页；《宋史》卷一，《太祖纪》一，第17页。
③ 《长编》卷一八七，仁宗嘉祐三年七月癸酉，第4516页。《宋史》卷三〇三，《陈贯传》，第10047—10048页；卷四二六，《循吏传》，第12702—12703页。欧阳修：《端明殿学士蔡公墓志铭》，《全宋文》卷七五六，《欧阳修》九四，第378页。范祖禹：《集贤院学士致仕高公墓志铭》，《全宋文》卷二一五四，《范祖禹》四〇，第26页。
④ 《长编》卷一八，太宗太平兴国二年十月丙子，第414页；卷五六，真宗景德元年正月辛丑，第1226—1227页；卷六二，真宗景德三年四月己亥，第1396页。又请参阅沈宗宪：《国家祀典与左道妖异——宋代信仰与政治关系之研究》，第117—158页；冯锦荣：《宋代皇家天文学与民间天文学》，载于法国汉学丛书编辑委员会编：《法国汉学》第6辑，北京：中华书局，2002年，第234—268页。
⑤ 《系年要录》卷二八，建炎三年九月庚戌，第553页。
⑥ 吴曾：《能改斋漫录》卷一三，《记事·林绩毁张嗣宗妖术印》，上海：上海古籍出版社，1984年，第381页。

政府的忧虑并非无的放矢，翻开史料，宋代不少涉及民众叛乱的事件都与民间的妖异信仰有关。在官方眼中，一些破坏社会礼法秩序、宣扬妖异者都是"妖人"或"妖民"，必须严加取缔。我们将搜集到的资料表列于下：

表12　宋朝政府及官员擒捕"妖人""妖民"事录

序号	时间	情况	地域	资料出处
1	太祖乾德四年（966）	妖人张龙儿等二十四人伏诛，夷龙儿、李玉、杨密、聂赞族。		《宋史》卷二，《太祖纪》二，第25页。
2	真宗大中祥符五年（1012）	访闻阊阖门内，有人众目为先生，每夕身有光，能于隙窍出入无碍。是必妖妄惑众，其令开封府速擒捕禁止之。	开封府	宋真宗：《令开封府擒捕妖妄人诏》，《全宋文》卷二四一，《宋真宗》三〇，第109页。
3	真宗大中祥符八年（1015）	妖人谷隐黥面配琼州牢城，遇赦不还……隐先生罪编管解州，因用妖惑众。		《长编》卷八四，真宗大中祥符八年五月甲辰，第1930页。
4	真宗天禧二年（1018）	近者诏捕妖人，许陈告酬赏。		《长编》卷九二，真宗天禧二年七月癸未，第2120页。
5	真宗天禧二年（1018）	讹言帽妖至京师，民夜叫噪达曙，诏捕尝为邪法人耿概等弃市。	开封府	《宋史》卷八，《真宗纪》三，第165页。
6	仁宗康定元年（1040）	梓州妖人白彦欢者，依鬼神以诅杀人，狱具，以不伤谳。（梁）适曰："杀人以刃或可拒，而诅不可拒，是甚于刃也。"卒以死论。	梓州路	《长编》卷一二七，仁宗康定元年四月丁亥，第3003页；王珪，《梁庄肃公适墓志铭》，《全宋文》卷一一六一，《王珪》四二，第308页。

续表

序号	时间	情况	地域	资料出处
7	仁宗朝	妖人李浩挟术惑众,(吴充)逐之。	京西路	李清臣:《吴正宪公充墓志铭》,《全宋文》卷一七一八,《李清臣》一〇,第56页。
8	仁宗朝	天禧中西京河阳妖怪大起……许人告首,庶获妖人……自后捉到夜聚晓散人张子元数百人……其张惠真采其群议,死必有余……		刘随:《上仁宗乞逐去妖人张惠真》,《全宋文》卷二七六,《刘随》,第38—39页。
9	仁宗朝	时京师有告妖人千数聚确山者,诏遣中使往召捕者十人。	开封府	《宋史》卷二九一,《吴育传》,第9730页。
10	英宗朝	舟卒六十余人习妖术,君得其罪首送所部,注误者皆削其名。	江南东路	范纯仁:《内殿承制合门祗侯卫君墓表》,《全宋文》卷一五五九,《范纯仁》一五,第375页。
11	神宗元丰二年(1079)	遣大理少卿寋周辅往徐州鞫妖人郭进狱。	京东西路徐州	《长编》卷二九八,神宗元丰二年六月戊申,第7256页。
12	高宗绍兴三年(1133)	诏守、令、尉、佐,境内妖民聚集不能觉察致乱者,并坐罪。		《宋史》卷二七,《高宗纪》四,第505页。
13	高宗绍兴二十三年(1153)	命大理鞫妖人张士道狱。		《宋史》卷三一,《高宗纪》八,第578页。

续 表

序号	时间	情况	地域	资料出处
14	孝宗朝	妖人吴兴居属邑，有诏命捕，公求得善捕盗者唐青……俄获兴以献。	京湖北路	《陆放翁全集》卷三七，《朝议大夫张公墓志铭》，第227页①。
15	度宗朝	有女妖以左道惑众，邻郡愚民十百成群，踵门徼福，公（方逢臣）杖而流之，由是遂息。	江西	《蛟峯文集》，外集卷三，《蛟峯先生阡表》，第27页②。

表12中的妖民，部分人的妖行并不清楚（表12例4、5、7、11、13、14），甚至所谓的"妖"究竟是否涉及妖异邪行也未可知（表12例4、11、13、14），或可能只是精英官员对"愚俗"的一种贬称而已，部分则似与地方治安乱事相关（表12例1、2、3、8、9、10、11）。然而其坏风害俗之妖术究竟是否涉及祀拜一些逾越于正统以外的邪神，因史料自身的限制而无法得知，为求精确故，笔者认为暂不宜将这类资料列入邪神信仰的范围内。职是之故，宋朝政府或官员所谓的"妖人"或"妖兵"，只能算是官方对一些坏俗"左道"的批判，未必是我们所谓的邪神信仰。

政府对这些妖人如此严厉，是因为在民间宗教或具救世、末世信仰的唆使下，妖民很容易就被组织成反政府的"妖兵""魔贼"，危害国家安全。我们亦将搜集到的资料表列于下：

---

① 陆游:《陆放翁全集》，北京：中国书店，1986年。
② 方逢辰:《蛟峯文集》，《文渊阁四库全书》，台北：商务印书馆，1986年。

表13 两宋时代妖兵叛乱事例

序号	时间	情况	地域	资料出处
1	太祖开宝五年（972）	斩徐州妖贼李绪等七人。	徐州	《宋史》卷四，《太宗纪》一，第164页。
2	开宝年间（968—976）	会渠州妖贼李仙众万人，劫掠军界，（朱）昂设策禽之。自余果、合、渝、涪四州民连结为妖者，置不问，蜀民遂安。	渠州、果州、合州、渝州、涪州	《宋史》卷四三九，《朱昂传》，第13007页。
3	太宗朝（976—997）	又急移余杭剪左道僧绍伦妖蛊之叛，至则平定。	江南东道杭州余杭	《湘山野录》卷上，第4页①。
4	仁宗庆历五年（1045）	初，徐州人告（孔）直温等挟妖法诱军士为变……直温等既受诛，濮州复有谋叛者，民相摇惊溃。（吕）居简驰往，得其首恶，诛之。	京东路徐州、濮州	《长编》卷一五七，仁宗庆历五年十一月辛卯，第3806页。
5	高宗建炎三年（1129）	严州妖贼缪罗据白马源，杀王官，（杨）存中讨平之。	两浙西路严州	《宋史》卷三六七，《杨存中传》，第1435页。
6	高宗建炎四年（1130）	（1）时有妖人王念经者，聚众数万，反于信州之贵溪……兹乃社稷存亡至危之机也。	江南东路饶州、信州	《系年要录》卷三一，建炎四年四月甲申，第631页。
		（2）大理寺奏魔贼王宗石等款状……先是，浙西江东制置使张俊以全军讨饶、信妖盗……获王念经（宗石），（王）德等凡屠两县，所杀不可胜计。		《系年要录》卷三四，建炎四年六月辛卯，第667页。

---

① 文莹:《湘山野录》，北京：中华书局，1983年。

民间信仰篇　501

续 表

序号	时间	情况	地域	资料出处
7	高宗绍兴十年（1140）	命殿前司前军统制王滋捕东阳县魔贼。上命大臣谕滋，毋多杀。未几贼平。	两浙东路婺州东阳县	《系年要录》卷一三八，绍兴十年十二月丁酉，第2224页。
8	高宗绍兴十四年（1144）	宣州泾县妖贼俞一作乱，守臣捕灭之。	江南东路宣州泾县	《宋史》卷三〇，《高宗纪》七，第561页。
9	高宗绍兴二十年（1150）	（1）适贵溪魔贼窃发，守臣左朝散大夫李楏檄横统弓兵以备策应……旋至扑灭。	江南东路信州贵溪县	《系年要录》卷一六一，绍兴二十年五月戊申，第2615页。
		（2）信州妖贼黄曾等作乱，陷贵溪县，江西兵马钤辖李横等讨平之。		《宋史》卷三〇，《高宗纪》七，第571页。
10	高宗绍兴年间（1131—1162）	妖人朱瑞明、崔先生挟左道与军中不逞辈谋不轨，其约以春大阅日起事。（王）佐得其阴谋，一日坐帐中决事，命捕为首者，至前略诘数语即责短状，判斩之而流徙数人于岭外，余置不问。	江南东路建康府	《嘉泰会稽志》卷一五，《相辅》，第24页[①]。
11	理宗朝（1224—1264）	德清有妖人扇民为乱，民蜂起附之，至数万人，遣蒂讨之。盗闻其来，众立归散。	两浙路湖州德清县	《宋史》卷四五〇，《忠义传》五，第13255页。

---

① 沈作宾修，施宿等纂：《嘉泰会稽志》，《宋元方志丛刊》，北京：中华书局，1990年。

可惜，表13事例同样碍于史事不详的限制，我们所知亦不多。据此，本文认为从"妖贼""魔贼"等官方话语猜量，尽管其中极可能涉及一些妖术或祠神崇拜，但因为未见涉及杀人祭鬼或有乖伦常之事，暂也不宜将这些史料视为宋代的邪神信仰。事实上，仁宗朝著名的"王则之乱"就是一个重要例子：

> 贝州宣毅卒王则据城反。则本涿州人，岁饥，流至贝州，自卖为人牧羊，后隶宣毅军为小校。贝、冀俗妖幻，相与习《五龙滴泪》等经及图谶者，言释迦佛衰谢，弥勒佛当持世。初，则去涿，母与之诀别，刺"福"字于其背以为记，妖人因妄传"福"之隐起，争信事之。而州吏张峦、卜吉主其谋，党连德、齐诸州，约以明年正旦断澶州浮梁，乱河北。①

王则起事的背景和条件里，虽然涉及民间的妖风幻俗，但其托称的宗教末世思想却明显是净土佛教的弥勒宗，是中国由来已久的秘密宗教叛乱传统②，虽然是政府务必除去的"左道"，却与民间杀人祭鬼的邪神崇拜关系不大。至如南宋高宗朝洞庭湖贼钟相（？—1130）、杨么之乱，虽也有假托巫鬼神灵，以能救人疾患等妖术惑民③，但其所谓之妖异，也未见杀人祭鬼或其他有违人伦的恶行。

---

① 《长编》卷一六一，仁宗庆历七年十一月戊戌，第3890页。《宋史》卷二九二，《明镐传》，第9770页。
② 关于弥勒净土宗、弥陀净土宗等与秘密宗教叛乱的传统，参考戴玄之：《中国秘密宗教与秘密社会》，台北：商务印书馆，1990年，第84—103页。
③ 《系年要录》卷三一，建炎四年二月甲午，第613页。李纲：《梁溪集》卷七三，《乞发遣水军吴全等付本司招捉杨么之奏状》，《文渊阁四库全书》，台北：商务印书馆，1986年，第6—9页。

民间信仰篇　503

同样发生在仁宗年间，名臣程琳知西川的益州时亦敉平了一次妖人作乱的事件：

> 蜀民岁为社，祠灌口神，有妖人自名李冰神子，置官属吏卒，聚徒百余，琳捕其首斩之，而配其社人于内地，或以为冤。①

这次民变的领袖自称是水神李冰之子，借民间信仰策动起事，对政府来说，自然是破坏教化的左道；只是"灌口神"是传统蜀地的社神，故地方官员在镇压为首者之余，遂斥其乃伪托之妖人，未有祸及李冰为妖神、邪神之说②。总之，这类"妖人""妖兵"利用民间信仰作乱的左道，跟我们所认识的邪神崇拜，似乎还有一段距离。

（二）"夜聚晓散"与"吃菜事魔"

"夜聚晓散"与"吃菜事魔"这两个政治社会问题，对宋朝政府来说，最是头痛；对后世的研究者而言，自不陌生，有关的著作很多，本文亦无法详引。而谈到邪神信仰的问题，我们在史料上更须厘清两者之间的分别。

宋代以前中国的传统社会，老百姓日出而作，日落而息，井然

---

① 《长编》卷一〇九，仁宗天圣四年十月癸卯，第2546—2547页。欧阳修：《镇安军节度使同中书门下平章事赠中书令谥文简程公墓志铭》，《全宋文》卷七五三，《欧阳修》九一，第330页。

② 南宋时，朱熹跟弟子的讨论中，也指出祭祀李冰子的"灌口二郎"有点灵怪，谓："蜀中灌口二郎庙，当初是李冰因开离堆有功，立庙。今来现许多灵怪，乃是他第二儿子出来。"见黎靖德：《朱子语类》卷三，《鬼神》，第53—54页。政府自然不会承认这里的"李冰神子"是正祀"灌口二郎"之子，故程琳遂斥之为"妖人"。

有序。政府因此厉行"夜禁"的政策,民众如果违反规定,即是挑战这种日常的社会生活秩序。所谓"月黑风高杀人夜",夜不归宿本身就是道德不轨的表征[①]。前引的《宋史·刑法志》就将"左道乱法""妖言惑众"跟"夜聚晓散""传习妖教"及"杀人祭祀"联系起来,夜聚晓散、妖教、邪神三者纠缠不清。我们先看看宋朝政府如何看待夜聚晓散跟妖术之间的关系,这里也依照前面的做法,将一些史例表列于下:

表14　两宋时代"夜聚晓散"与妖术传播之诏令与事例

序号	时间	情况	地域	资料出处
1	真宗大中祥符六年（1013）	令审刑院、大理寺、三司详定配隶法。既而……夜聚为妖等十二条,悉减从轻焉。		《长编》卷八〇,真宗大中祥符六年正月庚子,第1814页。
2	仁宗天圣五年（1027）	京东群民间有拜岳大会,率敛财物,千百为群,造作帝王仪仗,及有真假兵器,结束人物,私自推补,僭侈相尚,播率民户……若不严行禁制,深虑别长奸凶……且夜聚晓散之徒,为其亏损风教,已有条制,头首及强梁者处死。	京东路	刘随:《上仁宗乞禁夜聚晓散及造仪仗事神》,《全宋文》卷二七六,《刘随》,第37—38页。
3	仁宗景祐二年（1035）	益、梓、利、夔路夜聚晓散,传习妖法,能反告者赏钱五万,以犯者家财充。	益州、梓州、利州、夔州等路	宋仁宗:《募益梓利夔路民告传习妖法者诏》,《全宋文》卷九五八,《宋仁宗》一九,第357页。

---

① 参阅葛兆光:《严昏晓之节——古代关于白天与夜晚观念的思想史分析》,《台大历史学报》2003年第32期,第33—55页。

民间信仰篇　505

续 表

序号	时间	情况	地域	资料出处
4	仁宗宝元年间（1038—1040）	渑池人有告其仇卫九思者，传张角之术，善以妖幻惑人。夜集乡里，男女同堂居寝，逮明而罢，号为讲法。率尝往来旁郡，数百千家相与为囊橐。州县吏更调情状，且捕之。	京西路河南府渑池县	蔡襄：《耿谏议传》，《全宋文》卷一〇二〇，《蔡襄》二七，第225页。
5	仁宗景祐、宝元年间（1034—1040）	邓州有僧某诱民男女数百人，以昏夜聚为妖，积六七年不发，公（谢绛）至，立杀其首，弛其余不问。	京西路邓州	王安石：《尚书兵部员外郎知制诰谢公行状》，《全宋文》卷一四〇九，《王安石》四七，第75页。
6	仁宗至和元年（1054）	有信州龙虎山道士王守和，见在寿星观内寄居，昨秋中曾纠集京师官员百姓妇女等一二百人，以授符箓神兵为名，夜聚晓散……聚众作法，希求金帛，惑乱风俗。岂宜辇毂之下，容庇妖妄之人……免致动民生事。	开封府	赵抃：《乞勘断道士王守和授箓惑众状》，《全宋文》卷八八二，《赵抃》一，第151页。
7	仁宗至和二年（1055）	近日京城中有游惰不逞之辈百姓李清等，私自结集，至二三百人，夜聚晓散，以诵佛为名，民间号曰"乡社"。此风既盛，则惑众生事，如昔金刚禅、二会子之类。伏乞圣旨指挥下开封府，严行禁断，以杜绝妖妄。	开封府	赵抃：《乞禁断李清等经社状》，《全宋文》卷八八三，《赵抃》二，第169页。
8	徽宗大观四年（1110）	诏诸路提刑司常行觉察夜聚晓散徒众及督责，仍每年具部内委无夜聚晓散徒众，申尚书省。	全国	《宋会要辑稿》，《刑法》二之六三，第6527页。
9	徽宗宣和元年（1119）	诏沧州清池县饶安镇市户张远、无隶县新丰村张用、清州乾宁县齐圮等，各为烧香受戒夜聚晓散男女杂处作过，见今根勘，仰承勘官子细研穷，不得漏失。	河北路沧州清池县、无隶县、乾宁县	《宋会要辑稿》，《刑法》二之七四，第6532页。

法制上，官方都认定"夜聚晓散"就是跟传播妖术图谋不轨相连（表14例1），黑夜里男女混杂，干的自然是伤风败俗的勾当；但我们重视的是，其中的"妖术"有否与邪神信仰拉上关系？事实上，除了一些情况不明者外（表14例3、8、9），涉及的往往都是一些民间教派或结社，如表14例4和例6应是一些道士、庙祝之流，借符箓等法术兴妖煽民，表14例5和例7则是一些佛教僧侣与结社的末法邪行[1]，而表14例2更是简单，民间一些祭拜山川的组织，自身本就容易为野心者所利用。因此，虽然同是妖异坏化，我们却不能简单地将"夜聚晓散"的"妖民"直接视为祀奉邪神者。

进一步分析，宋代史料多有直接将"夜聚晓散"视为"传习妖教"者，其中所谓的"妖教"，多指"吃菜事魔"。例如《宋会要辑稿》载：

[绍兴三年（1133）]十月二十九日枢密院言，宣和间温台村民多学妖法，号吃菜事魔，鼓惑众听，刼持州县……夜聚晓散，传习妖教。[2]

又记：

淳熙元年（1174）四月二十八日勑令所言吃菜事魔，或夜聚晓散，因而传习妖教，州县不行觉察，自当坐罪。[3]

---

[1] 这些道士、僧侣，不一定是玄门正宗，其可以是佛道二教在民间传播后的世俗化流裔或结社，或只是些对原始教义一知半解的依附者，更可能干脆就是冒牌货。重要的是，他们既依托于佛道二教之典籍或仪式，又没有杀人祭鬼等有乖人伦之事，似乎不能算是邪神信仰。
[2] 《宋会要辑稿》，《刑法》二之一一一，第6551页。
[3] 《宋会要辑稿》，《刑法》一之四九，第6486页。

地方官的判词更精简，蔡久轩审讯"莲堂传习妖教"的案件时即引用朝廷敕令说：

> 按勅：吃菜事魔，夜聚晓散，传习妖教者，绞，从者配三千里，不以赦降原减二等。又勅：诸夜聚晓散，以诵经行道为名，男女杂处者，徒三年；被诱之人杖一百。①

众所周知，所谓"吃菜事魔"，是指一些素食（吃菜）的民间教派或结社，由于当中多涉及反政府的民变，故被官方称为"魔教"。这些教派与结社的成分很复杂，包括弥勒教、弥陀教、白云菜、白莲菜、摩尼教及其他种种民间信仰②，过去学者已做了很多研究③。这些民间教派或外来宗教被视为"妖教""魔教"，部分是因为

---

① 中国社会科学院历史研究所宋辽金元史研究室点校：《名公书判清明集》卷二四，《妖教·莲堂传习妖教》，北京：中华书局，1987，第535页。
② 这类史料极多，无法尽录，最具代表的讨论，见陆游：《条对状》："自古盗贼之兴……惟是妖幻邪人，平时诳惑良民，结连索定，待时而发，则其为害，未易可测。伏缘此色人处处皆有，淮南谓之二禬子，两浙谓之牟尼教，江东谓之四果，江西谓之金刚禅，福建谓之明教、揭谛斋之类，名号不一，明教尤甚。有秀才、吏人、军兵亦相传习。其神号曰明使，又有肉佛、骨佛、血佛等号，白衣为帽，所在成社。伪经妖像，至于刻版流布，假借政和中道官程若清等为校勘，福州知州黄裳为监雕。以祖考为引鬼，永绝血食，以溺为法水，用以沐浴。其他妖滥，未易概举，烧乳香，则乳香为之贵；食菌蕈，则菌蕈为之贵。更相结习，有同胶漆，万一窍发，可为寒心。汉之张角、晋之孙恩，近岁之方腊，皆是类也。"陆游：《陆放翁全集·渭南文集》卷五，《条对状》，第27—28页。
③ 除了前引戴玄之、金井德幸和沈宗宪等研究外，可参考下列各文：陈垣：《摩尼教入中国考》，《陈垣学术论文集》，北京：中华书局，1980年，第329—397页。杨讷：《元代的白莲教》，载于元史研究会编：《元史论丛》第2辑，北京：中华书局，1983年，第189—216页。牟润孙：《宋代之摩尼教》，《注史斋丛稿》，北京：中华书局，1987年，第94—116页。林悟殊：《摩尼教及其东渐》，北京：中华书局，1987年。王见川：《从摩尼教到明教》，台北：新文丰出版社，1992年。[日] 竺沙雅章著，许洋主译：《关于吃菜事魔》，载于刘俊文主编：《日本学者研究中国论著选译》第7卷，北京：中华书局，1993年，第361—385

异教徒的误会、诬蔑（如佛教徒因摩尼教假托佛教传播，遂将其名称中的"摩"改为"魔"，称其教为"魔教"），又或是由于反政府而受到禁制贬斥①。不过，时人称方腊（？—1121）"托左道以惑众"时，也不得不承认：

> 凡魔拜必北向，以张角实起于北方，观其拜，足以知其所宗。原其平时不饮酒食肉，甘枯槁，趋静默，若有志于为善者。②

庄绰的评论亦说：

> 又始投其党，有甚贫者，率众财以助，积微以至于小康矣。凡出入经过，虽不识，党人皆馆谷焉。人物用之无间，谓为一家，故有无碍被之说。以是诱惑其众。③

高宗绍兴年间起居舍人王居正的奏论更见"事魔者"的"古风"：

页。林悟殊：《中古三夷教辩证》，北京：中华书局，2005年。马小鹤：《摩尼教与古代西域史研究》，北京：中国人民大学出版社，2008年。芮传明：《东方摩尼教研究》，上海：上海人民出版社，2009年。王媛媛：《从波斯到中国——摩尼教在中亚和中国的传播》，北京，中华书局，2012年。马小鹤：《摩尼与摩尼教》，兰州：兰州大学出版社，2013年。

① 内地有些学者在研究今日中国的"邪教"问题时，往往溯源中国古代的民间信仰，即道教、佛教、摩尼教、基督教和民间信仰的结社，因而认为宋元时代的摩尼教及白莲教等都是"邪教"。见刘平：《关于中国邪教史研究的几个问题》，载于社会问题研究丛书编辑委员会编：《宗教、教派与邪教——国际研讨会论文集》，南宁：广西人民出版社，2004年，第196—203页。笔者要强调，我们不应望文生义，以为"妖"既然即是"邪"，故将现代所谓的"邪教邪神"的内涵附会为宋代的邪神信仰，忽略了古今语义不同及文化环境迥异的历史。事实上，将摩尼教等外来宗教视为邪教，并不合理。

② 方勺：《泊宅编》卷五，北京：中华书局，1983年，第30页。

③ 庄绰：《鸡肋编》卷上，北京：中华书局，1983年，第11—12页。

> 方腊以前，法禁尚宽，而事魔之俗，犹未至于甚炽；方腊之后，法禁愈严，而事魔之俗，愈不可胜禁……臣闻事魔者，每乡或村，有一二桀黠，谓之魔头。尽录其乡村之人姓氏名字，相与谊盟，为事魔之党。凡事魔者不肉食，而一家有事，同党之人，皆出力以相赈恤。盖不肉食则费省，故易足。同党则相亲，相亲故相恤而事易济。臣以谓此先王道其民使相亲相友相助之意；而甘淡薄，务节俭，有古淳朴之风。今民之师帅，既不能以是为政，乃为魔头者，窃取以瞽惑其党。①

很明显，这些教派的信仰仪式及教徒的行径容或有违官方认可的礼法价值，甚至挑战国家政治权威，影响统治，故谓其"左道坏化"是合适的；但"事魔"信众勉行素食、邻里间守望相助等等习尚，跟邪神信仰之绝灭人性则似乎是南辕北辙，未必有很大关系②。

---

① 《系年要录》卷七六，建炎四年五月癸丑，第1248—1249页。
② 金井德幸曾研究宋代"妖神""杀人祭鬼""吃菜事魔"等问题，成果骄人。不过，他未有将这些史料厘清，往往据之综合讨论，产生混淆，致有时推演太过。例如他指出"杀人祭鬼"与"吃菜事魔"都是建基于相同的"鬼信仰"。金井这种说法很容易令人误以为"吃菜事魔"即是妖神崇拜，事魔者会杀人祭鬼。见金井德幸：《南宋荆湖南北路における鬼の信仰について——杀人祭鬼の周边——》，第49—64页；金井德幸：《宋代における妖神信仰と"吃菜事魔"、"杀人祭鬼"再考》，第1—14页。的确，对吃菜事魔有深入认识和批判的陆游，其子陆子通知溧阳县事时，对县内百姓奉"白云菜"者多加批判，斥其为"吃菜事魔"之徒，并说："魔教之人之奉鬼者也，厉鬼殇鬼之妖鬼之害人者也……。"然而，其所谓的这些不正之鬼，除了有违朝廷之正统信仰和儒家之礼教价值外，似乎仍未见有如杀人祭鬼等之极端邪行。因此，单凭"吃菜事魔"建基于"鬼信仰"而谓其乃邪神或妖神信仰，似欠谨慎。有关陆子通镇压"白云菜"的情况，见张铉纂修：《至正金陵新志》卷一八，《民俗·风俗》，《宋元方志丛刊》，第15—16页；卷十三下之上，《人物志·列传·治行》，第12—13页。

（三）采牲——邪神崇拜的实际内涵

祠庙是信众祭拜神灵的地方，考察宋代邪神信仰，也可以从此开展讨论。真宗大中祥符三年（1010）下诏："太康县民有起妖祠以聚众者，令开封府禁之。"[①]英宗治平元年（1064）赵抃知成都府时，也因蜀民"有聚为妖祀者，治以峻法"[②]。这些"妖祠""妖祀"，其祀奉神灵所谓的"妖"，实际的内涵也并不清楚，未知其与"邪神"是否有关系。不过，从文意推估，或只是一般的淫祀而已。

前文提及陈淳认为"淫祠"不等于"不正之鬼"，的确，宋朝政府和官僚士大夫认为，淫祠其实是指"信众以不恰当的方式祭祀不合适的神灵"[③]，故理论上地方的祠庙除了得到官方列入《祀典》授予赐额和封号外，都是淫祠[④]。因此，祀拜邪恶的神祇而不可能收入于《祀典》的邪神、妖神，自然也是淫祀，表11例11就提到两者的关系："闻近者禁止淫祠不为不至，而愚民无知，至于杀人以祭巫鬼，笃信不疑"；但我们一定要分辨清楚，大部分淫祠都只是祭拜"不合适的神灵"而已，跟邪神关系不大，我们不能将两者完全等同。

不过，容易引起人混淆的是，在不少士大夫眼中，这些淫

---

① 《长编》卷七三，真宗大中祥符三年三月丁酉，第1659页。
② 《长编》卷二〇三，英宗治平元年十二月癸丑，第4927—4928页；《宋史》卷三一六《赵抃传》，第10323页。
③ 皮庆生：《宋代民众祠神信仰研究》，第287页。
④ 关于宋代淫祠的问题，近年来中、日、美、欧等学者有很多出色的讨论，详见下列各书的综合讨论：皮庆生：《宋代民众祠神信仰研究》；沈宗宪：《国家祀典与左道妖异——宋代信仰与政治关系之研究》；王章伟：《在国家与社会之间——宋代巫觋信仰研究》；Valerie Hansen, *Changing Gods in Medieval China, 1127—1276*。

祠中所祭拜的神灵,很多都是妖精邪怪,应加摈斥,其中王嗣宗(944—1021)捣毁狐王庙的例子最著名:

> 王嗣宗,真宗朝守邠州。旧有狐王庙,相传能与人为祸福,州人畏事之,岁时祭祀祈祷,不敢少怠,至不敢道胡字。嗣宗至郡,集诸邑猎户,得百余人,以甲兵围其庙,熏灌其穴,杀百余狐。或云有大狐从白光中逸去,其妖遂息。①

与狐精相比,祀拜妖蛇的庙宇同样遭殃,儒宗名臣孔道辅(1086—1139)的激烈手段,跟王嗣宗如出一辙:

> 孔中丞道辅为州掾太守,到官三日谒庙。庙有蛇,以为神,每祝之则蛇自神像鼻中直出饮酒。孔方读祝,蛇出饮,孔厉声曰:"明则有礼乐,幽则有鬼神。蛇何为哉!"以笏击蛇死,遂挥象坏其庙而去。②

而这类淫祠往往受巫觋操控,祭拜一些不知名的偶像,例如湖州"女巫游仙夫人者,诳惑寓公",知州黄莘(1151—1212)以"淫祠不毁,蠹民益甚,乃杖其人而尽取其土木偶投洪流中,及其

---

① 吕希哲:《吕氏杂记》卷下,《宋代笔记小说》,石家庄:河北教育出版社,1995年,第553—554页。司马光:《涑水记闻》卷三,北京:中华书局,1989年,第47页。
② 王巩:《闻见近录》,载于陶宗仪等编:《说郛三种》卷五〇,上海:上海古籍出版社,1989年,第2316页。

他挟邪术惑民者,一切荡刷无遗"①。更严重者,庙中的祭祀仪式执戈操兵,聚众为妖,易生乱事,朱熹就提到长沙和钱塘两个淫祠的情况:

楚俗尚巫鬼,穷山中有丛祠,号影株神,愚民千百辈操兵会祭,且欲为乱……往悉禽其魁桀以送州,而散其党与。因撤其庙,禁勿复祠。②

又:

楚俗右鬼,其淫祀有曰潘仙翁者,岁时集会,搉金鼓、执戈矛,迎而祭之。公命尉杜师颜撤屋毁像,收其兵刃,罪其倡之者,众然后定。③

对于国家来说,民间这种妄托神灵随意建庙的情况并不理想,须加弹压,仁宗时丰稷(1022—1107)就曾上奏乞禁妄立祠庙祭神:

近见京城内外士庶与军营子弟转相告言"今日神见某处"、"明日神降某处",恢诡谲怪,无所不道,倾动风俗……小人缘

---

① 袁燮:《絜斋集》卷一四,《秘阁修撰黄公行状》,《文渊阁四库全书》,台北:商务印书馆,1986年,第4—5页。
② 朱熹:《朱熹集》卷八九,《中奉大夫直焕章阁王公神道碑铭》,成都:四川教育出版社,1996年,第4573页。
③ 《朱熹集》卷九〇,《朝奉刘公墓表》,第4591页。

此，易生奸心，神民异业久矣，不可不禁。①

夏侯彧亦曾上书谓：

> 潭州妖妄小民许应于街市求化，呼召鬼神，建五瘟庙。已令毁折……乞下本州止绝。②

张方平更指出，人民信奉妖术，各处村落都遍布这类有问题的祠庙神堂，必须禁毁：

> 又京东西之民，多信妖术，凡小村落，辄立神祠，蚩蚩之氓，惑于祸福，往往奔凑，相从聚散，递相蔽匿……汉中平元年，黄巾贼天下同日起，凡三十六万众，各有部率，由积妖而成也。晋卢循辈，乃历代常有此事，此其乱阶三也……村落神堂，令所在毁折，密加察捕民之习妖者。此亦思想患豫防之大略，伏冀采纳施行。③

的确，影株神、潘仙翁等都是一些神格不明的淫祠；而五瘟庙祭拜的，已是亦正亦邪的瘟鬼了，黄震（1213—1280）就曾在江西

---

① 丰稷：《乞禁妄立庙貌以祀神奏》，《全宋文》卷一七六四，《丰稷》，第71页。
② 《宋会要辑稿》，《礼》二〇之一二，第770页。夏侯彧：《乞止绝妖妄小民滥建神庙奏》，《全宋文》卷三九二，《夏侯彧》，第102页。
③ 《长编》卷一五九，仁宗庆历六年十月甲戌，第3849—3850页。

抚州"拆毁邪庙,禁绝瘟神"[1],我们在后文还会论及。

虽然如此,我们必须注意,无论官僚或士大夫对这些淫祀中的神灵如何痛诋,但在政府正式取缔这些祠庙前,其在民间社会中普遍存在却是铁一般的事实,之所以如此,或乃因为"正祀"与"淫祀"的分野并不清晰。研究显示,"正祀"与"淫祀"的界线会因时、地、人而变化,宋廷给淫祀划定界线时侧重点在信仰活动、对社会秩序的影响,而非信仰的人或被信仰的神;界定地方祠神信仰是否为淫祀,包含着不同的政治利益、法律制度、神灵祭祀权力等因素[2]。

笔者要强调,一些具有妖性神灵的淫祠,即如崇拜狐妖、蛇精者,只要其未见有"杀人祭鬼"这类有乖人伦的恶行,从官方的法律语言来说,就不能算是"邪神"崇拜[3];即使日后这些祠庙因危害地方管治秩序而受到扫荡,它也只是"淫祀";更严重者,若有关的祠庙涉及反政府等民间叛乱,它还是前面所提到的妖兵、魔贼而已,却不是"邪神"[4]。总之,一般的淫祠都存在于"光天化日"之下,并不神秘。

---

[1] 黄震:《黄氏日抄》卷七九,《禁划船迎会榜》,《文渊阁四库全书》,台北:商务印书馆,1986年,第21页。
[2] 皮庆生:《宋代民众祠神信仰研究》,第272—317页。
[3] 宋人祭拜精怪祠庙,标准是其灵验与否,官府一般也都很重视,只要其没有妨碍官方统治,也不危及地方善良的风俗,政府对这些祠庙的存在则仍是很宽松的。见徐尚豪:《宋代的精怪世界——从传说表述到信仰生活的探讨》,淡江大学硕士论文,2007年。因此,精怪祠庙并不违法,也不尽是淫祠。
[4] 不过,叫人懊恼的是,由于"邪神"也是不合法的祠神信仰,是"淫祀"的一员,故记述者也多有将拜祭邪神的庙宇称为"淫祠",令人无法识别。这类史料俯拾皆是,例见表11的例10和16。其实,民间信仰本来就极之杂乱,记事者又非专家(事实上也不会有"专家"),这种情况必然出现,治史者只有尽力尝试辨识。

让我们回到表11的资料去重新分析，跟前面详述过的妖人、妖兵、妖教、吃菜事魔及淫祠比较，政府禁令对"邪神信仰"的描述重点最是清楚：采牲——杀人祭鬼，这是其他坏化"左道"所未见的。我们不禁要问，这种可怖的祭祀仪式中，信徒所礼拜的究竟是什么样的神灵？除了表11例3荆湖南路的"棱腾邪神"外，其余各地祀拜的邪神连名称也阙如（或如表11例11的，只是泛论祭海神或盐井）。可以想见，"邪神信仰"都是一些非主流的祠神，即使载有神号，但其神格除了"邪"（杀人祭鬼）这一特点外，其他都欠清楚。南宋时代廖刚（1070—1143）要求禁制宣州邪神崇拜的奏言就这样说：

> 臣访闻宣州泾县六十里内地名同公坑，有女巫奉邪神"丁先生"，不知所起之因。一、二年来，邪道甚盛，一方之人为所诳惑，焚香施财，略无虚日。①

无论是"丁先生"、抑或"棱腾邪神"，都是一些名不见经传的神祇，跟淫祠中的狐精蛇妖不尽相同；另一方面，当中的祭神仪式既以活人为牺牲，这些祠庙和杀人祭鬼的勾当自然见不得光，其行迹最是神秘：

> （鲍粹然）知常德府，湖阴俗有妖祠，用人于淫昏之鬼，踪迹诡秘不可诘。公（鲍粹然）阅他讼，见民有横死者，为祭

---

① 廖刚：《高峯文集》卷二，《乞禁奉邪神札子》，《文渊阁四库全书》，台北：商务印书馆，1986年，第23页。

鬼，即命审核。伏其辜，焚祠毁像，由是讫息。①

从资料可知，这些地方上的邪神崇拜，有时连负责扫荡镇压的官员对其所知也不多，部分更混杂在道教"三清上真"的祠庙里（表11例7），故官方记录也多只是三言两语而已。不过，政府也聪明地能从祠庙的拥有者和经营角度审视问题，了解到巫觋与祠庙、邪神之间的关系，除了廖刚提到的女巫推动"丁先生"的邪神崇拜外，晁公遡（1138年进士）也有相似的记述：

峡中之郡十有三皆尚鬼而淫祀，若施与黔，其尤焉。而涪于二邦为近，故其俗延及于外之属邑乐温亦然……召巫师刲羊豕，以请于神，甚者用人为牲以祭。②

大儒真德秀（1178—1235）在劝化民众时也说：

巫觋兴妖本以自利尔，顾惑之可谓不智。禁汝医药以戕尔躯，诱汝祭赛以空尔庐，甚至采牲，以人为畜，陷汝于刑，陨身覆族。③

擒贼先擒王，故表11例8的宋高宗即说："杀人祭鬼之事……此

---

① 真德秀：《西山文集》卷四六，《朝散大夫知常德府鲍公墓志铭》，《文渊阁四库全书》，台北：商务印书馆，1986年，第29页。
② 晁公遡：《嵩山集》卷五〇，《定慧院记》，《文渊阁四库全书》，台北：商务印书馆，1986年，第1页。
③ 真德秀：《西山文集》卷四〇，《劝民文》，第35页。

必有大巫倡之。治巫则此自止，西门豹投巫于河，以救河伯娶妇，盖知此道也。"关于巫觋与邪神的关系，我们在后文还会论及，暂且从略。

邪神崇拜与一般淫祠不同，祀奉邪神的信众必须暗地里掳人祭鬼，躲避官府耳目，故有派人越境千里拐带人口者，又或以贩卖奴婢作掩饰（表11例11），而幼弱的妇孺往往就成为牺牲品（表11例10、14）。此外，从表11例10及11可见，杀人祭鬼者似乎与岁时节俗相关，遇上岁闰时情况会更炽烈。地方上有此恶俗，朝廷和士大夫多认为有几个重要的源头，一是少数民族的奇风怪俗（表11例9），或是习染了"夷风"的偏远之地的落后恶行（表11例1、17），此外就是穷乡僻壤里的"蔽溺流俗"（表11例7、13、15）。除了表11的例子外，关于少数民族的问题，陆游提到荆湖北路秭归一带的"蛮族杀人供鬼祭"[1]；韩元吉（1118—1187）也认为靖州等地的"溪洞蛮诈为汉官士子，带家属止铺驿，以诱市吾人，一为奴婢，用以祭鬼"[2]；而王中行（1158—1210）出任湖北提刑司查办澧州的杀人祭鬼案件里，更访得"其土俗，咸以为设此祭者，必以两目手足先登于俎"[3]。此外，广西的情形更是严重：

（广西民）掠良家子，鬻西南夷，以易翠羽。十翠一人，杀以祭鬼。岁数千人，无罪就死。天子恻然，焚羽通衢，亟诏

---

[1] 陆游：《秭归醉中都下诸公示坐客》，《陆放翁全集·剑南诗稿》卷二，第30页。
[2] 韩元吉：《中奉大夫提举武夷山冲祐观王公墓志铭》，《全宋文》卷四〇八五，《韩元吉》二三，第316页。
[3] 袁燮：《朝奉郎王君墓志铭》，《全宋文》卷六三八七，《袁燮》二三，第414页。

广西，严掠民诛。①

至于偏远之地或穷乡僻壤里的陋俗，范纯仁（1027—1101）就提到："梁山介于川陕，民俗乖戾，至有父子异居、而杀人以祭鬼者。"②但更常见的，就是指斥其乃荆湖南北路自古以来信奉巫鬼的"楚风"遗俗（表11例10、11、12、14、16）。关于后者，似乎有一定的根据，熙宁十年（1077）李舜举就"面奏姚兕捕获贺富杀人祭鬼，证佐甚明，潭州推治灭裂，全出其罪"③。南宋绍定年间出任京湖总领财赋的胡颖，他是湖南潭州湘潭人，《清明集》就记有他深人批评这种楚俗遗毒：

某楚产也，楚之俗实深知之……其俗信鬼而好祀，不知几千百年……女巫男觋，乘衅兴妖，自此湖湘之民，益将听于神而不听于人矣……民神杂揉，疵厉荐臻，用人于次睢者有之。④

末句所谓的"用人于次睢者有之"，就是引用我们前面提过《左传》记用"人牲"祭妖神的典故，严批宋代湖湘杀人祭鬼之风。荆湖一带这类妖神祭祀的习俗，《清明集》中官员的判词有比较详细的描述，最是珍贵：

---

① 胡铨：《靖州太守李承议墓志铭》，《全宋文》卷四三三〇，《胡铨》三二，第146页。又见周必大，《靖州太守李君发墓志铭》，《全宋文》卷五一七五，《周必大》一六二，第266页。
② 范纯仁：《太中大夫充集英殿修撰张公行状》，《全宋文》卷一五五五，《范纯仁》一三，第305页。
③ 《长编》卷二八一，神宗熙宁十年四月癸卯，第6894—6895页。
④ 《名公书判清明集》卷一四，《淫祠·不为刘舍人庙保奏加封》，第540页。

近有白札子，指言宁乡段七八因劫墓事发，祷神得免，竭力为祠，奉于水滨，谓之东沙文皇帝。此何神也？……据本县体究回申，朱书年命，埋牀屋下，更相诅咒，专行巫蛊之事……用人于亳社，必有周公之所不享者……行下尉司，一切焚毁……①

又：

观其所犯，皆祀典之所不载，有所谓通天三娘，有所谓孟公使，有所谓黄三郎，有所谓太白公，名称怪诞，无非魑魅魍魉之物，厌胜咀咒，作孽兴妖，若此者，真所谓执左道，假鬼神，乱政疑众者矣……妖讹者甚，埋桐人以造蛊，用生人以代牺，何所不至哉！②

无论是东沙文皇帝、通天三娘、孟公使、黄三郎、太白公等，都仍是一些不知名的"魑魅魍魉"邪神；而在官方眼中，其"用人于亳社""用生人以代牺"等，足见邪神与杀人为牲的关系，愈见清晰。这类妖神除了遍布于民间祠庙外，甚至有杂入先贤的祭祀所里，正祀、淫祀、邪神崇拜混淆不清③。在另一篇判词里，对邪神信众秘密进行的人祭情况，有更详细的讨论：

---

① 《名公书判清明集》卷一四，《淫祀·宁乡段七八起立怪祠》，第545—546页。
② 《名公书判清明集》卷一四，《巫觋·巫觋以左道疑者当治士人惑于异者亦可责》，第548页。
③ 《名公书判清明集》卷一四，《淫祠·非勅额者并仰焚毁》，第541页；同卷，《淫祠·先贤不当与妖神厉鬼错杂》，第542—543页。关于南宋湖湘一带巫鬼与邪神之风，可参考王章伟：《〈清明集〉中所见的巫觋信仰问题》，《九州学林》2013年第32期，第131—152页。

> 访闻本路所在乡村，多有杀人祭鬼之家，平时分遣徒党，贩卖生口，诱略平民，或无所得，则用奴仆，或不得已，则用亲生男女充代，脔割烹炮，备极惨酷，湘阴尤甚。今仰诸县巡、尉，常切跟缉，知县尤当加意。应有淫祠去处，并行拆毁，奉事邪鬼之家，并行籍记，四路采生之人，并行收捉……如有违法，不分首从，并行凌迟处斩，家属断配，家业抄籍充赏。如官容纵，本司体探得知，定将知县并巡、尉按劾，当行人吏决配，邻人、保正隐蔽，一体施行。仍镂榜晓示。①

杀人祭邪神涉及纠党掳人、诱拐良民、贩卖人口等，严重威胁社会安宁；而当捕捉不到无辜"人牲"时，信徒竟然以奴仆，甚至亲生儿女烹割充祭，其乖戾至极，完全违反伦常礼教，难怪办理这桩案件的官员对主谋、家属从犯、失职包庇的官员、隐匿真相的保正和邻居等，一律处以严刑（又见表11例11）。表11例14的情况更叫人毛骨悚然，被掳拐用于祭鬼的小儿和妇女，竟然被活活地挖眼、割鼻，然后埋在深坑里，再经淘洗后以沸汤煮至肌肤糜烂，活像洪荒时代的食人恶俗。这些案例让我们清楚见到杀人祭邪神的详细情况，而官员用刑之狠，也侧面反映在官方的话语里，同是"妖异坏化"的"左道"，一般的淫祀或妖术与此却有很大距离，我们或可据此认识清楚邪神崇拜的实际内涵。

总结本节，"邪神"或"妖神"虽无法给予很严格的定义，且容易与其他"左道"混淆，但"邪神崇拜"确实是宋代严重的政治

---

① 《名公书判清明集》卷一四，《淫祀·行下本路禁约杀人祭鬼》，第545页。

民间信仰篇　521

和社会问题,地方上的牧民官最是注意,遇有所谓"坏化乱法"的邪神、妖神,必定立即捕诛其首①。因此,无论在观念上和史料方面如何混乱,"邪神信仰"仍是宋代客观存在的现象,不容逃避、又或只简单地将其与淫祠或其他妖鬼信仰等同。我们尝试对妖民、妖兵、魔贼和淫祀等史料进行辨识,层层递进,将不相关者逐一剥去,然后重新探讨邪神崇拜的核心现象"采牲祭鬼",祈能更了解"邪神信仰"的妖异和破坏社会风俗教化的内涵。

由于"邪神"本来就没有一个精确的定义,故当民间一些妖异坏化的信仰有违人伦至威胁到名教秩序时,官员就可以"杀人祭鬼"这种最明显的恶俗为标志,予以镇压,如神宗朝王回(1049—1101)为江陵府松滋县令,时"荆、沔俗用人祭鬼,回捕治甚严,其风遂革"②。他们都一再强调"在律法,事邪神言祸福,自有常刑"③。在劝化民间风俗习惯时,士大夫亦谆谆告诫老百姓说:"敬天不祭邪神,灾害不生……又祭邪神,则所谓敬天者有名无实,有始无终。"④所谓律法上的"常刑",指的就是《刑法志》里对"杀人祭鬼"的严刑峻法。

"杀人祭鬼"虽然是探讨"邪神信仰"的关键,但其自身只是以"人牲"献祭邪神的仪式而已,是官方进行扫荡时能够认出的标记罢了,我们如要更清楚了解"邪神信仰"的真相,只着重维护统治权威和礼教习俗的政府诏令或官员们的禁制措施,能够提供的讯

---

① 沈遘:《西溪集》卷十,《尚书职方郎中致仕刘公墓志铭并序》,《文渊阁四库全书》,台北:商务印书馆,1986年,第10页。
② 《宋史》卷三四五,《邹浩传》,第10959页。
③ 王师愈:《乞禁止师巫疏》,《全宋文》卷四八九〇,《王师愈》二,第328页。
④ 黄震:《黄氏日抄》卷七八,《咸淳九年正旦再谕敬天说》,第46页。

息实在不多。我们可以肯定,民间生活的众生相,才是更有用的分析棱镜。

三、灵异骇俗——民众的视角与邪神信仰的基础

对民众来说,神明只有"灵验"与否,神格之邪、正根本难于分辨,李觏的个人经验最是有趣:

> 江南地热湿,四时多疠疾……当其气盛而病革,禳祈不可解,则皆谓神曰"五通"者能有力于其间。故牲毛酒淬,狼戾于"五通"之室矣。建昌治城北有民邵氏,世奉"五通",祷祠之人,日累什百。景祐元年(1034)冬,里中大疫,而吾家与焉,乃使人请命于"五通"。神不能言,决之以竹杯校。时老母病不识人,妻子暨予相继困甚,唯"五通"谂以无害。疾之解去,皆约日时,虽宝龟、泰筮,弗是过已。噫!"五通"之为神,不名于旧文,不次于典祀,正人君子未之尝言,而有功于予,其可以废?岩岩者石,可伐可磨,惟德之报,焉知其他。[①]

"五通"是宋代著名的邪神,时人多有批评,我们在后面还会详细讨论。然而,李觏因为祀拜五通神而令母亲、妻子和自己熬过疫病死里逃生,遂反对废黜五通神。连大儒都说"可伐可磨",那

[①] 李觏:《邵氏神祠记》,《全宋文》卷九一五,《李觏》二四,第326页。

么神格就真的没有邪、正之别吗？事实又不尽如是。

撤除一些教派或信仰之间的互相攻击[1]或是医学上的用语外[2]，如前所述，在官方话语的形塑和主导下，"杀人祭鬼"仍是民间邪神信仰中最显而易见的特征，惟其形貌及内涵则更为丰富，我们也同样由此切入讨论。

（一）神秘的杀人祭鬼世界

前面曾提及真德秀的说法，"采牲"就是"以人为畜"，但他并没有解释何以不用"畜牲"而改以"人牲"。有研究指出，若从献祭的角度而言，这可能和传统祭祀仪式中"同类相祭"的思想与习惯有关，也就是杀羊以祭羊神，杀马以祭马神，而杀人就是以祭"人鬼"；另一方面，自六朝开始，"杀人祭鬼"的另一个功能，就是贡献鬼魂供神明充当部属或家人，以强大其力量[3]。

的确，宋代福建一带就有人以身殉祭祠神，其他人乃视之为神[4]，安徽和浙江一带的情况更吓人：

---

[1] 例如道教徒对其他神祇的批评，南宋道士黄一炫即曾提到北阴圣母说："世有不忠不孝、不义不仁，造诸罪恶，好乐邪神，以致魔精克害，邪鬼萦缠。"见黄一炫：《太乙火府五雷大法法源事迹》，《全宋文》卷八〇二七，《黄一炫》，第297页。
[2] 承接着中医的传统，宋代的医学著作也会将侵害人体的疾病或不正之气称为"邪神"，如陈师文等：《太平惠民和剂局方》卷三，《苏合香圆》："老人小儿可用一丸，温酒化服……一切邪神不敢近。"见陈承等原撰，许洪增广，橘亲显等校正：《增广太平惠民和剂局方》，海口：海南出版社，2002年，第83页。
[3] 林富士：《"旧俗"与"新风"：试论宋代巫觋信仰的特色》，《新史学》第24卷第4期，第29页。本文承林富士教授赐阅，谨此致谢。
[4] 王应麟：《四明文献书》卷五，《故观文殿学士正奉大夫墓志铭》，《文渊阁四库全书》，台北：商务印书馆，1986年，第43页。

[嘉泰元年（1201）]九月十九日臣僚言：臣昨试郡吴兴，首问狱囚，自当年正月至终，境由已杀四十九人，而邻里掩盖不以闻者不预焉。臣甚骇之，力询其故，皆淫祠有以启之。所谓淫祠者，始因愚民无知，以谓杀人而死可得为神，其家父子兄弟与夫乡党邻里又惮闻官之扰，相与从臾，使之自经，于是立庙以祠，称之为神。故后之凡欲杀人者三五为群，酹酒割牲谓之"起伤"，起伤之庙盖遍于四境之内矣。生不正典刑，死乃得立庙，递相仿效，皆以杀人为喜……广德愚民杀人之风，渐入吴兴。①

民众既认为"人祭"的力量如此大，民间杀人祭鬼的情况就很是严重，这在前章表11已见其况。此外，宋代有很多诬告他人"杀人祭鬼"的案件，例如仁宗年间：

澧州逃卒匿民家，佣人以自给。一日，诬告民家事摩驼神，岁杀十二人以祭。州逮其族三百人系狱，久不决。诏遣御史台推直官方偕就劾，偕令卒疏所杀主名，按验皆亡状，事遂辨。②

南宋时代，周必大（1126—1204）亦提到"衡阳民有被诬以淫

---

① 《宋会要辑稿》，《刑法》二之一三一至一三二，第6561页。
② 《长编》卷一二〇，仁宗景祐四年五月丁卯，第2832页。这个例子在宋代很著名，因为其实唐介早已为受诬告者辨明，只是被上官阻挠，后来论者不明，以此归功方偕而已。详见：王珪：《推忠佐理功臣正奉大夫行给事中参知政事上护军鲁国郡开国公食邑二千三百户食实封四百户赐紫金鱼袋赠礼部尚书谥质肃唐公墓志铭》，《全宋文》卷一一六一，《王珪》四二，第301—302页。《宋史》卷三一六，《唐介传》，第10326页。

民间信仰篇 525

祠杀人者,更三岁不决",后赖陈从古替其申冤[1]。刘克庄(1187—1269)所记的更值得我们深思:

> 民有失其孺子者,踰月父遇诸涂,曰:"水东巫家匿我,将杀以祭鬼。"又指一市人曰:"此匿我者。"府付县,改左狱,鞠之皆不成。公(赵必愿)以孺子抵水东,诘巫家所在,则词劳。公取果啖,问孺子辄妄对,乃佯设械器恐之,始吐实:"我持父钱取质于博,不敢归,有镊工郭者诱我鬻之城外僧舍。"[2]

读者可以想见,这些虽非真实的杀人祭鬼事件,但信拜"摩驼神"者"岁杀十二人以祭"、巫家与邪神崇拜的关系至深等,这些似乎都是人所熟悉之事,否则捏造者就难以说服和欺骗别人。那么,宋代民众眼中的邪神崇拜究竟是什么模样?较之官方资料,《夷坚志》及其他笔记小说为我们提供了更详细的描述,必须细看[3]。为了方便讨论,我将几个重要的例子表列于下:

---

[1] 周必大:《文忠集》卷三四,《朝散大夫直秘阁陈从古墓志铭》,《文渊阁四库全书》,台北:商务印书馆,1986年,第14页。
[2] 刘克庄:《英德赵使君墓志铭》,《全宋文》卷七六三七,《刘克庄》一五一,第30页。
[3] 洪迈强调《夷坚志》里的故事都出自耳目相接,非常可靠;韩森也认为《夷坚志》搜集的道听途说来自不同阶层,而且有准确的时、地、人等资料,对了解宋代不同阶层民众的心态与想法,特别有用。见 Valerie Hansen, *Changing Gods in Medieval China, 1127—1276*, pp. 17—23. 李剑国也特别指出《夷坚志》关注来自下层市井之说,存实的意图强烈。参见李剑国:《宋代志怪传奇叙录》,天津:南开大学出版社,1997年,第352—353页。美国学者英格斯(Alister D. Inglis)一方面肯定《夷坚志》存实的努力和成就,也指出洪迈记述的故事,在他记录书写为文前,曾经过不少的口头传播。参见 Alister D. Inglis, *Hong Mai's Record of the Listener and its Song Dynasty Context*, Albany: State University of New York Press, 2006, pp. 148—154.

表15　宋代民间"杀人祭鬼"事例表

序号	内　容	流行地界	资料出处
1	祈门汪氏子，自番阳如池州（今安徽贵池市），欲宿建德县（今安徽东至县）。未至一舍间，遇亲故居，留与饮。行李已先发，饮罢，独乘马行，遂迷失道，与从者不复相值。深入支径榛莽中，日且曛黑，数人突出执之。行十里许，至深山古庙中，反缚于柱。数人皆焚香酌酒，拜神像前，有自得之色，祷曰："请大王自取。"乃扃庙门而去。汪始知其杀人祭鬼，悲惧不自胜。平时习大悲咒，至是但默诵乞灵而已。中夜大风雨，林木振动，声如雷吼，门轧然豁开，有物从外入，目光如炬，照映廊庑。视之，大蟒也，奋迅张口，欲趋就汪。汪战栗诵咒愈苦。蛇相去丈余，若有碍其前，退而复进者三，弭首径出。天欲晓，外人鼓箫以来，欲饮神胙，见汪依然，大骇。问故，具以事语之。相顾曰："此官人有福，我辈不当得献也。"解缚谢之，送出官道，戒勿敢言。汪既脱，竟不能穷其盗。	江南东路池州建德县	《夷坚志》甲志卷十四，《建德妖鬼》，第126页。
2	秦楚材，政和（1111—1117）间自建康贡入京师，宿汴河上客邸。既寝，闻外人喧呼甚厉，尽锁诸房，起穴壁窥之。壮夫十数辈皆锦衣花帽，拜跪于神像前，称秦姓名，投杯珓以请。前设大镬，煎膏油正沸。秦悸栗不知所为，屡告其仆李福，欲为自尽计。夜将四鼓，壮夫者连祷不获，遂覆油于地而去。明旦，主人启门谢秦曰："秀才前程未可量，不然吾辈当悉坐狱。"乃为言："京畿恶少子数十成群，或三年或五年辄捕人渍诸油中，烹以祭鬼。其鬼曰狞瞪神，每祭须取男子貌美者，君垂死而脱，吁其危哉！"顾邸中众客，各率钱为献。秦始忆自过宿州即遇此十余寇，或先或后亦迹之矣。	京畿路东京开封府	《夷坚志》丁志卷十，《秦楚材》，第620页。

续表

序号	内 容	流行地界	资料出处
3	沅靖州巡辖递铺官成忠郎李侁，满罢后赴调，留家于沅。一子年十岁，从郡士覃先生学，相去一里，朝出归。每月饭食果殽，专遣仆蔡宣传送。蔡好博，多倩市人汪二持往。凡数日久，覃视汪已稔熟，或来处此子还舍，则亦付之，浸以无间。尝与子在半途遇一人，言蔡仆射不得功夫，使请小郎君。汪不问为谁，令抱去。是夜，侁妻望子不至，以扣蔡宣，蔡急诣学访之，覃云："汪二取归久矣。"蔡慌窘，绕城叫寻竟夕。迟明，出城外物色。到五里僻处，林木蓊蔚，乌鸢噪聚。试穿小径入观，见儿横尸地上，腹以遭剖，肺肝皆空，而实以米饵，盖为恶徒杀以祭鬼也。奔告侁妻，视之而信，恸哭陨绝。诉于州，州牧系覃先生、蔡、汪三人，而立赏捕贼，竟不可得。汪二递死狱中，时淳熙七年春也。	荆湖北路沅州	《夷坚志》支庚卷四，《李成忠子》，第1166—1167页。
4	吉水县（今江西吉水县）人张诚，以乾道元年（1165）八月往潭州省亲故，次醴陵界，投宿村墟，客店主人一见如素交，延接加礼，夜具酒殽对席。张谓无由而得此，疑有它意，辞以不能饮。且长涂倦困，遂就寝。良久，堂上灯照耀，起而窥。窃见主人具衣冠设茶酒，拜祷于画像前。听其词，屡言张生，知其必以己祭鬼，不敢复睡。主人既退，望神像，一神眼睛如盏大。张料已堕恶境，而无由可脱。尝闻大悲咒能辟邪，平时诵习，于是发心持念。及数过。睹大眼者自轴而下，盘旋几上。须臾，有声剥剥，进作小眼无数，其状可畏。乃闭目于床，诵咒愈力。时闻敲户击搏，欲入不能，已而鸦噪，天且明。张亟	荆湖南路潭州醴陵县	《夷坚志》支癸卷四，《醴陵店主人》，第1247页。

续 表

序号	内 容	流行地界	资料出处
4	走出，不暇取囊箧。但聆店家聚哭，无追逐者。行二里少歇，闻涂中来人则云："彼店主翁，中夜暴卒。"徐扣其实，盖因三世事妖鬼，岁以一人祭之。往过遭害，不可胜举。其法若无外人，则祸及家长，斯其险也。湘中风俗，大抵皆然。		
5	杀人祭祀之奸，湖北最甚，其鬼名曰棱睁神。得官员士秀，谓之聪明人，一可当三；师僧道士，谓之修行人，一可当二；此外妇人及小儿，则一而已……福州一士人，少年登科，未娶。乡人为湖北宪使，多赍持金帛，就临安为婿……入境之日，午炊于村店，忽语其家仆曰："此处山水之美，吾乡里安得有之！"因纵步游行，见古木阴森之下，元设片石，若以憩行人者，即坐其上。瞻观咨叹，喜其气象殊绝，不忍舍去，又顾仆曰："我在歇凉正惬适，尔且先反，候饭熟而来。"仆还至店，饭已熟，急趣之，已失所在，叫呼良久，无应者。走报轿兵，仍挽店主人以俱。主人变色搔首，急往冥搜，得诸深山灌莽之间，縻之以索，既剖其肝矣。八卒兼程报宪，宪惊痛，下令捕凶盗，杳无端由。自店主人及邻里，皆送狱讯掠，多有至死者，狱不竟。未忍白其父母，累月后始知之，同日自缢死。此风浸淫被于江西抚州，村居人遣妻归宁，以所馈微薄，不欲偕行，而相去不过百步。道深山然后出田间，出则望见妇家矣，夫俟之久而不出，心疑其与男子奸。疾走物色，见岐径鲜血点滴，新杀一妇人，断其头，去其肝，衣服皆非所著者。又趋而进，遇两妇人，面色苍惶，正着己妻之衣。	荆湖北路江南西路抚州	《夷坚志》三志壬卷四，《湖北棱睁鬼》，第1497—1498页。

民间信仰篇 529

续表

序号	内　容	流行地界	资料出处
5	执而索之,得妻头于笼内,告于官。鞫之,其词曰:"本欲得其肝尔,首非所用也,将弃之无人过之地而灭迹焉。"遂穷其党,悉伏诛。此类不胜纪。今湖北鬼区官司尽已除荡,不容有庙食。木阴石片,盖其祀所也。		
6	绍兴二十九年(1159),建州政和县(今福建政和县)人往莆田买一处子,初云以为妾。既得,为汤沐涂膏泽,鲜衣艳装,置诸别室,不敢犯。在途旬日,饮食供承,反若事主。所携唯一笼,扃钥甚固,每日暮,必焚香启钥,拜跪惟谨。女颇慧黠,窃异之,意其有诡谋,祸且不测,遂绝不茹荤,冥心诵大悲咒不少辍。既至县,其人不归家,但别僦空屋,纳女并橐籯于室中。过数日,用黄昏时至笼前,陈设酒果,祷祀毕,明灯锁户而去。女危坐床上,诵咒愈力。甫半夜,笼中碌碌有声,划然自开。女知死在漏刻,恐悚万状,无可奈何!但默祈神力,愿冤家解免,诸佛护持而已。良久,一大蟒自内出,蜿蜒迟回望,若有所畏,既而不见。女度已脱,始下床,视笼中所贮,独纸钱在。天未明,破壁走告邻里,邻里素知其所为,相与伺其人至,执以赴县。时长溪刘少庆棐为令,穷治其奸,盖传岭南妖法采生祭鬼者,前已杀数人矣!狱成坐死,而遣女还乡。	福建路建宁府政和县	《夷坚志》补卷十四,《莆田处子》,第1683—1684页。《谈薮》,第10页[①]。

[①] 庞元英:《谈薮》,《宋代笔记小说》,石家庄:河北教育出版社,1995年,第10页。

续表

序号	内　容	流行地界	资料出处
6	赖省干之卜，天下知名，建宁人，挟妖术杀人祭鬼，常于浙中寻求十余岁童女，养之以充用。其母喜诵佛书，女习念心经，后此女次当供祭，沐浴装饰，寘空室中镯其户而去。女自分必死，夜且半，觉有物自天窗下光晔晔然，不胜怖。急念揭谛咒，忽口中亦有光出，此物逡巡欲进，复却。女诵誐益急，良久口中光渐大，直射此物，物仆床下，铿然有声，不复起。其室近街，俄而警夜，卒过焉，女大叫杀人，卒报所属，率众破壁取女。出视壁下物，乃大白蟒，死矣。捕赖及家人鞠问，具伏黥配海外，籍其家。		
7	扬州僧士慧，素持戒律，出外云游。未至江州一程，值日暮，不逢寺舍，适在孤村林薄间，无邸舍可投歇。栖栖逮暗，得路左小庙，乃入宿。过夜半，见恶少年数异一人来，就杀之以祭，旋舍去。僧惴恐不敢喘息。才晓即行，甫数里，望一庙甚雄，榜曰"护界五郎"，引首视中，堆积白骨无数，盖非往来所属通道也。僧知为妖鬼，持锡拄杖击偶像，碎其头。是夕，遂为五人索命，扼衣甚急，默诵大悲咒自卫，虽不敢相逼，而未尝时刻离置。到江州，寓普贤寺，见五物并立于门楣下，高与楣齐。以杖量之，正满二丈，因为寺言所睹。监寺使持念火轮咒，其咒才七字，每念百十遍，神辄露现形状，比初时小低一寸许。自是日削，至于仅盈一寸，泣而沥恳曰："更从讽诵不已，弟子当化为灰尘，愿慈悲如释，他日永不敢据祠宇，及与人为祸祟。"僧不答，闭目默诵愈精苦。俄旋风歘起，扫空无遗。	江南东路江州	《夷坚志》三补，《护界五郎》，第1803页。

民间信仰篇　531

续表

序号	内　容	流行地界	资料出处
8	退傅相公，光化军人，少时薄游武当。邮舍主人将杀以祀鬼，安卧室中，诵六天北帝咒。巫者见星宿覆其上，怖而却走。退傅孙塪吕晦太傅云。	京西路均州武当县	《醴泉笔录》卷下，第4页①。
9	湖南之俗，好事妖神，杀人以祭之。凡得儒生为上祀，僧为次，余人为下。有儒生行郴连道中，日将暮，遇耕者，问秀才欲何往。生告之故，耕者曰："前有猛兽为暴，不宜夜行，此村下有民居，可以托宿。"生信之，趋而前，始入一荒径，诘屈，行者甚少。忽见高门大第，主人出，见客甚喜，延入一室，供帐赫然，肴馔丰美。既夕，有妇人出，问生所。阅其色甚妍，生戏一言挑之，欣然而就，生由是留连数日。妇人亦比夜而至，情意欢昵，乃私谓生曰："是家将谋杀子以祭鬼，宜早自为计，我亦良家子，为其所劫至此，所以遣妾侍君者，欲以缀君留耳。"生闻大骇，乃夜穴壁，与妇人同出。比明，行四十里，投近县，县遣吏辛捕之，尽得奸状，前后被杀者数十人。前所见指途耕者，亦其党也，于是一家尽抵极法。生用赏得官，遂与妇人偕老焉。	荆湖南路郴州至广南东路连州	《墨客挥犀》卷二，第2页②；《邅斋闲览》，第27页③。
10	当涂当水陆之冲，素无城壁，建炎三年八月，得旨刱筑……四年正月旦，贼卢进领兵据芜湖县。二月，邵青、张琪踵至……至绍兴元年五月十六日，青领单德忠、魏义、阎在驱众数万……一日与城平，下瞰城中，射火箭烧楼橹，执孕妇十有二人，至城下，剖腹取胎以卜……驱强壮无残疾乡人，衣以锦绣巾裹，拥至江口，剖腹取心，欲祭转西风，反烧楼橹。	江南东路太平州当涂县、芜湖县	《云麓漫钞》卷七，第122—123页④。

---

① 江休复：《醴泉笔录》，《宋代笔记小说》，石家庄：河北教育出版社，1995年。
② 彭乘：《墨客挥犀》，《笔记小说大观》，扬州：广陵古籍刻印社，1983—1984年。
③ 曾慥：《邅斋闲览》，《文渊阁四库全书》，台北：商务印书馆，1986年。
④ 赵彦卫：《云麓漫钞》，北京：中华书局，1996年。此条又见于《系年要录》卷四四，绍兴元年五月壬戌，第805页。

续表

序号	内 容	流行地界	资料出处
11	安吉县（今浙江安吉县）村落间有孕妇，日馌其夫于田间，每取道自丛祠之侧以往。祠前有野人以卜为业，日见其往，因扣之，情寖洽。一日，妇过之，卜者招之曰："今日作馄饨，可来共食。"妇人就之，同入庙中一僻静处，笑曰："汝腹甚大，必双生子也。"妇曰："汝何从知之？"曰："可伸舌出看，可验男女。"妇即吐舌，为其人以物钩之，遂不可作声。遂刳其腹，果有孪子，因分其尸，烹以祀神。且以孪子炙作腊，为鸣童预报之神。至晚，妇家寻觅不见，偶有村翁云："其每日与卜者有往来之迹。"疑其为奸，遂入庙捕之，悉得其尸，并获其人，解之县中。盖左道者以双子胎为灵丹，乃所不及也。	两浙西路湖州安吉县	《癸辛杂识》续集下，《孕妇双胎》，第183—184页[①]。

跟官方的诏令比较，表15所列笔记小说提到的宋代邪神名称较多，计有例2的"狞瞪神"、例5的"棱睁神"、例7的"护界五郎"等。据研究所得，这里的"狞瞪神"和"棱睁神"，跟表11例3的"棱腾邪神"及前引方偕复审澧州逃卒诬告民家所侍奉的"摩驼神"，应是同一个邪神[②]。我们因此可以肯定，"棱腾神"应该是宋代一个很著名的邪神，而民间的叙述在这里为我们提供了这些邪神的丰富内涵，值得我们稍作讨论。

[①] 周密：《癸辛杂识》，北京：中华书局，1988年。
[②] 金井德幸引王瑞来的提示，从读音猜测其为同一邪神的机会很高，见金井德幸：《宋代における妖神信仰と"吃菜事魔"、"杀人祭鬼"再考》，第14页，注20。而笔者过去则从其流行地界相同的角度，支持这个看法，见王章伟：《在国家与社会之间——宋代巫觋信仰研究》，第309、335页。

先谈邪神的形象,除了有供信众礼拜的神像外(表15例1、2、4、7),邪神的"真身"往往很是狰狞恐怖、妖异吓人(表15例4、6、),其中有些是不明的妖怪,有些是蛇妖(表15例1、6),但有些则是祭风而已(表15例10)。按韩森指出,宋人认为神祇是实际居停于神像之内,神像其实为信徒提供了鉴别神祇的唯一可靠手段[①]。因此,邪神之吓人形象,已见其与一般淫祠之分别,而"狞瞪神"之名,本身就可见其神格之狰狞怪怖。不过,邪神之所以"邪",更是由于其以"人牲"祭献,且通常都有一些特殊仪式,除了一般的穿上盛装焚香、酌酒和礼拜神像外(表15例1、2、4、6),也会以杯珓询问神意(表15例2)、祈祷念咒指称"人牲"的名字(表15例4),祭祀完毕后甚或伴以箫鼓乐队,分饮神胙(表15例1)。当然,最震撼人心的是"采牲"的经过和"杀人祭鬼"的情况。

从资料可见,邪神崇拜的信众往往都是地方社会里的民众(表15例1、3、4、5、6、8、9),间或有地痞流氓(表15例2、7、11)[②],他们居住在城市和乡村里,有些秘密地祀拜邪神(表15例1、3、7),有些则似乎人所共知(表15例2、4、5、6),故当遇到官府缉捕时,前者多是徒劳无功(表15例3),后者则轻易就擒(表15例5、6、9、11)。邪神信众要"杀人祭鬼",首先必须掳掠猎物,进行"采牲"。为了方便行事及减少麻烦,一般的对象都是从

[①] Valerie Hansen, *Changing Gods in Medieval China*, 1127—1276, pp.52—57.
[②] 表15例7"护界五郎"中的"恶少年数异一人来,就杀之以祭,旋舍去"。极有可能是地方"社火"中的无赖辈,与邪神和淫祠的关系至深,破坏地方教化风俗,一直是宋朝政府打击的目标。见王章伟:《在国家与社会之间——宋代巫觋信仰研究》,第284—296页。

外地来的异乡人,有商旅、僧侣、士人甚至是官僚(表15例1、2、4、5、7、8、9);但间或有同乡者(表15例3、11),又或是买回来的妾婢(表15例6)。下手犯案的地点,差异很大,有在山道林荫等人迹罕至的偏僻处(表15例1、5、7、9、11),方便犯案;但亦有在村墟民居、邸店旅馆等繁华之地(表15例2、4、8),相信是因为较易找到猎物,也可反映其明目张胆。

不同邪神的信众,采牲时有不同的目标,包括美男子(表15例2)、无疾的乡民(表15例10)、处女(表15例6)、小孩(表15例3)、孕妇和婴胎(表15例10、11)等,个中的原因,惜未见著录。不过,从民众祈求神灵降福的角度而言,我们或可试作估量。祭神之目的自然是乞求神灵垂听祷告,用作祭品的"人牲"就必须挑选最好的,故贡献美男子、处女和无疾乡民,就是希望讨好神灵,乞取神恩。不过,以美男子和处女作牺牲,这种"神格"似乎有点"淫邪"之味,我们在后面还会讨论,暂且从略。至于谋杀孕妇以取其婴胎祭神,则似乎是相信"新生命"的力量,故表15例10"执孕妇十有二人,至城下,剖腹取胎以卜";而表15例11更是因为"左道者以双子胎为灵丹",跟说部中关于妖人盗取孕妇婴胎紫河车的故事相类,其除了杀人祭鬼外,更以孪生的婴胎"炙作腊,为鸣童预报之神",即反映祭拜者相信其神力[1]。表15例5及例9的情况更是奇特,荆湖一带信奉棱腾神及其他邪神者认为,官员士人是"聪明人"、师僧道士是"修行人",而妇人及小儿力量最弱,故

---

[1] 栾保群认为,这种"鸣童"之神,与民间流行的樟柳神、耳报神、灵哥灵姐、灵童、肚仙等"预报"之神相似,他称为"鬼仙"。见栾保群:《扪虱谈鬼录》,上海:上海文艺出版社,2013年,第297—315页。

"人牲"就以此分为三等,"聪明人"一可当三,"修行人"一可当二。信众似乎相信,"人牲"的社会地位或知识修养影响着祷祭的效力,更能讨好邪神,祭品与灵力之关系至深①。

至于祭祀的情况,除了妖神现身吞噬"祭品"叫人抹一额汗外(表15例1、4、6),信众祭献"人牲"的情况也很恐怖,有以大镬沸油烹以祭鬼者(表15例2),但更多的是活活地将"人牲"剖腹取肝〔表15例3、5(两例)〕。关于"取肝"祭神,表15例5的第二个故事尤值得注意,邪神信徒在猎杀"人牲"后被官府擒捕时招供说:"本欲得其肝尔,首非所用也,将弃之无人过之地而灭迹焉。"祭鬼者何以只攫取人肝而已?人肝何以还较头颅重要?资料未有交代,但宋代流行割肉疗亲的风俗,民众相信"人肉愈疾"的心理,割肝的例子很多②,祭鬼者以此为重,笔者认为或与这种信仰有关。而表15例11的恶徒竟将怀有孪生胎儿的孕妇活生生地剖腹取子、分尸祭神,令人毛骨悚然;表15例4的信徒,更因为"人牲"逃脱而祸及己身。这些神祇神格之可怕与信众的邪行妖径,都足见邪神信仰与一般淫祠祭神的分别。

碍于史料阙如,我们不知道何以邪神的信徒敢于干犯极刑去杀人祭鬼。同样乞求神恩,跟其他祠神相比,邪神信仰却需要以人为

---

① 林富士认为,这可"反映出巫者对于儒家士大夫(官员士秀)和佛、道二教人士的憎恨,表面上虽然给予较高的评价,可以以一当三或以一当二,其实无异于鼓励其信徒捕杀儒、释、道三教之士,事实上,三者也是巫者在宋代社会最强大的敌对者和宗教市场的竞争者。"见林富士:《"旧俗"与"新风":试论宋代巫觋信仰的特色》,第29—30页。这个观点很有意思,也是宋代巫者跟儒、释、道之矛盾;不过,就这个例子本身跟邪神信仰的关系,我比较重视其所凸显的"人牲"社会地位与"灵力"的关系。
② 方燕:《宋代女性割股疗亲问题试析》,《求索》2007年第11期,第214—216页。

祭，神格的妖异和威灵自是更大，祀拜者所祈祷的，相信应该是一些很难达到的愿望吧，否则又何须干冒这种大不韪呢？《夷坚志》记载一个鄱阳人王公，"居魏家井侧，好事邪神以求媚，至奉五侯泥像于室，香火甚谨"[①]。所谓"求媚"，或可反映邪神信徒杀人祭鬼的动机？总之，采牲祭神这种骇人的风俗，基于的就是相信邪神的灵力至大。

有趣的是，在祭鬼的过程中，"人牲"还有一个有用的逃命方法——诵念《大悲咒》（表15例1、4、6、7）。案《大悲咒》的灵力源于密宗的千手千眼观音信仰，宋代是观音信仰在中国本土化的重要发展阶段，宋人认为《大悲咒》具有驱鬼的威力，一般人似乎都知道如何持诵《大悲咒》[②]。以《大悲咒》对抗杀人祭鬼，除了有宣扬观音信仰的味道外，对比于"大慈大悲"的观世音菩萨，邪神神格中的"邪"就更凸出。

（二）淫邪好色——邪神的另一个面相

与官方镇压邪神信仰时只以"杀人祭鬼"为标志的情况不同，宋代邪神在民间里所呈现的面相更多、更丰富，也更能显露其妖邪与灵异的本质。其中，"五通"就是表表者，表15例7的"护界五郎"亦是"五通"的另一个变形。五通神的原形为中国古代的山魈

---

① 《夷坚志》支甲卷八，《王公家怪》，第773页。
② 见于君方的经典著作，Yu Chun-Fang, *Kuan-yin: The Chinese Transformation of Avalokitesvara*, New York: Columbia University Press, 2001, pp.263—291. 泽田穗瑞研究《夷坚志》中的咒语问题，也有稍稍讨论《大悲咒》，见［日］泽田穗瑞：《宋代の神咒信仰——〈夷坚志〉の说话を中心として——》，原刊于《东方宗教》五十六，第1—30页，今载于《中国关系论说资料》第22号1分册上，1980年，第451—466页。

民间信仰篇　　537

信仰，这种恼人的精怪在宋代仍然广为流播，学者已有深入的讨论，无须我们再详述①。这里要谈的，只是像五通这类邪神所表现的另一种骇俗神格——淫邪好色。

吴曾《能改斋漫录》有一段很重要的记录，道出了五通其实也是前节提到官方予以镇压的邪神信仰：

> 嘉祐（1056—1063）中，临川人伍十八者，以善裁纱帽入汴京，止于乡相晏元献宅前，为肆以待售。一日，至保康门，遇五少年踢气球，伍生素亦习此，即从少年踢之。少年见五生颇妙，相与酬酢不已。时日西，四少年将去，曰："大哥不归？"其一人曰："汝先去，吾与球士饮酒耳。"乃邀伍生上房家楼饮之，尽四角，问生本末甚详。饮罢，取笔写帖付生

---

① 五通邪神因《聊斋志异》的故事而闻名于世，其本自中国江南的山魈信仰，后与佛教的五通鬼说法结合，于宋代大为流播，所谓"北狐仙、南五通"。其神格至为邪异，虽能令人致富，却淫人妻女，被统治者目为镇压之主要邪神；然而，其于民间的广泛流传，最终因其令人致富之特性而演为五显灵官大帝及五路财神，神格由邪而正，至为有趣。关于五通神的研究，西方学者的研究最深入和精彩，参考下列各文：Richard von Glahn, "The Enchantment of Wealth: The God Wutong in the Social History of Jiangnan", *Harvard Journal of Asiatic Studies*, 51:2 (1991), pp.651—714; Ursula-Angelika Cedzich, "The Cult of the Wu-t'ung/Wu-hsien in History and Fiction: The Religious Roots of the Journey to the South", in David Johnson (ed.), *Ritual and Scripture in Chinese Popular Religion*, California: Chinese Popular Culture Project, 1995, pp.137—218; Michael Szonyi, "The Illusion of Standardizing the Gods: The Cult of the Five Emperors in Late Imperial China", *The Journal of Asian Studies*, 56:1 (1997), pp.113—135. 另请参看刘仲宇：《中国精怪文化》，上海：上海人民出版社，1997年，第135—141页；严耀中：《五通神新探》，载于严耀中：《汉传密教》，上海：学林出版社，1999年，第270—287页；蒋竹山：《汤斌禁毁五通神——清初政治菁英打击通俗文化的个案》，《新史学》1995年第6卷第2期，第67—112页。刘燕萍最近则从小说分析的角度讨论《夷坚志》中的五通形象，见其《淫祠、偏财神与淫神论——〈夷坚志〉中的五通神》，载于刘燕萍：《神话·仙话·鬼话——古典小说论集》，上海：上海古籍出版社，2012年，第30—61页。

曰："持此于梳行郭家取十千钱，与汝作业。"生受之，系衣带间。少年又曰："夜久矣，汝勿归，且随我至吾家宿可也。"伍生从之，至一处，引生于三室前，指一明亮者曰："汝卧此中，终夕勿出户。虽有溲溺，亦于壁隅也。"又戒曰："慎勿窥此二室，将惊汝。"生唯然，心疑其言。未晓辄起，推二室户扉阅之。一室四壁，皆钉妇人婴儿甚众；一室有囚无数，方拷掠号泣……及天明，乃在保康门内西大石上，甚怪骇。顾视笔帖仍在，遂持诣郭家取钱，郭如数与之。生自是谋运稍遂，其后家于楚州。五少年，京师人谓五通神也。①

五通神家中墙壁钉着大量妇女和婴儿，又囚禁拷打大量生人，明显就是"杀人祭鬼"的祭祀所，这点过去的论者较少注意到；而表15例7中的"护界五郎"庙中，"堆积白骨无数，盖非往来所届通道也"，相信也是以人牲祭祀这所路边野庙中的五通神的明证。因此，作为邪神，五通神的妖异本质自不待说。不过，邪神五通在民间里的形象，最惹人注目的还是其淫邪好色的性格，《夷坚志·江南木客》的描述人所共知：

大江以南地多山，而俗襟鬼，其神怪甚佹异，多依岩石树木为丛祠，村村有之。二浙江东曰"五通"，江西闽中曰"木下三郎"，又曰"木客"，一足者曰"独脚五通"，名虽不同，其实则一。考之传记，所谓木石之怪夔罔两及山㺑是也……变

---

① 吴曾：《能改斋漫录》卷一八，《神仙鬼录·伍生遇五通神》，第526页。

民间信仰篇　539

幻妖惑，大抵与北方狐魅相似。或能使人乍富，故小人□□致奉事，以祈无妄之福。若微忤其意，财又移夺而之他。遇盛夏，多贩易材木于江湖间，隐见不常，人绝畏惧，至不敢斥言，祀赛惟谨。尤喜淫，或为士大夫美男子，或随人心所喜慕而化形，或止见本形，至者如猴猱、如尨、如虾蟆，体相不一，皆趫捷劲健，冷若冰铁。阳道壮伟，妇女遭之者，率厌苦不堪，羸悴无色，精神奄然。……所淫据者皆非好女子，神言宿契当尔，不然不得近也。交际讫事，遗精如墨水，多感孕成胎。怪媚百端，今纪十余事于此。建昌军城西北隅兵马监押廨，本吏人曹氏居室，籍入于官。屋后有小祠，来者多为所扰。赵宥之之女已嫁，与夫侍父行，为所迷，至白昼出与接。不见其形，但闻女悲泣呻吟，手足挠乱，叫言人来逼己，去而视之，遗沥正墨，浃液衣被中，女竟死。……南城尉耿弁妻吴有祟孕，临蓐痛不可忍，呼僧诵孔雀咒，吞符，乃下鬼雏，遍体皆毛。……翁十八郎妻虞，年少，乾道癸巳，遇男子，每夕来同宿。夫元不知，虽在房，常掷置地上或户外，初亦罔觉，但睡醒则不在床。虞孕三年，至淳熙乙未秋，产块如斗大，弃之溪流，寻亦死。饶氏妇王，在家为女时已有感，既嫁亦来，遂见形。颜色秀丽如妇人，鲜衣华饰，与人语笑。外客至，则相与钌铞蔬果，若家人然。少怫之，即掷沙砾，作风火，置人矢牛粪于饮食中，莫不慑畏……李一妻黄、刘十八妻周，生子如猪独，毛甚长，堕地能跳踯。一死，一失所在。黄氏妻是夜遇物如蓦而长大，逼与交，孕过期乃生，得一青物，类其父。胡氏妻黄，孕不产，占之巫："已在云头上受喜，神欲迎之，不可为也。"果死。……南丰县京源村民丘氏妻,孕十年,儿时时腹中作声,母欲出门,胎必腾踏,痛至彻心,不出方止。后产一赤猴,色如血,弃之野,母幸独存。宜黄县下潦村民袁氏女,汲水门外井中,为大蛇缴绕仆地,遂与接,束之困急,女号啼宛转。家人惊扰,召巫。巫云:"是木客所为,不可杀,久当自去。"薄暮乃解。异女归,色萎如蜡,病踰月乃瘳,颜状终不复旧,成痴人矣。①

同书《花果五郎》条亦载:

保义郎赵师炽,庆元二年八月调监封州岳祠归。其父为肇庆兵官,往省之,过建昌军少留。在临安时买一妾,殊以嬖宠,忽感心疾,常谵语不伦,时时作市廛小辈叫唱果子……将半月久,一日醒然如梦觉,言:"昨到一处……望其上有美丈夫五人……见栏干外揭巨牌,金书'花果五郎'四字……不知许日也。"花果五郎者,里巷丛祠盖有之,非正神也。疑女居家时或染着云。②

五通虽然是山鬼的流裔,有时会以猴猱、龙等形象出现,但更多时是以美男子的化身诱奸妇女,使其怀有鬼胎,恐怖不已。对于古代的男权社会而言,较之迷惑男人的女妖,五通这种"淫人妻女"的神格,自然更是不能接受。"淫人妻女"是宋代邪神信仰中另一凸出的邪行妖径。

---

① 《夷坚志》丁志卷一九,《江南木客》,第695—696页。
② 《夷坚志》三补,《花果五郎》,第1802—1803页。

其实，宋代民间信奉这类"淫人妻女"的邪神并不罕见，《藏一话腴》即记云：

> 姑苏愚民无分贫富，薄于奉亲而厚于祀，邪者相半。洞庭山有村民之黠者，以诈鼓愚，号水仙太保，掠人之财贿，诱人之妻妾，不可胜数，为害数十年。使君王宝斋追而鞠之，殊无异状，乃毁坛绝祀。①

不过，五通神的好色性格却与众不同，而且与另一种人类的"罪恶"——金钱扯上不解的关系，《夷坚志·五郎君》：

> 河中市人刘庠，娶郑氏女，以色称。庠不能治生，贫悴落魄，唯日从其侣饮酒。郑饥寒寂寞，日夕咨怨，忽病肌热，昏冥不知人，后虽少愈，但独处一室，默坐不语，遇庠辄切齿折辱。庠郁郁不聊，委而远去。郑掩关洁身，而常常若与人私语。家众穴隙潜窥，无所睹。久之，庠归舍，入房见金帛钱绮盈室，问所从得，郑曰："数月以来，每至更深，必有一少年来，自称五郎君，与我寝处，诸物皆其所与，不敢隐也。"庠意虽愤愤，然久困于穷，冀以小康，亦不之责。一日，白昼此客至，值庠在焉，翻戒庠无得与妻共处。庠惧，徙于外馆，一听所为，且铸金为其像，晨夕瞻事……五郎君竟据郑氏焉。②

---

① 陈郁:《藏一话腴》，甲集卷下，《宋代笔记小说》，石家庄：河北教育出版社，1995年，第5页；《黄氏日抄》卷九六，《安抚显谟少卿孙公行状》，第13页。
② 《夷坚志》支甲卷一，《五郎君》，第717—718页。

同书《独脚五通》条：

> 吴十郎者，新安人。淳熙初，避荒，挈家渡江，居于舒州宿松县。初以织草屦自给，渐至卖油。才数岁，赀业顿起，殆且巨万。里落莫不致疑，以为本流寓穷民，无由可富。会豪室遭寇劫，共指为盗，执送官。因于考掠，具以实告云："顷者梦一脚神来言：'吾将发迹于此，汝能谨事我，凡钱物百须，皆可如意。'明日，访屋侧，得一毁庙，问邻人，曰：'旧有独脚五郎之庙，今亡矣。'默感昨梦之异，随力稍加缮葺。越两月，复梦神来曰：'荷尔至诚，即当有以奉报。'凌晨兴起，见缗钱充塞，逐日以多，遂营建华屋。方徙居之夕，堂中得钱龙两条，满腹皆金。自后广置田土，尽用此物，今将十年，未尝敢为大盗也。邑宰验其不妄，即释之。吴创祠于家，值时节及月朔日，必盛具奠祭，杀双羊、双猪、双犬，并毛血粪秽，悉陈列于前。以三更行礼，不设灯蠋。率家人拜祷讫，不论男女长幼，皆裸身暗坐，错陈无别，踰时而退。常夕不闭门，恐神人往来妨碍。妇女率有感接，或产鬼胎。庆元元年，长子娶官族女，不肯随群为邪，当祭时独不预。旋抱病，与翁姑相继亡。所积之钱，飞走四出，数里之内，咸有所获。吴氏虔启谢罪，其害乃止。至今奉事如初。①

这两则故事即构成五通在宋代及以后被视作邪神所具有与众不同的特征：信徒与五通神立约协定，任其诱骗或强奸妻女，以换取

---

① 《夷坚志》支癸卷三，《独脚五通》，第1238—1239页。

不义之财。正如万志英的研究指出,邪神五通逐渐演变成"财神",反映民众意识到贪婪的破坏性和其潜在的后果[1];本文要指出的是,从"贪婪的破坏性和其潜在的后果"这点再思考,信徒愿意献出妻女以换取巨额财富这种有乖人伦的强烈欲望,其不顾一切乞祈邪神的无比灵力,正是宋代邪神信仰得以传播的原因。只有五通这类灵力强大的邪神,才能够让人心想事成;然而,除了代价高昂外,这种偏门横财却不太稳当:

> 荆南刘五客者,往来江湖,妻顿氏与二子在家,夜坐,闻窗外人问:"刘五郎在否?"顿氏左右顾,不见人,甚惧,不敢应。复言曰:"归时倩为我传语,我去也。"刘归,妻道其事,议欲徙居。忽又有言曰:"五郎在路不易。"刘叱曰:"何物怪鬼,频来我家,我元不畏汝!"笑曰:"吾即五通神,非怪也。今将有求于君,苟能祀我,当使君毕世巨富,无用长年贾贩,汨没风波间。获利几何,而蹈性命不可测之险?二者君宜详思,可否在君,何必怒?"遂去,不复交谈。刘固天资嗜利,颇然其说,遽于屋侧建小祠。即有高车骏马,传呼而来,曰:"郎君奉谒。"刘出迎,客黄衫乌帽,容状华楚……金银钱帛,赠饷不知数。如是一年,刘绝意客游,家人以为无望之福。他夕,因弈棋争先,忿刘不假借,推局而起。明日,刘访箧中,所畜无一存,不胜悔怒,谋召道士治之。[2]

---

[1] Richard von Glahn, "The Enchantment of Wealth: The God Wutong in the Social History of Jiangnan", p.654.
[2] 《夷坚志》丁志卷一三,《孔劳虫》,第647—648页。

不义之财，得之教人不安，且往往乍富骤贫；而崇拜邪神，灵力固大，但邪神的神格较之正神而言，却是妖异不驯，难以捉摸①。因此，除了以最高级的"人牲"祭鬼外，《五郎君》里的刘庠只有让妻子继续被五通占有，而《独脚五通》里的吴氏也只有再次屈服于妖神的淫威。

强烈的欲望、沉重的代价、患得患失的前程等等，呈现出信徒的不安与邪神信仰的神秘可怖。事实上，吴十郎在家里设立的五通祠，岁时节日及每月朔夕的祭礼仪式最是神秘，祭品血腥污秽，夜半纠集男女长幼家人裸身暗坐，甚至让邪神奸污族中妇女成孕，更是诡异骇人，远非一般淫祠妖怪之祀可比。

（三）瘟鬼——降祸人间的邪神

我们可以想见，如果嗜好"人牲"的神明是邪神，那么为人间带来疫病、涂炭生灵的瘟鬼，在时人的认识中，自然是更恐怖的"不正之神"。案瘟神信仰或始于魏晋时代，与道教关系密切，其神格经历长期发展，由原来负责"行瘟"的"瘟鬼"逐渐演变为明清以后"逐疫"的"瘟元帅"②。宋代正是瘟神信仰处于由邪而正之发

---

① "乍富骤贫"与五通这类"偏财神"兴起的关系，即使到了现代，仍然不乏相似的例子。人类学家的研究就显示，二十世纪八十年代是台湾经济的迅速发展和转变时期，很多人涌向投机性的金融活动，在难测而动荡的命运下，"布袋和尚"这类"偏财神"等神祇信仰遂大为兴盛。见 Robert P. Weller, "Matricidal Magistrates and Gambling Gods: Weak States and Strong Spirits in China", in Meir Shahar and Robert P. Weller (eds.), *Unruly Gods: Divinity and Society in China*, Honolulu: University of Hawaii Press, 1996, pp.250—268.

② 关于瘟神信仰的源头与发展，可参考 Paul R. Katz, *Demon Hordes and Burning Boats: The Cult of Marshal Wen in Late Imperial Chekiang*, Albany: State University of New York Press, 1995, pp.77—116；陈元朋：《〈夷坚志〉中所见之南宋瘟神信仰》，《史原》1993年第19期，第39—84页。

展阶段，故其神格也是邪正参半。

撇除民间一些较为正面的记载外[1]，宋人眼中的瘟神，形象多恐怖吓人，例如《夷坚志》记同知枢密院事管师仁（1045—1109）未登第时，元旦日大清早出门遇到"大鬼数辈，形貌狞恶，叱问之，对曰：'我等疫鬼也，岁首之日，当行病于人间。'"[2]而《异闻总录》记吕夷简（979—1044）族人所见的也是一样：

>吕文靖公（吕夷简）宅在京师榆林巷，群从数十，遇时节朔望，则昧旦共集于一处，以须尊者之出。文穆公（吕蒙正）之孙公雅，年十八岁，时当元日谨礼，以卑幼故起太早。命小妾持笼灯行，前仿佛见数人立暗中，奇形异服，颇类世间瘟神，相与语云："待制来。"稍稍敛身向壁。妾惊仆而灯不灭，吕扶掖起之，自携笼行，诸鬼慌窘，悉趋壁而没。是岁一家皆染时疫，惟吕独无他，后终徽猷阁待制，鬼盖先知矣。[3]

古代民众对瘟疫的认识不多，只要相关的疾病造成大量人口死

---

[1] 例如《夷坚志》，支乙卷七，《王牙侩》，第851—852页；同书，补卷二五，《陈唐兄弟》，第1778页。这两条资料中的瘟神，形象都较为正面，前者的描述是："大官正坐，左右拥侍皆朱紫，仪卫光赫，全如官府。"后者更是坐镇于城隍庙中的瘟部主神"张王"。不过，这两则故事里的染疫者都招延巫觋对治瘟神，按笔者过去的研究曾经指出，宋人在面对瘟疫时往往束手无策，除了以瘟鬼解释病因外，延请巫觋驱鬼殴疫就是其中的重要方法，见王章伟：《在国家与社会之间——宋代巫觋信仰研究》，第169—178页，第310—312页。因此，站在请巫治瘟的民众立场而言，巫觋是正、瘟神是邪，应该是不言而喻的，这两尊形象较正面的瘟神，似乎仍未能摆脱瘟鬼的邪味？
[2] 《夷坚志》丁志卷二，《管枢密》，第546页。
[3] 佚名：《异闻总录》卷四，《笔记小说大观》，扬州：广陵古籍刻印社，1983—1984年，第8页。

亡，人们就称其为疫、瘟或温疫①；而面对疫病时的无助，时人只有将其归因于鬼神作祟②。由于瘟疫种类繁多，传播又广，这或许令到宋人认为四处散播瘟疫的瘟神并不只一个，其行瘟时往往成群出动，《夷坚志．宣州郎中》：

乾道元年七月，婺源石田村汪氏仆王十五正耘于田，忽僵仆。家人至，视之，死矣。舁归舍，尚有微喘，不敢殓。凡八日复苏，云："初在田中，望十余人自西来，皆着道服，所赍有箱箧大扇。方注视，便为捽着地上，加殴击，驱令荷担行。至县五侯庙，有一人具冠带出，结束若今通引官，传侯旨，问来何所须，答曰："当于婺源行瘟。"冠带者入，复出曰："侯不可。"趣令急去。其人犹迁延，俄闻庙中传呼曰："不即行，别有处分。"遂舍去。入岳庙，复遭逐，乃从浙岭适休宁县，谒城隍及英济王庙，所言如婺源，皆不许。遂至徽州，遍走三庙，亦不许。十人者惨沮不乐，迤逦之宣州，入一大祠，才及门，数人已出迎，若先知其来者。相见大喜，入白神，神许诺，仍敕健步徧报所属土地，且假一鬼为导，自北门孟郎中家始。既至，以所赍物藏灶下，运大木立寨栅于外，若今营垒然。逮旦，各执其物巡行堂中。二子先出，椎其脑，即仆地。次遇仆婢辈，或击或扇，无不应手而陨。凡留两日。其徒一人入报："西南火光起，恐救兵至。"巫相率登陴，望火所来，彍弩射之，即灭。又二日，复报营外火光属天，暨登陴，则已大炽，焚其栅立尽，不及措手，遂各溃散，独

---

① 陈元朋：《〈夷坚志〉中所见之南宋瘟神信仰》，第46页。
② 参见王章伟：《在国家与社会之间——宋代巫觋信仰研究》，第139—195页。

我在。梧身已死，寻故道以归，乃活。"里人汪廒新调广德军签判，见其事。其妹婿余永观适为宣城尉，即遣书询之。云："孟生乃医者，七月间阖门大疫，自二子始，婢妾死者二人。招村巫治之，方作法，巫自得疾，归而死。孟氏悉集一城师巫，并力禳禬，始愈。盖所谓火焚其栅者，此也。"是岁浙西民疫祸不胜计，独江东无事，歙之神可谓仁矣。①

同书《刘十九郎》条：

乐平耕民植稻归，为人呼出，见数辈在外，形貌怪恶，叱令负担。经由数村疃，历洪源、石村、何冲诸里。每一村必先诣社神所，言欲行疫，皆拒不听。怪党自云："然则独有刘村刘十九郎家可往尔。"遂往，径入趋庑下客房宿，略无饮食枕席之具。明旦，刘氏子出，怪魁告其徒曰："击此人右足。"杖才下，子即仆地。继老妪过之，令击左足，妪仆如前，连害三人矣。然但守一房，不浪出。有侦者密曰："一虎从前跃而来，甚可畏。"魁色不动，遣两鬼持杖待之，曰："至则双击其两足。"俄报虎毙于杖下。经两日，侦者急报北方火作。斯须间焰势已及房，山水又大至。怪相视窘慑，不暇取行李，单身巫奔。……乡人访其事于刘氏，云："二子一婢，同时疫困。"呼巫治之，及门而死。复邀致他巫，巫惩前事，欲掩鬼不备，乃从后门施法，持刀吹角，诵水火轮咒而入，病者即日皆安。②

---

① 《夷坚志》乙志卷十七，《宣州孟郎中》，第327—328页。
② 《夷坚志》丁志卷十五，《刘十九郎》，第660页；《异闻总录》卷一，第4—5页。

这两个故事里的瘟鬼最是狰狞，在城乡里行瘟害人，尽显邪神本色。不过，瘟鬼虽能为害人间，但其神格却似乎不高，能否成功行瘟害人，必须先征得当地的守护神或城隍、土地批准；而民众邀巫对治，也凸显了瘟鬼的害人邪性，须予以袚襄除凶。

宋代是一个瘟疫横行的时代[①]，邢昺（932—1010）讨论当时百姓的灾患大者有四，"疫"即居其首[②]。因此，除了延请道士、巫觋驱瘟逐鬼外，人们往往会向现实低头，祭拜瘟神，以求身免于难；然而，官方似乎也认定瘟鬼的妖邪性格，多加禁制：

> 景祐元年九月二十五日，广南西路转运使夏侯彧言："潭州妖妄小民许应，于街市求化，呼召鬼神，建五瘟神庙，已令毁折。……乞下本州止绝。"奏可。[③]

如前所论，"邪神"的恐怖形象是民众辨别其身分的最有效方法，故官员对民间祠庙中瘟神的怪形恶相屡加批判，视之为妖鬼，如叶适提到江阴军的瘟神庙"阴庑复屋，塑刻诡异，使祭者凛凛"[④]。刘

[①] 陈元朋根据《宋史》的记载，统计出北宋发生了20次大规模瘟疫，南宋则有30次，见陈元朋：《〈夷坚志〉中所见之南宋瘟神信仰》，第72页。邱云飞则以不同的资料，统计出两宋时期的瘟疫有49次，见邱云飞：《中国灾害通史·宋代卷》，郑州：郑州大学出版社，2008年，第163—167页。郭志嵩（Asaf Goldschmidt）研究北宋医史的新著中，仅就北宋而言，已录得37次大疫，见Asaf Goldschmidt, *The Evolution of Chinese Medicine: Song Dynasty, 960—1200*, London and New York: Routledge, 2009, p. 77.
[②] 邢昺：《论灾患奏》，《全宋文》卷五三，《邢昺》，第280页。
[③] 《宋会要辑稿》，《礼》二〇之一二，第770页。夏侯彧：《乞止绝妖妄小民滥建神庙奏》，《全宋文》卷三九二，第102页。
[④] 叶适：《叶适集》，《水心文集》卷二三，《朝议大夫秘书少监王公墓志铭》，北京：中华书局，1983年，第457页。

宰则谓：

> 俚俗相扇，淫祀繁兴，其一曰祭瘟。所在市廛皆有庙，貌或肖虎兕，或像虺蛇；或手足妄加，或眉目倒置。夫物各从其类而人必儗于伦，岂天地造化之功，作魑魅魍魉之状况？[①]

《夷坚志》里的故事更提到民众面对疫病时，宁向狰狞邪恶的瘟神祷祈而不愿服药，其中更不乏知书识礼的士人：

> 张子智贵谟知常州。庆元乙卯春夏间，疫气大作，民病者十室而九。张多治善药，分诸坊曲散给，而求者绝少，颇以为疑。询于郡士，皆云："此邦东岳行宫后有一殿，士人奉祀瘟神，四巫执其柄。凡有疾者，必使来致祷，戒令不得服药，故虽府中给施而不敢请。"张心殊不平。他日，至岳祠奠谒，户庭悄悄，香火寥落。问瘟庙所在，从吏谓必加瞻敬，命炷香设褥。张悉撤去。时老弱妇女，祈赛阗咽，见使君来，争丛绕环视。张指其中像衮冕者，问为何神？巫对曰："太岁灵君也。"又指左右数躯：或擎足，或怒目，或戟手，曰："此何佛？"曰："瘟司神也。"张曰："人神一也，贵贱高卑，当有礼度。今既以太岁为尊，冠冕正坐，而侍其侧者，顾失礼如此，于义安在？"即拘四巫还府，而选二十健卒，饮以酒，使往击碎诸像，以供器分诸刹。[②]

---

① 刘宰：《漫塘集》卷一八，《劝尊天敬神文》，《文渊阁四库全书》，台北：商务印书馆，1986年，第4页。
② 《夷坚志》支戊卷三，《张子智毁庙》，第1074—1075页。

跟"杀人祭鬼"和"淫人妻女"的邪神不同，行瘟散疫这种害人的本质是瘟鬼被视作邪神的原因，多不涉及信众的罪恶勾当或有违礼教之淫邪妖行。不过，瘟鬼莅临，降祸人间，其实就是"死神来了"，对民众造成的恐慌，并不亚于其他的邪神。

（四）其他害人的妖神

除了杀人祭鬼、淫人妻女和降疫人间三大类的邪神外，宋代民间还有很多不同的邪神妖鬼，我们将搜集到的一些事例表列于下：

表16　宋代害人妖神事例表

序号	内容	流行地界	资料出处
1	福州永福县能仁寺护山林神，乃生缚狝猴，以泥裹塑，谓之猴王。岁月滋久，遂为居民妖祟。寺当福泉南剑兴化四郡界，村俗怖闻其名。遭之者初作大寒热，渐病狂不食，缘篱升木，自投于地，往往致死，小儿被害尤甚。于是祠者益众，祭血未尝一日干也。……邪习日甚，莫之或改。……长老宗演闻而叹曰："汝可谓至苦。其杀汝者，既受报，而汝横淫及平人，积业转深，何时可脱！"为诵梵语大悲咒资度之。	福建路福州、泉州、南剑州、兴化军	《夷坚志》甲志卷六，《宗演去猴妖》，第47—48页。
2	建昌邓希坦，娶朝奉郎李景适女，生二男一女。女嫁承议郎徐宗振长子大防。次男名兴诗，于女为兄，好学有隽誉。梦为人召至一处，高闳华宇，三美男子坐庭上，置酒张乐，侍姬十数辈……久之始认妓中一人乃厥妹也……觉而恶之，以言父母兄妹，不谋而同，盖皆感此梦也，相与嗟异。未几，宗振赴行在惠民药局，邓女随夫侍行，卒于临安。兴诗继没于乡里。三少年者，所谓木下三郎者也，建昌多其祠宇。希坦所居，尤与一庙相近，故被其尊。	江南东路南康军建昌县	《夷坚志》支甲卷七，《邓兴诗》，第765页。

民间信仰篇　551

续 表

序号	内容	流行地界	资料出处
3	方子张会稽仓官,僦民屋作廨舍。庖中炊饭熟,婢举甑时,忽三分失其一。已而毂馔亦然,阴伺之,了无所见。主母疑婢盗与人,屡加鞭笞,而竟不能得其实。一老媪尝至夜,遇异物,一足躃踦。不眼细睹容状,悸而出,以告子张。子张异焉,谋徙居以避他祸。偶步至邻家,望小室内一龛帐极华洁,试往视,正画一巨脚,略无相貌。扣其人,但窘挠不答,若无所措,乃悟常日盗饭者此也。郡士姚县尉,精法箓,善治鬼。语之故,姚曰:"是名独脚五通,盖魑类也。……"	两浙东路绍兴府会稽县	《夷坚志》支景卷二,《会稽独脚鬼》,第890页。
4	浮梁县外石牌村民胡三妻董氏,以绍兴四年六月暴死。庆元元年二月黄昏时,胡三在房内坐,忽困怠如睡,见董来,惊问之曰:"汝不幸下世,将及两年,何故又到此?"董泣言:"好教你知,旧日有何师者,得一狝猴,缚之高木上,饿数日了,乃炼制熟泥,塑于案上,送入山后古庙,祭以为神。后来成精怪发灵,我遂被他取去。"言讫辞别,胡豁然醒。明日咨访父老,果得庙,有神像,正所谓狝猴者。即用刃挥击之,血流满地,遂毁其室宇。	江南东路饶州浮梁县	《夷坚志》三志己卷九,《石牌古庙》,第1374页。
5	旅医卢生,以术行售,庆元二年,抵邵武泰宁境,其地名曰白塔村。时已黄昏,不逢舍馆,竚瞻之次,值小茅屋,亟就之。虽略有灯火,而无人出应。卢呼问:"此为谁家?"一丽女方出曰:"我乃赵喜奴也。"即求寄宿,答曰:"此不是道店,又无男子,寻常不曾着人歇。今既不可前进,理须相容。"卢欣然而留,且悦其色态,顿生慕想。……携手同归,极风流娴雅之适。洎困迨晓,仆开眼不见主人,出寻之,回视已所寝,正在五道小庙侧草路上。卢昏坐庙里,如酩酊状。仆探药筒,饵以苏合香丸,始觉苏醒,乃登涂。	福建路邵武军泰宁县	《夷坚志》三志卷九,《赵喜奴》,第1452—1453页。

续表

序号	内容	流行地界	资料出处
6	潭州善化县苦竹村，所事神曰"苦竹郎君"。里中余生妻唐氏，微有姿色，乾道二年，邀邻妇郊行，至小溪茅店饮酒，店傍则庙也。酒罢，众妇人皆入观，唐氏素淫冶，见土偶素衣美容，悦慕之，瞻视不能已，众已出，犹恋恋迟留。还家数日，思念不少置，因如厕，望一好少年，张青盖而来，绝类庙中像，径相就语，即与归房共寝，久乃去。自是数日一至，家人无知者。遂有娠，过期不产，夫怪之，召巫祝治禳弗效。唐氏浸苦腹涨，楚痛不堪忍。始自述其本末，疾益困，腹裂而死，出黄水数斗。	荆湖南路潭州善化县	《夷坚志》补卷九，《苦竹郎君》，第1627页。
7	奉化县大姓家，率于所居小室事神，谓之三堂，云祀之精诚，则能使人顺利。然岁久多能作祸。县之下郝村富民钱丙，奉之尤谨，每三岁必杀牛羊豕三牲，盛具祭享，享毕，大集亲邻，饮福受胙，若类姻礼。丙以壮岁死，当除服之月，适与祭神同时，侍妾阿全者，忽为物所凭附，作主公声谓其子曰："我本未应死，盖三堂无状，录我去，强为奴仆。昼则臂鹰出原野，夜则涉历市井，造妖作怪，经二年，略无一霎休息。不堪其苦，宛转告假，得诉于东岳。……乃具告三堂困事。如食顷，片纸从内飞出，转盼间神已摄至庭下，不见有縶缚者，而神局蹐屏气，求哀甚切。复有片纸飞出，旋绕神身数匝，化为烈火爇之，立成灰烬。我拜谢而出。汝可遍告乡人，自今宜罢此淫祀。"语渐微，阿全方苏。	两浙东路明州奉化县	《夷坚志》补卷十五，《奉化三堂神》，第1684—1693页。
8	饶州紫极观外街……绍兴元年三月，赵监庙者遣仆元成添茅盖墙，至晡时，见一男子，背倚墙而坐，一人负空篮，从劢勇营外相遇，交互殴击，皆不作声。元成顾其争斗久，趋下劢解，男子舍去，负篮者困卧不能语。成掖起之，其口耳鼻悉为烂泥室	江南东路饶州	《夷坚志》补卷二十二，《紫极街怪》，第1756—1757页。

民间信仰篇　553

续 表

序号	内容	流行地界	资料出处
8	塞,扶至观前人家,觅汤与饮,问所争何事,再求汤一杯,饮毕始苏,曰:"我是汪有三,居在双巷,早间担瓷器出市变卖,还穿军营欲归,买得油酥雪糕,准拟与娘吃,被男子不相识,须要强讨,嗔我不肯,便打我一顿,抟泥塞口,以故做声不得。"成视其篮,三物俱不见。汪知为鬼,致谢而归。明日,成复理茅,偶望路边大皂角树突出一瘤疬,颇似鬼面,有面有眉目,只中犹含糕,悟为昨怪,持刀斫之四五,损处汁流清血。暮抵家,昏昏感疾。越三日,妻出行卜,曰:"西北方邪神作祸,宜祷求之。"但令买五铁钉,起诣故处,至树下,以钉贯其节,血迸如倾,成即愈。		
9	彭文昌,彭溪人,有道行,行天心法。政和中,令晁昌之女惑于祟,以告文昌,乃市之淫祠为妖也。焚其庙,闻鬼神哭,其怪遂绝。	两浙东路台州	《嘉定赤城志》卷三五,《人物门》,第13页①。
10	殇神……江乡淫祠……老母言,十六七时,避盗山间一民家,与其妇女处于屋后小室间,忽觉檐间有声如蝙蝠者,老母先闻之,而其家妇女未闻也。有顷,声稍疾大,其妇仓皇出门,仰视之,扣齿而言曰:"待去叫丈夫汉归。"老母亦随之到门外仰视,但仿佛见空中有黑影如蝴蝶状,散去。问妇人何故如此,应曰:"神道。"心亦不知为异。数日后盗息归家,以告长上,方知其家亦祀此神,非良民也。殆自投虎口矣。俚俗传之,其声作于前则吉,而胜作于后则凶而负。楚俗有此,莅官者当知之。		《同话录》,第12页②。

---

① 陈耆卿:《嘉定赤城志》,《宋元方志丛刊》,北京:中华书局,1990年。
② 曾三异:《同话录》,《说郛三种》卷二三,上海:上海古籍出版社,1989年。

这十个例子中，大部分都是地方丛祠（表16例1、2、4、5、6、9）或是民间私家宅院（表16例3、7、10）里礼拜的神明。论邪神的真身本源，例2和例3又是"五通神"的一些变形，例1和例4是猴妖作怪，例8是树精，例5、6、7、9、10则是兴妖作恶的不知名祠神。我们可见，民众眼中的"邪神"有时并不容易厘清，如例8似是作恶的精怪而已，但卜者称其为"西北方邪神"；根据例1和例4的猴妖，因为后来被人奉作山神和庙神，故由妖精进而为"邪神"，例8的树精或许也是如此吧？只是资料未见提及。至于例10，只知道是民家祭祀不正之神而已。要特别指出的是，例1和例4的狝猴被信众杀戮后炼塑为神，其怨念至深，遂演为害人的邪神，其神格和来源比较幽深。

正如前节提到，邪神和一般祠神的最大分别，是其神格的妖异坏化，表16的十例自然没有例外。与降祸人间的邪神相类，表16例1的邪神害人生病、发狂以至死亡，被害的多是小儿；表16例2的五通神"木下五郎"害人至死，表16例3的"独脚五通"尚算为祸不大，只是阴盗邻居之物而已。表16例8的树鬼抢人食物之余，也欲置人于死地。此外，淫邪好色仍然是邪神的特征，表16例5、6和9都是色诱、迷惑定力不足者，表16例4的猴神杀人妻子以霸占之，而表16例6的"苦竹郎君"令唐氏怀有鬼胎，后来"腹裂而死"，很是恐怖。不过，最叫人发指的是，表16例7的"三堂神"竟然杀害祀拜自己的虔诚信徒，驱为奴隶，日夜受苦，神格最是邪坏。

民众祭祀这些邪神的原因，跟前三类邪神的分别不大，或是出于恐惧之心（表16例1），或是对其有所祈请（表16例3、7）。同样地，上列诸神的地位似乎也不高，受害者要加以禳除，不算很困难，如诵念《大悲咒》（表16例1）、延请法师驱逐（表16例3）、

民间信仰篇　555

求东岳神镇压（表16例7）等①，更直截了当的是毁像拆庙，将其连根拔起（表16例4、8、9）②。让人感到奇怪的是，信徒祀拜邪神，或因其灵力强大，可以成全一己之强烈欲望；或是其邪力慑人，为了避祸，遂只有拜倒恶灵之下。然而，邪神又如此容易被祓除，可见民间对鬼神的观念，最是庞杂不清，不完整也不统一。

综合而论，从上述宋人眼中所谓的"邪神"可见，除了"杀人祭鬼"者较为特别外，其余三类中不少邪神的本源其实与很多民间祠神或精怪崇拜很相似，甚至是完全相同，例如"五通"跟"狐精"，《夷坚志》就提到时人以为"变幻妖惑，大抵与北方狐魅相似"，但即使前引王嗣宗禁毁"狐王庙"时，也只以其为妖精或淫祠而已，并未提及"邪神"③。个中的分别，笔者猜想，"邪神"有两个条件，第一是灵力强大，必先被民众奉拜为神（甚至为官府接纳，给予赐额和封号，如"五通神"后来之演变④），第二则是其神格妖异骇俗，邪恶不已。因此，不少民间的精怪虽然邪恶害人，却

---

① 宋代"法师"与驱魔的研究，见戴安德Edward L. Davis, *Society and the Supernatural in Song China*, Honolulu: University of Hawaii Press, 2001, pp.45—170.至于东岳泰山治鬼与主生死之司的演变，见刘慧：《泰山信仰与中国社会》，上海：上海人民出版社，2011年，第161—208页。
② 如前所述，宋人认为神像是神灵居停之处；至于祠庙，韩森的研究也指出，对于神祇而言，它就像房屋对于人类一般的重要，祠庙条件的好坏不仅影响着神祇的福气，也限制了其威灵。见Valerie Hansen, *Changing Gods in Medieval China, 1127—1276*, pp.57—61.这里对拔除邪神的讨论，可证明韩森此说。
③ 康笑菲研究狐仙的专著里，有关宋人对于狐仙的禁制与扫荡，也只提及时人以狐为妖魅、精怪或是尊称为"狐王"而已，未见"邪神"之论。见［美］康笑菲著，姚政志译：《狐仙》，台北：博雅书局，2009年，第54—61页。笔者要感谢刘祥光教授及姚政志先生寄赠、赐阅本书。
④ 万志英认为五通在南宋以前多被人视作精怪，到南宋则有"神格化"的倾向，见Richard von Glahn, "The Enchantment of Wealth: The God Wutong in the Social History of Jiangnan," pp.651—660.

因未受民众立庙祈祭,只被视为鬼怪;而狐精等容或已受祀建祠,又间有迷惑人者,惟其又未至于干出令人毛骨悚然的严重邪行(如杀人祭鬼者)[1]。事实上,表16例1和例4的狔猴邪神,就是兼备这两个条件而变成非一般兴风作浪的精怪。

我们可以想见,跟前节的讨论相比,宋朝政府镇压扫荡"邪神"信仰时,有"杀人祭鬼"这个清楚的法律概念和范畴可依;但本节关于民间信仰里的"邪神",或许读者反而觉得容易与其他精怪和淫祠混淆。这种情况是必然的,在古代的中国,神、仙、鬼、魅、精、怪等可能有很清晰的源头和界线[2],但随着民间信仰的发展,再加上道教及佛教等其他宗教的影响与激荡[3],一般民众在日常生活里其实已逐渐将这些概念混淆。不过,五通和狐魅的例子提醒我们,人们不一定很明白其中的分别,但奇怪的是,时人或会将五通及狐精并称为怪、为神,但只有前者带有"邪神"之说,可见"邪神"却是一个实在的分类。

本节从宋人的视角和话语出发,透视民众眼中的"邪神"究竟若何。民间叙述中的"邪神",定义未必如"杀人祭鬼"般清晰;

---

[1] 根据康笑菲的研究,唐宋故事中的狐女未曾被称为"狐仙",这个词汇首度在明人笔记《狐媚丛谈》中出现,见氏著《狐仙》,第77页。因此,即使宋代有受祀的狐精作恶行邪,但其是否达到"邪神"的界线,我们虽然无法清楚给予判定,但至少应该有宋人的叙说或史料提出,可是跟"五通神"不一样,我们并没有见到宋人有称兴妖的狐精为"邪神"或"妖神"。

[2] 参阅下列各书:余英时著,侯旭东等译:《东汉生死观》,上海:上海古籍出版社,2005年。蒲慕州编,《鬼魅神魔——中国通俗文化侧写》,台北:麦田出版社,2005年。刘仲宇:《中国精怪文化》。

[3] 参阅下列各书:李远国、刘仲宇、许尚枢:《道教与民间信仰》,上海:上海人民出版社,2011年。李利安、张子开、张总、李海波:《四大菩萨与民间信仰》,上海:上海人民出版社,2011年。[日]酒井忠夫、胡小伟等:《民间信仰与社会生活》,上海:上海人民出版社,2011年。

民间信仰篇 557

惟较之于官方诏令和官员的记录，民众生活里的"邪神"，除了形象鲜明恐怖外，更清楚叙述了采牲献祭、淫人妻女、降祸人间的特点，令我们更能了解宋代邪神信仰的实况。

四、结语

宋代邪神信仰流行，前面的讨论曾经提及，无论是官方或是民间的话语里，都有意见认为是跟少数民族的奇风怪俗、穷乡僻壤里的落后文化及荆楚自古以来的"巫风"等"不文明"的风俗习惯相关。因此，前辈学者在讨论民众"杀人祭鬼"的原因时，也都溯源于这种"汉文化/少数民族""文明开化/野蛮落后""中原/边疆"的二元歧异[1]。这种观点自然有一定的事实为基础，例如我们多次提到的"棱腾神"，就是湖南湖北一带最著名的邪神；而前引胡颖对湖湘巫风鬼俗的批判，更是宋代南方官僚的切肤之言。不过，这种论调能否完全解释宋代邪神信仰流播之因？

就以地域角度而论，荆湖、岭南或是川陕一带等汉、夷混杂之地自然是邪神信仰盛行之处，但从本文所引的史料及表格可见，全国各地其实都有相关的事例，甚至"天子脚下"的开封府也会发生"杀人祭鬼"之事表（15例2），而政府的禁令也有针对全国者（表11例13）。更有甚者，胡铨（1102—1180）就曾上书《乞严禁军兵杀人奏》：

---

[1] 参阅前引宫崎市定、泽田瑞穗、河原正博及金井德幸等关于"杀人祭鬼"的论著。

然而武夫悍卒不能上体至仁，皆务以暴易暴。窃闻向者军兵有于路中掠人，探取其心以祭鬼者，往往而是。……至如掠人以祭，其祸未已，可胜寒心！昔邾文公用鄫子于次睢之社，《春秋》悼之，以为襄公之不霸在此一举。况今军兵杀人，其害不止于鄫子乎？臣愚欲望推明孟轲之说，申戒诸军，严行禁止，以广陛下不嗜杀之心，庶几德泽结人，以定大乱，臣无任战汗。①

先征引《春秋》以邾文公用鄫子献祭妖神是宋襄公未能称霸之因，然后再以孟子"不嗜杀人者"能一定天下之论，胡铨恳切要求朝廷申戒诸军不能随意掠人祭鬼，足见当时的情况很严重②。试想一下，连禁军都盛行杀人祭鬼之俗，将问题只归于偏远地区或是夷族、古风，未必妥当，更可能只是中原朝廷和士大夫希望将异族和边地文化纳入中原礼乐文明时的"想象"而已③。

另一方面，以荆楚自古以来的巫风鬼俗解释当地邪神信仰流行的说法，我认为始终流于空洞，事实是我们如何能证明千年以前的吴楚巫俗，会是宋代流行杀人祭鬼的主因④？如果这个论点是真的

---

① 胡铨：《乞严禁军兵杀人奏》，《全宋文》卷四三〇三，《胡铨》五，第100页。
② 宋代的军旅似乎很盛行"杀人祭鬼"的习尚，陆游就记述孝宗淳熙六年郴州宜章县民陈峒作乱时，"假唐源淫祠，以诳其下曰，杀所虏一人祭神。"见陆游：《陆放翁全集·渭南文集》卷三四，《尚书王公墓志铭》，第711页。
③ 参阅王章伟：《文明推进中的现实与想象——宋代岭南的巫觋巫术》，《新史学》2012年第23卷第2期，第1—55页。
④ 相似的例子，笔者以前研究宋代巫觋信仰流行的原因时，就以为较实在的仪式与"社"这种地域机制比起所谓的"荆楚吴越的巫风鬼俗"更能解释问题。见王章伟：《在国家与社会之间——宋代巫觋信仰研究》，第220—235页。

民间信仰篇　559

话，那何以这种千年古风到宋代又突然兴盛起来①？本文无意否定胡颖等时人的"现身说法"，但林富士教授最近对宋代巫风的研究，有一个很有意思的说法：

> 一般所谓的"巫俗"常指长期存在的巫觋信仰，已成为一种宗教或社会"习俗"，宋代文献有时会径指其为"旧俗"。"巫风"或"新风"则是指新兴的或由沈寂变得活跃的巫觋信仰，近乎某种文化"风潮"（tide）或宗教、社会"运动"（movement）。两者有时候并不容易完全切割或清楚区分，因为，新兴的巫风经过一段时间之后，可能就会因为长期存在而成为巫俗。但究竟要多少时间才能化风成俗，则无一定的判准。而沉寂的巫俗，有时也会因为某些人增添新的薪材，予以扇扬而活跃，甚至成为新的流行，这种情形很容易让人误以为那仍是"旧俗"。②

我想，宋人溯源"杀人祭鬼"于荆楚古代的巫鬼信仰，就是建基于古代的"旧俗"③；而宋代邪神信仰流行的原因，却是在这种

---

① 一部专研湖南历史文化的专著在讨论当地"杀人祭鬼"的问题时，虽然指出"这一习俗起源非常古老"，并引《左传》邾文公用鄫子祭鬼的例子，但起始就详述宋代的情况，完全未见交代从春秋至宋代建立之前的情况。见张伟然：《湖南历史文化与地理研究》，上海：复旦大学出版社，1995年，第100—104页。
② 林富士：《"旧俗"与"新风"：试论宋代巫觋信仰的特色》，第6页。
③ 宋代以前荆楚巫рут信仰的演变，由于已越出本文讨论范围，不能详论。读者可考参考下列各书：徐文武：《楚国宗教概论》，武汉：武汉出版社，2001年。林富士：《汉代的巫者》，台北，稻乡出版社，1999年。[韩]文墉盛：《中国古代社会的巫觋》，北京：华文出版社，1999年。Lin Fu-shih, *Chinese Shamans and Shamanism in the Chiang-nan Area During the Six Dynasties Period, 3rd—6th Century A.D.*, PhD dissertation, Princeton: Princeton University, 1994. [日]中村治兵卫：《中国シャーマニズの研究》，东京：刀水书房，1992年。王玉德：《长江流域的巫文化》，武汉：湖北教育出版社，2005年。

"旧俗"基础上发展起来的"新风"①。这种"新风",已不限于原来的地域,流播愈广,如表15例5的"棱睁神",洪迈即说其由原来流行的荆湖北路,"此风浸淫被于江西抚州";官方遏制杀人祭鬼的诏令也有相似的说法,表11例11即云:"湖、广之风,自昔为甚。近岁此风又寖行于他路。"

"邪神信仰"这种"新风"在宋代活跃起来,更根本的原因,是因为时人对神明"灵力"的崇拜②。韩森已经指出,如果有一位人类学家问道:"为什么某位神祇受到民众喜爱?"宋代的信徒会回答说:"因为那位神祇灵验。"因此,最为灵验的神祇也就最受民众喜爱③。"惟灵是从"的确是宋代人选择神祇崇拜的一个重要准则,但对于"灵验"的理解,不同人士之间往往存在很大的分歧④。因此,士大夫就往往投诉传统的社祭因为民众信奉妖鬼而衰落,例如叶适(1150—1223)说:

---

① 刘祥光教授评论本文时指出,宋代杀人祭鬼是否为新风抑旧俗,或可用中原文化南进的过程来解析。从隋唐(特别是唐)开始,北方中原文化向南扩散,各地受北方"文明"洗礼的幅度不一,有些地方的住民和中原文化相当不同,所以在记载上会特别突出。刘教授的评论,发表于"第九届史学与文献学学术研讨会:从社会到政治——再现中国近世历史",台北:台湾东吴大学,2013年。并参阅王章伟:《文明推进中的现实与想象——宋代岭南的巫觋巫术》一文。
② 刘黎明研究民间密宗信仰时指出,宋代民间的"人祭"之风,与密宗的"尸身法术"有着密切的关系;而这种风俗,始于唐代,只是到了宋代才成为比较严重的社会问题。见刘黎明:《中国古代民间密宗信仰研究》,成都:巴蜀书社,2009年,第109—132页。刘黎明教授这个观点很有启发性,果真如他所说般的话,那就可能是宋代的另一种"新风";可惜,他只从《夷坚志》"蒲田处子"的故事作出发点,再配合其他史实,指出民间密宗信仰跟宋代杀人祭鬼的一些相似处,却未见成功论证二者的关系,故其说暂时似乎难以成立。此外,刘文只着重"人祭"的问题,跟本文全面研究宋代的"邪神信仰",立意并不相同。
③ Valerie Hansen, *Changing Gods in Medieval China, 1127—1276*, p.47.
④ 韩森在回答"人们是如何确定哪位神祇最为灵验的呢?"这个问题时指出:由于史料阙如,她推测这样的决定可能是一个社会性的过程,每位神祇的信徒们都试图为自己所信奉的神祇赢得名声。见 Valerie Hansen, *Changing Gods in Medieval China, 1127—1276*, p.47.

> 社，土地；稷，谷也。非土不生，非谷不育，国始建则坛以祀，示民有命也。……神明之所由出，至严至敬，不敢忽也。怪淫诬诞之说起，乞哀于老、佛，听役于鬼魅，巨而龙罔，微而鳝蜴，执水旱之柄，擅丰凶之权，视社稷无为也。①

朱熹也提到古代名山大川之祀，"其有祠庙，亦是民间所立，淫诬鄙野，非复古制。……遂不复崇于山川，而反求诸异教淫祠之鬼"②。

的确，站在民众的角度，灵力强大的妖鬼，远较正神之祀为重要，傅尧俞（1024—1091）就有一个有趣的经验：

> 息之灭亡移徙尚矣，其俗颇好鬼，视正直聪明之神则反如。先是，邑之南几十数里有其故侯之庙，国人事之箫鼓，豆笾，岁时甚谨。而公之祠（贾伟节庙）在新城之北，密迩民间，不远数步，门宇不崇，莫享不恭，人之至者岁无一二。予甚疑，乘间因询诸故老，佥曰："侯之祠不信不祀，则祸福时至。贾公之神虽不祭，不为我害。"予曰："嘻！来，吾语尔……听吾言而亟改，则尔之休蔑矣。"佥曰唯，而心不以为然，事如初。③

关于宋代民众祭拜邪神之因，我们在论述五通或瘟神的问题时，猜测是为了"邀福"和"避祸"，而其所祈请的，或许是一些

---

① 叶适：《叶适集·水心文集》卷一一，《温州社稷记》，第187—188页。
② 朱熹：《乞增修礼书状》，《朱熹集》卷二〇，《申请》，第843—844页。
③ 傅尧俞：《书贾伟节庙》，《全宋文》卷一五二四，《傅尧俞》五，第137—138页。

不易满足的、甚至是不正当的欲望，故一般的正神就未必会给予回应。时人曾以为，"正法出于自然，故感应亦广大；邪法出于人为，故多可喜之术。"① 正因为邪法多能响应人们不同的祈愿，最是灵验，故朱子和门人的讨论就提到徽州民众礼拜五通的盛况和敬畏之心：

> 风俗尚鬼，如新安等处，朝夕如在鬼窟。某一番归乡里，有所谓五通庙，最灵怪。众人捧拥，谓祸福立见。居民纔出门，便带纸片入庙，祈祝而后行。士人之过者，必以名纸称"门生某人谒庙"。某初还，被宗人煎迫令去，不往。是夜会族人，往官司打酒，有灰，乍饮，遂动脏腑终夜。次日，又偶有一蛇在阶旁。众人闃然，以为不谒庙之故。②

另一方面，前节引宋高宗和真德秀等人的批评，指出了巫觋与邪神信仰的孪生关系。案邪神崇拜与地方祠庙息息相关，寄生于地方丛祠的巫觋，就成为推动宋代邪神信仰的一个重要动力③。由于民众信奉灵力，地方上的巫觋为了提高其影响力，遂刻意在丛祠引入灵力强大的妖鬼，吸引信众，壮大声势④。《梁溪漫志》谓："江东村落间有丛祠，其始，巫祝附托以兴妖，里民信之，相与营茸，土木浸

---

① 储泳：《袪疑说》，《说郛三种》卷七六，上海：上海古籍出版社，1989年，第1107页。
② 黎靖德：《朱子语类》卷三，《鬼神》，第53页。
③ 关于这个问题，笔者以前曾有讨论，故本节只稍稍论述，详看拙著：《在国家与社会之间——宋代巫觋信仰研究》，第310—321页。
④ 金井德幸是第一个注意到这个情况的学者，见［日］金井德幸：《南宋妖神信仰素描——山魈と瘟鬼と社祠——》，《驹泽大学禅研究所年报》1996年第7卷，第60页。

盛。"[1]蔡襄（1012—1067）提到高陵的情况则是"县豪距县二十里作府君神祠，以巫觋蓄蛇怪，日言祸福，箫鼓歌舞通昼夜，男女往来，输金缯木石为之立庙"[2]。而处州缙云县的五通祠就是为巫觋所把持：

> 县有淫祀曰"五通"，人严事之。岁旱，君（县令张仲倩）遍祷群祀，不及五通。吏民以为请，君不得已，强往祷，且卜之。巫曰："不吉，必无雨。"比归，雨大至。君笑曰："果然，雨不雨，非妖鬼事也。而敢屡为变怪，以惊愚民，是不可不除。"即部吏卒焚灭其祠，捽土偶人投江中。[3]

这些"邪巫"带入村社里庙中的"淫祀"[4]，形象颇为阴森恐怖，如《润州州宅后亭记》：

> 吴、楚之俗，大抵信禨祥而重淫祀……群巫掊货财，偶土工，状夔猱傀儡、洸阳彷徨之象，聚而馆之丛祠之中，鼓气焰以兴妖，假鬼神以哗众。[5]

《丹渊集·凤山古祠》则记：

---

[1] 费衮：《梁溪漫志》，上海：上海古籍出版社，1985年，第118页。
[2] 蔡襄：《太常丞管勾河东安抚使机宜文字蒲君墓志铭》，《全宋文》卷一〇二二，《蔡襄》二九，第268—269页。
[3] 司马光：《宋故处州缙云县尉张君墓志铭》，《全宋文》卷一二二五，《司马光》五四，第267页。
[4] 乐史：《宋本太平寰宇记》卷一三七，《山南西道》五，《开州·风俗》，北京：中华书局，2000年，第2—3页。
[5] 苏颂：《润州州宅后亭记》，《全宋文》卷一三三九，《苏颂》三二，第373页。

林木摧折堂庑倾，其中塑像犹纵横，狂巫腾踏野老拜，瘦鸡薄酒邀神明，形容诡怪蛇虺乱，声音丑恶鸱枭鸣。①

很明显，这类祠神定非官僚或士大夫眼中的正神；而夏竦指斥洪州的巫风恶俗时，已清楚见到巫觋所煽惑的，已经是迹近邪神的异像妖形：

旧俗尚巫……塑画魅魑，陈列幡帜，鸣系鼓角，谓之神坛……奇神异像，图绘岁增，邪箓袄符，传写日伙。②

《夷坚志·化州妖凶巫》一则发生在岭南的故事，就是妖巫祭奉世人未见而又恐怖不已的邪神：

又墟落一巫，能禁人生魂，使之即病……所画鬼神怪绝，世所未睹，盖所谓法院也。③

同样，在谪居岭南官僚的叙述中，南方巫觋跳神祈请的，都是一些怪异吓人的恶鬼妖神：

荒祠鼓坎坎，老巫舞蹁跹，挥杖眩村氓，掀齿传神言，异

---

① 文同：《丹渊集》卷四，《凤山古祠》，《文渊阁四库全书》，台北：商务印书馆，1986年，第7页。
② 夏竦：《洪州请断袄巫奏》，《全宋文》卷三四七，《夏竦》一五，第76页。
③ 《夷坚志》三志壬卷四，《化州妖凶巫》，第1498—1499页。

域俗尚鬼，殊形耳垂肩。①

从这些例子足见，民众崇尚灵力、巫觋鼓动邪鬼妖神间的密切关系，或可让我们再次窥见宋代邪神信仰流行的原因与内涵。

宋朝是祠神信仰勃兴和发展成熟的时期，现代学者根据不同的学说或理论，将这些祠神进行不同分类，最常见的就是根据朝廷礼制和儒家思想，区分为正祀与淫祀②。不过，民间信仰其实最是复杂和混乱，在时人眼中，神明有正亦有邪，而过去的研究对"宋代邪神信仰"却着力不多。困难的是，人间的正邪本就难于辨明，更何况是神界？幸而，宋代的神祇并非高坐于遥远的万神殿上，其与民众生活息息相关，所谓"神人同居的世界"是也③。本文即从妖异与灵力两方面，借由宋代官方与民众的视角与叙述，重构这个有趣的问题。

* 本文初稿宣读于2013年5月3日台北东吴大学历史学系主办之"第九届史学与文献学学术研讨会'从社会到政治——再现中国近世历史'：庆祝本系四十周年系庆、暨陶晋生教授八十大寿、徐泓教授七十大寿研讨会"，感谢评论人刘祥光教授的评论与建议。修订稿得挚友温伟国先生及范芷欣小姐提供各种协助和支持，笔者铭记。此外，十分感谢匿名审稿人的指正，文中所有舛误均系笔者学力浅陋。最后，谨以本文祝贺恩师陶晋生教授松柏常青。

** 原文刊于《九州学林》2014年第34期。

---

① 李光：《庄简集》卷二，《元夕阴雨孤城愁坐适魏十二介然书来言琼台将然万炬因以寄之》，《文渊阁四库全书》，台北：商务印书馆，1986年，第1页。
② 皮庆生：《宋代民众祠神信仰研究》，第5页。
③ 详见程民生：《神人同居的世界——中国人与中国祠神文化》，郑州：河南人民出版社，1993年。

象征符号的统一与多样性[1]
——《不羁之神》书评

宗教在中国人的生活里占有非常重要的地位，但宗教研究一直于中国学术传统中备受忽视[2]，过去历史学者因受资料的限制，加上遵从西方古典宗教学的模式，在以"制度化宗教"（institutional religion）为宗教定义的前提下，对中国的宗教研究遂只侧重于儒、佛、道等教派，无视流行于民间的各种不同信仰[3]。然而，当外国人询问中国人信奉什么宗教时，我们往往答不过来：儒、佛、道？通通不是，也通通都是。当中的症结有以为是问题问得不对，西方人以自己的立场，以为信仰超自然一定要成为"教"，其实中国传统的宗教信仰是一复杂的混合体，或可称为民间信仰[4]。二十世纪六十

---

[1] Meir Shahar and Robert P. Weller (eds.), *Unruly Gods: Divinity and Society in China*, Honolulu: University of Hawaii Press, 1996.
[2] 有关原因及问题，参看蔡彦仁：《中国宗教研究——定义、范畴与方法学刍议》，《新史学》1994年第5卷第4期，第125—139页。
[3] 我过去有一书评曾提到这个问题，见王章伟：《评Valerie Hansen, *Changing Gods in Medieval China,1127—1276*》，《香港社会科学学报》1993年第2期，第227—232页。
[4] 李亦园：《中国人信什么教？》，载于李亦园：《宗教与神话论集》，台北：立绪文化事业有限公司，1998年，第168—199页。

年代杨庆堃（1911—1999）就指出中国宗教与西方宗教有别，是一"普化的（或译散布型的）宗教"（diffused religion），没有系统的教义、成册的经典、严格的教会组织，其教理、科仪、组织与俗世体制或社会族群各阶层的观念、结构等密切结合[1]。

西方学者在这方面的研究，近数十年来有很大的发展，这方面要感谢社会（文化）人类学的贡献。其实，西方不少学者认为中国民间的信仰、仪式、象征，构成了一种"民间宗教"（popular religion 或 folk religion），十九世纪末荷兰汉学家高延（De Groot, 1854—1921）在福建实地调查后，将民间信仰和仪式与古典的文本传统相连，认为民间信仰体系是中国古典文化传统的实践内容，故是一系统化的宗教；西方功能主义流行后，社会人类学者将中国民间仪式看成与宗教具有同等地位和功能的体系。从此以后，大量研究中国民间宗教的杰出著作涌现[2]。

英国人类学者傅立曼（Maurice Freedman, 1920—1975）在二十世纪七十年代指出中国民间的信仰和仪式表面虽似是相当弥漫的文化元素的组合，但在背后实存在着一个"宗教秩序"（religious order）[3]。傅氏认为中国民间宗教"存在一个中国宗教"，这个命题虽

---

[1] C. K. Yang, *Religion in Chinese Society: A study of contemporary social functions of religion and some of their historical factors*, 台北：南天书局有限公司，1994年（据加州大学出版社1961年版重印），pp.20—21。

[2] 详见王铭铭：《社会人类学与中国研究》，第五章《象征与仪式的文化理解》，北京：读书·生活·新知三联书店，1997年，第149—185页。本文在论述此问题时，为节省篇幅故，多参考是书，特此志之，以示不掠美之意。

[3] Maurice Freedman, "On the Sociological Study of Chinese Religion", in G. William Skinner (ed.), *The Study of Chinese Society: Essays by Maurice Freedman*, Stanford & California: Stanford University Press, 1979, pp.351—369.

有严重的缺陷①，但他也道出了中国民间宗教的一个特色：各信仰及派系间的基本结构与程序似是一致的。随着民间宗教与"大传统"、区域历史的关系广受学者注意后，对民间宗教背后的这个"宗教秩序"的探讨也愈见深入，其中有学者发现中国的超自然世界（无论是道教、佛教或民间宗教）与国家的"科层架构"（bureaucratic structure）非常相似，他们趋向将中国的神祇解释为科层的、是社会的"隐喻"（metaphor）②，超自然世界实在是社会的镜子。这个研究方向在过去二十年，几已成为研究中国宗教（特别是民间宗教）的"范式"（paradigm）。

夏维明（Meir Shahar）及魏乐博（Robert P. Weller）所编的这本论文集，可以说是对上述范式的挑战与反思。本书有两个编旨：第一，中国的超自然世界与社会、政治秩序究竟有何关系？第二，神祇崇拜的传递究竟如何？民间宗教形形色色的神灵形象在没有教会组织下，究竟如何越过地域及语言的界限，一代一代传承下去？中国究竟是否有一个共同的民间宗教？中国文化的统一（unity）与多

---

① 王铭铭即批评傅氏对文化整体的强调，难免有严重的缺陷，例如他认为"存在一个中国宗教"，但是没有表述这个宗教到底包括什么内涵、是否为中国社会的各阶层所接受等问题。更重要的是傅氏没有意识到"中国民间宗教"这个述语可以指两种很不同的体系，在一般的汉学家和历史学者来说，"中国民间宗教"这个词汇可能被改造为一个分类学概念。在这个意义上，"民间宗教"可以指非官方的秘密教派，也可以指正规的有文本传统的道、佛、儒等教的民间散布形态。见王铭铭:《社会人类学与中国研究》，第155—156页。
② 这方面的著作很多，最具代表性的为武雅士（Arthur P. Wolf，1932—2015）之经典作，见Arthur P. Wolf, "Gods, Ghost, and Ancestors", in Arthur P. Wolf (ed.), *Religion and Ritual in Chinese Society*, Stanford: Stanford University Press, 1974, pp.131—182。本文已有中译，见Arthur P. Wolf著，张珣译：《神、鬼和祖先》，《思与言》1997年第35卷第3期，第233—292页。关于这个问题的讨论，请参看本书中Shahar及Weller的引论："Introduction: Gods and Society in China", pp.1—36.

样（diversity）究竟又是如何？（第3—4页）在这个极具意义的编旨下，本书的七篇论文均围绕这个共同中心开展论述，这是本书的出色处，而非其他松散的论文集可比。更有趣的是，各篇论文的结论并不一致，甚至有完全相反者，颇值得读者深思。

在第一篇论文里，韩明士（Robert P. Hymes）从历史角度研究南宋时期（1127—1276）的一个重要地方崇拜——华盖山三仙信仰。他发现这个案例中完全没有"科层性"的影子，信奉者除士大夫外也有下层百姓，他们无须透过中介人物如职业祭司等助其通神。韩明士认为这种情形实在与江西抚州士人的转变有关，因为南宋时候抚州地方精英涉及国家的事务减少[1]，他们不再视自己为帝国的官僚，故其对神祇及超自然世界的认识，不像过往的官僚般是自身所处的科层世界的投射。身为一个历史学者，韩明士运用客观的史料与方法，既否定"科层结构"的一元论，但同时又质疑其他非科层结构论的代表性[2]。从华盖山三仙信仰这个案例里，人与神有另一种关系，其间并非"民间宗教"与"精英宗教"的分别，而是

---

[1] 韩明士这个前提是来自其博士论文的论点，据其研究，中国在南宋时代，投考科举的士人愈来愈多，凭此途径作为利禄的敲门砖也愈来愈难，故大量士人从帝国的中央政治转而投向地方性的活动，谋求出路，且与地方大士族联姻，巩固其权力，这种地方精英与以前的士大夫阶层颇有分别。见Robert P. Hymes, *Statesmen and Gentlemen: The elite of Fu-Chou,Chiang-Hsi, in Northern and Southern Sung*, Cambridge: Cambridge University Press, 1986.

[2] 部分人类学者曾以一些女性神祇（如妈祖、观音）或地方性之低级神祇，提出民间宗教在科层结构外，尚有大量边缘性、女性、地方性的神祇，参见Robert P. Weller, *Unities and Diversities in Chinese Religion*, Seattle: University of Washington Press, 1987；及Steven P. Sangren, *History and Magical Power in a Chinese Community*, Stanford: Stanford University Press, 1987.但韩明士研究的华盖山三仙信仰却非如此，故可见"科层/边缘性、女性、地方性"的二元对立论也未能涵盖整个超自然世界。

"教士的"(clerical)与"世俗"(lay)的歧异(因为不需要职业祭司和教士等中介者)。很明显,韩明士又提出另一个研究面相。

对韩明士这个"世俗论",康豹(Paul R. Katz)在第二篇论文里又有趣地提出不同的论点。他利用各种资料(除文献外,包括元代永乐宫的碑文和壁画)研究吕洞宾信仰在唐宋元三代的发展,结果显示除了没有像天后崇拜被国家控制走向"标准化"(standardization)外[1],吕洞宾的形象更经历数变,这表明中华帝国晚期有超过一个吕洞宾的形象并存及交汇,但所有对吕洞宾的不同描述(包括道教的全真教派)又都有一共通点:非科层化的。此点尤令人惊讶,因为道教之神谱往往被认为是神仙世界的科层表现,上述的研究却可反映中国的超自然世界,与中国社会一样,均为高度分散且很复杂,不能只用一种"隐喻"言之。而韩明士所用的"世俗论"也不适用于吕洞宾信仰,因为民众对吕洞宾的描述就不只一种。

---

[1] 过去学者的研究指出,帝制时代中国政府透过赐额、赐号的方法,控制祀典,将地方神祇转化为国家倡导的祠神,这实代表不同阶层利益的结合:地方集团掌握了祀权,透过确立其神祇信仰,即象征了其领导权;政府则透过祀典的控制,增强了对地方文化社会的统制,收到其政治目的。这种"标准化"的神祇,自然是官僚社会的科层结构,天后是其中的表率者,见James L. Watson, "Standardizing the Gods: The Promotion of T'ien Hou Along the South China Coast, 960—1960", in Johnson, Nathan & Rawski (eds.), *Popular Culture in Late Imperial China*, Berkeley, Los Angeles and London: University of California Press, 1985, pp.292—324. 关于这个问题,请参看王章伟:《评 Valerie Hansen, *Changing Gods in Medieval China,1127—1276*》,第227—232页,及蒋竹山兄的讨论,蒋竹山:《宋至清代的国家与祠神信仰研究的回顾与讨论》,《新史学》1997年第8卷第2期,第187—220页。而当中最重要的著作则有下列数文:[日]松本浩一:《宋代の赐额・赐号について——主として〈宋会要辑稿〉にみえる史料から——》,载于野口铁郎编:《中国史における中央政治と地方社会》,昭和六十年度科研费补助金总合研究(A)研究成果报告书,东京:文部省,1986年,第282—294页;[日]须江隆:《唐宋期における祠庙の庙额、封号の下赐について》,《中国——社会と文化》九,1994年,第96—119页;Valerie Hansen, *Changing Gods in Medieval China, 1127—1276*, Princeton: Princeton University Press, 1990.

与上面两位历史学者不同，人类学家贝桂菊（Brigitte Baptandier）及桑格瑞（P. Steven Sangren）则以功能论方法切入研究，前者探讨"林水夫人"（陈靖姑）信仰的发展，指出其与闽王国（885—978年割据在相当于今天福建的政权）的历史与地理有密切的关系，代表了一个地方的巫觋传统；桑格瑞则以哪吒、妙善（观音）及目连为对象，指出这三种信仰代表了一些家庭关系：哪吒象征叛逆儿子欲摆脱父权的控制，妙善为父女间因女儿拒绝婚约而引起的紧张，目连则为救母的孝子。他们的研究足见科层论的不全面，桑格瑞的论文更是有趣，我们虽不必以"伊底柏斯"（Oedipus）式的恋母情意结论视之，但这些神祇神话确可为我们提供丰富的材料研究中国人的家庭、性别、人格等问题。

编者之一的夏维明在第五篇论文里由中华帝国晚期的白话小说入手，探讨民间信仰的形象与传递。作者指出，一些官僚、宗教人士焚烧给神祇的祷文与现实世界的科层结构的确很相似，神祇的形象与官僚也多一样：穿官服、坐轿子，庙宇粉饰得与衙门一般。然而，白说小话中的神祇却完全是另一回事，他们大致可分为三类：女性的、战斗的（martial）和偏离轨道的（eccentric），且背离儒家的精神道德，反映超自然世界混乱的一面。由于在低下层的广泛流行，白话小说成为传递、甚至是塑造民间信仰的一个重要媒介，在和平时代，它可以成为民众宣泄不满的活塞，若时机配合，遂为叛乱的工具。夏维明对白话小说中神祇的三种分类，为研究中国民间信仰提供另一丰富的路向，但其对白话小说作用的论点却令人怀疑：中华帝国晚期传统的白话神魔小说如《西游记》《封神演义》《南游记》《济公传》等等，文字其实并不浅白，当中更有不少诗赋，一般老百姓根本不易看懂（今天的中学生就不一定看得懂），小说中的神祇，顶多证明其流传之广，若将其视为传播民间宗教甚或塑造信仰的重要媒介，似难成立。身为中国人，我们对此应很易明白。

以研究民间宗教的传递而言，苏堂栋（Donald S. Sutton）的第六篇论文至为精彩。作者研究在台湾的"家将崇拜"节日里表演的剧团，结论是在没有教会组织、统一权威的经典下，这些剧团表演里的家将形象、舞蹈，对民间宗教的传递和塑造，远远超过书本小说，家将的形象即透过表演传播开去。苏堂栋发现，不同的剧团，为了竞争，会将神祇的形象加以改塑，奇怪的是，大家总有一定的共通性[①]，原因何在？作者认为，这就是地方宗教的传统，即指剧团并非只为表演者，且更是祭祀的参与者、仪仗队，他们会用一定的"仪式"进行，这仪式就是统一的原因，令各剧团家将形象的演变都限于在一个共同接受的理路内发展。苏堂栋最后提出一个极透彻的分析：社区、庙宇、剧团是决定神祇形象的一个重要媒介，中国的民间宗教或者没有一强而有力的中央组织加以规范，但这并不表示强大的制度（institution）没有塑造、规范它的形象。庙宇、剧团、节日均对其产生影响，即使当时没有强大的国家加以干涉。我对作者的观点十分佩服，但以研读历史者的训练而言，我不禁会问："家将崇拜"经历的地域与年代有限，作者这个论点，在漫长、广阔的时、空坐标里，能否得到证明？

论文集的最后一篇文章是由另一编者魏乐博执笔，他提出了一个假设（hypothesis）：官僚会向群众强烈推动与之相应的科层化天堂的"隐喻"，若国家权力衰弱或至少由地方精英控制庙宇与仪

---

① 笔者案：简单来说，即无论剧团如何因应需要去改塑家将的形象，但表演者和观众都能立刻认出其为"家将"。

民间信仰篇　573

式时，神祇就会摆脱其官式的外衣、远离国家的控制。魏乐博用两个案例去验证这个假设，他首先以太平天国起事前后的广西为研究点，当地紫荆山原本祠拜三界神，其虽类似一般科层化的地方神，但这个信仰本身其实植根于地方历史上，与国家科层无关。三界神的一个竞争对手为"甘帝"，甘帝生前弑母，以便将母亲葬于风水穴中庇荫自己，结果甘帝因此做了大官，最后更升天为神。另一方面，二十世纪八十年代以后台湾的情形也很相似，民众崇拜一些与科层化神祇背道而驰的信仰如十八王公、济公、偏财神、布袋和尚等，其与官僚、权力的关系不大。

魏乐博认为广西地区复杂的民族关系、频繁的械斗、盗贼猖獗、太平天国叛乱、地方强人兴起等等，均令到中央无法控制此地，反映在神灵世界，即为上述非科层化信仰的勃盛。台湾的情况似更为有趣，八十年代台湾的政治状况并不如太平天国起事前后的广西那样，中央力量很强，然而何以神祇信仰的情形又那么相似？作者认为这有两个原因，一是经济的转变，令很多人拥向投机性的金融活动，在难测而动荡的命运下，偏财神等神祇信仰自然容易兴起。另一方面，自民国开始，政府视宗教为迷信，并未如传统国家般试图控制、塑造民间宗教，国民党治下的台湾初期也是一样，到了最后政府虽加关注，但已无法控制，遂唯有不加理会，终令这些非科层化的信仰大为发达[1]。魏乐博最后指出，1980年代的台湾

---

[1] 台湾民间宗教的情况，可参考下列二书：李丰楙、朱荣贵主编：《性别、神格与台湾宗教论述》，台北："中研院"中国文哲研究所筹备处，1997年；李丰楙、朱荣贵主编：《仪式、庙会与小区》，台北："中研院"中国文哲研究所筹备处，1996年。其对社会所引起的问题，参见前引李亦园：《宗教与神话论集》，第2—299页。

与1840年代的广西其实都是一样,政府均未能控制民间的宗教与习俗。

魏乐博的"假设"在上述两例中已加析述,惟要成为定论,则须经更多案例检证。但有一点要指出,作者所用的广西及台湾这两个例子,正突出了其假设隐含的弱点:何谓国家权力衰弱?广西的例子颇为明显,但台湾的例子,作者在解释"国家权力衰弱"时却转从国家对宗教文化管制的角度而言(而非整个国家机器的力量),这是否合理?再者,众所周知,帝制时代的中国政府对地方的控制实在有限,在悠悠的中国历史长河中,究竟哪个时代是"国家权力衰弱"?哪个时代不是?作者这个"假设"的适切性又如何?

上面对各章的评述,已足见本书的贡献与成就,而其中最突出的是融合历史学与人类学的研究方法。其实,傅立曼于二十世纪七十年代已提出结合人类学和历史学的方法研究民间宗教,惟因其时了解历史学的人类学者不多,再加上历史学界对民间宗教感兴趣的学者亦很少,故反响不大。近二十年来人类学者如魏乐博、桑格瑞、王斯福(Stephan Feuchtwang)等对历史表现出空前的重视;社会史学界也涌现大批对人类学感兴趣的学者,致使文本研究与田野观察等方法合流,开创了中国民间宗教研究的新景象[1]。本书正是这个研究趋向的里程碑,七位著者中有三位是历史学家(韩明士、康豹、苏堂栋),其余四位则为人类学者(桑格瑞、贝桂菊、夏维明、魏乐博),他们均为自身研究领域里的出色大家,故在本书中的论述至为得心应手。然而,饶有趣味的是其中的历史学者如苏堂栋在

---

[1] 见王铭铭:《社会人类学与中国研究》,第170—171页。

论述上，运用人类学的田野考察比历史文献更多，他论证台湾家将信仰时强调的是人类学家重视的仪式而非历史学者侧重的文本；相反，人类学者如夏维明对白话小说这种文本传统的重视，又甚于一般历史学者。这或许可反映今后研究中国民间宗教的途径，历史学与人类学等的科际合作与互补长短是必然的趋势，而当中更显示本书的重要性。

我们在前面提过，对研究中国民间宗教的传统"科层化"范式，这部论文集实起一挑战与反思作用。书中各篇以历史学和人类学的研究方法，引出更多关于中国民间宗教研究的面相，其对"科层化"理论的批判，在中国民间宗教研究的领域内，已隐隐然起一"范式转移"（paradigm shift）的示范。然而，本书各章结论的不同，除显示这部论文集的出色处外，也反映建立新范式的时机并未成熟。更重要的是，对传统"科层化"范式的研究，其实并不充足。事实上，中国文化的复杂与高度分散，反映在超自然世界上呈现多元的面相，确不足为怪，传统的"科层化"论作为涵盖中国民间宗教的大部分，是否不一定正确[①]？学者应对本书提出的各个面相与"科层化"论作出比较，分析其关系情况，才可作定论，事实上，魏乐博在论述广西的事例中就谓这些不羁的神祇（unruly gods）"依靠其质疑的制度"（relying on the system they questioned），而台湾的例子则是"与制度互补而无加挑战"（supplments the system without challenging it）（第265页）。"隐喻"（metaphor）是社会的镜子，当我们解决上述问题后，民间宗教这一隐喻将会是研究中国社会文化

[①] 以笔者而言，身为一个中国人，若有人以"科层化"概括为民间宗教的一个重要特色，即时而言，我就不敢立刻予以否定。

的"统一"(unity)与"多样性"(diversity)的极佳切入点[①]。

原刊于《香港社会科学学报》1998年第12期

---

① 另一有趣有用的"隐喻"是丧葬仪式,西方的历史学者与人类学者亦曾合作研究这一主题,从此切入研究中国文化的统一与多样性,见下列一部出色的论文集:James L. Watson & Evelyn S. Rawski (eds.), *Death Ritual in Late Imperial and Modern China*, Berkeley, Los Angeles and London: University of California Press, 1988.

参考文献

士族篇

一、古籍

1. 丁传靖：《宋人轶事汇编》，北京：中华书局，1981年。
2. 于钦：《齐乘》，《宋元地方志丛书》，台北：大化书局，1980年。
3. 上官融：《友会谈丛》，《说苑》100卷本，台北：新兴书局，1963年。
4. 方勺：《泊宅编》，北京：中华书局，1983年。
5. 文莹：《湘山野录·续录》《玉壶清话》，北京：中华书局，1984年。
6. 王元恭：《至正四明续志》，《宋元地方志丛书》。
7. 王安石：《临川先生文集》，香港：中华书局，1971年。
8. 王安礼：《王魏公集》，《四库全书珍本别辑》，台北：商务印书馆，1986年。
9. 王明清：《挥麈录》，北京：中华书局，1961年。
10. 王柏：《鲁斋集》，《丛书集成初编》，上海：商务印书馆，1936年。
11. 王珪：《华阳集》，《丛书集成初编》。
12. 王得臣：《麈史》，上海：上海古籍出版社，1986年。
13. 王楙：《野客丛书》，北京：中华书局，1987年。
14. 王称：《东都事略》，台北：文海出版社，1967年。
15. 王铚：《默记》、王栐：《燕翼诒谋录》，北京：中华书局，1981年。

16. 王辟之：《渑水燕谈录》、欧阳修：《归田录》，北京：中华书局，1981年。

17. 尹焞：《尹和靖集》，《丛书集成初编》。

18. 孔凡礼：《宋诗纪事续补》，北京：北京大学出版社，1987年。

19. 中国社会科学院历史研究所宋辽金元史研究室点校：《名公书判清明集》，北京：中华书局，1987年。

20. 司马光：《司马文正公传家集》，《丛书集成初编》。

21. 司马光：《涑水记闻》，北京：中华书局，1989年。

22. 北京图书馆金石组编：《北京图书馆藏中国历代石刻拓本汇编》第39册，郑州：中州古籍出版社，1990年。

23. 北京大学古文献研究所编：《全宋诗》，北京：北京大学出版社，1991年。

24. 史能之：《咸淳毗陵志》，《宋元地方志丛书》。

25. 江少虞：《宋朝事实类苑》，上海：上海古籍出版社，1981年。

26. 朱弁：《曲洧旧闻》，《笔记小说大观》，扬州：广陵古籍刻印社，1983年。

27. 朱长文：《吴郡图经续记》，《宋元地方志丛书》。

28. 朱熹：《伊洛渊源录》，《丛书集成初编》。

29. 朱熹：《五朝名臣言行录》、《三朝名臣言行录》，《四部丛刊初编》，台北：商务印书馆，1967年。

30. 汪应辰：《文定集》，《四库全书珍本十集》，台北：商务印书馆，1979年。

31. 汪砢玉：《珊瑚网书录》，《适园丛书》，民国乌程张氏刊本，1916年。

32. 汪藻：《浮溪集》，《丛书集成初编》。

33. 沈遘：《西溪文集》，《四部丛刊续编》，台北：商务印书馆，1966年。

34. 沈括撰、胡道静校注：《新校正梦溪笔谈》，香港：中华书局，1978年。

35. 沈焕：《定川遗书》，《四部丛

书》，台北："国防研究院"，1966年。

36. 宋庠：《元宪集》，《丛书集成初编》。

37. 宋敏求：《长安志》，《宋元地方志丛书》。

38. 吴廷燮：《北宋经抚年表》、《南宋制抚年表》，北京：中华书局，1984年。

39. 吴曾：《能改斋漫录》，上海：商务印书馆，1984年。

40. 吴师道：《吴正传先生文集》，《元代珍本文集汇刊》，台北：台湾图书馆，1970年。

41. 吴师道：《敬乡录》，《四库全书珍本十一集》，台北：商务印书馆，1981年。

42. 吴处厚：《青箱杂记》，北京：中华书局，1985年。

43. 吕本中：《东莱吕紫微师友杂志》，《丛书集成初编》。

44. 吕本中：《东莱吕紫微诗话》，《丛书集成初编》。

45. 吕本中：《紫微杂说》，《丛书集成初编》。

46. 吕本中：《紫微诗话》，载于陶宗仪等编：《说郛三种》，上海：上海古籍出版社，1988年。

47. 吕本中：《少仪外传》，《丛书集成初编》。

48. 吕本中：《酬酢事变》，《说郛三种》。

49. 吕本中：《童蒙训》，《万有文库荟要》，台北：商务印书馆，1965年。

50. 吕本中：《轩渠录》，《说郛三种》。

51. 吕希哲：《吕氏杂记》，《四库全书珍本别辑》。

52. 吕祖谦：《吕东莱先生文集》，《丛书集成初编》。

53. 吕祖谦：《东莱集》，《四库全书珍本十一集》。

54. 吕陶：《净德集》，《丛书集成初编》。

55. 李心传：《建炎以来系年要录》，北京：中华书局，1988年。

56. 李心传：《建炎以来朝野杂记》，《丛书集成初编》。

57. 李心传：《道命录》，《丛书集成初编》。

58. 李元纲:《厚德录》,台北:商务印书馆,1979年。

59. 李好文:《长安志图》,《宋元地方志丛书》。

60. 李纲:《梁溪集》,《文渊阁四库全书》,台北:商务印书馆,1986年。

61. 李弥逊:《筠溪集》,《四库全书珍本初集》,上海:商务印书馆,1934年。

62. 李焘:《续资治通鉴长编》,北京:中华书局,1979—1995年。

63. 杜大珪:《名臣碑传琬琰集》,《四库全书珍本十一集》。

64. 何薳:《春渚纪闻》,北京:中华书局,1983年。

65. 佚名:《宋大诏令集》,北京:中华书局,1962年。

66. 佚名:《异闻总录》,《笔记小说大观》。

67. 佚名:《河南志》,《宋元地方志丛书》。

68. 佚名:《爱日斋丛钞》,《说郛三种》。

69. 佚名:《排韵增广事类氏族大全》,《文渊阁四库全书》。

70. 林表民:《天台续集别编》,《文渊阁四库全书》。

71. 邵伯温:《邵氏闻见录》,北京:中华书局,1983年。

72. 周必大:《文忠集》,《四库全书珍本二集》,台北:商务印书馆,1971年。

73. 周城:《宋东京考》,北京:中华书局,1988年。

74. 周淙、施谔:《南宋临安两志》,杭州:浙江人民出版社,1984年。

75. 周密:《癸辛杂识》,北京:中华书局,1988年。

76. 周紫芝:《太仓稊米集》,《四库全书珍本二集》。

77. 周应合:《景定建康志》,《宋元地方志丛书》。

78. 委心子:《新编分门古今类事》,北京:中华书局,1987年。

79. 岳珂:《桯史》,北京:中华书局,1981年。

80. 洪咨夔:《平斋文集》,《四部丛刊续编》。

81. 洪适:《盘州集》,《四部丛刊初编》。

民间信仰篇 581

82. 洪迈:《容斋随笔》,上海:上海古籍出版社,1978年。

83. 洪迈:《夷坚志》,北京:中华书局,1981年。

84. 施宿:《嘉泰会稽志》,《宋元地方志丛书》。

85. 度正:《性善堂稿》,《四库全书珍本初集》。

86. 胡寅:《斐然集》,《四库全书珍本初集》。

87. 胡宿:《文恭集》,《四库全书珍本别辑》。

88. 范祖禹:《范太史集》,《四库全书珍本初集》。

89. 范成大:《吴郡志》,《宋元地方志丛书》。

90. 范仲淹:《范文正公文集》,《丛书集成初编》。

91. 范镇:《东斋记事》、宋敏求,《春明退潮录》,北京:中华书局,1980年。

92. 俞希鲁:《至顺镇江志》,《宋元地方志丛书》。

93. 高似孙:《剡录》,《宋元地方志丛书》。

94. 高承:《事物纪原》,北京,中华书局,1989年。

95. 马永卿:《懒真子》,《笔记小说大观》。

96. 马纯:《陶朱新录》,《说郛三种》。

97. 马端临:《文献通考》,北京:中华书局,1986年。

98. 袁文:《瓮牖闲评》,上海:上海古籍出版社,1985年。

99. 袁采:《袁氏世范》,《知不足斋丛书》,台北:艺文印书馆,1966年。

100. 袁桷:《延祐四明志》,《宋元地方志丛书》。

101. 袁燮:《絜斋集》,《丛书集成初编》。

102. 真德秀:《真西山文集》,台北:商务印书馆,1968年。

103. 孙应时:《烛湖集》,《四库全书珍本四集》,台北:商务印书馆,1973年。

104. 孙觌:《鸿庆居士集》,《四库全书珍本十二集》,台北:商务印书馆,1982年。

105. 徐自明撰、王瑞来校补:《宋

宰辅编年录校补》，北京：中华书局，1986年。

106. 徐松：《宋会要辑稿》，北京：中华书局，1987年。

107. 徐度：《却扫编》，《丛书集成初编》。

108. 徐硕：《至元嘉禾志》，《宋元地方志丛书》。

109. 徐梦莘：《三朝北盟会编》，上海：上海古籍出版社，1987年。

110. 梁克家：《三山志》，《宋元地方志丛书》。

111. 凌迪之：《古今万姓统谱》，台北：新兴书局，1971年。

112. 凌万顷：《玉峰续志》，《宋元地方志丛书》。

113. 章定：《名贤氏族言行类稿》，《四库全书珍本初集》。

114. 张九成：《横浦集》，《四库全书珍本四集》。

115. 张方平：《乐全集》，《四库全书珍本初集》。

116. 张世南：《游宦纪闻》、李心传：《旧闻证误》，北京：中华书局，1981年。

117. 张孝祥：《于湖居士文集》，上海：上海古籍出版社，1980年。

118. 张邦基：《墨庄漫录》，《笔记小说大观》。

119. 张栻：《张南轩先生文集》，《丛书集成初编》。

120. 张津：《乾道四明图经》，《宋元地方志丛书》。

121. 张淏：《会稽续志》，《宋元地方志丛书》。

122. 张嵲：《紫微集》，《四库全书珍本别辑》。

123. 张铉：《至正金陵新志》，《宋元地方志丛书》。

124. 张纲：《华阳集》，《四库全书珍本三集》，台北：商务印书馆，1972年。

125. 张载：《张载集》，北京：中华书局，1985年。

126. 张扩：《东窗集》，《四库全书珍本初集》。

127. 强至：《祠部集》，《文渊阁四库全书》。

128. 梅尧臣：《梅尧臣集》，上海：上海古籍出版社，1980年。

129. 梅应发：《开庆四明续志》，《宋元地方志丛书》。

130. 陈公亮：《严州图经》，《宋元地方志丛书》。

131. 陈亮：《陈亮集》，北京：中华书局，1987年。

132. 陈耆卿：《嘉定赤城志》，《宋元地方志丛书》。

133. 陈师道：《后山谈丛》、朱彧：《萍洲可谈》，上海：上海古籍出版社，1989年。

134. 陈与义：《陈与义集》，北京：中华书局，1982年。

135. 陈骙：《南宋馆阁录》、佚名：《南宋馆阁续录》，《四库全书珍本别辑》。

136. 陆九渊：《陆九渊集》，北京：中华书局，1980年。

137. 陆心源：《宋史翼》，台北：文海出版社，1967年。

138. 陆心源：《宋诗纪事补遗》、《宋诗纪事小传补正》，台北：鼎文书局，1971年。

139. 陆游：《陆放翁全集》，北京：中国书店，1986年。

140. 毕仲游：《西台集》，《丛书集成初编》。

141. 毕沅：《续资治通鉴》，北京：中华书局，1957年。

142. 庄仲方：《南宋文范》，《国学名著珍本汇刊》，台北：鼎文书局，1975年。

143. 庄绰：《鸡肋编》，北京：中华书局，1983年。

144. 脱脱等：《宋史》，北京：中华书局，1977年。

145. 曾巩：《隆平集》，台北：文海出版社，1967年。

146. 曾敏行：《独醒杂志》，上海：上海古籍出版社，1986年。

147. 曾几：《茶山集》，《丛书集成初编》。

148. 费衮：《梁溪漫志》，上海：上海古籍出版社，1985年。

149. 黄宗羲原著、全祖望补修：《宋元学案》，北京：中华书局，1986年。

150. 程大昌：《雍录》，《宋元地方志丛书》。

151. 程颢、程颐：《二程集》，北京：中华书局，1981年。

152. 程俱:《北山集》,《四库全书珍本三集》。

153. 舒璘:《舒文靖公类稿》,《四明丛书》,阳明山:台湾文化学院出版部,1964—1966年。

154. 赵升:《朝野类要》,《笔记小说大观》。

155. 赵令时:《侯鲭录》,《笔记小说大观》。

156. 赵彦卫:《云麓漫抄》,《丛书集成初编》。

157. 赵与时:《宾退录》,上海:上海古籍出版社,1983年。

158. 赵鼎:《忠正德文集》,《文渊阁四库全书》。

159. 赵鼎臣:《竹隐畸士集》,《文渊阁四库全书》。

160. 赵翼:《廿二史札记》,台北:世界书局,1970年。

161. 赵翼:《陔余丛考》,上海:商务印书馆,1957年。

162. 杨时:《龟山集》,《四库全书珍本四集》。

163. 杨时:《龟山先生语录》,《四部丛刊》,台北:商务印书馆,1966年。

164. 杨万里:《诚斋集》,《文渊阁四库全书》。

165. 杨简:《慈湖先生遗书》,《四明丛书》。

166. 杨譓:《至正昆山郡志》,《宋元地方志丛书》。

167. 叶绍翁:《四朝闻见录》,北京:中华书局,1989年。

168. 叶适:《叶适集》,北京:中华书局,1989年。

169. 叶梦得:《石林燕语》,北京:中华书局,1984年。

170. 董皓:《全唐文》,台南:经纬书局,1965年。

171. 邹浩:《道乡集》,《宋名家集汇刊》,台北:汉华文化事业股份有限公司,1970年。

172. 楼钥:《攻媿集》,《丛书集成初编》。

173. 厉鹗:《宋诗纪事》,上海:上海古籍出版社,1983年。

174. 潜说友:《咸淳临安志》,《宋元地方志丛书》。

175. 郑瑶、方仁荣:《景定严州续志》,《宋元地方志丛书》。

民间信仰篇

176. 郑克：《折狱龟鉴》，北京：中华书局，1987年。

177. 郑樵：《通志》，北京：中华书局，1987年。

178. 郑虎臣：《吴都文粹》，《四库全书珍本六集》，台北：商务印书馆，1976年。

179. 郑獬：《郧溪集》，《四库全书珍本三集》。

180. 谈钥：《嘉泰吴兴志》，《宋元地方志丛书》。

181. 欧阳修：《欧阳修全集》，北京：中国书店，1986年。

182. 邓肃：《栟榈集》，《四库全书珍本四集》。

183. 蔡絛：《铁围山丛谈》，北京：中华书局，1983年。

184. 蔡襄：《端明集》，《四库全书珍本四集》。

185. 鲍廉：《琴川志》，《宋元地方志丛书》。

186. 黎靖德：《朱子语类》，北京：中华书局，1986年。

187. 刘一止：《苕溪集》，《四库全书珍本二集》。

188. 刘安世：《尽言集》，《丛书集成初编》。

189. 刘昌诗：《芦浦笔记》，北京：中华书局，1986年。

190. 刘攽：《彭城集》，《丛书集成初编》。

191. 刘斧：《青琐高议》，上海：上海古籍出版社，1983年。

192. 刘宰：《漫塘集》，《四库全书珍本九集》，台北：商务印书馆，1979年。

193. 刘敞：《公是集》，《文渊阁四库全书》。

194. 刘挚：《忠肃集》，《丛书集成初编》。

195. 钱谷：《吴都文粹续集》，《四库全书珍本初集》。

196. 薛居正：《旧唐书》，北京：中华书局，1986年。

197. 薛居正：《旧五代史》，北京：中华书局，1986年。

198. 薛季先：《浪语集》，《文渊阁四库全书》。

199. 韩元吉：《南涧甲乙稿》，《丛书集成初编》。

200. 韩琦:《韩魏公集》,《丛书集成初编》。

201. 韩维:《南阳集》,《四库全书珍本二集》。

202. 魏了翁:《鹤山先生大全文集》,《四部丛刊》。

203. 魏泰:《东轩笔录》,北京:中华书局,1983年。

204. 苏天爵:《滋溪文稿》,《元代珍本文集汇刊》。

205. 苏洵:《嘉祐集》,台北:商务印书馆,1977年。

206. 苏舜钦:《苏舜钦集》,北京:中华书局,1961年。

207. 苏轼:《苏东坡全集》,北京:中国书店,1986年。

208. 苏轼:《东坡志林》,北京:中华书局,1981年。

209. 苏颂:《苏魏公文集》、苏象先,《丞相魏公谭训》,北京:中华书局,1988年。

210. 苏辙:《栾城集》,上海:上海古籍出版社,1987年。

211. 苏辙:《龙川略志》《龙川别志》,北京:中华书局,1982年。

212. 罗大经:《鹤林玉露》,北京:中华书局,1983年。

213. 罗志仁:《姑苏笔记》,《说郛三种》。

214. 罗宪:《嘉定镇江志》,《宋元地方志丛书》。

215. 罗浚:《宝庆四明志》,《宋元地方志丛书》。

216. 罗颐:《新安志》,《宋元地方志丛书》。

217. 顾炎武:《日知录》,上海:上海古籍出版社,1985年。

二、中文专著

1. 方建新、徐吉军:《中国妇女通史·宋代卷》,杭州:杭州出版社,2011年。

2. T. B. Bottomore著、尤卫军译:《精英与社会》,香港:社会理论出版社,1990年。

3. 中国思想研究委员会编,刘纫妮等译:《中国思想与制度论集》,台北:联经出版事业公司,1981年。

4. 王伊同:《五朝门第》,香港:香港中文大学出版社,1978年。

5. 王善军:《宋代宗族和宗族制度研究》,石家庄:河北教育出版社,2000年。

6. 王章伟:《风雪破窑:吕蒙正与宋代"新门阀"》,台北:三民书局,2022年。

7. 王扬:《宋代女性法律地位研究》,北京:法律出版社,2015年。

8. 王凯符:《八股文概说》,北京:中国和平出版社,1991年。

9. "中研院"历史语言研究所出版品编辑委员会编:《中国近世家族与社会学术研讨会论文集》,台北:"中研院"历史语言研究所,1997年。

10. 中国谱牒学研究会:《谱牒学研究》第1辑,北京:书目文献出版社,1989年。

11. 孔东:《宋代东莱吕氏之族望及其贡献》,台北:商务印书馆,1988年。

12. 毛汉光:《两晋南北朝士族政治之研究》,台北:学术著作奖助委员会,1966年。

13. 毛汉光:《中国中古社会史论》,台北:联经出版事业公司,1988年。

14. [英]卡尔·波普尔著,范景中、李本正译:《通过知识获得解放》,杭州:中国美术学院出版社,1996年。

15. [美]卡尔·魏特夫(Karl A. Wittfogel)著,徐式谷等译:《东方专制主义》,北京:中国社会科学出版社,1989年。

16. [日]衣川强著,郑梁生译:《宋代文官俸给制度》,台北:商务印书馆,1977年。

17. [美]伊沛霞著,胡志宏译:《内闱——宋代的婚姻和妇女生活》,南京:江苏人民出版社,2004年。

18. 朱瑞熙:《宋代社会研究》,河南:中州书画社,1983年。

19. 宋晞:《宋史研究论丛》,第2辑,台北:台湾中国文化研究所,1980年。

20. [日]吾妻重二著,吴震编,吴震、郭海良等译:《朱熹〈家礼〉实证研究》,上海:华东师范大学出版社,2012年。

21. 吴自苏:《中国家庭制度》,台北:商务印书馆,1973年。

22. 杜维运:《史学方法论》,台北:三民书局,1986年。

23. 李正富:《宋代科举制度之研究》,台北:台湾政治大学出版社,1963年。

24. 李弘祺:《宋代教育散论》,台北:东升出版事业有限公司,1980年。

25. 李弘祺:《宋代官学教育与科举》,台北:联经出版事业公司,1994年。

26. 李弘祺:《学以为己:传统中国的教育》,香港:香港中文大学出版社,2012年;简体字本,上海:上海华东师范大学出版社,2017年。

27. 李贵禄:《北宋三槐王氏家族研究》,济南:齐鲁书社,2004年。

28. 李华瑞主编:《"唐宋变革"论的由来与发展》,天津:天津古籍出版社,2010年。

29. 何炳松:《浙东学派溯源》,北京:中华书局,1989年。

30. 何淑宜:《香火——江南士人与元明时期祭祖传统的建构》,台北:稻乡出版社,2009年。

31. 何冠环:《宋初朋党与太平兴国三年进士》(修订本),上海:中西书局,2018年。

32. 何启民:《中古门第论集》,台北:学生书局,1982年。

33. 余英时:《中国知识阶层史论——古代篇》,台北:联经出版事业公司,1980年。

34. 周愚文:《宋代儿童的生活与教育》,台北:师大书苑有限公司,1996年。

35. 邱添生:《唐宋变革期的政经与社会》,台北:文津出版社,1999年。

36. 金发根:《永嘉之乱后北方的豪族》,台北:台湾中国学术著作奖助委员会,1964年。

37. [美]柏文莉著,刘云军译:《权力关系——宋代中国的家族、地位与国家》,南京:江苏人民出版社,2015年。

38. 柳立言:《宋代的家庭和法律》,上海:上海古籍出版社,2008年。

39. 柳立言主编:《近世中国之变与不变》,《第四届国际汉学会议论文集》，台北："中研院"，2013年。

40. 苗春德主编：《宋代教育》，开封：河南大学出版社，1992年。

41. 姚红：《宋代东莱吕氏家族及其文献考论》，北京：中国社会科学出版社，2010年。

42. 姚蒙：《法国当代史学主流——从年鉴学派到新史学》，台北：远流出版有限公司，1988年。

43. 浙江省武义县政协文史资料委员会编：《吕祖谦与浙东明招文化》，北京：社会科学文献出版社，2006年。

44. 唐长孺：《魏晋南北朝史论丛》，北京：读书·生活·新知三联书店，1978年。

45. 唐长孺：《魏晋南北朝史论丛续编》，北京：读书·生活·新知三联书店，1978年。

46. 唐长孺：《魏晋南北朝史论丛拾遗》，北京：中华书局，1983年。

47. 袁征：《宋代教育》，广州：广东教育出版社，1991年。

48. 孙国栋：《唐宋史论丛》，香港：龙门书店，1980年。

49. 徐儒学：《婺学之宗——吕祖谦传》，杭州：浙江人民出版社，2005年。

50. 淡江大学中文系主编：《晚唐的社会与文化》，台北：学生书局，1990年。

51. [日]清水盛光著，宋念慈译：《中国族产制度考》，台北：台湾中国文化大学出版社，1986年。

52. 梁天锡：《宋代祠禄制度考实》，香港：龙门书店，1978年。

53. 梁庚尧：《南宋的农村经济》，台北：联经出版事业公司，1985年。

54. [美]许曼著，刘云军译：《跨越门闾——宋代福建女性的日常生活》，上海：上海古籍出版社，2019年。

55. 张邦炜：《婚姻与社会——宋代》，成都：四川人民出版社，1989年。

56. 张邦炜：《宋代婚姻家族史论》，北京：人民出版社，2003年。

57. 张维玲：《从天书时代到古文运动：北宋前期的政治过程》，台北：台湾大学出版中心，2021年。

58. 陈其南：《家族与社会——台湾和中国社会研究的基础理念》，

台北：联经出版事业公司，1990年。

59. 陈开勇：《宋代开封——金华吕氏文化世家研究》，北京：中国社会科学出版社，2010年。

60. 陈捷先：《中国的族谱》，台北：台湾地区行政管理机构文化建设委员会，1989年。

61. 陈义彦：《北宋统治阶层社会流动之研究》，台北：嘉新水泥公司文化基金会，1977年。

62. ［美］Arthur F. Wright等著，陶晋生等译：《唐史论文选集》，台北：幼狮文化事业公司，1990年。

63. 陶晋生：《北宋士族——家族·婚姻·生活》，台北："中研院"历史语言研究所，2001年。

64. 启功、张中行、金克木：《说八股》，北京：中华书局，2000年。

65. 游彪：《宋代荫补制度研究》，北京：中国社会科学出版社，2001年。

66. 游惠远：《宋代民妇的角色与地位》，台北：新文丰出版股份有限公司，1998年。

67. 游惠远：《宋元之际妇女地位的变迁》，台北：新文丰出版股份有限公司，2003年。

68. 曾枣庄、刘琳主编：《全宋文》，上海：上海辞书出版社，2006年。

69. 黄留珠：《中国古代选官制度述略》，西安：陕西人民出版社，1989年。

70. 黄萍瑛：《台湾民间信仰"孤娘"的奉祀——一个社会史的考察》，台北：稻乡出版社，2008年。

71. 黄敏枝：《宋代佛教社会经济史论集》，台北：学生书局，1989年。

72. 黄宽重：《宋代的家族与社会》，台北：东大图书股份有限公司，2006年。

73. ［美］贾志扬：《宋代科举》，台北：东大图书公司，1995年。

74. 贾非：《考试制度研究》，成都：四川教育出版社，缺出版年份（内页作者序日期为1991年）。

75. 杨松水：《两宋寿州吕氏家族著述研究》，合肥：黄山书社，2012年。

76. 葛金芳：《唐宋变革期研究》

民间信仰篇　591

武汉：湖北人民出版社，2004年。

77. 邹重华、粟品孝主编：《宋代四川家族与学术论集》，成都：四川大学出版社，2005年。

78. 潘富恩、徐余庆：《吕祖谦思想初探》，杭州：浙江人民出版社，1984年。

79. 潘富恩、徐余庆：《吕祖谦评传》，南京：南京大学出版社，1992年。

80. 翟本瑞：《教育与社会》，台北：扬智出版社，2000年。

81. 郑钦仁主编：《中国文化新论——立国的宏规》，台北：联经出版事业公司，1987年。

82. 欧阳炯：《吕本中研究》，台北：文史哲出版社，1992年。

83. 阎步克：《察举制度变迁史稿》，沈阳：辽宁大学出版社，1991年。

84. 邓小南主编：《唐宋女性与社会》，上海：上海辞书出版社，2003年。

85. 邓嗣禹：《中国考试制度史》，台北：学生书局，1967年。

86. 刘子健：《欧阳修的治学与从政》，台北：新文丰出版公司，1984年。

87. 刘子健：《两宋史研究汇编》，台北：联经出版事业公司，1987年。

88. 刘昭仁：《吕东莱之文学与史学》，台北：文史哲出版社，1986年。

89. 刘虹：《中国选士制度史》，长沙：湖南教育出版社，1992年。

90. 刘静贞：《不举子——宋人的生育问题》，台北：稻乡出版社，1998年。

91. 卢向前主编：《唐宋变革论》，合肥：黄山书社，2006年。

92. 联合报文化基金会国学文献馆编：《第一届亚洲族谱学术研讨会议纪录》，台北：联经出版事业公司，1984年。

93. 魏峰：《宋代迁徙官僚家族研究》，上海：上海古籍出版社，2009年。

94. 苏绍兴：《两晋南朝的士族》，台北：联经出版事业公司，1986年。

95. 罗莹：《宋代东莱吕氏家族研

究》，北京：人民出版社，2011年。

96. 铁爱花:《宋代士人阶层女性研究》，北京：人民出版社，2011年。

97. 龚延明、祖慧:《宋代登科总录》，桂林：广西师范大学出版社，2014年。

三、日文专著

1. 大泽正昭:《唐宋时代の家族·婚姻·女性——妇は强く》，东京：明石书店，2005年。

2. 井上彻、远藤隆俊编:《宋——明宗族の研究》，东京：汲古书院，2005年。

3. 衣川强:《宋代官僚社会史研究》，东京：汲古书院，2006年。

4. 寺地遵:《南宋初期政治史研究》，广岛：溪水社，1988年。

5. 多贺秋五郎:《中国宗谱の研究》，东京：日本学术振兴会，1981年。

6. 河原由郎:《宋代社会经济史研究》，东京：劲草书房，1980年。

7. 宫崎市定:《科举——中国の试验地狱》，东京：中央公论社，1984年。

8. 荒木敏一:《宋代科举制度研究》，东京：同朋社，1969年。

9. 梅原郁:《宋代官僚制度研究》，东京：同朋社，1985年。

四、英文专著

1. Aries, Philippe, *Centuries of Childhood*, New York: Alfred A.Knopf, 1962.

2. Baker, Hugh, *Chinese Family and Kinship*, London: Macmillan Press, 1979.

3. Bossler, Beverly J., *Powerful Relations: Kinship, Status and the State in Sung China(960—1279)*, Cambridge, Mass., and London: Harvard University Press, 1998.

4. Chaffee, John W., *The Thorny Gates of Learning in Sung China: A Social History of Examinations*, Cambridge: Cambridge University Press, 1985.

5. Chang Chung-li, *The Income of the Chinese Gentry*, Seattle: University of Washington Press, 1962.

6. Davis, Richard L., *Court and Family in Sung China, 960—1279:*

Bureaucratic Success and Kinship Fortunes for the Shih of Ming-Chou, Durham: Duke University Press, 1986.

7. Eberhard, Wolfram, *Social Mobility in Traditional China*, Netherlands: E.J. Brill, 1962.

8. Ebrey, Patricia B., *The Aristocratic Families of Early Imperial China: A Case Study of the Po-Ling Ts'ui Family*, Cambridge: Cambridge University Press, 1978.

9. Ebrey, Patricia B., *Family and Property in Sung China: Yuan Ts'ai's Precepts for Social Life*, Princeton: Princeton University Press, 1984.

10. Ebrey, Patricia B. & Watson, James (eds.), *Kinship Organization in Late Imperial China, 1000—1940*, Berkerly, Los Angeles & London: University of California Press, 1986.

11. Ebrey, Patricia B., *Chu Hsi's Family Rituals: The Twelfth-Century Chinese Manual for the Performance of Cappings, Weddings, Funerals and Ancestral Rites*, Princeton : Princeton University Press, 1991.

12. Ebrey, Patricia B., *Confucianism and Family Rituals in Imperial China: A Social History of Writing about Rites*, Princeton: Princeton University Press, 1991.

13. Ebrey, Patricia B., *The Inner Quarters: Marriage and the Lives of Chinese Women in the Sung Period*, Berkeley, Los Angeles and London: University of California Press, 1993.

14. Ebrey, Patricia B., *Women and the Family in Chinese History*, London and New York: Routledge, 2003.

15. Elman, Benjamin A., *A Cultural History of Civil Examinations in Late Imperial China*, Berkeley, Los Angeles and London: University of California Press, 2000.

16. Elvin, Mark, *The Pattern of the Chinese Past*, Stanford and California: Stanford University Press, 1973.

17. Faure, David W., *The Structure of Chinese Rural Society*, Hong Kong: Oxford University Press, 1986.

18. Freedman, Maurice, *Lineage*

Organization in Southeastern China, London: The Athlone Press, 1970.

19. Ho Koon-wan, *Politics and Factionalism: K'ou Chun(962—1023) and his T'ung-Nien*, Ph.D. Dissertation, Tucson: The University of Arizona, 1990.

20. Ho Ping-ti, *The Ladder of Success in Imperial China*, New York: Columbia University Press, 1962.

21. Hsu Cho-yun, *Ancient China in Transition: An Analysis of Social Mobility, 722—222 B.C.*, California: Stanford University Press, 1965.

22. Hymes, Robert P., *Statesmen and Gentlemen: The Elite of Fu-Chou, Chiang-Hsi, in Northern and Southern Sung*, Cambridge: Cambridge University Press, 1986.

23. Hymes, Robert P. & Schirokauer, Conrad(eds.), *Ordering the World: Approaches to State and Society in Sung China*, Berkeley, Los Angeles & Oxford: University of California Press, 1993.

24. Ko, Dorothy, *Teachers of the Chambers: Women and Culture in Seventeenth- Century China*, Stanford and California: Stanford University Press, 1994.

25. Kracke, E. A. Jr., *Civil Service in Early Sung China, 960—1067*, Cambridge, Mass. & London: Harvard University Press, 1953.

26. Lo, Winston W., *An Introduction to the Civil Service of Sung China: With Emphasis on Its Personnel Administration*, Honolulu: University of Hawaii Press, 1987.

27. Lee, Thomas H. C., *Government Education and Examinations in Sung China*, Hong Kong: The Chinese University Press, 1985.

28. Lee, Thomas H. C., *Education in Traditional China, a History*, Leiden, Boston, Koln : Brill, 2000.

29. Liu, James T. C., *China Turning Inward: Intellectual Political Changes in the Early Twelfth Century*, Cambridge, Mass. & London: Harvard University Press, 1988.

30. Liu, Wang Hui-chen, *The Traditional Chinese Clan Rules*, New York: J.J. Augustin Pub., 1959.

31. McKnight, Brian E., *Village and Bureaucracy in Southern Sung China*, Chicago & London: The University of Chicago Press, 1971.

32. Menzel, Johanna M.(ed.), *The Chinese Civil Service*, Washington: D.C. Heath and Company, 1963.

33. Meskill, John T. (ed.), *The Pattern of Chinese History: Cycles, Development or Stagnation?*, Boston: D.C. Heath, 1965.

34. Mitterauer, Michael and Sieder, Reinhard, *The European Family*, Oxford: Basil Blackwell Publisher Ltd., 1983.

35. Nivison, David & Wright, Arthur (eds.), *Confucianism in Action*, California: Stanford University Press, 1959.

36. Smith Paul J., & von Glahn, Richard (eds.), *The Song-Yuan-Ming Transition in Chinese History*, Cambridge, Mass. & London: The Harvard University Press, 2003.

37. Sorokin, Pitirim A., *Social and Cultural Mobility*, London: The Free Press of Glencoe Collier-Macmillan Ltd., 1959.

38. Tillman, Hoyt C., *Utilitarian Confucianism: Ch'en Liang's Challenge to Chu Hsi*, Cambridge, Mass. & London: Harvard University Press, 1982.

39. Walton, Linda A., *Academies and Society in Southern Sung China*, Honolulu: University of Hawaii Press, 1999.

40. Xu, Man, *Crossing the Gate: Everyday Lives of Women in Song Fujian, 960—1279*, Albany: State University of New York Press, 2016.

五、中文论文

1. 方亚兰:《吕公著研究》,上海师范大学硕士论文,2011年。

2. 方建新:《宋代婚姻礼俗考述》,《文史》1985年第24期,第157—178页。

3. 王志双:《吕夷简与宋仁宗前期政治研究》,河北大学硕士论文,2000年。

4. 王章伟:《试论张邦昌》,《史潮》新刊号第12期(无出版年份),香港中文大学联合书院历史学会，第10—26页。

5. 王章伟：《宋代河南吕氏家族研究》，香港中文大学历史学部哲学硕士论文，1991年。

6. 王章伟：《考试与平民社会》，载于《政策透视学报》1991年创刊号，第74—77页。

7. 王章伟：《宋代氏族婚姻研究——以河南吕氏家族为例》，《新史学》1993年第4卷第3期，第19—58页。

8. 王章伟：《从几个墓志铭看宋代河南吕氏家族中的妇女》，载于杨炎廷编：《宋史论文集——罗球庆老师荣休纪念专辑》，香港：中国史研究会，1994年，第132—143页。

9. 王德毅：《吕夷简与范仲淹》，载于王德毅：《宋史研究集》第2辑，台北：鼎文出版社，1962年，第119—184页。

10. ［日］内藤湖南著，黄约瑟译：《概括的唐宋时代观》，载于刘俊文主编：《日本学者研究中国史论著选译》第1卷，《通论》，北京：中华书局，1992年，第10—18页。

11. 甘怀真：《略论唐代百官家庙》，《史原》1987年11月第16期，第66—70页。

12. 左云鹏：《祠堂族长族权的形成及其作用试说》，《历史研究》1964年第5、6期，第97—116页。

13. 包伟民：《精英们"地方化"了吗？——试论韩明士〈政治家与绅士〉与"地方史"研究方法》，载于邓小南、荣新江主编：《唐研究》第11卷，"唐宋时期的社会流动与社会秩序研究专号"，北京：中华书局，2005年，第653—671页。

14. 合肥市文物管理处：《合肥北宋马绍庭夫妻合葬墓》，《文物》1991年第3期，第26—38及70页。

15. ［荷］宋汉理（Zurndorfer）著，叶显恩译：《〈新安大族志〉与中国士绅的发展》，《中国社会经济史研究》1982年第3期，第55—73页；1983年第2期，第43—56页。

16. 宋三平：《试论宋代墓祭》，《江西社会科学》1989年第6期，第104—107页。

17. 宋三平：《宋代封建家族的物质基础是墓祭田》，《江西大学学报（社会科学版）》1991年第1期，第79—83页。

18. 杜正胜：《传统家族试论》上、下，《大陆杂志》1982年第65卷第2期，第57—84页；第65卷第3期，第127—151页。

19. 杜正胜：《中国传统社会的重心——家族》，《历史月刊》1989年第12期，第48—58页。

20. 杜培响：《明清之际新安吕氏家族及文学研究》，福建师范大学博士论文，2012年。

21. 李弘祺：《绛帐遗风——私人讲学的传统》，载于林庆彰主编：《中国文化新论——浩翰的学海》，台北：联经出版事业公司，1981年，第343—410页。

22. 李弘祺：《科举——隋唐至明清的考试制度》，载于郑钦仁主编：《中国文化新论——立国的宏规》，台北：联经出版事业公司，1987年，第257—315页。

23. 李弘祺：《宋代的举人》，载于国际宋史研讨会秘书处编：《国际宋史研讨会论文集》，台北：台湾中国文化大学史学研究所，1988年，第297—313页。

24. 李弘祺：《宋代社会与家庭——评三本最近出版的宋史著作》，《清华大学学报》1989年新19卷第1期，第191—207页。

25. 李成学：《吕夷简评传》，湘潭大学硕士论文，2010年。

26. 何冠环：《宋初三朝武将的量化分析——北宋统治阶层的社会流动现象新探》，《食货月刊》1986年复刊第16卷第3、4期，第115—127页。

27. 何晋勋：《宋代鄱阳湖周边士族的居、葬地与婚姻网络》，《台大历史学报》1999年第24期，第287—328页。

28. 周扬波：《宋代家族史研究的创新——并就正于柳立言先生》，《华南师范大学学报（社会科学版）》2011年第3期，第18—24页。

29. 邱添生：《论"唐宋变革期"的历史意义》，《台湾师范大学历史学报》1979年第7期，第83—111页。

30. 金中枢：《北宋科举制度研究》，《新亚学报》1965年第6卷第1期，第205—181页；第2期，第163—242页。

31. 马雪、吉成名:《1991年以来宋代家族史研究述略》,《中国史研究动态》2007年第4期,第10—16页。

32. [美]柯睿格(E. A. Kracke)著,刘纫妮译:《中国考试制度里的区域、家族与个人》,载于中国思想研究委员会编,刘纫妮等译:《中国思想与制度论》,台北:联经出版事业公司,1981年,第123—161页。

33. 柳立言:《从官箴看宋代的地方官》,载于国际宋史研讨会秘书处编:《国际宋史研讨会论文集》,第393—417页。

34. 柳立言:《浅谈宋代妇女的守节与再嫁》,《新史学》1991年第2卷第3期,第37—76页。

35. 柳立言:《宋初新兴武将家族成名之条件——以真定曹氏为例》,载于台北"中研院"历史语言研究所出版品编辑委员会编:《中国近世社会文化史论文集》,台北:"中研院"历史语言研究所,1992年,第39—88页。

36. 柳立言:《北宋吴越钱家婚宦论述》,《"中研院"历史语言研究所集刊》1994年第65本第4分,第903—955页。

37. 柳立言:《书评:Beverly J. Bossler, Powerful Relations: Kinship, Status, and the State in Sung China (960—1279)》,《台大历史学报》1999年第24期,第433—443页。

38. 柳立言:《士人家族与地方主义:以明州为例》,《历史研究》2009年第6期,第10—18页。

39. 柳立言:《宋代明州士人家族的形态》,《"中研院"历史语言研究所集刊》2010年第81本第2分,第289—364页。

40. 柳立言:《科举、人际网络与家族兴衰:以宋代明州为例》,《中国社会历史评论》第11卷,天津:天津古籍出版社,2010年,第1—37页。

41. 柳立言:《南宋在室女分产权探研——史料解读及研究方法》,《"中研院"历史语言研究所集刊》2012年第83本第3分,第445—505页。

42. [日]岛田正郎著,卓菁湖译:《南宋家产继承法上的几种现象》,《大陆杂志》1965年第30卷第4期,第15—16页。

43. 纪云华:《宋代河南吕氏家族研究》,山东大学中国古代史硕士论文,2004年。

44. 姚红:《北宋东莱吕氏家族婚姻考论》,《绍兴文理学院学报》2012年第32卷第1期,第85—93页;又载于杭州社会科学院、浙江大学历史系主编:《第三届海峡两岸"宋代社会文化"学术研讨会论文集》,杭州:浙江大学出版社,2013年,第306—319页。

45. 梁庚尧:《南宋的贫士与贫官》,《台大历史学报》1991年第16期,第91—138页。

46. 梁庚尧:《南宋城居民户与士人的经济来源》,载于台北"中研院"历史语言研究所出版品编辑委员会编:《中国近世社会文化史论文集》,第133—188页。

47. 许怀林:《"江州义门"与陈氏家法》,载于邓广铭、漆侠主编:《宋史研究论文集》1987年年会编刊,河北:河北教育出版社,1989年,第387—400页。

48. 郭恩秀:《八〇年代以来宋代宗族史中文论著研究回顾》,《新史学》2005年第16卷第1期,第125—157页。

49. 张月娇:《章献明肃刘皇后与北宋真、仁二朝之政治》,香港中文大学硕士论文,1988年。

50. 张邦炜:《黄宽重〈宋代的家族与社会〉读后》,《历史研究》2007年第2期,第170—179页。

51. 张堇:《北宋吕氏官僚家族问题研究》,西北大学硕士论文,2001年。

52. 张广达:《内藤湖南的唐宋变革说及其影响》,载于邓小南、荣新江主编:《唐研究》第11卷,"唐宋时期的社会流动与社会秩序研究专号",北京:中华书局,2005年,第5—71页。

53. 陈振:《关于宋代的知制诰和翰林学士》,载于邓广铭、漆侠主编:《宋史研究论文集》1987年年会编刊,第36—48页。

54. 陈智超:《〈袁氏世范〉所见南宋民庶地主》,载于中国社会科学院历史研究所宋辽金元史研究室编:《宋辽金元史论丛》,北京:中华书局,1985年,第110—134页。

55. 陈义彦:《从布衣入仕情形分析北宋布衣阶层的社会流动》,《思与言》1972年第9卷第4期,第48—57页。

56. 陶晋生:《北宋几个家族间的婚姻关系》,载于台北"中研院"第二届国际汉学会议论文集编辑委员会编:《第二届国际汉学会议论文集·历史与考古组》,台北:"中研院",1989年,第933—943页。

57. 陶晋生:《北宋士族的婚姻关系》,"中国近世社会的构成研究计划报告之一"(手稿),未刊,第1—35页。

58. 陶晋生:《北宋韩琦的家族》,载于台北"中研院"历史语言研究所出版品编辑委员会编:《中国近世社会文化史论文集》,第89—103页。

59. 陶晋生:《北宋士人的起家及其家族之维持》,《兴大历史学报》1993年第3期,第11—34页。

60. 陶晋生:《北宋妇女的再嫁与改嫁》,《新史学》1995年第6卷第3期,第1—25页。

61. 陶晋生:《北宋士人的起家》,载于第二届宋史学术研讨会秘书处编:《第二届宋史学术研讨会论文集》,台北:台湾中国文化大学,1996年,第61—78页。

62. 常建华:《近十年宋辽金元宗族研究综述》,《安徽史学》2011年第1期,第108—115页。

63. 费成康:《漫谈家谱中的史料应用》,《档案与史学》2003年第4期,第79—80页。

64. 粟品孝:《宋代家族研究论著目录》,载于四川大学古籍整理研究所、四川大学宋代文化研究中心编:《宋代文化研究》第8辑,成都:巴蜀书社,1999年,第305—311页。

65. 粟品孝:《宋代家族研究论著目录续一》,载于四川大学古籍整理研究所、四川大学宋代文化研究中心编:《宋代文化研究》第13、14辑,下册,成都:四川大学出版社,2006年,第822—833页。

66. 粟品孝:《组织制度、兴衰浮沉与地域空间——近八十年宋代家族史研究走向》,《社会科学战线》2010年第3期,第81—87页。

67. 黄宽重:《宋代四明袁氏家族研究》,载于台北"中研院"历史语言研究所出版品编辑委员会编:《中国近世社会文化史论文集》,第105—131页。

68. 葛绍欧:《宋代湖州莫氏事迹考》,载于陶希圣先生九秩荣庆祝寿论文集编辑委员会编:《陶希圣先生九秩荣庆祝寿论文集》,台北:食货出版社,1987年,第129—139页。

69. 葛剑雄:《家谱:作为历史文献的价值与局限》,《历史教学问题》1997年第6期,第1—6页。

70. [法]雅克·勒高夫:《新史学》,载于蔡少卿编:《再现过去:社会史的理论视野》,浙江:浙江人民出版社,1988年,第92—122页。

71. 杨果:《翰林学士与宋代政治初探》,载于邓广铭、漆侠主编:《宋史研究论文集》,1987年年会编刊,第49—76页。

72. 杨联陞:《东汉的豪族》,《清华大学学报》1936年第11卷第4期,第1007—1062页。

73. 杨联陞:《科举时代的赴考旅费问题》,《清华大学学报》1961年新2卷第2期,第116—128页。

74. 赵丹、程汉杰:《宋代家族史、宗族史研究状况略述》,《考试周刊》2007年第46期,第144—145页。

75. 赵璐:《宋代东莱吕氏家族教育研究》,华东师范大学硕士论文,2009年。

76. [美]约翰逊(姜士彬)著,耿立群译:《世家大族的没落——唐末宋初的赵郡李氏》,载于[美]Arthur F. Wright等著,陶晋生等译:《唐史论文选集》,台北:幼狮文化事业公司,1990年,第231—339页。

77. 邹重华:《士族与学术——宋代四川学术文化发达原因探讨》,香港中文大学历史学部博士论文,1997年。

78. 廖咸惠:《祈求神启——宋代科举考生的崇拜行为与民间信仰》,《新史学》2004年第15卷第4期,第41—90页。

79. 臧健:《南宋农村"生子不举"现象之分析》,《中国史研究》1995年第4期,第75—83页。

80. 郑钦仁:《乡举里选——两汉的选举制度》,载于郑钦仁主编:《中国文化新论——立国的宏规》,第187—211页。

81. 郑钦仁:《九品官人法——六朝的选举制度》,载于郑钦仁主编:《中国文化新论——立国的宏规》,第213—256页。

82. 郑嘉励:《明招山出土的南宋吕祖谦家族墓志》,载于包伟民、刘后滨主编:《唐宋历史评论》第1辑,北京:社会科学文献出版社,2015年,第186—215页。

83. 刘子健:《宋初改革家——范仲淹》,载于中国思想研究委员会编,刘纫妮等译:《中国思想与制度论集》,台北:联经出版事业司,1981年,第123—161页。

84. 刘玉民:《吕祖谦与南宋学术交流》,华中师范大学博士论文,2013年。

85. 刘静贞:《女无外事?——墓志碑铭中所见之北宋士大夫社会秩序理念》,载于宋史座谈会编:《宋史研究集》第25辑,台北:台湾编译馆,1995年,第95—142页。

86. 刘静贞:《欧阳修笔下的宋代女性——对象、文类与书写期待》,《台大历史学报》2003年第32期,第57—76页。

87. 钱穆:《唐宋时代的文化》,载于国立编译馆主编:《宋史研究集》第3辑,台北:台湾编译馆,1985年,第1—6页。

88. 简杏如:《宋代莆田方氏家族的婚姻》,《台大历史学报》1999年第24期,第257—286页。

89. [美]戴仁柱著,刘广丰、惠东译:《丞相世家——南宋四明史氏家族研究》,北京:中华书局,2014年。

90. 魏峰、郑嘉励:《出土文献与族谱文献研究简论——试以武义吕祖谦家族为例》(讨论稿),宣读于"十至十三世纪中国史国际学术研讨会暨中国宋史研究会第十七届年会",广州:中山大学,2016年8月20日至21日,第3—7页。

91. 瞿林东:《唐代谱学和唐代社会》,载于瞿林东:《唐代史学论稿》,北京:北京师范大学出版社,1989年,第90—116页。

民间信仰篇 603

六、日文论文

1. 小岛毅:《宋朝士大夫の研究をめぐって》,《中国——社会と文化》1986年6月,第110—118页。

2. 内藤湖南:《唐宋时代の研究——概括的唐宋时代观》,《历史と地理》第9卷第5号,1922年,第1—11页。

3. 衣川强:《宋代の名族——河南吕氏の场合》,原刊于《神户商科大学人文论集》第9卷第1、2期,1973年,第134—166页;今收于衣川强,《宋代官僚社会史研究》,东京:汲古书院,2006年,第77—122页。

4. 佐竹靖彦:《宋代の家族と宗族——宋代の家族と社会に关する研究の进展のために——》,刊于东京都立大学人文学部编,《人文学报》第257期,1995年3月,第1—49页。

5. 青山定雄:《宋代における华北官僚の婚姻关系》,《中央大学八十周年纪念论文集》第4卷,东京,1965年,第363—388页。

6. 荒木敏一:《北宋科场における寒畯の擢第》,《东方学》第34期,1967年,第1—15页。

七、英文论文

1. Birge, Bettine, "Chu Hsi and Women's Education", in de Bary, Wm. Theodore & Chaffee, John W. (eds.), *Neo-Confucian Education: The Formative Stage*, Berkeley, Los Angeles & London: University of California Press, 1989, pp. 325—367.

2. Bossler, Beverly J., "Book Review: Court and Family in Sung China", *Bulletin of Sung-Yuan Studies*, Vol. 19, 1987, pp. 74—89.

3. Ebrey, Patricia, B., "Women in the Kinship System of the Southern Song Upper Class", in Guisso, Richard W. & Johannesen, Stanley (eds.), *Women in China*, New York: Philo Press, 1981, pp. 113—128.

4. Ebrey, Patricia B., "Conceptions of the Family in the Sung Dynasty", *Journal of Asian Studies*, Vol. 43, No. 2, 1984, pp. 219—245.

5. Ebrey, Patricia B., "The Dynamics of Elite Domination in Sung China",

Harvard Journal of Asiatic Studies, Vol. 48, No. 2, 1988, pp. 493—519.

6. Ebrey, Patricia B., "The Women in Liu Kezhuang's Family", *Modern China*, 10: 4, October, 1984, pp. 415—440.

7. Ebrey, Patricia B., "Redesigning Ancestral Rites for a New Elite in the Eleventh Century", paper presented for the Conference on Confucian Intellecturals, Hong Kong: The Chinese University of Hong Kong, July, 1990.

8. Ebrey, Patricia, B., "Shifts in Marriage Finance from the Sixth to the Thirteenth Century", in Watson, Rubie & Ebrey, Patricia B. (eds.), *Marriage and Inequality in Chinese Society*, Berkeley, Los Angeles & London: University of California Press, 1991, pp. 97—132.

9. Ebrey, Patricia B., "Women, Money, and Class: Ssu-ma Kuang and Sung Neo-Confucian Views on Women", 载于"中研院"历史语言研究所出版品编辑委员会编:《中国近世社会文化史论文集》, 第613—669页。

10. Ebrey, Patricia B., "Engendering Song History", *Journal of Sung-Yuan Studies*, Vol. 24, 1994, pp. 340—346.

11. Hartwell, Robert M., "Demographic, Political and Social Transformations of China, 750—1500", *Harvard Journal of Asiatic Studies*, Vol. 42, No. 2, 1982, pp. 354—442.

12. Johnson, David, "The Last Years of a Great Clan: The Li Family of Chao Chun in Late T'ang and Early Sung", *Harvard Journal of Asiatic Studies*, Vol. 37, No. 1, 1977, pp. 5—102.

13. Kracke, E. A. Jr., "Family vs. Merit in Chinese Civil Service Examinations under the Empire", *Harvard Journal of Asiatic Studies*, X (1947), pp. 103—123.

14. Lee, Thomas H. C., "Life in the Schools of Sung China", *Journal of Asian Studies*, vol. 37 (1977), pp. 45—60.

15. Lee, Thomas H. C., "The Social Significance of the Quota System in Sung Civil Service Examinaions", in *The Journal of the Institute of Chinese Studies of the Chinese University*

of Hong Kong, vol. xiii (1982), pp. 287—318.

16. Lee, Thomas H. C., "The Discovery of Childhood: Children Education in Sung China (960—1279)", in Sigrid Paul (ed.), *Kultur*: *Begriff und Wort in China and Japan*, Berlin: Dietrich Reimer Verlag, 1984, pp. 159—189.

17. Lee, Thomas H. C., "Book Review: Statesmen and Gentlemen: The elite of Fu-Chou, Chiang-Hsi, in Northern and Southern Sung", *Journal of the American Oriental Society*, 109.3 (1989), pp. 494—497.

18. Lee, Thomas H. C., "The Fulfillments of Education: Social Alienation and Intelletcual Dissent in Paradox", Paper presented for the Conference on Confucian Intellectuals, Hong Kong, The Chinese University of Hong Kong, July, 1990.

19. Teng, Ssu-yu, "Chinese influences on the Western Examination System", *Harvard Journal of Asiatic Studies*, Vol. 8 (1943), pp. 167—212.

20. Wang, C. K., "Lu Meng-cheng in Yuan and Ming Drama", *Monumenta Serica: Journal of Oriental Studies*, Vol. XXXVI, 1984—1985, pp. 303—408.

21. Wu, Pei-yi, "Education of Children in the Sung", in de Bary, Wm. Theodore and Chaffee, John W. (eds.), *Neo-Confucian Education: The Formative Stage*, Berkeley and Los Angeles.: University of California Press, 1989, pp. 307—324.

22. Zurndorfer, Harriet T., "The Hsin-an ta-tsu Chih and the Development of Chinese Gentry Society 800—1600", *T'oung Pao*, Vol. 67, issue 3, 1981, pp. 154—215.

八、香港特别行政区政府刊物及报纸

1. 狄志远:《让孩子愉快地学习,改革制度,改变态度》,《明报》,2001年5月24日。

2. 香港特别行政区教育统筹委员会:《终身学习,全人发展:香港教育制度改革建议》,2000年9月。

九、网上资源

1.《考古才子郑嘉励：武义明招山，一场理想主义者的族葬》，点击日期：2016年9月10日。网址见：http://zj.zjol.com.cn/news/135962.html。

2.《合肥市志》（网页版）卷二八，《文化》第8章，《文物》第1节，《古墓》。点击日期：2016年8月9日。网址见：http://60.166.6.242:8080/was40/index_sz.jsp?rootid=58033&channelid=44443

3. 郑嘉励：《考古所见之江南文化》，点击日期：2020年8月3日。网址见：https://kuaibao.qq.com/s/20190303B0XFJ200?refer=spider。

民间信仰篇

一、古籍

1. 方勺：《泊宅编》，北京：中华书局，1983年。

2. 方回：《虚谷闲抄》，载于陶宗仪等编：《说郛三种》，上海：上海古籍出版社，1988年。

3. 方逢辰：《蛟峯文集》，《文渊阁四库全书》，台北：商务印书馆，1986年。

4. 文同：《丹渊集》，《文渊阁四库全书》。

5. 文莹：《湘山野录》，北京：中华书局，1983年。

6. 王元恭修，王厚孙、徐亮纂：《（至正）四明续志》，《宋元方志丛刊》，北京：中华书局，1990年。

7. 王溥：《唐会要》，北京，中华书局，1955年。

8. 王巩：《闻见近录》，《说郛三种》。

9. 王应麟：《四明文献书》，《文渊阁四库全书》。

10. 王怀隐等撰：《太平圣惠方》，载于中国文化研究会编纂：《中国本草全书》，北京：华夏出版社，1999年。

11. 元稹：《元氏长庆集》，《文渊阁四库全书》。

12. 太平惠民和剂局编，陈庆平、

陈冰鸥校注：《太平惠民和剂局方》，北京：中国中医药出版社，1996年。

13. 中国社会科学院历史研究所宋辽金元史研究室点校：《名公书判清明集》，北京：中华书局，1987年。

14. 司马光：《涑水记闻》，北京：中华书局，1989年。

15. 司马迁：《史记》，北京：中华书局，1959年。

16. 左丘明撰，韦昭注：《国语》，上海：上海古籍出版社，1978年。

17. 江少虞：《宋朝事实类苑》，上海：上海古籍出版社，1981年。

18. 江休复：《醴泉笔录》，《宋代笔记小说》，石家庄：河北教育出版社，1995年。

19. 朱翌：《猗觉寮杂记》，《笔记小说大观》，扬州：广陵古籍刻印社，1983—1984年。

20. 朱熹：《朱熹集》，成都：四川教育出版社，1996年。

21. 沈作宾修，施宿等纂：《嘉泰会稽志》，《宋元方志丛刊》。

22. 沈括撰，胡道静校注：《新校正梦溪笔谈》，香港：中华书局，1978年。

23. 沈约：《宋书》，北京：中华书局，1974年。

24. 沈遘：《西溪集》，《文渊阁四库全书》。

25. 宋慈著，罗时润、田一民、关信译释：《洗冤录译释》，福州：福建科学技术出版社，1992年。

26. 吴曾：《能改斋漫录》，上海：上海古籍出版社，1984年。

27. 吕希哲：《吕氏杂记》，《宋代笔记小说》。

28. 李心传：《建炎以来系年要录》，北京：中华书局，1988年。

29. 李光：《庄简集》，《文渊阁四库全书》。

30. 李昉等：《太平广记》，北京：中华书局，1986年。

31. 李纲：《梁溪集》，《文渊阁四库全书》。

32. 李焘：《续资治通鉴长编》，北京：中华书局，1979—1995年。

33. 阮元修，陈齐昌等撰：《（道光）广东通志》，《续修四库全书》，上海：上海古籍出版社，

1995年。

34. 何薳:《春渚纪闻》,北京:中华书局,1983年。

35. 佚名:《朝野遗记》,《说郛三种》。

36. 周去非著,杨泉武校注:《岭外代答校注》,北京:中华书局,1999年。

37. 周必大:《文忠集》,《文渊阁四库全书》。

38. 周密:《癸辛杂识》,北京:中华书局,1988年。

39. 邵伯温:《邵氏闻见录》,北京:中华书局,1983。

40. 洪迈:《夷坚志》,北京:中华书局,1981年。

41. 祝穆撰,祝洙增订:《方舆胜览》,北京:中华书局,2003年。

42. 范成大著,严沛校注:《桂海虞衡校注》,南宁:广西人民出版社,1986年。

43. 唐庚:《眉山集》,《文渊阁四库全书》。

44. 秦观:《淮海集》,《文渊阁四库全书》。

45. 袁桷:《延祐四明志》,《文渊阁四库全书》。

46. 袁燮:《絜斋集》,《文渊阁四库全书》。

47. 真德秀:《西山文集》,《文渊阁四库全书》。

48. 晁公遡:《嵩山集》,《文渊阁四库全书》。

49. 徐松:《宋会要辑稿》,北京:中华书局,1987年。

50. 许慎著,段玉裁注:《说文解字注》,上海:上海古籍出版社,1986年。

51. 张栻:《南轩集》,《文渊阁四库全书》。

52. 张铉纂修:《至正金陵新志》,《宋元方志丛刊》。

53. 陈承等原撰,许洪增广,[日]橘亲显等校正:《增广太平惠民和剂局方》,海口:海南出版社,2002年。

54. 陈郁:《藏一话腴》,《宋代笔记小说》。

55. 陈耆卿:《嘉定赤城志》,《宋元方志丛刊》。

56. 陈淳:《北溪字义》,北京:中

民间信仰篇 609

华书局，1983年。

57. 陈傅良：《止斋集》，《文渊阁四库全书》。

58. 陆游：《陆放翁全集》，北京：中国书店，1986年。

59. 庄绰：《鸡肋编》，北京：中华书局，1983年。

60. 崔敦礼：《宫教集》，《文渊阁四库全书》。

61. 脱脱等：《宋史》，北京：中华书局，1977年。

62. 曾三异：《同话录》，《说郛三种》。

63. 曾敏行，《独醒杂志》，上海：上海古籍出版社，1987年。

64. 曾枣庄、刘琳主编：《全宋文》，上海：上海辞书出版社，2006年。

65. 曾慥：《遯斋闲览》，《文渊阁四库全书》。

66. 彭乘：《墨客挥犀》，《笔记小说大观》。

67. 黄齐硕修，陈耆卿纂：《（嘉定）赤城志》，《宋元方志丛刊》。

68. 黄震：《黄氏日抄》，《文渊阁四库全书》。

69. 费衮：《梁溪漫志》，上海：上海古籍出版社，1985年。

70. 叶适：《叶适集》，北京：中华书局，1983年。

71. 程迥：《医经正本书》，《续修四库全书》。

72. 赵彦卫：《云麓漫钞》，北京：中华书局，1996年。

73. 赵与时：《宾退录》，上海：上海古籍出版社，1983年。

74. 杨伯峻编著：《春秋左传注（修订本）》，北京：中华书局，1990年。

75. 廖刚：《高峯文集》，《文渊阁四库全书》。

76. 蔡絛：《铁围山丛谈》，上海：上海古籍出版社，1987年。

77. 黎靖德编：《朱子语类》，北京：中华书局，1986年。

78. 乐史：《宋本太平寰宇记》，北京：中华书局，2000年。

79. 刘昌诗：《芦浦笔记》，北京：中华书局，1986年。

80. 刘斧：《青琐高议》，上海：上海古籍出版社，1983年。

81. 刘宰：《漫塘集》，《文渊阁四库全书》。

82. 储泳：《祛疑说》，《说郛三种》。

83. 窦仪：《宋刑统》，北京：中华书局，1984年。

84. 庞元英：《谈薮》，《说郛三种》，又载于《宋代笔记小说》。

85. 释道宣：《广弘明集》，《文渊阁四库全书》。

二、中文专著

1. 方燕：《巫文化视域下的宋代女性——立足于女性生育、疾病的考察》，北京：中华书局，2008年。

2. ［韩］文墉盛：《中国古代社会的巫觋》，北京：华文出版社，1999年。

3. 王玉德：《长江流域的巫文化》，武汉：湖北教育出版社，2005年。

4. 王见川：《从摩尼教到明教》，台北：新文丰出版社，1992年。

5. 王见川、皮庆生：《中国近世民间信仰——宋元明清》，上海：上海人民出版社，2010年。

6. 王章伟：《在国家与社会之间——宋代巫觋信仰研究》，香港：中华书局，2005年。

7. 王章伟：《文明世界的魔法师——宋代的巫觋与巫术》，台北：三民书局，2006年。

8. 王晴佳、古伟瀛：《后现代与历史学——中西比较》，台北：巨流图书公司，2000年。

9. 王铭铭：《社会人类学与中国研究》，北京：读书·生活·新知三联书店，1997年。

10. 王铭铭：《想象的异邦——社会与文化人类学散论》，上海：上海人民出版社，1998年。

11. 王铭铭主编：《二十世纪西方人类学主要著作指南》，北京：世界图书出版公司，2008年。

12. 王媛媛：《从波斯到中国——摩尼教在中亚和中国的传播》，北京，中华书局，2012年。

13. ［英］弗雷泽（James George Frazer）著，汪培基译：《金枝——

巫术与宗教之研究》，台北：桂冠图书股分有限公司，1994年。

14. 皮庆生：《宋代民众祠神信仰研究》，上海：上海古籍出版社，2008年。

15. ［英］伊凡·普里查（E.E. Evans-Pritchard）著，陈奇禄、王崧兴等合译：《社会人类学》，台北：唐山出版社，1997年。

16. 宋代官箴研读会编：《宋代社会与法律——名公书判清明集讨论》，台北：东大图书公司，2001年。

17. ［法］克洛德·莱维斯特劳斯（Claude Levi-Strauss）著，谢维扬、俞宣孟译：《结构人类学》，上海：上海译文出版社，1995年。

18. 李小红：《宋代社会中的巫觋研究》，北京：光明日报出版社，2010年。

19. 李亦园：《宗教与神话论集》，台北：立绪文化事业有限公司，1998年。

20. 李利安、张子开、张总、李海波：《四大菩萨与民间信仰》，上海：上海人民出版社，2011年。

21. 李勇先：《舆地纪胜研究》，成都：巴蜀书社，1998年。

22. 李远国、刘仲宇、许尚枢：《道教与民间信仰》，上海：上海人民出版社，2011年。

23. 李剑国：《宋代志怪传奇叙录》，天津：南开大学出版社，1997年。

24. 李丰楙、朱荣贵主编：《仪式、庙会与社区》，台北："中研院"中国文哲研究所筹备处，1996年。

25. 李丰楙、朱荣贵主编：《性别、神格与台湾宗教论述》，台北："中研院"中国文哲研究所筹备处，1997年。

26. 余英时著，侯旭东译：《东汉生死观》，上海：上海古籍出版社，2005年。

27. 昌彼得、王德毅、程元敏、侯俊德编，王德毅增订：《宋人传记资料索引》，北京：中华书局，1988年。

28. 林悟殊：《摩尼教及其东渐》，北京：中华书局，1987年。

29. 林悟殊：《中古三夷教辩证》，

北京：中华书局，2005年。

30. 林富士：《孤魂与鬼雄的世界——北台湾的厉鬼信仰》，台北：台北文化中心，1995年。

31. 林富士：《汉代的巫者》，台北：稻乡出版社，1999年。

32. 林富士：《小历史——历史的边陲》，台北：三民书局，2000年。

33. 邱云飞：《中国灾害通史·宋代卷》，郑州：郑州大学出版社，2008年。

34. 金强：《宋代岭南谪宦》，广州：广东人民出版社，2009年。

35. 郎国华：《从蛮裔到神州——宋代广东经济发展研究》，广州：广东人民出版社，2006年。

36. 马小鹤：《摩尼教与古代西域史研究》，北京：中国人民大学出版社，2008年。

37. 马小鹤：《摩尼与摩尼教》，兰州：兰州大学出版社，2013年。

38. ［英］马林诺夫斯基（Bronlislaw Kaspar Malinowski）著，李安宅译：《巫术科学宗教与神话》，北京：中国民间文艺出版社，1986年。

39. ［法］马塞尔·莫斯（Marcel Mauss）著，余碧平译：《社会学与人类学》，上海：上海译文出版社，2003年。

40. 胡新生：《中国古代巫术》（修订本），济南：山东人民出版社，2005年。

41. 柳立言：《宋代的宗教、身分与司法》，北京：中华书局，2012年。

42. ［美］威廉·A. 哈维兰（W. A. Haviland）著，王铭铭等译：《当代人类学》，上海：上海人民出版社，1987年。

43. ［美］芮克里夫·布朗（A. R. Radcliffe-Brown）著，夏建中译：《社会人类学方法》，台北：桂冠图书股份有限公司，1994年。

44. 芮传明：《东方摩尼教研究》，上海：上海人民出版社，2009年。

45. ［日］酒井忠夫、胡小伟等：《民间信仰与社会生活》，上海：上海人民出版社，2011年。

46. 许地山：《扶箕迷信底研究》，

长沙：商务印书馆，1941年。

47. 高国藩：《中国巫术史》，上海：上海三联书店，1999年。

48. 徐文武：《楚国宗教概论》，武汉：武汉出版社，2001年。

49. ［美］康笑菲著，姚政志译：《狐仙》，台北：博雅书局，2009年。

50. 张珣：《疾病与文化——台湾民间医疗人类学研究论集》，台北：稻乡出版社，1994年。

51. 张伟然：《湖南历史文化与地理研究》，上海：复旦大学出版社，1995年。

52. 张紫晨：《中国巫术》，上海：上海三联书店，1992年。

53. 夏建中：《文化人类学理论学派——文化研究的历史》，北京：中国人民大学出版社，1997年。

54. 陈元朋：《两宋的"尚医士人"与"儒医"——兼论其在金元的流变》，台北：台湾大学出版委员会，1997年。

55. 陈欣：《南汉国史》，广州：广东人民出版社，2010年。

56. 黄展岳：《古代人牲人殉通论》，北京：文物出版社，2004年。

57. 程民生：《神人同居的世界——中国人与中国祠神文化》，郑州：河南人民出版社，1993年。

58. 程民生：《宋代地域文化》，开封：河南大学出版社，1997年。

59. ［美］杨庆堃著，范丽珠等译：《中国社会中的宗教——宗教的现代社会功能与其历史因素之研究》，上海：上海人民出版社，2007年。

60. 葛兆光：《七世纪前中国知识、思想与信仰世界——中国思想史第一卷》，上海：复旦大学出版社，1998年。

61. 葛兆光：《中国思想史》，第2卷，《七世纪至十九世纪中国的知识、思想与信仰》，上海：复旦大学出版社，2000年。

62. 詹鄞鑫：《心灵的误区——巫术与中国巫术文化》，上海：上海教育出版社，2001年。

63. 复旦大学文史研究院编：《"民间"何在，谁之"信仰"》，北京：中华书局，2009年。

64. 蒲慕州编：《鬼魅神魔——中国通俗文化侧写》，台北：麦田出版社，2005年。

65. 邓启耀：《巫蛊考察——中国巫蛊的文化心态》，台北：台湾中华发展基金管理委员会、汉忠文化事业股份有限公司，1998年。

66. 刘小斌、郑洪、靳士英主编：《岭南医学史》，上册，广州：广东科技出版社，2010年。

67. 刘仲宇：《中国精怪文化》，上海：上海人民出版社，1997年。

68. 刘慧：《泰山信仰与中国社会》，上海：上海人民出版社，2011年。

69. 刘黎明：《宋代民间巫术研究》，成都：巴蜀书社，2004年。

70. 刘黎明：《中国古代民间密宗信仰研究》，成都：巴蜀书社，2009年。

71. 刘燕萍：《神话·仙话·鬼话——古典小说论集》，上海：上海古籍出版社，2012年。

72. 戴玄之：《中国秘密宗教与秘密社会》，台北：商务印书馆，1990年。

73. ［美］韩明士（Robert P. Hymes）著，皮庆生译：《道与庶道——宋代以来的道教、民间信仰和神灵模式》，南京：江苏人民出版社，2007年。

74. ［美］韩森（Valerie Hansen）著，包伟民译：《变迁之神——南宋时期的民间信仰》，杭州：浙江人民出版社，1999年。

75. 罗香林：《流行于赣闽粤及马来亚之真空教》，香港：中国学社，1962年。

76. 饶宗颐二十世纪学术文集编辑委员会编：《饶宗颐二十世纪学术文集》，台北：新文丰出版股份有限公司，2003年。

77. 龚方震、晏可佳：《祆教史》，上海：上海社会科学院出版社，1998年。

78. 栾保群：《扪虱谈鬼录》，上海：上海文艺出版社，2013年。

三、日文专著

1. 丸山宏：《民间信仰の形成》，东京：岩波书店，1999年。

2. 中村治兵卫：《中国シャーマニズムの研究》，东京：刀水书房，

1992年。

3. 田仲一成:《中国巫系演剧研究》,东京: 东京大学东洋文化研究所, 1993年。

4. 田仲一成:《中国演剧史》,东京: 东京大学出版社, 1998年。

5. 宋代史研究会编:《宋代の社会と宗教》,东京: 汲古书院, 1985年。

6. 李献章:《妈祖信仰の研究》,东京: 泰山文物社, 1979年。

7. 泽田瑞穗:《中国の民间信仰》,东京: 工作舍, 1982年。

四、英文专著

1. Chang, Kwang-chih, *Art, Myth, and Ritual: The Path to Political Authority in Ancient China*, Cambridge, Mass. & London: Harvard University Press, 1983.

2. Davis, Edward L., *Society and the Supernatural in Song China*, Honlulu: University of Hawaii Press, 2001.

3. Ebrey, Patricia B. & Gregory, Peter N. (eds.), *Religion and Society in Tang and Sung China*, Honolulu: University of Hawaii Press, 1993.

4. Eliade, Mircea, *Shamanism: Archaic Techniques of Ecstasy*, Princeton: Princeton University Press, 1974.

5. Goldschmidt, Asaf, *The Evolution of Chinese Medicine: Song Dynasty, 960—1200*, London and New York: Routledge, 2009.

6. Hansen, Valerie, *Changing Gods in Medieval China, 1127—1276*, Princeton: Princeton University Press, 1990.

7. Hymes, Robert P. *Statesmen and Gentlemen: The elite of Fu-Chou, Chiang-Hsi, in Northern and Southern Sung*, Cambridge: Cambridge University Press, 1986.

8. Hymes, Robert P. and Schirokauer, Conrad (eds.), *Ordering the World: Approaches to State and Society in Sung Dynasty China*, Berkeley, Los Angeles and Oxford: University of California Press, 1993.

9. Hymes, Robert P., *Way and Byway: Taoism, Local Religion, and Models of Divinity in Sung and Modern China*, Berkeley, Los Angeles& London:

University of California Press, 2002.

10. Inglis, Alister D., *Hong Mai's Record of the Listener and its Song Dynasty Context*, Albany: State University of New York Press, 2006.

11. Katz, Paul R., *Demon Hordes and Burning Boats: The Cult of Marshal Wen in Late Imperial Chekiang*, Albany: State University of New York Press, 1995.

12. Sangren, Steven P., *History and Magical Power in a Chinese Community*, Stanford: Stanford University Press, 1987.

13. Shahar, Meir & Weller, Robert P. (eds.), *Unruly Gods: Divinity and Society in China*, Honolulu: University of Hawaii Press, 1996.

14. Skinner, William G. (ed.), *The Study of Chinese Society: Essays by Maurice Freedman*, Stanford & California: Stanford University Press, 1979.

15. Thomas, Keith., *Religion and the Decline of Magic*, New York: Oxford University Press, 1999.

16. von Glahn, Richard, *The Sinister Way: The Divine and the Demonic in Chinese Religious Culture*, Berkeley, Los Angeles & London: University of California Press, 2004.

17. Watson, James L. & Rawski, Evelyn S. (eds.), *Death Ritual in Late Imperial and Modern China*, Berkeley, Los Angeles and London: University of California Press, 1988

18. Weller, Robert P., *Unities and Diversities in Chinese Religion*, Seattle: University of Washington Press, 1987.

19. Yang, C. K., *Religion in Chinese Society; A Study of Contemporary Social Functions of Religion and Some of Their Historical Factors*, Berkeley and Los Angeles & London: University of California Press, 1961.

20. Yu, Chun-Fang, *Kuan-yin: The Chinese Transformation of Avalokitesvara*, New York: Columbia University Press, 2001.

五、 中文论文

1. 方燕:《宋代女性割股疗亲问题试析》,《求索》2007年第11期,第214—216页。

2. 王见川：《中国民间信仰研究的省思》，载于复旦大学文史研究院编：《"民间"何在，谁之"信仰"》，北京：中华书局，2009年，第33—43页。

3. 王章伟：《宋代士族婚姻研究——以河南吕氏家族为例》，《新史学》1993年第4卷第3期，第19—58页。

4. 王章伟：《评Valerie Hansen, Changing Gods in Medieval China, 1127—1276》，《香港社会科学学报》1993年第2期，第227—232页。

5. 王章伟：《评Meir Shahar and Robert P. Weller (eds.), Unruly Gods: Divinity and Society in China》，《香港社会科学学报》1998年第12期，第187—195页。

6. 王章伟：《沟通古今的萨满——研究宋代巫觋信仰的几个看法》，载于复旦大学文史研究院编：《"民间"何在，谁之"信仰"》，第140—154页。

7. 王章伟：《文明推进中的现实与想象——宋代岭南的巫觋巫术》，《新史学》2012年第23卷第2期，第1—55页。

8. 王章伟：《〈清明集〉中所见的巫觋问题》，《九州学林》2013年第32期，第131—152页。

9. 王章伟：《妖与灵——宋代邪神信仰初探》，《九州学林》2014年第34期，第69—122页。

10. 王铭铭：《神灵、象征与仪式——民间宗教的文化理解》，收入王铭铭、潘宗党编：《象征与社会——中国民间文化的探索》，天津：天津人民出版社，1997年，第89—123页。

11. 史继刚：《宋代的惩"巫"扬"医"》，《西南师范大学学报（哲学社会科学版）》1992年第3期，第65—68页。

12. 左鹏：《宋元时期的瘴疾与文化变迁》，《中国社会科学》2004年第1期，第194—204页。

13. 皮庆生：《评王章伟〈在国家与社会之间——宋代巫觋信仰研究〉》，《唐研究》第12卷，北京：北京大学出版社，2006年，第581—587页。

14. 皮庆生：《材料、方法与问题

意识——对近年宋代民间信仰研究的思考》,载于复旦大学文史研究院编:《"民间"何在,谁之"信仰"》,第78—89页。

15. 包伟民:《菁英们"地方化"了吗?——试论韩明士〈政治家与绅士〉与"地方史"研究方法》,收入荣新江主编:《唐研究》第11卷,北京:北京大学出版社,2005年,第653—671页。

16. 牟润孙:《宋代之摩尼教》,载于牟润孙:《注史斋丛稿》,北京:中华书局,1987年,第94—116页。

17. 沈宗宪:《国家祀典与左道妖异——宋代信仰与政治关系之研究》,台北:台湾师范大学历史研究所博士论文,2000年。

18. [美]宋怡明(Michael Szonyi)著,刘永华、陈贵明译:《帝制中国晚期的标准化和正确行动之说辞——从华琛理论看福州地区的仪式与崇拜》,载于刘永华主编:《中国社会文化史读本》,北京:北京大学出版社,2011年,第151—170页。

19. 李小红:《宋代民间"信巫不信医"现象探析》,《学术研究》2003年第7期,第94—99页。

20. 李小红:《宋代"信巫不信医"问题探析》,《四川大学学报》(哲学社会科学版)2006年第6期,第106—112页。

21. [日]竺沙雅章著,许洋主译:《关于吃菜事魔》,载于刘俊文主编:《日本学者研究中国论著选译》第7卷,北京:中华书局,1993年,第361—385页。

22. 林富士:《试论汉代的巫术医疗法及其观念基础——"汉代疾病研究"之一》,《史原》1987年第16期,第29—53页。

23. 林富士:《中国六朝时期的巫觋与医疗》,《"中研院"历史语言研究所集刊》1993年第70本第1分册,第1—48页。

24. 林富士:《"巫叩元弦"考释——兼论音乐与中国的巫觋仪式之关系》,《新史学》1996年第7卷第3期,第195—218页。

25. 林富士:《试论六朝时期的道巫之别》,载于周质平、Willard J. Peterson编:《国史浮海开新录——余英时教授荣退论文集》,

台北：联经出版事业公司，2002年，第19—38页。

26．林富士：《"旧俗"与"新风"：试论宋代巫觋信仰的特色》，《新史学》2013年第24卷第4期，第1—54页。

27．[美]武雅士（Arthur P. Wolf）著，张珣译：《神、鬼和祖先》，《思与言》1997年第35卷第3期，第233—292页。

28．周庆基：《人祭与人殉》，《世界宗教研究》1984年第2期，第89—96页。

29．柳立言：《青天窗外无青天：胡颖与宋季司法》，载于柳立言主编：《中国史新论·法律史分册》，台北："中研院"、联经出版事业公司，2008年，第235—282页。

30．柳立言：《从〈名公书判清明集〉看南宋审判宗教犯罪的范例》，载于柳立言编：《性别、宗教、种族、阶级与中国传统司法》，台北："中研院"历史语言研究所，2013年，第102—106页。

31．范家伟：《六朝时期人口迁移与岭南地区瘴气病》，《汉学研究》1998年第16卷第1期，第27—58页。

32．范荧：《宋代的民间巫术》，载于张其凡、陆勇强主编，《宋代历史文化研究》，北京：人民出版社，2000年，第130—147页。

33．[英]科大卫：《国家与礼仪——宋至清中叶珠江三角洲地方社会的国家认同》，《中山大学学报（社会科学版）》1999年第39期，第65—72页。

34．徐尚豪：《宋代的精怪世界——从传说表述到信仰生活的探讨》，淡江大学硕士论文，2007年。

35．冯锦荣：《宋代皇家天文学与民间天文学》，载于法国汉学丛书编辑委员会编：《法国汉学》第6辑，北京：中华书局，2002年，第234—268页。

36．郭于华：《导论：仪式——社会生活及其变迁的文化人类学视角》，载于郭于华主编：《仪式与社会变迁》，北京：社会科学文献出版社，2000年。

37．郭东旭：《胡颖的法治理念与

司法实践》，载于郭东旭：《宋代法律与社会》，北京：人民出版社，2008年，第218—231页。

38. 张咏维：《汉文化视野下的蛊——以清代岭南为例》，《中正历史学刊》2006年第8期，第291—328页。

39. 陈元朋：《〈夷坚志〉中所见之南宋瘟神信仰》，《史原》1993年第19期，第39—84页。

40. 陈垣：《摩尼教入中国考》，载于陈垣：《陈垣学术论文集》，北京：中华书局，1980年，第329—397页。

41. 陈智超：《宋史研究的珍贵史料——明刻本〈名公书判清明集〉介绍》，载于中国社会科学院历史研究所宋辽金元史研究室点校：《名公书判清明集》，北京：中华书局，1987年，第645—686页。

42. 陈梦家：《商代的神话与巫术》，《燕京学报》1936年第20期，页485—576。

43. [美]梅维恒（Victor H. Mair）：《古汉语巫、古波斯语Magus和英语Magician》，载于[美]夏含夷（Edward L. Shaughnessy）编：《远方的时习——〈古代中国〉精选集》，上海：上海古籍出版社，2008年，第55—86页。

44. [法]雅克·勒高夫（Jacques Le Goff）：《新史学》，载于蔡少卿编：《再现过去：社会史的理论视野》，杭州：浙江人民出版社，1988年，第92—122页。

45. [美]华琛（James L. Watson）著，吕宇俊、邓宝山译：《神祇标准化：华南沿岸天后地位的提升，960—1960》，载于陈慎庆编：《诸神嘉年华——香港宗教研究》，香港：牛津大学出版社，2002年，第163—198页。

46. 傅芳：《巫与道在客地的影响》，《客家研究辑刊》7，1995年，第90—105页。

47. 杨讷：《元代的白莲教》，载于元史研究会编：《元史论丛》第2辑，北京：中华书局，1983年，第189—216页。

48. 杨倩描：《宋朝禁巫述论》，《中国史研究》1993年第1期，第76—83页。

49. 杨俊峰：《五代南方王国的封

神运动》,《汉学研究》2010年第28卷第2期,第327—362页。

50. 葛兆光:《严昏晓之节——古代关于白天与夜晚观念的思想史分析》,《台大历史学报》2003年第32期,第33—55页。

51. 蒋竹山:《汤斌禁毁五通神——清初政治菁英打击通俗文化的个案》,《新史学》1995年第6卷第2期,第67—112页。

52. 蒋竹山:《宋至清代的国家与祠神信仰研究的回顾与讨论》,《新史学》1997年第8卷第2期,第187—220页。

53. 蒋竹山:《性、虫与过癞——明清中国有关麻疯病的社会想象》,"中国日常生活的论述与实践"国际学术研讨会,纽约:哥伦比亚大学,2002年10月27日。

54. 蒋竹山:《评介近年来明清民间信仰与地域社会的三本新著》,《新史学》2004年第15卷第4期,第223—238页。

55. 蒋竹山:《过癞——明清中国有关麻疯病的社会想象》,载于蒋竹山:《裸体抗炮——你所不知道的暗黑明清史读本》,台北:蔚蓝文化,2016年,第51—85页。

56. 蔡竺君:《在正统与异端之间:从〈夷坚志〉看江西地区祠庙信仰与儒道关系,(998—1224)》,台北:台湾政治大学宗教研究所硕士论文,2009年。

57. 蔡彦仁:《中国宗教研究——定义、范畴与方法学刍议》,《新史学》1994年第5卷第4期,第125—139页。

58. 刘平:《关于中国邪教史研究的几个问题》,载于社会问题研究丛书编辑委员会编:《宗教、教派与邪教——国际研讨会论文集》,南宁:广西人民出版社,2004年,第196—203页。

59. 刘佳玲:《宋代巫觋信仰研究》,台北:台湾师范大学历史研究所硕士论文,1996年。

60. 刘黎明:《宋代民间"人祭"之风与密教的尸身法术》,《四川大学学报》2005年第3期,第92—97页。

61. 刘燕萍:《淫祠、偏财神与淫神论——〈夷坚志〉中的五通神》,载于刘燕萍:《神话·仙话·鬼话——古典小说论集》,上海：上海古籍出版社，2012年，第30—61页。

62．韩毅：《国家、医学与社会——〈太平圣惠方〉在宋代的应用与传播》，收入姜锡东主编：《宋史研究论丛》第11辑，保定：河北大学出版社，2010年，第514—526页。

63．严耀中：《五通神新探》，载于严耀中：《汉传密教》，上海：学林出版社，1999年，第270—287页。

64．饶宗颐：《历史家对萨满主义应重新作反思与检讨——"巫"的新认识》，载于中华书局编辑部编：《中华文化的过去、现在和未来——中华书局八十周年纪念论文集》，香港：中华书局，1992年，第396—412页。

六、日文论文

1．小岛毅：《正祠と淫祠——福建の地方志における记述と理论——》，《东洋文化研究所纪要》第114册，1991年，第87—213页。

2．木村明史：《宋代の民间医疗と巫觋观——地方官による巫觋取缔の一侧面——》，《东方学》第101辑，2001年，第89—104页。

3．水越知：《宋代社会と祠庙信仰の展开——地域核としての祠庙の出现——》，《东洋史研究》第66卷第4期，2002年，第629—666页。

4．河原正博：《宋代の杀人祭鬼について》，《法政史学》第19期，1967年，第1—18页。

5．松本浩一：《宋代の赐额・赐号について——主として『宋会要辑稿』にみえる史料から——》，载于野口铁郎编：《中国史における中央政治と地方社会》，昭和60年度科研费补助金总合研究（A）研究成果报告书，东京：文部省，1986年，第282—294页。

6．金井德幸：《南宋の祠庙と赐额について——释文珦と刘克庄の视点》，载于宋代史研究会编：《宋代の知识人——思想、制度、地域社会》，东京：汲古书院，1993年，第257—286页。

7．金井德幸：《南宋荆湖南北路における鬼の信仰について——杀

人祭鬼の周边――》，原载于《驹泽大学禅研究所年报》5，1994年，第49—64页，今刊于《中国关系论说资料》36.1上，1994年，第567—575页。

8. 金井德幸：《宋代における妖神信仰と"吃菜事魔"、"杀人祭鬼"再考》，原载于《立正大学东洋史论集》8，1995年，第1—14页，今刊于《中国关系论说资料》37.1[增刊]，1995年，第388—395页。

9. 金井德幸：《南宋妖神信仰素描――山魈と瘟鬼と社祠――》，原载于《驹泽大学禅研究所年报》7，1996年，第51—65页，今刊于《中国关系论说资料》第38号第1分册下，1996年，第54—61页。

10. 森田宪司：《文昌帝君の成立――地方神から科举の神へ》，收入梅原郁主编：《中国近世の都市と文化》，京都：京都大学人文科学研究所，1984年，第389—418页。

11. 宫崎市定：《宋代における杀人祭鬼の习俗について》，载于宫崎市定：《アジア史研究》第5册，京都：同朋社，1978年，第100—144页。

12. 须江隆：《唐宋期における祠庙の庙额、封号の下赐について》，《中国――社会と文化》9，1994年，第96—119页。

13. 须江隆：《"熙宁七年の诏"――北宋神宗朝期の赐额・赐号――》，《东北洋大学东洋史论集》卷8，2001年，第54—93页。

14. 泽田穗瑞：《宋代の神咒信仰――〈夷坚志〉の说话を中心として――》，原刊于《东方宗教》56，第1—30页，今载于《中国关系论说资料》第22号第1分册上，1980年，第451—466页。

七、英文论文

1. Boltz, Judith M., "Not by the seal of office alone: New weapons in battles with the supernatural," in Ebrey, Patricia B. & Gregory, Peter N. (eds.), *Religion and Society in Tang and Sung China*, Honolulu: University of Hawaii Press, 1993, pp. pp. 241—305.

2. Cedzich, Ursula-Angelika, "The

Cult of the Wu-t'ung/ Wu-hsien in History and Fiction: The Religious Roots of the Journey to the South", in Johnson, David (ed.), *Ritual and Scripture in Chinese Popular Religion*, California: Chinese Popular Culture Project, 1995, pp. 137—218.

3. Freedman, Maurice, "On the Sociological Study of Chinese Religion", in G. William Skinner (ed.), *The Study of Chinese Society: Essays by Maurice Freedman*, Stanford& California: Stanford University Press, 1979, pp. 351—369.

4. Hinrichs, TJ, *The Medical Transforming of Governace and Southern Customs in Song Dynasty China (960—1279C. E.)*, Ph. D. diss., Cambridge& Mass.: Harvard University, 2003.

5. Kleeman, Terry F. "The expansion of the Wen-Ch'ang Cult," in Ebrey, Patricia B. & Gregory, Peter N. (eds.), *Religion and Society in Tang and Sung China*, Honolulu: University of Hawaii Press, 1993, pp. 45—73.

6. Lin Fu-shih, *Chinese Shamans and Shamanism in the Chiang-nan Area During the Six Dynasties Period, 3rd-6th century A. D.*, Ph. D. dissertation, Princeton: Princeton University, 1994.

7. Sutton, Donald S., "Transmission in Popular Religion: The Jiajiang Festival Troupe of Southern Taiwan", in Shahar, Meir & Weller, Robert P. (eds.), *Unruly Gods: Divinity and Society in China*, Honolulu: University of Hawaii Press, 1996. pp. 212—249.

8. Szonyi, Michael A., "The Illusion of Standardizing the Gods: The Cult of the Five Emperors in Late Imperial China," *Journal of Asian Studies*, 56. 1 (1997), pp. 113—135.

9. Szonyi, Michael A. "Making Claims about Standardization and Orthopraxy in Late Imperial China: Rituals and Cults in the Fuzhou Region in Light of Watson's Theories," *Modern China* 33. 1 (2007), pp. 47—71.

10. Takashi, Sue, "The Shock of the Year Hsuan-ho 2: The Abrupt Change in the Granting of Plaques and Titles during Hui-tsung's Reign", *Acta Asiatica*, 84 (2003), pp.

80—125.

11. Teiser, Stephen F., "Chinese Religions: Popular Religion", *The Journal of Asian Studies*, vol. 54, no. 2 (1995), pp. 378—395.

12. von Glahn, Richard, "The Enchantment of Wealth: The God Wutong in the Social History of Jiangnan", *Harvard Journal of Asiatic Studies*, 51: 2 (1991), pp. 651—714.

13. Watson, James L., "Standardizing the Gods: The Promotion of T'ien Hou Along the South China Coast, 960—1960", in Johnson, Nathan and Rawski (eds.), *Popular Culture in Late Imperial China*, Berkeley Los Angeles& London: University of California Press, 1985, pp. 292—324.

14. Weller, Robert P., "Matricidal Magistrates and Gambling Gods: Weak States and Strong Spirits in China", in Shahar, Meir and Weller, Robert P. (eds.), *Unruly Gods: Divinity and Society in China*, Honolulu: University of Hawaii Press, 1996, pp. 250—268.

15. Wolf, Arthur P., "Gods, Ghosts, and Ancestors", in Wolf, Arthur P. (ed.), *Religion and Ritual in Chinese Society*, Stanford& California: Stanford University Press, 1974, p. 131— 182.

后 记

这是我第三部的个人著作,十年磨一剑,付梓在即,百感交集,真有点不知从何说起。回想往事,过去二十多年在宋代士族和民间信仰方面的研究,可说是从亲人和师友的影响和支持下,筚路蓝缕地走过来。

我在2005年出版的《在国家与社会之间——宋代巫觋信仰研究》(香港:中华书局)一书《后记》里提到,自己在1991年研究院硕士班毕业后,因为种种缘故,没有追随恩师陶晋生教授到美国留学,后来在一所中学任教。在繁忙的工作外,每晚挑灯夜读,完成博士论文之余,继续坚持做一个业余的史学工作者。时光荏苒,十多年又过去,香港以至全世界的教师,在"教育市场化"和"管理主义"的煎熬下,无论是高等学府的大教授还是中学里的小教员,全都身心俱疲,我自然没有例外。从"不惑"走向"知天命"之年,在催人的生活下,仍然醉心史学研究,或许与先慈自幼的教诲相关。

我自幼家贫,父亲只读过几年私塾,母亲更目不识丁。不过,父母是典型的传统中国人,希望儿女努力读书,将来可以出人头地;而父亲也是一个威权型的严父,故教导子女的责任往往就落在慈母身上。记得儿时母亲鼓励我用功时,最喜欢讲吕蒙正的故事,

"家贫→苦读→中举→美满人生"这种成功模式,耳熟能详;而"饭后钟""破窑守困""穷不过蒙正"等故事,也在我稚小的心灵上深深烙下印记。

大学历史系本科毕业时,虽然早已不相信"苦学成人"这种样版式的警世教训,但对吕蒙正其人及其家族的历史,总有一种说不出的亲近兴趣。于是,1988年在香港中文大学报读研究院时,就以《宋代河南吕氏家族研究》为题,申请跟从恩师罗球庆教授继续深造;面试时,研究宋代官学教育和科举制度的专家李弘祺教授从容地问我,是否看过韩明士(Robert P. Hymes)研究宋代抚州精英的新著 Statesmen and Gentlemen: The Elite of Fu-Chou, Chiang-Hsi, in Northern and Southern Sung (Cambridge: Cambridge University Press, 1986),那一刻才知道自己误打误撞,论文题目跟当时西方汉学界炙手可热的宋代士族问题扯上关联,兴奋之余,开始担心自己能否应付得来。获研究院取录后,意外地,香港中文大学竟宣布已礼聘著名美籍华裔宋辽金元史权威、"中研院"院士陶晋生教授为历史系讲座;而当时陶老师早已和黄宽重、梁庚尧及柳立言等知名宋史教授,开展了一个关于宋代士族的大型研究。适逢其会,我遂有幸跟罗师、陶师和李师三位宋史名家问学,忝列门墙,最后顺利完成了吕氏家族的研究。

我家祖籍潮州,父母给我的另一个影响是对故乡风俗的探求。我特别喜欢每年农历七月"鬼节"跟随母亲参加潮侨的"盂兰胜会",对祭坛上的鬼神最是着迷;至若中秋夜"拜月娘"发思古幽情的浪漫,到今天还是不能忘怀。从初中开始,我就似懂非懂地"研究"中国的民间信仰,在图书馆翻看了不少图文集;这一直是我心中萦回的另一个课题,后来我的博士研究遂由宋代士族转向宋代巫觋信仰。同样巧合的是,其时西方汉学界也涌现一股研究中国民间信仰的热潮,宋代是其中最受关注的一个朝代,美国的韩森(Valerie Hansen)教授更出版了一部影响深远的巨著 *The Changing Gods in Medieval China, 1127—1276* (Princeton: Princeton University Press, 1990); 当我出版博士论文时,才知道四川大学刘黎明教授、四川师范大学方燕教授和宁波大学李小红教授等学者,都跟我在相若的时间分别开展了宋代巫觋信仰的博士研究。年前我才在网上得知,刘黎明教授不幸英年早逝,叫人伤感。

现在回想起来,我的两个研究范畴都曾经走在最先进的学术前沿,溯其源头却是最古旧的背景——母教的影响;巧合的是,古祖的东西竟遇上学术热潮,变为最重要的研究课题,我也因而得到不少名家前辈的谬赞赏识,惭愧之余,更思念父母对我的无偿爱护,也感叹冥冥之中自有天意。我研究宋代民间信仰多年,一直秉持美国诠释人类学家克利福德·格尔兹(Clifford Geertz, 1926—2006)力倡的"从土著的立场出发"之论,去看待这些被现代人视为"迷信"的思想与行为,也愈来愈谅解古人在面对不幸、痛苦与无奈时的信仰举动。事实上,身处二十一世纪科学时代,虽然父母得享高寿仙逝多年,我仍无法挥去哀思,对中国民间信仰更有一种切肤的同情。谨以此书,献给先严先慈,愿他们在天之灵,安享极乐。

放在读者眼前的这部著作,是我思考宋代社会构成的一点结集,也是回忆过去半生人的一段纪念。我自知生性驽钝,能够在崎岖不平的学术生涯坚持下去,全赖师友和家人的鼓励与支持,要说的话与要感激的人实在太多了,请容我一一道谢。

恩师陶晋生教授二十多年来对我爱护有加，我虽然才德未逮，成就不高，老师却始终未有见弃，时加扶持，我最是感动。旧作《在国家与社会之间》与这部新篇都蒙陶老师在百忙之中拨冗赐序，这是我最感光荣自豪者；师恩浩瀚，难以为报，但愿拙著能不辱门墙，有益士林。

　　自大学时代开始，罗球庆老师启迪我对宋史研究的兴趣，拓宽我的人生视野；毕业以后，无论我遇上什么困难，老师都给予我无限支持，让我能重拾勇气，继续上路。我受教罗老师门下，得以亲近和学习老师的丰富学养，是人生难得的一次福分。

　　在宋代社会史研究方面，李弘祺老师一直给予我很大帮助，自老师离开香港后，每次在台湾或香港重遇，老师都关怀备至；此外，香港大学许振兴教授对我的生活也时加问候与帮忙，我也一并言谢。

　　拙作本来还未有完备的出版计划，特别是要修订二十多年前的旧作，最是犹豫。惟得同门大师兄香港理工大学荣休教授何冠环博士多番鞭策与鼓励，提供不少参考资料之余，并介绍出版之路，同门之情，感激不尽。

　　本书得以出版，学长东吴大学黄兆强教授用力最多，十分感谢他的大力推荐，并从中穿针引线，拙著才得以面世。花木兰文化出版社总编辑杜洁祥老师、社长高小娟女史不嫌拙稿粗陋，概允接纳出版，足见其对文化事业的支持，谨致谢忱。

　　离开大学以后，迫于谋生事繁，加上年纪渐长，体力日减，本来实在无法在工余时再做研究；惟十多年前跟我素昧平生的林富士教授，竟邀请我到台北"中研院"历史语言研究所作专题演讲，以后又时加鼓励,这让我得到肯定之余,也重拾意志,不怕艰辛,坚持做个"星期日史家"。林老师扶掖后学的古道热肠,改变了我的学术生命,我铭感于心。

学术研究的苦乐,不足为外人道,学侣间的交流,时有刺激,趣味盎然。学长台北"中研院"历史语言研究所柳立言教授是我的畏友,多年来他对我的研究都有深刻批评,切中要害,让我能从中学习,改正不少错误,我衷心言谢。台湾政治大学刘祥光教授、台湾清华大学廖咸惠教授、北京中国人民大学皮庆生教授及香港城市大学范家伟教授也时加指正,让我获益不浅;而跟美国康乃尔大学(Cornell University)艾媞婕(TJ Hinrichs)教授在多次书信往来中讨论宋代巫觋问题,叫我最是兴奋和满足。

本书部分篇章曾在不同学术会议里宣读,我要感谢上海复旦大学葛兆光教授、广州中山大学曹家齐教授、广州暨南大学张其凡教授及台北东吴大学林慈淑教授等的邀请,让我可以有机会与不同的学者交流切磋;我也感谢各次会议讨论学人给予的意见,特别是北京大学邓小南教授和政治大学刘祥光教授的赐正。(本书校对之际,11月25日早上,突传来张其凡教授遽归道山的消息,心情久未平服。谨此遥祭张老师在天之灵。)

学长兼挚友台湾暨南大学李广健教授多年来寄赠大量参考资料,且常常给予关怀和鼓励;老同学温伟国兄在我最需要帮忙时,往往拔刀相助,让我得以熬过难关,叫我感激。同门杨炎廷兄、伍伯常博士、白智刚兄、赵雨乐教授、张月娇姐、张志义博士及胡美玲姐等,也非常关心我的生活,特别是月娇师姐,待我至诚,让我感受到同根的温情。

我要特别感谢我的知己、师妹兼同事范芷欣小姐。我生性耿直木讷，不懂巧言，自大学毕业以来，遇过不少挫折，人生数度陷于困苦低潮；期间多得芷欣在精神上给予无比的支持与鼓励，工作方面又时加援手，让我可以重新振作起来，克服逆境。芷欣也是习史的，她处事认真，最有条理，本书最为复杂的"吕氏家族姻亲图"也是她代为细心绘画。"人生乐在相知心"，芷欣的金兰情谊，我一生铭记。

"腐儒碌碌叹无奇，独喜遗编不我欺。白发无情侵老境，清灯有味似儿时。"放翁这阕诗，最能打动我胸中的旧情和书味。人到中年，能够安贫乐道、好学不倦，家人的支持最是重要，我要感谢内子秀芬无偿的付出与无微的照顾，让我可以在无忧的环境中继续寻梦；爱女萃欣聪敏伶俐，体贴依人，让我老怀安慰。

2016年10月30日识于香港屯门"珊蛮书室"

增订本后记

《近世社会的形成——宋代的士族与民间信仰》初稿于2017年出版，厚厚的两册，计有四十多万字；学术著作向来销路不佳，拙著连累出版社赔本似乎是必然的了。万分感谢台湾花木兰文化出版社总编辑杜洁祥老师、社长高小娟女史当年不嫌拙稿粗陋，概允接纳出版，足见其对文化事业的支持。让我更意外的是，谭徐锋兄及四川人民出版社竟然"重蹈覆辙"，今夏来信相邀，希望在内地出版本书的简体字本。徐锋兄是学术出版界的金牌主编，被誉为"新史学掌门人"，四川人民出版社是十分优秀的出版社之一，享誉全国，拙著得蒙垂青，我感到万分荣幸。

本书初版以全套丛书形式发行（不分拆售卖），基于成本考虑，印数不多而定价亦不低，故流通量不大，除了大学图书馆收藏外，一般读者并不容易读到。趁着这次出版机会，我大幅更动了书稿，订正一些语句和史事错误外，在《士族篇》中利用新发现的史料，补论了宋代河南吕氏家族的一些重要问题；而在《民间信仰篇》则增收了《象征符号的统一与多样性——〈不羁之神〉书评》一文，让读者更能了解西方汉学界在中国民间信仰研究方面的贡献与影响。

增订本能够出版，得力于大师兄何冠环教授的推介。感谢谭徐锋兄，让拙著可以有机会修订并出版简体字本，与同行交流，分享自己研习宋史及民间信仰的一点微薄心得。四川人民出版社编辑封龙先生专业又有效率的工作，用心用力。浙江省文物考古研究所副所长郑嘉励教授数年前寄赠明招山南宋吕祖谦家族墓地的珍贵考古资料，指正拙著初稿的不少问题，笔者谨致谢忱。挚友范芷欣小姐细读了全书，提出了不少宝贵意见，金兰之谊，无限感激。

李弘祺教授(纽约市立大学荣休教授)、林富士教授(台北"中研院"特聘研究员)及李广健教授(台湾暨南国际大学教授)长期关心我的研究与生活，必须言谢。两位恩师罗球庆教授(香港中文大学荣休教授)及陶晋生教授(台北"中研院"院士)三十年来的扶持与鼓励，我一生铭记。最后，内子秀芬与爱女萃欣的支持，让我可以继续寻梦。

2020年10月31日识于香港屯门"珊蛮书室"

图书在版编目（CIP）数据

近世社会的形成：宋代的士族与民间信仰 / 王章伟著. — 成都：四川人民出版社，2024.5
ISBN 978-7-220-13151-6

Ⅰ.①近… Ⅱ.①王… Ⅲ.①家族—研究—中国—宋代 ②信仰—民间文化—研究—中国—宋代 Ⅳ.①K820.9②B933

中国国家版本馆CIP数据核字（2023）第032994号

JINSHI SHEHUI DE XINGCHENG：SONGDAI DE SHIZU YU MINJIAN XINYANG
近世社会的形成：宋代的士族与民间信仰
王章伟　著

出 版 人	黄立新
策划统筹	封　龙
责任编辑	葛　天
版式设计	张迪茗
封面设计	周伟伟
责任印制	周　奇
出版发行	四川人民出版社（成都市三色路238号）
网　　址	http://www.scpph.com
E-mail	scrmcbs@sina.com
新浪微博	@四川人民出版社
微信公众号	四川人民出版社
发行部业务电话	（028）86361653　86361656
防盗版举报电话	（028）86361661
照　　排	四川胜翔数码印务设计有限公司
印　　刷	成都东江印务有限公司
成品尺寸	145mm×210mm
印　　张	20.375
字　　数	460千
版　　次	2024年5月第1版
印　　次	2024年5月第1次印刷
书　　号	ISBN 978-7-220-13151-6
定　　价	98.00元

■版权所有·侵权必究
本书若出现印装质量问题，请与我社发行部联系调换
电话：（028）86361656

壹卷
YE BOOK

洞 见 人 和 时 代

官 方 微 博：@壹卷YeBook
官 方 豆 瓣：壹卷YeBook
微信公众号：壹卷YeBook
媒 体 联 系：yebook2019@163.com

壹卷工作室
微信公众号